행정윤리: 민주헌법주의 국가를 중심으로

신 용 일

도서출판 대영문화사

머리말

주권자인 국민, 국민 개인의 생명, 자유, 그리고 행복은 우주만큼 크고 소중하다. 민주헌법주의 국가에서 행정 또는 정부 운영, 그리고 행정가의 존재의 정당성 및 목적은 주권자인 모든 시민(인민포함)의 개인적 자유를 보호 · 보장하는 데 있다. 행정가(또는 공직자의 미국식 표현임)는 모든 시민을 평등 · 공정(형평성 포함)하게 대우해야 하고, 시민의 요구에 대해 대표성과 책임감, 그리고 효과적으로 대응할 의무가 있다. 미국 건국의 아버지이자 초대 대륙의회 헌법설계자인 제임스 매디슨(James Madison)은 행정가가 전체 시민에 봉사하는 방법은 '사회적 약자보호'라고 보고 있다.

이 책은 민주헌법주의 국가의 행정과 공무원 윤리, 국가 조직구조, 제도, 그리고 실천 기법을 소개한다. 또한 이 책은 행정(학)과 공무원의 가치로서 평등성, 공정성, 형평성, 대표성, 책임성, 시민요구 대응성, 그리고 헌법적 역량과 관련이 있는 미국 행정학자들의 연구결과와 함께, 이들 가치 실천을 위한 미국 현행 제도와 기법들을 소개한다. 자연스럽게 한국 행정 실무와 이론 교육의 방향성을 제시하는 데 목적이 있다.

세계 최초의 자유민주주의 국가인 미국 연방국가, 국가의 기초구성원리를 담고 있는 헌법의 설계자인 매디슨은 애덤 스미스(Adam Smith)의 『국부론』을 기초로 미국 헌법을 설계했다고 한다(Lynn, 2013; Wilson, 1908). 애덤 스미스는 『국부론』에서 공동체가 지속가능하게 발전하기 위해서는 개인과 개인의 이기심(또는 자기 이해, 자기애)을 존중해야 한다고 주장한다. 애덤 스미스의 『국부론』은 버나드 맨더빌(Bernard Manderville)의 『꿀벌의 우화』에서 영향을 받았다. 맨더빌의 『꿀벌의 우화』도 공동체의 번영을 위한 방안으로 개인의 이기심을 존중할 것을 강조한다. 두 철학자의 사상 사이에 공통점은 개인과 공동체의 지속가능한 번영 방안의 제시이다. 이들의 차이점은 개인 이타심에 기초한 자발적인 합의(법)를 통해 개인의 탐욕을 억제할 것인가, 개인 탐욕까지도 존중할 것인가에 있다. 1970년대 이후에, 신자유주의 추종자들은 탐욕도 억제·비난하면 안 된다고 주장한다는 점에서 맨더빌의 주장과 유사하다.

애덤 스미스는 개인의 정의(justice)와 자혜(beneficence) 등 둘 다를 덕(virtue)으로 보고 있다. 그(2008)는 개인이 정의를 행하는 것은 의무이고, 후자는 개인의 자유가 전제된 자발적인 선택으로 보고 있다(Adam Smith, 2008: 43). 전자가 자유주의의 법(자율규칙)의 준수라면, 후자는 실질적인 민주주의 법(집합규칙)의 창출 근거가 된다. 제3장에서 기술한다. 그리고 정부의 역할은 개인으로서 공동체 구성원이 정의의 법(또는 개인 간 임의계약, 관습)의 준수를 강화하는 것, 자혜의 법(집합규칙)을 적극적으로 실현하는 것에 있다. 정부 역할로 정의구현은 자유권 보호와 관계되고, 자혜는 개인 자유의 보편적 보장과 관련이 있다. 공동체 구성원인 개인의 자발적 합의를 기초로 탄생되는 정부 또는 정부의 권한은 개인의 자유 영역에 속하는 후자의 덕을 강요하거나 강제할 수 없다.

제2장과 제3장에서 기술하는 것처럼, 애덤 스미스와 마찬가지로 베버(Max Weber), 그리고 하이에크(F. A. Hayek)는 개인에게 이기심과 이타심이 있다고 보고, 자유주의 법과 자발적인 합의인 민주주의 법의 존재를 인정한다. 제3장에서 보는 것처럼, 자유주의는 자연법, 개인 사이에 계약, 그리고 절차법의 준수를 엄격하게 존중한다는 점에서, 1990년대 등장한 신공공관리나 신성과관리와는 차별화된다. 자유주의의 법은 소유권법, 계약법, 불법행위법 등 자유권적 기본권(개인 재산권)의 보호와 관계가 깊다.

제4장에서 소개되는 것처럼, 동양의 유교와 성리학은 개인과 개인 이기심의 존재를 인정하지 않았고, 개인보다는 집단, 개인의 성취보다는 소속 집단에의 귀속을 중시했다는 점에서 자유주의나 자본주의의 발전에 장애요인이었다. 막스 베버의 동양 유교의 분석에 의하면, 유교 문화권에서는 합리문화(개인주의적 자유주의 법)가 조성되기 어렵다. 자연스럽게 한국은 자연법사상이나 경험·유산이 거의 없다. 제4장에서 소개하는 것처럼, 제헌과 현행헌법에 명시된 정부 역할은 지나치게 넓으나, 개인의 자유(재산권 내지 사생활, 개인정보 보호 등)과 관련 헌법 규정을 구체적으로 실행할 수 있는 제도적인 장치인 법규는 그만큼 상대적으로 최근에 제정·강화되었다. 개인에 자유 보호에 관한 일반 시민과 정치권의 인식 수준은 아직 낮은 편이다. 공동체적인 이익(덕) 또는 사회적인 정의(social justice)를 이유로 국가나 지방자치단체에 의한, 그리고 일반 시민들에 의한 개인의 자유를 침해 사례가 빈번하게 발생했다. 제7장, 제8장과 제12장에서는 미국 정부의 개인의 자유보호를 위한 제도와 조직, 그리고 기법을 일부 소개하고 있다.

민주헌법주의 국가에서 특정한 정부의 운영성과를 간접적인으로 보여주는 증거지표는 국민 개인 행복지수 상승, 사회갈등의 완화(또는 사회통합), 빈부 격차 완화 정도를 나타내는 지니계수, 노인 또는 사회적 약자들의 빈곤지수 완화 또는 생활편리성 정도, 국민인권지수 등등일 것이다. 이에 반해서, 특정 정부 재임기간 내에 국내총생산량(GDP) 증가, 종합주가지수 상승, 순무역이나 수출액의 증가를 정부 운영의 대표 성과지표로 삼을 경우에는 정부 조직이 부와 시장의 분배구조를 심각하게 왜곡시킬 위험성이 크고, 장기적으로 사회갈등을 심화시킬 위험성이 크다. 하지만, 선출직 또는 일반 경력직 공직자들에게 이들 지표를 내세우고 싶은 유혹이 컸던 것도 사실이다.

즉, 정부 운영인 행정과 공직자(공직자는 정무직 · 일반직 · 특정직 공무원, 공공기관 종사자를 포함한 법적인 개념임, 미국의 행정가와 동일한 의미의 표현임)가 공동체나 국가 전체의 복리 또는 성장(사회적 정의)을 추구하는 것을 사명과 목표로 설정하고 있다면 사회주의 · 전체주의 국가의 그것들과 차이가 크지 않다. 특정 정부 정책이 공동체를 개인보다 우선시하고 공동체에 의한 개인 지배를 정당화하고 있다면 공화주의 내지는 사회주의 국가이다. 특정 정부가 공동체의 경제성장과 같은 특정한 경제적인 목표를 설정하고, 시민 개인의 자유보호 · 보장보다 우선시하고 있다면 전체주의 국가일 가능성이 높다. 특정 정권이 민주적인 정당성을 갖춘 정부일지라도 대통령 일인에 충성하거나 특정 정권의 상의하달적인 지시를 시민의 요구보다 우선시한다면 그것은 일인지배적인 독재국가이다. 최종 결론부분에서 이유를 기술한다.

1970년대쯤 국가공무원인재개발원(舊 중앙공무원교육원)에 故 박정희 대통령은 "내 일생 조국과 민족을 위해"라는 문구를 주었고, 그 기관은 그 문구를 휘호석(揮毫石)으로 제작해서 현재도 보관 · 전시하고 있다. 신규 공무원들은 교육과정을 수료할 때쯤이면 그곳에 가서 기념사진을 찍는다. 필자도 그 휘호석 앞에서 지인들과 기념사진을 찍었던 기억이 있다. 지금 시점에서 다시 생각해보면 자유민주주의 정신과는 동떨어진 쇠뇌교육이었다. 멸사봉공(滅私奉公)이라는 슬로건은 1970년대 경제개발계획 추진 시기에 자연스럽게 쓰였지만, 공무원과 시민 모두에게 개인 기본권 박탈의 근거 내지 정당화의 논리로 활용될 위험이 있었다. 그런 슬로건은 국가주도의 불균형 성장을 정당화하는 논리로 활용된 것 또한 사실이다. 누군가가 헌법 정신에 부합하는 새로운 시호를 필자에게 정해달라고 요구한다면, "유일 주권자인 모든 시민의 보편적인 자유를 위해"가 좋을 것 같다.

시민들의 개인 이해(interest), 개인의 이익을 잘 챙겨주는 것이 행정과 공무원의 역할이다. 먼저, 사(先私)를 배려하면, 후에 시민이 자발적으로 공(後公)한다는 것이 미국 헌법 설계원리이고 자유민주주의 정신이다. 계약주의 내지는 개인적 정의가 그것이다. 공직자는 민간단체 직원과 같이, 정부기관과의 계약관계이고, 공직자에게 좋은 복리후생조건을 제공하면 그에 상응하는 직무수행 성과를 낸다. 공공부문이든 민간부문이든 시민 개인이 능력을 최대로 계발·발휘할 수 있는 환경과 기반을 조성하고, 내적·외적인 다양한 불법·불공정행위로부터 개인을 보호해주는 것이 정부의 역할이다.

공무원(일반 또는 특수경력직 공무원을 의미함, 공직자보다는 좁은 범위이고, 정년이 보장된 또는 임기가 정해진, 공직연금의 대상이 되는 전문성을 갖춘 공무원을 의미함) 개인은 자신에게 주어진 업무를 전문직업주의에 입각해서 일반인의 능력수준이 아닌 전문 능력을 갖추고 효율적으로 수행해야 할 도덕적인 의무를 진다. 직업공무원은 환경변화에 부합하는 전문 직무수행 역량을 향상시키기 위해서 자기 계발을 지속해야 하고, 정부는 공무원의 자기 계발을 위한 지원을 아끼지 않아야 한다. 정부는 전문적인 직무수행 역량을 갖춘 공무원을 선발·육성할 수 있는 인적자원개발 체계를 보유 또는 지원할 수 있다.

경력직 직업공무원들은 시민요구를 파악할 수 있는 기법과 업무처리 기술을 지속적으로 습득하고, 시민의 요구를 신속하게 처리할 수 있는 조직 내 업무처리 및 의사결정 시스템을 개선해야 할 도덕적인 의무를 진다. 시민요구 대응성 관점에서, 과학기술과 사회문화 환경의 급속한 변화는 폐쇄형 전문 직업공무원제도가 직면한 가장 큰 도전과제이다. 전문적인 직무수행 역량의 유지와 향상은 일반(또는 특정) 경력직 직업공무원의 첫 번째, 그리고 가장 중요한 직업윤리이다.

제11장과 제12장에서는 평등·공정인사 관련 제도·조직·기법을 소개하고 있다. 이 두 장은 공공·민간 조직의 인사공정성을 확보할 수 있는 방안과 함께, 중간관리자들에게 관리자로서 직무수행에 필요한 역량과 평가방법을 소개하고 있다. 영·미권, 그리고 EU 소속 국가 행정학자들은 민주헌법주의 국가에서 정부의 조직·인사관리는 결과나 성과 위주가 아닌 투입중심이어야 한다고 본다. 정부 조직에서 탁월한 능력을 가진 중간관리자의 역량 육성과 보유는 조직 및 실무직원의 직무수행 성과향상에 주요 영향요인이다. 미국은 대학에 행정전문대학원이 많이 개설되어 있다. 제5장에서 소개한다.

이 책은 민주헌법주의 국가인 대한민국 정부의 행정(학)과 공직자의 윤리와 가치에 대해서 기술하고 있다. 자유주의와 민주주의 이념에 기반을 두고 형성된 헌법원리를 실현하기 위한 정부 운영인 행정(학) 및 공무원의 윤리와 가치를 제시하고 있다. 자유주의와 민주주의 정부 운영인 행정은 가치다원주의 사회를 전제로 하고, 정부 조직구조 설계는 기계적이지(mechanistic) 않고, 유기체적인(organistic) 관점에서 이루어져야 한다. 매디슨(James Madison), 스펜서(Hebert Spencer), 뒤르켐(Emile Durkheim), 그리고 윌슨(T. Woodrow Wilson)은 민주 정부 조직구조를 유기적으로 본다. 조직구조가 유기적이라 함은 정부 조직구조상에 각 조직의 장과 공무원이 주권자의 합의를 초월하는 의지(또는 자율성)를 갖는 것이 인정된다는 것을 의미한다. 이것은 시민과 행정가의 관계가 주인-대리인(principal-agent)이 아닌 신탁(trustee) 관계라는 것을 의미한다. 미국 행정학자 왈도(D. Waldo), 프레드릭슨(H. G. Frederickson), 그리고 로젠블룸(D. H. Rosenbloom)으로 이어지는 행정학자들의 공통된 주장이다. 주류 경제학자들은 공무원을 주인인 시민의 대리인 관계로 본다. 행정(학)과 공직자에 대한 가치 확인 및 보유는 공직자를 대리인 관계가 아닌 신탁 관계로 볼 경우에만 중요성과 필요성이 커진다.

각 정부 조직의 장은 주권자의 합의 이상의 재량권을 보유하지만, 헌법과 법률이 부여하는 범위 내에서만 가능하다. 조직과 조직의 장의 재량이 헌법과 법률의 위임 범위를 초월하거나 침해한다면 헌법심판과 사법심사의 대상이 될 수 있다. 헌법이 명시하고 있는 위헌법률심사와 탄핵, 위헌정당해산제도가 그것이다. 헌법재판제도는 제2차 세계대전 직후에 독일에서 만들어졌으며, 뒤르켐 등의 유기체적 관점의 사후보완방안이었다. 제2장은 막스 베버(Max Wber)의 사상에 대해 기술하고, 베버는 기계적 관점에서 로마 가톨릭 조직구조를 사례로 들고, 불가피하다고 보았다. 한국의 민선 이전에 지방・교육자치 조직구조가 기계적이다.

가치다원주의 사회를 전제로 할 경우에, 공직자와 시민은 개인과 개인들로 이루어진 집단이 추구하는 가치의 다원성을 존중해야 한다. 가치다원성을 존중한다는 의미는 윤리상대적인 관점에서 정교분리의 원칙, 시민 자유와 사생활의 보호와 함께, 모든 시민이 평등한 입장에서 시민 합의인 헌법과 법규(가치중립적임)를 준수해야 할 의무를 갖는다는 의미이다(Spicer, 2010).

행정과 공직자(또는 행정가)들이 보호해야 할 대상은 국가 전체의 집단적인 정의(사회적 정의)가 아닌 시민의 개인의 자유의 보호이다. 어느 한 사람도 소외되지 않도록 시민 개인의 자유를 보호하는 것이 행정과 공직자의 존재 이유이다. 행정(학)과 행정가가 늘 고민해야 하는 것은 정부 행정서비스로부터 소외된 시민이 없는가이다. 자유를 제대로 향유하지 못하는 시민 한 사람이라도 있다면 그것은 정부실패가 된다. 행정가가 법령을 위반 · 탈법하여 부정 · 부패한다면 정부실패가 되는 것과 마찬가지이다.

어느 정부라 할지라도 신(神)이 아닌 인간이 정부 조직을 운영하는 한에 있어서는 공직자가 정부에 부여된 권한 이상의 권력을 자신의 이익을 위해서, 악(evil)용할 수 있다는 보는 것이 자유주의 정신이고 매디슨의 사상이다. 글루콘(Glucon)의 저서인 『공화국(*The Republic*)』에서, 글루콘은 기개스(Gyges) 왕의 사례를 통해서, 인간은 내재적으로 정의롭지 않다는 것을 보여준다. 법과 사회, 견제 조직의 속박을 통해서만 인간의 정의로운 행동이 담보될 수 있다. 이 사례는 자유주의 정신의 토대이다.

공공선택론의 기원이 된 『관료정치』는 공무원들이 자기 자신의 이익을 위해 일한다는 경험적인 근거를 제시하고 있다. 액튼 경(Sir W. Acton)은 절대 권력은 절대 부패한다고 본다. 권력분립의 원칙은 견제와 균형을 통해서 정부 상호 간에 권력을 감시하게 되어 있다. 윌슨(Wilson, 1908)은 미국 건국헌법의 결함인 의회 정부의 부패에 대한 상호 균형을 이룰 수 있는 견제장치로 대통령실의 역할 강화를 보았다. 옴부즈맨은 정부와 공무원의 부패예방을 위한 제도적 장치이다. 또한 고위공무원단수사처도 정부에서 일하는 고위층을 감시하기 위한 좋은 견제장치이다. 헌법재판제도(조직)는 대통령 등 주요 공무원과 헌법상 기관의 헌법의 주요 원리위반 행위에 대한 헌법수호제도이다(권영성, 2002: 65).

우리는 러시아연방의 일인지배 정부를 정당화시켜주는 헌법이 얼마나 큰 위험성을 지니고 있는지를 우크라이나 전쟁을 통해서 목도하고 있다. 유일 주권자인 시민참여 거버넌스제도와 시스템은 중요한 정부 운영 통제 및 견제 · 보완장치 중에 하나이고, 시어도어 루스벨트(Roosevelt, 1910)는 시민들에게 신국가주의(new nationalism)으로 무장할 것을 요청했다.

사실상 구체적이고 세부적인 법(정책)을 형성 · 집행하는 역할을 하는 정부 행정과 공직자는 정치적 중립(political neutrality)을 유지해야 한다. 여기서 이야기하는 정치중립은 경제적인 효율과 성과만을 강조하는 관리적인 차원만을 의미하는 것이 명백히 아니다. 행정과 행정가의 정치적 중립은 행정이 정치적이지만 어느 특정 정당(政黨)이나 파벌이 추구하는 가치에 기울어지지 않아야 한다는 것을 의미한다. 그리고 헌법에 내재되어 있는 정치적 이상 실현을 행정과 공직자에게 요구한다. 즉, 행정과 공직자가 시민의 기본권인 보편적인 자유의 보호와 확장을 위해 헌신 · 봉사할 것을 기대하고 있다(Blacksburg Manifesto, Frederickson, 1997; Mosher, 1992; Levitan, 1942). 다만, 로젠블룸(Rosenbloom, 2010)의 연구에 의하면, 미국 연방대법원은 공무원 개인의 정치적 이상 표현을 적별 절차 준수나 수정헌법 제1조 표현의 자유의 보호대상이 아니라고 보고 있다.

제1장은 민주헌법주의 국가에서의 정부 운영인 행정과 공직자와 관련된 주요 개념과 개념의 의미를 설명한다. 인문사회과학의 한 분과도서 행정학이 반석 위에 서려면 행정과 공무원과 관련된 추상적인 개념의 의미를 정확한 이해할 필요가 있다. 그리고 그것을 통해 정부 운영인 행정과 공직자의 존재 정당성을 얻을 수 있다.

민주헌법주의 국가에서 정부 행정과 행정가는 시민 개인의 자유를 보호・보장하는데 존재 목적이 있다. 모든 정부 조직은 사회 정의의 실현 또는, 공리주의적인 것이 아닌 계약주의와 개인적 정의 실현이라는 존재 목적을 가지고 설립된다. 정부 행정과 공무원은 제4부이고, 권력분립에서 발생 가능한 시민 대응성의 결핍을 보완할 의무를 진다. 정부 조직구조는 다층적이고, 이완된 독립성을 보장받는다. 주권자인 시민과 봉사자인 행정가 사이에 관계는 신탁 관계이고, 헌법과 법률은 시민요구를 적시에 적절하게 파악해서 평등・공정(또는 형평성)하게 직무를 수행할 것을 행정과 행정가에게 요구한다. 매디슨(James Madison)은 행정과 행정가가 사회적 약자의 이익을 우선하는 것이 시민 전체에 봉사하는 것이라고 본다.

제2장에서는 사회과학의 아버지로 불리어지는 베버(Max Weber)의 미국 행정(학)의 기여와 한계에 대해서 소개한다. 베버는 여러 연구결과물을 통해서, 행정이 독립 학문으로서 지위를 갖기 위한 연구접근방법, 연구자와 행정가의 윤리와 가치 등을 제시하였다. 베버는 관료 조직이 목측 합리성(도구적 합리성)의 추구로 인해 만들어지고 시민들을 지배하게 될 것이라고 보았지만, 그는 정부 관료의 이타성과 관련된 윤리 교육이 필요하다고 보았다.

그는 연구자는 가치자유를, 행정가는 정치・행정이원론적인 관점에서 가치중립을 주장했다. 베버 생전에는 정치와 행정은 명확히 구분되어 있었다. 베버가 본 정치는 가치배분에 관여하고, 행정은 단순히 집행하는 것이었다. 베버는 가치배분에 책임을 지는 의회지도자로 카리스마(도덕적인 아우라)가 있는 정치지도자의 존재 필요성을 주장했다. 베버가 사후 27년이 지나서 미국 의회에서 행정 각부와 공직자에게 가치배분(정치) 업무가 사실상 위임되었다.

베버는 정부 조직구조를 기계적으로 보았다. 기계적 조직구조는 유일 주권자인 시민의 자유보호와 보장에 취약한 조직구조이다. 미국 등 민주헌법주의 국가의 조직구조는 정도의 차이는 있지만 유기적이다. 헌법상 정부 조직구조가 유기적이라는 것은 각 조직이 각자 자신의 의지(자율과 재량) 하에 고유 소관 업무 관련 정책을 결정・실행할 수 있다는 의미이다. 시민요구 대응성 향상을 존재목적으로 하는 행정의 업무처리의 효율성을 향상시키기 위해서는 시민의 참여가 필수적이고, 각 계층별 내부 조직구조는 수평적(flat organization)이어야 한다. 각 정부 조직의 의사결정은 상의하달이 아닌 하의상달이 되어야 하고, 시민의 요구를 현장에서 해당 업무 담당 공무원(또는 시스템)이 전문성을 보유하고 신속・정확하게 처리한다는 의미에서 능률성을 추구해야 한다. 정부 운영은 수리경제적인 차원뿐만 아니라, 사회심리적인 차원에서 능률적이어야 한다. 정부 운영을 연구대상으로 하는 행정학이 수리경제적인 차원의 연구접근법에만 의존하게 된다면, 행정학은 독립학문으로서 정체성을 상실한다. 고든(Gordon, 1991: 487)은 베버의 도구적 합리성에 전적으로 의존하는 관료제를 사회주의의 그것과 범주적으로 차별성이 없다고 본다.

제3장은 정부 조직과 정부 행정의 존립과 정당성의 근거를 제공하는 제도의 성격과 함께, 정부 행정의 목적적, 그리고 도구적 가치에 대해서 소개한다. 신자유주의의 대부로 칭해지는 하이에크(F. A. Hayek)가 본 자유주의와 민주주의 제도의 특성 차이, 이상주의적 역사학파들이 본 공공부문의 존립 근거로서 사회적 가치(social value)를 확인해보고, 그에 따른 자유주의와 민주주의에서 행정의 가치를 도출해본다. 하이에크의 제도(법)의 성격과 행정의 역할에 관한 주장은 막스 베버가 『경제와 사회』에서 기술하고 있는 내용과 차이가 없다. 하이에크(Hayek, 1971)는 미국 헌법을 「무제한 민주주의」를 제약할 수 있는 유일하고 효과적인 장치로 보았다.

자유주의에서는 누구든지 시민의 삶에 특정한 목적을 부여할 수 없다. 자유주의에서는 윤리상대주의를 존중한다. 시민 각자가 믿는 종교도 다르고, 그에 따라 추구하는 가치도 다르다. 자유주의는 원심력을 추구한다. 자유주의의 법은 보통법(common law)이고, 자생적 질서이다. 보통법원의 판사는 재판과정을 통해서 문제가 발생한 현장에서 답을 구한다. 공직자도 시민 삶의 현장에서 답을 구할 수 있다. 현장의 문제 해결을 위해서는 분권화가 이루어져야 한다. 민주주의는 자율적인 시민들이 자발적인 합의를 존중한다. 민주주의에서는 구심력을 추구한다. 사회통합을 이루는 것이 목적이다.

신자유주의자들은 환경변화에 유연하게 대처할 수 있는 공무원 인사제도를 요구하고 있다. 그들은 환경변화에 유연하게 해고가 가능한 임시고용직 공무원(at-will employee), 개방형 전문공무원제도의 확대를 주장한다. 이에 비해서, 민주주의자들은 정치적으로 중립적일 수 있고, 평생직업으로서 경력직 직업공무원제도 강화를 주장한다.

두 이념 모두 특정 정권의 정치적인 영향을 받지 않는 업무 수행실적 중심의 공무원제도를 주장한다. 현대 미국 행정학자들은 자유민주주의적인 제도의 역설적인 균형을 주장하고 있고, 이는 개인주의적 자유주의 정신을 바탕으로 하는 현대 민주주의의 정치이념에서 도출되는 불가피한 특성이라고 할 수 있다.

제4장은 미국 행정(학)의 정체성 근원과 행정과 공무원의 가치에 관한 미국 행정학자들의 연구경향을 소개한다. 미국 행정학자들이 행정(학)과 공무원의 가치 유형에는 어떠한 것이 있는지를 확인해본다. 미국 행정학자들도 미국 건국헌법의 원리와 건국의 아버지들의 사상에서 행정(학)과 공무원의 가치를 도출하고 있다. 정부행정과 행정가는 제4부로서 독립성을 유지하며, 시민요구에 대응할 것을 요구받는다. 정부 운영인 행정은 정치이고, 공무원은 파당적이 아니라는 의미의 정치적 중립을 요구받는다.

제5장은 미국 행정(학)의 정체성 변화에 따른 행정교육과 실무 능력을 강화하기 위한 체계에 대해서 소개한다. 미국 행정학자들, 그리고 많은 정치인들은 정부 운영인 행정의 중요한 역할을 인식하고 있다. 미국 행정(학) 교육과 실무 능력을 강화하기 위한 제도와 조직적 지원체계를 소개한다. 미국은 행정과 행정가 전문성, 그리고 독립성을 강화할 수 있는 정부 조직과는 별도로 비영리 행정 전문 컨설팅 및 행정교육 조직들이 운영되고 있다. 이들 조직을 통해서 퇴직행정가와 연구자들의 정부 행정에 대한 실무적 또는 이론적인 경험을 전수하고 행정의 전문성도 강화하고 있다. 이들 조직은 정부 운영에 관한 체계적인 연구, 전문컨설팅, 그리고 공무원 교육프로그램 개발・인증・보급・강의를 맡고 있다. 어느 특정 도당(faction)의 일시적인 유행에 부합하는 정책 혼란으로부터 정부 행정이 굳건하게 유지될 수 있도록 지지대 역할을 하고 있다. 특히, 이들 조직들은 고위직 퇴직공무원과 연구자들의 재취업기회를 보장함으로써, 공무원의 신분보장을 강화하는 장점이 있다.

제6장은 대한민국 행정 가치를 대한민국 헌법이념과 원리를 통해서 도출한다. 대한민국의 행정 가치가 서구 국가들의 그것과 다르지 않다는 것을 확인한다. 조선시대에 자유주의와 자연법사상이 없었고, 이를 실천한 역사적인 유산이 거의 전무했다. 구한말 독립협회와 독립신문이 자유주의 사상을 도입했지만, 유교의 의(義)를 결부시켜 소개했기 때문에 온전히 자유주의가 전달되지 않았던 측면이 있다. 이런 이유 때문에 시민 개인의 기본권인 자유권이 온전히 보호・보장되지 못했고, 현재도 공동체에 의해서 위협받고 있는 것이 현실이다. 필자는 한국 정부 행정에서 평등주의 사상을 기본으로 하는 온전한 자유주의와 민주주의 이념이 교육・실천되었으면 하는 희망으로 이 책과 논문

을 작성했다. 세종대왕은 "뿌리가 깊은 나무는 …… 오래간다"고 역설하셨다. 정부 공직자들이 헌법 정신과 구성원리에 대한 정확한 이해가 부족하다면, 헌법이 헌법수호제도를 보유하고 있지만, 시민 기본권은 상시 위협의 대상이 될 수 있다.

第7장은 미국 자유주의 실현방안으로 사적입법에 대해서 소개한다. 미국 상・하원 의원 일인만이 발의할 수 있는 사적입법은 역사가 깊다. 사적입법은 공공입법과 타 정부 조직의 구제수단[행정적 또는 사법적 구제수단(Tort Claims Court)]을 통해서도 보호가 부족할 경우에 "개인이나 소규모 집단의 피해를 구제하기 위해서"라는 목적으로, 의회 의원 1인에 의해서만 법안이 발의된다. 대의(大義)를 위한 소의(少義)의 희생을 당연시하는 유교의 문화에서는 생각하기 힘든 제도이다. 미국에서 사적입법의 제정 연혁을 추적해보면, 미국 남북전쟁 당시에 전쟁으로 인해 피해를 입은 개인 재산권을 조사해서 보상해준 사례가 있다. 우리나라는 대통령이나 행정부에 의해 공공입법인 특별법 형태로 시행되고 있지만, 사적입법은 개인이나 소규모 집단의 자유(재산권 등)보호를 위해 적극적인 도입될 필요성이 있다.

第8장은 시민 대응활동에서 절차적 정의에 대해서 소개한다. 민원행정에서 절차적 정의 실천기법은 시민의 기본권을 보호하고, 현장 행정서비스 활동에 공무원 활동의 정당성 인식을 얻고, 결과적으로 시민으로부터 신뢰를 얻는 기법이다.

第9장은 개인 또는 조직가치에 대한 기존 연구결과를 소개한다. 이들 가치가 사람의 행동에 미치는 영향, 다양한 가치의 유형 등 가치 관련 연구결과를 소개한다. 콜버그(L. Kohlberg) 등이 연구하여 개발한 개인의 도덕적 가치 성숙성 수준에 관한 연구결과, 그리고 공직자의 가치 성숙성 수준에 대해서 소개한다.

第10장은 공공부문 또는 공무원 가치에 대한 국내・외 연구자들의 연구결과를 소개한다. 그리고 인사혁신처에서 한국행정연구원과 함께 연구하여 설정한 대한민국 공무원 가치를 소개한다. 대한민국이 전제 군주국이나 다른 정체가 아닌 민주헌법주의 국가이고 국민에 대한 애국심을, 그리고 시민 다양성에 대한 존중을 국가관에, 공직관은 책임감, 투명성과 공정성 등 공직자들이 직무수행과정에서 중시해야 하는 가치를, 윤리관은 청렴성, 도덕성과 공익성 등 마음가짐 내지는 태도로서의 가치를 제시하고 있다. 공무원뿐만 아니라 일반 시민을 대상으로 올바른 민주헌법주의라는 국가관을 함양시키고 실천하게 하는 것은 꼭 필요하다. 민주헌법주의는 시민 기본권 보호, 즉 시민 자유보호와 보장이 목적이다.

第11장은 민간부문과 공공부문 중간관리자 역량 가치를 소개한다. 공공부문은 성과나 결과 중심이 아닌 '투입' 또는 '시민 서비스' 중심 인적자원관리가 되어야 한다. 이 장에서는 중간관리자의 관리자 직무수행을 위한 역량유형, 그리고 역량 평가제도를 소개한다. 산업심리학자인 피터(L. J. Peter)는 피터으 법칙이라는 것을 소개한다. 피터의 법칙이란 조직에서 특정인을 승진시킬 때, 가장 무능력한 수준까지 승진시킨다는 것이다. 피터의 법칙의 함의는 실무자로서 직무수행을 잘하는 사람이 관리자로서 직무수행을 잘할 수 있는 가능성은 아주 낮다는 것이다. 중간관리자로서 필요한 역량인 지식·기술·태도는 외적으로 관찰이 가능하고 훈련이 가능한 것이다. 조직 내에서 중간관리자로서 성장하기 위해서는 역량개발을 위한 훈련이 필요하고, 조직관리자는 역량을 갖춘 인재를 공정한 기법에 의해 선발하는 것이 필요하다. 이 장은 중앙 정부기관의 중간관리자 역량 및 역량평가 방법에 대해서 소개한다.

제12장은 미국에서 시행되고 있는 평등·공정인사 제도, 추진조직, 그리고 기법을 소개한다. 이 장에서는 미국 정부 운영의 핵심인 공무원 인적관리 전 과정에서 행정과 공무원의 가치가 어떻게 적용되고 있는지, 그리고 앞서 소개한 행정 가치 실현을 위해서, 어떤 유형의 행정제도, 조직, 그리고 기법이 활용되고 있는지를 보여준다. 우리나라는 공공 조달에 우선 입찰대상 기업 제도와 함께, 기업 규모별 입찰제한 규정을 두고 있다. 각종 사회적 약자를 보호하는 제도들도 별도로 존재한다. 한국 정부 인사관리 업무를 총괄하는 인사혁신처는 균형인사의 일환으로 장애인 특별채용 프로그램을 운영하고 있다.

하지만, 미국 제도나 조직에 비해서, 공공 및 민간단체를 적용대상으로 하는 공정 인사관리 및 구제 제도는 부족한 형편이다. 즉, 모든 시민들을 대상으로 균등한 고용기회와 승진 등 인적자원관리 전반에 평등·공정한 고용 기회를 보장하는 제도, 조직, 그리고 기법은 미흡하다. 미국 정부는 (정부기관, 공공 조달 등 정부와의 계약을 통해) 정부의 자금(세금)이 들어가는 모든 단체(정부기관, 민간단체, 그리고 교육기관)에 평등·공정한 고용(대학입학)기회가 보장되어야 한다고 명시하고 있다(고용평등기회위원회, EEOC의 홈페이지 참조). 노동부 소속 연방계약준수드로그램사무국(OFCCP)은 공정·평등 이행 여부를 상시 감독하고 있고, 해당 기관(또는 사업주)은 이행계획을 수립하고 정기적으로 이행계획을 제출할 법적인 의무를 진다.

현대의 행정 가치와 공무원제도는 공공부문의 가치와 관련해서, 신자유주의의 가치인 환경변화에 유연하게 대응할 수 있는 유연한 인사관리제도(임시계약직·전문계약직·개방형)와 함께, 이상주의적 역사학파들이 주장하는 20세기 실질적 민주주의 실현을 위한 전문직업공무원(civil service, 폐쇄형) 제도 간에 역설적인 균형을 요구받는다고 볼 수 있다. 이는 자유주의와 민주주의 조화이고, 행정과 공무원의 시민요구의 대응성 강화와 행정의 안정성과 지속성, 그리고 전문성의 확보 사이에 균형을 이루는 데 목적이 있다. 결과적으로는 시민 자유의 보호와 보장에 목적이 있다.

한국의 폐쇄적이고 계급제적 인사관리제도가 안고 있는 가장 큰 문제는 일반 시민의 요구를 존중하고 적절히 대응하기보다는 선출직·임명직 공무원 개인에 충성하거나 소속 조직에 충성하는 조직 할거주의(van Wart, 1998)에 빠질 위험성이 있다는 것이다. 정부 조직 내에 의사결정과 핵심 가치가 상명하복을 위주로 하는 도구적 합리성을 추구하고 있다면 더욱 그러하다. 동양의 전통문화인 유교의 이념과 교리인 지배계층에 대한 충성, 그리고 집단주의와 귀속주의(Weber, 1915; 고대유 외, 2019)는 일인지배와 조직 할거주의를 강화시킬 위험이 있다.

또한 전통적인 유교의 교리와 관습은 한국 특유의 공공조직의 권위주의 문화와 관련성이 깊고, 공동체 구성원으로서 시민 개인을 지배할 위험성이 있다. 이는 시민 기본권(자유)에 보호에 위협요인이 될 수 있다. 실제로 과거 권위주의 정부에서는 공직자들이 사회적 정의를 실천한다는 명분을 내세워 개인 기본권을 침해한 사례가 많았다. 필자는 영·미국과 같이, 개인주의적 자유주의의 역사가 깊은 국가는 공동체 문화와 정신이 강조될 필요가 있지만[샌델(Michael J. Sandel)의 공동체적 자유주의: Sandel, 2009; 2014 참조], 한국처럼 유교의 공동체 문화와 의식, 그리고 관행이 강한 국가에서는 개인주의적 자유주의를 강화할 수 있는 제도, 조직 그리고 기법들이 도입·발전될 필요가 있다고 본다. 제12장에서 소개하고 있는 평등·공정 인사 관련 제도·정부 조직·기법이 그 방안일 수 있다.

한국 공무원제도는 과학기술 환경변화와 시민의 요구에 원활하게 대응하기 위해서, 폐쇄형 직업공무원제도와 함께, 개방형·전문임기제 공무원 시스템이 균형을 이룰 수 있도록 혼합하는 것이 필요하다. 이것이 미국 행정학자들이 이야기하는 역설적 균형이다. 또한 필자는 각 정부 조직의 중간관리자 직위로 승진 예정인 공무원, 선출직 지망 정치인들을 대상으로 행정전문대학원과정을 이수를 권장한다. 미국 내 각 대학에 행정전문대학원과정(school)이 많이 개설되어 있다. 대학 행정전문대학원과정은 순수 이론을 학습하는 교육이 아닌 실무 중심의 교육이 되어야 한다. 예를 들어, 다양한 시민요구 파악·분석기법 학습, 현장 실무사례를 중심으로 하는 사례학습, 그리고 중간관리자 공통관리 역량개발을 위한 시뮬레이션 방식의 학습 등이 그것이다. 또한 공무원들이 현대 관료제 성립의 이론적인 기초가 되었던 기술적 합리성 위주의 행정업무처리 관행에서 벗어날 수 있도록, 공공철학사상 학습, 시민 기본권 관련 헌재 및 대법원 주요 판례 학습, 정부 조직 생성의 정당성 근거와 확장의 사회적 맥락이 되는 역사 소설 및 다큐멘터리 학습, 사회적 약자인 시민의 삶을 이해하고 공감할 수 있는 영화 또는 다큐멘터리 학습이 필요하다(Spicer, 2010). 사회복지 단체나 저개발국의 장기 체험 · 봉사활동도 필요하다.

마지막으로, 모든 분야에 속하는 연구자는 가치자유를 누린다. 특히, 국공립대학 소속 연구자들은 공무원 신분이라 할지라도 정치활동의 자유를 헌법이 보장한다. 연구자의 가치자유는 연구자의 연구와 강단에서 보장되는 절대적인 기본권이다. 다만, 필자는 연구자도 정부 행정과 정책에 대한 자문과 연구, 컨설팅을 제공할 경우에는 헌법정신과 원리 준수, 정치적인 중립의무를 진다고 본다. 이유는 간단하다. 정부 정책은 다양한 가치를 보유하고 있는 모든 시민 개인과 집단을 대상으로 하기 때문이다. 정부 운영과 행정을 연구하고 자문하는 한국 행정 · 정책학회 회원들은 미국 행정학회 회원들과 같이, 한국헌법 정신과 구성원리 준수를 의무화하는 행동강령 제정과 준수가 필요하다.

막스 베버(Max Weber)는 사회과학의 연구가 사회 전체 현상을 이해 · 설명하는 것은 불가능하고 바람직하지도 않다고 보았다. 모든 이론과 법칙은 단순화된 특정한 가정을 전제로 성립된다. 이들 가정이 부정된다면 이론과 법칙은 사회 현상에 대한 설명력과 예측력을 잃게 된다. 불확실하고 복잡한 사회문제 해결과정에서 사회과학의 이론과 법칙은 사회적 합의보다 우위에 설 수 없다. 사회적 합의의 정점에는 인류보편적인 가치를 기초로 설계된 유일 주권자인 시민들의 합의이자, 결단인 헌법 구성원리가 있다.

마지막으로, 이 책의 제작과정에서 필자의 많은 의견을 들어주고, 토론을 함께 해주신 행정사상과 방법론연구회 이영철 회장님, 신희영 교수님, 김성준 교수님, 하호수 교수님, 권향원 교수님, 김대성 박사님 등등, 그리고 한국행정학회 회장님, 그리고 많은 선배 · 후배 연구자분들께 감사한 마음을 전하고 싶다. 故 김종근 박사님이 수집해서 제공해 준 막스 베버 이론 및 사상 자료가 도움이 되었다. 한국헌법학회 · 권영성 · 강신택 · 안문석 · 이종범 · 정용덕 · 염재호 · 임도빈 · 박순애 교수님, 베르텔리와 린(A. M. Bertelli & Jr. L. F. Lynn), 반 와트(M. van Wart), 스파이서(M. W. Spicer), 고든(C. Gordon)의 저술과 가르침이 필자의 연구와 주장에 근거와 자신감을 갖게 해주었다. 그리고 본 연구에 참고가 된 연구자분들의 연구결과물이 없었다면 이 책의 집필이 불가능했다. 많은 연구자분들께 연구자 중에 한사람으로 깊은 감사의 마음을 전하고 싶다.

그리고 정말 금전적으로 도움이 안 되는 연구를 묵묵히 옆에서 지켜봐준 가족에 감사한 마음이다. 이 책 출판에 관심을 가져준 도서출판 대영문화사 관계자분들에게도 감사한 마음을 전하고 싶다.

2022년 7월 무봉(舞鳳)산 자락에서
저자 씀

*행정 또는 공무원을 제4부로 보는 견해는 미국 건국헌법 설계자인 매디슨(James Madison)이 페더럴리스트 10.1에서 기술한 사상이고(Rosenbloom, 2011), 윌로우비(Willoughby, 1934: 115)는 집행력(executive power)과는 구분되는 헌법과 법을 행정력(administrative power)이 존재한다고 본다(Rosenbloom, 2011: 526 참조). 이와는 별개로 행정학자들은 19세기 말 또는 20세기 초부터 생성된 기관장이 없는 조직(headless)인 독립규제위원회(특히, 경제・원자력관련 정책의 안정성과 지속성이 강조되는 조직)를 제4부로 본다. 로젠블룸(Rosenbloom, 1983 참조)에 의하면, 행정은 행정부, 입법 및 판결의 기능과 관련된 헌법적 가치를 통합해야 하는 범정부적 기능(government-wide function)이다(Rosenbloom, 2011: 526). 린(Lynn, 2013)은 왈도(D. Waldo)의 언급을 인용하여, 미국 헌법상 유일한 하나의 단일한 정치체제는 "의회선임관리자(council manager) 형태의 정부(the council manager form of government)"라고 본다.

차례

머리말 / 3

CHAPTER 01 총론: 다양한 개념의 의미와 이해 23

제 1 절 자유주의에 관련된 개념들 …… 28
제 2 절 민주주의에 관련된 개념들 …… 33
제 3 절 자유와 민주주의 이념에 기초한 공적인 영역에서 시민윤리 …… 36
제 4 절 사적인 삶의 영역에서의 시민윤리와 드덕 …… 37
제 5 절 정부(Government)와 관련된 개념들 …… 40
제 6 절 직업공무원(Professional Public Service) …… 42
제 7 절 직업공무원의 윤리 …… 46
제 8 절 제4부로서 행정(PA)의 업무처리 권한과 책임 …… 47
1. 정무직과 경력직 공무원 사이의 관계 / 48
2. 관료제 때리기와 공무원의 핵심 가치 / 54
3. 의회와 행정부 각 부처 사이의 업무관계 / 57
4. 정부 부 · 처 · 청 사이의 업무상 갈등 · 경쟁 · 협력관계 / 59

제 9 절 행정의 역할 정의 …… 60
제10절 시민참여와 거버넌스(Governance), 협동생산의 필요성 …… 61
제11절 정부에서 공무원의 역할 중요성 부각 및 공정한 인사관리의 필요성 …… 63

CHAPTER 02 막스 베버 사상의 미국 행정(과학)에 기여와 한계 65

제 1 절 서론: 연구 목적과 주요 비교 쟁점 …… 68

제 2 절 본론: 쟁점 비교, 베버의 행정(과학)에의 기여와 한계점 ······ 73
1. 주요 활동 내역, 연구활동, 그리고 기여 / 73
2. 첫 번째 쟁점: 행정의 가치로서 형평(equity)과 능률(efficiency) / 75
3. 베버의 가치중립은 탈정치인가 가치자유인가 / 77
4. 베버(Max Weber)의 관료 조직구조와 미국 헌법원리와의 상충성: 베버 이론의 행정에의 적용 한계점 / 81
제 3 절 주요 논쟁점 정리 ······ 86
제 4 절 결론: 논의 정리 및 연구한계 ······ 87

CHAPTER 03 공공부문과 공무원 가치의 철학적 근거 93

제 1 절 문제 제기와 연구 목적 ······ 95
제 2 절 본론: 자유주의와 민주주의의 이론 비교와 공공부문 가치 ······ 99
1. 비교대상의 규정: 주요 쟁점 / 99
2. 하이에크의 자유주의와 민주주의의 법, 그리고 공공부문 역할 및 가치 / 100
3. 민주주의에서 공공부문 개입 근거로서 사회적 가치 창출 / 109
4. 공공부문 개입의 한계와 범위 설정수단으로서 헌법 / 111
5. 양 정치이념에서 바라본 공무원과 윤리, 그리고 가치 / 113
제 3 절 결어와 연구의 한계, 그리고 향후 연구제언 ······ 120

CHAPTER 04 미국 행정(학), 공무원의 가치, 그리고 헌법 125

제 1 절 서론: 연구 질문, 대상과 목적 ······ 128
제 2 절 본론: 민주헌법 국가로서 미국의 행정(학), 그리고 공무원의 기원과 사명, 그리고 가치, 그리고 헌법 구성원리 ······ 132
1. 주요 논점 비교 / 132
2. 미국 행정(공무원)의 역할 근거로서 법과 헌법원리 / 136
3. 논의 쟁점 정리 / 155
제 3 절 결론 및 한국 정부 행정과 행정학 교육에 시사점 ······ 158

CHAPTER 05 미국 행정(학)과 행정교육 현황과 제언 165

제 1 절 민주헌법주의 국가로서 미국의 행정(학)과 공무원의 정체성 ············ 167
제 2 절 정치 · 행정일원론과 포괄적인 행정 이론화의 어려움 ························ 170
제 3 절 공무원의 핵심 가치와 행정인 육성 및 교육체계 ······························ 171
1. 공무원의 핵심 가치로서 시민요구 대응성과 외적 책임성 / 171
2. 미국 행정인 육성 및 교육체계 / 172
제 4 절 결론: 한국 행정과 행정학 교육에 제언 ··· 175

CHAPTER 06 대한민국 행정 가치, 정당성, 헌법이념 181

제 1 절 서론 ··· 183
제 2 절 대한민국 행정 가치와 정당성: 헌법이념과 유사이념 비교 ·················· 187
1. 논의의 쟁점 / 187
2. 한국 자유주의 이념의 기원, 그리고 관련된 헌법 규정 / 189
3. 한국 민주주의 이념의 도입과 관련 헌법 규정 / 193
4. 행정이념 도입과정에서 민본주의의 영향과 헌법 규정과의 차이점 / 202
제 3 절 대한민국 행정의 가치와 쟁점 정리 ·· 211
1. 행정 가치 / 211
2. 쟁점 정리 / 212
제 4 절 결론과 연구제언 ·· 214

CHAPTER 07 사적입법과 자유(재산권)보호 · 보장 219

제 1 절 서론: 문제 제기와 목적 ·· 223
제 2 절 본론: 미시관리와 자유보호 수단으로서 사적입법제도 ························ 228
1. 의원 입법안: 공공입법과 사적입법 / 228
2. 사적입법(Private Bills)의 범위와 절차 / 231
제 3 절 결론: 국회에 사적입법제도 도입 및 연구제언 ··································· 234

CHAPTER 08 행정서비스 활동에서 절차적 정의 237

제 1 절 서론: 문제 제기와 연구 목적 ········· 240
제 2 절 본론: 조직 내·외 절차적 정의 준수의 효과성 ········· 242
1. 행정서비스, 경찰활동에서 절차적 정의의 도입배경 / 242
2. 독립·매개변수: 조직 내·외부 절차적 정의의 개념이해 / 246
3. 종속변수: 시민들의 경찰에 대한 신뢰와 협력, 그리고 조직성과 / 250
4. 조절변수: 경찰공무원의 시민 신뢰 / 254
제 3 절 결론: 향후 연구제언 ········· 257

CHAPTER 09 가치에 관한 연구와 다양한 접근법 261

제 1 절 가치와 가치에 관한 다양한 접근방법에 대한 이해 ········· 264
1. 개인가치 개념의 이해와 정의 / 264
2. 가치와 성격(personality)과의 차이점 / 267
3. 가치(values)에 관한 접근방법 / 270
4. 목적론적, 그리고 도구적 가치 / 280
제 2 절 도덕적 가치 성숙성과 공직자의 행동의 준거 ········· 297
1. 도덕(윤리)과 정치이념 간 인간의 동인에 관한 기본가정 / 297
2. 도덕적 발달 단계와 인간 성숙성의 이해 / 301
3. 도덕적 발달수준별 공직자의 행동 / 311

CHAPTER 10 공무원 가치 관련 유사연구들 315

제 1 절 공공봉사동기(Public Service Motivation: PSM) ········· 317
1. 공공봉사동기 개념 이해와 정의 / 317
2. 공공봉사동기의 긍정적인 성과 / 320
제 2 절 조직시민행동 ········· 321
1. 조직시민행동의 개념 이해와 정의 / 321
2. 공공부문에서 조직시민행동의 의의 / 323

3. 조직시민행동의 유형 / 327
4. 시민행동의 효과 또는 성과 / 329

제 3 절 반 와트가 제시하는 공직가치 ······ 333
1. 개인적인 차원에서 공민적 청렴성 / 333
2. 전문직업인(공직) 차원에서의 전문직업주의(professionalism) / 335
3. 조직 차원에서의 가치 / 336
4. 법적 차원에서의 가치 / 338
5. 공익 차원에서의 가치 / 339

제 4 절 외국 주요 국가들과 대한민국의 공직가치 ······ 341
1. 외국 주요 국가들의 공직가치 / 341
2. 대한민국의 공직가치 유형과 내재화 방안 / 342

제 5 절 심리적인 계약과 집단주의 ······ 348
1. 심리적 계약이행 / 348
2. 집단주의 / 351
3. 행동강령의 존재 / 353

CHAPTER 11 '투입'중심 수행관리 방안으로서 역량 355

제 1 절 역량관리에 대한 이해 ······ 357
1. 역량관리의 필요성과 강점 / 357
2. 역량개념의 개념정의와 이해 / 364
3. 역량중심 대 기능중심 관리의 비교과 혼용 필요성 / 367
4. 중간관리자 관리역량이 조직성과에 미치는 영향 / 370

제 2 절 학자들이 제시하는 관리자 역량모델과 각국 정부사례 ······ 371
1. Whitten & Carmeron이 제시하는 관리자 역량모델 / 371
2. PDI(Personnel Decisions International) 관리자 역량모델 / 374
3. 외국 정부의 관리자 역량모델 / 378
4. 한국 정부의 관리자 역량모델과 평가 / 335

CHAPTER 12 공정 · 평등한 인사를 위한 이론 · 제도 · 기법 401

제 1 절 서론: 인적자원관리의 중심가치로서 공정과 평등 ······ 403

제 2 절 미국 평등 · 공정 인사 관련 제도와 조직 ······ 406

1. 평등 · 공정한 인적자원관리를 위한 제도 / 406
2. 시민권법(the Civil Rights Acts) / 410
3. 고용상 연령차별금지법(Age Discrimination in Employment Act: ADEA) / 412
4. 직업재활법(Vacational Rehabilitation Act)과
   장애인 차별금지법(Americans with Disability Act: ADA) / 413
5. 기타 평등고용 관련 미국 법과 보장내용 / 415

제 3 절 평등고용을 확보하기 위한 연방정부 조직 ······ 416

1. 고용평등기회위원회 / 416
2. 연방계약준수프로그램사무국(OFCCP) / 418
3. 연방고용분쟁 조정 및 중재위원회(FMCS) / 424

제 4 절 인사의 공정성 · 평등성 확보를 위한 인사관리 기법 ······ 424

1. 진정직업자격(Bona Fide Occupational Qualification: BFOQ) / 424
2. 불리효과(adverse impact) / 425
3. 입증책임(the burden of proof) 문제 / 427
4. 사법심판 제기 전 조사 · 조정 기관으로서 고용평등기회위원회 역할 / 428
5. 인적자원관리 전반에서 공정성 · 평등성 문제와 동기관리 / 429

제 5 절 이 장 및 전체 결론, 그리고 연구한계 ······ 432

1. 이 장의 결론 / 432
2. 전체 결론과 연구한계 / 435

■ 참고문헌 ······ 449

■ 찾아보기 ······ 489

제 1 장

총론: 다양한 개념의 의미와 이해

이 책에서 기술되어 있는 핵심 개념들을 소개하면 다음과 같다. 이 책은 행정(학)과 공직자의 윤리와 가치에 관한 행정(또는 정치)이론과 함께, 행정과 공직자의 윤리와 가치 실천을 위해 서구에서 개발·발전되어온 기법을 소개하는 데 목적이 있다. 이 책에서 소개되는 이론과 기법들은 유교의 종교이념과 관행, 그리고 권위주의 시대 상명하복의 행정문화와 관행이 깊이 내재되어 있는 한국 행정(학)과 공직자의 업무 현실과는 다소 상이할 수 있다. 한국 현실 행정이 어떻게 움직이고 있는지, 그리고 관료들이 어떤 관념과 관행에 익숙해져 있는지, 정부 행정의 외부 환경인 정치와 사회, 그리고 기업에서 행정과 공직자들에게 어떤 행태와 관행을 요구하고 있는지와는 무관하게, 밤하늘을 비추는 북극성이 사막여행자들에게 방향을 제시해주는 것처럼 행정학자와 실무자들에게 행정연구와 실무의 지향성을 제시하는 데 목적을 두고, 최대한 연구자 개인의 주관적인 관점을 배제하도록 노력하며 이 책을 집필했다. 하지만, 영·미권 국가들의 오랜 전통과 문화, 그리고 서구 학자들이 서구적인 맥락에서 사용하는 학술용어에 대한 정확한 이해와 전달에는 한계가 분명히 있다는 것을 인정한다. 향후 타 연구자들이 발전시킬 영역이라고 생각한다.

이 책의 첫 장은 행정학과 공직자(경력직 공무원, 공공기관 종사자, 선출직 또는 임명직 공무원, 공무수행사인을 포함한 개념임, 한국 헌법은 이들 모두를 공무원으로 칭함)에 대한 정확한 이해를 돕고, 이 책의 전반적인 내용을 독자들이 쉽게 이해할 수 있도록 할 목적으로 이 책에서 기술되는 주요 개념과 개념의 정의, 개념의 유래에 대해서 소개한다.

이 책은 대한민국 헌법 구성의 기본원리를 제공하는 자유주의와 민주주의(주권재민), 그리고 국가라는 공동체의 존립에 위해(危害)를 가하는 질병 등 대규모 인원이 감염되는 전염병 창궐시기 또는 국가 재정, 또는 군사 위기 시에 적용되는 공리주의 정치이념 등을 이념적인 기준으로 하여 기술되어 있다 즉, 이 책은 자유주의와 민주주의 이념을 기초로 하여 개별 시민인 주권자에게 봉사하는 행정 이론과 실무에 관한 이론, 제도, 그리고 기법에 대해 기술하고 있다. 그런 연유로, 일인지배 또는 지배연합에 대한 봉사를 위한 행정(학) 이론과 실무(신공공관리나 신성과관리), 그리고 공동체를 우선하는 공화주의 내지는 사회주의, 그리고 동양의 유교나 다양한 종교 교리에서 기초를 둔 이론과 실무 등은 민주헌법주의 원리에 따라 배제하였다. 사회주의 국가에도 행정(학)이나 공무원이 존재하지만, 자유민주주의의 행정이론이나 공무원의 정체성이나 역할 정당성의 기초가 서로 상이하기 때문에, 사회주의 국가에 민주주의 이념에 바탕을 둔 행정이론과 실무, 그리고 제도를 적용하는 데는 한계가 있고 현실 적합성도 떨어질 것이다.

자유주의와 민주주의 이념(가치다원주의)에서의 행정 조직구조는 일인지배가 가능한 기계적인(mechanistic) 계층제적 조직이 아닌 유기적인(organistic) 다층적 조직구조형태를 유지한다. 유일한 주권자인 시민에 봉사하는 행정과 공직자는 개별 시민들의 요구에 효율적으로 대응하기 위해서는 조직의 수평화과 권한의 분권화가 요구된다. 조직의 의사결정방식은 하의상달 방식이어야 한다. 하의상달식이란 주권자인 시민의 요구에 대응하는 행정이어야 한다는 것을 의미한다. 이 경우에 일선 현장 업무담당자들은 절차적 정의를 실천할 수 있어야 하고, 문제 해결 역량과 헌법적인 가치를 보유해야 한다.

제2장에서 기술하는 것처럼, 베버(Max Weber) 주장의 행정이론과 실무에의 적용한계가 여기에 있다. 공무원은 주인의 의사에 구속되는 대리인의 관계가 아닌, 주인과 신탁자의 관계이고, 신탁자인 공직자는 헌법과 법률의 위임 권한 범위 내에서 재량권을 행사할 수 있다. 하지만, 신탁자인 공직자가 헌법 구성원리(정신)와 법률을 침해하거나 위반하는 경우에는 탄핵이나 형사 · 행정 처벌의 대상이 된다.

중간관리자들은 사회심리적인 관점에서 업무성과를 향상시킬 수 있는 중간관리자의 관리역량이 요구된다. 사회문제 해결을 위한 대안 탐색에는 경제적 능률성 달성을 목적으로 하는 수리 · 경제적인 분석(논리실증주의 접근방법)과 함께, 사회심리적인 분석기법, 해석학적인 연구접근법, 비판적인 연구접근법 등 다양한 양적 · 질적 분석 접근법(혼합방법론)이 활용되는 것이 바람직하다. 행정학은 중범위이론이고 혼합적인 연구방법을 활용한 대안탐색이 필요하다(강신택, 2019; Simon, 1985; Waldo, 1968). 아담스와 벨푸어(Adams & Balfour, 1998)는 현대 행정국가가 추구하는 기술적인 합리성(technical rationality)을 새로운 형태의 악(a new form of evil), 또는 행정적인 악(administrative evil)이라고 명명한다. 그들(1998)은 "이 새로운 형태의 악을 다른 사람 인간에게 알면서, 그리고 주의 깊게 가하는 고통 또는 수난(suffering)"이라고 칭한다(Dubnick, 2000).

행정학 연구가 일인지배 또는 지배체제 연합에 봉사하는 맹목적인 능률성을 추구할 경우, 또는 사회문제 해결에서 논리실증적인 접근방법에만 의존한다면 행정학은 정체성을 상실하고 소멸할 것이다. 이러한 접근방법에 의해서 도출된 정부 정책은 사회적 문제 해결에서 적실성이 부족하고, 정부는 시민들로부터 신뢰를 상실할 것이다. 기존 자연과학적인 연구접근방법(논리실증주의적인)은 개인과 소규모 개인으로 구성된 소집단의 구성원으로서, 개인의 의도, 희망, 그리고 기대 등 가치를 보유한 사람의 능동적인 측면을 간과하게 되고, 그로 인해 사회문제에 대한 정확한 진단 및 적절한 해결책을 제시하는 데에 한계가 있다. 왈도(Waldo, 1948, 1968)의 "행정은 정치"라는 주장과 같이, 사이먼(Simon, 1985)도 행정이 해결해야 하는 문제는 정치적인 것이라고 본다. 정치학자 로위 외(Lowi et al., 2008: 190)도 행정국가이고, 행정이 정치를 한다는 것을 인정하고 있다.

제4장에서 기술하는 것처럼, 조선 말기에 자유주의와 민주주의, 그리고 권력분립 등 다양한 정치이념, 그리고 정치 조직과 제도가 서구 국가들로부터 한국에 수입되었다. 구한말에 서구의 사상과 제도를 도입하고 한국의 정치제도에 적용할 당시에, 한국의 정치지도자들과 일반 국민들은 오래전부터 무의식적으로 잠재된 의식이나 관행이라는 스펙트럼(특히, 조선의 유교적 사고)을 통해서 서구의 정치사상과 제도를 잘못 해석하고 적용하였던 것이 사실이다(신용일, 2019a, 2019b; 이나미, 2000; 서희경, 2002). 또한 과거 권위주의 정부는 의도적인 사상 교육(예: 국민교육헌장, 전두환 정권에서 제정한 대한민국 공무원헌장 등)과 대통령 일인지배 방식의 정치실무 기법 설계 · 운영을 통해 시민들이 가지고 있는 정치 · 행정제도에 대한 인식 왜곡을 심화시켰다. 과거 정부는 민주주의도 자유주의도 아닌(최상용, 1984; 한배호, 1989) 공리주의에 사상적인 기초를 둔 전체주의적인 접근방식으로 시민에 대한 통치를 한 것이라고 볼 수 있고, 필자는 그 시기의 의식과 관행이 일부 시민들과 공무원들에게 아직도 뿌리 깊게 잠재되어 있다고 본다.

한국 연구자들과 시민들은 미국인 등 서구 유럽인들과는 달리, 다른 종교(특히, 유교, 성리학 등), 그리고 종교에서 비롯된 전통 문화, 관행, 그리고 제도 교육 등 사회화과정을 겪었고, 그렇기 때문에 무의식적으로 잠재된 유교적 사고와 의식을 기반으로 서구 사상이나 제도를 해석하고, 주장하는 경향이 있었던 것이 사실이다. 서구의 사상이나 제도도입의 왜곡을 불러온 가장 큰 원인은 우리에게는 자연법사상에서 기원하는 보통법 전통(조선에는 민법 등 재산권 관련 법률이 존재하지 않았음)이 없었다. 즉, 개인적 자유주의 정신과 경험이 없었다. 미국 건국 이전부터 존재했던 자치조직체(county)와 자율규칙[알렉시스 드 토크빌(Alexis de Tocqueville)의 『미국 민주주의』 참조]의 경험도 없다.[1] 조선에 유사한 형태로 두레, 상조계와 같은 농번기, 장례 일손 품앗이 결사체는

1) 윌리엄 펜(William Penn)은 1681년 펜실베니아 주에 최초로 입법과 행정적인 권한을 가진 군위원회(county commission)를 설립함(Wikipedia 참조), 일반적으로 지방정부 수준에서 city commission government로 통칭함. 세금 부과, 재산권 수용, 조례제정 등 기능을 수행함.

존재했으나, 미국의 군(county)에서 운영하고 있는 행정적인 문제에 관한 결정권한이 있는 군위원회(county commission), 재정적인 문제에 관한 권한이 있는 군위원회(county council) 조직과 기능, 그리고 사법재판관(magistrate)이 없었다. 이러한 경험의 부재가 우리가 서구의 사상이나 제도를 정확하게 이해하고 현실에 적용·실천하는 데 걸림돌이었다. 그런 이유로, 이 책은 보다 자유민주주의 이념에 부합된 정치·행정제도에 관련된 주요 개념들을 소개하려고 노력하였다.

1970년대 말부터 미국에서 유행하기 시작했던 자유민주주의는 자유주의·민주주의 정치체제가 아닌 시장 만능과 민영화를 주장하는 새로운 정치사상이다. 자유민주주의 정치체제는 자유주의·민주주의 정치제제와는 구분되고, 정치민주화뿐만 아니라 경제·사회민주화를 통한 '보편적인 모든 시민의 자유보호와 확장'을 통한 사회통합을 목적으로 하는 사회민주주의와는 대척관계를 이루는 정치체제(리프킨, 2009; 정승현, 2007: 69)라는 점을 분명히 해두고 싶다. 대한민국 헌법 제1조에 명시하고 있는 민주공화국은 민주공화국 내지는 개인의 자유를 보다 보편적으로 깊이 있게 보호·확장하려는 정치체제로서 사회적 시장경제 질서 국가를 지칭한다(한국헌법학회, 2013 참조). 공동체가 개인의 자유를 지배·억압하는 사회주의와는 상반된 정치체제이다.

제1절 자유주의에 관련된 개념들

자유주의는 시민의 자발성에 의한 자유선택을 존중하고 보호한다. 자유주의에서는 자기 이해(self interest, 이기심으로도 번역됨)과 이타심(fellow feeling), 이 둘 모두를 선(善)으로 본다.[2] 자유주의는 독립적이고 평등한 개인 사이의 관계를 상정하고, 자기

2) 자유주의는 자기 이해와 탐욕을 구분한다. 자기 이해는 이기심(self-interest)으로 번역하기도 하지만, 유교의 잠재된 영향으로 이기심에 대한 부정적인 인식이 한국인들에게 있는 것이 사실이다. 자기 이해로 번역하는 것이 한국인에게 정서상보다 친근할 것 같다. 자기 이해란 행위자들이 원하는 자원에 대한 통제로 정의된다(Coleman, 1990: 27-44). 베버(Max Weber)는 이해에는 정치적 이해, 경제적 이해, 자기 이해, 계급 이해 등 다양한 유형이 있다고 한다(Swedberg, 2003: 291). 애덤 스미스는 『국부론』에서 자기 이해를 장려해야 할 것으로, 탐욕은 공동체의 모든 힘을 동원해서 통제해야 한다고 보았다(Lynn, 2013). 자유주의는 선사후공(先私後公)의 정신이다. 개인이 자기 이익을 위해서 열심히 노력하면 공동체의 부가 형성된다는 것이다. 이에 비해서, 유교는 선공후사(先公後私)를 내세운다. 거기에 더해서 한국 정부는 경제개발을 하면서, 멸사봉공(滅私奉公)이라는 구호를 내세웠다. 멸사봉공은 인권 및 노동권의 착취를 정당화하는 논리로서 작

이해 추구를 선으로 본다.[3] 자유와 평등의 관계는 동전의 앞뒷면 같고, 평등을 전제로 했을 때 진정한 개인의 자유가 보장된다. 즉, 진정한 의미에서 평등한 관계없는 개인의 자유상태는 존재할 수 없다. 평등 없는 자유상태는 형식적 자유를 의미하며, 공동체가 아닌 개인이 개인을 지배하는 상태가 된다. 어떠한 경우에도 개인에 의한 개인의 지배는 정당화될 수 없다.

미국 건국의 아버지이고 건국헌법을 설계한 미국 대륙의회 제헌헌법 설계자인 매디슨(James Medison)은 애덤 스미스의 『국부론』에 심취했었고(Lynn, 2013), 건국헌법 제정과정에서 자기 이해에 가득한 많은 참여자들을 목격했다고 한다. 그는 개인이 부자가 되려고 노력하는 마음인 이기심을 존중했다(Lynn, 2013). 자유권적 기본권은 행복추구권이라고도 하며(한국헌법학회, 2013), 아리스토텔레스 이래로 자유권의 핵심에는 재산권의 보호가 있다. 재산권은 양심·사상의 자유와 연결된다. 자유권은 공정한 재판을 받을 권리, 변호사의 조력을 받을 권리, 체포 시 미란다원칙을 고지받을 권리, 영장 없이 구금되지 않을 권리, 무죄추정의 원칙 등을 포함한다. 자유주의에서 개인의 재산권

용했다고 볼 수 있다. 애덤 스미스에 영향을 준 맨더빌의 『꿀벌의 우화』에서 악덕이 국부를 가져온다고 주장한다(맨더빌, 2011). 맨더빌과 애덤 스미스의 차이점은 맨더빌은 이기심을 초월하는 악덕을 구분하지 않았고, 악덕도 사회의 이익이 된다고 본 반면에, 스미스는 악덕을 비판하고 이타심을 『도덕감정론』에서 악덕을 막아줄 정의의 체계가 필요하다고 보았다(최윤재, 2011: 50). 애덤 스미스는 『국부론』에서 자기애(self love)라는 용어를 더 자주 사용했으며, 이기심은 한 번 사용했다(최윤재, 2011: 50). 이기적(selfish)과는 다른 개념이다. 베버(Weber, 1915, 1946: 260)에 의하면, 아이디어가 아닌 물질적, 그리고 이상적 이해가 직접적으로 인간의 행위를 지배한다. 그러나 매우 빈번하게, '아이디어'에 의해 창출되는 세계 이미지는 조차계원(swithman)과 같이, 이해의 동력에 의해 추진되는 활동의 경로를 결정한다.

3) 휴머니즘(Humanism)은 인간주의로 번역되고, 신중심의 세상에서 인간중심의 세계로 전환된 르네상스사상과 관련이 깊다. 인간주의는 인간 이기심의 발견이다. 신의 섭리, 도덕의 지배로부터 벗어나서, 인간의 본성인 이기심의 발견되고 존중되기 시작한 것이다. 애덤 스미스의 『국부론』에서 언급한 보이지 않는 손(invisible hands)은 사실 신(神)의 손을 이야기한 것이다. 『국부론』은 인간 이기심(또는 self love, 자기愛)을 바탕으로 저술된 것이며, 인간 이기심을 통해서 국부가 증진될 수 있다고 본 것이다. 인간 이기심만이 존중되면 공동체는 어떻게 유지될까? 그는 인간에게 또 다른 본성인 이타심(fellow feeling)이 있다고 보았고, 이타심을 통해서 공동체가 유지될 수 있다고 보았다. 이타심이 발동되지 않는다면 어찌될 것인가? 보이지 않는 신의 손이 있어 공동체를 유지시켜줄 것이라고 보았다. 20세기 들어서면서부터 신의 손은 부정되기 시작되었다. 성인들만의 전유물인 사실(fact)을 중시하는 실증주의(positivism), 신의 섭리가 아닌 인간 경험이 중시되는 경험주의(empiricism)의 중시는 과학의 발전을 가져왔고, 세계의 부의 급격한 신장을 가져왔다고 볼 수 있다. 신의 손을 대체하게 된 인간의 이타심이 인간 이기심을 억압한다면, 또는 이기심에 의해 이타심이 사라진다면 어떻게 될까? 인간 이기심을 보호하고, 이타심을 확장하는 인간이 고안해낸 제도적 장치가 무엇일까? 답은 헌법주의이다. 미국 행정학자들은 미국을 민주헌법주의 국가라고 칭한다(Newland, 1997; Lynn, 2013).

은 자유권적 기본권의 본질적인 부분에 속한다(한국헌법학회, 2013).

프랑스 혁명을 성공으로 이끈 핵심세력인 부르조아(Bourgeois:[4] 중세 도시에 거주하고 소상공업에 종사하던 자영업자 내지는 근로자들)의 특징과 그들의 생활방식에 대해서 가장 잘 기술한 연구자는 막스 베버(Max Weber, 이하에서는 베버로 통일)이다. 베버는 『중세경제사에 관한 연구』에서, 그는 농촌 지역의 귀족(봉건 영주)의 지배를 벗어나서 도시에서 거주하고 있었던 시민들의 특징에 대해서 잘 기술하고 있다. 이들 도시 거주자들은 전시에 스스로 군역을 책임지고 평상시 소상공업으로 생활을 영위해가는 독립된 개인들이었다. 중세도시의 소상공인이었던 시민계층이 추구하는 것은 도구적인 합리성(목측 합리성)이고, 이들이 추구하는 목표는 잘 살고자 하는 것이며, 경제적인 합리성을 추구한다고 보았다. 독일에서 베버를 학습하고 미국으로 건너가서 하버드대학에서 강의했던 슘페터(J. Schumptet)의 기업가 정신은 베버의 목측 합리성을 추구하는 개인기업가의 정신을 의미한다(Gordon, 1986). 이들의 행동의 동기는 이기심(경제적으로 잘 살아보고자 하는 욕구)이다.

애덤 스미스의 『국부론』에서 인간행동에 대한 기본 동인은 이기심이다(Lynn, 2013). 애담 스미스의 『국부론』에 영향을 주었다고 평가되는 맨더빌(Bernard Mandeville)의 『꿀벌의 우화』 역시 인간행동의 동인을 이기심으로 본다. 맨더빌(Mandeville, 1971)의 『꿀벌의 우화』의 부제목은 개인의 악덕, 사회의 이익(private vices, publick benefits)이다. 자유주의 사상의 핵심에는 재산권이 있고, 재산을 보유한 사람들만이 자유 의지를 가지고 자신의 삶에 대한 자유로운 선택권을 행사할 수 있는 능력(sovereignty는 주권이고, 자율임)이 있다고 보는 것이다.

자유주의는 교육이나 사회적인 학습과정을 통해서도 사람들이 이기심을 버릴 수 없다고 전제한다. 완전무결한 사람, 이기심 또는 탐욕의 유혹에서 벗어날 수 있는 사람은 존재하지 않는다. 그리스 신화에 나오는 기개스(Gyges) 왕의 이야기는 완전하게 선한 사람이 없다는 지혜를 우리에게 전해준다. 오직 신(神)만이 이타적일 수 있다. 20세기 넘어서면서, 연구자들 사이에서 심신이원론에서 벗어나면서 심신일원론(유물론)이 인정되었고, 연구자들은 신의 섭리보다는 객관적인 사실만을 믿는 실증주의(positivism), 인간의 경험(empiricism)을 중시하게 되었다. 신의 이타심으로부터 인간의 이타심으로 변화되고, 인간 이타심에 기초해서 집합규칙인 공법이 만들어지고, 공법을 근거로 정부

4) Wikidepia: a sociologically defined social class, equivalent to the middle or upper middle class. 위키디피아는 중위 또는 중상위 계층을 의미함. 슘페터(J. Schumpter)의 기업가 정신 보유자임.

의 역할이 형성·확장된다(Weber, 1978; Ostrom, 1990; Hayek, 1971; 신용일, 2019). 제3장 공공부문 가치의 철학적 근거에서 자세히 다루어진다.

공공부문에서 공적인 일을 수행하는 사람들도 이기심을 추구한다. 유교와 같이, 이기심을 버리고 이타심만을 추구하라는 것은 인권침해가 된다. 사적인 영역에서는 시민들과 공무원 모두 이기심을 통해서 개인적인 이득을 얻을 수 있다. 그렇지만, 개인 간에 거래에서 이기심을 초월해서 탐욕을 추구할 때, 각종 법규에서 금지하고 있다면 처벌의 대상이 된다. 특히, 공무원들은 시민의 합의로 부여한 공권력을 행사할 수 있고, 그 권력을 이용해서 사리사욕을 취할 수 있기 때문에 상시 감시와 견제의 대상이다. 시민들의 이타심(애덤 스미스는 fellow feeling로 칭함)을 기초로 해서 만들어지는 법을 공직자들이 잘 집행하고 있는지를 권력분립, 옴부즈맨, 공수처, 시민참여·통제, 언론통제, 그리고 내부고발을 통해서 상시(常時) 감시한다. 신행정학자들이 엘 고어(Al Gore)가 신성과관리(NPR)를 주장하며, 법규를 간소화 내지는 없앤 것을 비판하는 이유는 정부권력을 민주적으로 통제하고 감시할 수 있는 수단을 없앴기 때문이다(Piotrowski & Rosenbloom, 2002: 644; Rosenbloom et al., 2018).

일반 시민이나 공직자는 처벌 법규 내지는 자율규약이 없으면 자신의 행동에 대해 자유를 갖는다. 일반 시민은 공동체 구성원들에 의해 체결된 자율규약, 사적인 계약이나 관습, 그리고 공법이 없으면 자신의 선택이나 행동에 제약을 받지 않는다. 자신이 속한 공동체나 종교 윤리와 규약에의 구속은 별개이다. 공직자는 공법에 역할의 근거가 있고, 법규에 정해진 역할 범위 내에서 권한을 행사할 수 있다. 또한 법 집행도 적법한 절차를 준수해야 한다. 법에서 정한 권한 범위를 벗어나서 공권력을 행사할 수 없고, 법에 정해진 절차를 따르지 않으면 법규에 정해진 내용과 절차에 따라 처벌을 받게 된다. 처벌 주체(통상 징계위원회)는 처벌법규의 내용 범위나 절차를 준수해야 하며, 이를 위반한 징계는 사법적인 절차에 따라 무효가 되며, 피징계자는 구제받을 수 있다.

클린턴(Bill Clinton) 정부 시기에, 미국 대통령위원회가 만들어졌고, 그 위원회는 공무원(특히, 경찰공무원)의 현장 법 집행에서 절차적 정의의 준수를 제안했다. 일선 현장공무원이 절차적 정의를 준수할 경우에 공무원의 법 집행에 대한 시민으로부터 정당성을 얻을 수 있고 행정의 신뢰가 높아질 수 있어, 시민들로부터 협력을 얻어낼 수 있다는 것이다. 이에 대해서는 제8장에서 자세하게 소개한다.

영·미권 국가에서는 "개인이나 특정 집단의 권리 구제를 위해서"라는 목적을 가지고 있는 사적인 입법(private bill)의 전통이 있다(Hinds 1937; Beth, 2004). 사적입법은 행정부나 사법부에 의해 이루어진 개인이나 특정 집단에 대한 권리구제가 충분하지 않은 경우에 상·하원 의원 개인에 의해 발의되는 법률안을 의미한다. 사적입법은 기존 법률에 첨부되는 형태로, 또는 개별법의 형태로 제정된다. 사적입법은 자유주의 전통을 가지고 있는 영·미권 국가에서 발전되어온 제도이다. 집행부, 사법부, 그리고 입법부 등 모든 정부가 사회적 정의의 실현에 희생된 개인이나 특정 집단의 자유(특히, 재산권)를 보호하고, 사후적으로 보상해주는 제도적인 장치를 갖고 있다. 이에 대해서는 제7장 사적입법과 자유주의에서 자세히 소개된다.

현대 공리주의는 인간행동의 동인으로 욕구(utility)에 기초한다. 초기 자유주의자인 존 스튜어트 밀(Mill, 1859)은 『자유론(*On Liberty*)』에서 쾌락의 차원을 두 가지 차원으로 구분한다.[5)] 고급 쾌락과 저급한 쾌락이다(Sandel, 2009).[6)] 이에 반해, 고전적·현대적 의미의 자유주의는 사회 내 가치다원성의 존재를 인정한다. 자유주의는 법에 의한 지배(rule of law)를 특징으로 하고, 법은 가치다원성을 내포하고 있다. 다양한 사회 집단들 사이에 합의의 산출물을 법으로 본다(Spicer, 2010). 베버는 사회를 구성하는 개인과 소수의 개인들로 구성된 소집단의 존재만을 인정하고, 이들 사이에 영향관계를 사회과학의 연구대상으로 보았다(Gordon, 1991). 베버는 개인과 소집단이 보유한 가치의 다양성을 인정한다(Swedberg, 2003).

자유주의는 적법 절차를 추구한다. 의사결정이 적법한 절차를 준수한 경우에는 그 절차를 거쳐서 결정된 내용이 공정하다고 보는 것이다(김영평, 1995). 자유주의 수호와 관계가 깊은 정부 기관은 경찰, 검찰 등 사법 행정기관과 사법부이다. 외세의 침략을 막는 국방부와 각 군조직도 시민의 자유의 수호가 목적이다. 역사적으로 타 국가 또는 이민족으로부터의 지배나 점령은 피지배국가의 개인의 자유를 심대하게 억압했었기 때문이다. 행정 또는 공공부문의 가치로는 능률성,[7)] 법 적합성, 그리고 투명성의 가치가

5) 존 스튜어트 밀(Mill, 1859)은 『자유론(*On Liberty*)』에서 "독립은 권리이며 절대적인 것이다. 개인은 자신에 대한, 자신의 몸과 마음에 대한 주권을 갖는다"고 기술한다. 또한 이나미(2007: 35)는 "밀은 '고립된 자유'만으로－다른 사람의 행복을 침해하지 않는 한 나의 행복을 추구할 자유－자유의 본질을 설명하려고 무척 애를 썼지만 결과적으로는 온갖 예외 조항만 늘어놓았을 뿐이다. 예외 조항으로 …… 다음과 같은 사람에게는 자유가 어용되지 않는다. 미성숙한 인간, 아동, 미개인, 도박꾼, 무절제한 사람, 태만한 사람, 불결한 사람, 의무를 이행하지 않는 사람 등, 밀은 또한 무위로서 타인에게 위해를 가할 수도 있다는 것을 인정했다"고 기술한다.

6) 19세기 말~20세기 초에는 공리주의가 지배했다. 비용편익분석의 사상적 근거는 공리주의이다. 제국주의도 공리주의의 연장선상이다. 인간행동의 동인을 욕구 하나로 보는 신고전경제학(수리경제적 분석)은 사람의 능동성 또는 자율성을 인정하지 않는다. 베버는 인간에 대한 수동적인 관점을 거부한다(Gordon, 1991). 초기 심리학도 인간을 동물과 같이 수동적인 존재로 파악한다.

중시된다(신용일, 2019). 공무원의 가치로는 대응성이며, 시민요구 처리의 효율성을 향상시키기 위해서 공동체 자치 등 분권화와 시민참여가 장려된다. 자유주의의 법은 거래당사자 사이에 맺어진 계약의 공정성보다는 계약의 이행(계약법, 민법 등), 거래불이행(불법행위법)으로 인한 손해의 구제와 책임당사자에 대한 처벌에 관심을 둔다.

제2절 민주주의에 관련된 개념들

민주주의는 근대 계몽주의 사상에 영향을 받은 주권재민 사상에서 기원한다. 주권자들에게는 참정권(선거권과 피선거권)이 주어지고, 정부는 평등・보통선거로 선출된 대표자들로 구성되는 대의민주주의 형태의 정치조직이 된다. 존 로크(John Locke)는 『정부에 관한 제2의 논문』에서 "시민의 생명, 자유, 그리고 재산의 내용과 한계는 법률에 의해서 정할 수 있다"고 기술하고 있다. 이는 법실증주의 정신과 연결된다. 시민의 재산권에 관계되는 사항은 법으로 정할 수 있기 때문에, 시민의 대표들의 집합체인 의회에 의해 내용과 한계가 정해진다.

하지만, 시민 기본권에 근본적인 영향을 미치는 사항에 대해서는 직접 민주주의의 형태인 국민투표(referendum)의 방식을 택하는 것이 바람직하다. 스위스는 국가의 주요 정책결정에서 국민투표를 가장 잘 활용하는 국가로 유명하다. 미국은 주요한 정책에 관한 시민의 의견을 각종 선거과정을 통해서 시민들이 직접 선택할 기회를 갖는다.

20세기 실질적 민주주의[8]는 평등한 권리관계를 인정하고 사회 평등성을 강화를 위

7) 여기서 능률성은 하향적인 능률성이 아닌 현장문제 해결 관점에서의 능률성을 의미한다. 보통법 전통을 가지고 있는 영・미권 국가에서 자생적인 질서는 현장에서 자생적으로 생성되고 갱신되는 질서이다(Hayek, 1969: 32-36). 현장의 거래 관행 속에서 문제 해결의 답이 있다. 결과적으로, 현장문제 해결을 위한 분권화가 요구되며, 여기에서의 능률은 수리경제적인 능률이 아닌 사회심리적인 능률이다.

8) 고대 도시국가에서의 '데모스'는 지역 단위로 이양된, 드시국가 전 영역의 기본 단위이며(전성우, 1996: 140), 동시에 도시국가 내의 모든 권리와 의무의 기초를 단위이며, 법인체적 지역조직으로 인식된다(Weber, 1979: 282). 이는 공화주의의 공동체 개념과 유사하며, 공동체를 구성하는 개인의 독립성이 인정되는 것이 아니다. 공동체를 구속하는 법과 규율은 개인의 자유를 억압하고 박탈하기도 했다(Brennan & Lomasky, 2006; Weber, 1924: 782). 이에 비해서, 계몽주의 사상에 영향받은 개인주의적 자유주의, 그리고 자유주의를 기초로 하는 20세기 실질적 민주주의는 개인의 본질적인 자유를 불가침의 절대적인 자유로 보호한다는 것이 다르다. 19세기 말까지 자유주의와 공화주의 사이에 치열한 이념논쟁이 있었으며, 공화주의는 정치이념으로서의 지위를 상실하고

한 정부의 개입을 인정한다. 프랑스 헌법과 독일기본법은 정부의 적극적 평등실현의무를 규정하고 있고, 미국 정부는 정부의 적극적 평등실현 조치(affirmative action)를 취하고 있으며, 공공기관과 대학의 평등 실현조치는 사법심사의 대상이 되고 있다. 1964년 제정된 시민권법(the Civil Right Act: 성, 종족, 유색, 출신국가 등 차별금지)을 비롯해서, 평등임금법(the Equal Pay Act: 남녀임금차별금지법), 연령차별금지법(the Age Discrimination Act: 40세 이상 노동자차별금지법), 장애인보호법(Diabilities Act), 임산부차별금지법(Pregnancy Discrimination Act), 유전적인 정보차별금지법(Generic Information Non Discrimination Act) 등이 있다.[9)]

우리 건국헌법인 상해임시정부의 헌장에는 모든 인민은 남녀노소평등하다고 규정하고 있다. 제헌헌법은 제8조에 법 앞에 평등권과 함께, 사회적 특수계급을 창설금지 및 철폐조항을 두고 있었다. 그리고 현행헌법 제11조는 정치·경제·사회·문화 등의 영역에서 차별을 금지한다고만 규정하고 있다. 정부의 적극적인 평등실현 의무를 헌법에 명문으로 규정하고 있지 않다(임지봉, 2013: 389 이하).[10)] 헌법 개정이 이루어진다면 정

사라졌지만, 1인 또는 지배 계층의 지배를 원하는 사람들에 의해서 유령처럼 떠돌고 있다. 공화주의는 사회주의 사상에 영향을 주었다. 최근에 신공화주의 사상이 지배와 피지배관계를 부정하고 다시 등장하고 있지만, 이는 과거의 신분제도의 부활, 조직 내 권위적인 조직문화의 부활을 가져올 수 있는 위험이 있다(Thompson, 2013). '시민 도시국가'는 모든 시민의 법적 평등, 신분간의 결혼금지 해제, '가문이 없는 민중'도 명문가들과 종교적인 의식상의 동등한 위치를 차지했다는 점에서(Weber, 1979: 744), 동양의 씨족·부족공동체와는 차이가 있다. 자유주의나 민주주의는 불가피하게 대의정치를 기본으로 하기 때문에, 시민의 자발적인 합의를 초월하는 그 이상의 공동체(국가)의 초월적인 의지가 있다고 보는 것은 언제든지 주권자인 시민의 자유를 억압할 수 있는 위험이 있다. 현대 자유주의와 민주주의는 헌법에 의해 보호 또는 보장되고, 헌법재판제도는 국가(공동체)로부터 시민의 자유를 보호하고 보장하는 역할을 한다. 시민 합의를 초월하는 공동체의 초월적인 의지도 헌법 규정에 명시된 권한 범위 내에서만 행사될 수 있다. 헌법은 대통령과 공무원에게 전체 국민에 봉사 내지는 통일·외교와 관련된 재량권(고도의 통치행위)을 인정하고 있다(권영성, 2002: 790). Gordon(1986)은 사회과학의 아버지로 Comte, Durkheim, 그리고 Weber를 꼽고 있는데, Comte와 Durkeim은 유기체로서 국가는 시민 합의를 초월하는 의지가 있다고 보는 반면에, Weber는 기계적인 관점에서 국가의 초월적인 의지를 부정한다는 점에서 차이가 있다(Gordon, 1986: 465 이하 참조).

9) 미국은 인사관리 전반에 있어서 성별, 인종, 나이, 종교 혹은 출신 지역에 따라 불공정한 대우를 받고 있다고 생각하는 경우에 괴롭힘이나 차별을 받았다고 생각하는 피해당사자는 고용평등기회위원회에 고발을 할 수 있다. 고용평등기회위원회는 자체 조사결과 차별이 있었다고 인정할 경우에는 피해자의 소송을 대행해 주고, 소송에 필요한 일체 경비를 위원회에서 부담한다(Aamondt, 2017: 76 이하 내용 참조).

10) 한국 정부에서는 계급제를 채택하고 있어, 공직에서의 계급을 신분으로 인식하는 경향이 있고, 퇴직 후에도 퇴직 전 계급이 호칭으로 그대로 따라 다닌다. 계급제가 일사 분란한 비상시 일처리에는 도움이 될지는 모르지만, 업무 전문성을 무시할 위험이 있고 사회 평등주의 문화정착에

부의 평등실현 의무를 규정하는 것이 바람직하다. 제12장 공정 · 평등 인사관리 부분에서 자세하게 기술한다.

시민들이 평등한 관계에서 동료의식(fellow feeling)에 기초해서 자발적인 합의를 통해서 만드는 것이 공법이다. 제3장에서 시민 자발적인 합의를 통한 제정되는 인위적인 법에 특성에 대해서 자세하게 기술한다. 베버(Max Weber)는 공법을 집행하기 위해서 정부 조직이 필요하다고 보았다(Weber, 1978: 958). 또한 베버는 정치 · 행정이원론적인 입장에서 법의 제정은 의회가, 집행은 정부 관료 조직이 필요하다고 보았다. 베버는 현대적인 권위를 법에 의한 지배로, 전통적인 권위를 군주에 의한 지배, 그리고 카리스마(그리스어인 카리스마는 이타심이 있는 선망의 대상이 되는 존재에서 나오는 아우라를 의미함)있는 지도자에 의한 지배를 카리스마 지배로 구분하고 있다(전성우, 1996).

제3장에서 기술하는 것처럼, 민주주의의 법은 공법의 형태를 취하게 되고, 특정인이나 특정 집단이 아닌 모든 시민에 영향을 미친다. 시민의 자유선택 또는 시민들 사이에 계약이라고 하더라도 시민사회의 건전한 풍속을 해치거나 탐욕이 있을 경우에는 정부의 개입대상이 될 있다. 예를 들어, 집안에서 마약을 복용하는 경우, 상대방의 궁핍 · 정보부족을 이용하여 폭리를 취하는 경우에는 정부가 개입하게 된다.

민주헌법주의 국가에서 주권자는 유일하게 시민들이다. 헌법은 시민의 기본권을 보호할 목적으로 시민들의 자발적인 합의에 의해서 제정된 것이다. 시민의 자발적인 합의는 특정한 가치 영역에 한정되지 않는다. 가치다원적인 사회를 전제로 한다는 점에서 특정 종교윤리에서 비롯되는 것이 아닌 공동체의 존속을 위한 범위 내에서 합의가 이루어진다. 예를 들어, 성인들 사이에 합의에 의한 불륜행위는 공법의 개입 영역이 아니지만, 일정 금액 이상의 외국 물품의 소비에 대해서는 관세를 부과하는 합의는 가능하다.

전제 군주시대에 통합되어 있던 정치권력을 4부로 구분하고, 입법, 집행, 그리고 사법의 헌법적인 가치인 시민의 기본권 보호 역할을 제4부인 행정과 공무원에 부여하였다. 미국 건국헌법설계자들이 중복되고 공유된 권력을 갖는 이들 상호 분리된 국가기관을 설계한 목적은 시민의 기본권 보호와 확장을 위해서 상호 경쟁하도록 함에 있다. 정치권력의 분립으로 인해 발생되는 시민요구 대응성의 부족(또는 결핍)을 없애기 위한 목적으로 제4부인 공무원(또는 행정)을 두었고, 이것이 공무원의 주요 핵심 가치가 된다.[11] 특정한 정부 권력기관이 헌법 구성의 원리를 위반하는 정책을 집행할 경우에 공

부정적인 영향을 미칠 우려가 있다.

11) 버지니아 폴리 텍과 주립대학이 주도했던 블랙스버그 선언(the Blacksburg Manifesto)으로 잘 알

무원은 집행에 저항하고, 방해하고, 그리고 거절해야만 한다(Frederickson, 1997: 229).

민주주의 행정은 권리 평등성 강화를 위한 사회적 형평(social equity)의 가치를 우선해야 한다(the Minnowbrook perspective임)[12](Waldo, 2007). 또한 시민들의 보편적인 평등성 강화를 위한 정부의 권한 강화와 규모의 확장은 참여와 투명성의 가치가 더 중요해진다. 시민들의 다원적 가치를 존중하기 때문에, 정부의 모든 결정과 집행 시 공정성의 가치를 중시해야 한다. 교육부, 보건·위생·의료·사회복지 등을 담당하는 정부기관들, 주택 및 교통과 관련된 정부기관들, 고용과 노동에 관련된 기관들, 산업·중소·벤처기업·소상공인·환경, 그리고 과학기술 관련 기관들은 공정성과 형평성, 투명성 등이 존재 목적 가치가 된다.

대형 군수장비 등 국방에 대한 정부 투자는 사회적 가치(social value) 창출 차원에서 이루어졌다(Martin, 1902). 사회적 가치[특히, 사회간접자본(SOC), 항공우주산업, 과학기술 연구와 개발 등)는 후에 경제학자 하딘(Hardin, 1968)의 "공유재의 비극"이라는 논문 이후에[13] 공공재와 공유자원으로 명칭이 변경되지만(Samuelson & Nordhaus, 1985: 714), 사회적 가치를 가지는 재화의 창출과 관리·이용에는 투명성, 공정성, 형평성의 확보가 중요하다(Samuelson & Nordhaus, 1985: 714).

제3절 자유와 민주주의 이념에 기초한 공적인 영역에서 시민윤리

자유주의에서의 공적인 영역(둘 이상의 시민들 사이에, 그리고 시민들이 공유하는

려져 있는 내용으로, 내용의 기원은 미국 대륙 제헌의회에서 헌법설계자로 참여했던 건국의 아버지 중의 한 사람인 매디슨(James Madison)의 사상을 이어받은 것이다(Bertelli & Lynn, 2005; Lynn, 2013).

12) 미노브룩 관점(Minnowbrook Perspective)의 여섯 가지 중심 주제는 적실성(relevance), 반실증주의(antipositivism), 개인적인 도덕성(personal morality), 혁신(innovation), 고객에 대한 관심(concern for clients), 그리고 반관료주의적 철학(an antibureaucratic philosophy)이다. 적실성은 행정학의 현장 적용 적실성을 높이는 것이고, 행정학연구에서 논리실증주의를 탈피하는 것(정책분석에서 능률 지향된 방법 또는 실증주의자들에 대한 직접적인 반대)이고, 베버의 도구적 합리성 내지는 기술적인 합리성만을 중시하는 관료제 철학으로부터 벗어나는 것을 의미한다(Bertelli & Lynn, 2005: 152 이하 참조).

13) Wikipedia에서는 common goods이 영국의 common land에서 유래되었다고 한다. G. Hardin(1968)이 "공유재의 비극"이라는 글을 쓴 것이, 학술논문에서 거의 최초라고 보고 있다.

영역)에서 시민윤리는 자연법을 준수하는 것이다.[14] 개인 상호 간에 맺은 계약, 거래관행, 또는 물건을 사고팔 때 사용되는 약관, 그리고 개인들로 이루어진 자발적 공동체하에서의 형성되는 자율규칙인 공동체 규약(공동주택 · 집합건물 규약, 조합원 규약, 각종 마을공동체 규약 등등)을 지키는 것이 일차적인 윤리이다. 오스트롬(Ostrom, 1990: 53)은 개인 사이에 또는 소규모 공동체에서 형성되는 규칙을 자율(운영)규칙(operational rule)이라고 칭한다.

민주주의에서의 윤리는 시민의 대표자인 의회에 의해서 제정되는 법률, 법률을 집행하기 위한 대통령의 명령과 각부 장관이 발하는 행정규칙, 그리고 지방의회에서 제정되는 조례 등을 준수하는 것이 윤리이다. 시민은 법규에 대한 준수를 요구받지만, 의회, 대통령, 집행부 소속 각 기관에 의해 제정된 명령과 법규가 인류보편적인 헌법원리를 위반할 경우에 헌법소원과 저항권을 행사할 수 있다.

20세기 현대적 의미의 민주주의는 사회구성원들의 가치다원성을 존중한다. 시민들의 자발적인 합의로 만들어지는 법은 중립적인 특성을 지니게 된다. 다양한 개인이나 개인이 속한 이익집단의 이익을 반영한 타협의 산물이 법규이다. 오스트롬(Ostrom, 1990)은 이를 집합규칙(collective rule)이라고 칭한다. 그리고 인류보편적인 원칙을 정하는 헌법적 규칙(constitutional rule)과 국제조약 등을 준수해야 한다. 공동체 구성원인 시민은 집합규칙과 자율(운영)규칙인 인류 보편적인 윤리원칙이나 국제조약(협약)을 위반할 수 없다. 이것이 시민윤리이다.

제4절 사적인 삶의 영역에서의 시민윤리와 도덕

사적인 삶에서의 윤리는 종교일 수 있고, 사회적 관습과 전통일 수 있다. 한국의 시민의 사적인 삶에서의 윤리는 조선의 유교, 성리학 교리 등에 기원을 두고 있으나, 서구 국가는 기독교, 중동지역은 이슬람 종교 교리가 윤리의 기원이라고 볼 수 있다. 샤머니즘과 풍습, 그리고 풍수지리도 개인에게는 윤리이다. 우리 선조들은 서구의 기독교

14) Weber(1978: 753)에 의하면, 보통법(common law)은 임의적으로 만들어진 법과 반대이고, 독일에서는 관습법(customary law)이라고 칭한다고 기술하고 있다. 판사에 의해서 만들어지는(발견되는) 법이다. 우리나라는 자연법 또는 보통법의 전통이 없다.

교리를 받아들였지만 잠재의식 속에서, 생활의식이나 관습 속에서 유교의 교리를 벗어나지 못하고 있는 것이 사실이다.

각종 종교의 성인들의 가르침이 개인 삶의 윤리가 된다. 종교(종교)를 믿는 사람들의 신앙적인 삶이란 성인들의 종교적 가르침을 그대로 이행하는 것이다. 즉, 특정한 개인이 종교적인 신앙을 실천한다는 의미는 자유주의 정신에 의한 개인의 자율적인 선택이라는 것은 방종(放縱)이 된다. 조선의 국교가 유교이었기 때문에, 조선시대 선조들은 어린 시기부터 『소학』부터 『사서삼경』(군주는 『대학』)까지 유교의 교리를 배우고 실천하는 것을 최고의 이상으로 삼았다. 지금도 유교의 교리가 대한민국 국민들의 삶과 의식, 관행 속에서 잔존하지 않는다고 말할 수 없을 것이다. 시민들의 교육수준이 낮을수록, 도시화가 덜되어 있을수록, 삶의 폐쇄성이 클수록 그만큼 더 가능성이 높다.

따라서 시민들 각자는 믿는 종교에 따라 각자의 윤리가 달라질 수 있다. 개인별로, 집단별로, 그리고 국가별로 윤리는 상대적(윤리상대주의)이다. 모든 시민들, 모든 집단 단체들, 그리고 모든 국가들에 포괄적으로 적용할 수 있는 절대적인 종교 교리나 개인 윤리 기준은 없다. 우리 헌법에서는 전통문화의 계승과 보존이라고 되어 있지만, 단지 역사로서 계승하고 보존하라는 것을 의미할 뿐 평등권과 자유권 정신에 우선하는 전통문화는 보편적인 윤리로서 존중되기 어렵다.

우리 헌법 제11조는 평등권을 명시하고 있다. 그러므로 개인, 친족, 소집단 사이에 차별을 정당화하는 계급이나 신분은 인정되지 않는다. 조선시대의 사·농·공·상, 장유유서, 군사부일체, 남녀차별 같은 차별을 조장하는 신분질서는 존중되거나 인정되지 않는다. 과거 군에서, 학교에서, 가정에서 일상적으로 발생했던 각종 물리적 또는 언어적인 폭행과 폭언은 우리 의식 속에 잠재되어 있던 유교의 의식과 교리로 인해 당연시 되었던 것이 사실이다.

우리 헌법은 정교분리(政教分離)의 원칙을 천명하고 있다. 우리 헌법과 법률은 자유주의와 민주주의 이념을 토대로 하고 있다. 국가의 전쟁과 같은 긴급사태일 경우에만 공리주의 윤리를 한정적으로 필요한 최소 범위 내에서 허용하고 있다.[15] 그러니 개인

15) 아프가니스탄 산간 지역에서 염소를 기르는 목동들을 우연히 만난 미국 특수부대원(U.S. Navy Seal)들이 민간인 목동을 살해할 것인지를 고민하다가(rule of engagement 지침을 준수함) 민간인 전시 무장하지 않은 민간인 인권보호 차원에서 살려서 보냈다. 살아서 간 목동들은 탈레반에 미국 특수부대원들의 침투 사실을 알렸고, 미국 특수부대원과 이들을 실고 부대로 복귀하려고 파견된 헬기도 탈레반의 기습공격으로 인해 살상·격추되었다. 전쟁 시에는 보편적인 (민간인) 인권보호라는 인류보편적인 원칙 준수의 한계에 대해서 생각해볼 수 있는 사례이다(구글에서 Red

혼자가 아닌 둘 사이 이상의 공적인 영역의 삶에서 적용되는 윤리는 개인 사이에 계약이나 거래관행을 준수하는 것과 시민들의 자발적인 합의인 공법을 준수하는 것이라고 볼 수 있다. 인류의 보편적인 윤리를 담고 있는 헌법적인 규칙이나 국제협약 또는 규약을 준수하는 것도 공적인 영역에서 윤리이다.

국제기구인 유엔(UN)은 인권보호 차원에서 동성 간의 결혼(동성혼이라고 칭함)을 각국이 법으로 보장할 것을 권고하고 있다. 동성혼(同姓婚)이 종국적으로는 배우자의 상속권리나 부양가족에 대한 의료보험 혜택부여와 같은 재산권 문제이고, 결혼이 행복한 삶을 위한 것이라는 결혼의 본질적인 목적에 부합한다는 점에서 유엔은 동성결혼을 기본적인 인간의 권리로 보고 있다. 일부 종교단체는 남녀의 역할 구분과 자녀출산이 성서에 기록되어 있다는 이유로 동성혼 인정을 적극적으로 반대하고 있다.16)

개인의 사적 영역 내지 공간에서 개인의 사고나 행동은 공동체나 타인의 간섭대상이 아니다. 개인마다 살아온 방식이 다르고 믿는 종고가 다르기 떄문에 개인들 사이에서 나누는 대화의 내용도 비방이나 비판의 대상이 될 수 없다. 종고, 양심과 사상, 학문과 예술은 절대적인 자유의 영역에 속한다. 아무도 상대방의 종교, 양심과 사상, 그리고 학문과 예술에 간섭할 수 없다. 사회주의 국가는 인민들의 도덕적인 삶을 이유로 국가가 사상을 통제하고 개인 간의 감시와 통제하는 제도를 시행하고 있다(예: 북한의 오호담당제, 중국의 문화대혁명, 사회주의 국가의 종교 통제, 제3・4・5공화국 시기 불온서적

Wing Operation 검색결과 참조). 미국 철학자 스팀슨(Stimson, 2006)은 이라크 전쟁 시기에 미군의 전술핵무기 사용에 대한 정당성 근거로 “상대로 하여금 전쟁에 대한 공포심” 부여의 필요성을 이야기하고 있다. 톰슨(Dannis F. Thompson)의 더러운 손(dirty hand)의 논리도 같은 맥락이다(데니스 F. 톰슨, 1999). 우리나라는 경제개발시기에 일부 수출기업에 대한 정부 집중지원을 통한 불균형성장에 대한 정당성 근거로 공리주의가 활용되었다. 현재 지방자치단체의 대기업 유치지원팀 운영이나 기업 유치지원 제도도 동일한 논리로 볼 수 있다. 기업유치가 특정 지방자치단체의 세수증대로 이어져서, 당해 지방자치단체의 재정자율권이 강화되고 지역주민들의 복지 및 안전기반 확충 재정이 된다는 논리이다. 지방자치단체장과 정치인 사이에 치열한 유치경쟁과 그로 인한 문제점은 논외이다. 결론적으로, 지방행정제도 개편과 지방재정 확충을 위한 세제 개편으로 해결해야 할 문제를 지방자치단체에서는 공리주의 논리로 접근하고 있다고 본다. 이외에 제5공화국 삼청교육대 운영, 히틀러(Adolf Hitler)의 아우슈비츠 수용소 운영도 공리주의 윤리 적용사례이다.

16) 국가기관에 결혼을 신고하는 제도는 결혼을 국가가 허가하는 제도가 아니다. 단순히 재산권의 문제이다. 특정한 개인이 어느 다른 개인과 결혼관계를 유지하기로 합의하고 동거하는 것에 국가는 개입할 수 없다. 결혼할지에 대한 선택 여부는 시민의 자유로운 선택에 해당되는 부분이다. 다만, 국가는 결혼신고제도를 통해서, 누가 부양가족의 혜택을 받을 수 있는지, 가족으로서 상속권을 가지고 있는지를 명확히 해주는 것이다(Sandel, 2009: 253 이하).

지정 및 검열 등).

일부 공인인 개인과 자녀, 그리고 친인척들의 사적인 삶에서의 행동이나 사적인 공간에서의 대화가 언론기관을 통해, 선거 전 과정에서 공개 또는 비방의 대상이 되는 것은 자제되어야 한다. 개인 삶에서의 사적인 삶에서의 자율 선택 문제가 국가기관 또는 공동체의 개입 영역이 될 수 있는지에 대해서 성찰이 필요하다. 사생활과 자기 선택의 자유, 인간 이기심의 추구는 자유주의의 핵심 가치이고, 인간 본성으로서 상호 존중되어져야만 한다.

제5절 정부(Government)와 관련된 개념들

우리말로 일반적으로 영어의 국가기관(Government)을 정부(이하 기술에서 정부는 국가기관을 통칭하는 개념임)로 번역하여 사용하고 있지만, 미국에서 정부(Government)는 우리 헌법 · 법률 용어로 국가 조직이나 공공부문(public sector)과 거의 동일한 의미이다. 우리 헌법에서 정부는 대통령과 행정부를 포함하는 의미이다[헌법 제4장 정부에는 대통령, 행정부(국무총리, 국무위원, 행정 각부), 감사원이 포함됨]. 언론에서 통상적으로 정부라고 표현할 때도 정부는 대통령 실(우리는 청와대 비서실)을 포함한 행정부를 의미한다. 정권이 교체될 때마다 명명되는 정부도 대통령실을 포함한 행정부를 의미한다.17)

17) 우리는 행정부라고 표현할 때, 대통령실(executive office)과 정부 운영(administratin of government)인 행정을 동일체로 인식하고 운영하고 있지만, 미국 건국의 아버지들은 집행기능에 대한 의구심을 가지고, 집행과 정부 운영은 분리되어야 시민개인의 권리가 보호될 수 있다고 보았다(Rosenbloom, 2011; 매디슨의 페더럴리스트 10번 참조). 미국 대통령실이 1939년 신설되고 대외적으로 대표하는 집행기능(executive function)을 맡았다면, 정부 운영은 건국 시부터 존재한 사실상의 제4부이다. 의회가 제정한 법률인 정책의 세부적인 실행정책 형성과 집행은 제4부인 정부 운영의 역할이고, 대통령과 대통령실은 행정가의 장(the President as administrator-in-chief)으로서 정부 운영의 세부 실행정책 방향을 제시(leadership)하고, 정부 운영이 헌법과 의회가 제정한 법을 투명하게 잘 준수하고 있는지를 감독하는 역할(cleckship)을 맡는다. 대통령실이 정부 운영의 세부적인 정책 집행에까지 관여하는 것은 미국 건국헌법 구성원리를 위반하는 것이 된다. 이러한 역할은 주권자인 시민의 신탁을 받은 공직자들(Trustee)이 수행할 임무이다. 미국은 건국 시부터 시민 개인의 권리를 보호하기 위한 왈도(Waldo, 1948)가 관찰한 행정국가(administrative state)이다.

미국 연방의회에서 1946년에 행정절차법이 제정되기 이전에는 의회가 정부 정책의 구체적인 사그렇지만, 미국에서 정부(Government)는 대통령실, 의회, 사법부, 행정, 독립규제위원회, 지방자치단체를 포함한 공공기관 전체를 의미한다(Lowi et al., 2008: 3). 통상적으로 국가(State, Nation)의 개념과도 구분되는 정부 조직은 시민의 자발적인 합의로 형성되고, 자발적인 합의로 제정되는 법(입법부 역할)을 환경과 여론 변화를 반영하여 집행(집행부 역할)하고, 법 집행의 적절성(의회의 국정감사 및 조사)과 적법성 여부를 사후적으로 재검토하는 기관(사법부)을 포함한다. 매디슨(James Madison)은 정치를 삼부로 정확하게 구분하는 것이 가능한지에 관한 건국의회 의원들의 질문에 대해 공유되고 중첩된 권력을 의도했다고, 뉴스타트(Neustadt)는 분리된 정부이나 공유된 권력이라고 칭했다(Lynn, 2013).

정부 조직은 [그림 1-1]에서처럼, 개별 시민의 자유 보장과 확장에 목적이 있다.18) 정부 조직이 확장되는 과정은 시민의 자유를 보장하는 것과 관련이 있다. 자유권적 기본권과 관련이 깊은 사법기능, 경찰, 군, 공정거래, 그리고 1862년 이후에 농무부의 농업지도 및 연구직 채용 등이다. 대체로 1900년대 이후에 사회적 가치(social value)이론이 사회 전반적으로 받아들여지면서(Green, 1895; Urban, 1902; Matin, 1902; Greenhouse, 1924), 인간다운 삶의 보장을 위한 교육, 보건 · 의료복지, 주택정책, 환경정책을 담당하

항까지 직접 결정했다. 1946년부터 의회가 결정한 법률에 따른 실질적이고 구체적인 자원배분 권한이 정부 운영에 위임되고, 의회에는 각 정부 기관을 감독하는 각종 상임위원회 조직이 개설되었다. 연방공무원의 정책집행의 고의나 중과실로 인해 발생되는 시민 피해에 대한 구제제도인 손해배상법(Tort Claim Act)도 동시에 제정되었다(Rosenbloom, 1993).

일원적인 집행부기능을 강조하는 일부학자들의 주장도 있지만(Yoo et al., 2005), 이는 해밀턴(Alexander Hamilton)의 주장일 뿐이고, 미국 건국헌법구성원리와는 구분된다. 일원적인 집행부 이론의 가장 강한 주창자는 부시(G. W. Bush) 대통령이며, 그는 미국 애국심 증진과 재권위법(the USA PATRIOT Improvement and Reauthorization Act 2005)과 the McCain Detainee Amendment(2005) 제정을 통해 대통령이 일원적인 집행부 감독기능을 주장했다(Halstead, 2006).

18) 여기서 개별 시민이란 독립적인 삶을 영위하는 도시에 거주하는 개인 시민을 의미한다. 베버는 중세 경제사 분석을 통해서, 도시에 거주하며 상공업에 종사하는 개인으로서 시민의 특성에 대해서 기술하고 있다. 리프킨(Rifkin, 2005)은 '계몽주의 철학자인 애덤 스미스의 『국부론』에서 시장에 홀로 서 있는 개인'에 관한 관점이 개인주의 사상의 기원이라고 본다. 경제(economy)는 그리스어 '오이코스(oikos)'에서 유래된 용어이다. 그것은 가족, 공동체를 의미했고, 경제는 늘 공동체(community)의 부분이었다. 애덤 스미스는 아니다. 사람들은 자신의 이기심(또는 이해)을 추구하면서 시장 안에 벌거벗은 상태로 홀로 서 있다고 보았다(Refkin, 2005: 5). 햄든-터너와 트롬페나스(Hampden-Turner & Trompenaars, 1998, 2000)는 개인주의 vs. 집단주의, 성취문화 vs. 귀속문화를 구분한다. 서구는 개인주의와 성취문화를, 동양 유고는 집단주의와 귀속문화를 특징으로 한다. 동양은 가부장적인 종속관계이라면, '자유 계약적' 관계를 '개인적인 충성의 서약'의 교환형태로 나타난다(전성우, 1996: 208). 이는 지배의 합리화과정에서 중요한 이정표이다(전성우, 1996: 28).

는 정부기관들이 신설・확장되었다.

미국 링컨(Abraham Lincoln) 대통령이 농림부에 준 미션은 "모든 미국 사람들의 매일의 삶을 보살피는 것(touching the lives of every American, every days)"이었다. 링컨 대통령의 농림부에 앞서 기술한 미션 부여는 1862년 홉스테드법(Homestead Act)이 제정되고 토지가 일반 시민들에게 무상 배분됨에 따라, 정부는 농업전문가를 육성하여 농지 간척과 농업인의 영농을 지원하고, 농업인 위주의 시민들의 삶을 안정시키기 위한 조치로 해석된다.

베버(Max Weber)는 공공 및 민간조직의 생성 이유와 추구해야 할 가치로 도구적 합리성(목측 합리성, 기술적 합리성이라고도 칭함)에서 찾았다. 그리고 그는 이러한 도구적 합리성이 지배하는 조직에 의해서 지배되는 사회를 쇠 우리(iron cage)라고 묘사한다. 하지만, 애덤 스미스(Adam Smith)의 『국부론』이나 매디슨(James Madison)의 건국헌법 제정과정에서의 정부 역할은 사회적 약자를 보호하는 것이었다. 매디슨은 정부가 사회적 약자를 보호하는 것이 전체 시민에 봉사하는 것으로 보았다(Lynn, 2013). 즉, 사회적인 가치를 추구하는 것이 공공조직의 존재목적이고, 수단적 또는 도구적 가치로 능률성을 추구한다고 볼 수 있다. 즉, 공공조직의 가치는 사회적인 목적의 능률적인 달성이며, 비용을 절감하는 능률성보다는 효과성에 방점이 주어져야 한다.

제6절 직업공무원(Professional Public Service)

공무원의 역사적인 기원은 왕에게 개인적인 충성하는 종(the monarch's personal servant)이었다. 18세기 프러시아에서 임명과 보수조건을 혁신시키려는 노력이 있었고, 공무원연금제도가 도입되었다. 미국은 건국의회에서 외교부가 설립된 시점에, 외교부의 문서보존과 기록관리책임자를 2등 서기관(the Second Clerk)으로 명명했다. 미국 연방의회는 공무원을 임명한 초기부터 일정한 보수와 임기를 법으로 보장하였다. 일부 정부조직에 내부 서무업무를 담당하는 공무원(clerk)은 중산층 이상 백인 정치인의 자녀들로 채워졌으며, 정치인과 공무원의 명확한 구분은 없었다. 다만, 정무직은 의회가 임명했고, 공무원(clerk)은 정치인들의 자녀들이 임명되었으며, 1820년 앤드류 잭슨(Andrew Jackson) 대통령의 인사혁명 이전에는 공무원직은 재산권처럼 세습되었다는 점이 유일한 차이점이다.

공무원의 존재와 역할에 대한 사상적인 근거는 미국 건국의 아버지 해밀턴(Alexander Hamilton)과 매디슨(James Madison)의 페더럴리스트(Federalist) 기고문에 등장한다. 해밀턴은 페더럴리스트 #70 기고문에서 정부에서 행정업무를 맡는 공무원은 훈련된 전문가이며, 적절한 재직기간의 확보와 충분한 급여를 제공해야 한다고 주장한다(Stillman Ⅱ, 1982: 8). 매디슨은 페더럴리스트 #10에서 입법부 대리인의 저장소로서 공무원이 필요하다고 보았다(Bertelli & Lynn, 2006: 2; Cann, 2007: 780). 매디슨은 공무원(집행부)의 에너지를 강조한 반면에, 해밀턴은 동등한 수준의 안전의 필요를 강조했다는 점에서 차이가 있으나(Bertelli & Lynn, 2006: 5), 이 두 명의 미국 건국의 아버지를 포함한 그 당시 정치지도자들은 공무원의 시민 대표성과 대응성을 중요시했다(Rosenbloom, 1993). 로어(Rohr, 1986)는 공무원의 역설적 균형자로서의 역할을 다음과 같이 표현하고 있다. 그는 "행정국가가 미국 상원과 같은 균형을 잡는 역할을 한다는 점, 그리고 하원이 시민에게 제공하는 대표성의 한계에 대한 치료제가 될 수 있다는 점, 그리고 이는 미국 헌법의 원리라는 점"을 주장한다.

미국 헌법의 설계자 중에 한 분인 매디슨은 국민 전체 이익에 적이 될 수 있는 이익집단과 다른 개념으로 도당(faction)의 존재를 인정했다. 그는 도당을 없애거나 도당의 야심을 제약하기보다는 잘 활용할 수 있는 관리자의 필요성(Khon, 2012: 683)과 함께, 권력분립의 한계 내에서 재량을 실행할 수 있는 입법적인 대리인의 저장소로서 공무원이 필요하고, 공직에 좋은 사람을 채용해야 한다고 주장한다(Bertelli & Lynn, 2006: 2; Cann, 2007: 780). 공무원은 "집단적 목적의 의도적인 성취를 위한 수단"으로서 기능하는 입법부의 대리인처럼 행동해야 한다는 것이다(Cann, 2007).

로어(Rohr, 1986)는 해밀턴(Alexander Hamilton)과 왈도(D. Waldo)와 같이, 공무원의 역설적 균형자로서의 역할을 다음과 같이 표현하고 있다. 그는 "행정국가가 미국 상원과 같은 균형을 잡는 역할을 한다는 점, 그리고 하원이 시민에게 제공하는 대표성의 한계에 대한 치료제가 될 수 있다는 점, 그리고 이는 미국 헌법의 원리이라는 점"을 주장한다. 다른 말로 표현한다면, 제4부로서 공무원은[19] 보수적인 사회 안정을 추구하면

19) 제4부는 조직의 장이 없는(headless), 일인에 의해 지배받지 않는 독립규제위원회, 예를 들면 주간통상위원회(Interstate Commerce Commission), 연방통신위원회, 핵규제위원회(Nuclear Regulatory Commission), 테네시 계곡청 같은 조직을 지칭한다(Britannica의 civil service 용어 정의 내용 참조). 이들 위원회 설치로 인해 의회는 머리 없는 제4의 정부 조직을 신설했다는 비난을 받았지만, 독단적인 연방 집행부의 지배를 받지 않는 공구원 조직의 출현을 성공적으로 방지했다

서, 사회변화를 반영하여 정부 정책 변화를 주도해나갈 책임이 있다는 것이 미국 헌법 원리라는 것이다.

1829년 앤드류 잭슨(Andrew Jackson) 대통령은 시민 대응성을 강화한다는 목적으로, 현재 엽관제로 불리는 공무원 인사개혁을 실시하였다[로젠블룸(D. H. Rosenbloom)은 인사혁명으로 칭함]. 미국 연방의회는 1883년 펜들턴 법을 제정하고, 공무원인사위원회(Civil Service Commission)를 설립했다. 공무원(Civil Service)은 군주나 장관이 선발하고, 이들에게 봉사하는 것이 아닌 시민이 선발[공무원인사위원회(Civil Service Commission)]하고, 시민에게 봉사한다는 의미를 지닌다. 이때 공무원(Civil Service, 시민의 종)은 공무원인사위원회가 시민들의 삶과 괴리되지 않은 평범한 가정 출신 배경을 가진 지원자들을 대상으로 필기시험과 면접 등 채용절차를 통해서 선발했다. 공무원(civil service)은 실적제(merit system)와 연공(seniority)을 핵심 특성으로 한다(Britannica 참조). 초기 Civil Service는 일반 경력직 공무원만을 지칭했지만, 후에는 엽관에 의한 임명직 공무원까지를 포괄하는 개념으로 공직자(미국은 행정가)와 동일한 개념적인 의미를 지닌다.

초기 직업공무원은 조직서무, 총무, 인사, 재정관리 등 과거 일반서기(clerk)의 업무이었지만, 사회가 전문화되고 정부업무 분야가 확대되면서 전문 직무 분야 경력직 공무원(의사, 약사, 변호사, 회계사, 변리사, 각종 기술사 등)들이 공직에 입문하게 되었다. 각 정부기관의 2인자로 최고사무장(Chief Clerk)이 있었고, 장관(선출직 또는 임명직 기관장) 부재 시 장관을 대행한다. 1944년 차관으로 명칭이 변경되었으나 현재도 최고사무장이라는 용어가 조직구성원들에게 관행적으로 사용된다.[20] 최고사무장은 내부 규칙의 적용, 고충의 처리 및 해결, 업무수행평가, 그리고 휴직처리의 승인 등을 포함하는 모든 내부 사무처리 감독활동을 독립적으로 총괄한다.

일반적으로 채용 직무의 전문성과 난이도에 따라 직무등급이 달라지고, 선발예정자의 학력수준의 차이를 두었다. 일반 단순기술 직무는 전문대졸 이하의 학력수준을, 일

는 긍정적인 평가를 받았다. 이들 위원회 조직은 경제 관련 분야 조직에 집중되었다(Britannica 참조). 이러한 위원회 조직은 특정 정권 자의적인 결정에 휘둘리지 않도록 하는 예방책이었다고 볼 수 있다. 전제군주의 자의적인 결정 폐해를 우려하는 미국 자유주의 정신이 반영된 의회의 결정이라고 보여진다. 필자는 한국 정부도 특정 정권의 자의적인 결정 내지는 기술적 관료주의의 폐해를 예방하기 위한 방안으로 지위 독립성을 갖는 위원회 형태의 조직이 보다 적극적으로 도입되고, 정책결정 투명성을 강화하는 방안이 필요하다고 본다.

20) www.google.com에서 Chief Clerk 검색결과 참조.

반관리 직위는 대학졸업자를, 중간관리자급 이상 직위는 대학원 졸업 학력수준을 요구하였다. 독일, 프랑스, 그리고 영·미권 국가들은 중간관리자 직위 승진대상자는 대학원이상 학력수준을 요구하고 있다. 이들을 위한 대학에 대학원과정이 활발하게 운영 중이다. 또한 중간관리자급 직업공무원의 양성을 위해서, 정부 내부에도 별도의 관리자 양성 교육프로그램을 갖출 것을 요구하고 있다(Britannica의 civil service 검색 참조). 미국 정부에 전문 직업공무원들이 입직하기 시작한 것은 1900년대 초반 루스벨트(T. Roosevelt Jr.) 주지사 재임기인 뉴욕주 광역연구청이 전문가 채용을 시작한 때부터이고, 전문성 강화를 통해서 정부업무의 효율성을 향상시키고자 하는 목적이 있다(Guilick, 1990).[21] 정부공무원이 본격적으로 많아진 것은 민간기업의 규모 확장과 관계가 깊으며(Sandel, 2005), 이에 대한 해결책으로 윌슨(T. Woodrow Wilson)은 시장이 이기심에 의해 작동될 수 있도록, 그리고 의회 정부의 정경유착으로 인한 조직적 부패를 방지하는 해결책으로 대통령실 역할 강화를, 루스벨트는 공공사무에 시민참여와 정부 조직 확장을 통한 시민평등권 확보를 주장하였다(Sandel, 2005; Diggins, 1985).

베버는 현대 조직에서 전문직업인으로서 관료의 필요성을 강조했으며, 그들은 전문성을 갖추기 위해서 훈련을 받고, 효율적으로 일하는, 그리고 안정된 급여를 받는 전문직업 관료 필요성을 강조했다. 관료의 도구적 효율성의 추구는 냉정한 관료의 업무처리의 문제점을 가져오고 이타심을 함양하기 위한 교육의 필요성도 강조했다. 공공조직의 관료들은 초당적이라는 의미의 정치적 중립을 강조했다.

로렌스 외(Llorens et al., 2018: 43)는 1883년 펜들턴 법 제정 이전에 공무원을 엽관(patronage)이라고 칭하고, 이후에 선발된 시험제도에 의해 선발된 공무원을 직업공무원(civil service)이라는 용어를 사용한다. 엽관방식에 의한 공무원 선발은 1933년에 부활에서 직업공무원과 함께 현재까지 존재한다. 엽관은 특정 직위에 최저기준을 충족하는 지원자들 중에 가장 정치적인 지지를 받는 후보자들을 선발하고, 직업공무원은 특정 직위에 최상의 자질 범주군에 속하는 후보자들 중에 선발한다(Llorens et al., 2018: 39). 그들(2018: 39)은 정부의 공무원 유형을 엽관, 직업공무원, 1965년에 도입된 집단협상(collective bargaining), 장애인, 흑인, 여성 등을 특별 채용하는 적극적 보호조치(Af-

21) 1890~1932년(진보주의시대의 능률성 운동) Croly, H. D. van Hise, C. R. & Ely. E 등 학자들은 독일의 공무원과 같은 훈련된 전문가에 의해 정부업무 수행을 개선하려고 하려고 했다(Morris, 1970). 전문가에 의한 행정으로 인해, 업무처리 측면보다는 업무처리상의 속도나 절차간소화 측면인 리엔지니어링 측면이 강조된다고 볼 수 있고, 결과적으로는 낭비가 줄어든다.

firmative Action), 대안적인 메커니즘(전문 · 일반임기제), 그리고 유연한 고용관계 등으로 구분한다. 이와 같은 공무원 유형은 공무원 선발방식, 승진 또는 보상체계의 차이, 임기보장 여부와 해고유연성 등 차이를 기준으로 분류된다. 상세한 공무원 유형에 대해서는 제12장에서 기술한다.

다만, 한국의 일반경력직 공무원(civil service)은 계급제와 직위분류제를 혼합하고 있다는 점이 직위분류제를 채택하고 있는 미국의 공무원제도와 다르다. 그리고 미국은 인사시스템이 선출직 또는 임명직 기관장에 우월하다는 점이 다르다(Llorens et al., 2018: 39). 미국은 정치적 리더(입법가, 선출직, 그리고 임명직 공직자들)은 조직과 시스템을 설계하고, 주요 정책프로그램 우선순위를 설정하고, 그 기관의 재정지출규모(또는 기관예산)를 결정할 책임을 진다. 급여와 수당을 포함하는 공무원 보상 등 복리후생은 기관예산의 가장 큰 부분이기 때문에, 인사부서는 공직자가 임명되기 전까지 직무분석을 하거나 또는 특정한 자리에 인사발령을 할 수 없다(Llorens et al., 2018: 35). 기타 기관공정 인사시스템의 구조와 운영원리에 대해서는 제12장에서 자세히 기술한다.

제7절 직업공무원의 윤리

직업공무원의 윤리는 시민의 윤리와 크게 다르지 않다. 업무수행과정에서 공법, 그리고 사적인 삶에서 사법을 준수하는 것이다. 민주주의의 법인 공법(집합규칙)의 내용을 정하고 있는 실체법과 함께, 업무처리 절차를 정하고 있는 행정 절차를 지키는 절차법을 준수하는 것이 윤리이다. 정부업무는 시민 개인의 생명, 자유, 그리고 재산권에 심대한 영향을 끼친다는 점에서, 공무원 업무처리 전 과정에 관한 투명성이 중요하다. 이러한 점에서 공무원은 자신의 업무를 투명하게 처리하는 것도 중요하지만, 상사나 타인의 불법적인 행위를 내부고발할 의무를 지게 된다. 공무원은 상사나 동료의 불법적이고 부당한 업무수행에 대해서 내부고발을 할 의무를 지게 된다는 뜻이다. 미국의 대법원은 공무원 노조의 내부고발을 인정하는 판결을 통해서, 공무원 노조에게 현 정권의 잘못된 정책을 시민에게 알릴 수 있는 정치적인 표현을 허용하고 있다. 한국은 부패방지 및 국민권위원회 설치에 관한 법은 내부고발제도와 내부고발자(whistle-blower) 보호에 관한 규정을 명확히 두고 있다. 반 와트(M. van Wart)는 공적인 통정성(public integrity)의

가치를 공공부문과 공직자의 가장 우선적인 가치로 제시하고 있다.

정부업무의 투명성 확보를 위해서는 문서화 작업이 필수이다. 일명 구두로 하는 의사결정은 투명성과 책임성을 확보하기 어렵다. 정부의 모든 업무처리는 업무처리 근거가 남을 수 있고, 언제든지 열람 · 공개가 가능한 문서로 처리되어야만 한다. 또한 현대 민간 또는 공공조직의 생성원리라고 할 수 있는 도구적인 합리성을 준수하는 것이 필요하다. 베버는 이를 목표추구 합리성이라고 칭한다(전성우, 1996: 116). 공무원 개인의 업무 전문성 향상을 위한 전문적인 능력의 배양(자기개발 및 조직학습의 필요성), 주권자이자 행정서비스의 대상인 시민에 대한 이타심의 배양, 그리고 전문적인 직무 능력 향상 및 역량 함양을 통한 업무처리의 효율성 향상 등이 직업공무원의 윤리에 속한다. 모셔(Mosher, 1992)는 1930년대 공무원은 예수님의 12제자들과 같은 소명의식이 있었다고 강조하였고, 레비탄(Levitan, 1942)은 정치적 중립이 이념적인 무관심성(ideological indifference)이라는 점을 반대하며, 정치적 이상을 추구해야 한다고 기술하고 있다. 이때 정치적 이상은 사회형평성 추구 또는 사회통합의 추구로 해석된다.

영국은 고위공무원은 정치행위가 엄격히 금지되고 있고, 하위직으로 내려갈수록 관대한 편이다. 독일이나 프랑스는 공직자의 정치활동 자체는 허용하고 있지만, 특정한 집단의 이익, 또는 사적인 이익에 부합된 행위 자체에 대해서는 엄격한 규제를 하고 있다. 미국 법원은 공무원 개인에 대한 정치적인 표현의 자유를 인정하지 않고 있다.

또한 모든 민원담당공무원들은 일선 현장에서 행정업무처리를 함에 있어서 절차적 정의 절차를 준수해야 한다. 공무원에 대한 시민의 신뢰수준이 낮은 상황에서, 일선 현장 공무원들이 시민들로부터 법 집행의 정당성을 얻고 신뢰수준을 향상시킬 수 있도록 절차적 정의 절차를 준수해야 한다. 미국 경찰에서 시행하고 있는 절차적 정의의 의미, 절차, 절차적 정의 도입배경에 대해서는 제8장에서 자세하게 소개한다.

제8절 제4부로서 행정(PA)의 업무처리 권한과 책임

정부에서 업무처리 권한과 법률적 · 도덕적 책임은 의회에서 권한이 위임된 선출직 공무원이 있는 또는 우두머리 없는(headless) 실제상으로 제4부인 중간관리자에게 있다(Bertelli & Lynn, 2006: 104). 미국 건국의회에서는 집행 권력에 대한 의구심(또는 두려움)이 많았다. 이에 집행 권력과 행정 권력을 구분하고, 헌법과 법의 운영권한을 제4부인 행정에 위임한 것이다. 윌로우비(Willowghby, 1934: 115)에 의하면, "집행기능(executive function)은 전체로서 정부를 대표하는 것이고, 모든 법이 각 부서에서 적절하게 집행되는 것을 확보하는 것이다. 행정기능은 의회에서 결정되고, 사법부에서 해석된 법을 실제로 운영하는 것이다." 매디슨은 페더럴리스트 10번에서 정부의 폭넓은 기능으로서 행정(Public Administration as a Government Wide Function)을 명명했고(Rosenbloom, 2011: 526), 해밀턴은 페더럴리스트 72번에서, 정부 운영(the administration of government)은 입법, 집행, 또는 사법 등 각 부(部) 정치(body politic)의 모든 운영을 포괄한다는 것을 언급했다(Carey & McClellan, 2001: 374).

각 부 소속 기관에서 각종 업무처리의 일차적인 권한과 책임은 일명 특정 업무담당이라고 각부·처·청 정부 조직법에 명시되는 담당에게 부여된다. 중앙부처의 중견 사무관과 서기관에게 일차적으로 해당 업무처리 권한과 책임이 부여된다. 중앙부처의 경우에는 업무담당은 사무관이다. 담당에게 일차적인 업무처리 권한과 책임이 있다는 것은 정부의 의사결정이 상향식(bottom-up)이라는 것을 의미한다.

각종 업무처리를 위한 문서가 업무처리 담당에 의해서 기안이 되어 상향식으로 보고가 이루어지고, 업무처리 방향에 대한 최종적인 의사결정이 조직의 최고관리자들에 의해 이루어지지만, 최고정책결정권자들은 구체적인 업무처리 사항과 절차, 조건에 대해서 직접적으로 개입하거나 간섭할 수 없다. 업무담당은 공적인 업무처리 기준(공정성, 형평성, 투명성, 그리고 효율성 가치 준수를 위한 업무처리 기준)에 맞추어 업무처리를 계획·문서화하고, 상향식으로 의사결정 처리 절차를 준수하게 된다. 최고의사결정자들은 업무처리 방향이 헌법과 법률, 그리고 시민들의 의견에 부합하는지, 그리고 공정한 기준과 절차에 따라 이루어졌는지를 판단하고 업무처리 여부를 최종 결정하게 된다. 법적인 업무처리 권한과 책임(accountability)은 업무담당이 주로 지게 되고, 도덕적·정치적인 책임(responsibility)은 최종의사결정자들이 갖게 되는 이유이다. 최종의사결정자들이 구체적인 업무처리에 개입하게 되면 법적인 책임을 면할 수 없다.

1. 정무직과 경력직 공무원 사이의 관계

특히, 대통령과 각부·처·청의 장·차관인 정무직 공무원은 업무처리의 방향 설정(leadership)과 통제 권한(clerkship)을 보유하고 있다(Rohr & O'leary, 1996).[22] 행정환경 변화를 반영한 정부 정책과 조직운영 방향을 제시하는 리더십, 정책형성과 집행과정에서의 합법성을 감독하는 권한이 대통령과 정무직 기관장들에게 있다. 또한 헌법과 법률은 대통령과 정무직 기관장들에게 정무직 및 경력직 공무원에 대한 임면권을 부여하고 있다. 정무직 공무원은 선출직 공무원을 직접 임명하고(국무위원 등 일부 권력기관장들을 의회 청문회과정을 거침), 경력직 공무원은 의회가 제정한 법률을 근거로 하여 적법한 절차를 거쳐서 대통령이 임명한다. 대통령에게 모든 공무원을 임면할 수 있는 권한을 부여하고 있지만, 상기한 것과 같이 정무직과 경력직이 다른 방식으로 임면되는 것은 정무직과 경력직 공무원 사이에 유착으로 인하여 발생 가능한 공정성 결여와 시민의 기본권 침해를 예방하고 전체 시민의 공정한 이익 보호를 위한 제도적 안전장치라고 할 수 있다.

미국 행정학자들은 선출직에 대해 경력직 공무원이 충성하는 관계가 아니라고 보고 있다(Lynn, 2013; Newbold, 2010; Piotrowski & Rosenbloom, 2002). 우리 헌재도 경력직 공무원이 "특정한 상급자나 정당에 충성하는 관계가 아니고 법에 따라 그 소임을 다할 수 있게 하는 것"이라고 판시했다(헌재 1992.11.12., 91헌가2, 4. 724)(이종수, 2012). 이것은 정무직 공무원이 경력직 공무원, 특히 업무담당의 구체적이고 실무적인 업무처리에 개입·간섭할 수 없다는 점을 의미한다. 공무원은 정부의 체제 가치 또는 헌법원리와 상반되는 정책에 저항하고, 집행되지 않게 훼방놓고, 거절해야만 한다(Frederickson, 1997: 229).

민주헌법주의 국가에서 주권자는 오직 전체 시민(국민) 개개인이다. 정부업무처리 결과에 대한 종국적인 책임은 주권자인 시민이 지게 되기 때문에, 중간관리자인 업무담당이 공정한 가치 기준과 적법한 절차를 준수하고, 정책효과성을 확인한 정책을 정무직 공무원이 최종적인 결정 단계에서 자신의 독단이나 자의에 의해 변경할 수 없다는 것

22) 미국 대통령실의 신설과 역할 강화 배경에는 매디슨이 도당(faction)이라 칭한 이익집단, 의회의 소위원회(subcommittee), 그리고 관련 정부프로그램을 담당하는 관료 사이에 정책 하위시스템(policy subsystem)인 철의 삼각주(iron triangle)가 있다(Rosenbloom, 2011: 524). 행정 관리에 관한 대통령위원회(일명, 브라운로우위원회)의 보고서 제안에 의해 대통령실(the Executive Office of the President)이 신설되고, 현재까지 대통령과 대통령실의 권한이 지속적으로 강화되는 데는 이익집단과 관료의 이익이 우선되는 관료정치(*bureaucratic politics*)가 기여했다. 현재 미국 행정학자들은 대통령과 의회의 공동협력에 의해 적절한 통제가 이루어지는, 건국의회부터 구상된 미국 행정국가의 중심 역할을 하는 행정(public administration)의 헌법적 가치 준수·이행을 기대하고 있다(Rosenbloom, 2011: 526 이하 참조). 현재, 철의 삼각주(iron triangles)는 정책 네트워크(policy networks)로 대체되었다. 각 기관의 규칙제정자들은 중재자(arbiter)로서 활동한다(Golden, 1998: 12).

을 의미한다. 어느 정부에서나 정무직은 암묵적 또는 명시적으로 특정한 정치 또는 이익집단의 이익을 대변할 가능성이 있다.[23)]

특정 정치인이 정무직 공무원이 된 경우에는 전체 국민의 입장에서 공정하고 균형 잡힌 관점으로 정책을 결정할 것을 요구받고, 그것은 입법 취지를 따르는 것이며(clerkship), 전문 직업공무원들에 의해 작성된 보고서가 행정환경(시민들의 요구 등)변화를 균형감(공정) 있게 반영하고 있는지(leadership)를 확인하고 감독하라는 의미이다. 베버는 관료 조직이 도구적 합리성을 추구함으로 인해 시민들이 쇠 우리(iron cage)에 갇히게 될 것을 우려했다. 그렇기 때문에 관료제가 경직화되지 않도록 정치인들에게 카리스마적인 리더[24)] 역할을 주문했다고 볼 수 있다.

그렇지만, 20세기 후반기 이후에 미국 대통령들은 다음과 같은 방법으로 행정 각부의 업무처리에 상당히 많은 영향력을 행사하고 있다. 첫째, 최근 대통령들은 대통령실의 영향력 범위(인력과 규모 등)와 권력을 강화해왔다. 둘째, 대통령들은 연방관료에 대한 백악관 통제를 증가시켜왔다. 셋째, 대통령들은 대통령 행정명령, 칙령(decree), 의회에 의해 사실상 전권이 부여된 전쟁 선포와 수행 권한, 예산처(OMB)를 통한 재정적인 통제 권한 등을 통해 확장해왔다(Lowi et al., 2008: 177). 이와 같은 헌법의 권한 범위를 넘어서는, 견제받지 않는 대통령의 권한 확장을 학자들은 독재정치(monocracy)를 가져왔고, 위험스럽다고 보고 있다(Lowi et al., 2008: 182). 현재 미국 연방의회는 단지 합법성 여부만을 감시·감독하는 수준에 지나지 않은 실정이다. 헌법에 명시되지 않는 대통령에 의한 거의 대부분의 권한행사에 대해서 연방대법원은 침묵으로 일관하고 있다(Lowi et al., 2008: 181).[25)][26)]

23) 심리학적인 연구결과에 의하면, 어느 누구라도 사람은 인지적인 한계가 있다. 어느 누구나 자신이 가진 고정관념으로 인한 편견이 발생할 수 있으며, 객관적인 정보를 누락하고, 왜곡하고, 일반화하여 주관적으로 해석하는 경향이 있다는 것을 잊으면 안 된다. 자신과 다른 의견을 제시하는 동료나 부하직원에 대해서, 그 다른 의견이 조직에 도움이 된다고 할지라도 그 개인을 싫어하는 경향이 있으며 기회가 있다면 자신의 조직에서 배제시키는 경향이 있다는 연구결과를 주목할 필요가 있다(Eisenhardt et al., 1997; Boulding, 1964).

24) 카리스마는 히랍어로 덕망이 있는 지도자에게 나오는 아우라에서 기원하는 것으로, 신망이 두터운 덕성을 갖춘 지도자에게서 나오는 아우라를 의미한다.

25) 클린턴 대통령이 의회에서 통과된 특정한 지출항목에 대한 거부권을 11차례 행사했는데, 1998년 연방대법원은 지출항목거부권(the line-item veto)이 헌법에 위반된다고 판결[Clinton v. City of New York, 524 U.S. 417(1998)]했다. 이 대법원 판결만이 유일한 개입사례이다.

26) 사법부의 합법성 심사대상인 일반 행정행위이외에 사법심사의 대상에서 제외되는 "통치행위"의 존재 인정 여부에 대해서, 우리 학설과 판례(1985.1.29. 大判 74도 3501)는 인정하고 있다. 통치

이와 같은 대통령 일인지배적인 권력을 갖는 행정국가화 현상에 대해서 로젠블룸(Rosenbloom, 1993)은 대통령이 참모총장(CEO)이 아닌 독임제 리더가 되었다고 비판한다. 미국 행정학자들은 대통령 또는 대통령에 의해 지배되는 행정국가(administratve state) 현상을 우려하고 있는 것이다. 민주주의는 일인지배나 소수연합에 의한 지배를 거부한다(Spicer & Terry, 1993; Newland, 1997). 로위 외(Lowi et al., 2008)는 외교 · 군사 분야에서 대통령의 통제받지 않은 권한 확대를 우려하는 데 반해서, 행정학자들은 대통령이 소수의 기득권 측과의 유착을 통한 민영화로 인해(사회적인 문제 해결 능력이 없는) 텅빈 정부(the hollow state)가 되는 것을 우려하고 있다(Millward & Proven, 1993; 정정길, 2007: 21). 이와 같은 모습은 왈도(Waldo, 1948: 89 이하)가 행정국가론

행위란 "고도의 정치성을 띤 집행부의 행위로서 사법부가 그 합헌성이나 합법성을 심사하기에 부적합한 행위"로 정의하고 있다(권영성, 2002: 764). 권영성(2002)은 '고도의 정치성'은 다음과 같은 의미를 가진다고 기술한다. ① 통치행위는 고도의 정치적 판단이 요구되고, 이 판단은 정치적 재량에 속하는 것으로 위헌심사의 대상으로 하기에는 부적합하다(판단의 특수성). ② 통치행위는 국가안전보장 또는 국가기본정책의 결정 등을 의미하므로 행정행위보다 중요한 의미를 가진다(성질의 특수성), ③ 통치행위는 사법적 심사의 대상으로 하기보다 국민의 통제에 맡겨두는 것이 권력분립의 정신에도 부합한다(통제의 특수성). ④ 행정행위는 법률에 근거하고 법률에 기속되는 국가작용인 데 대하여, 통치행위는 직접 헌법에 근거하고 협의의 행정행위만큼 법률의 기속을 받지 아니한다(기속의 특수성)(권영성, 2002). 즉, 통치행위는 국가적 차원의 정치적 결단과 정치적 형성을 그 내용으로 하는 것이다(권영성, 2002: 765). 헌법은 제4조와 제66조 정부에 평화적 통일 정책추진 의무, 헌법 제76조 대통령에 긴급재정 · 경제명령권, 헌법 제77조 비상계엄과 경비계엄선포권 등을 직접 명시하고 있고, 사법부는 사법적인 판단을 회피해왔다(권영성, 2002: 788).

미국에서는 Luther v. Borden사건(1849) 이래 정치적 문제가 동시에 법적 문제로서의 성격을 띠고 있을지라도 법원이 이를 심리 · 판단하지 않는다는 원칙이 판례를 통해 확립되었다(권영성, 2002: 790). 정치적인 문제가 사법적인 심사의 대상에서 제외된다고 보는 이론적인 근거로는 '권력분립의 원리'에서 근거를 구하는 견해가 유력하다(권영성, 2002: 790). 1962년의 Baker v. Carr(369 U.S. 186)[의회의원선거구에 관한 주(州) 법률에 관한 사법부 판단]사건에서 Brenann 대법관은 정치적 문제(political question)의 판단기준을 다음과 같이 제시하고 있다(권영성, 2002: 790). ① 헌법 자체가 문제 해결을 정치적 기관인 입법부와 집행부에 위임하고 있는 문제, ② 사법부가 해결하기에 정적한 기준이 없는 문제, ③ 정책적으로 결정하지 않으면 해결될 수 없는 문제, ④ 법원의 결정이 사법부와 다른 부와의 적절한 협조관계를 침해하게 될 문제, ⑤ 이미 행해진 정치적 판단에 무조건 따라야 할 문제, ⑥ 동일한 문제에 대하여 입법 · 집행 · 사법부가 제각기 의견을 발표해서는 혼란을 야기하게 될 문제 등이다(권영성, 2002: 790).

권영성(2002: 796)은 "통치행위가 헌법에 의거한 국가작용인 이상 국민주권의 원리 · 법치국가의 원리 · 평화국가의 원리 등 헌법의 기본원리는 물론, 형평의 원칙 · 과잉금지의 원칙 등 헌법상의 제 원칙에 위배될 수 없다"고 주장한다. 또한 그(2002: 796)는 "그러한 의미에서 절대적 통치행위는 「법령」으로부터의 자유일 따름이지 결코 「헌법」으로부터의 자유일 수 없는 것이다"고 기술하고 있다.

(the administrative state)에서 전문성과 중립성을 갖춘 전문직업 관료가 중심적인 역할을 하는 행정국가의 모습과는 확연한 차이가 있다. 또한 미국 행정학자들은 민영화(privatization)라는 수단을 통한 대통령과 기득권 세력 간의 유착이 형성되었다고 보고, 그들은 헌법원리 위반이라고 비판하고 있다.

20세기 초반 베버(Max Weber), 윌슨(T. Woodrow Wilson), 루스벨트(T. Roosevelt Jr.)가 관찰한 미국 의회 정부와 큰 사업가 정치인 사이에 유착에 의한 교묘한 부패행위(political machine)가(Diggins, 1985), 20세기 후반부터 대통령실 권한 확대에 따른 대통령실과 지배계층 사이에 유착에 의한 부패로 전환되었다는 점을 주목할 필요가 있다. 20세기 초에 윌슨(Wilson, 1908)은 의회정부를 견제할 수 있을 만큼의 권력을 가진 대통령실 역할 강화를, 루스벨트(Roosevelt, 1910)는 시민의 공공사무에의 참여를, 베버(Weber, 1919)는 정치지도자들의 책임윤리와 균형 감각유지를 주장했다. 한국 정부는 지나치게 비대한 대통령실의 역할과 권한 축소와 함께, 의회의 실질적인 행정부 견제 기능 강화를 통한 균형과 조화를 이루는 상호 견제와 협력, 정무직(임명직)과 전문직업 공무원이 협력하고, 견제할 수 있는 정무직(임명직)으로부터 분리된 인사시스템의 독립이 필요하다. 귤릭(Gulick, 1990)은 이 시기에 시민참여를 통해서도 막지 못하는 교묘한 부패행위를 근절하기 위한 방안으로 전문 직업공무원을 선발했다고 주장한다.

앞서 기술한 학자들의 견해를 종합해본다면, 전문성과 정치적 중립성(다양한 관점에서 보는 사례 깊음, 신중함)이 있는 전문직업공무원이 중심이 된 행정국가화는 합헌으로 보지만, 대통령 일인지배 또는 대통령 일인이 지배하는 대통령실이 주도하는 행정국가화는 헌법원리에 위반되고 위험하다고 보는 것이다. 필자는 그들이 위험스럽다고 보는 이유로 대통령, 그리고 특정 정치집단의 이해를 대변하는 집단이 지배하는 대통령실이 높은 전문적인 능력에도 불구하고 다원적인 가치나 이해가 충분히 반영되어야 하는 공정한 법률의 형성과 집행과정에 특정한 집단의 이익이 지나치게 많이 반영될 가능성이 높다고 보기 때문이라고 본다.

한국 정부는 정무직 공무원들에게 과도하게 권력이 집중되어 있다고 볼 수 있다. 일례로 일반 경력직 공무원들이 정책의 세부적인 내용까지도 정무직의 의견이나 의중을 반영하여 정책보고서를 작성해온 것이 사실이다. 일례로, 전직 대통령 중에 한 분이 특정 지역에 조성된 공단부지 근처를 지나치면서 "이 지역에 조선소 건설이 좋겠다"라는 개인 의견을 피력했다고 한다. 그 의견을 경력직 공무원이 '하명'으로 인식하고, 전문적이고 객관적인 검토나 분석과정을 거치지 않고, 조선소로 만든 사례가 있었다. 그와 같은 사례는 비일비재하다. 일반 산업공단을 조선소 부지로 변경함으로 인해서, 조선소 운영에 필요한 진입도로를 확보해야 하는 또 다른 문제를 유발했다. 또한 한국 근대화 과정에서 소수집단 연합을 통한 부의 집중을 정부가 심화시킨 것도 사실이다.

대통령이나 정무직 공무원으로의 입법 · 재정 · 인사 권력의 이동은 소수이해집단과의 유착을 불러왔고, 이와 같은 유착에서 비롯된 공공부문 민영화로 인해 사회문제를 해결할 수 있는 정부의 해결 능력을 상실하게 되었다. 앞서 기술한 것처럼, 미국 대통령은 헌법에 부여된 권한 범위를 초월하는 지속적인 권력 확장을 이루어왔다(Lowi et al., 2008). 여기에 보수와 진보 사이에 이념 대결은 대통령과 의회 사이에 분점정부(divided government)[27]를 야기시켰고, 이는 사회문제 해결을 더욱 어렵게 만든 것이 사실이다(Lynn, 2013; Rosenbloom, 1993). 보수와 진보이념을 달리하는 정당과 각 정당의 추종세력들이 시민요구 대응성 강화라는 명분을 내세워 경력직 공무원 직위까지 차지하게 된다면, 공무원의 정치적 중립은 기대하기 어렵게 된다. 신자유주의의 관리주의 행정학은 보수당의 민영화정책을 지원하기 위한 이론적인 배경을 제공해주었다고 볼 수 있다.

경력직 공무원들은 시민 대표성과 시민요구 대응 능력을 갖추기 위해서, 다양한 가치를 추구하는 시민의 요구를 정확하게 파악할 능력이 필요하다. 행정 환경변화에 둔감하고, 시민의 신뢰를 상실한다면 언제든지 개혁의 대상이 될 수 있다. 또한 경력직 공무원의 평등 · 공정한 인적자원관리를 위한 독립된 인사시스템의 구축, 제도나 기법의 도입 개발이 필요하다. 이에 대해 다음 제11절에서 상세하게 기술한다.

참고로 미국 건국의 아버지 중에 한 분인 해밀턴(Alexander Hamilton)은 행정가의 수반으로서 대통령과 집행부의 한 영역으로 대통령실의 역할, 그리고 그를 보조하는 공무원의 필요성을 이야기하고 있다. 윌슨(Wilson, 1908)이 『미국 헌법적인 정부』에서 강조한 대통령과 대통령의 역할 강화는 해밀턴의 사상을 계승한 것이라고 볼 수 있다. 다음과 같은 해밀턴의 사상은 대략 150년 경과한 후인 1939년 대통령실의 설치로 현실 정부구조에 반영되었다고 볼 수 있다.

27) 분점정부(divided government)란 대통령이 소속된 정당과 의회 의원 다수가 소속된 정당이 다른 것을 의미한다. 로젠블룸(Rosenbloom, 1993)은 보수정당과 진보정당 사이에 추종 이념 차이, 그로 인한 정부 정책수단 차이로 발생하는 양 지배정당 간의 대립과 갈등으로, 사회문제가 해결되지 않고 방치되는 현상의 원인을 대통령실의 권한 강화 이후에 발생한 분점정부로 보고 있다.

해밀턴은 페더럴리스트 72번에서, 행정가의 수반(administrator-in-chief)으로서 대통령의 역할을 광범위하게 묘사했다: 정부 운영(The administration of government)은 집행 세부 사항에 국한되며, 특히 집행부 영역(the province of executive department)의 역할이 된다. 외교협상의 실제 행위, 재정의 준비 계획, 입법부의 일반 세출계획에 따른 공적자금의 집행계획 및 지출, 육군과 해군의 조직배치, 전쟁 작전의 지시, 이러한 것들과 유사한 성격의 다양한 문제들은 정부 운영으로 가장 적절하게 이해되어지는 것들로 구성된다. 그러므로 이와 같은 다양한 문제들을 직접 관리하는 사람들은 최고책임자(the chief magistrate)의 보조원(assistants) 또는 차석(deputies)으로 간주되어야 한다. 그리고 따라서 그들은 적어도 그의 보직 임명을 받아야 하고[적어도 그의 지명(nomination)을], 그의 감독을 받아야 한다(Federalist No. 72, Carey & McClelland, 2001: 374).

2. 관료제 때리기와 공무원의 핵심 가치

한국은 민주화가 시작된 김영삼 정부 시기부터 관료 때리기(bureaucrat bashing)에 집중했고, 공공기관에 기업가적인 마인드를 주입하기 시작했다. 김대중 정부는 금융위기로 인해 국제통화기금(IMF)으로부터 구제금융을 받았으며, 그에 대한 해결방안으로 국영기업(공기업) 민영화를 시도했다.

미국은 1970년대 카터(Jimmy Carter)와 레이건(Ronald Reagan) 정부부터 관료 때리기에 집중했다. 이후의 장(障)에서 소개하는 관료제 때리기의 반작용으로, 미국 행정·정치·사회학자들은 경력직 공무원제도를 보호하기 위한 학문적인 노력이 두 가지 방향에서 전개되었다. 하나는 관료 때리기의 역효과를 부각시키는 방향이다(Wildavski, 1988; Wolf, 1987; Rosen, 1986). 다른 하나는 행정 헌법학파 학자들로 유럽 국가들과 같이, 미국 공화국의 정신적 근간에 행정을 연결시키는 것으로, 현대 행정국가에 헌법적인 정당성을 부여하려는 노력이다(Rohr, 1986; Wamsley et al., 1990; Cook, 1992). 1970년대 이후에, 미국 연방대법원과 각급 법원들은 공무원의 자리를 특권(privilege)이라는 기존 판례를 뒤집고, 재산권(property right)으로 보기 시작했고, 경력직 공무원과 특정 정권에서 고용된 계약직 공무원까지 신분을 보장해주는 판결을 내어놓고 있다(Rosenbloom, 1975).

한국 경력직 공무원들의 신분을 보장과 함께, 직무수행의 독립성과 중립성을 보장해줄 경우에 극복해야 할 과제는 시민대표와 대응성의 문제이다. 정년과 신분이 법률로 보장된 경력직 공무원들이 자기 집단(공무원 집단)의 이익에 몰두할 경우, 또는 폐쇄형 충원제도로 충원된 공무원들이 엘리트의식에 심취되어서 다양한 시민의 요구를 반영하는 정책이 아닌 특정 소수계층의 이익에 봉사하는 경우가 그것이다. 반 와트(M. van Wart)는 전자의 경우는 시민들의 이익과 자신들의 이익을 균형을 맞출 것을 제안한다. 베버(Max Weber)는 후자의 경우에 사회적 정의나 약자 배려와 관계된 내용을 담은 교육훈련의 중요성을 강조한다. 스파이서(Spicer, 2010)는 법원에서 미국식 지방의회 사법위원회에서 양측의 입장이 대립되는 변론과정에 대한 청취 기회확대, 그리고 사회적 약자의 삶을 그린 영화, 시민들의 삶을 기술하고 있는 역사소설의 탐독, 사회적 약자의 삶을 보여주는 다큐멘터리 드라마 시청을 권장한다.

정부 행정업무를 담당하는 경력직 공무원들이 시민 대표성이나 시민요구 대응 능력에 심각한 문제가 있다는 환경(여론 등)이 조성되었을 때, 미국 대통령실이 주도하는 공무원 인사제도 개혁이 있어 왔다. 첫 번째가 1829년 앤드류 잭슨(Andrew Jackson)의 엽관제 도입이다. 미국 건국 이후에 백인중산층 가정 출신의 자녀들로 이루어진 경력직 공무원들의 시민 대표성과 시민요구 대응 능력이 떨어졌다고 본 것이다. 엽관제가 선거의 결과에 의해 특정 정치집단의 추종자들에게 정부 조직의 자리를 배분해주었다는 점에서 공직이 전리품 취급되었다는 문제도 있었지만, 선거과정에 다양한 시민이익 집단의 대표자들이 참여하고 시민의 요구를 파악했기 때문에 시민요구에 대응력이 있다는 장점이 있다고 본 것이다. 두 번째는 1883년 펜들턴 법 도입으로 인한 일반직 공개경쟁 채용제도 운영이다. 이 시기부터 미국 정부는 직무분석을 근간으로 하는 직위분류제와 실적제도를 도입했다. 첫 번째 인사개혁인 엽관제는 공직이 전리품으로 전락되었다는 점에서 그 자체 폐해가 있었으며, 경력직 공무원들의 출신이 백인 중산층 가정출신이었다는 점에서는 차이가 없었기 때문에 두 번째 인사개혁이 있었다. 세 번째는 20세기 초기에 뉴욕주가 출발점이 된 전문 직업공무원제도의 운영이다. 서구 유럽 국가들로부터의 대규모의 인구 유입으로 인한 도시규모의 확장은 공무원의 전문적인 능력의 필요성을 키웠다고 볼 수 있다. 네 번째는 1964년과 1978년 제・개정된 시민권법에 기초한 평등・공정인사제도이다. 미국 인구구조의 다양화와 시민들의 권리의식 향상은 공무원의 시민 대표성과 대응 능력의 문제를 키웠다고 볼 수 있다. 1978년 개정된 시민권법은 평등・공정인사에 중점을 두었다면, 1978년 공무원 인사개혁법은 행정의 업무수행성과에 강조점을 두었다. 미국 시민들의 다양성을 정책에 반영해줄 대표공무원들의 시민대표성과 대응성 문제가 제기된 것이다. 다섯 번째는 2000년대 전후로 도입되기 시작한 고위공무원단제도의 운영이다. 미국의 전통적인 인사제도인 직위분류제 특유의 사일로(silo)형 인사제도의 단점을 극복하기 위한 차원이다. 고위공무원단은 정치적 중립(폭넓은 이해를 반영하는 사려 깊음)을 요구받고, 특정 정치적인 이해나 개인이익을 위한 정책추구 행위를 엄격히 금지한다.

대한민국은 김영삼·김대중 정부 시기에 공무원들에게 민간기업 마인드를 갖게 한다는 이유로 민간교육훈련기관에 공무원들을 위탁교육시키거나 지방자치단체 소속 교육훈련기관을 통째로 민간교육훈련기관에 위탁·운영하게 하였다. 대표적인 민간위탁 교육훈련기관이 서울시·경기도 공무원교육원이었다. 기존에 관주도적인 경제발전 마인드에서 민간기업의 성과주의 마인드와 서비스 정신을 정부에 도입하려는 것이 목적이었다. 하지만, 이 기간 동안에는 경력직 공무원 자리를 대거 개방하여 민간출신 인사를 대거 기용하지는 않았다.

노무현(참여) 정부는 개방형공무원직제의 마련으로 다양한 민간경력 출신 고위직 및 임기제 계약직 인사의 기용이 있었다. 노무현 정부는 기존 정부 조직과는 별도로 각종 위원회 조직을 신설·상설화하였다. 그리고 이들 위원회 조직들은 모든 정부부처 관련 정부 정책입안과 개혁업무를 주도하였다. 노무현 정부의 가장 핵심적인 정책슬로건은 정부혁신(舊 정부혁신위원회 신설)이었다. 다양한 비정부공익단체(NGO) 출신 인사들의 정부 정책참여가 두드러졌다. 각 정부기관은 부처 예산이 허용되는 범위 내에서 자체적으로 임기제 전문·일반 공무원을 채용할 수 있도록 하였다. 미국은 1996년 조지아주를 시작으로 전체 신규공무원을 임시 계약직으로 선발하기 시작했다. 그에 비해서, 우리나라는 시민 대응성의 부족을 채우는 방안이었다고 볼 수 있다.

이명박 정부에서는 각종 위원회의 남발적인 설치를 방지하기 위해서, 각종 위원회 설치 시 국회 동의를 받도록 명문화하였다. 이명박 정부 초기에 노무현 정부 시기에 신설된 많은 위원회 조직들이 통·폐합되었고, 일부 위원회(교육개혁위원회, 지방자치분권위원회 등) 등만이 유지되었다. 이명박 정부는 개방형 고위직은 확장하지 않았고, 민간경력 5급 일반직 특채제도를 신설하였다. 민간경력5급 일반직 특채제도는 공직에 다양한 전문성을 가진 인재 유입이 필요하다는 취지로 공지되었지만, 신임공직자 훈련과정 이후에 첫 부서 업무배치 시점부터 2년이 경과된 시점에 자신들이 보유한 특정 분야 전문성(채용 전문 분야)과는 무관하게 일반직으로 채용된 공무원들과 동일하게 전환배치가 된다는 점이 기존 공무원들에 의해 문제점으로 지적되었다. 일반 행정 역량이 필요한 자리에 채용요건을 갖추지 못한 일부 특수경력과 학력을 보유한 인재를 채용하여 일반 행정 인력과 동일하게 활용하고 승진시키기 위한 정치권(특수 이해관계 계층)의 꼼수라는 지적이 있었다. 이러한 점 때문에 엽관·정실인사라는 우려가 공직 내부에서 공공연하게 표출되었다. 그리고 지방공무원법을 개정하여 지방자치단체 공무원 총원의 1/10의 범위 내에서 자체적으로 임기제 공구원을 선발할 수 있는 법적인 근거가 마련되었다.

여기서 우리가 간과하지 않아야 할 것은 상기와 같은 방법으로 채용된 공무원들이 시민 대표성, 시민요구 대응성 가치에 부합하는가에 대한 것이다. 민간경력 일반직 특채제도와 임기제 공무원제도가 공무원 인사의 공정·평등성 확립에 기여하는가라는 점이다. 공무원 모집 및 선발, 전환배치, 그리고 승진 전 과정에 평등하고 공정한 인사가 이루어지지 않는다면, 개방형 또는 임기제 공무원 채용이 선거결과에 따른 집권세력의 전리품 또는 정치·경제·사회 권력자들과의 유착의 결과인 정실인사를 위한 수단으로 전락될 수 있기 때문이다. 거버넌스 또는 여론이 보수와 진보로 첨예하게 대립되어 있는 상황에서 공정·평등, 그리고 투명하지 않은 인사 관행의 정착은 전문경력직 공무원들의 직업 안정성에 위협이 될 뿐만 아니라 일반 시민들의 기본권을 위협할 것이 자명하기 때문이다. 스웨덴은 헌법 규정으로 공무원 인사 관련 문서(절차상의 필요한 자료)를 일반 시민이 열람할 수 있도록 공개하도록 구정하고 있다.

전문경력직 공무원들은 다양한 시민들의 요구 또는 이익의 대표할 수 있어야 하며, 시민들의 다양한 요구와 이해가 균형될 수 있도록 조정할 수 있는 역량을 갖추어야 한다. 전문경력직 공무원들이 시민의 요구와 이해로부터 동떨어져서 자신이나 자신이 속한 집단이나 조직의 이익이나 이해 충족을 위해 몰드한다면, 행정 환경으로부터 공무원 인사개혁의 필요성 주장은 커질 수밖에 없다. 제12장에서 소개하는 것처럼 공정평등 인사시스템의 도입과 정착이 필요하다.

3. 의회와 행정부 각 부처 사이의 업무관계

의회와 행정부 사이의 관계는 업무처리의 전반적인 틀 관점에서 본다면 선임관리자(council manager) 형태의 정부라고 할 수 있다. 왈도(D. Waldo)는 미국 헌법에서 인정하는 유일한 정부형태는 선임관리자 형태의 정부라고 본다(Lynn, 2013). 미국도 중앙(federal) 또는 주(state)정부 수준에서는 이러한 정부형태를 채택하고 있지는 않다. 다만, 행정 각부·처·청의 장이 정책집행의 결과에 대해서 의회에 책임을 지고 있고, 상시 감사를 받고 있다는 점 때문에 전반적인 틀 관점이라고 표현한 것이다(장영수, 2013). 현재 캐나다나 미국 지방정부의 40%가 이러한 정부형태를 취하고 있다.

행정부 기관의 장은 정책을 집행하고, 정책집행 성과에 대해 의회에 책임을 진다. 미국 의회는 정책집행 성과평가보고 요구권, 현행 정책프로그램 폐지권을 가지고 있다(Lowi et al., 2008: 213). 우리나라 국회는 행정부의 주요 활동의 적절성에 대해서 상시 감시·감독할 수 있다. 헌법기관인 국회의원은 행정 각 기관에 자료 요구권을 행사하고 있다. 매년 국정감사를 실시하며, 필요한 경우에 국정조사를 실시할 수 있다.

미국 정부와 달리, 한국 정부는 공식적인 행정입법안(public bills)을 제출할 권한을 가지고 있다. 정부가 행정입법안을 제출하기 위해서는 국무회의를 반드시 거쳐야 하며, 국무회의 전심 절차로 차관급 회의를 반드시 거쳐야 국무회의에 법안이 상정될 수 있다. 차관급 회의 전에 법안 관련 국장급회의, 실무자회의를 통상적으로 거치게 되며, 행정입법안은 법제처 법안심의를 필수적으로 받게 된다. 법제처 입법안 법령심의기간 동안 각 부처는 모든 부·처·청에 법률 제·개정안에 대한 의견조회를 실시하게 되어 있다. 국무조정실은 국무회의 정식 안건으로 채택하기 전에 상충되는 법안에 대한 부·처·청 간 사전 협의와 조정과정을 거치도록 조정과 중재를 하고 있다.

미국은 의원, 대통령실, 행정부 각 기관에서 의회에 법률 제·개정안 초안(drafting a piece of legislation)을 의회에 제출하고 있지만, 상·하원 의원 어느 한 의원에 의해 상임 소위원회에 접수되기 전까지 법안(bill)이라는 공식적인 명칭이 부여되지는 않는다(Lowi et al., 2008: 133). 하지만, 법률의 제정·개정이 이루지게 되면 상당히 많은 법률 집행에 대한 상세하고 구체적인 내용을 정할 수 있는 또는 상당한 재량권이 행정 각 부의 공무원에게 위임된다(Lowi et al., 2008: 190).

의회가 행정부에 권한을 위임하는 이런 행동은 "권력의 위임(delegation of power)"이라고 칭해진다. 이론적으로 권력의 위임은 다음과 같이 작동한다: ① 의회는 어떤 한 문제를 인식한다. ② 의회는 전문성과 시간 등 둘 다 없다는 것을 인정한다: 그리고 그러므로 의회는 기본정책을 설정하고, 그런 연후에 상세한 것을 채울 권력 그러나 실제적이고 현실적인 정책결정 권한을, 즉 실질 입법권을 집행부에 위임한다(Lowi et al., 2008: 168).

4. 정부 부 · 처 · 청 사이의 업무상 갈등 · 경쟁 · 협력관계

동일한 행정부 소속이라 할지라도 정부 부 · 처 · 청은 업무상 갈등 · 경쟁과 협력관계에 있다. 국토교통부와 환경부 사이에 업무상 갈등관계에 있다는 것은 대부분의 시민들에게 비교적 잘 알려져 있다. 국토교통부 법령에 명시된 각종 개발사업(교통, 주택, 공장, 철도 · 도로건설 및 간척사업 등 토목 등)이 환경부의 소관 법률과 상충되어 허가가 보류되거나 반려되는 사례(환경영향평가 등)가 다수 발생한다. 산업부의 해외자원(예: 화석에너지개발) 확보 정책도 환경부의 탄소배출 저감정책과 갈등관계에 있다. 중소벤처기업부의 외국인 노동자 적극유치 정책은 내국인 일자리 정책을 담당하는 노동부, 외국인 출입국 허가 및 불법 체류자 관리 업무를 담당하는 법무부와 갈등 · 협력관계에 있다.

다문화가족지원 정책은 다수의 부처가 정책서비스 경쟁관계에 있다. 각부 · 처 · 청은 소관 법령을 위임받아 집행하는 산하기관, 이익집단(협회, 비영리 공익단체 등), 그리고 다수의 일반 이해관계인들과 협력관계를 유지하고 있다. 법무부는 출입국 및 이민

그림 1-1 자유 · 민주정부의 정책결정 및 집행 모형

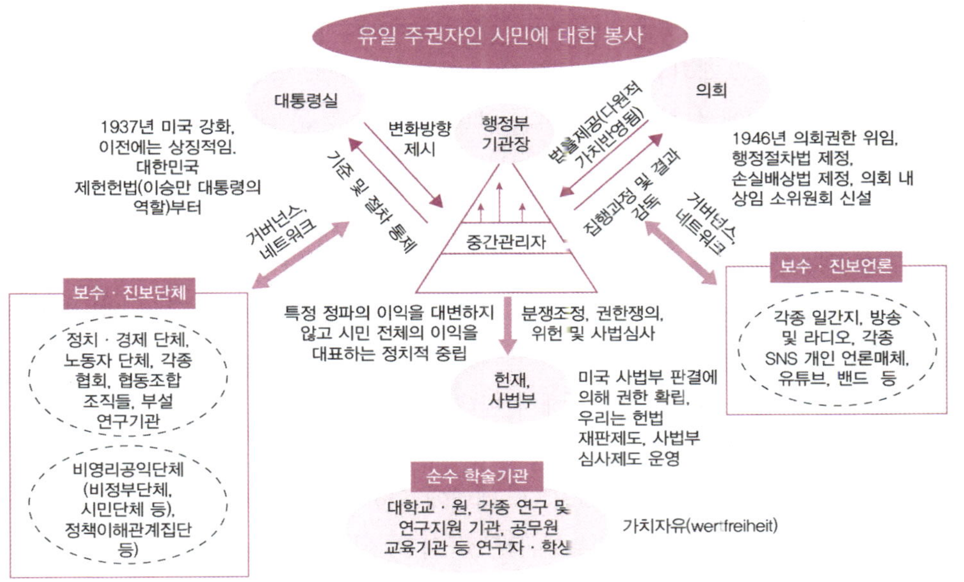

정책, 행정안전부는 지방자치단체 다문화가족 생활안정 지원정책, 보건복지부는 다문화가족의 보건의료 및 위생 지원정책, 여성가족부는 결혼이민자의 배우자 및 자녀 가족생활 안정을 위한 언어 및 지원정책, 교육부는 다문화가정 자녀교육 지원정책, 문화체육관광부, 외교부 등 다수의 부·처·청이 동일정책대상자들에 대한 서비스 경쟁을 한다. 저출산·인구노령화 문제와 관련되어서는 더 많은 부처가 정책서비스 경쟁과 협력을 하고 있다.

제9절 행정의 역할 정의

행정(Public Administration)은 헌법 또는 정부 운영(Government Administration)이다(Wilson, 1887). 왈도(Waldo, 1948)가 행정을 정치라고 본 것은 정리(theorem)가 되었다(Rosenbloom, 1993). 미국의 행정이 기술(Art)이었다면, 유럽은 행정과학(Administration Science)이다(Stillman, 1997). 미국에서 20세기 이후에, 행정은 교육훈련, 인사관리, 재무 및 회계 관리 등 기술(art)이었다(Stillman, 1997). 정부 행정이 추구하는 가치는 예수님의 제자 같은 사명이었다(Mosher, 1992). 이에 반해서, 유럽의 행정은 헌법 구성원리에 기초한 분명한 근거원리가 있는 과학이었다(Stillman, 1997). 1997년도에 『미국 행정학보(*PAR*)』 주관으로 개최된 왈도 심포지엄 이후에 미국도 행정의 정체성의 근간을 미국 헌법의 구성원리에서 찾기 시작했다(Stillman, 1997 논문 내용을 근거로 추론함).

행정이 과학이기 위해서는 과학적 지식을 얻는 방법론적인 접근방법이 필요한데, 행정학에 적합한 과학적인 접근법을 최초로 제시한 학자는 막스 베버(Max Weber)이다. 베버의 로마와 중세 경제사를 분석한 해석학적인 방법론이다. 또한 베버는 개별사례분석방법론으로 금과 은 이중태환제도의 문제점과 제1차 세계대전에서 독일 제1전차여단의 패배원인에 대한 분석사례를 보여주고 있다. 베버는 자연과학과 같이 인간을 사물과 같이 수동적인 존재로 보는 것에 대해서 반대하고, 사람은 의도, 희망, 바램과 같은 것에 의해 방향을 설정하며, 한 사람 또는 소규모집단에 의한 행동에 의해 타인과 소집단에 영향(중범위)을 주고받는다고 보았다. 베버에 의하면, 사회과학(한분과로서 행정학)은 이와 같은 중범위를 대상(중범위이론)으로 하고, 자연과학과 같은 논리실증적인 방법과 함께, 해석학적인 방법 등이 병행되는 혼합방법론을 사용하는 것이 바람직하다고 보았다(강신택, 1981, 2021; Gordon, 1991; Waldo, 1968; Merton, 1952).[28)]

정부 운영인 행정은 법적, 정치적, 그리고 관리적인 관점이 있다. 행정이 법을 집행하는 것(Wilson, 1887; White, 1924; Storing, 1965)이라는 관점, 행정이 정치라는 관점(Lynn, 2013), 그리고 행정의 관리적 관점(White, 1926)이 있다. 행정의 정치적 중립(political neutrality)이란 초당적인 차원에서 시민의 대표로서 시민요구에 대한 대응성을 갖는 것을 의미한다. 미국 건국헌법 제정 시부터 행정과 공무원은 가치의 분배과정에 관여하는 정치였다. 1946년 행정절차법이 의회에서 통과된 이후에, 행정과 공직자는 가치의 배분결정과 분배에 대한 구체적이고 세부적인 권한을 의임받았으며, 파당적인 이해와는 무관하게 전체 시민에 대해 정치적인 이상 실현을 위해 헌신하고 봉사해야 하는 역할을 맡게 되었다(Levitan, 1942; Rosenbloom, 2014).

1946년 미국 의회에서 행정절차법이 통과된 이후에, 행정과 정치의 구분은 사실상 없어졌다. 행정절차법(U.S. House 1946.2201.5764)은 행정부에 입법권의 사용을 위임하는 것이다. 의회는 행정부에 "법규형성자, 검사, 배심원, 그리고 자신 소관 법률에 관해 판사가 되는 공무원에게 민주적 · 헌법적 가치의 이행을 위임한 것"이라고 볼 수 있다(Rosenbloom, 2002: 644). 가치조정과 배분에 대한 구체적이고 실제적인 권한이 의회로부터 행정에 위임된 것이다(Lowi et al., 2008).

제10절 시민참여와 거버넌스(Governance), 협동생산의 필요성

행정 또는 관료의 시민요구 대응성을 강화하기 위해서는 시민의 정책과정에의 참여와 함께, 정책 거버넌스를 강화해야 한다. 유일한 주권자인 시민의 요구를 능률적으로 처리하기 위해서는 자치 분권과 거버넌스 활성화와 같이, 주요 정책결정 및 집행권한의 지방이양이 바람직하고, 시민들의 적극적인 참여와 통제가 이루어져야 한다(G. 팰러스트 외, 2004). 현대 행정은 사회적 가치 창출과정에 시민참여를 필수로 하고 있다.

28) 경험주의(empirical)는 심신일원론에서 비롯된 개념이다. 인간의 인지는 인간의 오감을 통한 경험과정을 통해서 얻게 된다는 것이다. 심신이원론은 관념론이라고 불리며, 신(神)의 섭리로 주어지는 선험적인 영혼이 있다고 보는 것이다. 20세기 초 실증주의(positivism)은 성인의 영역이고, 성인은 사실을 추구한다고 본다. 유아기는 신의 섭리를, 청년기는 몽상적인 것을 추구하는 데 비해서, 성숙한 성인은 과학적으로 확인된 지식을 추구한다는 것이 다른 점이다(Gordon, 1986).

루스벨트(Roosevelt, 1910)는 20세기 초 공공사무에 시민참여의 필요성을 주장한다. 그(1910)는 의회 정부의 교묘하고 조직적인 부패를 예방하기 위한 방안으로 신국가주의(New Nationalism) 정신을 갖춘 시민들의 지방행정에의 적극적인 참여를 주장하였다.

스파이서(Spicer, 2010)는 다양하고 복잡한 정부 정책을 시민의 요구에 대응성 높게 추진하기 위해서는 일선공무원들의 시민 대표성(소속 집단의 이익을 대변)을 높여주어야 하고, 정부 주요 의사결정에의 일선공무원들의 참여를 높여주어야 한다고 강조한다. 여러 학자들은 정부 조직 내에서 수평적인 조직(flat organization)문화의 필요성과 중요성을 강조하고 있다(Rosenbloom, 1993; Spicer, 2010; Thompson, 2013). 수평조직의 필요성은 일선 현장 직원들이 시민이익의 대표성을 갖는다는 점뿐만 아니라 공화주의 사상(계급주의)이 가지고 있었던 지배와 피지배 관계에서 비롯되는 기본권 침해 문제를 예방・제거하기 위한 것이다. 지배와 피지배 문제는 19세기 말까지 존재했던 공화주의가 자유주의와의 논쟁에서 패배하고 이념적으로 사라진 이유이다(Tompson, 2013).

사회적 가치 창출을 위한 방안의 하나로 학자들에 의해서 제안되는 것이 협동생산이다(Brudney & England, 1983). 협동생산이란 정부만이 담당하던 서비스의 제공업무에 시민들을 참여시킴으로써 시민들의 자발적인 봉사를 유도하는 행정을 의미한다(이종범・주재복, 1994: 177). 협동생산에는 인근의 쓰레기를 스스로 치우는 일과 같은 개별적인 협동생산, 주민감시집단이나 주민협의회 등 다수의 시민으로 공동체 집단을 구성하여 능동적이고 자발적으로 참여하는 집단적 협동생산, 이익을 전체 공동체가 향유할 수 있는 집합적 재화를 창출하는 시민들의 참여인 집합적 협동생산이 있다(Brudney & England, 1983: 63 이하). 현재 행정에서는 사회적 기업, 상생조합, 미소금융 등 많은 협동생산 조직들이 활동하고 있으며, 인터넷과 SNS를 활용한 시민참여를 통한 정책제안 및 감시가 이루어지고 있다.[29)]

---

29) 스콧(Scott, 2006: 283-295)은 1970년대 설립된 연방환경보호청의 첫 수장인 럭겔스하우스(William D. Ruckelshaus)가 Asarco 지역에서 암 유발문질로 알려진 비소를 배출하는 Tacoma 제련소와 다른 구리 제련소의 폐쇄 여부에 관한 문제 해결 사례를 소개하고 있다. 다양한 이해관계자(현재직 공장관계자, 근무경험이 있는 사람, 공장인근 주민들)의 입장, 환경 관련 전문가들의 분석 보고서 등을 기초로 충분한 대화와 토론과정을 거쳐 비소 배출을 저감하는 방안에 대한 합의안을 도출하는 모습을 보여주고 있다. 본 사례연구는 숙의 민주주의를 실천하는 모습을 보여준다.

제11절 정부에서 공무원의 역할 중요성 부각 및 공정한 인사관리의 필요성

일반 행정가의 역할 중에 하나는 정부 조직 구성원인 공직자의 인적자원관리 및 계발을 잘하는 것이다. 신공공관리(NPM) 및 신성과관리(NPR) 주장자들은 정부 조직이 결과(성과)중심으로 관리가 되어야 한다고 강조했다. 그렇지만, 신행정학자(NPS)들은 정부에서 결과중심의 성과관리에 집중한다면 계량적인 결과에 몰두하게 되고 정부가 시장의 성과를 주도하고 왜곡할 수 있는 문제가 있다는 점을 강조하고 있다.

신행정학자들은 결과중심의 성과관리가 불러올 수 있는 부작용에 대한 우려를 표명하고, 투입중심의 인사관리가 관리의 민주주의 원칙에 부합한다고 보고 있다. 과거 인사관리가 통제중심(근태관리 등)이었다면 신행정학자들은 인적자원 육성을 중시하는 투입중심의 인사관리를 해야 한다고 본다. 투입중심의 인사관리란 직무(직무분석에 기초함)에 적합한 인재를 모집・채용하고, 육성(교육훈련, 전환배치)하고, 성과보상(급여 및 승진)하며, 퇴직관리를 포함한 전 과정에 인사관리 담당자들이 역량개발 관점에서 접근하는 것을 의미한다. 제11장에서 자세하게 기술한다.

미국은 정부기관과 민간기관에도 공정・평등, 그리고 투명한 인사관리가 이루어질 수 있도록 하는 제도, 기관, 그리고 기법들이 개발되고 발전되어져 왔다. 고용평등기회위원회, 중간관리자 역량 또는 직무수행 역량중심의 수행실적 기법, 모집 기준의 공정성확보를 위한 공증제도 및 사법심사 강화, 연방정부와 계약관계를 맺고 있는 민간기관의 공정하고 평등한 인사관리 여부를 관리하는 노동부 산하에 연방계약준수프로그램사무국(Office of Federal Contract Compliance Programs: OFCCP) 등이 존재한다. 미국 연방의회는 공정・평등, 그리고 투명한 인사를 위한 근거법으로 시민권법(인종, 성, 피부색, 출신국가 등), 동일노동 동일임금법(the Equal Pay Act), 40서 이상 연령차별금지법(the Age Discrimination Act), 장애인 고용관련법(Disabilities Act), 임산부차별금지법(Pregnancy Discrimination Act), 유전정보차별금지법(Generic Information Non Discrimination Act) 등을 제정・시행하고 있고, 사법부가 이들 법규의 준수 여부를 관여・통제하고 있다.

아들 부시(George W. Bush) 대통령 집권 시기에 OFCCP의 고용평등 실태 조사활동은 거의 폐지되었고, 트럼프(Donald Trump) 행정부까지 부활하지 않았다. 그리고 부시 정권 시기에 고용표준청(Employment Standards Administraion)이 설립되었다. 고용표준청에 재직한 직원들은 현장 실무경험이 거의 없는 이론적인 지식을 갖춘 직원들로 구성되었다. 표준고용청에 재직했던 직원들은 새로운, 그리고 혁신적인 어떠한 것도 하지 않았고, 현장 실사는 전혀 이루어지지 않았다(OFCCP 홈페이지 참조).

바이든(Joe Biden) 행정부가 들어서면서 고용표준청은 폐지되었고, 고용표준청의 업무는 노동부 소속 기관인 연방계약준수프로그램사무국(OFCCP)으로 이관되었다. 필자는 OFCCP의 활동 중단과 바이든 행정부 출범 시기에 미국 내 인종차별 철폐와 관련된 전국적인 시위・폭력사태 발생 사이에 상당한 상관관계가 있다고 추정한다. 미국 평등공정 고용 관련 제도・조직・실무에 대한 상세한 내용은 제12장에서 자세히 다루어진다.

제 2 장

막스 베버 사상의 미국 행정(과학)에 기여와 한계

막스 베버(Max Weber)는 정치가와 행정가[1)]의 역할이 엄격히 구분되어야 한다고 본 정치·행정이원론자이다. 그가 이원론을 주장한 이유는 관료 조직의 도구적 합리성 추구로 인한 관료의 경직성과 사회지배(iron cage) 현상에 대한 우려와 함께, 정부 관료가 정치의 권력 투쟁에 개입하는 것을 우려했기 때문이다. 하지만, 베버는 관료 조직의 목적을 정할 수 있는 권한이 있는 도덕적인 카리스마 리더가 있는 의회의 역할이 사회적 형평성(사회통합)을 강화하는 것이라고 보았다는 점에서 신공공관리론(NPM)의 행정 가치인 능률성 또는 경제성 추구와는 차이가 있다. 그는 윌슨(T. Woodrow Wilson)과 헤겔(G. W. F. Hegel)과 같이, 관료의 이타심을 중시하고, 관료 훈련으로 윤리교육을 중시했다.

베버는 연구자와 관료들이 그 시대를 지배하는 (정치적 또는 종교적) 가치로부터 자유로울 수 있어야 한다고 보았다. 그는 국가(또는 정부) 역할의 존재와 정의, 그리고 정당성의 근거, 행정학의 연구대상과 범위인 중범위이론, 연구방법론인 실증(fact)연구로서 혼합방법론, 행태주의 연구에 직접적으로 기여했다는 점에서, 행정학자라 칭해도 손색이 없다. 그리고 관료는 정교 분리해야 하며, 정치가들의 권력 투쟁에 개입하지 않아 한다는 의미에서 정치적 중립을 강조한다.

베버는 일인지배 계층제적인 조직을 이상적인 관료 조직구조로 보았다. 이에 반해, 미국 헌법은 유일한 정부 조직의 형태로 의회 선임관리자(Council manager) 형태의 조직을 상정하고 있다. 현대 행정학자들은 가치다원적인 사회에서 시민 대응성 강화에 도움이 되는 조직의 모습으로 평면조직, 가외 조직, 네트워크 또는 협동 생산을 상정한다. 윌슨도 국가를 유기적인 관점에서 보았다. 베버가 유일한 이상적·현실적인 조직구조로 본 일인지배 계층제적 조직구조는 미국 민주헌법적인 정부 조직구조에 적용상에 한계가 있다.

---

1) 이 글에서 관료(대륙적 표현), 행정가(미국적 표현), 공무원은 동일한 대상을 지칭한다. 우리 법은 공무원과 공직자라는 표현을 법률용어로 사용한다. 공무원은 정부(삼부 전체)나 지방자치단체에 고용된 경력직 재직자를 의미하고, 공직자는 선출직, 또는 정무직 공무원을 포함한다. 다만, 한국 헌법 제7조에 명시되어 있는 공무원은 공무원과 공직자, 정부업무를 위탁받아 수행하는 공공기관 종사자 전체를 포함하는 것으로 보는 것이 다수설이다(한국헌법학회, 2013).

제1절 서론: 연구 목적과 주요 비교 쟁점

막스 베버(Max Weber)는 흔히 사회학자, 경제학자로, 그리고 사회과학의 아버지라고 불리어지고 있다. 많은 연구자들은 베버의 이론과 사상에 대해서 연구하고 있다. 그는 중세 경제사를 연구하였고, 근세 자본주의의 탄생을 주도했던 도시 시민들의 홀로 독립된 개인으로서의 특성(동족 집단에 귀속되지 않은 개인)과 함께, 도시 시민들(주로 상·공업 종사자들)이 추구하는 합리성의 성격에 대해서 소개하고 있다. 특히, 개신교와 자본주의 정신에 대한 연구를 통해서, 마르크시즘(Marxism)과 보다 우월한 자본주의의 특징에 대해서 상세하게 소개하고 있다. 이러한 연구는 그를 사회학자 또는 경제학자로 불리어지게 만들었다.

본 연구는 베버가 미국 행정학의 탄생과 발전에 기여한 점이 무엇인가? 또는 베버 사상과 이론이 민주헌법적인 미국 행정(정부 운영)에의 적용 한계점이 무엇이었는가에 대한 연구 질문을 한다. 즉, 베버를 행정학자로 칭할 수 있는가이다.

베버는 관료 조직의 생성원리와 특성, 그리고 역할에 관한 이론, 그리고 사회과학의 원형으로서 권위의 정당성 유형에 대해서 소개하고 있고, 현재에도 학생들에게 관료제를 이해하고 설명하는 데 활용되고 있다. 하지만, 그가 미국 행정학에 미친 영향과 적용 한계에 대한 기존 연구는 거의 없다.

그래서 본 연구는 우선적으로, 베버의 저술에 드러난 정부 운영인 행정의 역할 정향성과 행정 가치에 미친 영향을 명확히 한다. 1900년대부터 현재까지 번역되어 발간된 베버의 저술과 베버 사상을 해석하여 소개한 연구를 분석대상으로 한다.

우선적으로, 베버의 행정 정향과 가치에 대한 인식을 보다 분명히 하기 위해서, 신공공관리론자들이 주장하는 행정 역할 정향과 행정 가치와의 비교를 실시한다. 그리고 신공공관리론을 주장하는 학자들은 베버의 가치자유 개념을 가치중립 또는 관리주의 의미로 해석하는 경향이 있다. 본 연구는 베버가 주장한 연구자와 관료의 가치자유 개념을 보다 명확히 한다. 그리고 마지막으로, 현대 사회에서 다양한 집단이 보유하는 다원적인 가치의 존재와 갈등을 전제로 할 경우에, 베버가 이상적이고 현실적이라고 본 일인지배 계층제적 관료 조직구조와 문제 해결 방식이 미국 행정 조직구조와 문제 해결 방식에의 적용 한계점에 대해서 확인해 본다.

본 연구의 비교 쟁점으로 첫 번째는 신공공관리론(NPM) 또는 관리주의자들의 주장과 베버의 사상에서 드러나는 행정의 정향성 또는 행정 가치가 상호 동일한지 또는 서로 상이한지에 대한 것이다. 즉, 두 사상 모두가 능률성 가치로 동일한지, 아니면 전자(신공공관리)는 능률성 또는 경제성 지향(Piotrowski & Rosenbloom, 2002; Rosenbloom et al., 2018)인 반면에, 후자(관리주의와 베버)는 형평 지향(Gulick, 1990; Stillman, 1997)으로 차별화되는지에 대한 것이다.

베버는 이상적인 관료 조직의 특징으로 몰가치성, 신분제 고려 배제, 계산 가능한 규칙 등을 통하여 신속하고 정확한 업무처리(Weber, 1968: 675)를 주장한다. 이와 같은 관료 조직의 특징으로 인해서 학자들은 목측 합리성을 도구적 합리성 또는 능률성의 추구로 해석한다(김성수, 2020: 41; 전성우, 2006: 64; 임도빈, 2000: 55). 신속성과 더불어 업무처리 과정에서 신분적인 고려를 배제한다는 것은 결국 자유시장의 원리가 원활히 작동하도록 하여 경제적 이익 추구가 가능해진다는 점(임도빈, 2000), 그리고 맹목적인 수단성이 있다(임도빈, 2000: 55)고 보았다는 점에서 신공공관리(또는 관리주의)가 추구하는 정신과 유사하다. 미국에서 기술적 합리성은 관료제적 철학으로 인식되었다(Bertelli & Lynn, 2005: 153). 이는 세이저와 로저(Sager & Rosser, 2009)가 베버를 정치・행정이원론자로 분류하는 이유이기도 하다. 또한 일부 학자는 신공공관리와 베버의 주장 사이에는 명백한 차이가 있고, 신공공관리가 탈관료제화와 탈정치화를 추구했다는 점(Moar, 1999)에서, 베버의 이론과 차이가 있다고 주장한다(임도빈, 2000: 51). 하지만, 베버는 현대 사회에서 공・사조직 구분 없이 관료제화된다는 점을 강조하였다는 점에서, 필자는 민영화가 탈관료제화와 동일한 개념이 아니라고 본다. 즉, 민영화 자체가 베버의 관료제 이론과의 차별점일 수 없다.

신공공관리론과는 차별화되는 베버의 이론에서의 행정이 추구하는 가치는 민간 관료조직과 대비되는 공공 관료 조직의 목적에 기술되어 있다. 베버는 관료 조직(또는 행정)의 존재 이유가 아닌 어떻게 작동되는가에 대해서만(Gordon, 1991: 484) 기술했다는 점, 그리고 그(2006)는 정치인의 역할과 책임윤리, 관료 조직에 목적을 부여하는 카리스마 리더의 특징과 함께, 의회주의적 지도자로서 카리스마적 리더가 추구하는 형평성 가치(전성우, 1996: 99; Gordon, 1991: 488-489)에 대해서 소개하고 있다.

베버(Weber, 1978: 753 이하; 1980: 124-130)는 관습법 이외에 의회에서 인위적으로 제정되는 법의 필요성을 제안하고, 정부 관료는 인위적으로 제정된 법을 집행하는 것으로 보았다. 일반적으로 정부 조직과 법을 통해서 실현하려고 하는 정책의 목적 또는 존재 이유는 의회에서 제정된 법에 명시된다. 윌슨(T. Woodrow Wilson)은 행정을 헌법의 운영으로(Wilson, 1887), 그리고 화이트(L. D. White)는 법의 집행으로 보았다(Storing, 1965)는 점에서 베버의 법의 집행과 동일한 관점이다.

베버 생존 당시에, 다양한 가치의 조정과 배분을 정치로 정의할 경우에(Easton, 1953; Rawls, 1993), 그 역할과 권한은 정치인으로 구성된 의회에 있었다(Rosenbloom, 1993). 이러한 정치 역할이 행정에 위임된 된 것은 미국의 경우에 행정절차법이 제정된 1946년이다.[2] 독일의 경우에는 1976년이 되어서야 행정절차법이 제정된다[3]. 즉, 1946년 이전에 미국과 독일에서 가치조정과 배분 업무는 대의제기관인 의회의 역할이었다(Rosenbloom, 1993). 로젠블룸(Rosenbloom, 1993)에 의하면, 1946년 이전에 의회는 행정의 역할과 방향인 가치배분에 관한 규칙을 직접 제정하고, 관료 조직은 의회에서 정한 목적과 규칙에 맞게 능률적으로 가치를 배분하는 역할을 맡았다고 본다. 이하 본론에서는 신공공관리론과 베버의 이상적인 관료 조직의 목적과 수단가치의 동일성과 차이점에 대해서 자세히 알아본다.

그리고 두 번째 쟁점으로 베버의 주장에서 기원하는 정설적인 행정학과 신공공관리론[4]의 가치중립(Gooden & Portillo, 2011: i62)이 정치적 중립인가 아니면 정교분리인가 또는 가치자유인가에 대한 것이다. 베버는 연구자와 관료는 가치중립(value neutrality)이어야 하고, 일부 연구자들이 그것을 관료의 정치적 중립이라고 인식했던 것이 사실이

2) 행정절차법은 의회에서 제정한 법률 집행의 세부적이고 구체적인 사항을 정하는 시행령, 시행규칙 제정에 관한 공정한 절차를 규정한 법이다. 또한 법규제정에서 담당 공무원의 자의성과 불공정성을 막고, 시민에게 변화되는 법규를 사전에 알게 하고 충분히 의견을 제기할 수 있는 기회를 부여하기 위한 법이다. 예를 들어, 법규 사전예고제도, 공청회 개최 등 절차가 규정되어 있다.

3) 로젠블룸(Rosenbloom, 1993)은 행정절차법이 통과된 시점(1946년)부터 행정이 정치의 역할을 수행하기 시작했다고 본다. 독일은 1976년 5월 25일에 행정절차법이 최초로 제정되었다. 다원주의 사회에서 1946년 이전에 정치인들이 직접 수행하던 구체적이고 세부적인 가치 조정과 배분 업무를 정치가 행정에 위임하기 시작한 것이다. 필자는 정치와 행정이 다른 성질의 이원론이 아닌 동일한 성질의 것을 정치와 행정이 분리해서 독립적으로 수행한다고 본다. 행정업무인 가치배분의 투명성, 효율성이 강화되기 때문이며, 매디슨(James Madison)이 페더럴리스트(Federalist) 51번에서 주장한 사회적 약자의 보호가 전체에 대한 봉사가 되는 정부의 존재 목적이라고 본다(Lynn, 2013).

4) 신공공관리론이 가치중립을 이야기하는 것 같지만, 반정치적(anti political) 또는 비민주적인 것이기를 주장하는 것이며(Spicer, 2010: 2), 경제적인 성과를 우선한다는 점에서 가치중립은 아니다. 선(the good)을 크게 이기적인 것과 이타적인 것으로 구분할 수 있고(Spicer, 2010; Lynn, 2013), 가치에도 공동체를 우선하는 이타적인 것과 개인의 탐욕을 존중하는 이기적인 것이 있다(Fischer et al., 2010; Schwartz, 1992). 신교인 기독교가 이타성을 중시한다면 구교인 유대교는 탐욕을 존중한다. 인위적으로 만들어진 공법이 이타심(fellow feeling)의 가치를 기준으로 탐욕을 범죄시하지만, 자연법은 이기심과 탐욕을 죄악시하지 않는다.

다(Gooden & Portillo, 2011; Rosenbloom et al., 1989; Parsons, 1965). 베버가 본 이상적인 관료 조직과 관료는 "노여움과 열정이 없는 존재"(윤견수, 2012: 1), 도구적 합리성을 추구한다(김성수, 2020; 윤견수, 2012)는 점에서 냉정하고 합리성을 추구하는 가치중립이라고 인식될 수 있지만, 베버는 한 번도 가치중립을 언급하지 않았다고 한다(김성수, 2020; 최치원, 2014; Parsons, 1965). 코저(Coser, 1971: 234)는 장차 올 기쁨의 예언자가 아닌 운명과 재앙의 선구자로 보았다(Gordon, 1991: 488). 즉, 베버는 현대 사회의 합리적 관료제화 경향성에 대한 상당한 우려를 가지고 있었다.

베버의 가치자유 개념은 사회 내에 다양한 집단이 신봉하는 신념 또는 종교적 가치로부터 자유(Gordon, 1991; Swedberg, 2003)를 의미하는 정교분리 또는 양심·사상, 그리고 학문의 자유로 해석될 여지가 있다. 최치원(2014)은 가치자유를 절대적 다신주의로 표현한다. 파슨스(Parsons, 1965)는 연구자들이 자신의 글을 오해하여 쓰고 있다고 하고, 그(1965)는 베버가 연구자의 연구는 그 시대 또는 정치체제를 지배하고 있는 가치로부터 자유로울 수 있어야 한다고 보았다고 주장한다. 레비탄(Levitan, 1942)은 관료의 "이념적 무관심성(idealogical indifference)"에 대해서 명확히 반대했다.

베버는 사회과학의 연구대상을 사물(material)이 아닌 사람(human)으로, 연구 분석단위를 "의도를 가진 개인의 행동이 타인에 미치는 영향과 개인들 상호 간의 영향관계" 또는 "중범위"로 보았다는 점(Gordon, 1991: 468-475; Waldo, 1968), 그리고 베버에 의하면, 사람의 행동은 물리적인 현상과 달리 의도적이며, 의도(intend), 결정(decide), 믿음(belief) 같은 것이 사람의 행동을 결정한다는 것(가치 또는 이해의 역할)(Swedberg, 2003)이 사실(fact)이다(Gordon, 1991). 사회과학 연구는 사람을 연구대상으로 하고, 사람의 행동을 이해하기 위해서는 그 사람의 가치나 이해(verstehen)를 아는 것이 중요하다고 강조한다(Gordon, 1991: 470).[5] 베버는 자연과학 연구방법에 대한 강한 지지자이었고, 개별사례분석(Parsons, 1965) 또는 개별사례 비교분석(Ringer, 2002) 방법이 자연과학 방법을 대체할 수 있는 것이 아닌 보완적인 역할을 할 수 있다고 보았다(Gordon,

5) 고든(Gordon, 1991: 471)은 "그런 정신과정의 운영을 반영하는 개인행동에 사회적 사건들의 원인을 추적하는 것에 의해, 사회과학자들은 그런 사건들을 이해할 수 있게 된다. 예를 들어, 역사가들은 1914년 8월에 독일군 1군단이 남쪽으로 진군해서, 프랑스 파리에 접근했을 때, 프랑스 6군단에 측면을 노출하게 되었다고 단순히 기술하지는 않을 것이다. 어느 한 역사가가 그것을 조사하게 된다면, 슐리펜(Schlieffen) 계획에 따른, 폰 플루크(Alexander von Kluck) 장군의 이 치명적인 출발의 이유를, 총괄 전략의 차원에서 무의미한 사건들조차도, 군대의 움직임에 의해서가 아닌 '특별한 상황에서 특별한 개인의 결정'(에 의해 이해될 수 있기 때문에)을 통해서 설명할 것이다."

1991: 471). 이는 행정학 연구의 주요 특징이라는 점에서 왈도(D. Waldo)와 사이먼(H. A. Simon)은 생각을 공유한다(Waldo, 1968; Simon, 1982; Carroll & Frederickson, 2001). 그러므로 본 연구에서는 행정학자로서 베버의 연구자와 관료의 가치자유의 본 의미를 확인하고, 사회과학의 한 분과 행정학에 베버의 직접적인 기여, 즉 행정의 가치설정, 연구대상으로서 “중범위인 의도를 가진 개인과 개인의 행동에 영향을 받는 개인들 간의 영향관계”, 연구방법으로 혼합연구방법론 등에 대해서 확인해 본다.

세 번째는 베버가 이상적인 조직구조라고 본 일인지배적인 조직구조의 정부 행정 및 지방자치 조직에의 적용 가능성에 관한 논의이다. 현대 가치다원적인 사회에서, 시민 대응력을 강화할 수 있는 효과적인 (또는 시민 신뢰를 높일 수 있는) 행정조직의 구조에 대한 논의라고 볼 수 있다. 베버(Weber, 1978)와 베버리안(Weberian)(Ringer, 2004)은 현대 이상적인 관료 조직의 형태로 일인에 의해 지배되는 계층제적 구조의 조직형태를 들고 있다(Weber, 1978: 956-957). 이러한 조직형태는 업무의 공정한 수행 또는 책임감 강화에 도움이 된다(Hernes, 2005).

하지만, 일부 학자는 현대 행정관료제 조직이 시민 서비스 능력 또는 대응력 강화를 위해서, 행정 조직의 가외적 설계(김영평, 1991: 187 이하), 내부적 다원화(이종범, 1986: 238) 그리고 조직 내 의사결정의 분권화와 평면조직이 되어야 한다(Ingraham et al., 1989: 121)고 본다. 윌슨(T. Woodrow Wilson)은 행정조직을 유기적으로 보았다(Sager & Rosser, 2009). 유기적이고 분권화된 조직의 형태는 시민과의 접촉을 통한 전문적인 행정서비스 제공에 잘 부합한다(Hernes, 2005: 6). 왈도(D. Waldo)는 미국 건국헌법 원리에 기초할 경우에, 정부 조직의 형태는 선임사무장(council manager) 형태의 조직구조[6]가 유일하다고 본다(Lynn, 2013: 610). 미국 건국헌법의 정부 조직 설계원리도 분권과 시민참여 지향이다(Lynn, 2006: 153 이하).

베버는 정부 관료 조직의 증가와 관료 지배현상을 주장했다(1978). 윌슨 또한 이상주의적 역사학파적인 시각에서 비롯된 행정권한의 강화(Sager & Roser, 2009: 1138)와 중앙집권에 대한 선호가 있었다(Stillman, 1997: 333). 하지만, 조직구조에 대한 베버와 윌슨의 주장은 앞서 기술한 것처럼 상이하다. 미국 헌법원리 또한 행정과 관료의 시민 대응을 중시하였고, 정치인들과 행정학자들은 관료(또는 행정가)의 시민요구 대응을 지속적으로 강조해왔다(Rosenbloom, 1993; Lynn, 2013; Bertelli & Lynn, 2006).[7] 이하에서

6) 의회 선임관리자(council-manager) 형태의 조직형태를 시의회 선임사무시장 제도로 번역하고 있지만, 지방조직이 아닌 정부 조직을 의미할 때는 조금 다른 의미인 것으로 판단된다.

는 베버의 관료 조직 이론의 미국 정부 관료 조직구조에의 적용 가능성과 한계에 대해서 확인해본다. 즉, 베버의 관료 조직이론의 정부 조직구조에 적용 한계를 확인해 본다.

제2절 본론: 쟁점 비교, 베버의 행정(과학)에의 기여와 한계점

1. 주요 활동 내역, 연구활동, 그리고 기여

1) 주요 활동 내역

본 연구에서는 우선적으로, 막스 베버(Max Weber)의 행정(과학) 형성에 영향 정도를 확인해보기 위해서 베버의 생전 주요 활동과 주요 작품의 사후 영향에 대해서 확인해 본다. 이를 통해서 베버가 행정학자로도 분류될 수 있는지를 확인해 본다.

베버는 하이델베르크(Heidelberg), 베를린(Berlin), 괴팅겐(Göttingen) 대학을 다녔고, 법학을 전공했으며, 1886년에 변호사가 되었다. 그러나 그의 지적인 관심은 역사와 경제학이었다(Gordon, 1991: 466). 그는 중세시기 무역회사에 관련 주제로 박사학위를 받은 후에, 로마의 농업역사로 교수학위를 받았다. 그리고 1894년 프라이부르크(Freiburg) 대학 정치경제학과 교수가 되었고, 1896년 하이델베르크(Heidelberg) 대학으로 자리를 옮겼다(Gordon, 1991: 466). 그는 교수로 재직하면서 연구 관심이 정치경제학에서 사회학적인 요소들로 옮겨갔다(Swedberg, 1999: 561; Gordon, 1991). 대학 교수로 재직 당시에, 베버는 동료 대학 교수와 그가 가르치는 학생들로부터 그의 강의내용에 대해 동의를 얻지 못했고, 자신의 주장을 일부 학생들에게 적극적으로 설명하여 동의를 얻으려고 노력하였다(Swedberg, 2003). 1897년에 시작된 신경쇄약(nerves breakdown)은 그를 대학에서 직무를 수행할 수 없게 만들어 퇴직하게 만들었다. 사망 2년 전까지, 그는 대학 강단에 서지 않았다(Gordon, 1991: 466).

신경쇄약에서 회복된 후, 프라이부르크(Freiburg) 대학에서 개인 연구자로서 일했던 시기에 베버는 연구에 집중할 수 있었고, 그 시기에 저술된 베버의 연구결과물은 그를 후대에까지 널리 알릴 수 있게 해주었다. 그는 1903년에 독일 내에 선도적인 사회과학

7) 미국 헌법 설계원리는 국민만이 주권자이고, 행정가는 대리인(agent)나 도구가 아닌, 초월적인 목적과 도덕적 헌신을 보여주는 "헌법적인 정치구조 설계의 결함을 교정하는 신탁자(trustee)"이다(Bertelli & Lynn, 2006: 152).

학술지가 된 *the Archiv fur Sozialwissenschaft und Sozialpolitik*의 선임편집자 중에 한 사람이 되었다. 1910년 독일 사회학회 설립 발기인이 되었고, 여러 해 동안 회장직을 수행했다(Gordon, 1991). 하지만, 그는 가치 평가적인 논쟁의 결과로(구식 정치적인 유산에 반대) 인해, 상기 학회에서 자진 탈퇴했다(최치원, 2019: 197). 그는 또한 독일 정치계에서 거물이었고, 그는 당시 정치 실무에 관한 다량의 글을 작성했다. 그는 독일 민족주의 정서에 대해서 상당히 비판적이었고, 그는 자유주의자들과 연합해서 독일 민주당 창당에 기여 했다(Gordon, 1991: 466).

2) 베버(Max Weber)의 현실 정치와 행정에의 주요 기여

베버는 11월 혁명 이후에 독일 바이마르(독일 비스마르크 제국과 차별화하기 위한 목적에서 헌법이 제정된 지명을 따서 붙여진 이름이며, 독일 민주공화국 헌법을 의미함) 헌법 초안 작성에 자문가로 참여하여(Weber, 2008: 14) 영향을 주었으며, 그 스스로 제국의회와 정부에서 커리어를 추구했으나 자신을 홍보하지는 않았다(Weber, 2008; Bleek, 2001: 174). 1930년대 이후 1960년대까지 베버의 저술은 영어로 번역되어 미국 대학생들과 연구자들에게 표준교재가 되었으며(Scaff, 2014: 272), 장준호(2021: 51)는 미국에서 막스 베버 열풍이 불었다고 기술하고 있다.[8)]

행정학 분야에서 베버가 미친 영향은 미국 주정부의 관료제화이다(Kiser & Baber, 2005). 베버 이론이 미국 행정실무에 직접적인 영향을 미칠 시기에 미국 행정학계는 정치・행정이원론과 능률중심 사고가 지배하고 있었다(Rosenbloom, 1993). 왈도(Waldo, 1968: 471)는 전통 행정의 개념화와 연구의 많은 부분은 베버의 이상적 관료제를 이용했다고 기술하고 있다. 베버는 자신의 저서 『경제와 사회』에서 관료제는 가장 능률적이고, 가장 계산적이며, 그리고 모든 형태의 조직에서 공식적으로 권한 실행의 가장 합리적인 수단이기 때문에 불가피하다고 기술하고 있다(Ringer, 2004). 윌슨의 논문(1887)이 제2차 세계대전 때까지 거의 인용되지 않았다는 점(Van Riper, 1984: 208)과 비교하면, 베버의 행정학에의 영향은 상당히 크다고 볼 수 있다.

베버는 정부 역할을 이원화하여 정치인으로 구성된 의회와 관료 조직의 역할과 가치를 구분하여 기술한다. 윌슨(Wilson, 1887)의 주장처럼 행정이 정부 운영이라고 정의한다면,[9)] 베버가 '정부 또는 행정'이라는 용어를 사용하였거나 이들의 역할 정의를 명확

8) 베버의 저술에 대한 해석은 콜롬비아 대학 교수이었던 로스(Guenther Roth)의 집요한 노력으로 발굴된 베버의 친구와의 서신(1,000여 통)에 기초해서 1970년대 이후 많은 변화가 있었다.

히 한 기술은 발견되지 않지만, 그는 정치와 행정이 통합되어진 정부 운영의 가치에 관해서 언급했다고 볼 수 있다. 그의 정치 · 행정이원론 관점에서, 당시 의회가 설정하는 정부의 목적 가치는 형평성, 공정성, 그리고 투명성이고, 이들 가치의 실현하기 위한 수단으로서 전문직업주의(고도로 훈련받은 정치인과 행정인 필요성을 주장함)에서 비롯되는 효율성 가치가 강조된다고 볼 수 있다(신용일, 2019, 2020). 미노브룩(Minnowbrook)과 신행정학은 행정에 좋은 관리와 함께, 형평성 가치[10]를 강조하고 있다(Ingraham et al., 1989; Frederickson, 1971). 베버는 정치권력 획득 방법, 정치 조직의 구조 또는 역할, 대표자 선출방식, 그리고 여론 형성 방법 등과 같은 현대 정치학에서 다루고 있는 정치기법 또는 기술에 대한 글은 집필하지 않았다. 베버는 오직 현대 정부 운영의 중심적인 역할을 하는 행정가의 조건, 그리고 역할, 가치에 대해서만 언급했다는 점에서, 필자는 그를 행정학자로 분류할 수 있다고 본다.

2. 첫 번째 쟁점: 행정의 가치로서 형평(equity)과 능률(efficiency)

베버는 정부 역할을 엄격히 이원화하여 정치인으로 구성된 의회와 관료 조직의 역할을 기술하고 있다(Weber, 1978). 그(1978)는 관습법 이외에 인위적인 법 제정의 필요성이 있다고 보았다(Weber, 1978: 753). 현재까지 의원내각제를 유지하고 있는 독일의 경우에는 법 제정과 정부 정책의 방향을 설정하는 업무는 의회 또는 정치지도자들이 맡고 있다. 베버(Weber, 1980: 833; Weber, 1919)는 정부 조직의 관료는 법을 열정과 분노 없이 충실하게 집행하고, 자신의 주인인 정치적 지도자들을 추종해야 한다고 보고 있다.[11] 또한 규칙에 의한 직무의 설계(조직법에 근거를 둔 직무 배분과 같음)와 직위

9) 윌슨(Wilson, 1887)은 행정(PA)을 정부의 운영(the administration of government)이라고 보았으며, 이때 정부는 집행부만이 아닌 입법과 사법부를 총괄하는 개념이다. 매디슨(James Madison)은 삼부의 권력은 분리되지만 중복되는 정치권력이고, 정부의 목적은 사회적 약자 보호라고 보고 있다(Lynn, 2013).

10) 프레데릭슨(H. G. Frederickson)은 행정가의 형평 가치의 필요성을 다음과 같이 설명한다. "행정가는 중립적이지 않다. 사회적 가치는 (혜택받지 못한) 소수자들의 정치권력과 경제적 복지를 강화하기 위해서 설계된 활동으로서 정의된다. 이는 더의민주주의 시스템이 이들 집단에 대한 시스템적 차별을 회복시키는 것에 실패하거나 매우 점진적으로 시도하는 방법에서 운영되기 때문에 필요하다"(Ingraham et al., 1989: 116).

11) 베버(Weber, 1978: 959)가 본 정치지도자에게 추종은 어느 한 개인과의 관계도 아닌, 그리고 중세적이고 세습적인 권위에 봉신 또는 제자의 신뢰(faith)도 아닌, 기능적(functional)이고 비개인적인(impersonal) 목적에 헌신하는 것으로 본다.

분류제 방식의 인사제도를 제안하고 있다(Weber, 1978: 957). 이러한 점 때문에 베버는 엄격한 정치 · 행정이원론자로 분류된다(Sager & Rosser, 2009).[12)]

베버는 관료 조직의 존재 이유나 목적[13)]에 대해서 명확히 기술하지 않았다(Gordon, 1991). 그(1968)는 이상적인 관료 조직의 특징으로 몰가치성, 신분제 고려 배제, 계산 가능한 규칙 등을 통하여 신속하고 정확한 업무처리(Weber, 1968: 675)를 주장한다. 이와 같은 관료 조직의 특징으로 인해서 학자들은 그가 주장한 목측 합리성을 도구적 합리성 또는 능률성의 추구로 해석한다(김성수, 2020: 41; 전성우, 2006: 64; 임도빈, 2000: 55). 오직 베버는 헤겔(G. W. F. Hegel)과 윌슨(T. Woodrow Wilson) 등과 동일하게, 현대 서구 사회가 도구적 합리성(능률)을 추구하는 정부 또는 민간 관료 조직에 의해 지배되어져 가는 현상에 관해서만 기술하였다(Sager & Rosser, 2009). 그리고 그런 성격의 조직이 시민을 지배하는 현상을 두려워했다(Sager & Rosser, 2009: 1139).

그는 관료 조직의 그러한 특성으로 인해 경직화되는 것을 막아주는 카리스마적인 정치지도자의 역할을 강조하고, 카리스마 있는 정치지도자는 사회 형평성을 강화하는 역할을 추구한다고 보았다(Satkunanandan, 2014; 전성우, 2006). 또한 베버는 관료들에 대한 기능적인 교육뿐만 아니라 이타적인 윤리교육이 필요하다고 강조한다(Sager & Rosser, 2009). 관료들에 대한 윤리교육의 필요성, 그리고 관료가 덕(virtue)이 있어야 한다는 생각은 헤겔과 윌슨이 공유하는 생각이다(Sager & Rosser, 2009: 1143).

윌슨(Wilson, 1887)의 주장처럼 행정이 정부 운영이라고 정의한다면, 베버는 정부나 행정에 대한 명확한 역할 정의에 대한 언급은 없었지만, 정치의 가치조정과 배분 역할이 행정에 위임(Lowi et al., 2008: 187; Rosenbloom, 1993)된 이후에, 정부와 행정의 가치에 대해서 언급하였다고 볼 수 있고, 당시 의회가 설정하는 정부의 목적 가치는 형평성, 공정성, 그리고 투명성이고, 자연스럽게 형성되는 수단으로서 전문직업주의(고도로 훈련받은 정치인[14)]과 관료의 필요성을 주장함)에서 비롯되는 효율성이 강조된다고 볼

12) 윌슨(Wilson, 1887: 212)의 논문에 의하면, "행정은 세밀한, 그리고 체계적인 공법의 실행으로 본다. 일반법의 모든 특별한 적용은 행정의 행위이다. 집행부가 취약하기 않게 하기 위해서, 행정법을 공식화하기를 원했다"(Sager & Rosser, 2009: 1138).

13) 베버(Weber, 1978: 959)는 관료들이 추구하는 목적(purposes)과 관련해서 다음과 같이 기술하고 있다. "이들 목적은 국가, 교회, 공동체, 정당 또는 기업과 같이, 문화적 가치로부터 종종 이념적인 후광을 얻는다. 그것(목적)은 세속적이거나 세속적이지 않은 개인적 주인의 대리자(surrogates)로서 나타난다. 그리고 그것은 주어진 집단에 의해 구현된다."

14) 베버(Weber, 1919: 23)는 "직업으로서 정치(politics as a vocation)"에서 정치인은 열정(passion), 책임감(responsibility), 그리고 균형감각(a sense of proportion)이 있어야 한다고 주장했다.

수 있다(신용일, 2019, 2020). 미노브룩(Minnowbrook)과 신행정학은 행정에 좋은 관리와 함께, 형평성 가치를 강조하고 있다(Ingraham et al., 1989; Frederickson, 1971). 신행정학의 여섯 가지 핵심 이슈 중에 하나인 반관료제적 철학은 관료의 기술적인 합리성을 악으로 규정한다(Bertelli & Lynn, 2005: 153).

마지막으로, 베버(Weber, 1978)는 자신의 강연과 저서인 『직업으로서 정치』와 『경제와 사회』에서, 정치가는 입법과 선거과정에서 자신을 입증해야 하고, 책임윤리를 가지고 자신의 임무를 수행해야 한다고 보았고, 행정가는 자기부정의 관점에서 행정업무를 중립적으로 수행하고 그들의 정치적 주인들을 추종해야 한다고 보았다(Satkunanandan, 2014; Sager & Rosser, 2009: 1139). 그는 권력 투쟁은 정치인의 요소이고, 관료는 법률 질서를 충실하게 집행하는 것이라고 보았다. 이는 행정은 정치를 벗어나서 있어야만 한다는 의미이다(Weber, 1978; 1992: 190; Sager & Rosser, 2009: 1139). 헌법과 법은 가치다원적이고(Spicer, 2010), 베버는 가치다원주의자이다(Swedberg, 2003). 이는 행정의 정치적 중립을 의미할 뿐, 행정가가 법 제정 목적과 무관하게, 그리고 이타심 없이 업무를 수행하는 것을 의미하지 않는다. 윌슨(Wilson, 1888)은 존스 홉킨스 대학에서 개최된 "정부 기능"에 대한 연설에서, 정치 과업에 경제학의 원리를 적용하는 것은 이치에 어긋난다. 행정은 비즈니스와 같아야 한다. 그러나 그것은 경영이 아니고, 유기적 사회적 삶(organic social life)이다(Link, 1968: 690)라고 주장했다.

3. 베버의 가치중립은 탈정치인가 가치자유인가

종교(또는 윤리)로부터 자연 또는 사회과학의 독립은 가치(종교적인 윤리나 가치, ethical value)로부터 사실(fact)의 분리이고, 계몽주의(the Enlightenment) 시기 동안에 철학의 주요한 재정향성이라고 볼 수 있다(Gordon, 1991: 489). 흄(David Hume)에 의해 가장 영향력 있게 진술된 이와 같은 구분은 (종고)윤리로부터 과학의 분리에 대한 지지를 제공했다(Gordon, 1991: 489).

베버의 사실로부터 가치 분리(유아기의 신학적 또는 공상적인 가치로부터 성인기에 속하는 사실의 분리)는 연구자 관점과 관료 관점으로 구분할 수 있다. 우선적으로, 연구 또는 연구자 관점에서 살펴볼 수 있다. 20세기 연구자들에게 널리 알려진 실증주의(positivism: 객관적 사실에 근거한 자연과학 법칙의 추구)라는 용어는 프랑스 낭만주의의 선도자 중에 한 사람인 스탈(de Stael)에 의해 처음 사용되었다(Gordon, 1991: 271).

고든(Gordon, 1991: 289)는 실증주의를 다음과 같이 설명하고 있다.

> 이후 콩트(Auguste Conte)는 실증주의 철학의 과업은 문명의 진화를 지배해 온, 그리고 지배할 법칙을 발견하는 것이라고 보았다. 그리고 그는 우리의 지식(중세, 르네상스, 현대)이 세 가지 다른 이론적인 조건들을 통해서 발전되어 왔다고 보았다: 신학적 또는 공상적인(유아기); 형이상학적 또는 추상적인(청소년기); 그리고 과학적 또는 실증적(성인기). 실증주의 철학의 첫 번째 특징으로 모든 현상은 불변의 자연법칙에 대상이라고 간주하는 것이다. 우리 연구자의 임무는 가능한 가장 작은 단위의 수로 환원하기 위한 관점을 가진, 이러한 법칙의 정확한 발견을 추구하는 것이다(Gordon, 1991: 289).

연구자들에게 베버가 사실과 가치의 분리(fact-value dichotomy)를 주장했다고 알려져 있다. 베버의 책을 번역한 파슨스(Parsons, 1965)는 사실과 가치의 분리를 가치중립인 것으로 잘못 번역하여 사용하고 있다고 주장하고, 일부 행정학자들도 잘못 이해하고 사용한 것이 사실이다(Gooden & Portillo, 2011; Rosenbloom et al., 1989).

결론적으로, 베버가 이야기한 사실과 가치 이분법은 가치자유(Wertfreiheit)로 해석된다(최치원, 2014; Palonen, 1999; Gordon, 1991: 489). 베버에 의하면, 가치판단으로부터 자유는 사회과학의 가능성뿐만 아니라 필요성이다. 하지만, 자연과학과는 달리, 사회과학은 사람을 연구대상으로 하며, 사람들은 가치(value)를 추구하는 것이 사실(fact)이기 때문에 연구대상인 사람의 의도, 희망, 결정 등에 대한 이해(Vestehen)가 필요하고, 이러한 이해 없이는 현상을 객관적으로 정확하게 설명할 수 없다고 보고 있다(Gordon, 1991). 베버는 도구적 합리적 방법에 대한 보완적인 수단으로 해석학적 연구가 필요하다고 보았으며(Ringer, 2002), 왈도(Waldo, 1968)와 사이먼(Simon, 1985), 강신택(2019) 역시 행정 현상을 이해하기 위한 바람직한 연구방법으로 혼합방법론을 제시한다.[15)]

고든(Gordon, 1991: 490)은 가치와 사실 사이에 구분의 특징은 무엇인가라는 의문을 제기한다. 그(1991)의 해석에 의하면, 베버는 흄이 그랬던 것처럼 존재론적인 것이 아

---

15) 참고로 현대 학자들은 연구방법론에서 논리실증 방법론만을 실증연구로 분류하고 있다(남궁근, 2018: 32). 여기서 실증주의란 사실(fact)을 추구하는 것을 의미한다. 베버의 주장과 같이, 사람은 적극적으로 가치를 추구하는 존재라는 것이 사실이라는 점에서, 사람의 가치(의도나 희망 등)를 포함하는 해석학적 연구는 해석 실증연구이고, 감정이나 기존 이론(또는 관념)에 대한 비판을 포함하는 비판적 실증연구로 분류할 수 있다. 왈도는 사이먼의 논리실증주의 연구지향을 강하게 비판하면서, 의도와 목적이 배제된 사실이 존재하지 않는다고 주장하고 있다(Mill, 2007: xvii).

닌 논리적 양분이 가능하다고 보았다. 실재(reality)는 상호작용할 수 없는 두 영역으로 양분될 수 없다. 간단하게, 베버는 존재 언명과 당의 언명 사이에 범주적이고 의미론적인 구분을 유지할 것을 주장한다(Gordon, 1991: 490).

베버는 사회과학자들이 가치 판단을 하지 않아야 한다고 주장하지 않았다(Gordon, 1991: 490). 고든(Gordon, 1991: 490-491)은 자신의 책에서, 연구자들의 가치판단과 관련된 베버의 주장을 다음과 같이 기술하고 있다.

> 오히려 정반대로, 베버는 연구자들이 연구를 위한 주제를 결정하는 것에서, 인과를 결정하는 것에서, 획득된 결과의 사회적 중요성을 고려하는 것에서, 그리고 사회정책에 대한 충고를 제공하는 것에서, 사회과학자는 불가피하게 가치판단을 하게 된다고 주장한다. 사회과학자는 자신의 도덕 감각으로부터 도출되는 가치판단을 해야 한다고 말한다. 그는 오히려 도덕적 무관심성(indifference)이 파당적인 이해나 몰입을 위장하는 데 거짓 중립성(pseudo-neutrality)일 가능성이 높다고 주장한다. 사회학에서 진실한 객관성은 사실에 대해서 말할 때와 자신의 가치판단에 의존할 때 그것을 솔직히 기술하는 것이다(Gordon, 1991: 490-491).

베버는 사회과학의 연구 분석 대상이자 분석 단위는 "의도를 가진 개인(또는 소집단)의 행동과 개인의 행동에 영향을 받는 또 다른 개인(또는 집단)행동 사이에 관계"이라고 주장한다. 베버의 중범위이론(middle range theory)은 머튼(Merton, 1949), 왈도(Waldo, 1968), 그리고 사이먼(Simon, 1984)에 의해 행정학의 연구대상이자 분석 단위로 수용되고 재주장되고 있다.16) 또한 베버는 행태주의 연구방법에 직접적인 영향을 미쳤다.17)

16) 왈도(Waldo, 1968: 459)는 중범위이론을 적용한 연구의 예로 굴드너(Alvin Gouldner), 블라우(Peter Blau), 셀즈닉(Philip Selznick)과 머튼(Robert Merton)의 연구를 들고 있다.

17) 고든(Gordon, 1991: 468-490)은 베버(Max Weber)의 사회과학의 방법론에 대한 관점에 대해서 다음과 같이 기술하고 있다. "베버는 자연과학자들이 사용하는 이론적인 개념과 경험적인 증거를 사용해야 할 필요를 주장했지만, 사회과학자들은 특별한 이해(Verstehen)의 과정에 관여해야 한다고 보았다. 이는 자연과학의 그것과는 범주적으로 다른 연구의 방식으로 간주되고 창의적인 문학 또는 다른 예술(arts)과 유사한 것이다. 베버는 연구자들이 자신들이 연구하는 현상과의 관계에서 차이가 있다고 보았다. 자연과학자는 연구대상의 외적인 관찰자이지만, 사회과학자들은 사회적 사건 내에 한 참여자로서 다른 사람과 같이 그 사회체제 내에서 살고 있고 지위를 가진다. 베버는 전체주의적 관점을 거부하고 방법론적 개인주의를 고수했으며, 앞서 설명한 것처럼 개인의 의도에 대해 이해함으로써 사회적 사건을 설명할 수 있다고 보았다.

정부 관료(행정가) 관점에서는 베버의 사실로부터 가치의 분리 또는 중립 주장은 세 가지 관점에서 생각해볼 수 있다. 첫 번째로 그는 연구방법 관점에서 관료의 목적 제시는 연구방법의 위반이라고 주장하였다. 베버는 연구방법에 대한 위반이기 때문에 역사에 관한 헤겔(G. W. F. Hegel)의 목적론적 관점과 불일치했다(Sager & Rosser, 2009: 1137; Ringer, 2002: 169). 그는 현대 관료제의 정부 조직을 위한 가장 합리적이고 불가피한 도구성에 집중했다(Treiber, 2007: 136).

두 번째로 베버는 정치와 행정 역할의 명확한 구분을 의도했고(Weber, 1919; 1922), 그렇기 때문에 세이저와 로저(Sager & Rosser, 2009)는 베버를 정치・행정이원론자로 칭한다. 관료 조직은 도구적인 수단성에, 의회를 중심으로 이루어지는 정치는 책임윤리를 준수해야 하는 직업으로서 정치인이 가진 목적성에 집중했다(장준호, 2021; 최치원, 2019). 그는 정부 조직의 관료제화로 인한 사회의 경직성을 카리스마를 가진 의회의 지도자인 정치가 풀어줄 것으로 기대했다(최치원, 2019).

세 번째로 베버가 본 가치는 시민들 사적인 삶에서 종교적인 윤리와 관련이 있다. 이때 시민들 각자는 다른 종교를 믿고 있고, 다신교를 인정하는 다신교주의이다(최치원, 2014). 베버는 사회를 구성하는 것은 개인 또는 소집단으로 보았으며, 그는 전체적인 관점에서 유기체주의를 명백히 거부했다(Sager & Rosser, 2009; Gordon, 1991).[18] 베버(Weber, 1978: 956, 957)는 관료 조직 내에서 관료는 상관의 자의적인 지시가 아닌 법규(범위와 절차 등)에 따라 직무를 수행해야 한다고 본다.[19]

또한 베버는 사회학의 주제 문제로부터 가치를 배제하려는 의도가 없었다. 그는 외부자극에 다소 수동적으로 반응하는 개인을 상정하고 있는 사회적 현상에 관한 심리학적 설명을 거부했다. 인간행동의 근본적인 특징은 특정한 목표를 달성하는 것에서 의식적으로 지향성이 있고, 이들 목표는 가치판단에 영향을 받는다. 사람들이 가치를 보유한다는 사실을 사회학자들이 사회적 현상의 분석에서 무시해서는 안 된다. 한계효용에 관한 경제이론은 주요한 사실로서 개인들의 주관적인 가치화를 다루는 것에 의해서 시장가격 현상에 관한 과학적 분석을 제공한다. 사회학자들은 사람들이 보유한 가치를 분석해야만 한다. 특별한 가치는 대체로 종교와 같은 가치체제의 부분이다. 그리고 그런 체제의 내적 논리와 추론은 사회과학자들을 위한 연구대상이다."

18) 소수의 시민들로 구성된 소집단은 자신들이 믿는 종교가 다르며, 자신들이 믿는 종교에 따라 윤리가 다를 수 있다. 베버는 윤리상대주의자라고 할 수 있다(임도빈, 2008: 92 이하 참조). 시민과 시민들을 대표하는 관료는 공적인 삶의 영역에서 법이 윤리이다.

19) 스파이서(Spicer, 2010: 96)는 자신의 책에서 Perelman의 말을 인용하여 다음과 같이 기술하고 있다 "법은 본질적으로 다원주의적이다. 그것은 많은 가치를 동시적으로 실현하기 위해서 살아 있고, 구체적인 상황에서 양립할 수 없는 것을 보호할 수 있다. 행정가는 판사의 눈에 최상인 것처럼 보이는 것을, 우리가 최상의 이유를 드러내는 것을, 매일 수행할 것이다"라고 기술한다. 필자는 가치와 사실의 분리는 관료가 엄격하게 지켜야 하는 정교분리의 원칙이라고 본다.

헌법에 명시되어 있는 관료(또는 공무원)의 정치적 중립은 파당적이지 않은 것을 의미하며, 가치와 사실 분리와는 별개의 개념이다. 로젠블룸(Rosenbloom, 2013)과 린(Lynn, 2014), 그리고 한국헌법학회(2013)에서 정부 관료(헌법에서는 공무원임)의 정치적 중립은 행정과 관료의 행위는 정치적이지만 파당적이지 않은 것을 의미한다고 본다.[20] 레비탄(Levitan, 1942)은 관료제적 중립성의 가치에 의문을 제기하고, 중립성이란 공무원이 특정 정당의 정책에 연계되지 않고, 어떤 정당이 권력이 쥐든지 동등하게 열정적으로 정책을 추진하는 것을 의미한다고 주장한다. 그(1942: 318)는 "이념적인 무관심성(idealogical indifference)"에 반대한다: 계층제의 더 낮은 수준의 집단에 대해 정치적 이상에 대한 소생된 전념과 이상과 개념에 대한 헌신의 정신의 주입을 위한 필요성이 있다.

4. 베버(Max Weber)의 관료 조직구조와 미국 헌법원리와의 상충성: 베버 이론의 행정에의 적용 한계점

베버는 개인과 개인들로 구성된 소규모 집단의 존재만을 인정하고 있고, 이들 개인이나 집단은 다양한 종교적인 윤리 또는 신념을 가질 수 있다는 점에서 개인주의자 또는 가치다원주의자로 분류된다(Gordon, 1991; Swedberg, 2003). 베버는 명백히 사회를 유기체적인 전체주의적인 관점에서 보는 것을 거부했다(Gordon, 1991: Sager & Rosser, 2009). 그리고 가치다원주의 사회 또는 경제 속에서, 베버(Weber, 1978: 956-957)는 정부, 민간, 그리고 종교 관료제의 조직구조적인 형타를 일인지배적으로 조직된(monocratically organized) 수직적인 계층적 조직구조로 보았다. 그(1978: 957)는 "계층제적 사무권위의 구조는 모든 관료적 조직에서 발견되고 있다: 큰 정당조직과 기업조직뿐만 아니라 국가, 그리고 종교적인 구조에서 발견된다"고 보았다. 또한 그(1978: 957)는 관료제의 특징은 그것이 사적이든지 또는 공적이든지 중요하지 않고, 기계적인 현상(mechanistic phenomenon)으로 조직구조를 보았다(Sager & Rosser, 2009: 1137).

---

20) 박경철(2013: 181)은 헌법 제7조에 관한 해설에서, 데펜호이어(Otto Depenheuer)의 주장을 인용하여, "구체적 사안에서 무엇이 공익인지, 어떤 내용의 직무수행이 공공복리에 적합한 것인지는 공무원에 의해 결정된다"고 기술하고 있다(한국헌법학회, 2013: 181). 또한 그는 "정치적 중립성과 신분보장을 전제로 하는 비정치적 직업공무원은 전문성을 바탕으로 헌법과 법령이 부여한 권한을 헌법과 법령에서 정한 절차에 따라 직무를 수행함으로써, 유동적이고 한시적인 정치적 공무원의 권력행사를 견제할 수 있게 된다"고 기술하고 있다.

베버가 불가피하다고 주장한 기계적 형태의 조직구조는 카리스마적 정당성의 권위(authority)를 가진 리더와 결부되어 슘페터(J. Schumpeter)에 의해 미국에 전파되었다(Gordon, 1991: 488). 슘페터는 기업가정신을 가진 리더가 베버의 도구적 합리성으로 인해 경직된 조직이 불러올 폐해를 막아줄 것이라고 보았다(Gordon, 1991). 고든(Gordon, 1991)은 슘페터를 통해 베버의 주장이 미국에 전파되었다고 보고 있다. 베버는 비즈니스 기업의 권력의 중심이 자본의 소유자가 아닌 관료에게 넘어갈 것으로 보았고, 정부의 강제력의 행사가 정치가가 아닌 전문직업 관료에게 넘어갈 것으로 보았다(Gordon, 1991: 487). 이러한 이유로 베버의 '직업으로서 정치'란 주제의 강연에서, 그는 관료제의 경직성을 막아줄 균형감각을 갖춘 정치 리더의 필요성을 강조한다(Starr, 1999; Gordon, 1991). 1920년대부터 1950년대까지, 베버이론과 사상의 미국 학계와 대학 교육에의 영향은 막대했다(Scaff, 2011).

하지만, 세이저와 로저(Sager & Rosser, 2009)는 이와 같은 관료제 조직구조는 미국 헌법의 원리와 충돌한다고 주장한다. 윌슨은 국가(the state)를 하나의 유기체(an organism)로 보았고(Sager & Rosser, 2009: 1137), 이는 미국 건국헌법 설계자인 매디슨의 유기체적 정부 조직구조 설계관점(시민 자유를 유지하기 위해 충분한 다양성을 고려한 균형을 기반으로 불필요한 경쟁을 초래하는 정부구조: 상호 견제와 균형)을 이어받은 것이다(Lynn, 2013; Wilson, 1908).[21] 윌슨(Wilson, 1908)은 자신의 글에서 의회 정부와 관료제의 부패(큰 자본가가 정치자금을 제공하고 표와 뇌물제공 여부에 따라 자리를 배분하는 정치적인 기계)를 견제하기 위한 수단으로 대통령의 권한 강화를 주장한다. 디긴스(Diggins, 1985: 579)는 "윌슨이 유기적인 성장의 원리에 기반이 된 정부는 전문화와 관료제화를 위축시키는 결과를 초래한다는 것을 두려워하지 않았던 것 같다"고 기술한다. 이는 시어도어 루스벨트(T. Roosevelt)의 시민이 적극적으로 공공사무에 참여하는 신국가주의 정신과 연결된다(Diggins, 1985: 574).[22] 로젠블룸(Rosenbloom, 1989)

21) 사회학의 아버지로 분류되는 스펜서(Hebert Spencer)와 뒤르켐(Emile Durkheim)은 전체주의적 관점에서 사회 또는 국가를 분업 관계를 유지하는 유기체(서로 공생하는 관계)로 보았다(Gordon, 1991). 그래서 그들은 개인의 자발적인 합의를 초월하는 사회나 국가만이 가지고 있는 특정한 목적의 존재를 인정한다. 뒤르켐(Durkheim, 1893)의 전체주의적 관점에서 유기체적 시각은 아래와 같이, 이탈리아 전제주의 정치지도자 무솔리니(Benito Mussolini)의 노동헌장의 첫 문단에 잘 드러나 있다(Gordon, 1991). "이탈리아 국가는 국가를 구성하는 분리된 개인 또는 개인들로 구성된 집단을 초월하는 목적, 활동 수단을 가지는 하나의 유기체이다. 도덕적, 정치적, 그리고 경제적 결속은 파시스트 국가에서 통합적으로 실현될 수 있다"(Sabine, 1937: 765).

22) 루스벨트(Roosevelt, 1910)는 개인적 자유주의의 결점을 극복하는 대안으로 신국가주의(new

은 관료의 시민 대응성과 대표성을 강화하기 위해서, 조직 계층 간에 권위의 축소와 평면조직의 필요성을 주장하고 있다. 로젠블룸(Rosenbloom, 1993)은 브라운로우(Brownlow) 위원회의 보고서가 대통령을 참모조직의 장(chief executive officer)으로부터 독임 집행관(sole executive officer)으로 변화시켜 놓은 근본적인 오류를 범했다고 주장한다(Rohr, 1986: 183). 왈도(D. Waldo)는 미국 헌법원리에 부합하는 유일한 정부 조직의 형태는 카운실 매니저(council manager) 형태의 조직으로 보았다고 한다(Lynn, 2013: 610).23) 이종범(1986: 236-237)은 가치다원주의적 사회에서 행정의 신뢰를 확보하기 위한 조직의 형태로서 회의제 또는 업무의 중복이나 가외적 형태의 조직이 필요할 수 있다고 제안한다. 또한 그(1986)는 내부의 다양성의 확보, 협동적 결정형태의 도입, 신축적인 관할의 배분, 임시조직의 운영, 산업 단위 책임제 같은 것을 운영하는 것도 좋다고 제안한다.

베버의 기계적 관점의 조직구조는 책임성(accountability) 확보에 잘 부합하고, 윌슨의 유기체적 관점의 조직구조는 행정서비스, 즉 시민 대응성과 능률성 확보에 도움이 된다(Hernes, 2005: 6). 베버의 순수한 관료제는 공통의 기준을 가지고 균등하고 공정한 업무처리를 위해서, 시민으로부터 거리를 둘 것을 요구하고 있다(Weber, 1968: 959). 이에 반해서, 헤르네스(Hernes, 2005: 5)는 미국의 유기적 정치체제에 대한 기술에서, "미국의 전통적 행정의 관점은 지방 수준에서 시민에 대한 서비스 제공이고, 정치체제를 통한 결정된 규제와 기준을 강화하는 것이다. 서비스는 지역시민과의 근접성에 있

nationalism)을 주창하며, 미국 시민들에게 지방 정치의 험난한 세계에, 술집 주인(saloon keeper), 장로, 병실 치료사, 해결사, 그리고 중개사로서 몰두할 것을 촉구했다. 신국가주의란 산업 자본주의가 공익(the public good)에 필연적으로 복종하지 만드는 국가를 의미한다(Diggins, 1985: 574).

23) 카운실 매니저 형태의 정부는 위원회 형태로서, 훈련된 관리적 경험을 보유한 임명직 공직자가 있는 선출된 공직자의 강한 정치적 리더십을 가진 연립 지방정부의 시스템이다. 그 형태는 모든 권력이 선출된 위원회에 집중되고, 그 위원회는 공공서비스의 전달을 감독하는 전문적으로 훈련된 관리자를 고용하는 대의제 시스템을 구축한다. 카운실 매니저 정부에서, 위원회 구성원은 다양한 공동체 집단을 대표하는, 그리고 시민들의 욕구와 희망에 대응하는 정책 이슈에 집중하기 위한 선출된 리더이고 정책결정자이다. 관리자는 정책을 집행하기 위해, 그리고 전체 공동체에 서비스가 제공될 수 있도록 위원회에 의해 임명된다. 만약에 관리자가 그 위원회의 희망에 대응적이지 않다면, 그 위원회는 그 관리자의 권한을 종결시킬 수 있는 권한을 보유한다. 그런 의미에서 관리자의 대응성은 매일 검증된다. 현재는 미국 시 단위 지방정부에서 운영되고 있는 제도이다. 미국에서의 역사적 기원은 정치적 기계(politival machine)로서 엽관제의 방지, 영리기업의 이사회에 의한 CEO 임명 전통, 테일러(F. W. Taylor)에 영향받는 the Posts Office 운동이다(Wikedepia에서 인용함).

다. 능률은 기능적인 수준에까지 권한의 분권화와 같은 방법을 통해서 추구된다"(Hernes, 2005: 5)고 기술하고 있다. 윌슨은 정부 조직구조 관점에서 시민요구를 능률적으로 처리하는 유기체적 관점을 보유했다고 볼 수 있다(Sager & Rosser, 2009: 1137).

이외에 베버(Weber, 1978: 957)의 이론과 사상은 윌슨과 상당한 공통점이 있다. 베버(Weber, 1978: 957)는 정부조직법에 기초한 직위분류제 방식의 인사제도를 다음과 같이 기술하고 있다. "고유 직무 영역의 역량(competency)의 원리는—적어도 공공 분야에서—계층제적인 복종을 통해서 충분히 수행되고 있을 때, 계층제적 복종은 더 높은 권위가 단순히 낮은 지위의 업무를 인수받는 것에 의해서, 직무권한이 부여된다는 것을 의미하지 않는다. 진실로, 그 반대 측면은 규칙(the rule)이다; 어느 한 자리(사무 영역)가 정해지고, 새로운 충원자가 공석이 발생된다면 임명될 것이다."

윌슨(T. Woodrow Wilson)은 전통적으로 제한된 집행부의 힘이 증가되기를 원했다. 그는 또한 계층제적 관료 조직이 되어야 한다고 주장했다. 만약에 집행부 조직이 무책임하지 않다면, 만약에 그것이 그 서비스의 장과 부문 장에 집중된다면, 쉽게 감독되고 기록된다면, 집행부 권력에 위험이 없다고 보았다(Wilson, 1887: 213-214).[24] 그는 전문화되고 훈련된 관료가 불가피하다고 주장했다(Wilson, 1887: 216). 윌슨은 국경의 봉쇄, 급속한 도시화, 기술적인 변화, 산업화, 심각한 노사분규, 국제적인 도전과 같은 헌법적 질서를 위협하는 요인을 처리하기 위해서, 정부 역할 확장을 원했다(Stillman, 1997: 333). 이와 같이, 베버와 윌슨은 관료제 조직구조, 훈련된 관료의 필요성, 관료업무처리의 문서화를 통한 투명성 확보 등과 관련하여 많은 부분에서 공통적인 내용을 주장을 하고 있다.

참고로 다음 [그림 2-1]은 기계적 조직구조와 유기적 조직구조의 특성 차이를 비교한 것이다.[25] 기계적 조직구조는 경직된 조직구조, 높은 공식화 수준, 명확한 명령체계, 협소한 통솔 범위, 권한의 집중화 등을 특징으로 한다. 이에 반해서, 유기적 조직구조는 정보의 흐름이 유동적이고, 계층 간 또는 기능 간 횡적인 이동이 가능하고, 분권화와 낮은 공식화, 그리고 비교적 넓은 통솔 범위를 특징으로 한다. 베버가 주장한 일인지배 조직구조는 책임성 확보에는 도움이 되지만 시민 대응성 확보에는 어려움이 있다. 능률(efficiency)을 비용대비 효과관점으로 정의할 경우에는 기계적인 조직이 능률성이 더 높다(Lunenburg, 2012: 3). 능률을 업무처리 관점에서 볼 경우에는 유기적인 조직이 능

24) 세이저와 로저(Sager & Rosser, 2009: 1138)에서 재인용함.
25) Burns & Stalker(1961: 269). *The Management of Innovation*에서 처음 사용한 조직구조 분류임.

그림 2-1 조직구조(organizational structure) 유형과 특징

	기계적(Mechanistic)	유기적(Organic)
대표 조직 구조	• 기능적 구조 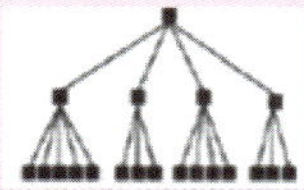 • 수직적 전문화 • 경직된 부서화 • 명확한 명령체계 • 협소한 통솔 범위 • 하향식 의사소통, 집중화 • 높은 공식화 • 높은 규칙, 정책, 절차의존성	• 매트릭스 구조(matrix structure) • 가상조직(virtual organization) • 네트워크 조직(network organization) • 무경계 조직(boundless organization) • 수평적 전문화 • 허약한, 다수 계층제 • 정보흐름의 원활 • 넓은 통솔 범위 • 분권화된 의사결정구조 • 낮은 공식화 • 느슨한 규칙, 정책, 절차의존성 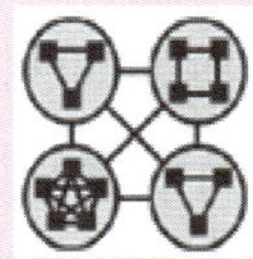

출처: Lunenburg(2012)의 논문의 내용을 요약 정리한 것임.

률이 더 높다(Hernes, 2005: 5). 유럽식 정부 조직그조가 기계적이라면, 미국식 정부조직구조는 유기적이다(Lynn, 2013: 615 참조).[26] 일명 느슨하게 연결된 조직구조(loosely coupled system)이다.[27]

26) 린(Lynn, 2013: 611)은 정부 조직은 일원화되고 수직적인 기업조직과는 다른 구조이라는 점을 편집자 노트에서 강조하고, 그(2013: 615)는 "하부적인 견제와 균형 또는 주권분산의 항구적인 목적은 모든 개인의 사적인 이익(the private interest)이 공적인 권리(the public rights)를 보호할 수 있도록 하는 데 있다"는 매디슨(James Madison)의 페더럴리스트 51번 기고문을 인용한다. 린(Lynn, 2013: 616)은 하위 견제와 균형으로 네 가지 범주를 들고 있다. 하나는 삼부 사이에 견제와 균형, 둘은 정부 조직 내부에서 견제로 감사관(inspectors general), 셋은 시민과 조직에 의한 견제로 정보의 자유와 공공기관 정보공개법, 넷은 사적 개인 또는 조직화된 실체에 권력과 영향력의 법률적 위임으로 연방부정청구고발법(Federal False Claims Act)을 들고 있다. 또한 거부권으로 상원, 하원, 그리고 대통령의 거부권, 그리고 대법원의 위헌법률심판권, 다수 정당과 시민단체의 정부의 특정 정책 반대, 중요 법률과 규제에 대한 특별정족수(재적의원 2/3의 찬성)의 요구 등등. 법의 지배와 고층의 공정한 해소(the just redress of grievances)를 보장하기 위해 사법부와 함께–연방주의(모든 주와 지방 정부)와 다원주의(모든 부분, 이익, 그리고 시민계층)는 모두를 위한 자유와 정의를 확보하는 데 본질적이다. 매디슨은 이러한 정부 조직구조를 '미국 구성공화국(the compound republic of America)'이라고 칭했다. 이런 전체적인 구상은 개인 또는 소수의 권리가 과반수의 이익 연합으로부터 거의 위험에 바지지 않도록 하는 것에 있다(Lynn, 2013: 614 이하 참조).

27) Jack L. Walker(1969). The Diffusion of Innovations among the American States(ed by Martin Lodge., Edward C. Page., & Steven J. Balla). (2016. online publication) The Oxford handbook of Classics in Public Policy and Administration 참조.

제3절 주요 논쟁점 정리

본 연구의 쟁점은 〈표 2-1〉과 같이 종합적으로 정리할 수 있고, 이에 대해서 상세히 설명하면 다음과 같다. 첫 번째 쟁점인 행정과 관료 조직의 가치에 대한 부분이다. 행정과 관료 조직은 목적가치로서 형평성을, 그리고 수단가치로서 능률성을 추구한다고 볼 수 있다. 베버는 관료 조직의 경직성에 대한 우려의 극복방안으로 엄격한 정치·행정이원론과 함께, 의회를 대표하는 카리스마 있는 정치인이 추구해야 하는 가치로 형평성을 제시하였지만, 정치의 가치조정과 배분 권한이 행정에 위임된 후에는 행정 또는 정부 조직의 목적가치는 형평성, 공정성이라고 할 수 있다. 수단가치는 도구적 합리성 내지 능률성으로 동일하다.

두 번째 쟁점은 탈(脫)정치인가 가치자유인가에 대한 쟁점이다. 20세기 가치와 사실의 분리는 종교적인 가치로부터 사실의 분리를 의미하고, 유아기는 종교적인 가치를 믿는 데 비해, 성인들은 사실(fact)을 추구한다고 보았다. 연구자에게 가치중립은 가치자유로서 사상과 학문의 자유를 의미한다. 시민은 종교와 양심의 자유를 의미하고, 관료에게는 엄격한 정치와 종교의 분리를 의미한다. 라비탄(Levitan, 1942)는 "관료의 이념적인 무관심성을 반대하고, 이념적인 이상을 추구"를 주장한다. 베버는 행정의 과학화에 기여하였으며, 그 예로 행정의 연구 분석 단위로서 중범위이론, 연구방법으로 혼합방법론(논리실증주의와 해석학적 연구), 행정 조직구조의 원리와 가치의 명확한 제시를 들 수 있다.

세 번째 쟁점은 가치다원주의 사회에서 베버가 제시한 일인지배적인 계층제적 조직구조의 정합성과 관련된 부분이다. 베버는 이상적 또는 현실적 조직구조의 모습으로 기

표 2-1 주요 논쟁점 종합정리

논쟁점		베버의 행정(과학)에 영향과 한계점
1	행정은 형평의 추구인가 또는 효율인가?	〈행정의 목적가치로서 형평성, 수단가치로서 능률성〉 – 행정의 (존재)목적으로서 형평성이며, 도구적 가치로서 능률성 – 베버는 엄격한 정치·행정이원론자임. 관료의 도구적 합리성 추구로 인한 경직화와 사회지배 현상을 우려함. 베버는 관료의 이타성과 훈련의 중요성을 강조함. – 미국 1946년, 독일 1976년 행정절차법 제정으로 세부적인 가치조정과 배분 권한이 정치로부터 행정에 위임됨.

2	관료의 탈정치인가? 또는 가치자유인가?	〈관료에게는 정교분리를, 학자에게는 가치자유를 의미함〉 – 가치는 종교를 의미하고, 절대적 다신교주의임. 개인의 사적 삶의 윤리는 종교이고, 공적인 영역에서 법과 법규가 존중되어야 함. 관료는 정교분리를, 학자에게는 가치자유(사상과 학문)를 의미함. – 가치중립과 정치적 중립은 별개의 개념임. 베버는 관료는 권력 투쟁에 개입하지 않아야 한다고 봄. – 베버는 행정 가치, 행정과학의 연구대상으로서 중범위이론, 연구방법론으로서 혼합방법론(논리실증주의와 해석학, 그리고 비판적 연구방법을 포괄함)의 출발점.
3	가치 다원주의적인 사회에서 일인 지배적인 계층제인가 또는 의회 선임관리자 형태 같은 다른 형태의 조직구조인가?	〈한계: 베버의 이상적 조직구조는 기계적임, 미국 헌법 구성원리는 유기적인 조직구조〉 – 베버는 현대 사회에서 일인지배적인 계층제적 형태의 조직구조가 이상적이고 보편화될 것으로 봄. 상의하달식의 일사 분란한 능률성을 중시함(상의하달식 능률성, 민주성과 상충됨). – 하지만, 미국 헌법 구성원리는 권한의 분권화를 통한 시민 대응성을 중시함. 윌슨은 유기적 조직구조를 선호함. 행정의 시민 대응성을 강화할 수 있는 평면조직, 의회 선임관리자 형태의 정부 조직, 가외적 조직, 협동 생산 또는 거버넌스 형태의 정부 조직 운영 등이 바람직함. 시민요구 업무처리의 효율성을 중심(분권화와 시민참여, 민주성과 능률성의 조화 가능함)

계적 조직구조를 제시하고 있지만, 유기적인 조직구조가 가치다원성을 추구하는 미국의 헌법 구성원리와 잘 부합한다고 볼 수 있다.

제4절 결론: 논의 정리 및 연구한계

필자는 베버의 연구는 현대 사회학, 경제학, 경영학[28]뿐만 아니라 행정학 이론 정립에 많은 영향을 주었다고 생각한다. 특히, 그의 연구결과물은 미국의 국가와 관료제의 역할과 업무 범위가 팽창하는 시점인 1920년대부터 1950년대까지 엄청난 영향을 주었다고 볼 수 있다(장준호, 2021; Swedburg, 2013; Scaff, 2011). 그의 관점은 헤겔로부터 동일한 영향을 받은 윌슨의 생각과도 많은 유사점이 있다(Sager & Rosser, 2009). 베버와 윌슨은 훈련받은 관료의 충원, 실적주의와 직위분류제도 확립, 비개인적이고 규칙에 따른 업무처리 등 행정의 전문화와 체계화와 관련된 관점에서 많은 공통점을 공유한다.

28) 고든(Gordon, 1991: 488)은 슘페터(Joseph Schumpeter)의 저술인 *The Theory of Economic Development*를 명확히 베버리안(Weberian)으로 보고 있다.

그리고 필자는 베버가 미국 행정학계의 과학적인 연구체계 수립에 기여한 반면에, 윌슨은 미국 건국헌법상 정부구조의 흠결을 발견하여 의회와 관료를 견제·통제할 수 있는 대통령의 역할 강화를 주장했고(Diggins, 1985), 매디슨(James Madison) 등 건국의 아버지들이 창출한 헌법(과 법)의 운영으로 행정의 존재필요성을 확인하고, 정치로부터의 분리·독립을 주장했다(Rosenbloom, 2011: 526; Willoughby, 1934; Wilson, 1887).

정치와 행정 사이에 관계에서, 베버는 정치(인)과 행정(가)의 엄격한 분리를 주장했다. 정치의 권력 투쟁에 행정(가)가 개입하지 않아야 한다는 관점을 가지고 있었다. 정치인은 가치조정과 배분을, 행정가는 정치가 법(을 통해 정해준 목적과 내용)을 도구적 합리성을 가지고 달성한다고 보았다. 베버는 연구자와 관료(또는 행정가)의 가치자유를, 관료의 정치적 중립을 이야기했다.[29] 윌슨은 행정을 정치로 보고, 경제의 원리를 정치의 사무에 적용하는 것은 이치에 맞지 않는다고 보았다. 그리고 그(1888)는 비즈니스와 같은 것이지 비즈니스는 아니고, 유기적인 사회적 삶(organic social life)이라고 주장했다(Link, 1968).

베버는 관료의 지배 현상을 두려워했으며, 그에 대한 극복방안으로 관료의 이타심과 이타심을 키워줄 수 있는 교육의 중요성을 강조했다. 앞서 기술한 것처럼 윌슨과 헤겔도 관료의 덕(virtue)의 중요성을 강조하고 있다. 그의 정치가와 행정가의 역할의 엄격한 구분 주장은 현대 관료 조직과 관료가 도구적 합리성 추구의 산물로서 경직성, 시민지배에 대한 두려움에 대한 산물이라고 할 수 있다. 그는 훈련된 직업 관료를 지배하는 시민에 대한 책임성을 갖춘 훈련된 정치가들이 행정의 경직성을 완화하고, 사회적인 형평성을 강화해줄 것을 기대했다. 또한 정치가에게 필요한 가치로서 균형감각을 요구했다(Starr, 1999; Gordon, 1991: 487). 베버는 애덤 스미스의 『도덕감정론』에서 말한 시민들 사이에 서로 유사성에서 비롯되는 동료감정(fellow feeling)을 인간행동의 모든 분야,

29) 신행정학의 the Minnowbrook Perspective(Marini, 1971)는 적실성(relevance), 반실증주의(anti-positivism), 개인적 도덕성(personal morality), 혁신(innovation), 고객에 대한 관심(concern for clients), 그리고 반관료적 철학(an antibureaucratic philosophy) 등이다. 버지니아 폴리텍 학자들의 블랙스버그 성명서(the Blacksburg Manifesto)는 "행정은 헌법상의 권력분립으로 인해 발생하는 결함을 시정해야 할 도덕적인 의무가 있다는 것을 강조한다. 행정의 역할은 주권자에 의해 선출된 입법부 또는 행정부에 위축되지 않는다. 행정가는 초월적인 목적과 도덕적인 헌신을 표출하는 신탁자이고, 대리인이나 신탁자가 아니다." 이 두 관점은 행정과 행정가의 기술적인(또는 도구적) 합리성 추구를 비판한다. 아담스와 벨푸어(Adams & Balfour, 1998)는 *Unmasking Administrative Evil*에서, 그들은 다른 인간에게 지적으로, 그리고 의도적으로 고통을 주고 고행을 강요하는 악(evil)으로서 정의하고 있다(Bertelli & Lynn, 2005: 153).

그리고 사회적 현상에 확장시켰다(Gordon, 1991: 470)는 점에서, 관료에게 이타심의 요구는 당연한 것일 수 있다.

미국 정부 조직구조에의 베버의 이론의 영향은 정부 조직구조에 관한 미국 헌법원리와 상치된다는 점(Lynn, 2013), 개인의 자유를 중시하는 보통법의 전통으로 인해서 크지 않았던 것 같다(Madison, The Federalist 10 참조). 행정가의 가치로서 시민 대응성은 기계적 구조보다는 유기적 정부 조직구조에서 더욱 잘 부합한다. 가치다원적인 사회에서 시민의 신뢰를 향상시킬 수 있는 조직구조는 권한이 하위로 분권화된 유기적인 조직구조이다. 매디슨도 미국 헌법설계에서 이러한 관점을 피력하고 있다(Madison, The Federalist 51.317 참조).

최근 연구자들은 현대 민주주의와 계층제적 관료제 구조 사이에 정합성과 관련된 연구결과를 내어놓고 있다(Gay, 2005). 또한 가치다원주의 사회 속에서 다양한 유형의 관료제 구조의 정합성, 지방정부의 구조 개혁 필요성과 직원들의 직무만족도에 대한 연구결과물을 제시하고 있다(유상엽, 2013; Vigoda-Gadot et al., 2010; Peters, 2010; Mc-Namara, 2009; Svara, 1994). 행정(관료)가 실질적으로 정치를 하는 시대가 도래했다(Spicer, 2010; Lowi et al., 2008; Peters, 2001). 피터스(Peters, 2001)는 행정의 역할 강화와 정치는 되돌릴 수 없다고 보고 있다. 하지만, 행정의 정치라는 관점은 공공선택론자들이 주장하는 것처럼, 관료들이 공공복지를 위해서 헌신하기보다는 개인의 목적을 추구하기 위해서 일할 수 있다는 우려를 불러일으키는 것이 사실이다. 공공선택이론의 창시자 중에 한 학자인 털럭(Tullock, 1965)은 베버의 이해의 관점에 기초해서, 『관료제의 정치(*The Politics of Bureaucracy*)』라는 책을 저술하였다. 과거 행정 절대우위적인 권위주의 정부 경험을 가지고 있는 한국에서, 행정학과 실무에서 행정의 정치의 개념의 수용은 행정 권한을 자신의 이익을 위해 활용할 수 있다는 우려를 학자나 일반인들에게 갖게 할 수 있다. 행정과 관료들이 목적가치로서 신행정학의 핵심 가치인 형평성, 공정성, 투명성의 가치를 보유하고, 전체 시민에게 봉사할 수할 수 있도록 하는 환경조성과 윤리교육을 꾸준히 받는 것이 필요하고, 행정부 내부조직(특히, 옴부즈맨, 고위공직자 범죄 수사처, 공공노동자단체)에 의한 행정업무의 투명성 강화 노력이 더욱 필요해졌다고 볼 수 있다.

피터스(Peters, 2001)는 자신의 저서 『관료제의 정치(*The Politics of Bureaucracy*)』에서, 각국의 국내총생산(GDP) 대비 정부지출의 규모가 커졌음을 통계적으로 보여주고 있으며, 관료가 정치하는 것을 당연시해야 한다고 보고 있다. 로위 외(Lowi et al., 2008)

도 『미국 정부론』에서 정부 조직구조에 의해서 충분히 견제되지 않는 행정 국가화 현상에 대해서 기술하고 있다. 미국은 GDP 대비 34% 정도 규모의 정부지출(연 4조 달러)을 하고 있다. 대한민국도 연기금 지출을 포함해서 31.1%(2020년 기준, OECD 홈페이지 참조. 2022년은 37% 수준으로 증가)를 넘어서고 있고, 정부예산 대비 두 배 이상 규모의 연기금을 운영하고 있다. 이제 관료는 행정의 가치인 형평성과 투명성 이외에, 각종 기금 또는 공공사업의 효과적인 운영을 할 수 있는 베버의 목측 합리성(목표추구 합리성), 그리고 시민요구 대응성의 가치역량까지 요구되는 종합적인 역량을 요구받고 있다. 높은 도덕성과 역량을 가진 관료의 충원과 역량개발이 국민의 자유로운 삶을 좌우하는 시대가 된 것이다. 물론, 각 분야에서 전문적인 경험과 역량을 갖춘 전문가들과의 긴밀한 네트워크의 유지와 개방적인 의사소통이 중요한 시대가 되었다.

베버는 중세 도시에 사는 공동체적 유대가 아닌 개별적인 관계 속에서 오직 이윤추구를 통해서 부자가 되겠다는 목표를 가진 개인들을 상정하고, 이들이 추구하는 합리성을 목측 합리성(목표추구 합리성) 또는 도구적 합리성이라고 정의하고 있다. 리프킨(Refkin, 2005)은 개인주의를 개신교 사상에서 근원을 찾고 있다. 베버는 애덤 스미스가 『도덕감정론』에서 상정하고 있는 평등한 관계 속에서 만나는 사람들 사이에 형성되는 동료감정(fellow feeling)을 늘 염두해두고 있었다고 한다(Gordon, 1991: 470). 베버는 동양 종교에서 비롯된 계급의식, 친족적인 유대감, 연고주의(혈연, 학연, 지연 등) 등이 앞서는 동양사회에서는 형성되기 어려운 서구만의 합리적인 문화라고도 보았다(전성우, 1996: 225; 황산덕, 1999: 225). 이종범(1986: 227-228)은 저서에서 한국 관료 조직 내에 개인적 연계문제(personal tie)의 긍정적인 활용뿐만 아니라 조직 내 부정적인 영향 문제를 지적한다.

우리가 공공부문의 민영화에 앞서 생각해볼 것은 과연 우리의 민간부문이 도구적인 합리성만을 추구하고 있는지에 대한 것이다. 그리고 더 중요한 것은 우리 사회에서 부유층에 속하는 사회구성원들이 동료감정을 가지고 있는지에 대한 것이다. 신고전경제학에서 중요한 가치로 두고 있는 초과이윤이 발생하지 않는 자원의 완전한 배분이 이루어지고 있는가 하는 것일 수도 있다. 또한 부의 불균등한 배분이 사회적인 차별로 이어지지 않는가에 대한 것일 수도 있다.

관료의 도덕적 추론능력을 키울 수 있는 교육 방법으로 스파이서(Spicer, 2010)는 법률적인 추론 능력을 키울 수 있는 헌재나 대법원의 심판이나 판례를 읽는 것, 쌍방 변론이 있는 재판(미국 카운티의 심의조정위원회 등)을 참관하는 것을 권장한다. 그리고 그(2010)는 관료의 도덕적 상상력을 키우기 위해서, 사람들의 삶의 고난을 생생하게 다루고 있는 역사적인 소설이나 영화(기생충, 분노의 포도 등), 드라마 시청을 권고한다. 그(2010)는 관료의 도구적 합리성은 반드시 필요하고, 보완적인 수단으로 도덕적 추론능력 개발 방법을 제안하고 있다.

마지막으로, 가치다원화된 한국에서, 현저하게 낮은 시민의 행정신뢰도와 공공부문 소속 조직구성원들의 조직몰입도와 만족도 향상, 그리고 지역사회 문제의 신속한 문제해결 능력 향상 등을 위한 바람직한 조직구조에 대한 연구를 제안하고 싶다. 서구 국가들과 같이 행정의 전문성을 강화하려는 전문 개방형 직제의 확대와 대표관료제의 도입도 중요하지만, 선출직(또는 임명직) 기관장에 우월한 공정한 인사시스템과 이 시스템을 수용하려는 정치권과 시민의식의 확립이 필요하다. 필자는 중앙에서 지방으로의 권한이양보다는 지방자치단체 내에 권한의 분권화 내지는 일선공무원의 시민이익 대표성의 강화의 필요성을 제안하고 싶다. 본 연구는 한국 행정학에 가장 큰 영향을 주고 있는 미국 행정(과학)에의 베버 연구의 기여와 한계를 확인해보는 데 있음을 밝히며, 그것에 본 연구의 한계가 있다.

제 3 장

공공부문과 공무원 가치의 철학적 근거

– 신자유주의자와 이상주의적 역사학파의 이론 비교를 중심으로

이 글의 목적은 정치이념에 따라 규범의 특성이 달라질 수 있고, 공공부문과 공무원의 가치가 규범의 특성으로부터 도출됨을 명확히 하는 데 있다.[1] 자유주의와 민주주의는 공통적으로 개인적 자유주의를 이념적 토대로 하며, 자유주의 규범으로부터는 공공부문의 도구적 가치로서 능률성이, 민주주의에서는 사회적 가치 창출을 목적으로 하는 규범으로부터 사회적 효율성, 형평성, 공정성, 투명성의 가치가 도출된다. 헌법은 개인들의 자발적인 합의로 침해될 수 있는 불가침의 개인적인 자유를 보호하는 최후 보루임과 동시에, 공공부문을 통한 개인적인 자유 확장을 보장하기 위한 수단이라는 것을 확인한다. 이에 더하여, 이 글은 공무원의 필요성과 윤리, 그리고 행위의 정당성은 주권자인 개인의 자유를 보호하고 존중하는 것, 개인 간의 거래질서를 유지하고 확립하는 것, 그리고 개인들 사이에 자발적인 합의를 통해서 형성된 법을 적극적으로 실행하는 범주 내에서만 존재한다는 것을 명확히 하는 데 목적이 있다.

제1절 문제 제기와 연구 목적

한국행정학계에서 공공부문 가치 중에 규범적 가치에 관한 관심은 비교적 최근의 일이다. 임도빈(1998, 2000, 2007, 2008), 임의영(2012, 2017), 김희강(2016), 윤견수(2012), 테리 쿠퍼(2013), 그리고 테리 쿠퍼 · 도날드 멘젤(2018) 등을 통해서, 공공부문에서 일하는 관료는 비인간적이고 가치중립적인 존재가[2] 아닌 규범적이고 인간중심적인 존재임을 강조하고 있다. 상기 학자들은 조직 차원에서의 가치 규범성에 근거를 둔, 관료 개인 차원의 가치 규범성을 강조하고 있다. 외국학자들의 행정조직과 공무원의 가치에 대한 연구에서 규범성에 관한 논의는 끊임없이 이어져오고 있다. 골렘비우스키(Golembiewski, 1962)와 덴하트(Denhardt, 1992), 그리고 드브리스와 킴(De Vries & Kim, 2011)는 도덕 문제 또는 사회적 가치로서의 조직을, 톰슨(Thompson, 1999)과 도벨(Dobel, 1990)은 공직의 윤리와 통정성을, 반 와트(van Wart, 1998)는 변화하는 공공부문의 가치로서 개인적, 전문직업적, 조직적, 법적, 그리고 공익적 차원의 가치를, 프레데릭슨과

1) 신용일(2019). 『행정논총』, 제57권 제1호에 기고된 논문을 중심으로 수정 작업한 것임.
2) 윤견수(2012)는 베버가 주장한 관료제의 합리성이 개인 차원이 아닌 “공직” 개념이었다고 보고 있으나, 중세 도시 거주 시민들이 추구하는 합리성 자체가 목표추구 합리성임. 목표추구 합리성은 공공이나 민간조직의 생성 원인이고 존재이유이다(Gordon, 1986 참조).

하트(Frederickson & Hart, 1985)와 고트너(Gortner, 1991)는 공공서비스와 자선의 애국주의 또는 공공관리자의 윤리를, 보우맨과 녹스(Bowman & Knox, 2008)는 정부 내에 윤리를 주장하고 있다.

이들 연구자들은 공공부문(조직이나 관료)의 가치 규범성을 강조하고 있지만,[3] 정치체제에 따라 규범의 본질적인 특성이 달라질 수 있고, 그에 따라 공공부문(조직, 공직, 그리고 관료) 가치가 달라질 수 있음을 명확히 하고 있지 않다. 즉, 1920대 이후 공공분야의 규범성이 강조되기 시작한 시기에 사회주의나 전체주의 이념이 서구 사회에서 만연했고(민경국, 2007: 313), 기존 전제군주체제에서도 규범성이 중시되었다. 이들 정치이념이나 체제와는 차별화되는 개인적 자유주의를 기본 이념으로 하는 정치체제에서 도출되는 규범의 특성에 대한 명확한 이해나 제시 없이 공공부문과 공무원의 가치 규범성만을 강조하고 있어, 자칫 관료제의 병리나 전체주의를 불러올 위험이 있다고 생각한다.

따라서 본 연구에서의 연구 질문은 정치제체 이념에 따라 형성되는 규범 내지는 윤리의 특성이 달라질 수 있고, 그에 따라 공공부문과 공무원의 가치가 달라질 수 있는가이다. 즉, 공공부문과 공무원의 가치의 기원과 논거가 규범의 특성에 따라 달라질 수 있는가이다.

공공부문과 공무원의 가치의 기원과 논거를 명확히 하기 위해서, 개인적 자유주의를 이념적인 토대로 하는 정치이념에서의 윤리 또는 규범의 의미를 명확하게 정의할 필요가 있다고 본다. 서양에서는 독립된 개인 사이에 자발적으로 형성된 개인적인 합의나 계약 또는 독립된 개인으로 구성된 공동체의 유지와 존립목적을 위해 보편적 윤리원칙이나 윤리원칙을 집행하기 위해 만들어진 조직의 존재목적을 존중하는 것이 도덕적이고 윤리적이라고 보고 있다(임도빈, 2008: 180). 이와 같은 서구의 윤리 또는 도덕관념을 취한다면, 공공부문이나 공무원의 윤리는 정치지도자의 권력이나 지배체제의 유지를 기본으로 하는 정치지도자의 의도나 지시를 따르는 것이 아닌 것이 된다.[4][5]

---

3) 이 글에서는 용어의 혼란을 피하기 위해서, 공공조직, 행정조직, 국가기관 모두를 공공부문으로 통일하여 기술한다. 하지만, 정치학자와 경제학자들이 State를 국가로 표기하고 있는 것은 더 큰 혼란을 피하기 위해서 그대로 국가로 호칭한다.

4) 국가공무원법 제57조는 "공무원은 직무를 수행할 때 소속 상관의 직무 상 명령에 복종하여야 한다"고, 규정하고 있음에도 행정현장에서는 소속 상관이 직무상 권한을 벗어난 지시에 대해서도 "영혼이 없는 공무원"이라는 이유로 무조건적으로 복종하는 사례가 발생한다(강명구, 2017: 7). 또한 권위주의 시대에 암묵적으로 인정되던 특별권력관계라는 인식이 존재하여, 공무원의 불법적인 지시나 순응으로 인한 권한 남용으로 각종 징계위원회에 회부되는 사례가 증가하고 있다.

본 연구에서는 우선적으로, 공공부문과 공무원 가치의 기원을 개인적 자유의 보호와 확장을 이념적인 기초로 하는 자유주의와 민주주의 규범(법)의 특성을 명확히 확인한다. 자유주의와 민주주의 양측은 개인적 자유주의를 이념적 토대로 하고, 개인의 자발적인 합의를 통해 형성된 계약이나 법을 존중한다는 점에서 공통점이 있으나 양측 규범 자체가 가지는 특성의 차이가 존재하고, 그에 따라 공공부문의 가치가 달라질 수 있음을 확인해 본다. 또한 다수에 의한 소수의 지배가 정당시되고 개인의 존재 자체를 인정하지 않는 아리스토텔레스(Aristotle, 1946)의 공동체적 선을 중시하는 공화주의 사상을 이어받은 사회주의나(곽준혁, 2008), 지배자의 권력유지를 우선시하는 전제군주제에서의 규범과 가치와는 차별화되고, 또한 공리주의 사상에 이념적인 기초를 두는 전체주의 체제, 그리고 유일한 인간행동의 동인으로 욕구(또는 선호)로 보는 주류경제학의 규범과 가치와도 차별화됨을 명확히 한다.[6)]

하이에크(F. A. Hayek)는 정치이념에 따른 법의 특징을 소개한다. 그(1969, 1971)는 자유주의의 법은 자생적 질서이며, 국가 이전에도 존재했다고 본다. 또한 그(1971)는 민주주의 법은 특정한 대상과 목적성을 가진다고 본다. 19세기 말부터 시작된 공공부문 개입과 역할 확대에 대해 사후적으로 이론적인 논거를 제공한 학자는 토마스 힐 그린(Green, 1895)이다. 그린의 사상을 추종했던 어반(Urban, 1902), 마틴(Martin, 1902), 슘페터(Schumpeter, 1909), 홉하우스(Hophouse, 1924)는 이상주의적 역사학파로 분류되고, 이들은 새(Neo) 자유주의, 다원주의로 불리어지는 민주주의 정치체제에서 공공부문 역할의 논거를 제시하고 있다.[7)]

여러 사회학자들은 막스 베버(Max Weber)를 이상적 역사주의자 또는 자유주의자로 지칭한다(Parsons, 1965; Swedberg, 2003). 베버는 관료의 행동은 정당성이 중요하다고 본다. 공공부문의 주요 구성원인 공무원의 어떠한 행동이 정당성 있는 것인지를 확인해 본다.

---

5) 임도빈(2008)은 한국에서 행정윤리를 공무원이 지켜야 할 규범으로 파악하는 데, 보다 넓게 해석해서 행정활동을 둘러싸고 일어나는 일체의 옳고 그름에 대한 논의로 파악한다고 정의함.

6) 미국 행정학자들은 자연법과 자생적 질서의 생성 근거로서 인간 본능을 중시하는 자유방임주의・신자유주의, 그리고 시민 자발적 합의의 생성 근거로 하는 동료의 정(fellow feeling)을 중시하는 민주주의는 합헌이지만, 공무원의 행정 편의성과 외형적인 경제성과 성과만을 고려하여 투입과정과 투입과정에 대한 투명성을 담보할 수 있는 절차(민주통제)를 폐기・축소하는 신공공관리(NPM) 또는 신성과관리(NPR)는 위헌이라고 본다.

7) 아래에서는 이상주의적 역사학파, 새 자유주의, 다원주의를 통칭하는 개념으로 실질적 민주주의를 의미하는 민주주의로 용어를 통일하여 표기한다.

본 연구의 연구 범위와 방법은 우선적으로 프랑스 혁명 이후에, 자유방임주의 · 신자유주의와 법의 특성, 그리고 민주주의와 법의 특성에 대한 이론적인 논거를 제공하고 있는 하이에크의 이론적인 문헌을 탐색하는 것이다. 또한 자유방임주의시기에 국가 개입의 필요성과 정당성에 대한 실무적이고 이론적인 논거를 제공했던 토마스 힐 그린과 홉하우스 등 이상주의적 역사학파(이후에서는 민주주의자로 통칭함)에 속하는 연구자의 이론과 당시 정치지도자들의 주장을 담고 있는 연구문헌, 그리고 막스 베버의 관점과 관련된 연구문헌, 그리고 공공부문 개입의 정당성과 근거에 관련된 19세기 말부터 현재까지의 연구문헌을 탐색한다. 즉, 주요 연구대상은 공공부문 개입과 역할에 대한 규범적인 논거를 담고 있는 문헌들이며, 공공부문 그자체로 불리어지고 국가 역할을 수행하는 공무원(van Wart, 1998)의 가치와 관련된 연구문헌들이다.

본 연구의 분석 단위는 공공부문과 공무원 개인의 가치이며, 공공부문과 조직을 구성하고, 조직의 직무를 수행하는 공무원 개인의 가치 정합성에서 연결고리를 찾고 있다. 조직이 목적과 목표를 달성하기 위해서 두 사람 이상이 모인 집단이라고 정의한다면, 가치는 개인과 조직을 연결시키는 중요한 연결고리이다.[8] 즉, 가치를 연결고리로 하여 공공부문과 공무원 개인의 목적적 · 도구적 가치를 동시에 분석대상으로 한다.

본 연구의 목적은 현대 민주주의 국가의 정치이념의 토대인 개인적 자유주의 하에서 형성되는 규범의 특성과 함께, 그 특성에 따른 공공부문과 공무원의 가치를 명확히 하는 데 있다. 그리고 행정학 연구에서의 규범성의 강조로 인해서 발생 가능한 행정 현장에서의 관료제의 병리 또는 전체주의의 위험을 회피하는 데 중요한 목적이 있다. 특히, 20세기 말부터 공공부문에 국가 경제성장과 성과가 지나치게 요구되는 현실에서, 개인적 자유의 보장과 확장을 목적으로 하는 양 이념의 규범적인 특성과 그에 따른 공공부문의 도구적 · 목적적 가치를 명확히 하는 것이 향후 행정의 규범성 연구 발전에 토대가 될 수 있을 것이라고 생각한다.

8) 바너드(Barnard, 1938: 73-95); 베버(Weber, 1947); 셀즈닉(Selznick, 1949); 에치오니(Etzioni, 1964: 3); 카츠와 칸(Katz & Kahn, 1966: 14-29)의 논문 참조.

제2절 본론: 자유주의와 민주주의의 이론 비교와 공공부문 가치

1. 비교대상의 규정: 주요 쟁점

사회과학에서 비교 방법은 비교대상 간의 차이점 혹은 유사점을 파악하여 가능한 한 이들 간의 인과관계를 규명하는 것이다(임도빈, 2000). 비교대상인 하이에크(F. A. Hayek)가 해석하고 주장하는 자유방임주의・신자유주의와 그린(T. H. Green)을 선두주자로 하는 민주주의(이상적 역사학파로 불림)[9] 사이의 이론 비교 전에 비교대상 간에 쟁점을 기술하면 다음과 같다.

쟁점 1: 정치이념에 따라 공공부문의 존립 근거와 역할, 그리고 가치가 달라질 수 있는가?

하이에크는 자유주의와 민주주의의 법의 특성 차이를 명확히 구분하고 있다. 그에 따라 자유주의의 법과 민주주의(이상주의적 역사학파)의 법의 특성과, 그에 따른 공공부문의 존립 근거와 역할 범위를 비교한다. 이외의 정치체제와 그 체제의 규범적 특징을 비교함으로써 공공부문의 역할한계를 명확히 한다.

쟁점 2: 하이에크가 구분하는 자유주의의 법과 민주주의의 법에 따라 창출되거나 보호되는 재화의 특성이 달라질 수 있는가? 그린 등 이상주의적 역사학파에 속하는 학자들은 개별적 또는 경제적 가치가 있는 재화 이외에 영속적 또는 사회적 가치가 있는 재화가 존재한다고 주장한다.

쟁점 3: 특히, 공공부문에 의해 자유주의 법으로 보호되거나 창출될 수 있는 재화의 남용과 파괴를 막을 수 있는 제도적인 방안은 존재하는가? 또는 민주주의 법에 의해 보호되거나 창출되는 재화 창출을 보장하기 위한 제도적인 방안은 존재하는가? 그리고 그에 따라 관련된 헌법 규정과 하위 법령이 달라질 수 있는가. 하이에크와 존 스튜어트 밀(J. S. Mill)은 무한히 확장될 수 있는 공공부문의 권력에 제동장치로서 헌법주의를 주장한다. 이상주의적 역사학파에 속하는 학자들이 영미권 국가의 이상주의 운동을 주도하던 시

9) 이 학파는 플라톤(Plato), 아리스토텔레스(Aristotle), 괴테(J. W. von Goeth), 칸트(I. Kant)로 이어지는 스토아학파의 사상을 이어받았으며, 세상과 신격 요소(이성)의 일치성을 강조하고, 인간의 덕, 선의 존재, 공공부문을 통한 화합을 중시한다. 칸트는 Phenomena의 상대개념으로 플라톤이 『국가론』에 처음 쓴 neumena를 대비시킴(Parsons, 1965: 171).

기인 1919년에 제정된 바이마르 헌법은 '인간다운 생활'의 보장이라는 사회보장을 헌법에 명시하고 있다. 반베르그(V. Vanberg)는 헌법에 명시된 규정의 유형을 자유주의와 민주주의로 구분한다.

쟁점 4: 양 정치이념에 따라 공무원 존재와 윤리의 필요성이 달라질 수 있는가? 자유주의자인 해밀턴(A. Hamilton)과 밀은 관료의 필요성과 윤리의식을 주장한다. 이상주의적 역사학파에 속하는 학자와 정치가[루스벨트(T. Roosebelt)로부터 존슨(L. B. Johnson)까지]들도 공공부문을 윤리 그 자체로 인식하기 때문에 구성원인 공무원의 윤리를 중요하게 인식한다. 이들의 생각하는 공무원의 윤리와 가치가 무엇인지를 탐색해본다.

2. 하이에크의 자유주의와 민주주의의 법, 그리고 공공부문 역할 및 가치

1) 자유주의의 법과 공공부문의 역할과 가치

자유(liberty)는 속박으로부터의 해방(liberation)을 의미하고 인간의 역사는 자유를 얻기 위한 투쟁의 역사라고 표현해도 과언이 아닐 것이다(노명식, 2011: 19-21). 자유의 중요한 개념은 자립 혹은 독립이다(이나미, 2007: 34).

자유라는 말이 처음 등장한 것은 2513년 전(前), 그리스의 아덴(Athens)에서다.[10] 자유라는 말의 기원은 아주 오래되었는 데 반해서, 자유주의의 기원은 그렇게 오래되지 않았다. 고대 그리스에서 쓰인 자유는 폴리스와 같은 유기체적 사회의 집단적 자유였기 때문에(노명식, 2011: 68), 사회로부터 독립된 개체라는 의미의 개인과[11] 개인주의를 기본 개념으로 하는 자유주의는 근대에서 기원을 찾을 수 있다.[12] 노명식(2011: 68)은 자유주의의 기원을 개인과 개인주의 개념이 형성된 르네상스 운동, 종교개혁과 과학혁

10) 액턴 경(Lord Acton, 1953)은 *The History of Freedom in Antiquity*라는 제목의 글에서 자유라는 말의 기원을 2460년 전 아덴에서 시작되었다고 기술하고 있음.

11) 존 스튜어트 밀(Mill, 1859)은 *On Liberty*에서 "독립은 권리이며 절대적인 것이다. 개인은 자신에 대한, 자신의 몸과 마음에 대한 주권을 갖는다"고 기술하고 있다. 또한 이나미(2007: 35)는 "밀은 '고립된 자유'만으로—다른 사람의 행복을 침해하지 않는 한, 나의 행복을 추구할 자유—자유의 본질을 설명하려고 무척 애를 썼지만, 결과적으로는 온갖 예외 조항만 늘어놓았을 뿐이다. 예외 조항으로 …… 다음과 같은 사람에게는 자유가 허용되지 않는다. 미성숙한 인간, 아동, 미개인, 도박꾼, 무절제한 사람, 태만한 사람, 불결한 사람, 의무를 이행하지 않는 사람 등, 밀은 또한 무위로써 타인에게 위해를 가할 수도 있다는 것을 인정했다"로 기술하고 있음.

12) 그레이(Gray, 1986: 7-8)는 *Liberalism*에서 "자유주의 시작을 홉스의 사상에서 드는데, 이유는 그의 사상에서부터 개인주의가 시작되었기 때문이다"라고 기술함.

명에서 찾고 있다.13)

이 글에서 규명하려고 하는 공공부문과 공무원의 가치의 기원과 근거도 개인과 개인적 자유를 이념적인 토대로 하는 자유주의와 민주주의 정치이념에서 그 단서를 찾을 수 있다고 생각한다. 개인적 자유는 종래의 공동체적인 선만을 우선시하는 공화주의에서 사상적인 영향을 받는 사회주의, 전체주의와 대립되는 개념으로 개인과 개인의 자유를 중시한다(민경국, 2007: 338, 342). 개인적 자유를 최고 가치규범으로 하는 자유주의와 민주주의에서의 규범의 특성을 비교적 잘 설명해 주고 있는 학자는 하이에크(Hayek, 1969, 1971, 1975, 1980)이다.

하이에크(Hayek, 1971)는 자유주의 사상의 핵심이 되고 있는 '자생적 질서'의 개념을 로마의 전제군주국가가 성립되기 이전인 그리스-르마시대 법에서 기원을 찾는다. 하이에크(Hayek, 1971)의 자생적 질서란 개개인이 자율성을 가지고 있고, 자신의 목적을 위해서 자신의 지식을 이용할 수 있는 질서이다. 공동체 구성원들 사이에 거래와 교환의 자유를 보장하는 행동규칙(계약법, 소유권법, 불법행위법 등)이 자생적 질서이며, 자생적 질서는 인간에 의해 의도적으로 만들어지는 것이 아닌 문화적 진화의 산물이고 발견되어지는 것으로 보고 있다(민경국, 2012: 275).

하이에크(Hayek, 1969)는 자생적 질서를 탈 목적적이라고 보고, 노모스(nomos)라 정의한다. 노모스에 해당되는 법은 사법이고, 이 법은 발견되어지는 것으로 본다(Ratnapala, 1988). 노모스는 거대한 익명의 사회구성원들이 서르 다른 목적을 추구할 수 있게 하고, 목적이 다름에도 불구하고 다른 목적을 조정할 뿐만 아니라 노력으로부터 이익을 얻게 한다(Radnitzky, 1987a: 58).

그(1971: 199-207)는 "고대 그리스와 로마에는 법 앞에서의 평등, 법 아래에서의 자유 등 실질적인 법 개념이 구현되어 법의 차별적인 적용이 금지되었고", 또한 "실질적인 법과 실질적인 법치국가는 입법자의 자의적인 권력을 효과적으로 제한하는 역할을 했다"고 보고 있다. 그(1971: 264, 266)에 의하면, 법은 국가도 평등하게 적용되는 일반성, 특정한 목적성이 없는 추상성, 그리고 효력이 소급되지 않는 확실성 등 세 가지 속성을 갖추어야 한다고 본다.

13) 베버의 중세경제사 분석에서 군역을 책임지는 도시에 거주하는 독립된 개인의 특성에 대해서 잘 기술하고 있다. 이들 독립된 개인은 목측 합리성을 추구하고, 동시에 타인에 대한 이타심을 갖게 된다. 이타심에 의해서 형성되는 것이 인위적인 법이다. 이러한 사고는 자유주의 신봉하는 오스트리아 학파에 속하는 하이에크로 이어진다고 볼 수 있다.

존 롤스(Rawls, 1971)과 엘리노 오스트롬(Ostrom, 1990: 52-53)은 국가나 공동체 내에 세 가지 차원의 법 또는 규칙이 존재한다고 본다. 헌법적 선택 규칙(constitutional-choice rules), 공법인 집합적 규칙(collective rules), 그리고 사법인 실행(운영)적 규칙(operational rules)이 그것이다.

하이에크가 정의롭다고 보는 법은 사법(私法)과 법에 제약을 가하고 한계를 정할 수 있는 헌법이다. 하이에크(Hayek, 1971)가 인정하는 법은 국가이전부터 존재해왔던 자연법(natural law)이고,[14] 의회입법보다는 법관이 재판을 통해서 법을 발견해가는 영국의 보통법(common law)과정을 중시한다. 그(1971)가 생각하는 법의 지배란 국가의 자의적인 권력행사로부터 개인의 재산, 생명, 그리고 자유를 보호하는 것이고, 법치주의의 최고의 목표는 개인적인 자유의 보장이다.[15]

자생적 질서 하에서 공공부문[16]의 역할은 시장거래 질서를 유지하고 확립하는 것과 교정의 역할 정도이다. 이때 공공부문과 구성원인 공무원이 추구해야 하는 가치는 윌슨(Wilson, 1887)의 논문에서도 강조하는 것처럼 능률성이다. 또한 신자유주의는 개인적인 자유(특히, 재산권)의 불가침성을 강조하기 때문에 공공부문도 예외 없이 무차별한 평등성을 강조한다. 공공부문이 사법적인 관계에서 민간과 거래를 하고, 경쟁을 할 때 우선시해야 하는 가치는 도구적인 합리성이다. 개인의 재산권을 보호와 거래질서 유지와 관련이 있는 법 적합성의 가치도 포함된다.

2) 민주주의의 법, 그리고 공공부문의 역할 및 가치

하이에크(Hayek, 1971)가 정의한 노모스의 상반되는 개념이 테시스(thesis)이다. 테

14) 매킨타이어(Macintyre, 2006: 41-69)는 자연법을 정부 전복자로서 기술하고, 자연법이 도덕과 불일치할 수 있는 다섯 가지 사례를 소개함. 그리스에서 산모가 원하지 않거나 기형인 아이를 죽인 것, 테러리스트에 대한 고문, 결혼을 위한 것과 성적 즐거움을 위한 성행위에 대한 것, 17~18세기의 귀족정과 20세기의 시카고의 갱들에 대한 충성심, 다른 그리고 양립할 수 없는 정의의 개념(공정한 노동에 대한 대가로서 공정임금, 계약이 아닌 노동시장 진입일 경우 등)에서 오는 불일치를 기술함.

15) 한국에는 자연법에 속하는 보통법 전통이 없다. 조선시대에 『경국대전』 등 법률이 존재했지만, 국가 조직에 적용되는 형법과 같이 인위적인 법이고, 자연법에 속하는 민법 등은 존재하지 않았다. 인류보편적인 기본권을 명시적으로 규정하고 있는 헌법도 존재하지 않았다.

16) 헌법에서 국가라는 표현은 입법 · 사법 · 행정 · 헌법기관, 그리고 그 밖에 헌법기관을 포괄하는 표현이고, 정부라고 표현할 때는 행정부를 의미함. 헌법 제7조의 공무원에 대한 규정도 행정부 공무원만을 의미하지 않고, 모든 국가기관에 근무하며, 국가의 임무에 종사하는 사람들 모두를 포함함.

시스는 공공부문과 관련되어 적용되고, 공공부문 조직질서의 기초가 되는 행동규칙이고, 공동의 목표를 달성하기 위해 명령이나 지시처럼 구성원들에게 특정한 행동을 지시하고 지정하는 역할을 한다. 테시스는 공법이고, 차별적으로 적용된다(Hayek, 1971: 184-186). 하이에크는 이런 법을 '처분적 법률'이라 부르는데, 자유와 대립되는 법이다(민경국, 2007: 387).

하이에크(Hayek, 1971: 205, 207)는 테시스의 기원을 2세기 국가사회주의가 진전된 이후로 보고, 최고 절정을 유스티니아누스 법에서 찾는다. 그는 이것이 후에 제정법 중심의 대륙법적 사고를 규정했다고 본다. 그(1971: 299-317)는 노모스가 아닌 테시스가 지배하게 된 이유로 네 가지를 들고 있다. 첫 번째로, 존 스튜어트 밀(J. S. Mill)이 완성한 구성주의적 합리주의 사상, 두 번째로, 프랑스 계몽주의 전통에 따른 '주권재민 사상'과 법실증주의를, 세 번째로, 법학 계를 지배하고 있는 공법학자들, 네 번째로, 20세기 복지국가 사상을 꼽고 있다.

첫 번째로, 구성주의적 합리주의 사상에서는 법을 공공부문이 달성하고자 하는 구체적인 사회적 목표를 달성하기 위한 수단으로 여긴다.[17] 예를 들어, 후생경제학에 기초를 둔 법률들이 여기에 속한다. 두 번째로, 주권재민 사상과 법실증주의는 의회가 정한 것이면 그것이 무엇이든 법으로 간주한다(Hayek, 1980: 169-173).[18] 복지국가의 등장도 의회민주주의에 부여된 입법권의 결과로 간주하고 있다. 그리고 세 번째로, 20세기 서구 사회의 정치적 마인드를 지배한 복지국가 사상에서 비롯된 입법 때문으로 본다. 예를 들어, 특정 그룹에게 높은 임금을 보장하기 위한 입법, 소규모 농민이나 농민 전체의 소득을 보장하기 위한 입법, 도시빈곤층의 주거개선을 위한 입법 등 사회 정의라는 이름의 재분배 정책이다(민경국, 2007: 396-393).

특정한 사회적 계층들을 보호하기 위해 목적성을 가지고 만들어지는 법은 프랑스 주권재민 사상에 기원을 둔 민주주의 국가에서 시민들의 '자발적 합의'에 의해 만들어지는 것이다.[19] 자발적 합의에 의해 만들어지는 법은 '테시스'라고 명명되고, 목적성을 가

17) 하이에크(Hayek, 1967: 94)는 "이성에 대한 과신으로 정부의 개입, 사회전체의 설계가 가능하다고 믿고 있고, 그래서 구성주의적 합리주의 사상은 언제 어디서나 반 자유주의라고 기술한다"를 황재홍(2011). "불확실성과 합리성 그리고 정부개입: 케인즈와 하이에크"에서 재인용함. 또한 하이에크(Hayek, 1944)는 『노예에의 길』이라는 책을 펴내 구성주의적 합의주의 사상에 선전포고를 한다(민경국, 2007: 313).

18) 법실증주의는 일반적으로 자연법사상에 대항하는 이론의 총칭이다. 즉, 실정법(實定法)에 시야를 한정하는 법사상 또는 경향이다(다음 백과사전 참조).

19) 윌리엄 윌버포스(William Wilberforce, 1759~1833)는 노예무역 폐지 운동을 주도했다. 종교단체

진다. 또한 법실증주의 이론은 입법자들이 법령을 제정한 의도를 중시한다. 제・개정권자가 법을 제・개정한 의도를 중시하고, 법을 적용하려할 때 이들의 의도를 정확하게 해석해서 집행해야 한다고 본다.

테시스에 속하는 의회의 입법이 증가한 이유는 첫 번째, 1848년 혁명의 시기부터 시작된 사회주의 국가와의 체제경쟁 때문인 것으로 추정된다. 1848년 이전에는 민주주의는 자유주의의 적이었다(노명식, 2015: 247-254). 두 번째, 자유방임주의 시장에서 발생한 빈부 격차의 해소와 함께, 자본가들로부터 사회적 약자를 보호하기 위한 방안(사회보장법, 보건・안전법, 도시계획법 등)이었다.[20] 1906년부터 영국 자유당 정부 시기에 제정되기 시작한 사회보장법(노동자 배상법과 노동 쟁의법, 중소농 장려법, 노인연금법, 최저임금법, 어린이보호법, 광부 여덟 시간 노동법, 주택 및 도시계획법, 직업 알선법, 국민보험법, 1913년 노동조합법)이 여기에 속하며, 이를 충당하기 위한 재정은 소득에 대한 누진세, 상속세, 지세 등 부자들이 부담했다(노명식, 2011: 267).

목적성을 가진 법인 테시스의 증가를 가져온, 주권재민 사상과 법실증주의가 지닌 최대의 약점은 주권자의 자발적인 합의만 있으면 이를 제약할 수 있는 방법이 없다는 것이다. 하이에크는 이를 무제한 민주주의(unlimited democracy)라고 표현한다. 에드먼드 버크(Burke, 2008)가 자신의 저서에서 영국 혁명에 비해 프랑스 혁명을 위험하고 불

는 영국 노예무역상들이 노예무역과정에서 심각한 인권침해를 자행하고 있다는 종교적인 이유로 1783년 영국의회에 노예무역 폐지에 대한 청원서를 제출되었다. 윌버포스는 1784년 노예학대에 대한 연구논문을 출판했고, 정부 차원에서 인정된 온갖 참상을 근거로 1789년 5월 12일, 윌버포스는 의회에서 처음으로 노예무역 폐지를 외쳤다. 윌버포스는 단지 의원들의 양심에 호소했다. "노예무역을 폐지하면 추가 공급이 중단되어 노예주들도 노예를 더 아끼고 보살필 것이다. 그러면 노예들도 열심히 일하여 생산량이 더 늘어날 것이다"는 명분으로 동료 의원들을 설득했다. 그러나 법안은 부결되었다. 이후 윌버포스는 선거를 통해서 의원과 정치지도자들을 선출한다는 점에서 시민들의 설득과 동참이 중요하다는 생각을 하게 되었고, 영국 전 지역에 노예무역 폐지를 지지하는 협회를 설립하여, 노예학대로부터 생산된 설탕 불매운동을 하였다. 또한 노예무역의 피해자들의 자서전을 출판하여 시민들에게 노예무역의 잔혹함과 참상을 알렸다. 시민들이 특히 가정주부(여성)들이 노예무역 폐지 운동에 동참하였고, 노예무역 폐지 법안은 1807년 2월 23일 의회에서 통과되었다. 또한 그는 노예제도 폐지 운동을 주도하였고, 1823년 노예제도 폐지 모임을 결성하였다. 1833년 7월 16일에 모든 노예는 1년 이내에 해방된다는 의회 결정이 내려졌다(네이버 지식검색 결과임). 이 사례를 통해서 공법이 생성되는 근거는 인권 침해 방지(인권보장)이라는 이념적인 당위성보다 시민들의 자발적인 합의라는 것을 확인할 수 있다.

20) 노명식(2011: 330-345) 전게서에서 1819년 시스몽디(J. C. Sismondi)는 『정치경제의 원리』라는 저서에서 애담 스미스의 자유방임정책을 공격하였고, 1825년에 죽은 생시몽(Saint-Simon)은 개량주의적 사회주의 이론을 체계화하여 프랑스 사회주의 운동의 선구자가 되었다. 1833년 초등교육법, 1848년 제2공화국 임시정부는 노동권과 노동단결권을 승인했다고 기술함.

완전한 혁명으로 인식했던 이유이다(버크, 2008: 7).[21]

베버(Weber, 1965)는 전체주의 사상과도 일치하고(민경국, 2007: 313), 비용편익분석의 사상적 뿌리가 된 공리주의를 반대한다. 아래에서 자세한 이유를 기술하겠지만, 결론부터 말한다면 주권재민 사상과 공리주의가 합쳐지게 된다면 전체주의화될 위험성이 항상 존재하기 때문이다.

다음 절에서 소개할 그린(T. H. Green)을 추종하는 민주주의자들도 기본적으로 개인적인 자유를 존중하기 때문에 전체주의를 반대한다 반 와트(van Wart, 1998: 14-15)는 조직 차원의 가치를 소개하면서, 공무원들이 조직의 가치(생산성과 효과성)를 나머지 차원의 가치들에 우선시한다면, 관료제의 병리 또는 국가지상주의에 빠지게 된다고 경고하고 있다. 고위 관료들이 국민의 개인적 자유 확장과 관계없는 자신들의 이익을 위해서 업무실적을 부풀리거나, 지배계층의 이익을 위해 가치를 배분할 경우에 관료제의 병리 내지는 전체주의를 불러올 수 있다.[22]

하이에크를 비롯한 신자유주의자들, 그린을 추종하는 민주주의자들, 그리고 베버(Max Weber) 등 대부분의 학자는 공리주의 사상에서 비롯된 전체주의 사상을 반대한다. 경제학자 애로우(Arrow, 1950)는 불가능성의 정리로서, 사이먼(Simon, 1957)은 인간의 제한된 합리성을 근거로 공리주의 또는 전체주의의 약점을 공격한다.

공리주의가 전체주의화될 수 있는 이유를 윤리적인 차원에서 설명하면 다음과 같다.

---

21) 버크(E. Burke)는 영국 혁명에 비해서 프랑스 혁명이 불완전하다고 본 이유는 국가권력을 제약할 수 있는 헌법이 제정되지 않았기 때문이다. 영국은 왕의 권한을 제약하는 권리장전(1689)을 제정했다. 하이에크도 국가권력을 제약하는 미국 헌법을 이상적인 헌법이라고 칭찬했다. 헌법은 시민의 자유보호(자유권적 기본권, 국가권력에 제약을 가함)와 함께, 시민의 자유를 확장하는 역할(인간다운 삶의 보장)을 한다. 자유주의·신자유주의는 전자를 주장하고, 민주주의자들(인권보장, 사회복지, 환경보호, 보건 및 안전)은 후자를 주장한다. 커크(Kirk, 1953: 7)에 의하면, 보수주의는 다음 여섯 가지 규범을 지닌다. ① 인간의 이성은 유약하고 신의 의도가 양심과 사회를 지배한다. ② 편협한 획일성·평등주의·공리주의의 대신에 전통적 생활의 다양성과 신비함에 대하여 애정을 지닌다. ③ 문명사회에는 계층과 계급이 필요하다고 확신한다. ④ 재산과 자유가 긴밀한 관계라고 믿는다. ⑤ "궤변가와 계산가들"을 불신하고 관례를 신뢰한다. ⑥ 혁신은 진보를 이루기보다는 더 자주 "모든 것을 삼켜버리는 거대한 화마(火魔)"라고 본다. 헌팅턴(Huntington, 1957: 454-456)은 보수주의의 신조를 좀 더 자세하게 기술하고 있다. ① 인간은 종교적 동물이다. ② 사회는 점진적 역사과정을 통하여 성장한 유기체다. ③ 인간은 이성적이면서 또한 본능적·동물적이다. ④ 공동체는 개인보다 우월하다. ⑤ 인간은 궁극적·도덕적 의미를 제외하고는 불평등하다. ⑥ 현재의 해악을 고치려는 기도는 대개 더 큰 해악을 초래한다.

22) 하이에크는 1930년대 전후에 전체주의가 지배하는 사회상 속에서 개인 자유의 상실을 발견하고 자유의에 관한 글을 쓰기 시작했다고 기술하고 있다(민경국, 2007: 313).

임도빈(2002: 74)은 자신의 논문에서 윤리기반의 존재 여부에 따라 기초주의와 반 기초주의로 구분한다. 그(2002: 74)는 기초주의는 논리실증주의와 같이 추상적인 법칙이 절대적으로 존재한다고 보는 데 반해서, 상대주의는 모든 가치가 시간적·문화적으로 다르다고 본다.

임도빈(2002: 89-90)은 한 축을 절대주의와 상대주의로, 다른 한 축을 공동체주의와 개인주의로 구분하고, 이를 도식화하여 제시하고 있다. 그가 제시하고 있는 도식을 이용하여, 신자유주의, 민주주의, 그리고 공리주의의 영역을 표시하면 다음 [그림 3-1]과 같다. 신자유주의와 민주주의는 절대주의와 개인주의 영역에 공통적으로 속하고 개인적 자유주의를 존중하고 보장해야 한다는 점에서는 동일하지만, 민주주의는 자발적 합의를 통해서 만들어지는 공동체주의와 절대주의 영역에서의 공공부문의 역할이 신자유주의보다 훨씬 더 크다. 신자유주의도 시장의 거래질서를 유지·활성화하는 측면에서 공동체주의와 절대주의 영역에서 공공부문의 역할을 일부 인정한다. 그리고 신자유주의와 민주주의 모두 불가침한 개인 기본권의 존재를 인정한다. 개인주의와 절대주의가

그림 3-1 신자유주의, 민주주의, 그리고 공리주의의 윤리상의 영역[23)]

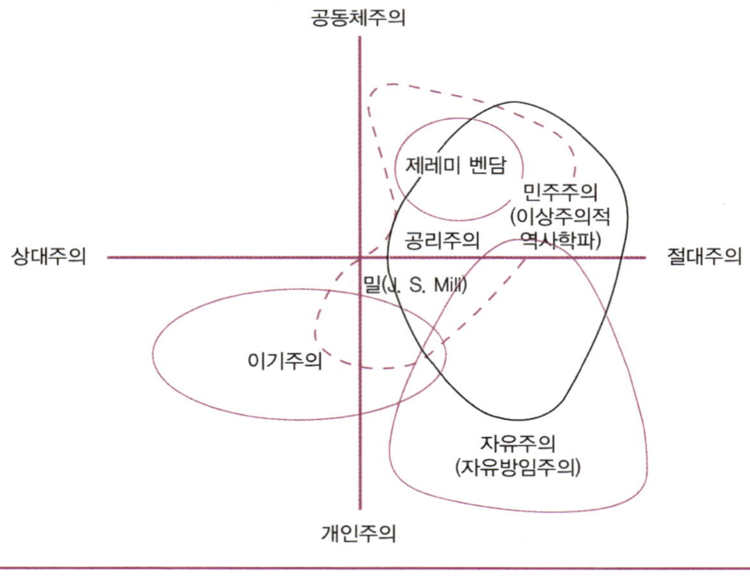

출처: 임도빈(2002: 74)이 제시하는 도식을 이용하여, 재작성한 것임.

23) 임도빈(2002: 90). “행정윤리관의 분석틀 모색: 서양철학이론을 중심으로”에서 제시하고 있음.

겹치는 영역은 공공부문이 보호하고 존중해야 하는 영역이다. 자유와 권리의 본질적인 내용은 공공부문에 의한 침해금지로 헌법에 보장된다.

이에 반해서, 제레미 벤담(Jeremy Bendam)의 공리주의는 기본적으로 공동체의 존재만 인정할 뿐 개인의 존재를 부정하는 다수의 행복이다(노명식, 2015: 182). 존 스튜어트 밀은 공동체 속의 개인의 존재를 인정한다는 점에서 제레미 벤담과는 차이가 있지만, 최대다수의 최대행복이라는 것이 다수에 의한 소수지배를 정당화한다는 점 때문에 공동체의 행복을 위해서 개인주의 영역이 부정된다는 문제점이 있다(Sandel, 2009: 34-54).[24] 미국 정치학 용어 사전에는 다수에 의한 전제정치(the tyranny of the majority)라는 용어가 존재하는데(van Wart, 1988: 21), 다수 득표한 지배집단에 의해서 소수에 속하는 집단이나 개인이 무시되는 경우를 의미한다.

막스 베버(Max Weber)는 주류경제학자들이 인간 행동의 동인을 유일하게 욕구 또는 이기심(self-interest)이라고 보고 있는 것에도 반대한다(Swedberg, 2003: 284).[25] 여기서 이야기하는 사람의 동인이 유일하게 이기심이라면, 더 큰 이익이 적은 이익을 지배하는 것이 당연시되기 때문이다.

임도빈(2002: 90)은 이기주의를 상대주의와 개인주의 영역에 걸쳐 있는 것으로 보고 있다. 임도빈(2002: 90)은 이기주의에서의 도덕적 해이(moral hazard)의 존재를 인정하고 있는데, 이때 도덕적 해이란 어떤 특정 개인이 타인의 이익을 침해하거나 이기심에 기초해서 맺어진 계약을 위반하는 것을 의미한다.

이기주의 또는 공리주의 윤리의식이 개인의 자발적인 합의 영역(공공부문의 영역)에서 지배적인 논리가 되면, 공공부문의 과소투자 문제가 발생한다.[26] 자유주의에서는 공공부문에 의한 사업의 존재 필요성을 낮게 보기 때문에, 공공사업을 통한 빈부 격차 심화 우려나 재산권 파괴는 적겠지만 그만큼 사회문제가 치유될 가능성은 낮아진다. 저소

24) 샌델(Sandel, 2009). *Justice: What's the right thing to do*에서 공리주의를 설명하며, 로마의 원형경기장 사례와 고장난 기관차의 선로 선택 사례를 제시하고 있다. 과거 정부가 경제성장에 부정적인 영향을 초래한다는 이유로 특정한 언론을 동원해 여론을 형성해서, 특정 기업의 노사협상 타결을 종용하는 것도 전체주의적 사고라고 할 수 있다.

25) 민경국(2007: 126)은 이성이라고 한다. 여기서 이야기하는 이성이란 자연과학적인 접근방법(물리현상, 인간과 사물 모두를 수동적으로 영향을 받는 객체로 취급함)에서 도출된 과학적 지식을 의미한다고 볼 수 있다. 주류 경제학(신고전학파 경제학)·공리주의·구성주의적 합리주의 사상과 관련된 이론과 법칙들이 여기에 속한다(민경국, 2007: 126).

26) G. 팰러스트 외(2004). 2003년 미국 동부지역의 대규모정전사태, 샌델(Sandel, 2009). 허리케인 카트리나가 상륙했을 당시의 뉴올리언스 제방붕괴는 공공부문의 비용절감 노력의 산물로 본다.

득층 아동에 대한 교육, 여성보호, 청년실업 등 사회적 문제에 대한 조기 해결뿐만 아니라 초기수요가 부족한 과학기술에 대한 과감한 투자가 이루어질 가능성이 낮아지기 때문에(안문석, 2001: 29), 장기적으로 사회 전체적인 생산성이 떨어지게 되는 것이다.

신자유주의와 보수 정치지도자들이 주도한 미국 정부의 민간위탁에 따른 정부 능력의 상실로 인하여 '텅빈 정부'가 되어가고 있다는 경고와 함께(정정길 외, 2007: 21), 19세기와 같은 부패(엽관과 정실인사)가 지방정부에서 만연하고 있다는 것을 인식할 필요가 있다(van Wart, 1998: viii).[27] 또한 민주주의에서 시민들의 자발적인 합의가 공리주의나 이기주의 윤리의식에 기초해서 집행된다면, 공익실현을 위한 공공부문의 사업은 더 많은 부를 가진 사람이 더 부유해지고, 사회 소수자나 사회적 약자는 더 가난해지는 결과를 초래할 수 있다(Rawls, 2003: 62).[28]

칸트(Kant, 1785: 428)가 행위의 결과 가져오는 편익을 중시하는 공리주의를 반대하고, 인간을 목적으로 보고 개인들 사이에 자발적인 합의로 형성된 규범의 준수 자체를 중시하는 의무동기를 강조한 이유가 여기에 있다. 막스 베버(Max Weber)는 관료는 행동에 있어 옳고 공정하고 정당성이 중요하다고 강조하고 있다(Swedberg, 2003). 반 와트(van Wart, 1998: 204)도 합리성의 유형중 하나로 이성화된 선택합리성(reasoned choice rationality)을 제시하고 있는데, 이는 정정길(2007)이 자신의 저서에서 제시하고 있는 정책결정 프로세스와 거의 동일하다.

그리고 사업집행과정에서 공무원들에게 사업집행에 대한 성과책임을 철저하게 묻게 된다면, 공무원들은 정책성과를 높이고 실패를 방지하는 방안으로 유경험자나 규모가 큰 단체를 선정할 가능성 높아지게 된다. 공공부문의 성과관리가 결과와 산출을 중시하기 때문에(Handeghem & Vandermeulem, 2000: 345), 공리주의의 결과중심적인 사고와 연결되어 앞서 기술하였던 관료제의 병리나 전체주의를 불러오는 위험이 있음을 간과

27) 윤견수 · 한승주(2012)는 "정치적 중립의 경험적 범주에 관한 연구"에서 우리나라 공무원들이 신엽관제로 인해 중립성이 훼손되고 있다고 주장하고 있다. 또한 지방공무원법 제29조 제4항(개방형직위)에 임기제공무원제도에 대한 법적 근거가 마련되어, 단체장은 자신의 임기와 같이하는 광역은 5급 이상을, 시 · 군은 6급 이상 공무원을 임기제로 선발할 수 있는 법적 근거가 마련되어 있다. 광역에서 5급과 지방에서 6급은 중견관리자로 분류되고, 자신의 직책과 직위이상의 영향력을 행사한다는 것이 지방공무원들의 중론이다. 중앙 · 지방 정부기관이든지, 인사공정성에 대한 논란은 지속되고 있다. 그만큼 공정한 인사기준이 마련되어 있지 않다는 것을 의미한다. 평등 · 공정 인사관리 방안에 대해서는 후속되는 장(章)에서 자세히 논의한다.

28) 존 롤스(Rawls, 2003: 62). *Justice as Fairness*, ed by Elin Kellly에서 공리주의, 봉건주위, Nash 등의 협력방식에서의 배분방식을 보여주고 있다.

해서는 안 된다.29)

특정한 목적을 가진 법인 테시스는 19세기 말부터 20세기 중반까지 집중적으로 사회적 가치 창출을 통해 개인적 자유를 확장할 목적으로 만들어졌고, 차별적으로 적용되었다. 이러한 법을 근거로 공공부문의 역할이 창출·확대되었다. 공공부문이 공법적인 관계에서 사회적 가치 창출을 위해서, 법을 집행할 경우에 중시해야 하는 가치는 사회적 효율성, 공정성, 형평성이고, 공공부문 또는 공무원이 신탁자(trustee)로서 주인에게 투명성을 요구받는다.30)

3. 민주주의에서 공공부문 개입 근거로서 사회적 가치 창출

19세기 말과 20세기 초에 공공부문 개입과 역할의 지속적인 증가 이유로 등장한 것이 개인의 경제적 자유를 보장할 뿐만 아니라 정치적 자유를 확장하는 실질적 자유의 보장이다. 이 시기에 민주주의자(이하에서는 이상주의적 역사학파, 새 자유주의는 실질적 민주주의를 의미하고 민주주의로 명칭을 통일한다)들은 개인 삶에 국가개입의 근거로 '자발성의 원칙'을 제시한다.31) 불간섭의 원칙이 일반적 원칙이라면 개인의 자발적 요청에 의한 공공부문의 간섭은 일반적 원칙에 대한 예외적인 것으로 인정되어야 한다는 것이다(노명식, 2011: 263).

이상주적 역사학파의 주창자이고, 홉하우스(L. T. Hobhouse)와 토인비(A. J. Toynbee), 사무엘(V. H. L. Samuel) 등의 사상에 가장 큰 영향을 준 그린(Green, 1895)은 "한 사회의 구성원으로서 공동의 이해관계를 갖고 있다는 의식 없이 어떻게 권리가 권리일 수 있겠는가"라고 주장하면서, 개인이 천부의 권리를 본래부터 갖고 있다는 생각을 부정하고, 그런 "권리는 사회에서 취득한 것이고 사회를 떠나서는 존재할 수 없다"(Green, 1895; 1924)고 주장한다.

29) 미국 등 영·미권 국가들과 EU 소속 국가들이 결과중심에서 투입중심의 성과관리로 변화된 원인이기도 하다. 이후에 중간관리자 역량관리와 공정과 평등 인사관리 부분에서 자세하게 소개한다.

30) 경제학에서는 주인인 시민-대리인인 행정가의 관계로 보고 있지만, 프레데릭슨(Frederickson, 1997)은 초월적인 목적과 도덕적인 헌신을 표출하는 대리인도, 도구도 아닌 신탁자trustee)로 보고 있다(Bertelli & Lynn, 2005: 152).

31) 20세기 초, 형식적 민주주의에 대응하는 개념으로 실질적 민주주의를 다원주의 또는 새 자유주의로 칭하고 있으나 둘 사이에 명확한 차이는 존재하지 않으며, 본 연구에서는 노명식(2015)의 연구를 추종하여 새 자유주의로 칭함.

그(Green, 1924)는 "공공부문과 법은 자유를 제약하기도 하지만, 자유를 창출할 수도 있고 자유를 더 확대해줄 수도 있다"고 보았다. 그는 자유를 단순히 제약이나 강제로부터의 자유로 정의하지 않을 뿐만 아니라, 하고 싶은 것이 어떤 것인지를 묻지 않고 무엇이든지 하고 싶은 대로 하는 것을 자유로 정의하지도 않았다(Green, 1924). 또한 그(1924)는 "우리가 자유를 매우 훌륭한 것이라고 말할 수 있을 때는, 그 자유는 우리가 행하고 향유할 만한 가치가 있는 일인 동시에 다른 사람들과 더불어 행하고 향유할 수 있는 일을 할 수 있는 적극적인 힘 내지 역량을 의미할 때이다. 또한 참자유의 이상은 인간 사회의 모든 구성원이 다 똑같이 자기 자신들을 가장 훌륭하게 만드는 최대한의 힘이다"(Green, 1924)라고 기술하고 있다.

20세기 초반에 어반(Urban, 1902), 마틴(Martin, 1902), 슘페터(Schumpeter, 1909)와 홉하우스(Hobhouse, 1924)는 시장의 가격 메커니즘을 움직이게 하는 개인적인 차원에서의 한계효용이나 만족개념으로는 설명할 수 없는 사회 전체적인 차원에서의 사회적 가치(social value)개념을 소개하고, 아동보호와 교육, 공공재(군함)와 노동조합을 대표적인 사례로 소개하고 있다.[32] 어반(Urban, 1902)은 그린의 세 번째 저서 『윤리학의 서설(*Prolegomnena to Ethics*)』에서 나오는 "인간 삶의 과정에 관한 이상적인 진실로서, 특정 재화에는 일시적이 아닌 궁극적으로 영속적 가치가 있다"는 말을 인용하며, "개별적인 가치 이외에 사회적 가치가 있다"(Urban, 1902)고 기술하고 있다. 이들은 사회적 가치의 존재와 창출에서 공공부문 개입의 논거를 찾고 있다.

여기서 짚고 넘어갈 것은 민주주의자들이 공공부문의 역할 근거로 사회적 가치 창출을 제시했다할지라도, 그것은 개인의 자유를 강화하고 보장하는 범위 내에서만 정당성을 가진다는 것이다. 개인 선택의 자유보장과 관련하여, 인간행동의 동인에 대해 이념 간에 차이가 존재하고 사회규범이 달라진다. 주류경제학자들이 인간 동인을 유일하게 이기심으로 보는 것과는 달리 막스 베버(Max Weber)는 가치다원주의적 관점을 취했다는 것이 정설이다(Swedberg, 2003).[33] 자유주의와 민주주의도 가치다원주의적 입장을 취한다(민경국, 2007: 126).

어반(Urban, 1902), 마틴(Martin, 1902), 슘페터(Schumpeter, 1909), 그리고 홉하우스

32) Urban(1902). The Relation of the Individual to the Social Value Series. I.; Martin(1902). The Social Value of Trade Unionism; Hobhouse(1924). Competitive and Social Value; Schumpeter (1909). *On the Concept of Social Value*에서 인용함.

33) 스웨드버그(Swedberg, 2003: 299)에서 베버(Max Weber)의 인간행동의 동인에 다양한 해석을 소개하고 있음.

(Hophouse, 1924) 등 민주주의자들이 국가개입의 논거로 제시한 사회적 가치 개념이, 경제학자 사무엘슨(Samuelson, 1954)에 의해 외부성(Externality) 개념으로 대체된 것으로 추정된다. 사회적 가치와 외부성은 많은 부분에서 공통점이 있다.[34] 뎀지트(Demsetz, 2003: 283)는 소유권에도 외부성(externality)이 있다고 한다. 그(2003: 297-300)는 소유권의 보장에도 공공부문의 역할이 있으며, 개인보다 효율적임을 강조한다.

4. 공공부문 개입의 한계와 범위 설정수단으로서 헌법

신(New) 자유주의 사상의 주창자인 하이에크(Hayek, 1980: 169-173)는 현대 민주주의체제에서 제도적인 결함을 진단하고 있는데, 그 결함은 공공부문을 제한하는 효과적인 규칙이 없다는 것이고, 이를 하이에크(Hayek, 1981)는 '무제한적 민주주의(unlimited democracy)'라고 칭한다. 이와 같은 형식적 법률주의의 한계를 극복하기 위한 방안으로 하이에크(Hayek, 1971, 1980)는 헌법주의를 고안해 냈다고 한다.

이에 반해서, 민주주의자들은 헌법을 통해서 개인의 자유를 브장받을 수 있는 방안을 생각해냈고, 1919년에 제정된 바이마르 헌법에 최초로 명시된 사회복지와 보장제도가 그것이다(한국헌법학회, 2013: 1114). 헌법은 공공부문의 권력의 제약하기 위한 수단임과 동시에, 공공부문의 역할을 명확히 함으로써 거인의 자유를 확장하고 보장하기 위한 수단인 것이다.

헌법은 두 가지 종류의 규칙들로 구성되어 있다. 공공부문의 내적인 조직과 관련된 조직규칙(organizational rule)이 그 하나이다. 순수한 조직규칙은 의사결정을 하고 활동을 하는 조직의 내부를 구성하는 규칙이고,[35] 공공부문 권한에 속해있는 자원들이 어떤 방법으로 관리되어야 하는가를 결정한다. 조직규칙은 대표자들의 선출·지명 방법을 규정하거나 관료나 대표자들의 책임 및 재량권의 범위 등을 규정한다(민경국, 2007: 436). 공공부문 재정입법 또는 재정지출에 관한 법도 조직규칙에 속한다.

또 다른 하나는 공공부문의 권한을 제한하는 규칙이다. 이것은 조직의 의사결정 범위와 행동을 제한하는 규칙이고, 행동을 제한하는 규칙(limiting rule)이다.[36] 또한 공공

34) 새뮤얼슨과 노드하우스(Samuelson & Nordhaus, 1985: 608-609)는 재화를 공공재, 집합재, 시장재로 구분하고, 탄소, 순수과학기술, 보건, 우주과학, 아동교육 등을 공공재와 집합재로 구분하고 있다.

35) Hayek(1980), Vanberg(1989)를 민경국(2007: 436) 전게서에서 재인용함.

36) Hayek(1980), Vanberg(1989)를 민경국(2007: 436) 전게서에서 재인용함.

부문 권위의 한계를 설정하고, 공공부문에 의해 관리될 수 있는 자원의 몫을 규정하거나(재정헌법), 공공부문을 통해 수행해도 좋은 의사결정 및 행동 범위를 설정하는 규칙들을 포함한다(민경국, 2007: 436).

반베르그(Vanberg, 1994)는 첫 번째, 조직규칙을 민주주의로, 두 번째, 제한규칙을 자유주의로 구분한다. 민주주의의 이상은 공공부문의 권력을 누가 통제하는가의 문제와 관련되고, 투표방법, 대표자 선출방법, 의사결정 방법과 관련된 규칙이다. 자유주의의 이상은 권력의 제한에 초점을 맞춘다.

민주주의는 자유주의를 부분집합으로 하는 전체집합이다. 다만, 민주주의는 개인의 재산권을 법률로 보장하지만, 생래적이고 불가침한 권리로 보지 않는다. 자유주의자들은 민주주의를 개인의 자유(경제적인 자유)를 위협하는 위험한 존재로 보지만,[37] 민주주의자들은 자유주의의 한계를 극복하기 위한 방안으로 일정한 영역과 범위 내에서 공공부문의 역할을 인정한다. 그리고 이를 통해 개인의 실질적인 자유가 확보 내지는 확장된다고 보는 것이다.

또한 자유주의자와 민주주의자들이 헌법을 통해 달성하고자 하는 실질적 법률주의의 내용에 대해서도 이견이 존재한다. 그리핀(Griffin, 2001: 306)은 법률주의를 형식적·실질적인 것으로 구분한다. 그는 실질적 법률주의를 다시 3단계로 구분한다. 자유주의는 낮은 단계로 개인의 권리보호(재산권, 계약 자유, 사생활 자유, 사적자치)만을, 민주주의자들은 중간 단계로 인간존엄 및 정의의 요청과 가장 높은 단계로 사회복지(실질적 평등, 복지, 공동체 보존)를 주장한다.[38]

상기에서 기술된 자유주의와 민주주의 헌법의 의미와 특징을 〈표 3-1〉로 정리하면 다음과 같다. 자유주의와 민주주의 헌법의 가장 큰 차이는 재산권을 천부적인 권리로 보는지 아니면 헌법으로 보장하나, 재산권의 내용과 한계, 그리고 공공부문 개입 여지를 둘 것인지에 대한 것이다.

---

37) 이나미(2001: 106). 『한국 자유주의의 기원』에서 알렉스 토크빌이 미국 민주주의를 기술할 때만 해도 자유주의와 민주주의를 서로 적대적인 것으로 표현했는데, 1948년 9월 12일의 제정의회에서 …… 민주주의와 사회주의를 대립시켰다. "밀(J. S. Mill)은 다수의 지배를 의미하는 민주주의는 잘못된 민주주의로, 소수의 지성인의 목소리만 경청되는 민주주의를 바람직한 민주주의로 주장했다"로 기술하고 있다.

38) 그리핀(Griffin, 2001: 306). "First Steps in an Account of Human Rights"을 박은정(2010: 168). 『왜 법의 지배인가』에서 재인용함.

표 3-1 정치이념별 헌법의 의미와 법의 특성

구분	자유방임주의, 신자유주의	민주주의(이상주의적 역사학파)
헌법	국가권력을 제약하고 한계설정	자원관리 · 배정을 위한 의사결정 권한과 절차를 정함
기본권 (제한법)	재산권은 생래적이고 천부적인 권리(없음)	재산권의 내용과 한계를 법률유보 (공익사업을 위한 토지 취득 및 보상에 관한 법률 등)
개입 영역	개인의 권리보호(재산권, 계약자유)	인간의 존엄 및 정의의 요청, 사회복지

5. 양 정치이념에서 바라본 공무원과 윤리, 그리고 가치

1) 양 정치이념에서 바라본 공무원의 필요성

자발성의 원칙에 기반을 둔 공공부문 개입의 증가는 자동적으로 공공부문의 역할을 확대시키고, 직업공무원제도의 정착으로 이어질 수밖에 없었다. 영국과 미국의 공무원 제도의 기원에 대해, 학자들은 영국은 1870년 추밀원령에 의해, 미국은 1883년 실적제(Merit System)를 근간으로 하는 펜들턴 법이 제정된 때부터로 보고 있다.

하지만, 이념적인 차원에서 학자나 정치인이 공공부문이나 공무원의 필요성을 제기한 것은 훨씬 이전부터이다. 미국 건국의 아버지 중에 보수진영의 대표 선두주자격인 해밀턴(Hamilton, 1781)은 "시민들의 자유(human liberty)를 확보하기 위해서, 그리고 공동체 구성원들 사이에 자신(우리)을 보호하기 위해서, 강한 공적기관이 필요하다고 보았다. 해밀턴(Hamilton, 1781)은 영속적인 자유를 위해 설계된 정부에서 …… 지나치게 많은 권력이 폭정을 가져오는 것처럼, 지나치게 적은 권력은 무정부상태를 가져온다. 그리고 둘 다는 마침내 국민들을 멸망으로 이끈다"(Stillman Ⅱ, 1982: 8)고 주장하고 있다.

해밀턴(Hamilton, 1781)은 정부의 외양적인 형태보다는 정부의 품격(tone of government)에 관심을 가지고 있었다. 로시터(Rossiter, 1964)의 표현을 빌리면, 품격이란 정당성, 역량, 존엄성, 권위, 그리고 한마디로 '에너지'이다. 품격의 부재는 변덕, 반항적인 불신, 퇴화, 그리고 한마디로 '허약함'이다. 그(1781)는 강하고 효과적이고 에너지가 넘치는 일원화된 프로세스처럼 통일된 행정을 원했고, 공공부문에서 일하는 공무원은 훈련된 전문가이며, 적절한 재직기간의 확보와 충분한 급여가 제공되어야 함을 주장하고 있다(Stillman Ⅱ, 1982: 8).

해밀턴과는 다른 관점에서 관료제의 필요성을 주장하는 학자로, 자유주의자인 존 스튜어트 밀(Mill, 1951)이 있다. 그는 대다수 국가에서 국민들이 투표권을 가지게 된다면, 당시 국민의 대다수를 구성하고 있는 육체노동자들의 야만성과 무지를 위험시했다. 그리고 이때 너무 낮은 수준의 정치적 지성과 계급 입법이라는 이중의 위험이 매우 크게 존재한다는 것을 두렵게 생각했고, 그런 해악을 제거할 수 있는 방법으로 대의제와 함께, 관료제를 거론한다(이나미, 2013; Warner, 2001). 밀(Mill, 1861)은 대의정부론에서 관료제에 실질적 정치 운영의 권한을 주고 의회가 여기에 간섭할 수 없도록 해야 한다고 주장한다(이나미, 2013: 108).

그렇지만, 실제상으로 공공부문의 역할과 공무원 수가 본격적으로 늘어난 것은 그 이후의 일이다. 1930년대, 우리에게 잘 알려진 뉴딜정책이라는 이름으로 공공부문 개입을 주도한 미국 제32대 프랭클린 루스벨트(F. D. Roosevelt) 대통령보다 앞서서, 제26대 시어도어 루스벨트(T. Roosevelt) 대통령(1901~1909)은 집중된 경제력이 정치에 미칠 결과를 두려워했다.[39] 1902년 석탄 스트라이크를 조정하여, 물가와 산업 분야에 국가가 적극 개입하는 선례를 만들었고, 독점금지법(Sherman Antitrust Act), 철도회사의 리베이트 관행을 금하는 엘킨스 법(Elkins Act), 철도회사 운임을 규제하는 헵번 법(1906), 식육업체를 비롯한 식품재벌들의 비리를 막기 위한 육류검사법(Meat Inspect Act) 및 식품의약규제법(Pure Food and Drug Act), 환경보호를 위한 산림법, 노동자보호법 등이 제정되었다. 그는 1899년 1월부터 뉴욕 주지사로 재직하였고, 재임기간 동안 인맥과 연줄로 채용되거나 부패하고 무능력한 공직자와 경찰 등을 숙정(肅正)하고 공무원 공개채용제도를 확립하였다. 그리고 이때부터 미국 공무원의 숫자는 기하급수적으로 증가하기 시작했다(리차드 스틸만 Ⅱ, 1992).

민주주의자(이상주의적 역사학파)에 속하는 정치가로 분류되는 시어도어 루스벨트가 당시 분권주의자들과 불일치했던 점은 민주적 권위를 되찾는 방법에 관한 것이었다(Sandel, 2005: 25).[40] 시어도어 루스벨트는 거대한 기업은 산업화의 불가피한 산물로 보았으며, 19세기와 같은 분권화된 정치체제를 대안으로 보지 않았다. 그는 연방정부

39) 도르잔(Dorjahn, 1938)은 On the Social Value of the Classics에서 "시어도어 루스벨트 대통령은 자신의 저서에서 마라톤과 살라미스 섬에서의 승리했던 그리스 인들은 플라톤, 아리스토텔레스, 아이스킬로스, 헤로도투스, 그리고 투키디데스의 사회적 가치를 빼앗기지 않는 일을 해냈다"고 기술함.

40) 당시 대표적인 분권주의자이고, 시어도어 루스벨트(T. Roosevelt)와 대립했던 정치지도자는 윌슨(T. W. Wilson)이다.

규모 확장을 통해 힘을 키우는 것과 미국 시민들의 자기 이해를 확장하는 것이 규모가 큰 기업의 정부지배를 막는 방법이라고 생각했다. 또한 그는 미국 공무원들의 참되고 영속적인 도덕적 각성, 확장된 신국가주의 정신을 요청했다(Sandel, 2005: 15-16).

시어도어 루스벨트의 생각은 미국 건국 초기부터 건국 아버지들의 집중화된 부의 위험에 대한 두려움으로부터 기원했다고 볼 수 있다. 보수주의자인 해밀턴(A. Hamilton)조차도 새로운 국가에 불운을 가져올 수 있는 인간의 본성적인 성향에 대한 글을 남겼는데, 부(富)가 소수에게 집중된다면, 덕(virtue)이라는 것은 부(富)의 우아한 부속물에 지나지 않을 것으로 보았다(Gore, 2007: 74).

미국보다 프랑스와 독일의 공무원제도의 기원은 오래되었다. 관방제라는 이름으로 행정학 교과서에서 실려 있는 프랑스와 독일의 관료제는 기원이 나폴레옹시대 이전으로 거슬러 올라간다. 프랑스는 프랑스 혁명 이후 왕에게 충성하는 관료제를 대폭 개편하여, 능력에 따른 선발, 전문성 확보에 필요한 교육훈련, 신분의 안정성을 위한 관료제를 도입했다.

권혁주 · 곽효주(2006: 191-192)는 독일 전신인 프로이센은 1872년 프랑스와의 전쟁에서, 패전의 이유 중에 하나로 합리적, 전문적 관료제를 기초로 체계적이고 효율적인 국가운영을 했던 프랑스의 우월한 국력에서 찾았다고 한다. 그 이후에 독일은 분열된 독일의 힘을 효율적으로 동원하기 위해 스타인-하덴버그(Stein-Hardenberg) 개혁을 통해 전문성과 합리성에 기초한 관료제를 도입 · 발전시켰다(Meny, 1990: 303).

이후 막스 베버(Weber, 1968)는 "직업공무원제도의 기원에 대해서, 프러시아의 관료들은 새로운 사회의 주도권을 놓고 치열한 경쟁을 벌이던 신흥 자본주의 부르주아와 수적으로 급격한 성장을 보이며 자본주의 하에서 고통받고 있던 노동자, 그리고 변화를 꺼려 하는 전통적 지주세력 사이에서 국민국가라고 하는 공동체 전체의 이익을 보호해야 하는 역사적인 도전에 직면해 있었다"고 기술하고 있다. 여기서 국가는 사회적 이해세력으로부터 관료체계의 구조적인 자율성을 확보할 수 있는 방안으로 관료의 신분보장과 경제적인 보상을 위한 제도를 성립시킨 것이다(Weber, 1968). 임도빈(2007: 59), 막스 베버, 헬드(Held, 1987: 130), 에치오니 할레비(Etzioni-Halevy, 1983), 반 와트(van Wart, 1998: 21)는 직업공무원제도가 직접 민주주의가 가지는 비능률을 줄이고, 정치적 리더십의 과도화를 제한하는 기능이 있다고 보고 있다.[41] 또한 공무원의 가치중립이란

41) 반 와트(van Wart, 1998: 21)는 전게서에서 "공무원은 전체적 다수에 의해 불공정하게 대접받거나 대접받아온 개인의 권리의 보호자로서 역할을 한다"고 기술하고 있고, 코디와 린(Cody &

가치를 완전히 배제한다는 의미가 아닌, 특정한 지배집단이 중시하는 가치로부터 벗어나서 전문직업주의적 윤리의식에 기초하여 전체 국민을 위해 정당한 것을 선택할 수 있어야 한다는 것을 의미한다(Parsons, 1965; Swedberg, 2003).

상기와 같은 국가지도자와 영향력 있는 학자들의 주장이 있었던, 1919년에 제정된 바이마르 헌법(§128~§131)에서 직업공무원제도가 최초로 헌법에 명시되어 헌법 보장되었다(정종섭, 2010: 352). 현재의 공무원제도는 19세기 후반에 법규로 명시되고, 20세기에 헌법상으로 보장된 제도라는 점에서, 자유주의, 민주주의 · 사회민주주의와 관련이 깊은 제도라고 할 수 있다. 민주주의가 자유주의를 기초로 한다는 점에서 직업공무원이 우선적으로 중시해야 하는 가치는 경제적인 가치가 존재하는 재화의 산출에서는 도구적 가치 군에 속하는 능률성, 효율성, 혁신 · 창의성이고, 사회적 가치가 존재하는 재화의 산출에서는 사회적 효율성, 공정성 내지는 형평성의 가치이다.[42] 덴하르트(Denhardt, 1992: 105)는 "조직과 그 구성원들은 단지 그렇게 하는 것이 능률적일 때 도덕적인 것이 아니고, 단지 그렇게 하는 것이 도덕적일 경우에 능률적임에 틀림이 없다"고 주장한다.

2) 공무원의 윤리와 가치

직업공무원이 중시해야 하는 공직윤리를 다시 한 번 정리하면 다음과 같다. 개인적 자유주의 하에서 공무원의 윤리란 첫째는 개인의 불가침의 권리를 보장하는 것, 둘째는 개인 간에 공정한 거래질서를 확립하고 보호하는 것, 그리고 셋째는 첫 번째 국민 개인의 권리를 보편적으로 확장시킨다는 목적 하에 개인 간의 자발적 합의 하에 형성된 법의 제정취지를 정확히 이해하고, 그 한계 범위 내에서 법의 제정취지를 적극적으로 실현하려고 노력하는 것이라고 할 수 있다. 이 세 가지 윤리 영역에서만 공무원의 역할 필요성이 인정되고, 그 역할 범위를 넘어선다면 권한 남용 내지는 월권이 된다.

맥체스니(McChesney, 2003: 228-250)는 외부성이 존재하는 재화(재산권의 정의문제)를 사적으로 관리했을 때보다 정부(또는 공공부문)가 강제력을 가지고 재산권을 정의하고 관리할 때에 한계비용이 낮고 한계수익이 더 크다는 것을 앤더슨 힐(And-

Lynn, 1992)은 *Honest Government*라는 저서에서 "임명되거나 경력공무원은 선출된 공무원보다는 모든 시민에게 우선적으로 충성해야 한다"고 주장하고 있다(van Wart, 1998: 21).

42) 이승종(2016: 3)은 "서문: 과정패러다임에서 목표패러다임으로"에서 행정이 추구하는 목표의 예로, 박동서(1989: 70)는 "통일, 민주화, 경제발전, 안보력의 향상, 국민형성, 통합과 국민복지의 향상", 정용덕(2000: 73)은 "도덕적 의미, 특정한 상태의 존재 여부에 관한 의미", 유민봉(2005: 50)은 "공공가치를 실현하는 규범성과 처방성"을 제시하고 있음.

erson-Hill) 모델을 이용하여 보여주고 있지만, 공공부문과 공무원의 지대추구(또는 관료제의 병리), 지배계층 또는 특정 집단의 이익에의 봉사, 그리고 국가가 재산권의 파괴자(국가지상주의)가 될 수 있었음을 미국 건국 초기에 존재했던 몇 가지 사례를 들어 설명하고 있다(McChesney, 2003: 251).

이와 같은 대의제 민주주의와 공무원제도의 문제점을 해결하기 위한 방안으로 공지성(publicity)이 중요하다(Thompson, 1999: 17-18). 공공부문의 의사결정 절차는 공지성(publicity)의 요구-공무원들은 모든 시민들에게 알려질 수 있는 원칙들에 따라 행위해야 한다는 요구-와 같은 특정한 윤리적 제약조건을 충족시켜야만 한다. 그렇지만, 공무원들이 공공부문의 의사결정 내지 업무처리를 빈번하게 '대외비' 내지는 '비공개'로 처리한다.[43] 공무원들이 비공개 사유로 자주 활용하는 것이 국가안전보장, 국방, 외교적인 이유, 개인정보보호이다. 공지성의 부족은 맥체스니(F. S. McChesney)가 지적하는 정부효율성을 떨어트리는 원인이 된다.

정부의 개방성과 관련해서, 스티글리츠(Stiglitz, 2000)는 기고문에서 "외부의 비평이나 충고에 귀를 막고 있을 때 똑똑한 사람들이 어리석은 짓을 할 가능성이 많아진다. 내가 정부에서 배운 것이 한 가지 있다면 전문성이 가장 중요해 보이는 영역에서 개방성이 가장 필수적이라는 점이다." 그리고 G. 팰러스트 외(2004)는 저서에서 캘리포니아주의 비싼 전력요금과 전력공급을 담당했던 엔론사의 회계부정 문제의 근본원인으로 주정부 의사결정의 투명성 부족을 들고 있다.

공무원 개인의 도덕성과 관련해서, 콜버그(Kohlberg, 1969; 1971)가 제시한 개인 도덕적 성숙성 모델을 이용하여 콜비 외(Colby et al., 1983)는 경험적인 연구를 통해서, 개인의 도덕적 성숙성이 순차적으로 발달한다는 것을 확인하였다. 반 와트(van Wart, 1998: 37), 임도빈(2008: 282)은 공무원은 "합리적인 행정이란 법·규칙의 조문이행보다는 모든 국민에 대한 공평한 봉사"를 의미하는 도덕적 성숙수준 5단계이어야 한다고 주장하고 있고, 그렇다면 정부실패는 많이 줄어들 것이다. 정부실패를 줄이는 또 다른 방법으로 학자들은 협동생산과 거버넌스 방식, NGO 단체활동 등을 제시한다(이종범·주재복, 1994: 177; 안문석, 2002: 277).

앞에서 제시한 쟁점들을 〈표 3-2〉로 정리해 보면 다음과 같다. 자유주의는 자생적 질서인 자연법(민법: 노모스)만을 법으로 인정하고, 민주주의자들은 자생적 질서 이외

43) 데니스 F. 톰슨(1999: 17-18). 전게서에서 "공직자의 더러운 손"에 대한 문제 제기를 하고 있음.

에 주권자들의 자발적 합의를 통해서 만들어지는 목적성을 지닌 법을 존중한다. 자유주의는 개인의 경제적 자유를 통해 경제적 가치가 있는 재화를 산출하지만, 민주주의는 개인의 경제적 자유 이외에, 공공부문의 개입을 통해서 사회적 가치가 있는 재화의 창출(공공재, 공유자원, 안전, 노조, 전함과 전투기 등 고가의 국방장비)이 가능하다고 본다. 다른 말로 표현하면, 자유주의는 재산이 있는 소수에게만 참정권이 주어져야 한다고 보는 반면에, 민주주의는 공공부문이 모든 사람들이 정치적인 자기 선택 능력(참정권)을 갖출 수 있도록 기본적인 여건을 제공해야 한다고 본다.

여기서 한 가지 집고 넘어갈 것은 존 스튜어트 밀(J. S. Mill)이나 하이에크 등 자유주의자들은 자유주의를 이상적인 형태로 보고, 민주주의를 불가피하다고 보았다는 것이다. 그래서 민주주의체제 하에서 개인적인 자유를 확보할 수 있도록 법 앞에 평등, 관료제, 권력분립, 적법 절차, 신체의 자유를 포함한 자유권적 기본권 등을 헌법상의 제도로 명시하는 방안을 고안한 것이다. 또한 윌슨(T. W. Wilson)을 비롯한 자유주의자들은 정부 권력의 집중이 개인의 재산권 침해를 가져올 수 있다고 보고, 지방분권을 강화해야 한다고 주장한데 비해서,[44] 시어도어 루스벨트는 산업화 산물로서 불가피하게 커지는 기업경제력(권력)을 분산시키는 것 대신에 기업을 규제할 수 있을 만큼 연방정부의 규모를 역할을 강화해야 한다고 보았다는 것이다(Sandel, 2005: 15-16).

자유주의는 공공부문의 존재를 거래질서를 유지·확립하는 영역에서만 인정하고, 민주주의의 불안정성을 극복하기 위한 방안(특히, 정치권력의 강점적 현상을 방지하기 위한 수단)[45]으로 관료제를 제시하고 있다.[46] 민주주의는 경제적으로 불평등한 경제체제 속에서, 국민들의 정치적 자유를 보장하고 강화하기 위한(한국헌법학회, 2013: 179) 방안으로 직업공무원제도를 확립해야 한다고 보았기 때문에(한국헌법학회, 2013: 804), 헌법상의 제도보장이 필요하다고 보고 있다.[47]

44) 스틸만(Stillman, 1997: 333)의 논문에 의하면, 윌슨은 권력분립과 같은 정부의 확장적인 역할을 제약하는 제도적인 장치를 허접한 것으로 보았다. 그는 미국 국가창출자들과 같이, 미국의 급속한 도시화, 노사관계 봉기, 기술적인 변화, 국제관계의 변화, 국경의 폐쇄와 같은 많은 현안문제를 해결해야하기 위해 확장적인 정부 역할이 필요하다고 보았다. 이들 문제들이 헌법적 질서에 위해를 가한다고 본 것이다.

45) 로어(Rohr, 1986). "권력분립 원리에 착안하여 관료의 헌법수호에 대한 맹세를 특정한 주인을 섬기겠다는 의미가 아니라 권력분립의 견제와 균형의 원리를 구현하겠다는 의미", 그리고 "관료를 헌정질서의 수호자로 이해"를 김근세 외(2013: 8). 헌법가치와 행정에서 재인용함.

46) 드라이젝과 던리비(Dryzek & Dunleavy, 2014: 141-150). 『민주주의 국가이론』에서는 '지대추구, 로그롤링, 선거정치'의 사례를 들어, 민주주의의 문제를 제기한다고 기술하고 있다.

47) 허영(2013: 804); 이승우(2013: 384); 헌재 1992.11.12. 91헌가; 헌재 1997.4.24. 95헌바 48, 9-1.

자유주의와 민주주의의 공통점은 개인의 자유(Freedom and liberty)의 보장과 확장이며, 헌법이나 공무원을 과도한 정치적 리더십이나 특정한 체제로부터 자유의 침해를 막는 안정장치로 보았다는 공통점이 있다. 공공부문이나 공무원은 개인의 자유를 보장하고 확장하는 범위 내에서만 헌법과 법에 의해 부여된 권한이 존재하고, 목적적, 그리고 도구적 가치 모두를 중시하고 조화시켜야 할 법적 또는 도덕적 의무가 있다.

표 3-2 정치이념별 공공부문과 공무원의 역할과 가치

쟁점	구분	자유주의(자유방임, New) Hayek 등 신자유주의자, Wilson	민주주의(이상주의적 역사학파) T. H. Green, Max Weber, T. Roosevelt
1	법	노모스(사법) (탈 목적적, 보편적, 추상성)	테시스(공법) (임의의 제정법, 목적적, 차별・구체성)
	법의 목적	개인적 자유주의 (경제적 자유, 선거권 제한)	경제적 자유 존중/ 국가를 통한 정치적 자유의 확대/ 사회통합
	이상적 국가형태	자유방임, 시장거래 질서 보호, 경제 또는 시장규제 철폐 자유지상주의/무정부주의	국가의 소극적・적극적 개입/ 사회・안전 규제 필요/ 민주국가, 사회민주주의
	법의 기원	자연법사상	프랑스 계몽주의의 주권재민 사상/ 법실증주의(입법자의 의도중시)
	정당성 근원	자생적 질서: 개인의 욕구 내지 이성에 기초한 시장거래 질서	자발성의 원칙: 개인의 이성에 기초한 자발적 선택에 의한 사회적 합의
	가치	경제적 효율, 결과지향성	사회적 효율성, 공정성, 형평성, 투명성
2	재화	경제재(신발, 의류 등)	사회적 가치(공공재, 공유자원, 노조)
3	헌법	자유권적 기본권(행복추구권) 제한선거, 법 앞에 평등, 권력분립, 적법 절차, 재판을 받을 권리 등	인간다운 삶의 보장(사회권적 기본권) 보통선거, 교육・보건・노동의 권리
		헌법은 개인적 자유의 보장을 위한 수단이자 전체(사회)주의를 막는 수단	
4	공무원	전문성과 보수성, 분권화(인간의 불완전성・정보부족)	전문성과 보편적 평등성, 직업공무원(관료민주주의), 집권화(권리 평등성 확보)

제3절 결어와 연구의 한계, 그리고 향후 연구제언

이상에서 서구에서 발전되어온 철학적인 정치이념에 따라 공공부문과 공무원의 가치의 기원과 유형에는 어떠한 것이 있는지에 대해서 고찰해보았다. 19세기 자유방임주의 또는 소수에게 참정권이 주어지고 절차만 중시되는 형식적 민주주의와는 달리, 20세기 현대 국가는 모든 국민에게 보편적으로 참정권이 주어지는 실질적 민주주의의 실현이라는 목표를 가지고 공공부문과 공무원의 역할이 창출되고 확장되어 왔다는 것도 알 수 있었다.

자유주의의 법이 자연법사상에 근거를 두고 법은 만들어지는 것이 아닌 발견되어지는 것으로 보는 반면에, 민주주의의 법은 주권자들인 개인의 자발적 합의에 의해서 만들어지고, 개인이나 시장에 맡겨두면 남용되거나 고갈될 수 있는 사회적인 가치가 존재하는 재화를 창출하는 것이 법 제정 목적이라는 것을 알 수 있었다. 사회적 가치 창출과 관련된 영역에서 공리주의나 이기주의적 사고가 지배하면 전체주의 또는 부의 불균형을 심화시킬 수 있다는 것도 논의하였다.

개인적 자유주의는 사회주의 사상에 영향을 주었다는 이유로 20세기 초에 사라진 공화주의가 공동체주의로 다시 등장하면서 기본적 전제로 깔고 있는 다수에 의한 소수지배 가능성을 인정하지 않는다(곽준혁, 2008). 공리주의에 사상적 근거를 둔 비용편익분석과 함께, 사람의 동인이 유일하게 이기심이라고 전제하는 주류 경제학자들의 이론의 가진 가장 큰 문제는 보다 큰 이익이 언제든지 적은 이익을 이길 수 있다는 데 있고, 다수에 의한 소수지배를 정당화하는 논리로 활용될 수 있다는 데 있다. 또 다른 한계점은 사회적 가치가 있는 재화창출과 관련된 영역에서 이들 이론에 의존할 경우에 재화의 남용이나 고갈문제를 극복할 수 없다는 점이다.

막스 베버(Max Weber)는 19세기 말 자유방임주의와 제국주의 시대에 사회현상을 관찰하면서 자연현상과는 다른 사회적인 문제에 적용할 수 있는 방법론을 제시하고 있다(Parsons, 1965). 그렇지만, 막스 베버의 글을 최초로 해석한 탤컷 파슨스(T. Parsons)의 글을 일부학자들이 오역하면서 오랫동안 알려지지 않았다고 한다(Parsons, 1965).

베버의 관료제이론을 처음 번역한 파슨스는 “막스 베버가 학자들의 연구는 실증적인 방향에서 가치중립적이어야 한다”고, 다른 학자들이 자신의 글을 해석하고 있는 것은 잘못된 해석이며, “막스 베버의 가치중립은 동 시대의 전문직업인으로서 공유하는 가치, 즉 그 시대의 정치적, 그리고 종교적인 영역에 깊이 관여하고 있는 학자들의 공유된 가치로부터 자유로울 수 있어야 한다는 것을 의미한다(Parsons, 1965: 173)"고 기술하고 있다.48) 그(1965)는 "막스 베버가 학자들은 그 시대의 지배적인 가치로부터 자유로울 수 있어야 하고 자신이 옳다고 생각하는 가치에 따라 연구할 수 있어야 한다"고 주장한 것으로 기술하고 있다.49)

또한 막스 베버는 사회과학연구는 자연과학연구에서 활용되는 논리실증적인 연구가 바람직하지 않은 것으로 생각했다. 즉, 자연과학연구는 합리성(rationality)을 찾는 것이라면, 사회과학연구는 다른 영역의 합리성(reasonable) 또는 정당성을 발견하기 위한 학문이 되어야 한다고 보았다. 베버의 가치합리성 개념은 믿음이 합리적 선택 분석유형으로 통합되는 것을 더 잘 이해할 수 있게 해준다.50) 베버의 가치철학적(Wertrationalität) 개념은 행위자들이 자신의 결정이 비용편익분석에 기초하는 것이 아니라, "나는 그것이 좋고, 공정하고, 그리고 정당하고 등등 때문에 한다"(Swedberg, 2003: 289)처럼 믿음과 정당성에 기초하는 상황을 분석할 수 있는 방법을 브여주고 있는 데에서 도움을 준다.

반 와트(van Wart, 1998: 204)는 자신의 저서에서 12가지 합리성이 존재한다고 기술하고 있다. 이들 합리성 유형 중에 이성화된 선택합리성(reasoned choice rationality)이 있다. 이성화된 선택합리성에서 제시하고 있는 의사결정 프로세스는 정정길(2007)의 저서에서 소개하고 있는 정책결정 프로세스와 동일하다. 그리고 현재 정부에서 공무원들이 활용하고 있는 정책결정 프로세스이다.

이것이 학자들에 의한 현실정책에 대한 경험적인 연구 또는 평가결과와 현실 정책결정 사이에 괴리가 발생하는 이유로 보여진다. 정책에 대한 실증적인 연구와 함께, 다양한 연구방법을 통해서 정책연구와 평가가 이루어질 수 있다면, 행정 현장에서 정책을 개발하는 정책담당자들에게 큰 도움이 될 것이라고 생각한다. 김희강(2016)은 대안적 방법론 중에 하나로 규범적 정책분석을 제시한다.

또한 권향원(2017)은 한국 행정이론의 한국화를 위한 연구방법 및 이론화 전략에 대

48) 막스 베버(Max Weber) 탄생 100주년 기념행사에서 파슨스(T. Parsons)가 발표한 글임.

49) 막스 베버(Max Weber)는 사회민주주의자인 미헬스(R. Michels)와는 엄청난 양의 서신을 주고받았으며, 서신을 통해 다양한 논쟁을 벌였던 학문적인 동료이었다. 미헬스는 당시 프로이센 법이 사회민주주의자는 대학 교수가 될 수 없다고 규정하고 있었기 때문에, 이탈리아의 토리노(Turin) 대학에서 교수직을 얻었다. 막스 베버는 연구자들의 자유로운 연구활동을 막는 법에 불만족했으며, 학자들의 다양성에 관용을 요구했다(Ringer, 2002: 38).

50) 일부학자는 막스 베버의 인간행동의 동인은 합리적 선택이라고 보고, 베버를 합리적 선택 사회학자로 분류한다(Swedberg, 2003: 299).

해 기술하고 있지만, 행정학의 주요 연구대상인 공공부문의 목적과 역할 범위에 대한 명확한 정의가 우선되어야 한다고 생각한다. 공공부문의 역할과 범위는 주권자인 시민들에 의한 자발적인 협약인 헌법과 법률을 통해서 정하는 것이기 때문에 나라마다 역할과 범위가 달라질 수 있다. 이는 행정학의 연구대상・범위와 무관하지 않다.

본 연구의 한계는 본 연구가 서구의 공공부문과 공무원 가치의 철학적 근거를 제시하고 있다는 점에서 한국 공공부문과 공무원의 가치로 곧바로 적용하는 데에는 한계가 있다는 점이다. 대한민국의 헌법과 정치제도가 서구의 철학이론과 제도를 그대로 답습해왔다고는 하더라도 한국의 공공부문과 공무원의 가치가 동일하다고 주장하기 위해서는 서구의 정치철학의 도입 여부와 그를 기반으로 하는 제도 성립 여부에 대한 세밀한 사후 연구가 필요하다고 생각한다.

대한민국 역사와 국민들의 의식구조에 영향을 미치는 윤리관의 독특성과 관련해서, 우선적으로 생각해볼 수 있는 것은 조선시대의 통치철학인 유교에는 개인 또는 개인적 자유라는 개념이 존재하지 않았다는 점이다. 이익(利益)이라는 개념도 상놈의 개념이기 때문에 이(理)만 존중되고 이(利)는 존재하지 않았다(이나미, 2000). 지금 우리가 쓰는 권리(權利)라는 용어는 조선시대에 존재하지 않았다(이나미, 2000). 또한 당시에는 대의(大義)를 위한 개인 이익의 희생은 당연한 것으로 모두에게 받아들여졌고 그런 의식이 아직도 잔존한다. 이 때문에 시민이나 공무원들이 시민으로서 당연히 누려야 할 많은 기본권이 박탈된 것도 사실이다.[51]

현대 실질적 민주주의 국가에서의 공공성은 지배체제나 공동체가 우선되는 것이 아닌 개인의 경제적, 그리고 정치적 자유를 강화하는 데 목적이 있다는 점이 다르다.[52] 개인적 자유주의를 바탕으로 하는 민주주의 사상이 언제부터 대한민국 국민의 의식 속에서 유입되고 확산되었는지, 그리고 민주주의에서의 공공부문의 규범적 가치를 공무원들이 명확하게 이해하고 있는지에 대해 추후 연구가 필요하다고 생각한다.

한국 행정연구에서 규범성의 강조가 조심스러운 또 다른 이유로 대한민국 공공부문은 행정입법 권한이 있다는 것이다. 미국은 정부가 공식적으로 의회에 입법안을 제출하지 못한다. 미국은 의원입법만 가능하다. 대한민국 중앙부처 5급 이상 공무원들은 신규

51) 과거 공무원은 이혼도 마음대로 할 수 없었고, 은행 대출도 기관에 보고해야만 했다.

52) 로젠블룸과 오리어리(Rosenbloom & O'Leary, 1997)은 헌법적 계약주의 vs. 공리주의로, 베르텔리와 린(Bertelli & Lynn, 2006)은 개인적 정의(Individual justice) vs. 사회적 정의(Social justice)로 대비한다. 그들은 정부의 역할을 헌법적 계약주의와 개인적 정의의 실현이라고 보는 것이다.

정책을 개발하기 위한 정책보고서를 작성하는 것이 가장 중요한 업무 또는 역량으로 인식하고 있다. 공무원들이 개발한 정책은 법률의 형태로 변형되어 의회에서 결정되지만, 의회는 기본권 침해와 관련된 개략적이고 포괄적인 원칙만을 정해줄 뿐 상당히 많은 정책집행과 관련된 재량권을 대통령령인 시행령과 부령인 시행규칙에 위임한다. 이는 폭넓은 재량권이 공공부문과 공무원들에게 위임되어 있다는 것을 의미한다.

행정부의 수반인 대통령, 그가 임명하는 각 부처 장관, 통상적으로 다수당이 되는 여당, 그리고 자신의 이익을 위해 지배 정치집단에 충성심을 보이는 공무원이 함께 공모한다면, 언제든지 국민들의 개인적 자유는 침해되고 파괴될 가능성이 있다.53) 과거 정부에서 실제로 많은 기본권이 침해 또는 파괴된 사례가 존재했다. 직업공무원제도가 헌법에 보장되어 있다고는 하지만, 집권 정치지도자(중앙 또는 자치단체)의 리더십의 과도화를 막기에는 현실적으로 역부족이다.

공공부문에 폭넓은 재량권이 존재하는 행정 현실에서, 정치리더십의 과도화 가능성이 높기 때문에 공공부문과 공무원의 윤리와 가치의 명확화와 함께 실천을 생활화할 수 있는 방안 모색이 필요하다. 공공부문과 공무원의 역할과 한계, 윤리와 가치를 명확히 하고, 이를 체계적으로 실천하게 만드는 제도적인 장치가 필요하다고 생각한다. 공직의 민간에의 개방이 공직업무의 투명성 강화보다는 결과주의 사고와 비밀주의를 강화할 가능성이 있다는 것을 지적하고 싶다. 이에 대한 연구는 추후 연구자들의 몫으로 남겨둔다.

여기에 더해서, 공적자금(각종 연・기금)이 주식형태로 민간기업에의 투자와 함께, 경제 또는 금융위기 시기에 재정건전성이 부족한 기업에 공적자금의 형태로 투입되고 있는 현실이 공공부문의 역할 정의에 있어 혼란을 가중시키고 있다. 공공부문의 시장개입과 함께, 기업의 국・공유화를 원칙적으로 금지하고는 있지만, 대다수 국민의 노후가 민간기업 경영실적에 의해서 좌우된다는 점 때문에 공공부문의 민간기업 경영에 관여라는 국민과 여론의 요구는 점점 더 거세질 것이다. 기업 경영을 민간기업에 전적으로 맡기는 것이 옳은 일인지 아니면 국민의 노후 생계보장 차원에서 공공부문이 개입하는 것이 옳은 것인지, 개입 범위를 어디까지로 할 것인지에 대한 고민은 정책당국자가 직면한 현실이고 추후 보다 세밀한 연구가 필요한 부분이다.

53) 피오트로스키와 로젠블룸(Piotrowski & Rosenbloom, 2002)은 신공공관리(NPM)과 신성과관리(NPR)이 대통령과 지배체제 연합을 통한 민영화, 정부 규모의 축소, 법규의 폐지와 절차의 축소로 인한 민주적인 견제와 통제의 어려움을 초래했기 때문에 위헌이라고 보고 있다.

제4장

미국 행정(학), 공무원의 가치, 그리고 헌법:

무엇을, 그리고 누구를 우한 행정(학) 또는 공무원인가?

이 글은 미국 정부 행정의 정체성과 정당성, 공구원의 핵심 가치가 미국 건국(현행) 헌법 정신과 원리에 근원을 두고 있다고 주장하고 있는 미국 행정학자들의 연구결과물에 대한 탐색적인 연구이다. 미국 행정학자들은 첫 번째 중심 논지로 미국 행정(학)의 근원과 역할 변화가 기존 정설적인 관리주의적 관점보다는 법적·정치적인 관점에서 다루어져야 한다고 주장한다. 본 연구는 미국 행정 제도나 시스템의 변화는 법과 정치의 관점에 따라 변화해왔다는 미국 행정학자들의 주장을 종합 분석하여 제시한다. 먼저, 미국 정부 행정과 공무원의 역할은 건국의회에서 제정된 헌법과 헌법원리, 그리고 다양한 정부조직법에 근거를 두고 있고, 미국 정부 행정과 공무원은 헌법 가치와 법의 집행을 위해서 만들어졌다는 것을 보여준다. 다른 한편으로, 행정의 관리주의적 관점을 이어받았다고 주장하는 신공공관리(NPM)는 무법 행정과 함께, 대통령 일인 또는 지배체제 연합의 지배를 정당화시키기 때문에 미국 헌법원리의 위반 내지는 침해가 될 수 있다는 점도 제시한다.

두 번째 중심 논지로 정부 행정의 중심 가치는 종래 관리주의적 관점의 경제성과 능률성이 아닌 개인 정의(사회적 정의의 상대적 개념임)와 미노브룩 컨퍼런스(Minnowbrook Ⅰ)[1)]를 통해서 제시된 "사회적 형평성"이라는 점을 제시한다. 사회적 형평 내지는 개인 정의의 기원은 미국 건국 아버지 매디슨(James Madison)의 페더럴리스트 #51에 실린 기고문이며, 매디슨은 그 기고문에서 "사회적 약자들이 자기 스스로처럼 보호하는 정부가 전체 국민의 이익을 위해 봉사하는 정부"라고 기술하고 있다. 정부 행정의 목적적인 측면에서의 가치는 사회통합, 사회적 약자의 보호, 그리고 사회적 형평성의 실천, 투명성이며, 도구적·조직적인 차원에서 가치는 건국 아버지 해밀턴(A. Hamilton)이 강조한 능률성과 법적합성이 중시된다. 세 번째 중심 논지로 미국 정부의 공무원은 제4부로서 입법부의 저장소이고, 헌법과 법률이 부여하는 역할 범위 내에서 행위의 정당성과 재량을 발휘할 수 있고, 공무원의 핵심 가치는 시민요구 대응성, 대표성, 책임성, 법 적합성 그리고 헌법적인 역량이라는 점을 제시한다.

1) 미노브룩 관점(Minnowbrook Perspective)의 여섯 가지 중심 논지는 적실성(relevance), 반실증주의(antipositivism), 개인적인 도덕성(personal morality), 혁신(innovation), 고객에 대한 관심(concern for clients), 그리고 반관료주의적 철학(an antibureaucratic philosophy)이다. 왈도(Waldo, 1984)는 "신행정학의 가치는 막시스트적이고 좌파적인 방향이 아니고 방향으로 움직일 것을 제안한다. 진정한 의미의 민주주의적 가치와 변화를 취할 것을 강조한다. 신행정학의 핵심 가치는 사회적 형평(social equity)이고, 핵심적인 수단은 참여(participation)이다. 정책분석의 실증주의자들의 능률지향방법을 향한 불신과 직접적인 적대감을 표출했다"(Bertelli & Lynn, 2005: 152).

결론적으로, 미국 행정과 공무원은 전체 시민의 자유를 보편적으로 보호하고 확장할 때만, 그리고 사회적 약자보호를 통해 전체 시민에게 봉사할 때만 행위의 정당성을 가진다. 이 글의 목적은 한국 행정 연구와 실무의 비교의 중심이 되고 있는 미국 행정과 공무원의 역할과 가치를 명확히 하여, 한국 행정학 연구와 실무의 방향을 제시하는 데 있다.

제1절 서론: 연구 질문, 대상과 목적

한국 정치, 경제 또는 경영학계, 그리고 심지어는 행정학계에서조차도 작은 정부 또는 작고 효율적인 정부라는 구호가 최근까지 격언(proverb)처럼 회자되었다. 과거 권위적인 정부에서 과다한 시민의 삶과 시장에의 개입에 대한 반작용으로 해석된다. 그런 연유로 어떻게 하면 정부를 경제적이고 능률적으로 만들 것인가에 대한 정치권과 학계의 관심은 정부업무평가 기본법에도 잘 드러나 있다. 동법 제2조 제6항에는 정부업무평가 성과기준이 경제성, 능률성, 그리고 효과성 순으로 명시되어 있다.

하지만, 필자는 이러한 정부업무 평가기준이 미국의 신공공관리(NPM)와 신성과관리(NPR)적 접근법에서 이식되어온 것이라고 추정한다. 이와 같은 행정과 공공조직의 경제성과 능률성 가치추구는 1887년 윌슨(T. W. Wilson)의 논문으로부터 시작된 정설적인 행정학의 전통에서 비롯된 것이라고, 미국 일부 행정학자들은 인식하고 있다. 이들 일부 행정학자들은 정부의 행정업무가 윌슨(Wilson, 1887)의 논문에서 기술하고 있는 것처럼, "회계사무소의 직원의 일"과 같은 것이기 때문에 관리적인 것이라고 본다. 관리주의 행정학의 전통은 『미국행정학회보(*PAR*)』의 초대 편집장이었던 화이트(White, 1926)의 저서 『행정학의 소개』와 함께(Storing, 1965), 1930년대 대통령위원회인 브라운로우(Brownlow) 위원회의 보고서를 통해서 확립되었다고 볼 수 있다(Rosenbloom, 1993). 이와 같은 관리주의 전통이 일부 학자들은 1970년대 신공공관리론(NPM)으로 계승되었다고 주장하고 있는 것이다.

신공공관리론과 신성과관리는 초기 정설적인 행정이론처럼 경제성, 능률성의 가치를 중시한다. 정설적인 관리주적 행정관점이 대통령의 일인 또는 지배체제 연합에 의한 지배를 정당화시키는 논리로 활용되었고, 각종 전쟁을 반대하는 인권운동가와 흑인들에 대한 인권 침해, 그리고 정부의 투명성을 약화시키는 데 기여했다고 본다(Newbold, 2010; Piotrowski & Rosenbloom, 2002; Rosenbloom, 1993; Ingraham et al, 1989). 경제성과 능률성 위주의 관리주의적인 관점에 비롯된 연방정부와 주정부 정책에 대해서, 1960년대 말부터 연방 공무원과 노동조합들은 집행부 내부 정책의 취약성과 위험성에 관한 내부고발을 하기 시작하였으며, 대통령과 주지사들은 적법한 절차를 준수하지 않고 공무원을 자의적으로 해고하였다(Rosenbloom, 1975; Rosenbloom, 1993; Ingraham et al, 1989; Newbold, 2010). 즉, 미국에서는 1970년대 초반 카터(Jimmy Carter) 행정부부터 1980년대 레이건(Ronald Reagan) 행정부까지 심각한 관료 때리기(breaucrat bashing)가 자행되었다(Spicer & Terry, 1993). 이들 정부의 관료 때리기는 일인 또는 지배체제 연합의 지배의 정당화, 정부규모 축소, 외부위탁, 민영화, 정부서비스의 민간제공, 그리고 공무원의 자의적이고 부당한 해고 형태로 나타났다(Rosenbloom, 1993; Piotrowski & Rosenbloom, 2002; Milward et al., 1993).

미국의 다수 행정학자들은 상기한 신공공관리의 관리주의적 관점이 정부 행정이 성과나 결과만 있으면 무엇이든지 할 수 있다는 운영적 공리주의 사상에 토대를 두고 있다는 점에서, 그리고 정부 행정이 헌법이나 법에 정당성에 근원이 있다고 보는 헌법적 계약주의 사상과는 배치된다고 주장한다(Rosenbloom & O'Leary, 1997; Bertilli & Lynn, 2006). 또한 초기의 정설적인 관리주의 행정이론은 신공공관리의 토대와는 달리 민주주의 내지는 계약주의 사상에 토대를 두고 있었다는 점에서 차이가 있다고 본다(Lynn, 2013; Newbold, 2010; Newland, 1997; Resenbloom, 1993).

그러므로 본 연구의 연구 질문은 미국의 초기 정설적인 행정이론과 신공공관리론이 경제성과 능률성을 주요 가치로 추구하고 있지만, 이들 두 가지 행정의 관리주의적 접근법이 동일한 목적 내지는 지향성을 가지고 있었는지에 대한 것이다. 또는 두 접근법 모두가 또는 둘 중에 어느 하나가 추구하는 지향성이 미국 건국 아버지의 사상이나 헌법의 원리에서 드러나는 행정이나 공무원의 사명과 역할 또는 지향성과 일치하고 있는지 아니면 충돌되고 건국헌법원리나 정신을 침해하고 있는 것은 아닌지에 대한 것이다.

본 연구는 우선적으로, 미국 건국 초기부터 현재까지 지속적으로 존재하는 정부 행정과 공무원의 역할 정당성의 근원으로 헌법 정신과 원리, 그리고 법적인 근거에 대해서 탐색한다. 즉, 최근까지 미국 각종 행정학회 관련 학보(*PAR* 등)에 실린 연구결과물에서 드러나는 미국 행정과 공무원의 역할에 대한 미국 건국헌법 정신이나 원리, 그리고 법적인 근거에 대해서 탐색한다.

왈도(Waldo, 1968: 443)는 1948년에 행정은 전제와 방법에 관한 심각한 논의의 대상이 되었고, 종국적으로는 "정체성의 위기"를 가져왔다고 기술하고 있다. 미국 행정과 공무원의 정체성에 대한 혼란은 사실 정치인의 엽관과 부패를 방지하기 위해서, 미국 건국 초기 정치인과 구분되지 않는 공무원이 맡았던(Rosenbloom, 2014: 3) 공직을 전문직업인으로서 공무원이 맡을 수 있도록 이론적인 근거를 제시한 윌슨(Wilson, 1887)의 "행정의 연구"에서 출발한다. 귤릭(Gulick, 1990)은 "정부 운영의 비능률과 부패에 대한 해결책으로 각종 시민단체들의 참여가 있었지만, 시민단체 참여자들은 주정부나 지방정부의 업무가 매우 복잡하기 때문에, 사기꾼들이 교묘하게 법의 허점을 이용하는 것을 금방 깨닫게 되었다"고 보고, "그에 대한 대답이 시민단체의 직원으로 봉사할 소수의 전문가집단이자 기술적으로 역량이 있는 전문가의 채용이었다"(Gulick, 1990: 600)라고 기술하고 있다. 미국에서 행정의 기원을 1883년 중앙인사위원회(Civil Service Commission)가 설립된 시점으로 보는 것도(Gulick, 1990) 같은 맥락이다. 미국 건국 초기에 정부의 자리는 엘리트 정치인들이 맡았고 재산권처럼 세습되었으나(Rosenbloom, 1993; Gulick, 1990), 1828년 잭슨(Andrew Jackson)이 대통령으로 당선된 이후에 엽관과 부패가 극심해진 것에 대한 대응으로 중앙인사위원회(Civil Service Commission: CSC)가 만들어졌다(Gulick, 1990). 이후에 행정의 가치를 능률로 보는 대표적인 학자가 굿노우(F. Goodnow), 허버트 사이먼(H. A. Simon), 그리고 피터 드러커(P. Drucker)이다.

하지만, 귤릭(Gulick, 1990: 602)는 "굿노우가 정치의 문제와 행정의 문제를 구분한 근본적인 이유가 말쑥한 분석으로부터 더러운 정치를 파문하기 위한 희망"이었지만, 그(1990)는 "35년 전부터 정치와 행정은 분리할 수 없는 것으로 보았다"고 기술하고 있다. 로젠블룸(Rosenbloom, 1993)에 의하면, 행정의 능률 강조는 정치와의 "권력(power)" 투쟁이었고, 현재는 정치・행정이원론은 소멸되었다고 보고 있다(Miller, 2007: viii). 또한 행정의 중심 개념으로서 능률은 거절되었다(Miller, 2007; van Wart, 1998: 16; Mosher, 1992).

사실 미국 건국헌법 제정과정에서 미국 건국의 아버지들은 삼권의 명확한 분립은 불가능하다고 보았으며, 매디슨(James Madison)은 공유되거나 중복된 권력으로, 뉴스타트(Neustadt)는 분리된 제도이지만 공유된 권력이라고 보았다(Lynn, 2013). 매디슨은 정부의 목적은 정의(justice)이며, 사회적 약자를 보호하는 것이 전체 국민에게 봉사하는 것이라고 보았으며(Lynn, 2013), 미국 행정학자들은 1968년 미노브룩(Minnowbrook Ⅰ)에서 사회적 형평(social equity)을 행정의 가치로 채택했다. 또한 미국 건국의 아버지들이 정부에 공무원이 있어야 한다고 본 것은 분리된 권력으로 인해 부족한 시민 대응성을 보완하기 위한 방안으로 보고 있다(Rosenbloom, 2011). 로젠블룸(Rosenbloom, 1993)은 잭슨의 엽관제 인사제도의 채택을 인사혁명으로 명명하고, 공무원의 시민 대응성을 확보하기 위한 목적이 있었다고 보고 있다. 잉그레이엄 외(Ingraham et al., 1989)는 공무원의 시민 대응성, 대표성, 그리고 책임성을 강화하기 위한 방안으로, 공무원 노조활동, 대표관료제, 그리고 공무원의 조직의사결정에의 참여 보장을 제안하고, 이에 따라 발생 가능한 혼란은 헌법원리를 통해 통제 가능하다고 보고 있다.

그렇다면 두 번째 연구 질문은 행정의 정체성과 정당성의 혼란을 야기시켰던 행정의 경제성과 능률성 가치 이외에 미국 건국헌법부터 행정이나 공무원이 중시해야 할 가치가 존재하는가이다.

미국에서 행정과 공무원의 필요성과 중요성을 처음 언급하고 강조한 분은 미국 건국 아버지인 매디슨(James Madison), 해밀턴(James Hamilton), 그리고 푸블리우스(Publius)이다(Rosenbloom et al., 2018, 1993, 1975; Lynn, 2011, 2013; Newbold, 2010; Bertelli & Lynn, 2006; Lee & Rosenbloom, 2005; Spicer & Terry, 1993; Rohr & O'Leary, 1989; Stillman Ⅱ, 1982; Storing, 1965; Waldo, 1948). 본 연구는 우선적으로, 미국 건국헌법 제정과정에서 행정과 공무원의 역할과 가치에 관한 논의를 담고 있는 문헌을 탐구한다. 그리고 미국 행정과 공무원의 가치에 관한 미국 행정학자들이 각종 행정 관련 학술지에 발표한 연구문헌을 탐색한다. 즉, 미국 건국시점부터 현재까지 학자들에 의해 조사・분석된 미국 행정과 공무원의 가치와 관련된 건국 아버지의 글, 사법부의 판례, 그리고 미국 행정학자들의 연구결과물들을 연구 분석 대상으로 한다.

본 연구의 목적은 향후 행정학 연구와 실무의 방향을 제시하는 데 있다. 또한 대한민국 헌법을 운영하는 공무원의 업무수행의 방향을 제시해 줄 행정 가치・목적 내지는 정향성을 제시하는 데 있다.

제2절 본론: 민주헌법 국가로서 미국의 행정(학), 그리고 공무원의 기원과 사명, 그리고 가치, 그리고 헌법 구성원리

1. 주요 논점 비교

첫 번째 쟁점은 미국 행정(학)이 역할이나 존재 정당성의 기반을 공리주의나 도구주의를 이념적인 기반으로 하는가 아니면 건국헌법 정신이나 헌법원리, 그리고 법에 기반을 두고 있는가에 대한 것이다. 신공공관리(NPM)와 신성과관리(NPR)론자들은 정설적인 행정 관리주의적 관점의 출발이라고 보는 윌슨(T. W. Wilson)의 행정학연구에서 그 기원을 찾았고, 1937년 브라운로우(Brownlow) 대통령위원회의 보고서의 주장내용을 예로 든다(Rosenbloom, 1993, 2001; White, 1926; Gulick & Urwick, 1937; PCAM, 1937). 하지만, 일부학자들은 신공공관리는 결과나 성과를 중시하는 공리주의나 도구주의를 이념적인 기반으로 한다(Newbold, 2010; Bertelli & Lynn, 2006; Lee & Rosenbloom, 2005; Piotrowski & Rosenbloom, 2002; Rosenbloom & O'Leary, 1997; Report of National Performance Review, 1993; Osborne & Gaebler, 1992)는 점에서 초기 정설적인 관리주의 행정학과는 이념적인 기반이 다르다고 본다. 즉, 일부 행정학자들은 미국 건국 초기 시민들의 의식으로 행정이념인 개인주의 내지는 보수주의가 지배했지만 점차적으로 집단적인 합의에 의해서 자신들의 자유를 지키기를 선택했다(Gaus, 1936; Bernstein, 1952; Lynn, 2013)고 보고 있다.[2] 개인주의는 무정부주의 내지는 최소주의 정부(행정)[3]를 지향하며, 기존 경제 또는 사회질서의 변화를 거부한다(Barber, 1984; Kirk, 1953). 미국은 애덤 스미스의 『국부론』과 같이, 이기심에 기초한 자유주의를 기초로 건국되었다(Lynn, 2011; Gulick, 1990; Hayek, 1969, 1971). 이 시기 미국 행정과 공무원의 역할은 단순 사무에 불과했고, 무정부상태였다(Rosenbloom, 1993). 초기 개인적 자유주의와 이후에 집단적 합의는 모두 계약주의 산물인 법의 지배(the rule of law)라는 점에서(Rosenbloom et al., 2018; Newbold, 2010; Lynn, 2009; Lee & Rosenbloom, 2005; Lynn, 2001;

2) 보수주의가 변화를 거부한다는 것은 기존 거래질서(nomos)인 인습 내지는 관행의 변화를 의미하며, 환경 변화 자체를 의미하지는 않는다. 기존 거래질서란 소유권법, 불법행위법, 그리고 계약법이다.

3) 해밀턴(James Hamilton)은 "정부 행정(Administration)은 정치적 기관(국가)인 입법, 집행, 또는 사법 모두를 포괄한다"(Publius, 1961 ed.: 435).

van Wart, 1988; Storing, 1965; White, 1926; Wilson, 1887) 신공공관리론이 토대로 하고 있는 공리주의(Lee & Rosenbloom, 2005; Rosenbloom & O'Leary, 1997)와는 이념적인 기초가 다르다는 것이다.

물론, 1883년에 펜들턴법(Pendleton Act)의 통과로부터 시작된 정부의 행정의 역할강화는 우드로 윌슨(T. W. Wilson)이 이론적인 근거를 제공하였던 정설적인 행정의 관리주의관점에서 시작된다. 당시 관리주의 행정은 프랑스의 주권재민 사상을 기초로 하는 주권자의 자발적 합의인 법을 통해서(Christensen, 2009: 605),[4] 최소한의 시민들의 기본적인 자유의 보호를 목적으로 등장했다. 즉, 일부 학자들은 시민의 집단적인 덕(virtue)을 기초로 한 합의에 의해 집단적인 역할이 창출된 것으로 보고 있다(Gaus, 1936, Bernstein, 1952; Lynn, 2013; Storing, 1965; White, 1926). 1900년 초반부터 서서히 증가를 시작해서, 1930년대 폭발적으로 확장한 정부 행정 역할의 증가는 시민의 자유 보장과 확대가 목적이었다(Mosher, 1992).[5] 로젠블룸(Rosenbloom, 1996)은 이와 같은 행정의 역할 변화에 대한 헌법적 정당성을 부여한 것이 수정헌법 제16조라고 보고 있다. 초기 관리주의적 관점의 행정이론은 자유주의를 이념적인 토대로 하는 민주주의를 정치이념으로 한다는 점(계약주의)에서 신공공관리, 신성과관리와는 이념적인 기반이 차이가 있고(Piotrowski & Rosenbloom, 2001), 후자는 신공공관리와 신성과관리는 미국 헌법원리에 위반된다고 보고 있다(Lynn, 2013; Newbold, 1010; Newland, 1997; Rosenbloom, 1993). 아래에서는 미국 건국 초기 공무원의 존재와 역할, 그리고 초기 행정이론이 형성될 시기에 관한 연구문헌에 대해서 확인해본다.

두 번째 쟁점은 초기 정설적인 행정학과 신공공관리(NPM)가 모두 관리주의적 관점에서 행정과 공무원은 경제성과 능률성의 가치를 중시해야 한다고 주장한다. 두 관점 사이에 공통점과 차이점은 무엇인가이다. 초기 정설적인 행정학은 보수와 정치적 연합을 혁파하고 행정의 능률가치를 통해서 부의 균등한 분배를 실현하려 했다(Rosenblooom, 1993; Gulick, 1990; Barnard, [1968]1938[6]). 시어도어 루스벨트(T. Roosevelt)

4) 시민들의 합의의 결과물인 공법(thesis)을 의미한다. 공법은 과학기술과 정치 · 사회 · 국제적인 기후 환경 변화에 대응하여, 신속한 변화를 요구받는다.

5) 모셔(Mosher, 1992)는 "1930년 시라큐스 대학 행정학과 재학생들은 예수님의 사도들 같았다"고 표현하고, "당시에 중시했던 가치가 능률성이 아닌 형평성이었다"고 주장한다.

6) 바너드(Chester Barnard, [1968]1938)는 "집행부의 기능(the Functions of the executive)"에서 일면적인 능률이 아닌 "다차원적인 능률(all round efficiency)"개념이라는 개념을 소개하고, "좋은 조직(상업, 정부, 군사, 학문, 그리고 다른 것들)은 비경제적인 유인에 많은 관심과 돈을 쓰는 것이 관찰될 것"이라고 주장하고 있다.

는 확대된 대기업의 힘을 견제할 수 있을 만큼의 큰 정부가 필요하다고 생각했다(Sandel, 2005: 15). 미노브룩 컨퍼런스Ⅰ(Minnowbrook ConferenceⅠ)에서 사회적 형평성(social equity)이 행정 가치로 채택되었고, 사회적 형평성의 가치는 플라톤(Plato)과 아리스토텔레스(Aristotle), 그리고 미국 건국의 아버지 매디슨(James Madison)의 건국정신에서 기원한다(Lynn, 2013; Gooden & Portillo, 2011; Rutledge, 2002; Frederickson, 1990). 또한 행정의 투명성이 강조된다(Piotrowski & Rosenbloom, 2002; Ingraham et al., 1989). 행정이나 공무원 활동의 근거가 합의(법)중심이어야만 하는 중요한 이유는 자발적 합의를 집행하는 공무원 개인의 덕(virtue)의 취약성에 있다(Slyke & Roberts, 2009; 임도빈, 2008: 115).[7] 이에 반해서, 신공공관리(NPM)은 소수의 정치연합을 통해 지배 권력의 집중화와 경제·사회의 보수화를 지향한다(Rosenbloom, 1993; Newland, 1997: iii)는 점에서 차이가 있다. 신공공관리론은 민영화를 주장한다. 두 관점이 제시하는 행정 가치의 차이에 관한 연구자들의 주장을 확인해본다.

세 번째 쟁점은 공무원이 추구하는 가치와 관련이 있다. 신공공관리(NPM)나 신성과주의(NPR)를 주장하는 학자나 정치가들은 공무원들에게 법률적·문서적인 제약을 줄여주고 경제적인 성과나 결과위주의 행정을 해줄 것을 기대한다(Considine, 2001; Loffler, 1997; Report of National Performance Review, 1993; Osborne & Gaebler, 1992). 이때 공무원이 추구해야 할 가치는 경제성과 능률성이 된다.[8]

이에 반해서, 린(Lynn, 2013, 2011)은 매디슨(James Madison)의 페더럴리스트(Federalist)

---

7) 슬라이크와 로버츠(Slyke & Roberts, 2009)는 Yellow Pages(전화번호 북) test 사례를 들고, 임도빈(2008: 115)은 기개스(Gyges)의 신화 사례를 들어서 덕의 취약성을 설명하고 있다. 두 사례를 통해서, 어느 누구든지, 어떤 상황에서든지 일관되게 정직한 행동을 하지 않는다는 것을 의미한다. 전화번호 북 사례는 지역 전화번호 제작을 누군가에게 맡길 경우에, 지역주민 전화번호만 담는 것이 아닌 제작자의 광고와 같은 주관적인 의도가 반드시 삽입된다는 점에서 알려진 사례이다. 미국 연방의회에서 국립행정아카데미(NAPA) 설립 추진과 관련된 사례인데, 그 교육기관을 정부가 직접 설립·운영할 경우에 특정한 집권정부의 특정한 의도가 중립적이어야 하는 공무원 교육내용에 주입되지 않을 수 없다는 것을 의미한다. 여기에서 학자들은 자유주의 교육정신에 대해서 이야기한다. 사적인 영역에서의 자유 보장[모두가 이기심(개인적인 생리적·생리적인 욕구)을 추구함], 대통령과 지방자치단체장의 임기 제한, 권력분립, 옴부즈맨과 고위공무원수사처(공비처) 등은 자유주의와 관련된 정부기관이고 시민 자유 보호제도이다.

8) 신자유주의와 신공공관리론 또는 신성과관리의 가장 큰 차이점은 민주적인 통제 또는 법치주의이다. 자유주의 법은 재산권의 보호와 관련이 있다. 신공공관리와 신성과관리는 법과 절차, 그리고 문서처리를 간소화함으로써, 민주적인 통제를 어렵게 만들었다는 점이 자유주의원칙에 위반된다. 그러므로 연구자들은 위헌이라고 본다. 그리고 대규모 조직의 민영화와 성과주의는 사회적인 약자보호가 아닌 지배계층의 이익에 봉사한다는 점에서 위헌이다.

#10의 기고 글을 인용하여, 정부 권력의 분립으로 인해 발생하는 시민 대응성의 약화를 방지하기 위해서, 입법부의 저장소로서 공무원을 두었다고 보고 있다. 그(Lynn, 2013)는 당연히 공무원이 중시해야 할 가치로 대응성과 대표성, 외적 책임성, 법 적합성, 그리고 헌법적인 역량을 제시한다(Newbold, 2010; Cooper, 1991, 1994; Cooper & Wright, 1992; O'Leary & Wise, 1991, 2003; Rosenbloom, 1983, 1993; Rohr, 1986, 1998, 2002; Waldo, 1948). 로젠블룸(Rosenbloom, 1993)은 앤드류 잭슨(Andrew Jackson)의 엽관제 인사제도 도입도 세습으로 귀족화된 공무원의 시민 대응성 결핍을 해결하기 위한 인사혁명이라고 보고 있다. 1883년 실적제 인사제도 도입 또한 시민 대응성 강화 차원으로 보고 있다(Eaton, 1880: 392).[9] 1900년대 초반 뉴욕광역청 연구원 설립자인 클리브랜드(Cleveland, 1913)도 자신의 저서인 조직화된 민주주의(organized democracy)에서 공무원이 대응성과 책임성을 강조한다. 미국 행정학자들은 전체 국민에게 봉사하는 직업공무원의 존재 목적에 충실한 품성을 갖춘 공무원을 육성하고 선발하는 것과 함께, 공무원에게 주어진 권한이 공무원 자신이나 정치적 연합의 이익을 위해 활용되지 않도록 견제하고 통제하는 방법에 대해 관심을 가지고 있다(Rosenbloom et al., 2018; Newbold, 2010; Obama, 2009;[10] Gregory, 1999; Ingraham et al., 1989). 민주주의제도는 집단적인 덕을 기초로 만들어지며(Lynn, 2013: 621), 행정 투명성이 확보될 경우에만 덕이 실행될 수 있다고 보는 것이다(Rosenbloom, 1993a). 시민 대표성을 가지고 있는 공무원과 공무원 노조와의 협치, 공무원 노조의 정부 정책 취약점에 대한 공개내지 내부고발, 그리고 협동생산(또는 거버넌스)은 행정의 투명성과 시민요구에 대응하기 위한 효과적인 수단이며, 법률(투명성강화법)과 미국 법원은 공무원과 공무원 노조의 내부고발을 판결을 통해서 보호하고 있다(Lynn, 2013; Piotrowski & Rosenbloom, 2011; 이종범 · 주재복, 1994).

하이에크(Hayek, 1971)의 헌법주의도 정부와 조직 내부의 의사결정을 통제하는 방안으로 보고 있다(Ingraham et al., 1989).[11] 미국은 민주헌법적인 국가이고(Newbold,

9) 도만 이튼(Dorman Eaton)은 1883년 인사개혁가이고 펜들턴 법의 설계자이다(Rosenbloom, 1993: 3).

10) 대통령 버락 오바마(Barack Obama)는 The Caucus 2009에서, "공무원은 특권이다. 그것은 자신의 이익을 증진 시키는 것이 아니고, 친구나 고객의 이익을 증진시키는 것도 아니고, 어느 조직의 특별한 이익 또는 이상적인 대안을 증진시키는 것이 아니다. 공무원은 단순히, 그리고 절대적으로 전체 미국인의 이익을 증진시켜야 한다"라고 주장했다. 그리고 취임 1호 행정명령으로 정보자유법과 관련된 집행부 내에 투명성 강화와 법의 지배에 초점을 둔 행정명령에 사인했다(Newbold, 2010: 540).

2010; Rosenbloom, 2002; Newland, 1997; Spicer & Terry, 1993), 미국 헌법 정신과 원리는 행정의 사명과 역할을 정의해왔다(Lynn, 2013)고 보고 있다. 미국 건국의 아버지와 헌법원리는 행정의 집권과 분권의 조화를 강조하고(Lynn, 2103), 헌법원리 내에서 공무원의 능력과 재량, 시민요구에의 대응성과 책임성을 강조해왔다는 점에서, 덴하트와 덴하트(Denhardt & Denhardt, 2000)는 행정의 역할이 조정(steering)이 아닌 서비스(serving)라고 강조하고 있다. 이들 학자들의 주장대로라면 행정과 공무원은 시민의 자유의 보편적인 보호와 보장 또는 확장을 목적으로 하고, 행정의 가치는 사회적 형평성, 투명성이며, 공무원의 가치는 대응성, 대표성, 책임성, 법적합성, 그리고 헌법적 역량 강화이다. 이와 같은 학자 · 실무자, 그리고 사법부 주장의 헌법적, 그리고 이론적인 근거를 확인해본다.

2. 미국 행정(공무원)의 역할 근거로서 법과 헌법원리

1) 법에 근거한 집행부와 단순사무 수행자로서 공무원의 대응과 책임성

미국 연방국가에서 최초의 집행부 소속 기관은 1789년 7월 17일 건국의회에서 통과된 "집행부 설치법(Act establishing the executive)"에 의해 설립된 재무부(Treasury), 전쟁부(War), 그리고 외교부(Foreign Affairs)이다. 미 외교부의 최초의 공무원은 2등 서기관(the Second Clerk)이었으며, 2등 서기관을 보좌하는 일부 직원들, 최초의 외무부 장관이었던 제퍼슨(Thomas Jefferson)의 통역업무를 맡았던 통역사와 연락관이다.[12] 1789년 8월 11일에 연방의회를 통과한 미국 정부의 집행부 공무원의 급여를 설정하는 법(Act of establishing the salaries of The Executive officers of government, with their Assistant and Clerks)에는 장관의 급여를 3,500$, 최고 서기관의 급여를 800$, 그리고 나머지 서기관들의 급여를 800$ 이상 초과하지 않는 것으로 규정하고 있다. 그리고 1789년 8월 15일에 외부부에 국내 업무를 더해서 국무부(Department of State)로 명칭을 바꾸고, 외부부에 업무를 부여하는 법인 미국 연방의 법, 기록, 봉인, 그리고 다른 목적을 제공하기 위한 법(Act to provide for the safe-keeping of the Acts, Records,

11) 하이에크는 미국헌법을 '자유의 헌법'이라고 부르는데, 그 이유는 첫째, 자의적인 강제로부터 개인을 보호, 둘째, 국가권력의 제한을 위한 효과적인 수단으로서 연방주의 원칙을 도입, 셋째, 개인의 권리를 보호, 넷째, 사법심사제, 다섯째, 적법 절차(due process)이다.

12) 미국 국무부(US Department of State) 홈페이지에서 인용함.

and Seal of the United States, and for other purposes)이 통과되었다.

워싱턴(George Washington)과 후임 대통령들은 초기 미국 정부의 집행부 소속 공무원들을 상류 계층 가족의 백인 남성 자녀들로 선발했고, 공직은 재산권처럼 상속되기도 했다(Rosenbloom, 1993: 1). 이들의 임명은 장기고용(a long tenure of employment)의 기대 속에 이루어졌고, 연방노동력의 구성이 귀족 정부로서 완곡하게 묘사되어질 수 있었다(Tulli Jr., 1989: 353). 귤릭(L. Gulick)은 이런 인사제도를 정부 내에 세습 엘리트주의라고 기술한다(Gulick, 1990). 1820년 먼로(James Monroe) 대통령 때[13] 공직신분보장법(The Tenure of Office Act)이 제정되었고, 1829년 앤드류 잭슨(Androw Jackson) 대통령은 이 법에 대해 거부권(veto)을 행사했다.

미국 건국 아버지 중에 한 분인 해밀턴은 페더럴리스트(Federalist) #70에 "정부에서 행정업무를 맡는 공무원은 훈련된 전문가이며, 적절한 재직기간의 확보와 충분한 급여를 제공해야 한다"고 주장했다(Stillman Ⅱ, 1982: 8). 매디슨(James Madison)은 공무원(집행부)의 에너지를 강조한 반면에, 해밀턴은 동등한 수준의 안전(safety)의 필요를 강조했다는 점에서 차이가 있으나(Bertelli & Lynn Jr., 2006: 5), 매디슨과 해밀턴, 그리고 그 시대 지도자들은 정부(삼부 포함) 공무원의 시민 대표성과 대응성을 중요시했다는 점에서 공통점이 있다(Rosenbloom, 1993). 존 로어(Rohr, 1986)는 행정국가가 미국 상원과 같은 균형을 잡는 역할을 한다는 것과 하원이 시민에게 제공하는 대표성의 한계에 대한 치료제가 될 수 있다고 보고, 이는 미국 헌법의 원리라고 주장한다.

정부 내에 공무원의 존재와 역할에 대한 근거는 미국 건국 아버지인 매디슨의 페더럴리스트 #10 기고문에서 존재한다(Kohn, 2012). 매디슨은 국민 전체 이익에 적이 될 수 있는 이익집단과는 다른 개념으로 도당(faction)의 존재를 인정했다. 도당을 없애거나 도당의 야심을 제약하기보다는 잘 활용할 수 있는 관리자의 필요성(Kohn, 2012: 683)과 함께, 권력분립의 한계 내에서 재량을 실행할 수 있는 책임 있는 입법부 대리인의 저장소로서 공무원이 필요하고, 공직에 좋은 사람을 채용해야 한다고 주장했다(Bertelli & Lynn, 2006: 2; Cann, 2007: 780). 관료는 "집단적 목적의 의도적인 성취를 위한 수단"으로서 기능하는 입법부의 대리인처럼 행동하야 한다는 것이다(Cann, 2007).

13) 미국 건국의 아버지 중에 한분인 먼로(James Monroe)는 미국 제5대 대통령(1817~1825)이었고, 공직신분보장법을 승인했다. 하지만, 그는 후회했고 한 번도 그 법을 집행하지 않았다. 공직신분보장법은 상원의 승인 없이는 고위공직자를 대통령이 해임할 수 없는 법이었으며, 당시 고위공직이 재산권으로 인정되고 세습도 되었기 때문이라고 한다(Rosenbloom, 1993: 1).

1828년 앤드류 잭슨(Andrew Jackson)이 대통령으로 당선된 이후에, 잭슨은 "신사의 시대(the era of gentleman)"를 마감시키고(Tulli, 1989: 353), 현대 행정학자들에 의해 "엽관제(spoil system)"라 불리어지는 인사개혁을 단행했다. 잭슨은 정부의 자리는 "현직자들을 지원하기 위한 것이 아닌 국민들의 편익을 위해서 창출된다"고 믿었고, 그는 공직에 순환보직을 도입했다(Tulli Jr., 1989: 353). 로젠블룸(Rosenbloom, 1993: 1)은 잭슨의 인사개혁을 잭슨 추종자들의 혁명(Jacksonian' Revolution)이라고 기술한다. 당시의 행정업무는 단순했기 때문에, 보통의 지식인이라면 수행할 수 있었다(White, 1965: 319). 이때도 공직은 백인들로 채워졌다. 로젠블룸(Rosenbloom, 1993)은 1829~1983년까지의 기간을 보통사람의 정부(Government by the Common Man)라고 칭한다.

미국 건국부터 1883년 중앙인사위원회(CSC)가 만들어지기 전까지의 기간에 미국은 개인주의가 지배했으나 점차적으로 집단적 행동에 의한 개인의 자유를 보호하는 방향으로 변화해갔다(Gaus, 1936; Bernstein, 1952; Lynn, 2013). 1862년 노동부 설치법(Morrill Act)이 그러했고, 서부지역의 토지를 서부 정착민들에게 무상으로 분배하기 위한 홈스테드법(Homestead Act)이 그러했다. 즉, 건국 초기부터 1883년까지 정부 행정과 공무원은 헌법원리와 법에 근거를 두고 있고, 시민 대응성과 대표성의 가치를 중시했다. 다음 부분에서 자세하게 기술한다.

2) 공정한 채용 절차를 통해 선발되는 전문직업인으로서 공무원

1883년 가필드(J. A. Garfield) 대통령의 암살은 인사제도의 변화의 필요성에 대한 동인을 제공했다(Tulli, 1989: 353). 1883년에 펜들턴 법(Pendleton Act)이 통과되었다.[14] 이와 같은 인사제도 개혁은 능력을 평가하기 위한 경쟁 시험제도의 도입과 정치적인 이유로 공무원을 해고할 수 없게 되었고, 공정한 법을 집행을 위한 초당적인 위원회(Bipartison Commission: Civil Service Commission)의 설립을 가져왔다(Tulli Jr., 1989: 353).[15] 이 위원회의 출범은 미국 행정의 뿌리이자 정부개혁의 중요한 전환점으로 인

14) 펜들턴 법(civil service reformer)을 설계했던 도만 이튼(Eaton, 1880: 392)은 "정치가 계층의 영향력이 고위직에서 강력해진 것을 보았다 …… 정치가 더욱더 세습적이고 또는 차단된 직업이 되어 가고 있다. 정치가의 높은 자질과 능력은 대중적인 정서를 가진 시민들의 삶으로부터 이탈되고 있었다(Rosenbloom, 1993: 3).

15) 먼로(Monroe, 1985: 34)는 백인 앵글로 색슨(프로테스탄트 개혁가)들이 "미국 특유의 정치적 기계(ethnic political machines)로부터 권력을 비틀어서 뺏는 하나의 수단으로 인사개혁을 활용했다"고 본다: 윤리적 정치적 기계장치란 투표와 자리를 교환하는 기계적인 장치로 해석된다.

용된다(Gulick, 1990: 599).

1887년 윌슨(T. W. Wilson)은 정부(Government: 입법, 집행, 사법 포함)의 "운영에 관한 연구"라는 논문을 발표한다. 정부 운영을 정치인과 구분되지 않는 단순 사무공무원으로부터 전문적인 사무와 기술적인 능력이 있는 전문직업인인 공무원(또는 행정전문가)에게 맡기는 것으로 인해 창출될 수 있는 이점이 "능률(efficiency)"로 보았다. 당시 능률은 정부 운영을 정치인들로부터 뺏어오기 위한 중요한 무기 또는 "권력(power)" 투쟁의 도구이었다(Rosenbloom, 1993a, 1993b). 1912년에 발표된 윌슨의 글에서는 정치적 편의주의(political expediency)라는 표현이 나온다.[16)17)] 귤릭(L. Gulick)은 20세기 초반에 시와 지방정부의 부패문제로 인해서 행정의 진전이 있었다고 기술하고 있다(Gulick, 1990). 1930년대 중반에 프랭클린 루스벨트(F. D. Roosevelt)가 의회에 제출한 운영관리에 관한 대통령위원회 보고서[1937년 브라운로우 위원회(Brownlow Committee)]는 의회의 비능률과 부패문제를 해소하기 위해서, 특히 의회 소의원회의의 권력을 약화시키고 집행부 수반을 강화시키기 위한 필요성에 의한 것이었다(Newbold & Rosenbloom, 2007: 1007). 로젠블룸(Rosenbloom, 1993: 504)은 "1880년대 이후에 공무원 인사제도 개혁, 실적제, 직위분류제, 정치적 중립성, 시 관리제도의 발전, 광역청 소속 연구기관을 통한 예산과 다른 공공부문의 합리화, 초당적인 독립규제위원회와 행정관청에 폭넓은 의존, 그리고 16번째 수정헌법(연방소득세의 부과를 위한 법적 근거마련) 등의 행정의 비정치화는 의회의 정치지도자들로부터 애장품을 빼앗기 위해 의도된 것이었다"고 기술하고 있다. 로젠블룸(Rosenbloom, 1993: 3)은 1883~1906년 시기의 정부를 선에 의한 정부(Government by the Good), 뉴욕광역청 연구소가 설립되고 연구자들이 채용된 1906년을 기점으로 1937년 대통령운영관리위원회(the 1937 President's Committee on Administrative Management: Brownlow Committee)가[18)] 설립된 1937년까지

16) 로젠블룸(Rosenbloom, 1993: 2)은 윌슨이 행정을 "비지니스 분야(a field of business)"라고 주장한 것은 정치로부터 행정을 분리시키고자 하는 권력(power) 투쟁의 산물이고, 당시의 정치지도자들은 정치로부터 행정(또는 집행)의 분리를 반대했으며, "어떻게 비정치적인 행정이 국민에게 반응적이고 대표적일 수 있는지"를 의문시했다고 한다. 윌슨도 공무원 개혁이 비민주적인 아이디어이라는 것을 인정했다(Rohr, 1986: 231). 공무원의 비정치화는 정치적 보스의 애장품을 빼앗기 위해 의도된 것이다.

17) 카를 슈르츠(Carl Schurz: 당시 공무원이자 공무원 개혁가)는 공무원 개혁의 목적은 "우리의 공적인 삶의 정당한 영역에서 한 번 더 능력, 높은 자질, 그리고 진정한 공적인 정신을 회복하는 것이다. 그리고 자존감과 높은 애국적인 열망을 가진 사람들에게 적극적인 정치가 한 번 더 매력적으로 만드는 것이었다"고 기술한다(Schurz, 1893: 614).

18) 브라운로우(Brownlow) 위원회로 대통령의 집행부가 탄생되었고, 브라운로우(Brawnlow) 위원회

를 능률의 정부(Government by the Efficient)라 명명한다.[19)]

여기에서 윌슨의 논문이 발표되었던 시점 전후에 미국 행정을 둘러싼 정치 상황과 공무원 채용 수요의 증가요인을 간략히 살펴볼 필요가 있다. 1835년에 잭슨(Andrew Jackson) 대통령은 해밀턴(Hamilton)방식이라 불리어지는 토지불하방식인 경매입찰을 통해서 토지를 분배하여 미국을 채무 제로상태를 만들었다(Anderson & Hill, 1990: 185). 당시 토지투기자들은 의회의 토지매매 조건과 가격에 대해 연방의회와 협상을 했고, 토지매매와 불법 점유를 방지하기 위해 군대가 동원되었다. 경매방식을 통해서 판매된 대부분의 땅은 토지 브로커들에 의해서 도시에 거주하는 투기적인 목적을 가진 소수의 자산가에게 재판매되었고, 부(당시 토지가 주요 재산형성 수단임)가 집중되는 결과를 초래했다(Anderson & Hill, 1990: 185).

점차 정치가들과 연방의회 의원들은 유상 토지매매방식을 거부하는 미국 서부의 새롭게 개방된 토지에 불법 거주하고 있던 유권자들로부터 점증하는 압력에 직면해있었다. 결과적으로, 농림부가 만들어진 1862년에, 무상으로 토지를 불하하는 홈스테드법(Homestead Act)이[20)] 의회를 통과했다(Anderson & Hill, 1990: 185). 같은 해, 1862년 링컨(A. Lincoln) 대통령이 의회의 농림부 설치법안(Morrill Act)에 사인하면서 농림부가 설립되었다. 농림부 설치법이 통과된 이후부터 농업기술 연구와 보급을 위해 토지공여대학과 종합대학(Land grant College and Universities)이 미국 전역에 설립되기 시작했다. 링컨이 농림부 설립 당시에 부여한 미션은 "모든 미국 사람들의 매일의 삶을 보살피는 것(Touching the lives of every American, every days)"이었다.[21)] 홈스테드법의 후속 입법으로 1873년에 목재조성법(Timber Culture Act),[22)] 1877년에 사막토지법(Desert Land Act),[23)] 1878년에 목재와 석재법(Timber and Stone Act),[24)] 1909년에 확장된 홈스

는 대통령비서조직, 12개의 부(department)와 100개 행정기관(agencies)의 설립을 제안했지만, 우선적으로 공무원인사기관(The Civil Service Administration), 예산청(The Bureau of the Budget), 국가자원위원회(The Natioanl Resources Board)가 대통령 집행부에 귀속 설립되었다(더 자세한 내용은 위키피디아 참조).

19) 현대에는 공공선택, 재창조, 그리고 시장화, 주나 지방정부에 조세나 지출제한의 부과, 분권화, 탈규제, 민영화, 그리고 사용자부과 요금제 등을 주장하는 일명 신공공관리(NPM)와 연결되며, 로젠블룸(Rosenbloom, 1993)은 인기영합주의(populism)라고 표현한다.

20) 사전 불법 거주자들에게 640에이커가 무상으로 제공되는 법.

21) 미국 농림부(US Department of Agriculture) 홈페이지에서 인용함.

22) 토지의 1/4에 나무를 심는다면 160에이커를 더 주는 법. 당시 토지는 풀로만 채워져 있었음.

23) 건조한 땅에 관개시설을 하면 320에이커가 주어지는 법.

24) 경작이 불가능하다고 판단되는 땅을 거주와 광산개발을 위해 에이커당 2.5$에 판매하는 법.

테드법(the enlarged Homestead Act), 1916년에 목장을 위한 홈스테드법(Stock-Raising Homestead Act)이 통과되었다.

앞서 소개된 법에 명시된 토지 소유자가 되기 위한 가장 중요한 자격조건은 서부 미개척지의 험난한 생활을 견디어낼 수 있는 의지이었다. 예를 들면, 최소 5년 동안 분양된 토지에 거주하고, 관개시스템을 자체 개발하고, 건물을 짓고, 나무를 심고, 그리고 불하된 토지의 일정 부분 이상을 개간해야 한다는 것이겠다(Anderson & Hill, 1990: 185).[25]

두 번째 사례는 1927년에 연방통신위원회(Federal Radia Commission)에 의해 만들어진 주파수 규제이다. 이전까지 연방정부는 대기 주파수에 대한 규제를 하지 않았고, 사적으로 운영되던 일정 주파수에 대한 사적 소유를 인정했다. 당시 지방법원은 보통법(Common Law)을 근거로 하여, 사적으로 소유하고 있는 일정 주파수에 대한 초기 소유권을 확인해주고 있었다. 그렇지만, 인접지역에서 동일한 주파수대를 소유하고 있는 다른 통신사업자들이 존재하고 있었기 때문에 통신상에 혼란과 장애가 끊임없이 발생했다. 연방정부는 연방통신위원회(FRC)를 설립하고, 통신 혼란을 막는다는 명목으로 일정 주파수의 초기 소유를 무효화하고, 공통 주파수를 판매・배분하는 등 전파통신시장에 개입하기 시작했다.[26]

이외에도 1902년 석탄 스트라이크를 조정하여, 물가와 산업 분야에 국가가 적극 개입하는 선례를 만들었고, 독점금지법(Sherman Antitrust Act), 철도회사의 리베이트 관행을 금하는 엘킨스 법(Elkins Act), 철도회사 운임을 규제하는 햅번 법(1906), 식육업체를 비롯한 식품재벌의 비리를 막기 위한 육류검사법(Meat Inspect Act) 및 식품의약규제법, 산림보호를 위한 산림법, 그리고 노동자보호법이 제정되었다(신용일, 2019: 132).

미국 연방의회에서 만들어진 각종 규제 및 육성법들은 집행부 조직의 신・증설로 이어졌고, 자연스럽게 공무원 증원을 가져왔다. 1905년 뉴욕시청 시장과 뉴욕광역청 연구

25) 1930년대 사회심리학자 에드워드 손다이크(Edward Thorndike)에 의한 고통의 크기에 관한 설문조사에서, 그는 윗니를 뽑는 것이 4,500$, 새끼발가락이 잘리는 것이 57,000$이라면, 캔자스(Kansas)에서 남은 생을 보내는 것은 300,000$이라는 조사결과를 얻을 수 있었다(Sandel, 2009: 47). 이 설문조사결과는 토지를 무상으로 불하받는 사람들이 감내해야 하는 서부 험난한 농촌지역에서 사는 고통이 상당히 크고, 법에서 명시하고 있는 토지무상불하조건이 합리적인 것임을 판단할 수 있는 근거를 제공해준다. 하지만, 맥체스니(McChesney, 2003: 240)는 이런 조건들을 부과하고 있는 법이 특정한 압력집단의 압력에 굴복해서, 국가가 토지를 비능률적으로 분배한 대표적인 사례로 소개하고 있다.

26) 맥체스니(McChesney, 2003: 250)는 이 사례도 정부가 시장에 임의적으로 개입해서, 비능률적으로 재산권을 파괴했던 사례 중에 하나로 꼽고 있다.

소의 연구인력 등 소수의 기술적인 역량을 갖춘 행정전문가들이 전업으로 근무하기 시작했고, 그것이 전문적인 행정 분석의 시초로 귤릭(Gulick, 1990: 600)은 보고 있다. 이후 10년 이내에 90개의 시에서 전문가를 채용했고, 조직, 기획, 예산, 인사, 조달, 세무, 학교행정, 보건, 표준화, 회계, 홍보(PR), 그리고 비용편익분석 전문가들이 채용되었다(Gulick, 1990: 600).

해밀턴과 같이, 왈도(D. Waldo)는 "정말로 민주적인 정부는 능률적인 정부이다. 그것은 대중의 요구에 민감하다. 반대로, 정말로 능률적인 정부는 민주적이다. 그것은 그것이 대표하는 사람들의 진정한 필요를 관리한다"[27]고 보고 있다(Waldo, 1948: 134).

3) 초당적으로 정치적인 판단을 하는 공무원(정치와 행정의 일원론)

로젠블룸(Rosenbloom, 1993: 504)은 정설적인 정치와 행정 이분법 패러다임은 이론적으로 1940년대에 사이먼(Simon, 1947), 로버트 달(Dahl, 1947), 왈도(Wlado, 1948), 그리고 애플비(Applbey, 1949) 등 행정학자들에 의해 산산히 부서졌지만(Gulick, 1990), 이분법은 현재까지도 유령처럼 행정적 사고에 남아 있다고 주장한다. 그는 능률정부가 확장적인 대통령 또는 주지사의 권한강화를 선호하는 사람들이 지지를 얻는 데 도움이 되기 때문(Rosenbloom, 1993: 504)이라고 보고 있다.

사이먼(Simon, 1947)은 행정과학(자연과학과 같은 의미의 과학)이 되기 위해서는 첫째, 규범적 가치가 명확히 되어야 하고, 둘째, 행정의 영역 내에 인간의 본성이 더 잘 이해되어야 하고, 셋째, 국가경계와 특별한 역사적 경험을 초월하는 원리와 일반화를 발견하는 것이 가능할 수 있는 비교연구가 존재해야 한다고 주장한다(Simon, 1947: 200). 그(1947)는 행정은 순수과학이 아닌 응용과학이고, 인간과 관련된 문제, 즉 주권과 대표성의 문제를 무시할 수 없다고 보고 있다. 그리고 한 발 더 나아가서, 그(1985)는 "보조적인 원리의 도움 없이 과학의 원리로는 정치적 현상에 대한 타당한 예측력을 거의 확보할 수 없다"고 보고 있다. 사이먼(Simon, 1985)은 행정을 관리적인 관점만이 아닌, '정치적'이라는 것을 인정하고 있다.

1930년대 집행부 중심의 연방행정의 제도적 기초는 1939년 입법부 재조직법의 제정

27) 능률성과 민주성의 관계는 상충관계인 것처럼 보이지만, 업무처리 권한이 지방자치단체나 일선 현장 직원에게 이양(분권화)된 경우에 행정업무처리 속도는 빨라지고, 고객인 시민의 요구에 효율적으로 대응할 수 있다면 민주성과 능률성은 조화관계가 된다. 미국 행정조직을 유기체적으로 보는 이유는 업무처리 권한이 지방에, 현장에 있기 때문이다. 지방자치를 풀뿌리 민주주의(grass roots democracy)라고 명명하는 이유이기도 하다.

과 대통령실의 신설에 의해서 설립되었다. 그리고 1946년 미국 연방의회는 지금의 연방 행정 역할의 제도적, 그리고 법률적 기초를 마련했다. 이때 마련되어진 근본적이고 헌법적인 수입(대륙법으로부터의 수입으로 봄)인 네 가지 법률은 행정절차법(The Administrative Procedure Act: 입법권의 행정부로의 위임),[28] 입법부 재조직법(The Legislative Reorganizational Act: 미국 의회에 상임위원회를 둘 수 있는 재원을 제공하는 법, 현대적인 소관 상임위원회 또는 하위위원회를 통한 일상감사를 가능하게 하는 법),[29] 불법행위책임법(The Tort Claims Act: 공무원 개인의 불법행위에 대해서 공무원을 고용하고 있는 기관이 책임지게 하는 법), 그리고 고용법(The Employment Act: 연방정부에 고용·생산 촉진, 그리고 구매력을 부여하는 법)이다. 이때부터 사실상 정치·행정은 일원화되었다(Rosenbloom, 1993a: 504-505).

로젠블룸(Rosenbloom, 1993)은 "의회에서 집행부에 입법권을 부여한 근본적인 이유로 의회가 시민의 의견을 적절히 반영할 수 있는 입법이 불가능하다고 판단했기 때문"이라고 본다. 또한 그(1993)는 행정절차법이 제정된 이후에, "의원들은 지역유권자들과 접촉할 수 있는 시간이 늘어나게 되어(미시관리: Micromanagement) 재선될 가능성이 높아졌다"고 보고 있다. 로젠블룸(Rosenbloom, 1993)은 1937년부터 1955년까지를 전문행정가에 의한 정부(Government by Administrators)로 명명한다.[30]

1930년대 시라큐스 대학에서 행정학을 전공한 모셔(Mosher, 1992)는 프레데릭슨(H. G. Frederickson)에게 보낸 서신에서, 1930년대 중반에 시라큐스의 행정학과 학도들은 "경제성과 능률성은 우리의 목표로 찬송되지 않았으며, 신행정학과 같이 숭고한 목표를

28) 행정절차법(U.S. House 1946.2201.5764)은 행정관청에 위임된 입법권의 사용 권한을 부여하고 있다. 의회의 명확한 의도는 "법규형성자, 검사, 배심원, 그리고 자신 소관의 법률에 관해 판사가 되는 공무원이 민주적·헌법적 가치를 이행하는 것을 확보하는 것이었다(Rosenbloom, 2002: 644). 행정절차법은 다음 세 가지 원칙을 천명했다. 첫째, 법률제정은 영향받는 사람들의 관점에 개방적, 참여적, 그리고 민감해야 한다. 둘째, 판단과 법의 집행은 기본적인 절차적 적법 절차의 규범에 의해 통제되어야만 한다. 셋째, 행정의사결정, 조직, 그리고 운영은 공적 감시에 더욱 개방적이어야 한다(Rosenbloom, 2002: 644).

29) 입법부 재조직법은 국회가 집행부 기관을 상시 감독할 수 있도록 재원 마련 근거를 제공해 준 법이다(Rosenbloom, 2002: 644). 입법부 감독의 목적은 행정재량에 의해 법의 지배가 손상되는 것을 방지하는 데 있다. 이 법은 집행부 각 기관을 의회의 위원회가 감독이 가능할 수 있도록 병렬적으로 재조직하는 것이 목적이었다(Rosenbloom, 2002: 645).

30) 1946년 행정절차법이 마련되기 이후에 의원들은 법률제정과 집행 감독에 더 적은 시간을 쓰고, 더 많은 시간을 지역사업(casework)과 예산 나누어 먹기(pork-barrel)에 쓰게 되었다(Fiorina, 1977). 관료들은 더욱더 많은 규제를 만들고, 더 많은 돈을 배분하고 있다. 더욱더 적은 의원들이 선거 패배로 고생하게 되었다(Fiorina, 1977).

가진 거의 종교 같았다. 그리고 우리는 인류의 복지를 위한 사도(예수님 12제자)들 같았다"(Mosher, 1992: 201)고 기술하고 있다는 점에서 당시의 정부와 행정의 역할에 대한 행정학도들의 인식을 이해할 수 있다. 애플비(Applbey, 1947)는 행정은 시민의 존엄(the dignity), 가치(the worth), 그리고 잠재성(the potential)을 키워주는 것이라고 주장한다. 그리고 테네시계곡청장이었던 고든(Gordon, 1948)은 "행정은 민주사회가 더욱 완전하게 실현될 수 있도록 하는 공적 도구"라고 정의하고, "행정 그 자체는 사람을 위한 정의, 자유, 그리고 더 충분한 경제적인 기회보장의 개념과 관련이 있다는 것을 의미한다"고 주장하고 있다.

(1) 미국 대통령과 행정관청에 입법 발의 권한 부여와 의원입법의 사적입법화

행정절차법이 통과된 이후에 집행부는 입법부에 입법을 제안(initiative)할 수 있는 권한을 갖게 되었다. 이는 연방 상・하원 의원들만이 전유물이던 입법 제안(initiative) 권한을 대통령과 행정 각부에 부여한 것을 의미한다(Lowi et al., 2008: 133).[31] 로위 외(Lowi et al., 2008: 159)는 "미연방헌법 Ⅱ조 제3항(Article Ⅱ Section 3)을 근거로, 헌법에 명확하지는 않지만 대통령이 의회에 연방국가에 관한 정보와 함께, 대통령이 필요하고 편리할 것으로 판단하는 정책수단에 대한 의회의 관심・검토를 권고할 수 있는 권한이 있다"고 주장하고 있다. 대통령과 행정관청이 의회에 입법을 제안할 수 있으며, 이 제안을 받아서 소관 상임위원회 소위원회에서 만들어지는 법안을 공공 입법안(public bills)이라고 칭한다.

대통령과 행정관청과는 달리 미국 연방 상・하원 의원들은 사적 법안을 의회에 제출할 수 있다.[32] 사적 법안(private bills)은 국민 전체가 아닌 일정 지역의 "개인, 기업, 그리고 특정한 단체의 구제를 위해서(in the relief of)" 만들어지는 법안을 의미한다(the

31) 우리나라는 행정입법안(public bills)이 국무회의를 거쳐서 의회로 넘어가지만, 미국은 대통령과 행정 각부가 입법발의를 하고 소위원회에서 의해 의회입법안(public bills & private bills로 구분됨)이 만들어진다는 점에서 차이가 있다. 그렇지만, 실제로 연방 하원 의원들이 입법안 자체를 행정 각부의 공무원들에게 요구하는 경우가 많기 때문에, 운영상의 차이가 없다는 것이 미국에서 공부한 몇몇 공무원들의 의견이다.

32) 케틀버러(Kettleborough, 1918)는 1917년 연방 특별회기에 통과된 사적 법안으로, 콜롬비아 주의 삼각협력 IOOF(the Independent Order of Odd Fellows in the District of Columbia), 항해 가능한 강에 다리, 수문, 그리고 댐 건설을 허가하는 법, 항구의 개선, 육상수송, 입국심사시설 건립, 특정 공공건물의 비용한도를 증가시키는 것, 대포의 기부, 그리고 국무장관이 리오 그란데 간척 프로젝트(the Rio Grande reclamation project)에 배수장치의 촉진을 위해 공공기금을 쓸 수 있도록 허용하는 법을 소개하고 있다.

Harvard Law Review Association, 1966). 사적 법안은 사적 관계자의 구제를 위한 법안, 연금을 수여하는 법, 그리고 강과 항구의 조사를 위한 법안 등과 관련된 모든 법안을 포함한다(Berdahl, 1937; the HLRA, 1966). 사적 법안에 상대되는 개념으로 공공 법안(public bills)이 존재하며, 공공 법안에 속하는 법은 모든 시민을 대상으로 하는 도로교통법 등등과 함께, 일부시민을 보호대상으로 하는 장애인특별법, 저소득층, 아동, 그리고 여성을 보호하기 위한 법 등등이다.

미국 연방의회에 1881년부터 1997년까지 발의된 법안을 지역구, 주 단위, 그리고 전국 단위로 분류하여 갬과 코우셔(Gamm & Kousser, 2010: 152)가 입법안을 분석한 결과를 살펴보면, 지역유권자와 관련된 지역구 법안(district Bills)이 초기 10% 이상을 꾸준하게 유지되고 있고, 주 단위(general local government)를 대상으로 하는 법안은 20% 중반에서 한 자리 숫자 중반인 7%대로 떨어졌으며, 전국 단위(state wide)를 대상으로 하는 법안이 초기 60%에서 80%로 상승했음을 확인할 수 있다. 지역구 또는 주 단위 입법안이 40%대를 유지하던 1970년대 초반까지 미국 정부(입법, 집행, 사법 포함)의 시민 신뢰가 60%대이었다(Keele, 2007), 미국 상·하원 의원들의 재선비율은 95%이다(Lowi et al., 2008).

(2) 법 집행에서 집행부와 입법부의 권한 혼재, 관료의 대응성과 대표성

1937년 운영과 관리에 관한 대통령위원회(Brownlow Committee)는 집행부에 행정사무에 관한 능률적이고, 경제적, 그리고 효과적인 관리 책임을 부여하기를 주장하였고(Rosenbloom, 1993), 위원회 보고서는 과학적 원리를 적용하여, 정책과 운영의 날카로운 분리를 주장하였다(Rohr, 1986: 137). 이것이 행정의 정체성의 위기를 가져오게 한 것이다. 존 로어(Rohr, 1986: 139)는 "그 위원회의 관점은 헌법적인 흠결이 있다"고 주장한다. 또한 "그 원리의 중심에 대통령을 최고 집행부 공무원(chief executive officer)에서 유일한 집행부 책임자(sole executive officer)로[33] 변형시키는 근본적인 오류가 있다"고 주장한다(Rosenbloom, 1993). 모셔(Mosher, 1976: 133)는 "우리는 국회가 집행보류가 가능한 예산을 편성했을 때, 그 예산에 대한 지출관리의 책임은 유일하게 집행부에 있고, 있어야만 한다"고, 그 위원회 위원들의 주장을 인용하고 있다. 하지만, 1946년 행정절차법이 통과된 이후에, 미국 연방의회는 재조직법에 근거해서 소관 집행부를

33) 『한국행정학용어사전』에 적절한 표현이 없어, 임의로 사용한 용어임.

감독·통제할 수 있는 현재와 같은 상임위원회와 소위원회를 만들었다. 이때부터 의원들은 미시관리(micromanagement)에 치중할 수 있게 되었다. 미시관리는 행정적 정책 결정과 집행의 입법적 통제를 위한 도구일 수 있다(Mayer, 1993). 연방의회의 소위원회와 상임위원회는 공무원들이 집행하는 정책프로그램의 효과성 검증을 요구할 수 있으며, 프로그램의 폐지시킬 수 있다(Lowi et al., 2008: 213; 장영수, 2015). 하지만, 정책프로그램 폐지를 통해서 없어진 행정기관은 아주 소수이다. 의회에 연구보고서를 제공했던 기술평가청과 연방정부 기관 사이에 관계에 관한 자문위원회가 그 예이다(Lowi et al., 2008: 208).

행정의 입법적인 관점에서는 정치·행정은 이원적으로 구분되지 않고 서로 묶여져 있다. 행정은 이익화된 대중과 입법가에 반응적이어야만 하는 정치과정이다(Rosenbloom, 1993). 왈도(Waldo, 1948)가 명확히 언급한 것과 같이, 행정이론은 '정치이론'이고, 행정적 처방은 정치적 처방이다(Wildavsky, 1966). 결론적으로, 입법부와 관료는 정치적, 그리고 제도적 의미에서 통합되는 경향이 있다(Seidmaa, 1970; Ripley & Franklin, 1976; Arnold, 1976). 1972년 연방자문위원회법(The Federal Advisory Commettee Act)은 이익집단 대표의 참여를 제도화했다. 로젠블룸(Rosenbloom, 1983, 1993)은 "미국 행정은 관리과정이 아닌 정치과정이기 때문에, 행정은 반응성, 대표성, 그리고 외적 책임성의 가치에 의해 인도된다"고 주장한다.

4) 경제성과 결과를 우선하는 신공공관리(NPM)와 국가성과관리(NPR)

신공공관리는 정설적인 행정학(또는 초기 관리주의 행정학)의 경제성과 능률성의 가치를 이어받았다고 주장한다(Rosenbloom, 1993). 피오트로우스키와 로젠블룸(Piotrowski & Rosenbloom, 2002)은 신공공관리의 정신이 국가성과관리(National Performance Reviews)에 잘 드러나 있다고 보고 있다. 피오트로우스키와 로젠블룸(Piotrowski & Rosenbloom, 2002), 그리고 로젠블룸과 오리어리(Rosenbloom & O'Leary, 1997)는 당시 부통령이었던 앨 고어(Al Gore)에 의해서 주도된 국가성과관리 계획(1993~1998)에서 행정절차를 간소화시키고, 공무원들에게 무분별하게 권한을 위임하여 재량권을 확대시켜준 것이, 민주적·헌법적 가치인 과정이나 규칙, 그리고 적법 절차의 준수보다는 결과나 성과만을 중시하는 운영적 공리주의(administrative utilitarianism)라고 본다.

피오트로우스키와 로젠블룸(Piotrowski & Rosenbloom, 2002)은 국가성과관리(NPR)가 정부의사결정에 관여하는 정치인과 공무원 개인을 악(惡, evil)하게 취급하는 매디슨주의자들(Madisonian) 관점이 아닌 루소주의자들(Rousseauan) 관점에서 선(善, good)하게 바라보지만, 미국 헌법은 매디슨주의자들(Madisonian) 관점에서 만들어졌고 권력분립의 원칙에 의해서 견제가 될 수 있어야 하며, 정부 행정이 투명성을 확보할 수 있도록 정보자유법에 따라 문서화되고 투명하게 공개되어야 한다는 것을 강조한다. 그들(2002: 648)은 정부의 결정에 대해서 의회의 적절한 견제나 통제가 되지 않는다면, 최대다수의 최대 선(사회적 정의)을 대가로 소수자 이익이 침해되는 것(개인적 정의의 침해)을 막을 수 없을 것이라고 주장한다. 그들(2002: 648)은 또한 미국 법무부 본부 건물에 "법이 끝나는 곳에 전제정치(tyranny)가 시작한다"(Warren, 1996: 365)는 문구가 새겨져 있다는 것을, 그리고 미 대법원이 "기준 없는 구속되지 않는 재량은 악[*Delaware v. Prouse*, 440 U.S. 648,661(1979)]이라고 언급했다"는 것을 인용하고 있다.[34]

미국 부통령이었던 고어(Gore, 1995)는 국가성과관리(NPR) 세 번째 보고서인『더 적은 비용으로 더 잘 일하는 일반 상식정부(*Common Sense Government: Works Better and Cost Less*)』를 발간했다. 그 보고서의 핵심내용으로는 비즈니스와 같은 정부를 만드는 것이고, 규칙이 아닌 결과에 집중하고, 낡은 규칙과 규정을 없애고 문서작업을 줄이고, 비즈니스에서 벤치마킹하고 고객지향성이 될 것을 주문하고 있다. 이 보고서에서는 불필요한 프로그램을 과감하게 제거할 것을, 더 작고, 더 빠르고, 더 적은 비용으로 움직이는 정부를 주문했으며, 더욱더 민간과 파트너관계가 되고 공공기관을 민영화(privatization)할[35] 것을 주문하고 있다(Gore, 1995: 1-164).

실제로 1996년 미국 연방의회는 대통령에게 지출항목거부권을 행사할 수 있는 권한을 부여하였고, 연방 상·하원에서 2/3 이상의 표결로 재의결하지 않는다면 의회에서 통과된 특정한 지출항목에 대해서 거부권을 행사할 권한을 갖게 되었다(Lowi et al., 2008: 159). 클린턴(Bill Clinton) 대통령은 1997년에 의회에서 통과된 연방예산 82개 항목에 대해서 11차례 지출항목거부권을 행사했다(Lowi et al., 2008). 그렇지만, 1998년에 대법원은 지출항목거부권(the line-item veto)이 헌법에 위반된다고 판결했다[Clinton v. City of New York, 524 U.S. 417(1998)]. 헌법 수정을 통해서만 대통령의 지출항목거부

34) 스티글리츠(Stiglitz, 2000: 17)는 외부의 비평이나 충고에 귀를 막고 있을 때 똑똑한 사람들이 어리석은 짓을 할 가능성이 많아진다. 내가 정부에서 배운 것이 한 가지 있다면 전문성이 가장 중요해 보이는 영역에서 개방성이 가장 필수적이라는 점이다(G. 팰러스트 외, 2004).

35) Privatization은 사유화 또는 민영화로 번역되며, 영국 수상이었던 대처(M. Thatcher)의 관리혁명은 '국가의 경계를 원상 복구(roll-back)', '행정규모의 감축', '공공지출의 감축', '관료구조의 효율화' 등과 같은 목표를 달성하기 위해 민영화에 초점을 부여했다(김정렬·장지호, 2019: 23).

권이 부활될 수 있게 된 것이다(Lowi et al., 2008: 159).[36)37)]

1970년대 카터(Jimmy Carter) 대통령 때부터 시작된 관료제 때리기는 경제성과 능률성의 가치를 내세워 분권화, 민영화, 정부업무 외부위탁, 공공시설의 수익자 부담요금제로의 전환, 그리고 관료의 자의적인 해고로 이어졌다. 밀워드와 프로븐(Milward & Proven, 1993)은 미국 정부가 사회문제 해결을 할 수 있는 역량이 없는 텅빈 정부(the Hollow State)가 되었다고 주장한다. 루이스(Lewis, 1991)는 1977년부터 1988년 사이에 연방 공무원 급여예산이 연방 예산의 14.5%에서 10.1%로 줄었고, 민간과의 급여 격차가 1978년 3%에서 1990년 25%로 증가했다는 분석결과를 제시한다. 이와 같은 민간과의 급여 격차는 젊은 대학교육을 받은 사람들의 10년 이상 동안 이직률 상승(20~30대 10% 이상)으로 이어졌고, 장기적으로 공공부문 노동력의 질 하락을 가져와 공공부문의 업무처리 능력상 문제가 될 수 있다고 보고 있다(Lewis, 1991: 154).[38)]

5) 민주헌법 국가원리의 재탐구: 행정, 그리고 공무원의 정체성 확립

(1) 행정의 근간이고 정당성인 헌법원리

1970년대 초부터 있었던 카터(Jimmy Carter)와 레이건(Ronald Reagan)의 관료제 때리기(bashing)는 행정공동체 내부에 엄청난 학문적인 결과물이 창출되게 만드는 원인이었고, 이들 연구결과물은 두 가지 방향에서 산출되었다(Spicer & Terry, 1993).[39)] 연

36) 당시 대법관인 케네디(Anthony M. Kennedy)는 위헌판결이유로 “정치적 의지의 실패가 비헌법적인 치료제를 정당화시킬 수 없을 것이다(Failure of political will does not justify unconstitutional remedies)”라고 하였다(Washinton Post, 1998.6.26. 기사 참조).

37) 1978년 공무원인사개혁법(Civil Service Reform Act) 제정 이전에, 대통령은 인사기능에 더 많은 관여를 하고 싶다고 이야기했고, OPM이 이 요구에 대해서 답해줄 것을 요청했다고 한다. 그때 즉각적으로 국회는 실적시스템 보호위원회를 만들었다고 한다(Cayer, 1986: 33). 이 사례는 공무원 인사정책의 설계와 집행에 정치가 직접적으로 영향을 미친다는 것을 보여주고 있다(Tulli, 1989: 355).

38) 하지만, GS 13 이상 고위직의 백인 남성 비율이 90%에서 72%로 떨어지고 여성과 소수자의 비율이 증가했다는 분석결과를 제시하고 있다(Lewis, 1991: 154). 하지만, 백인 남성 고위직 비율의 하락은 1978년 만들어진 평등인사를 위한 연방표준인사지침의 영향일 수 있다.

39) 케네디 대통령은 쿠바에 특수부대를 보내 쿠바 대통령을 암살하려 했지만 실패했다. 최악의 외교실패이었고 쿠바가 공산화에 결정적인 기여를 했다. 닉슨 행정부는 월남전 파병에 대한 반대를 하는 시민단체와 흑인을 정보조작을 통해서 탄압했다[닉슨 행정부 정책보좌관 인리치먼(Enrlichman)의 2016.4. Harper Magazine 인터뷰 기사]. 레이건 정부 시기에는 이란에 고위관료가 무기판매를 했다(Iran-Contra). 대통령들은 의회의 조사・자료제출 요구가 있을 때, 대통령의 특권을 내세워서, 자료제출을 거부해왔다. 대법원은 특권을 인정하지 않았지만[United States v. Nixon(1974)] 유지되고 있다(Lowi et al., 2008: 158). 그렇지만, 공무원들은 정부의 정책의 문제에 대한 내부고

구결과물의 한 줄기는 반관료제 연합의 공세에 정부 관료제를 보호하기 위한 노력의 산물이었다(Farazmand, 1989; Rourke, 1987). 이들 연구결과물은 행정기관에 대한 공격의 역효과를 부각시킨 것이었다(Wildavski, 1988; Wolf, 1987; Rosen, 1986). 보즈먼(Bozeman, 2002)은 시장에 의한 공공가치의 공급 실패상황을 자세하게 기술하고 있다. 다른 하나의 연구결과물은 행정 헌법학파 학자들로 미국 공화국의 정신적 근간에 행정을 연결시키는 것으로, 현대 행정국가에 헌법적인 정당성을 부여하려는 노력이다(Rohr, 1986; Wamsley et al., 1990; Cook, 1992).

후자 헌법학파들은 건국헌법원리와 법의 지배에서 행정의 정체성 내지 근간을 찾고 있다. 행정관리주의를 주창했던 화이트(White, 1926)는 『행정학연구 소개(*An Introduction to the Study of Public Administration*)』에서 "행정의 연구는 법의 기초보다는 관리의 기초로부터 출발해야 한다. 그리고 법정에서의 결정보다는 미국 관리학회의 연구물(affairs)에 열중해야 한다"고 강조하여, 법으로부터 관리를 끄집어내려 노력하였다. 크리스텐센(Christensen, 2009)은 이것이 미국 행정에서 관리주의 전통으로 확립되었다고 기술한다. 하지만, 화이트(White, 1965)는 "법이 과업을 정의하고, 행정의 주요 골격을 세우고, 행정에 자금을 공급하고, 규칙 또는 절차를 정립하는 것 등등에서, 행정이 운영하는 틀을 제공한다. …… 그러므로 법규는 행정가의 주요 고려사항이고, 법률 자문가의 역할이 중요하다. …… 행정은 법에 구체화되고, 그리고 행정의 연구는 법령과 함께 있을 것이다"고 기술하고 있다(Storing, 1965).

또한 커윈(Kirwin, 1977: 322)은 윌슨(Wilson, 1887)의 논문에서 "정치로부터 행정의 독립 주장은 대중의 의지의 효과적이고, 경제적인 집행을 위한 필요에서 정치적으로 중립적이고, 기술적으로 전문가의 필요성에 때문이었다"고 기술하고 있다. 하지만, 그(1977)는 윌슨(Wilson, 1887)이 자신의 논문에서 행정의 기능을 "섬세하고 체계적인 공법의 집행으로 보았다"(Christensen, 2009: 605)고 주장하고 있다.

미국 건국정신에서 행정의 정체성을 찾은 미국 최초의 행정학자는 스토링(Storing, 1962)이다. 스토링(H. J. Storing)은 행정 연구와 실무를 국가운영기술(statecraft)로 보았고, 행정 정체성 위기의 프레임을 변화시켰다. 또한 스토링은 행정적 실무의 중요한 부분으로서 사법적인 판단을 회복시켰고, 이 관점에서 관료가 엄청나게 중요하다는 것을 보여주었다(Schaefer et al., 2010).

발을 하고 있다.

스토링(Storing, 1981: 1-6)은 연방주의자들과 반연방주의자들 모두가 정부의 목적이 "개인의 권리 보호"라는 점에서는 동의했지만, 개인권리 보호방법에서는 의견이 불일치했다고 보고 있다. 연방주의자들은 대중 선거로 인한 다수의 전제정치와 어리석음에 대한 보호 수단으로 역량을 갖춘 행정 능력이 필요하다는 것을, 반연방주의자들은 대중선거로 선출된 공직자들이 시민 개인 권리를 보호·확장할 수 있도록 지역적인 조건을 제공해주는 대가로 자신의 이익을 확장하는 지배엘리트가 되지 않도록 하는 보호장치가 필요하다는 것을 생각했다(Storing, 1981: 1-6). 스토링은 민주적 정부의 건강과 생존에 부정적인 영향을 주는 네 가지 잘 짜여진 근원을 확인했다. 그 네 가지는 다수의 전제와 어리석음, 공화국 덕의 상실, 정부공무원에 의한 권력의 남용, 그리고 비효과적이고 비능률적인 행정(Schachter et al., 2010: 623)이었다.

뉴랜드(Newland, 1997: iii), 로젠블룸(Rosenbloom, 1993a, 1993b), 그리고 린(Lynn, 2013)은 미국에서 양당제의 확립과 양당 사이에 이념 대결로 인해 절대 타협하지 않음으로 인해서 발생하는 지지부진한 사회문제 해결과 정부 신뢰의 저하 문제를 지적한다.[40] 리와 로젠블룸(Lee & Rosembloom, 2005)은 양당의 이념 대결이 미국 건국 초기에 타협 가능했던 개인주의와 민주주의 대결과는 다른, 계약주의와 공리주의의 대결로 보고 있다.

뉴랜드(Newland, 1997)를 포함하는 미국 행정학자들은 "민주헌법주의 원리는 행정의 토대이고, 미국 정부 행정은 정치시스템이 작동 가능하도록 지원하는 데 성공해왔지만, 정부 보조금과 계약의 증가(아웃소싱 계약)가 정치적인 연합(정치와 이해관계집단 사이에 연합을 의미함)을 강화시키고, 양당적인 행정(정부)의 지배로 인해서 행정이 직업전문주의(사회적 통합이라는 이상에 충실한 전문직업관료)에서 기술적인 엽관(표를 어떻게 하면 얻을 수 있을지 생각하는 정치관료)으로 변화되었다"는 점을 지적한다. 그들은 양당적인 지배로부터 벗어나 미국 행정을 안정시키는 것이 민주적 헌법정신이라는 점을 강조한다(Newland, 1997: ii). 페더럴리스트(Federalist) 기고문 전체를 통해서, 푸블리우스(Publius)는 선한 정부는 선한 행정에 의존한다고 보았다(Newbold, 2011). 미국 건국정신에서 행정 분야는 행정국가를 강화하기 위한 기초였다는 점을 강조하고

40) 킬(Keele, 2007: 246)이 Stimons 분석기법에 의해서 도출된 미국 정부에 대한 시민들의 신뢰가 1973년 닉슨 행정부 워터게이트사건 시기에 37%대로 떨어졌고, 1993년부터 35% 이하로 떨어졌다는 분석결과를 제시한다. 린(Lynn, 2013: 45)은 정부와 정치제도에 대한 국민의 신뢰가 지난 10년 간 쇠퇴했으며, 2010년 중간선거 전에 가장 낮은 수치에 도달했다고 주장한다.

있다(Newbold, 2011: S47).

미국은 헌법에 공무원의 신분보장 조항이 존재하지 않는다. 그렇지만, 미국 연방대법원은 판결을 통해서, 공무원의 신분보장을 헌법적인 권리로 인정하고 있다(Rosenbloom, 1975). 민영화와 아웃소싱으로 인한 공무원 해고, 그리고 정책 취약성에 대한 내부고발에 대해서 미국 대법원이 미국 공무원의 신분보장을 특권이 아닌 권리로 인식하기 시작한 것이다.[41][42]

미국 헌법원리와 정신에 대해서 간략하게 정리하여 소개하면 다음과 같다. 헌법설계에서의 매디슨(James Madison)의 핵심적인 사고를 왈도(D. Waldo)는 우리 전체 정치체제에서 유일하고 단일한 형태의 정부가 있고, 그것은 선임 자문관리자(council-manager) 형태의 정부(Lynn, 2013)라고 보았기 때문에, 일인 독재 또는 단일 지배연합 체제를 거부한다. 그런 연유로 건국 초기에 대통령의 존재에 대해 건국 의회 의원들 사이에 가장 논란이 많았다(Lynn, 2013). 매디슨은 공유되고 중복된 권력을 의도했고, 뉴스타트(Neustadt)는 분리된 정부이나 공유된 권력이라 칭한다(Lynn. 2013). 여기에 미국 특유의 반국가지상주의 이념(anti-statist ideology)이 투영되어 있다(Lynn, 2013: 613). 또한 매디슨은 도당(faction)의 영향에 관심을 가졌으며, 도당을 없애는 것은 바람직하거나 실현 가능성이 있다고 보지 않았고, 적절히 통제하는 것이 필요하다고 보았다. 도당의 통제를 위해서는 시민, 유권자, 대표자의 역할이 중요하다고 보았다(Rosenbloom, 2011). 여기에서 도당(faction)이란 공동체의 영속적이고 총체적인 이익을, 그리고 다른 시민의 권리를 침해할 수 있는 공동의 이익과 충동을 가진 다수 또는 소수의 집단을 의미한다(Carey & McCllan, 2001: 43).

린(Lynn, 2013)은 주권자인 시민들이 각자가 역량을 발휘할 수 있는 힘을 갖추게 하는 것이 정부(공무원)의 역할이며, 미국이 경제우기에서 굳건할 수 있는 원동력이며,

---

41) 로젠블룸(Rosenbloom, 1971: 160-64)은 *Federal Service and the Constitution*이라는 자신의 책에서 적법 절차 없이 해고된 사유로 다음을 소개하고 있다. 뉴욕 타임즈(the New York Times)의 정기구독자라는, 인종평등주의를 선호한다는, 톰 페인(Tom Pains)을 읽는다는 등등, 그리고 위 사례의 어느 하나의 행동을 하는 사람과 친하게 지낸다는 이유로 해고하였다. 필자는 1960년대 말~1970년대 초 미국에 흑백차별과 반전운동 탄압이 있었고, New York Times가 닉슨 행정부 문건폭로로 대법원에서 재판까지 진행하고 있었던 점을 고려하면 미국에서 실제 발생했던 일들(Piotrowski & Rosenbloom, 2002: 644 참조)이라고 본다.

42) 이명박 서울시장 재임기간과 정부 초반에 행정부에서 무능력자를 재훈련시키고 무능력자들 공직에서 퇴출시키겠다고 언론에 발표했다. 서울시인재원과 국가공무원인재개발원에서는 (가칭)성과부진자역량개발과정이 운영되었다. 이것은 전형적인 공무원 때리기(bashing)이었다.

매디슨이 만들고자 했던 국가의 모습이라고 보고 있다. 특출한 어느 한 개인의 리더십이 아닌 국민 각자의 역량(잠재적 역량)에 의해서, 움직여지는 국가가 되기를 희망했다(Lynn, 2013: 613). 그렇기 때문에 매디슨은 Federalist #51에서, "정의는 정부의 목적이고, 시민 사회의 목적이다. …(중략)… 더 강한 사람들조차도, 자신들의 조건의 불확실성 하에서, 자신들 스스로 만큼 약자를 보호할 수 있는 정부에 굴복하게 된다"고 주장했다(Lynn, 2013: 621). 애덤 스미스(Adam Smith)도 "전체 사회의 안전을 위협하는 재산권이 있는 소수의 천부적 자유의 실행을 모든 정부의 법에 의해 제약해야만 한다"고 강조했다(Cassiday, 2009).

리와 로젠블룸(Lee & Rosenbloom, 2005)은 "행정의 정설적인 관리주의 관점과 함께, 정치적·법적인 관점이 모두 계약주의에 기반한다"고 보고 있다. 크라우추크(Kravchuk, 1992)는 이 세 가지 다른 경로가 바버(Barber, 1984)가 세분화한 자유주의의 속성 때문이라고 보고 있다. 바버(Barber, 1984)는 자유주의의 속성으로 무정부주의자(anarchist), 현실주의자(realist), 그리고 최소주의자(minimalist)를 제시한다.[43] 행정의 헌법주의는

표 4-1 현대 미국 행정이론의 세 가지 지배적인 접근법의 특징

구분	정통 관리주의 관점	행정의 정치적 관점	법률적 접근
건국정신	Hamiltonian–Wilson–White–Goodnow	Madisonian–Waldo–Rosenbloom–Rohr	
정치와 행정의 관계	정치·행정이원론	정치·행정일원론	정치·행정일원론
지배적인 가치	사회적 능률, 도구적 합리성	대표성, 반응성, 책임성	절차적 적법 절차, 개별적·실체적 권리, 형평성
사회적 행동의 지배적 수단	합리적-도구적	합의와 타협	상반된 입장의 청취(대면적)
의사결정과정	합리적-포괄적	점증적: Muddling Through	선례 내지는 판례
구조적 배열	이상주의적 관료제	정치적 다원주의	구조화된 판결(선고)
인지과정	매출원가로서 직원, 사례로서 고객	이익집단 일원으로서 정치적 평등	유일하지만 동등한 사람의 책임과 권리에 도덕적 탐색

출처: Rosenbloom(1983)의 표를 Kravchuk(1992: 375)가 인용한 것을 재편집한 것임.

43) 무정부주의는 자유방임주의 시기이고, 최소주의는 정설적인 관리주의 행정 시기이고, 1970년대 이후에 빈부 격차 심화와 사회 계층 고착화에 따른 사회문제 증가, 그리고 사회문제 해결을 위한 협동생산 방식의 정부-시민 또는 시민단체 사이에 협력적인 문제 해결(거버넌스 또는 네트워크 방식의 연대를 통한 문제 해결).

현실주의 관점이다(Newland, 1997).

로젠블룸(Rosenbloom, 1983, 1989)은 행정의 정설적인 관리이론의 몰락 이후에 행정이론의 발전은 〈표 4-1〉과 같이 세 가지 경로로 진전되어 왔다고 주장한다. 로젠블룸(D. H. Rosenbloom)과 크라우추크(R. S. Kravschuk)는 세 가지 자유주의 속성의 충돌로 인해서, 논리적으로 적절한 행정이론 모델을 제시하는 것이 쉽지 않다는 것을 강조하고, 공무원이 세 가지 가치를 존중하는 범위 내에서 유연하게 대처할 것을 주문하고 있다.

크리스텐센(Christensen, 2009: 605)은 행정의 법적, 정치적, 그리고 법적 접근에서 행정가들이 겪고 있는 어려움은 두 가지로 요약될 수 있다고 보고 있다. 첫째는 무법(law-less) 행정의 원인이 되고 있는 법령과 규칙이 행정가에게 능률적이고 효과적인 직무수행을 추구하는 것을 어렵게 하고 있다는 것이다. 둘째는 정치, 법, 그리고 관리 등 복수의, 그리고 갈등하는 제약요인 하에서 행정을 이론화(그리고 실행)하는 인지적인 어려움(Rosenbloom, 1983)이 있을 수 있다는 것이다(Christensen, 2009: 605).

(2) 헌법원리 실천을 위한 조직 내적인 요소들[44]

잉그레이엄 외(Ingraham et al., 1989)는 신행정학(NPA)이 시민의 요구에 대응성을 강화할 수 있도록 연방, 주, 그리고 지방정부 조직 내에 계층적 권위의 과감한 축소를 통한 분권화를 주장하고 있다. 그들(1989)은 미국 내 정부 조직에서 공무원 노조결성과 활동을 인정하는 연합주의를 주장하고, 조직 내 의사결정에 광범위하게 참여할 수 있는 분위기가 조성되고 있다고 주장한다. 그들(1989)은 미국 뉴욕주 대법원은 1943년에 공무원 노조가 헌법의 원리에 부합하지 않는다고 선고하였지만, 법원 판결과는 정반대로 공무원 노조의 숫자를 지속적으로 증가되었다고 기술하고 있다. 공무원 조직 내에서 노사협상 주제로 급여문제보다는 조직 내 권위(authority)에 관한 문제가 테이블에 많이 올라왔다고 보고 있다. 잉그레이엄(Ingraham et al., 1989)은 시민요구의 대응성을 강화하기 위한 방안으로 다양한 소수집단으로부터 공직에 참여를 보장하는 대표관료제와 함께, 이들 대표공무원들의 의사결정에의 적극적인 참여 보장을 주장하고, 적극적인 참여에 따른 혼란을 통제하는 수단이 헌법이라고 보고 있다.

그들(1989)은 정무직 공무원과의 관계에서 경력직 공무원들은 헌법의 정신이나 원리

---

44) 잉그레이엄 외(Ingraham et al., 1989)의 논문 내용을 요약한 것임.

를 위반하는 선출직 공무원의 명령에 불복종할 권리가 있다는 것이 법원이 판결을 통해서 확립되었으며, 이것이 미노브룩 컨퍼런스 Ⅰ(Minnowbrook Conference Ⅰ)의 정신이라고 기술하고 있다. 비헌법적인 명령에 불복종할 권리와 내부고발할 권리는 1988년에 의회에서 통과된 내부고발법(the Whistle-blower Protection Bill, S.2488)에 의해 보호를 받는다.45) 또한 법원은 공무원 노조가 정부정책에 대한 허약함을 국민에게 알리는 것을 정보자유법에 근거해서 보호해주고 있다. 경력직 공무원이 선출된 공무원에게 충성하는 것이 아니라는 것을 분명히 하고 있는 법률과 법원의 판단이다.46) 한국 헌재도 이 점에 대해서는 동일한 입장이다.

레이너 외(Rayner et al., 2012)는 직업전문주의에서 관리주의로 대체(예: 공공부문 인력의 구조 조정, 공무원 개인별로 할당되는 업무량의 증가, 그리고 성과평가제도 도입 등으로 공무원들이 평가대상이 되는 일에만 집중)됨에 따라, 바너드(Barnard, 1938)가 조직성과의 주요 구성요소 중에 하나로 본 조직시민행동(선한 의지, 자발성, 시민의 덕, 자발적 창안과 개인의 혁신, 그리고 내부고발 등등)이 조직에서 사라지게 만들었다고 주장하고 있다. 다수의 학자들은 조직시민행동은 장기적으로 조직의 성과에 정(+)적인 영향을 미친다고 보고 있다(Daniel et al., 2006; Grojean et al., 2006).

(3) 행정에 대한 적절한 연구방법과 정책 효과성 측정기법의 위기

행정의 법적, 정치적, 그리고 법적인 특성을 고려할 때, 적절한 행정연구방법으로 개별 기술적 방법론(Idiographic method) 내지는 해석적 방법이 더 바람직하다고 볼 수 있다. 베버(Weber, 1965)와 왈도(Waldo, 1968)는 행정연구가 자연과학이 아닌 문화과학임을 이미 간파하고, 개별 기술적 방법론이 더 적절하다고 보았다(Parsons, 1965: 172; 남궁근, 2018: 49). 반 와트(van Wart, 1998)는 『공공부문의 변화하는 가치』라는 책에서 소개하고 있는 합리성의 유형 중에 이성화된 선택 합리성(reasoned choice rationality)과 프로세스에 대해서 소개하고 있는데, 이는 현 정부에서 주요 개별 정책을 만들어내는 과정이다.

2011년 미국 행정학회 정기학술대회에서 책임과 성과를 위한 행정학회 회원들이 특

45) 우리나라는 부패방지와 국민권익위원회설치에 관한 법에 내부고발제도가 있다.

46) 헌재(헌재 1992.11.12., 91헌가2, 4. 724)는 "모든 공무원은 어느 특정 정당이나 특정 상급자를 위하여 충성하는 것이 아니고, 국민 전체에 대한 공복으로서 법에 따라 그 소임을 다할 수 있게 되는 것으로서, 이는 당해 공무원의 권리나 이익의 보호에 그치지 않고 국가통치 차원에서의 정치적 안정의 유지에 기여할 수 있다"고 판시했다(이종수, 2012: 105).

별 세션을 만들어 하루 종일 토론하였으며, 모임에 참여한 국내·외 학자들은 정책설계와 평가에서 정책효과성 측정에 대한 관심도가 높아지고 있다는 점에 동의했다(Hall, 2012). 하지만, 홀(Hall, 2012: 212)은 "참여자들이 효과성 측정 위기가 예방적 또는 대응적 활동을 선행해야 한다는 정부, 은행, 규제자의 인식을 막았다"라고 말하였고, 그리고 "참여자들은 거버넌스를 위한 성과측정이 무엇을 의미하는지 이해하기 힘들었다"고 기술하고 있다. 그(2012)는 "효과성 측정에 대한 요구에 상응하는 적절한 측정수단이 존재하지 않는다는 것이 행정 효과성 문제의 핵심"이라는 것에 대한 인식을 공유했다고 기술하고 있다. 행정 현상에 대한 정확한 분석드구가 없다는 점은 니쿠치(Niccucci, 2010)도 동의한다. 다만, 홀(Hall, 2012)은 앞에 소가한 행정학회 특별 세션에서 미국 금융위기가 있었던 2008년도에 미국 두 지방행정기관에 대한 비용편익분석(cost-benefit analsys) 적용사례 발표가 있었다고 소개하고 있다. 그는 "그 세션에 참여한 연구자들은 경제위기의 시기에 한하여, 정책 편익 측정에 중점을 두는 비용편익분석이 유용할 수 있다는 점을 공감했다"(Hall, 2012: 488)고 기술하고 있다. 국가의 위기상황에서 대통령에게 긴급명령권이 주어지고 이때에는 결과위주의 공리주의적 관점이 우선될 수 있다(Lowi et al., 2008: 152).

3. 논의 쟁점 정리

이상의 연구를 통해서, 미국 정부 행정과 공무원의 가치는 첫 번째, 미국 건국헌법의 원리와 정신, 그리고 정부조직법에 근원을 두고 있다는 점과 함께, 행정제도와 역할 변화는 순수 관리적인 관점이 아닌 정치적인 결정에 의해 이루어지고 있다는 점을 확인할 수 있었다. 신공공관리(NPM)나 국가성과관리 계획(NPR) 자체도 행정조직 내에서 경제성과 효율성 가치를 추구했기 때문에 이루어진 변화가 아니었으며, 선출직 공무원인 정치인들의 요구인 정치적 영향의 산물이라는 것을 확인할 수 있었다. 앤드류 잭슨(Andrew Jackson) 대통령의 엽관제 인사개혁, 가필드(James A. Garfield) 대통령 암살 이후에 실적제 인사개혁, 시어도어 루스벨트(T. Roosevelt) 대통령의 행정의 전문성의 강화, 카터(Jimmey Carter)와 레이건(Ronald Reagan), 그리고 클린턴(Bill Cliton) 행정부로 이어지는 신공공관리 등등 모든 행정개혁이 정치적 영향의 산물이라는 점이다(Rosenbloom, 1993a, 1993b 참조). 특히, 신공공관리에서 주장하는 행정의 관리주의의 가장 큰 문제점은 무법 행정이고, 연방·주·지방 행정의 일인 독재를 정당화시키는 것에 있다.

두 번째는 미국 정부 행정이 추구하는 가치는 신공공관리가 주장하는 경제성 가치를 제외하고는, 미국 건국 시점부터 사회적 형평이었다는 점이다. 미국 헌법 전문, 매디슨(James Madison)의 페더럴리스트 51번(Federalist #51)에서의 정부의 목적으로 정의와 사회적 약자 보호, 1930년대 모셔(F. C. Mosher) 등 다양한 학자와 실무자의 행정의 역할로 균등한 기회보장, 1968년 미노브룩 컨퍼런스 Ⅰ(Minnowbrook Conference Ⅰ)에서의 사회적 형평(social equity) 가치의 채택과 지속적인 유지 등에서 확인할 수 있었다(Gooden & Portillo, 2011). 행정 조직 운영의 가치로 경제성과 능률성은 중시될 수 있지만, 이들 가치가 목적가치가 될 수 없다(van Wart, 1998; Rosenbloom, 1993). 로젠블룸과 오리어리(Rosenbloom & O'Leary, 1997)은 이것을 헌법적 계약주의와 공리주의로, 베르틸리와 린(Bertilli & Lynn, 2006)은 개인적 정의(individual justice)와 사회적 정의(social justice)로 대비해서 비교하고 있다.

미국 정부 운영인 행정과 공무원은 헌법적 계약주의와 개인적 정의를 실현해야 한다. 이는 개인주의(individualism), 연방주의(federalism)와 가치다원주의(pluralism) 등을 사상적인 기초로 하는 미국 건국 헌법원리이자 건국 아버지들의 사상이다(Lynn, 2013; Rosenbloom, 2011; Madison의 페더럴리스트 10.1번 기고문; 해밀턴의 페더럴리스트 72번 기고문 참조). 스파이서와 테리(Spicer & Terry, 1993: 242)에 의하면, “합리적인 개인들은 헌법을 만들어서 소수자에게 비용을 떠넘기고 수익을 얻으려 하는 다수 연합이 정부를 이용하는 것을 헌법을 통해서 막을 수 있고, 헌법이 민주적으로 선출된 공무원의 재량의 한계를 부여할 수 있다”고 주장한다.

세 번째는 공무원이 추구해야 할 가치는 헌법과 법이 정해준 역할 범위 내에서, 대응성, 대표성, 책임성, 그리고 법적합성과 헌법적인 역량이다. 공무원의 시민요구 대응성을 강화하기 위해서는 연방정부(삼부 포함), 주, 지방정부 사이에(Lynn, 2013), 대통령과 집행부 사이에(Rohr & O'Leary, 1989), 정부 조직 내, 그리고 각급 정부와 시민단체에 권위의 수평화와 함께(Lynn, 2013; Piotrowski & Rosenbloom, 2002; Rohr & O'Leary, 1989; Peters & Pierre, 1998), 정책결정에의 참여의 활성화가 요구되며, 정부 권위의 수평화를 위한 방안으로 협동생산(coproduction)과 공무원 노동조합의 인정과 활동의 활성화가 필요하다(Peters & Pierre, 1998; Ingraham et al., 1989; Brudney & England, 1983; Whitaker, 1980; Rosenbloom, 1975).

베버(Max Weber)가 본 유럽의 조직구조는 기계적(mechanistic organization structure)

이다. 최고의사결정자의 지시를 능률적으로 전달하는 상의하달식 의사결정 체계라고 볼 수 있다. 이에 비해서, 미국 헌법이 요구하는 조직구조는 유기적(organic)이다. 하의상달식이고 중간관리자의 역할이 중요하고, 의사결정 권한이 지방정부에, 그리고 일선

표 4-2 미국 행정이론의 변천과 행정이론별 세부 내용

쟁점	유형	Anarch State	행정국가시대	민주헌법주의	신공공관리, NPR
1	시기	건국 초~19세기 말	1930~1960년대 초반	1970년 이후~현재	1970~2008년
	지배가치	개인주의/사회심리적 능률성	사회적 효율성/도구적 능률성	사회적 형평성/민주헌법주의	경제성, 능률성
		민주성과 능률성 사이에 조화 가능			상충관계
	조직	완전 유기체적인 조직	다층적 계층제/집권과 분권의 조화	조직 내 분권화, 수평적 조직/참여	독임제/기계적인 조직
		유기체적 구조/자치분권–집권화–분권과 집권의 조화와 균형			
	역할	자유방임주의	사회문제 해결을 위한 한정적인 영역에서 적극개입/최소주의	Gov–Governance 현실주의적 접근, 개입 영역의 다양화	최소개입/탈규제/민영화
	지배구조	소수 백인 유산자 지배	진보–보수의 조화 (집단지배)		일인 또는 지배연합
	인간	집단적인 덕과 이기심의 조화 가능성			탐욕추구
	관점	유일한 주권자로서 시민 개인에 대한 봉사, 헌법과 법에 근거를 둔다는 점에서 계약주의/개인적 정의 (미국 헌법원리와의 조화 가능성)			운영적 공리주의/사회적 정의 (헌법원리 위반)
2	행정가치	공정성과 규모의 경제성(능률성) 추구: 시민 평등에서 불평등사회로 전환기 [산업화/도시화, 대규모자본(big business), 독과점 등장 등]		사회적 형평성 지향 (사회적 계층/독과점 고착화)	소수 엘리트와 독점 자본가의 연합 형성
3	공무원가치	정치인 또는 예속/단순사무직	전문직업인 (과학행정)/행정 분리	요구분석전문가/조정과 협상·설득 전문가	경제성과 능률 추구의 관리전문가 (법치원리 위반)
		시민 대응성, 대표성, 책임성, 법적합성, 헌법역량(투명성 등)			
		주인–신탁인(trustee)/헌법과 법의 위임 범위 내에서 재량권			주인–대리인
	의사결정	하의상달식(시민요구의 대응성)/일선 현장으로의 권한이양			상의 하달식/조직상층부
기타	결과/문제점	사회의 정체성/기존 사회체제 유지	대통령을 유일한 집행부 리더로 만듦/경직성	헌법/권력 분립을 통한 특정 도당 지배 억제	지배 권력의 무제약성/자유침해 (이념 대결, 전쟁 등)
		행정(학) 또는 정부 운영의 정체성과 고유 영역 인정			정체성 없음

현장에 있는 조직구조이다. 이 경우에만 민주성과 능률성이 조화를 이룬다. 주권자인 시민요구의 대응성이 강한 조직이 된다. 이런 조직만이 공무원의 전문적인 능력이 존중받는다. 전문 능력을 갖춘 공무원들은 시민요구 파악 및 대응을 위한 다양한 질적·양적 분석기법이 요구된다(Riccucci, 2010; Waldo, 1968; Simon, 1985).

이상에서 기술된 내용을 〈표 4-2〉와 [그림 4-1]로 정리해볼 수 있다. [그림 4-1]에서 보는 것처럼, 대통령과 행정의 권한강화가 사회적 합의에 의해서 이루어지고, 국가조직의 역할로 사회형평성 강화되는 형태인 2사분면(민주사회), 시민참여가 활성화되는 1사분면(협동사회), 그리고 정부 조직의 권한이 없고 시민들이 공동체를 이루어 자율규칙으로 지배하는 사회형태인 3사분면(자유주의 최소정부사회)은 미국 헌법원리에 부합하고 합헌이다. 그렇지만, 소수 지배연합에 의해 지배되고, 법률과 절차의 대폭적인 축소로 인해 민주적인 통제가 불가능하고(Osbone & Gaebler, 1992; Piotrowski & Rosenbloom, 2002), 수직적인 능률성이 지배되는 사회는 미국 헌법원리에 위반된다. 그러므로 신공공관리(NPM)와 신성과관리(NPR)는 일인 또는 지배체제 연합을 인정하고, 행정업무의 민주적인 통제(투명성을 약화시켜)를 불가능하게 하고, 계약주의보다는 결과주의라는 점에서 미국 헌법원리 위반 내지 침해가 된다.

제3절 결론 및 한국 정부 행정과 행정학 교육에 시사점

린(Lynn, 2013: 44)은 미국 연방정부 행정의 사명이 헌법 전문에 규정되어 있다고 본다. 헌법 전문의 내용은 다음과 같다. "우리들 미합중국 국민은 더욱 완전한 연합(union)을 형성하고 정의를 건설하고, 국내 안녕을 확보하고 공동방위에 대비하고 공공복리(the general welfare)를 증진시키고, 우리들과 우리들의 자손에게 자유와 축복을 확보하기 위하여 이 미합중국 헌법을 제정한다"(한국헌법학회, 2013: 37). 여기서 정의는 공리주의의 사회 총체적인 정의가 아닌 민주주의에서 개인의 자유가 보편적으로 보장되는 정의이다. 매디슨(James Madison)이 페더럴리스트 51호(Federalist #51)에 언급한 사회적 약자를 보호하는 것이 그것이다. 미국 뉴욕주 주지사 시절 실적에 따른 전문적인 공무원을 채용하고 공무원 수 증가와 역할 확대에 큰 기여를 한 시어도어 루스벨트(T. Roosevelt) 대통령은 공무원들에게 "당신이 얼마나 관심을 갖고 있는지 알기 전까

그림 4-1 미국 헌법민주주의로서 행정의 역할 변천

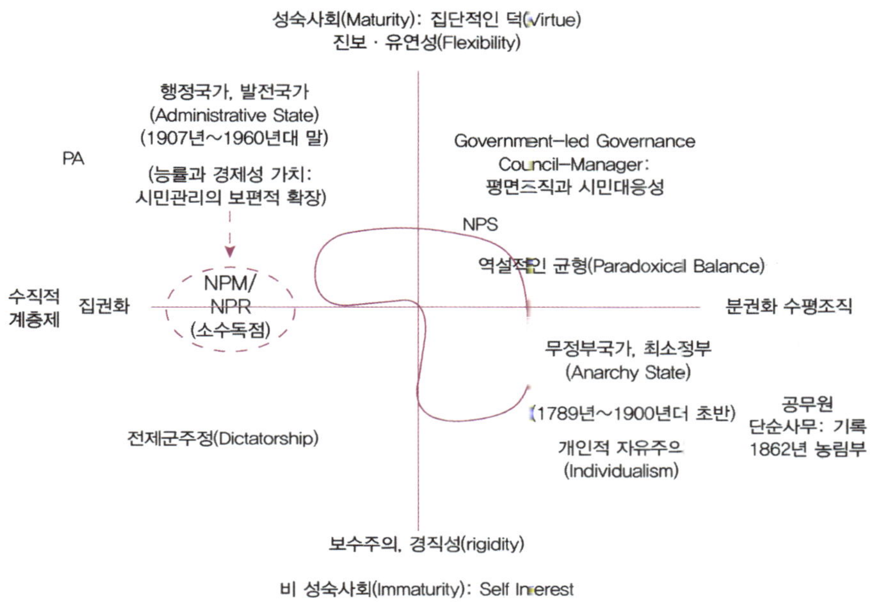

지는 아무도 당신이 얼마나 알고 있는지 신경쓰지 않는다(Nobody cares how much you know until they know how much you care)"라는 메시지를 남겼고, 현재 미국 고위공무원 교육기관인 FEI(Federal Executive Institute)의 기관 사명(mission)으로 사용되고 있다.

건국헌법 설계자인 매디슨의 정신이 지금 미국 행정학자들에게 재조명되고 있는 것은 미국의 건국정신이 현실에서 실현되고 않고, 미국 헌정체계의 위기로 인식되기 때문일 것이다. 특히, 100년 이상 양당이 이념 대결을 벌이고 있고, 양보와 타협하지 않는 양당이 각각 지배하는 분점정부로 인해 사회문제 해결이 지연되고 있다는 문제가 있다(Lynn, 2013; Newland, 1997; Rosenbloom, 1993). 미국 헌법이 평등권을 명시하고 있고, 정부가 적극적 평등을 실현하려고 노력하고 있지만, 1970년대까지 흑백 차별은 심각했고, 아직도 인종 간의 차별인식 관련 갈등문제는 해결되지 않고 있다. 미국 지배정치인과 지배연합 세력들이 헌법 정신을 위반할 때마다, 연방이나 주 · 지방공무원은 각종 전쟁 참전으로 인한 국가적 손실, 정책의 취약점, 그리고 사회적 약자의 인권 침해에 대한 내부고발을 했고[Harley v. Schuykill county(1979). Ingraham et al., 1989], 법원은 공무원과 공무원 노조의 권리를 보호해주는 방향으로 기존 판결을 변경해왔다(Piotrowski & Rosenbloom, 2002). 미국 의회는 1988년 공무원의 내부고발을 보호해주는 내부고발법(The Whistle-blower Protection bill. S.2488)을 통과시켰다. 위헌적인 명령에 불복종할 공무원의 권리는 미노브룩 컨퍼런스 Ⅰ(Minnowbrook Conference Ⅰ)의 정신이며, 미국 학자(정치, 행정, 사회 등)들은 공무원들이 헌법적인 가치를 준수하며 중립성을 지킬 때, 미국 정부의 안정이 보장될 수 있다고 보고 있다.

미국 행정(학)에 대한 연구가 한국 정부 행정(학)에 주는 시사점은 다음과 같다. 우선적으로, 권위주의시대의 관리주의적 행정의식의 청산이다. 우리는 권위주의시대에 반자유주의이고 반민주주의적인 정치체제를 경험했다(최상용, 1984; 한배호, 1989). 박정희 정권 시기 전 국민이 암기했던 국민교육헌장은 공리주의 의식이다. 헌법에는 명확하게 자유주의를 토대로 하는 민주공화국으로 명시하고 있지만(헌법 제1조, 헌법 제4조 참조), 현실 정치에서 민주주의나 자유주의를 온전히 체험해본 경험이 한 번도 없었다. 아직도 정부 내에 의사결정에서는 권위주의의 의식이나 관행이 잔존한다. 대통령실과 집행부 사이에 관계, 의회와 집행부 사이에 관계, 각 기관 내 정무직과 경력직 공무원 사이에 관계, 고위직과 하위직 사이에 관계가 그러하다.

미국 행정학자들은 선출직에 경력직 공무원이 충성하는 관계가 아니라고 보고 있다(Lynn, 2013; Newbold, 2010; Piotrowski & Rosenbloom, 2002). 우리 헌재도 경력직 공무원이 "특정한 상급자나 정당에 충성하는 관계가 아니고 법에 따라 그 소임을 다할 수 있게 하는 것"이라고 판시하고 있다(헌재 1992.11.12., 91헌가2, 4. 724. 이종수, 2012). 미국 연방의회(U.S. House 1946, 5659)는 1946년 정부에 입법권을 위임할 때, 공무원은 민주적 · 헌법적 가치를 준수하는 법률제정자, 검사, 배심원, 그리고 소관 법률에 대한 판사가 된다(Piotrowski & Rosenbloom, 2002: 604)는 것을 명확히 했다. 정부기관에서 특정 업무담당 공무원은 담당 업무 수행에 대한 업무처리 권한에 상응하는 법적 책임을 동시에 지는 것이고, 선출직 공무원과 경력직 중간관리자는 공직에서 유일한 관리자 형태로 왈도(Waldo, 1948)가 언급한 선임 자문관리자(council manager) 역할을 맡는 것이다(Lynn, 2013). 일반 민간조직의 구성원과 공공조직의 공무원은 업무처리 권한이나 법적 책임도 다르고, 업무수행 중에 공리주의가 아닌 계약주의, 사회적 정의가 아닌 개인적 정의를 추구해야 한다는 점에서 큰 차이가 있다.

한국 정치 · 행정제도적인 측면에서 첫 번째 제언은 대통령실 우위가 아닌 삼부가 견제·균형을 확립하는 것이다. 또한 의회가 제정한 법을 집행하는 집행부와 함께, 대통령실, 의회, 그리고 사법부가 집행부를 통제·감독하는 제대로 된 민주주의 시스템을 구축·구현해야 한다(Rosenbloom et al., 2018; Lynn, 2013; Rohr & O'Leary, 1989 참조). 특히, 대한민국의 정책투명성이 세계 115위[2016년 현재, 세계경제포럼(WEF) 조사결과]이라는 점에서, 대통령 일인지배의 정치체제는 민주헌법적 가치에 정면으로 위배된다. 일인지배체제는 상시 지배연합이 형성될 위험성을 갖고 있다.

한국은 대통령과 집행부를 묶어 단일한 집행부로 인식하는 국민과 정치인, 공무원들의 의식이 존재한다. 헌법도 제66조 제6항에 행정권은 대통령을 수반으로 하는 정부에 속한다고 명시하고 있다. 제헌헌법에서 이승만 대통령과 추종세력이 만들어 놓은 권위적인 대통령제(정종섭, 2010: 210; 권영성, 2002: 735 이하 참조). 그리고 박정희 권위주의 정부의 의사결정 시스템과 의식이 민주화된 이후에도 그대로 잔존하고 있다. 민주화 이전 이승만, 박정희, 그리고 전두환 정부까지 의회는 단지 통법부 기능을 했던 것이 사실이다(권영성, 2002: 739). 김영삼·이명박 정부 시기에 민간기업에 대한 벤치마킹도 기업경영의 고객지향성과 효율성 측면만이 아닌 한국 기업 특유의 권위주의 문화를 이식해오는 역할을 했다. 자유를 기반으로 하는 민주주의는 일인지배나 소수연합에 의한 지배를 거부한다(Spicer & Terry, 1993; Newland, 1997). 미국 건국의회에서 대통령의 존재 자체가 가장 논란이 되었다(Lynn, 2013; Lowi et al., 2008: 152). 우리도 제헌헌법 제정과정에서도 대통령 중심의 통치제도 부분에 대해 가장 논란이 많았다.

현재, 미국 행정학계에서는 대통령의 실질적인 권한이 무엇인가에 대한 논의가 있다(Rohr & O'Leary, 1989; Rosenbloom et al., 2018). 우리 헌법은 제65조에 대통령 탄핵소추사유로 법률 위반을 명시하고 있고, 대통령이 행정부의 수반이기는 하지만, 행정 각부의 직무 범위를 의회가 정해주기 때문에, 통상적인 행정업무에서는 의회가 정한 재량권의 범위 내에서만 대통령이 권한을 행사한다고 볼 수 있다. 다만, 헌법은 통일문제에 관해서만 대통령에게 신탁을 부여하고 있다. 대통령이 상당히 많은 분야에서 실질적인 권한을 갖는 것은 전제군주와 다르지 않고, 퇴임 후에도 불행해질 가능성이 높아진다. 로어와 오리어리(Rohr & O'leary, 1989)는 미국 대통령의 역할을 집사(clerkship)와 리더십(leadership)이라고 본다. 대통령의 역할, 대통령과 행정부 사이에 관계에 대한 보다 체계적인 연구가 필요하다.

두 번째는 경력직 공무원의 전문 능력과 윤리의식 함양이다. 한국 공무원은 헌법 제7조에 신분보장을 명시하고 있기 때문이다. 경력직 공무원으로 입직하면 보통 30년 이상 근무를 하게 되는데, 제대로 된 재훈련을 받는 기회는 소수에게만 한정된다. 환경의 변화의 복잡성과 불확실성, 급변성이 높아지는 현대에 거의 30년 간 동일한 지식과 인식수준을 유지하며 공직생활을 하고 있는 공무원들이 많이 있다.

각급 행정기관에서 재직자 교육훈련프로그램을 제공하고 있고, 대학에 위탁교육을 실시하고 있지만 공직과 공무원업무스타일에 부합하는 특화된 교육프로그램을 제공하고 있는 곳은 많지 않다. 그래서 제안하고 싶은 하나는 한국행정학회와 대학 소속 행정학과가 주도해서, 영·미권과 EU 국가가 현재 추진하고 있는 행정서비스 아카데미(PSA), 중간관리직위의 공직에 지원할 공직후보자들과 현 재직자들을 의무 교육대상으로 하는 행정 스쿨의 확대·신설이 필요하다. 행정서비스 아카데미(PSA)와 행정스쿨(school) 과정은 공직에 입문할 예비 공직 후보자들과 예비관리자들이 공직 수행에 필요한 현장 실무 지식과 기법, 헌법과 행정법 등 제도 설계 역량, 시민요구 파악을 위한 다양한 분석기법 체득, 관리자로서 조직과 예산관리 기법, 정치경제이론, 그리고 공직윤리 교과목을 제공해야 한다.

둘은 행정학회와는 분리되는 독립 NGO 단체로서 공무원 교육프로그램을 개발·인증하여 행정아카데미와 스쿨, 그리고 공무원 교육기관에 보급할 수 있는 비영리·공익기관 설립이 필요하다. 이 독립 NGO 단체는 공무원교육훈련과 관련된 지식과 스킬을 공유하고, 적절한 강사를 파견하는 역할을 할 수 있다. 또한 KOICA와 함께, 이 단체는 해외 저개발국가에 표준화된 행정제도와 교육프로그램을 보급하는 역할을 맡을 수 있다. 또한 이 단체는 대학의 행정학 교육의 현실적합성을 향상시킬 수 있을 것이다. 미국은 1970년부터 행정과 행정사무 스쿨네트워크(NSAPAA)라는 단체를 설립해 상기한 과업을 수행해오고 있다.

세 번째는 행정실무전문컨설팅 기관의 설립이다. 한국에 행정연구원과 지방행정연구원이 설립·유지되고 있지만, 현재 한국에는 고위직으로 행정실무와 이론을 오랫동안 연구·집행해온 분들의 경험과 지식을 정부기관이나 학생들에게 전수할 수 있는 제도적인 기반이 없다. 미국의 경우에는 1967년부터 국립행정아카데미(NAPA)라는 전문컨설팅 기관이 있어 780명의 전직 고위공직자와 원로 교수들을 고위자문위원으로 두고, 연방·주·지방정부기관에 자문을 제공하고, 협약이 맺어진 대학 행정아카데미와 스쿨에 강사를 파견하고 있다.

네 번째는 경력직 공무원의 실질적인 신분보장을 강화하여, 정치적 중립성을 유지하고 국민 전체에게 봉사할 수 있도록 하는 것이다. 선출직 공무원이 일정 직급 이하의 공무원 인사에 제도적으로 개입할 수 없도록 하는 제도적 장치가 필요하다. 제12장에서 공정하고 평등한 인사관리기법을 소개하고 있는데, 단체장이 인사에 개입할 수 없게 만드는 한 방법이다.

헌재는 경력직 공무원이 선출직 공무원에게 충성하는 것이 아니라고 판시하고, 부패방지 및 국민권익위원회 설치에 관한 법률에도 위헌과 불법적인 지시를 따르지 않도록 명시하고 있지만, 현실에서는 그 윤리규정이 준수되기는 어렵다고 본다. 내부고발을 한 공무원은 면직은 당하지는 않겠지만 단체장이 직을 유지하는 한에 있어서는 한직을 면할 수 없고 승진도 불가능한 것이 현실이다. 현재 지방자치단체장에 당선되면, 12년까지 단체장직을 유지하는 곳이 있다는 점, 그리고 퇴임 후에 지역유지로 활동한다는 점을 고려한다면 현직 공무원이 내부고발하는 것은 어렵다. 양심상의 이유로 공직에서 중도 퇴직한 공무원이 생계유지할 수 있는 수단이 없다는 것도 문제이다. 계급정년이 아닌 일반직 퇴직 공무원들은 일정 연령까지 연금을 수급할 수 없기 때문에, 중도 퇴직하면 생계에 지장을 초래한다.

공직자 윤리법상 이해충돌 조항으로 인해 퇴직 공무원이 취업금지 되는 기관의 적용범위가 지나치게 광범위하고, 기간도 3년으로 길다 공직의 경험을 전수할 수 있고, 그 경험을 기반으로 다시 공직에 중요한 일을 할 수 있는 기회가 보장되어야 한다. 헌법은 직업선택의 자유를 보장하고 있고, 미국은 헌법원리 위반을 이유로 이해충돌방지 행위를 규제할 뿐, 재취업에 대한 어떤 제약을 두고 있지 않다. 다만, 퇴직자가 이해충돌행위를 했을 경우에 강력한 처벌규정을 두고 있다.

공무원을 양성하고, 정부업무를 컨설팅하고 평가·통제하는 행정학자들은 헌법원리나 정신을 실천할 의무가 있다. 미국 행정학회는 자체 행동강령(Code of Conducts)을 가지고 있다(van Wart, 1988). 미국 행정학회 행동강령에는 헌법 준수가 명시되어 있다. 한국 행정의 미션은 한국 헌법 전문에 명시되어 있다. 행정과 공무원이 실현해야 할 미션이기도 하다. 헌재는 설립 초기부터 헌법 전문의 규범적 성격과 효력을 적극적으로 인정하는 태도를 보였다(장영수, 2013: 41).

현재 민원현장에서 악성민원이 존재하고 있는 것이 사실이다(신용일, 2019b). 악성민원이 발생되는 원인으로 민원인의 태도 문제가 크지만, 권위주의시기에 고압적이었던 공무원들의 태도가 원인일 수도 있다. 미국 경찰은 일선 경찰관들을 대상으로 절차적 정의 실천을 교육하고 있고(Chicago Police Department, 2019), 한국 경찰도 현재 경찰인재개발원에서 절차적 정의 실천교육과정을 운영하고 있다(신용일·정혜심, 2019; 치안정책연구소, 2019). 민원현장에서 행정서비스를 제공하고 있는 전 공무원들이 절차적 정의를 학습 · 실천할 필요가 있다. 바너드(Barnard, 1938)가 조직성과에 중요한 요인 중에 하나로 소개한 조직시민행동도 절차적 정의 내용에 포함된다. 공무원이 시민들을 위한 개인적 정의를 추구하는 한 방법이다.

마지막으로, 한국 행정학회에서 발간하는 학술지에 대한 건의이다. 미국 행정학회에서 발간하는 학술지에는, 특히 공직 윤리와 관련된 주제의 경우에는 논문형식이 자유롭다는 것이 큰 특징이다(Newbold, 1020; Goodsell, 2006; Rosembloom et al., 2008; Piotrowski & Rosenbloom, 2002; Peters & Pierre, 1998; Ingraham et al., 1989 등등 참조). 논문의 형식적인 요건을 지나치게 요구하다 보면 학자나 실무자들이 공유할 필요가 있는 중요한 내용들이 적시에 전달되기 어려운 문제점이 있다. 논문의 형식적인 요건을 완화시켜줄 필요가 있다.

제 5 장

미국 행정(학)과 행정교육 현황과 제언

제1절 민주헌법주의 국가로서 미국의 행정(학)과 공무원의 정체성

이 글의 목적은 미국 행정학자들의 최근 40여 년 간 학술지에 발표된 글에서 발견되는 미국 행정의 정당성의 근원으로 헌법원리, 행정과 공무원의 역할과 가치, 그리고 이를 뒷받침하기 위한 미국 행정교육 체계와 현황을 소개하고 한국 행정에 시사점을 제시하는 데 있다.[1] 미국 행정학자들의 행정 재정의의 필요성에 대한 관심은 행정학 정체성 위기의식(Waldo, 1968)과 관료제 때리기(bureaucrat bashing)로 인해 시작되었다(Spicer & Terry, 1993). 1970년대 초 시작된 카터(Jimmy Carter)와 레이건(Ronald Reagan) 행정부 관료제 때리기는 연방과 주정부 공무원의 자의적인 해고, 정부업무의 민간위탁, 그리고 민영화 등등의 형태로 나타났다(Newland, 1997; Rosenbloom, 1993; Ingraham et al., 1989). 이러한 관료제 때리기는 행정공동체 내부에서 엄청난 학문적인 성과물들이 쏟아져 나오게 만들었고, 두 가지 방향에서 연구결과물들이 산출되었다(Spicer & Terry, 1993). 하나는 반관료제 연합의 공세로부터 정부 관료제를 보호하기 위한 노력이었다(Farazmand, 1989; Rourke, 1987). 이들은 행정기관의 공격에 대한 역효과를 부각시켰다(Wildavski, 1988; Wolf, 1987; Rosen, 1986). 또 다른 하나는 행정 헌법학파에 속하는 학자의 연구결과물로 미국 공화국의 정신적 근간에 행정을 연결하여, 현대 행정국가에 헌법적인 정당성을 부여하는 노력이다(Rohr, 1986; Wamsley et al., 1990; Cook, 1992).

후자에 속하는 헌법학파들은 미국 헌법과 법의 지배 원리에서 행정의 정체성 내지 근간을 찾고 있다(Rosenbloom, 1993; Lynn, 2013). 행정의 관리주의를 주창했던 화이트(White, 1926)는 저서에서 “행정의 연구는 법의 기초보다는 관리의 기초로부터 출발해야 하고, 법정에서의 결정보다는 미국 관리학회의 연구물(affairs)에 열중해야 한다”고 강조하여, 법으로부터 관리를 끄집어내려고 노력하였다. 크리스텐센(Christensen, 2009)은 “이것이 미국 행정에서 관리주의 전통으로 확립되었다”고 주장한다. 하지만, 화이트는 행정의 법의 지배를 명확히 하였다. 그는 “법이 과업을 정의하고, 행정에 주요 골격과 자금을 공급하고, 규칙 또는 절차를 정립하는 것’ 등등과 함께, “행정실무와 연구에서 법이 함께 있을 것이다”고 주장했다(Storing, 1965).

커윈(Kirwin, 1977: 322)은 윌슨(Wilson, 1887)이 논문에서 “정치로부터 행정의 독립 주장은 대중의 의지의 효과적이고 경제적인 집행을 위한 필요”라고 기술하였지만, 윌슨

1) 한국행정학회(2020). 『한국행정포럼』, 169: 68-83에 기고된 내용 중 일부 수정하여 실은 것임.

(Wilson, 1887)이 행정의 기능을 "고대로부터 존재한 행정은 헌법을 운영하는 실무이며, 섬세하고 체계적인 공법의 집행"(Christensen, 2009: 605)으로 보았다고 주장한다. 귤릭(Gulick, 1990: 602)은 "정부 운영을 공무원에게 맡긴 것은 더러운 정치를 파문하기 위한 방안"이었고, 로젠블룸(Rosenbloom, 1993: 2)은 정치와의 "권력(power)" 투쟁이었다고 기술하고 있다. 이것은 미국이 건국 초기에 개인주의로부터 국가의 집단적 행동(행정)을 통한 자신의 보호로 변화(Gaus, 1936; Bernstein, 1952; Lynn, 2013)되었다는 것을 의미하고, 이와 같은 변화에 정당성을 부여한 것은 1913년 수정헌법 제16조이다(Rosenbloom, 1993).

또한 1883년 공무원 인사개혁의 목적에 대해서, 펜들턴 법의 설계자이자 공무원인사개혁가인 도만 이튼(Dorman Eaton)은 당시 공무원 계층이 상류계층화되어 일반인과는 차별화・세습화되었고, 그래서 일반인의 삶과는 괴리되었기 때문이다(Eaton, 1880: 390). 또한 당시 정부공무원이자 공무원인사개혁가인 카를 슈르츠(Carl Schurz, 1893: 614)는 인사개혁의 목적으로 "공적인 삶의 영역에 높은 윤리의식, 진실한 공적 정신, 그리고 능력을 회복하기 위한 것이었다"고 기술하고 있다.

그렇지만, 로젠블룸(Rosenbloom, 1993)은 브라운로우 위원회(Brownlow Committee)에서 집행부기관들의 행정업무의 능률적, 경제적, 그리고 효과적 관리에 대한 책임을 주장한 것이 헌법적인 흠결이었고, 대통령을 주요 집행부 책임자에서 유일한 집행부 책임자로 변형시켜 놓은 근본적인 오류가 있었다고 보고 있다. 또한 로젠블룸(Rosenbloom, 1993: 7; Rosenbloom, 2001)은 행정의 경제성과 능률성을 주요가치로 하는 관리주의적 전통이 신공공관리(NPM)로 이어졌다고 본다. 뉴랜드(Newland, 1997: ii)는 정부 보조금과 계약의 증가(아웃소싱)가 정치적 연합을 강화시키고, 정치(전문적인 실무)와 기술(기술적인 엽관) 사이에 경계를 무너트리고 있어서, 해결방안이 절실함을 지적하고 있다(Newland, 1997: ii). 로젠블룸(Rosenbloom, 1993: 7)은 외부위탁, 민영화 등 NPM의 관리기법들을 인기영합주의라고 칭한다. 결과적으로, 정부 행정에 비용-효과적으로 결과만을 중시하는 NPM과 NPR(New Performance Review)은 집행부의 일인 독재를 야기시켰다는 점과 함께, 행정의 적법한 절차 준수와 투명한 공개의 필요성을 없애버렸다는 점에서 미국 헌법원리와 민주헌법적인 가치를 침해・위반하였고(Piotrowski & Rosenbloom, 2002: 644; Rosenbloom et al., 2018), 정보의 조작을 통해 빈번한 전쟁을 정당화하였고, 빈부 격차를 심화시켰으며, 공권력의 동원을 통한 인권 탄압을 가져왔다(Ehrlichman, 2016)는 것을 주목할 필요가 있다. 이와 같은 문제들은 양당제도의 고착화, 양당 간에 소모적인 이념 대결, 그리고 분점정부(divided government)로 인해서 해소되지 않고 있는 것이 현실이다(Rosenbloom, 1993; Newland, 1997; Piotrowski & Rosenbloom, 2002; Lynn, 2013).

폴 크루그먼은 미국의 중산층이 우연이 아닌 제2차 세계대전 동안 소득 대압착을 통해 중산층이 생겨났고, 평등, 강력한 노조, 누진세를 선호하는 사회적 규범 덕에 한 세대 동안 유지되었다고 주장한다(바텔즈, 2008: 49). 아리스토텔레스(Aristotle)는 민주주의는 중산층의 존재에 의존한다고 보았다(Gulick, 1990: 603). 애플비(Applbey, 1947)는 행정의 역할을 시민의 존엄, 가치, 그리고 잠재성을 키우는 것이라고 기술하고 있다.

앞서 기술한 1883년 공무원인사개혁가들과 브라운로우(Brownlow) 위원들이 원했던 정부개혁의 목적과 1970년대 이후의 NPM의 정부개혁 목적은 동일한 행정의 능률성과 경제성을 주장하고 있지만, 전자는 정치적 연합을 약화시키기 위한 정부규모 확장과 중산층의 확대를, 후자는 정치적 연합 강화를 통한 정부규모의 축소와 편중된 부의 배분이라는 점에서 큰 차이가 있다.

미국 건국정신에서 행정의 정체성을 찾았던 최초의 행정학자는 스토링(Storing, 1962)이었다. 스토링(H. J. Storing)은 행정 연구와 실무를 국가운영기술(statecraft)로 봄으로써, 행정 정체성 위기의 프레임을 변화시켰다. 또한 스토링은 행정적 실무의 중요한 부분으로서 사법적인 판단을 회복시켰고, 이 관점에서 관료가 엄청나게 중요하다는 것을 보여주었다(Schaefer et al., 2010).

뉴랜드(Newland, 1997: iii)는 헌법적 민주주의의 원리는 행정의 토대라고 본다. Federalist 기고문 전체를 통해서, 푸블리우스(Publius)는 좋은 정부는 좋은 행정에 의존하고(Newbold, 2011), 미국 건국정신에서 행정 분야는 행정국가를 강화하기 위한 토대라고 보았다(Newbold, 2011: S47). 이상에서 기술한 것과 같이, 미국 행정학자들은 행정의 헌법적 근거와 법적인 측면을 도출해내고, 행정과 관료의 중요성을 강조하고 있다.

린(Lynn, 2013: 44)은 미국 행정과 공무원의 사명은 미국 헌법 전문에 기술되어 있다고 주장하고, 다음과 같이 소개하고 있다. “우리들 미합중국 국민은 더욱 완전한 연합(union)을 형성하고 정의를 건설하고, 국내안녕을 확보하고 공동방위에 대비하고 공공복리(the general welfare)를 증진시키고, 우리들과 우리들의 자손에게 자유와 축복을 확보하기 위하여 이 미합중국 헌법을 제정한다”(한국헌법학회, 2013: 37).

제2절 정치 · 행정일원론과 포괄적인 행정 이론화의 어려움

미국 건국의 아버지 매디슨(James Madison)은 삼권분립과 관련해서, 공유되고 중복된 권력을 의도했고, 뉴스타트(Neustadt)는 분리된 정부이나 공유된 권력이라고 칭하고 있다(Lynn, 2013). 공유되고 중복된 권력을 가진 삼부가 시민의 요구에 경쟁적으로 대응할 것을 기대했기 때문이다(Lynn, 2013). 건국 초기부터 1883년까지 행정업무는 단순한 기록관리와 보관이었고, 정치인으로부터 분리된 공무원(clerk)이 있었다. 이들 업무를 담당하는 공무원은 중산층 이상의 자녀들 중에 선발된 백인 남성이었고, 재산권처럼 세습되었다(Rosenbloom, 1993).

1883년 중앙인사위원회(CSC)가 설립되면서부터, 공식적인 채용 절차와 기준을 통해 공무원(civil service)들이 채용되었으며, 윌슨(Wilson, 1887)은 최초로 정치로부터 정부운영 분리에 관한 이론적인 근거를 제공했다. 이 시기로부터 우리는 정치 · 행정이원론이라고 부른다. 하지만, 윌슨(T. W. Wilson)이나 화이트(L. D. White)도 정치와 행정, 그리고 법이 분리될 수 있다고 생각하지는 않았다는 것을 전술했다.

정치와 행정의 구분이 사실상 없어진 것은 1946년 행정절차법과 의회재조직법이 제정되면서부터이다. 행정절차법을 통해, 의회는 집행부에 행정명령, 규정(regulation) 제정 권한을 부여했다(Rosenbloom, 1993). 로젠블룸(Rosenbloom, 1993)은 이를 (대륙법에서의) 수입(import)으로 표현한다. 이론적으로는 사이먼(Simon, 1947), 달(Dahl, 1947), 왈도(Waldo, 1948), 그리고 애플비(Appleby, 1949)가 정치 · 행정일원론을 인정하기 시작했다(Rosenbloom, 1993: 4; Gulick, 1990; Waldo, 1968).

미국 헌법에는 공무원 신분보장 규정이 없다. 그렇지만, 미국 연방대법원은 판례를 통해서, 공무원의 신분을 헌법적인 권리로 인정하고 있다(Rosenbloom, 1975). 민영화와 아웃소싱으로 인한 공무원의 해고 위협에서 미국 대법원은 공무원의 지위를 특권이 아닌 권리로 보기 시작했다.[2] 필자는 대륙법의 공무원 신분에 대한 헌법보장을 수용한 것으로 해석한다.

뉴랜드(Newland, 1997)는 정치적이지만 파당적이지 않는 중립적인 공무원의 존재가

2) 로젠블룸(Rosenbloom, 1971: 160-164)은 *Federal Service and the Constitution*에서 적법 절차 없이 해고된 공무원의 해고사례와 사유를 소개한다(Piotrowski & Rosenbloom, 2010: 644 참조). 예를 들어, 인권운동가와 친구, 뉴욕타임스 정기구독자라는 이유가 포함되어 있다.

양당(다당)제 정치제도를 성공시키는 데 있어서 중요하다고 보고 있다. 미국 건국 아버지 매디슨은 파당적이지 않은 공무원의 필요성을 Federalist #10에 잘 기술하고 있다(Rosenbloom, 2011). 매디슨은 도당(faction)의 영향에 관심을 가졌으며, 도당을 없애는 것은 바람직하거나 실현가능성이 높다고 보지 않았고, 적절히 통제하는 것이 필요하다고 보았다. 도당의 통제를 위해서는 시민, 유권자, 대표자의 역할이 중요하다고 보았다(Rosenbloom, 2011). 여기에서 도당(faction)은 공동체의 영속적이고 총체적인 이익을, 그리고 다른 시민의 권리를 침해할 수 있는 공동의 이익과 충동을 가진 다수 또는 소수의 집단을 의미한다(Carey & McClellan, 2001: 43).

로젠블룸(Rosenbloom, 1983, 1989)은 관리주의 행정이론의 몰락 이후에, 행정이론의 발전은 제4장의 〈표 4-1〉과 같이 세 가지 경로로 진전되어 왔다고 주장한다. 크라우추크(Kravchuk, 1992)는 이 세 가지 다른 경로는 바버(Barber, 1984)가 세분화한 자유주의의 속성에서 비롯되었다고 보고 있다. 바버(Barber, 1984)는 자유주의의 세 가지 속성으로 무정부주의자(anarchist), 현실주의자(realist), 그리고 최소주의자(minimalist)를 들고 있다. 로젠블룸과 크라우추크는 세 가지 자유주의 속성의 충돌로 인해서, 논리적으로 적절한 행정이론 모델을 제시하는 것이 쉽지 않다는 것을 강조하고, 행정가들이 세 가지 가치를 존중하는 범위 내에서 유연하게 대처할 것을 주문하고 있다.

크리스텐센(Christensen, 2009: 605)은 행정의 법적, 정치적, 그리고 관리적 접근에서 행정가들이 겪고 있는 어려움을 두 가지로 요약한다. 첫째는 무법(law-less) 행정의 원인이 되고 있는 법령과 규칙들이 행정가들이 능률적이고 효과적으로 직무를 수행하는 것을 어렵게 만든다는 것이다. 둘째는 정치, 법, 그리고 관리 등 복수의, 그리고 갈등하는 제약요인 하에서 행정을 이론화(그리고 실행)하는 인지적인 어려움(Rosenbloom, 1983)이 있다(Christensen, 2009: 605)는 것이다. 왈도(Waldo, 1968)와 로젠블룸(Rosenbloom, 1993)은 정치와 마찬가지로, 포괄적인 행정이론화는 불가능하다고 보고 있다.

제3절 공무원의 핵심 가치와 행정인 육성 및 교육체계

1. 공무원의 핵심 가치로서 시민요구 대응성과 외적 책임성

시민요구에 잘 대응하고 책임지는 능력 있는 공무원 또는 공공관리자의 필요성은 미국 건국 아버지들의 글에서 잘 드러난다. 매디슨(James Madison)은 Federalist #10에서 권력분립의 한계 내에서 재량을 발휘하고 책임을 지는 입법대리인의 저장소로서 공무원이 필요하다(Bertelli & Lynn Jr., 2006: 2; Cann, 2007: 780)고 보았다. 관료는 “집단적 목적의 의도적인 성취를 위한 수단”으로서 기능하는 입법부의 대리인처럼 행동해야 한다는 것이다(Cann, 2007).

해밀턴(A. Hamilton)도 Federalist #70에서 정부에서 행정업무를 맡은 공무원은 훈련된 전문가이며, 적절한 재직기간의 확보와 충분한 급여를 제공받아야 한다고 보았다(Stillman Ⅱ, 1982: 8). 매디슨은 공무원(집행부)의 에너지를 강조한 반면에, 해밀턴은 동등한 수준의 안전(safety)의 필요를 강조했다는 점에서 차이가 있으나(Bertelli & Lynn Jr., 2006: 5), 매디슨과 해밀턴, 그리고 그 시대 지도자들이 정부(삼부 포함) 공무원의 시민 대표성과 대응성을 중시했다는 점에서 공통점이 있다(Rosenbloom, 1993). 로어(Rohr, 1986)에 의하면, 왈도(Waldo, 1948)의 행정국가는 미국 상원과 같은 균형을 잡는 역할을 한다는 것과 함께, 하원이 시민에게 제공하는 대표성의 한계에 대한 치료제가 될 수 있고, 이는 미 헌법의 원리라고 보고 있다.

해밀턴의 사상을 연구한 왈도(D. Waldo)는 미국 정치체제에서 유일하고 단일한 형태의 관리자로 자문관리자(council-manager)를 제시한다(Lynn, 2103). 이는 일인지배의 계층제적 구조를 의미하지 않는다. 정부 조직에서 자문관리자는 시민의 요구에 적절하게 대응할 수 있도록 지원하는 역할을 한다. 자문관리자 형태의 조직구조를 미국 내 40% 정도의 지방정부가 채택하고 있다. 막스 베버(Max Weber)의 이상주의적 관료 조직이 수직적 계층제이라면, 해밀턴의 자문관리자 조직은 수평적인 조직형태이다. 잉그레이엄 외(Ingraham et al., 1989)는 정부 행정의 대응성과 책임성을 강화하기 위한 방안으로 수평적 조직형태의 필요성과 함께, 관리주의적 행정의 폐해를 예방하기 위한 방안으로, 공무원 노조를 통한 내부고발의 장려를 주장한다. 미국 연방대법원은 정보의 자유를 근거규정으로 내부고발을 보호해주고 있다(Ingraham et al., 1989).

2. 미국 행정인 육성 및 교육체계

1) 미국 행정인 육성체계로서 NAPA, 그리고 PSA 추진사례

미국 연방정부는 건국의 아버지 매디슨은 미처 예측하지 못했지만, 뉴딜(New Deal) 이래로 검증가능하게 새로운 권력의 중심이 된 제4부가 되었다(Rosenbloom, 1993). 왈도(Waldo, 1948)는 자신의 박사학위 논문을 통해 미국이 행정국가임을 확인해주었고, 그의 행정의 정치적 영향 선언은 정리(theorem)가 되었다(Rosenbloom, 1993).3) 윌슨(Wilson, 1887)은 정부의 운영은 전문직업인으로서 공무원의 역할임을 주장하고 있다. 그때부터 미국에서는 정부 운영을 정치인과는 구별되는 전문직업인으로서 공무원의 역할로 보고 있으며, 공무원을 양성하기 위한 제도적인 기반을 행정 실무자와 학자들이 공동협력해서 형성 · 지원하고 있다.

우선적으로, 살펴봐야 할 행정서비스 자문 및 교육서비스 제공기관으로 비영리이고 초당적인 국립행정아카데미가 있다(NAPA 홈페이지 참조). 이 기관은 연방자문위원회법(the Federal Advisory Committee Act)으로부터 예외를 인정받고 있으며, 미국 정부 우선구매대상 정부정책 자문기관이다. 이 기관은 730명의 고위 상임 연구 및 자문위원들이 재직하고 있고, 이들은 다수의 전문연구원들의 연구활동을 지원하고 있다. 이 아카데미는 행정리더들에 의한 리더 자문기구로 자신의 기관을 소개하고 있다(NAPA 홈페이지 참조).

이 아카데미는 재정건전성을 확보하는 것, 공공프로그램의 효과성과 능률성을 개선하는 것, 정부부처 및 청, 정부 수준 또는 분야에 공동협력을 강화하는 것, 다양한, 그리고 성과인력을 충원, 교육, 그리고 동기부여하는 것, 정보기술 관리를 강화하는 것, 그리고 정부 운영에서 적절한 투명성의 수준을 확보하는 것 등으로 주요 역할을 정의하고 있다.

그리고 이 아카데미는 조직 평가 또는 전략개발, 집행 지원과 기술적 보조, 그리고 성과관리, 이해관계자 봉사활동과 공동협력 등 분야에서 연방정부에 광범위한 자문서비스를 제공하고 있다. 연방 · 주 · 지방 등 모든 수준의 정부에 연구, 분석, 문제 해결, 전략계획과 사고, 리더십을 통해서 도움을 제공하고 있다. 이 아카데미에 소속되어 있는 연방 또는 주정부 고위직 재직경험이 있는 연구위원(fellows)들은 협약을 맺은 행정학(Public Administration, Public Affairs, and Policy)을 가르치고 있는 미국 내 대학과 대학원에서, 행정사례와 실무를 강의하는 강사로 활동하고 있다.

이 아카데미와는 별개로, 미국 연방의회는 기존에 행정을 가르치고 있는 대학과정 이외에 국립행정아카데미 설립을 추진하려 했던 사례가 존재한다. 2006년 미국 국립행정서비스아카데미(U.S. NPSA) 설립 법안이 미국 연방의회에서 클린턴(Bill Clinton)과 바

3) 사이먼(Simon, 1985)은 보조적인 방법의 도움 없이는 정치현상을 이해할 수 없다고 기술하고 있다.

이든(Joe Biden) 상원의원 등 24명과 하원 123명 등에 의해 공동 발의(S. 960 and H. R. 1671)되었다. 이 법안은 하원표결과정에서 부결되었지만, 부결되었던 이유가 우리에게 더 중요하다.

슬라이크와 로버츠(Slyke & Roberts, 2009)는 국가에서 운영하는 단일한 교육기관보다는 미국 내에 150개 행정학 4년제 학부과정과 130개 대학원(school) 과정이 이미 존재하기 때문에, ROTC과정처럼 기존 대학 교육과정에 맡기는 것이 바람직하다는 의견을 제출했다. 그들(2009)은 정부가 운영할 경우에 발생할 수 있는 부정적인 효과로 옐로우 페이지 테스트(Yellow Pages Test) 사례를 들고 있다. 옐로우 페이지 테스트는 중립적이어야 하는 업무에 특정한 정부나 정당의 의도가 스며드는 것을 의미한다.

현재 미국 또는 EU 국가 소속된 대학들은 자체적으로 PSA를 운영하고 있다. 미국 등 직위분류제도를 가지고 있는 공무원제도의 특성으로 볼 때, PSA과정 이수증은 자신의 공직 취업이나 차상위 관리직위 지원 시에 중요한 경력증명으로 활용되고 있고, 각 기관 인사부서에서 경력관리프로그램에 기록되어 관리되고 있는 것으로 알고 있다.

2) U.S. NASPAA를 통한 교육과정개발 · 인증 · 강사파견[4]

미국 행정학계에서 정체성 위기가 있었던, 1970년에 미국 행정학 스쿨네트워크(Networks of School of Public Policy, Affairs, and Administration: NASPAA)가 NGO단체로 설립되었다. NSAPPA는 워싱턴 D.C.(Washington D.C.)에 본부를 두고 있으며, 미국 내 행정학을 가르치는 280개 대학(150개 학부, 130개 대학원과정)과 외국 대학이 회원으로 가입되어 있다. 최근에 외국 대학의 가입이 지속적으로 증가되어 행정사무와 운영 스쿨의 국립연합(NASPAA)에서 2013년에 현재의 명칭으로 개명한 것이다.

이 단체의 미션은 글로벌 표준 행정학프로그램의 제공이며, 미국 내 대학에 행정 사례와 시뮬레이션 중심의 표준 행정학교육프로그램을 제공하고 있다. 이 단체는 매년 대학별로 자체 개발한 행정교육 현장사례 및 시뮬레이션 경진대회를 개최하고, 우수한 단체를 선정하여 시상하고 있다. 또한 행정 교육연구의 질 향상을 위해서, 행정교육학회보(*Journal of Public Affair Education*)도 운영하고 있다.

본 단체는 회원 스쿨의 행정교육프로그램 인정평가사로, 다음과 같은 활동을 통해 행정교육의 질 향상을 추구하고 있다. ① 최고집행위원회와 함께, 동료 평가와 인정평가를 위한 위원회를 통해 행정교육프로그램의 적절한 표준을 개발하고 운영한다. ②

4) www.wikipedia.com에 게재된 내용을 정리한 것임.

행정교육의 목적과 필요를 정부나 다른 기구들에 대표로 홍보한다. 행정교육 커리큘럼 개발과 혁신을 장려하고, 출판과 교육내용, 실무, 그리고 이슈의 토론을 위해 포럼을 개최한다. ③ 주요 교육이슈에 관한 정보를 회원들과 국민들에게 제공하는 조사연구를 착수한다. 인턴십과 학부와 대학원졸업자들의 고용을 촉진하기 위해 고용주들과 회합을 한다. ④ 실무전문 조직과 공동 교육프로젝트를 착수한다. ⑤ 컨퍼런스, 컨소시엄, 그리고 공동프로젝트를 통해서, 다른 국가의 행정기관과 스쿨과 공동 협력한다.

미국 행정학회는 회원 행동강령을 가지고 있다(van Wart, 1998: 24-25). 행동강령에는 공익을 위한 봉사, 헌법과 법률의 존중, 개인 통정성(integrity)을 실천, 윤리조직 촉진, 그리고 전문적 탁월성 추구 등이 포함되어 있다. 이상에서 기술한 미국 행정인 교육 및 양성체계를 그림으로 나타내면 [그림 5-1]과 같다.

그림 5-1 미국 행정인 교육 및 양성체계

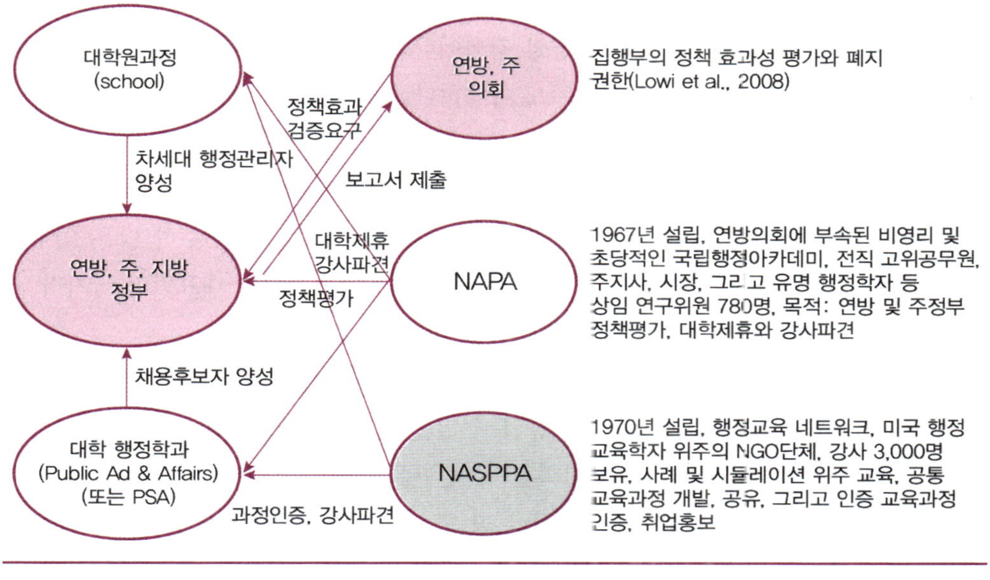

제4절 결론: 한국 행정과 행정학 교육에 제언

한국 공무원의 행정 실무와 교육의 중심 골격은 헌법원리나 이념의 실천이어야만 한다. 이것은 헌법 제7조에서 명시하고 있는 국민 전체에 대한 봉사이며, 초당적인 차원에서 국민 전체에게 서비스하는 것을 의미한다. 공무원의 행위는 공권력의 행사가 아닌 공법을 절차적 정의에 따라 소극적 · 적극적으로 실천할 수 있어야만 정당성을 얻을 수 있고, 종국적으로는 정부 행정과 공무원이 모든 국민으로부터 신뢰를 얻을 수 있다.

정부수립 이래로 모든 정부에서 행정개혁을 해왔다. 참여정부에서는 정부혁신이라는 명칭으로 행정개혁을 했다. 참여정부 초기 정부혁신은 발전행정시기의 관주도 행정에서 비롯된 권위의식을 걷어내고 정부업무처리의 효율성을 높이는 것이었다. 로젠블룸(Rosenbloom, 1993)은 이와 같은 정부업무처리 방식의 급격한 변화를 관리주의적이 아닌 정치적 접근법이라고 정의한다. 발전행정기와 같은 관리주의식 접근법은 관료제 자체 내에서 경제성과 효율성 향상의 필요에 의해 개혁을 주도하는 것이지만, 참여정부의 정부혁신은 정치권의 요구에 의한 것이었기 때문에 정치적 접근이라고 정의할 수 있다. 결과적으로, 정부 행정업무의 처리 속도는 빨라졌고 서비스 질은 높아졌다. 대표적인 것이 전자정부(조달) 실현, 출입국 서비스 업무와 같은 각종 정부업무프로세스 개선, 정부회계관리시스템 통합을 통한 투명성 강화이다. 전자정부와 인천공항 서비스는 유엔 공공행정상을 받을 만큼 세계적으로도 유명하다. 인천공항의 경우에는 전 세계 공항 중에 고객서비스이용(SQ) 만족도 1위를 28분기 연속으로 달성했다. 그 중심에 법무부의 출입국 프로세스 개선과 서비스 질 향상이 있다. 이외에 공장 인 · 허가 절차 및 장애인 등록 절차 간소화, 정부 행정기관의 민원처리 절차 개선 등 무수히 많은 업무가 개선되었다. 최신의 정보통신기술을 행정업무처리에 도입 · 구현한 대표적인 국가가 되었다는 점은 분명하다.

또한 참여정부 중반에 EU 소속과 영 · 미권 국가들과 같이, 사회 심리적 관점에서 조직구성원의 조직몰입이나 직무만족을 높일 수 있는 관리자 공통역량 개발과 평가제도가 정부혁신과제로 도입되었다. 인사혁신처는 직급별 공통역량을 정의하고, 전 부 · 처 · 청 소속 고위공무원단급부터 사무관급 공무원을 대상으로 관리자 공통역량 조사를 실시하여, 공통역량모델을 개발하고 평가와 교육에 활용하고 있다. 정부 모든 부처 소속 중간관리자들은 법으로 직급별 역량평가를 통과해야만 보직을 받을 수 있게 되었다. 행정서비스의 질은 실무자들의 조직몰입과 직무만족, 그리고 주권자인 시민의 요구 대응 정도에 따라 달라지는데, 고관여 관리자 역량 강화로 이를 실현할 수 있는 기틀을 다진 것이다. 지방자치단체는 중간관리자와 개방형 관리자에 대한 역량평가가 일부 단체에 도입되었으나, 역량평가 결과 활용이 단체장의 재량에 달려 있다.

중앙 행정기관이든 지방자치단체이든 관계없이, 내부 승진자 예정자 또는 개방직 중간관리자들에 대한 역량평가는 신뢰성, 타당성, 그리고 공정성 확보가 생명이다. 자체 평가보다는 독립성과 객관성을 갖춘 행정학회나 행정학회가 신설하는 전문기관에 위탁・평가하도록 하는 것이 단체장의 정실 또는 선심성 인사를 막을 수 있는 방법이라고 생각한다.

앞서 기술한 정부혁신이 행정업무의 효율 향상과 고객서비스 개선 등 긍정적인 측면만 존재했던 것은 아니다. 참여정부와 그 뒤를 이은 두 행정부 시기에 일인 독재를 강화하는 관리주의식 사고가 공무원들의 의식과 업무처리방식에 그대로 이식되었다는 것을 지적하지 않을 수 없다. 기업의 성과우선주의식 기법과 함께, 민간 출신 개방형 인사들이 대거 유입되면서, 그리고 기업에서 실시하고 있는 교육내용이 공직으로 여과 없이 도입되면서, 한국 기업 특유의 가부장적인 기업문화가 함께 유입되었다.[5] 한국 기업의 특유의 방식은 조선시대의 민본주의의식과 일치한다. 대통령이나 지방자치단체장을 독단적인 스타일의 재벌회장이나 사장으로 비유하고, 시민을 행정서비스의 객체가 되는 일개의 고객으로 인식하게 만들었다. 대통령, 각부 장관들, 그리고 지방자치단체장은 공무원들에게 왕처럼 군림하는 일인지배체제가 되었다. 조직 내부업무는 대외비로 지정하고 외부유출을 철저히 막는가 하면, 비밀 누설에 대해서는 공무원 징계규정을 개정하여 파면・해임 등 중징계로 처벌할 수 있도록 하였다.[6]

폭넓고 막강한 대통령의 인사권으로 인해서, 대통령이 어느 지역출신이냐에 따라 중앙부처 핵심 과장급 이상 보직자들의 출신지역이 달라지는 현상이 심화되었다. 보통 출신지역은 고교 소재지로 결정된다. 대통령 선거는 일부 고위직 공무원, 산하공공기관장, 국책연구기관장, 그리고 산하공직유관기관장들에게도 향후 운명이 걸린 결전의 장이 되었다. 귤릭(Gulick, 1990)과 반 와트(van Wart, 1988)는 19세기 말~20세기 초에 같은 교묘한 정실 및 엽관인사가 1980년대 중앙과 지방정부에 존재한다는 것을 지적한다. 한국 정부나 지방자치단체도 다르지 않다.

이런 현상은 행정과 공무원의 정체성과 공직가치에 큰 혼란으로 이어지고 있다. 현재 사회의 고위층 또는 주류계층을 이루고 있는 사람들(7080세대)이 대학교육을 받을

5) 한국의 최고경영자 리스크가 큰 대표적인 나라이다.
6) 참고로 2014년과 2015년 한국의 정책결정의 투명성은 133위이었다. 정부 행정에서 청렴보다 더 중요한 가치는 투명성이라고 생각한다. 투명성이 없으면 고위직의 청렴실천 여부는 밝혀지지 않으며, 정적을 제거하기 위한 수단으로 활용될 수 있다.

때, 공공철학과 대한민국 헌법을 거의 배우지 않았거나 잘못 배웠다고 생각한다. 외국의 일부 특이한 정치인을 제외하고, 대부분의 정치인의 연설문과 글 속에는 공공철학 사상이 깊이 배어있고 실천하려고 노력한다는 점에서 큰 차이가 있다. 필자는 한국 공직자와 공직지망생들에게 공공철학은 하나의 공허한 이론에 불과할 뿐이라는 것을 느낄 수 있었다.

행정의 민주성과 관련되어서, 전직 공무원인재개발원장, 국민권익위원회와 공무원인재개발원의 공직윤리를 전담해서 강의했던 현 대학 명예교수, 일부 고위공무원은 '공직윤리' 강의시간에 대한민국 헌법 내용과 효력을 부정하였고, SNS상에 헌재와 대법원의 판결을 비판하고, 공무원 최종 인사권자인 대통령에게 '의리'를 보이는 것이 공직가치라고 강의했었다. 단순히 우발적인 주장이 아닌 "결집된 세력의 의도된 주장"이라고 생각한다.

취임 때 헌법을 준수할 것을 선서한 전직 대통령은 대한민국은 자유민주주의[7] 국가라고 교육부 검인정 인정 교과서에 표기할 것을 주도했다. 헌법을 준수하겠다고 선서한 집행부 수반이 헌법원리나 정신을 위반하였음에도, 법무부는 어떠한 반대의견도 내어놓지 않았다. 대한민국 헌법 제1조 제1항에는 정체와 국체를 민주공화국이라고 명시하고 있고, 12·12 군사쿠테타의 위헌성과 관련해서 대법원은 제1조 제1항을 중요 근거로 제시했었다. 헌재는 헌법 전문과 헌법 조문에 명시되어 있는 모든 내용에 대해서 법적인 효력을 인정하고 있다(장영수, 2013).

현행 정부업무평가 기본법에는 정부업무평가에서 가장 우선순위가 높은 기준으로 경제성과 능률성을 제시하고 있다. 이미 미국에서 행정의 관리주의 내지 성과주의가 몰락했음에도, 한국에서는 맹위를 떨치고 있는 것이다. 작은 정부가 국민들의 삶의 질 개선과 국민의 자유보호·확장에 도움이 되는지도 깊이 있게 고민해 보아야 한다. 행정

7) 자유주의와 관리주의 방식의 행정은 서로 이념적으로 배치된다. 자유주의는 무정부주의이거나 최소국가인데, 관리주의는 구성주의적 합리주의(공리주의) 사상과 거의 일치한다. 1948년에 제정된 제헌헌법은 20세기 복지헌법인 1919년 바이마르 헌법을 거의 그대로 가져왔기 때문에 복지헌법이다. 또한 제헌헌법은 법 실증주의적 관점을 취하고 있었기 때문에 의회에서 법만 제정한다면 거의 모든 자유를 제약할 수 있었다. 제3공화국 때 만들어진 국민교육헌장의 내용에는 개인이 없었기 때문에 전체주의 사상을 담고 있다. 반공을 국시로 내세웠는데, 전체주의와 무엇이 다른지 잘 모르겠다. 단지, 공통점이 있다면, 권력을 쥔 집단이 정적을 제거하기 위한 수단으로 이념이 활용되었다는 점이다. 초당파적인 입장에서 일해야 하는 공무원들에게 정체불명의 이념을 주입하는 것은 전체 국민에게 서비스해야 할 공무원을 특정 정권 연장의 도구로 활용하겠다는 의도로밖에 해석이 되지 않는다. 본래의 의미인 개인의 자유보호와 확장은 핵심 헌법원리이며, 정부 행정의 사명이다.

현장에서 복지담당공무원은 1인당 2,000~3,000명, 세무담당공무원은 3,000명의 시민을 지원하고 있다. 이들은 각종 민원서류를 기한에 맞추어 처리해야 시민들이 피해를 입지 않기 때문에 야근과 주말 근무가 잦다. 7년 정도 전부터 정부는 연가를 장려하는 차원에서 연가보상비를 지급하지 않고 있는데, 연가를 내고 출근하여 근무하는 공무원들이 많다. 한국행정연구원 실태조사에서 이들은 낮은 보수와 지나치게 많은 업무를 이유로 30%가 기회가 있으면 이직하고 싶다고 응답했다(2020.2.19. 행정연구원 조사자료). 시민에 대한 행정서비스의 질은 떨어질 수밖에 없다

필자는 정무직 인사와는 구별되는 직업공무원 인사의 독립성 확보가 필요하다고 생각한다. 일정 직급 이하의 직업공무원은 정무직 기관장이 인사에 개입할 수 없도록 하는 제도적 장치가 필요하다. 지난 정부에 대통령이 각 부처 과장급 이하 인사에까지 개입한 사례가 있고, 광역·기초 지방단체장은 6급 이하 주무관·실무관의 인사에까지 개입하고 있는 것이 현실이다. 공무원 인사가 업무 능력 또는 실적보다는 정실이나 엽관에 의해 결정되는 경향이 있다. 지방공무원법에서 허용하고 있는 개방형인사제도(5급 이하)는 공무원의 시민요구 대응성을 강화하기 위해서 도입되었지만, 잭슨식 엽관인사가 교묘하게 이루어지고 있기 때문에, 역량을 갖춘 인재를 선발하기 위한 제도 보완이 꼭 필요하다.

위키디피아(Wikipedia)는 행정학의 여섯 개 축으로 인적자원, 조직이론, 정책분석, 통계, 예산, 그리고 윤리를 들고 있다. 한국 행정학교육에서 취약한 부분이 인적자원개발과 윤리부분이다. 신임 또는 중간관리자 공직지망생 또는 간부급 관리자들이 될 재직공무원들을 대상으로 하는, 주요 지역거점별 대학 정규과정에 행정서비스 아카데미 과정을 신설해야 한다. 행정아카데미 과정에는 올바른 공직윤리의식과 실천 능력 함양과 함께, 시민들의 다양한 요구를 객관적으로 파악할 수 있는 기법학습이 포함되어야 한다. 공무원 선발과 채용제도를 대폭 개편하여, 행정아카데미 이수를 선행요건으로 하고, 교육기간 동안 일정한 현장체험을 거친 후에 시뮬레이션 방식의 역량과 윤리적 실천 능력 평가로[8] 선발되는 채용제도 개선이 필요하다.

대학이 재정난을 시달리고 무한 경쟁에 돌입한 이후에, 객관적인 지성을 본질로 하

8) 행정학자는 이론적인 지식수준이 중요하지만, 행정실무자의 선발과 관리자 승진에는 도덕실천 역량이 주요한 선발기준이 되어야 한다. 도덕적 실천 능력과 관련되어서는 콜버그(L. Kohlberg)의 도덕성 발달 단계 모델이 있으며, 공무원 승진자격요건으로 사회봉사 의무시간제를 도입하는 것도 필요하다. 미국이나 EU 국가는 오래전부터 사회봉사의무시간제를 시행하고 있는 것으로 알고 있다.

는 대학의 중립성과 신뢰성이 많이 훼손되었다고 본다. 헌법(정부) 운영을 연구하는 행정학자들만이라도 초당적인 차원에서 전체 국민의 삶의 질 개선을 위한 방안 마련에만 전념할 수 있도록 안정된 기반을 제공하는 것이 시급하다. 그 하나의 방안이 대학에 행정서비스 아카데미와 특수 행정대학원(school) 과정을 공직입문 및 관리자 승진 선행과정으로 설치하는 것이다.

그리고 한국행정학회 내에 또는 별도로 비영리적이고 초당적인 조직을 만들어서, 현장중심 또는 사례중심의 행정교육프로그램 개발과 공유, 그리고 인증서비스를 할 수 있어야 한다. 현재 대학 강단에서의 행정학 교육은 지식전달 또는 필기시험 위주의 교육이고, 담당 교수의 지적 · 현장경험에 따라 전달되는 지식과 기술의 편차의 크기도 크다. 각급 대학이 실무중심 · 시뮬레이션 중심의 프로그램을 개발하고, 서로 경쟁할 수 있는 장을 행정학회가 제공 · 격려하고, 선정된 우수 교육프로그램을 모든 대학이 공유할 수 있어야 한다. 행정학회 회원들이 사회적 연대감을 갖고, 행정서비스의 품질 개선과 공무원의 윤리의식을 높일 수 있는 실무 적용도 높은 프로그램을 만들고 제공할 수 있어야 한다.

또한 집권세력이나 지방자치단체장의 변화에 따라 흔들리지 않고 지속가능하게 제4부인 행정을 이끌어갈 수 있도록, 초당적인 차원에서 전문적인 자문 및 컨설팅을 제공할 조직 신설이 필요하다. 현재 한국에는 한국행정연구원과 지방행정연구원이 있지만, 정무직과 경력직 퇴직공무원들의 경험을 수용할 수 있는 기반이 부족하다. 공직자윤리법에 퇴직공무원 취업제한 규정으로 인해서 사장되고 있는 현장 실무지식을 다음 세대에 전수할 수 있는 방안 마련이 필요하다. 미국 NAPA의 사례가 좋은 예이다.

마지막으로, 미국과 같이, 한국 행정학회 회원들을 대상으로 하는 윤리강령을 제정 · 공유하고 준수할 필요가 있다. 행정학회 회원들은 대한민국 정부 운영에 직 · 간접적으로 참여하고 있고, 그에 대한 엄중한 책임을 요구받고 있기 때문이다. 필자는 특정 정권이나 단체장 또는 경제 · 사회 세력과 연합하고 타협하지 않는 국민 전체에 봉사하는 행정학회 회원이 되기 위해서 꼭 필요조건이라고 생각한다.

제 6 장

대한민국 행정 가치, 정당성, 헌법이념

본 연구는 대한민국 행정 가치와 역할의 정당성을 헌법이념에서 찾아보는 해석학적 연구이다.[1] 우리 헌법에 내재된 다양한 행정이념의 확인과 함께, 서구로부터 행정이념과 제도 도입과정에서 순・역기능적인 역할을 하였던 당시 시민들의 의식을 지배하고 있던 민본주의와 유사이념들 사이에 공통점과 차이점을 비교 분석하고, 그에 따른 행정 가치를 비교한다.

한국 헌법에 명시된 정체가 민주국이고 개인주의를 토대로 주권자의 자발적 합의를 통해 행정 역할 또는 범위가 설정된다는 점에서, 한국 행정 가치는 서구 국가들의 가치와 동일하다. 또한 대한민국 제헌헌법에 큰 영향을 미친 삼균・만민균등주의와 사민주의 사이에 공통점이 있고, 헌재와 헌법학자 다수가 대한민국을 "사회적 시장경제 질서" 국가로 정의한다는 점에서, 한국 행정의 가치는 서구 사민주의로 분류되는 국가들의 가치와 동일하다.

즉, 한국 행정의 목적 가치는 행정 행위 동기와 과정을 중시하는 사회적 효율성, 공정성, 형평성, 투명성, 법 적합성이다. 그리고 정부 조직, 정책, 그리고 프로그램 운영은 전문직업주의로 부터 도출되는 도구적 가치인 효율성을 중시해야 한다.

결론적으로, 한국 헌법이념은 행정 역할에 정당성을 부여한다. 또한 행정은 헌법이념을 구현하는 정부(또는 국가) 운영기술이고 과학이다. 행정의 역할은 시민 개인의 자유 보호이고 확장이다. 한국 정부 행정은 이 범위 내에서만 역할 정당성을 가진다.

제1절 서론

한국 행정학계에서 행정[이하에서 정부(Government: 입법・집행・사법 및 독립 행정기관)의 운영을 '행정'으로 기술함]의 가치에 관한 연구 관심은 비교적 최근의 일이다(신용일, 2019; 강명구, 2017; 김상묵, 2017; 김근세 외, 2013; 윤견수, 2012; 서울행정학회, 2008). 이들 연구자들의 행정 가치 연구는 주로 서구의 정치이념과 학자의 이론에서 근거를 찾고 있다는 점에서, 대한민국 헌법이념에서 기원하는 한국 행정 가치, 행정 역할 정당성, 그리고 서구 국가들과의 차별성에 대한 학자들의 관심은 부족했다고 볼 수 있다.

1) 신용일(2019). 『한국정책학회보』, 제29권 제3호에 등재된 논문 일부를 수정한 것임.

본 연구는 대한한국 행정 가치와 정당성의 근거를 우리 헌법이념에서 찾는다. 우선적으로, 서구 국가들의 행정이념 비교를 통해 행정 가치의 동일성을 확인해 본다. 뉴랜드(Newland, 1997)와 뉴볼드(Newbold, 2010)는 민주헌법주의 원리는 행정의 토대로 본다(Rohr & O'Leary, 1989). 뉴볼드(Newbold, 2010: 538)는 미국 행정의 헌법적 전통과 법의 지배를 수용하지 않는다면, 행정 분야를 정당화하는 지적인 토대를 발견할 수 없다고 본다(Spicer & Terry, 1993). 로젠블룸(Rosenbloom, 1989, 1993)과 린(Lynn, 2013)은 행정의 가치를 헌법원리에서 찾고 있다. 표시열(1994)과 김근세 외(2013)는 행정 가치가 헌법적 가치에서 발견된다고 보고, 헌법재판소(이후 헌재로 약칭함)와 대법원 판례에서 행정 가치를 도출하고 있다.

헌법이념에서 행정 가치를 도출하기 위해서는, 통상적으로 헌법 구성이념으로 불리는 정치이념과 행정이념의 관계를 확인해보아야 한다. 귤릭(Gulick, 1990: 602)은 "더러운 정치를 파문하기 위한 방안으로, 굿노우(F. J. Goodnow)가 정치로부터 행정의 문제를 분리시켰지만, 35년 동안 다수의 학자들은 정치와 행정은 분리할 수 없다는 것을 인정했다"고 주장한다(Waldo, 1968 참조). 커윈(Kirwin, 1977: 322)은 윌슨(Wilson, 1887)의 "정치로부터 행정의 독립 주장은 대중 의지의 효과적 · 경제적인 집행을 위한 필요에서 정치적으로 중립적인 기술전문가의 필요성"에 있었고, 그(1887)는 "고대로부터 존재한 행정은 헌법을 운영하는 실무"로 보았다(Christensen, 2009: 605)고 주장한다. 로젠블룸(Rosenbloom, 1993)은 미국 의회가 집행부에 법령제정 권한을 위임한 행정절차법이 제정(1946년)된 이후에, 실무에서 정치와 행정은 동일해졌다고 본다.[2] 더욱더 미국 건국헌법 설계자인 매디슨(James Madison)은 공유되거나 중복된 정부(입법, 집행, 사법을 포함)를 의도했다(Lynn, 2013: 610). 즉, 정치와 행정이념(이하에서는 행정이념으로 통일함)은 동일하다. 그리고 행정과 행정업무를 하는 공무원의 정치적 중립이란 정치적이지만 파당적이지 않은 것을 의미한다(Rosenbloom, 2014: 73-91; Lynn, 2013).

그렇지만, 각국 헌법에 내재되어 있는 행정이념은 서구의 국가 행정이념과 다를 수 있다. 대한민국 헌법(건국 · 제헌 · 현행 모두)[3]에서 국가 정체는 민주국이다(장영수, 2013: 55). 국가 정체가 개인주의를 토대로 하는 민주국이라면 민주국가를 표방하는 미

2) 뉴랜드(Newland, 2007)는 양당제가 정착된 이후에, 정치가들이 어떤 방식으로든 정권을 획득하기만 하면 된다는 의식에 빠진 모습을 관찰하였고, 정치학의 재정의 필요성을 제기하고 있다.
3) 한국헌법학회(2013: 55). 『헌법주석』은 1919년 4월 12일 제정된 상해임시정부 임시헌장을 건국헌법, 1948년 제정된 헌법을 제헌헌법으로 보고 있고, 이 글도 동일한 명칭을 쓴다.

국(Gulick, 1990; Rosenbloom, 1993)과 대한민국의 행정 가치는 동일하다고 볼 수 있다.

우선적으로, 민주국이라는 정체가 처음 쓰인 한국 건국헌법이 제정되기 이전에 자유주의와 민주주의 이념이 국내로 유입·확산되어 있었는지 여부에 대한 문헌검토가 필요하다. 조선시대에는 민본주의 사상(이하에서는 민본주의로 명칭을 통일함)이 행정이념으로 지배하고 있었기 때문에(최태현, 2017), 개인, 자유, 권리(權利)라는 개념이 존재하지 않았다(이나미, 2001). 개인적 자유주의 사상의 도입 없이는 개인의 자발적 합의를 통해서 행정의 역할이 창출되는 20세기 민주국가(Neo-자유주의, 다원주의로도 불리지만, 이하에서는 민주주의로 통일하여 표기함)의 제도와 역할이 성립되기는 어렵다(Hayek, 1971; 신용일, 2019; Wilson, 1984: 194; Gaus, 1936; Lynn, 2013). 또한 민주주의 사상 유입과 경로에 관해서도 확인해볼 필요가 있다. 민주주의는 권리 평등주의 사상을 토대로 하며, 행정의 개입과 역할을 통한 국민의 보편적인 기본권 보장을 그 특징으로 한다(임지봉, 2013: 390).

본 연구는 자유와 민주주의 이념과 관련된 행정제도의 규정 여부를 대한민국 국가성립 기본법인 건국·제헌·현행헌법에서 확인한다. 하이에크(Hayek, 1969, 1971, 1980)와 반버그(Vanberg, 1989)는 자유주의와 민주주의 제도의 특징을, 그리핀(Griffin, 2001: 306)은 실질적 법치의 3단계를 소개하고 있다(신용일, 2019). 또한 헌법 조문 해석의 공식 권한을 가진 헌재 판시와 헌법학자들의 공식적인 헌법 해석서인 『헌법주석』의 내용을 확인한다. 이와 같은 문헌탐색 과정을 통해서, 본 연구는 서구 국가들의 행정이념과의 동일성과 차별성을 비교하고, 한국의 행정 가치와 역할을 확인한다.

다음으로, 서구 국가들과는 다른 대한민국의 행정 가치의 독특성 존재 여부를 확인하는 단계이다. 대한민국 건국 사상으로 삼균·만민균등주의가 존재한다(서희경, 2001, 2002; 신용하, 2001: 32; 박동서, 1988; 유진오, 1949: 15). 삼균·만민균등주의는 헌법 전문에 "정치, 경제, 사회, 문화의 모든 영역에서 균등"을 명시하고 있고, 제헌헌법기초위원회위원장인 서상일이 확인했다(국회속기록, 1948.6.26: 8). 서희경(2002)은 제헌헌법 제정과정에 참여한 모든 정치세력이 삼균주의를 공유하고 있었다고 본다. 삼균·만민균등주의와 서구 국가의 사회민주주의 이념의 동일성을 확인한다. 건국·제헌·현행헌법에 명시되어 있는 삼균·만민균등주의와 관련된 헌법 규정과 헌재의 해석을 확인해본다.

세 번째로, 일부 학자들은 조선시대의 유교의 위민정치나 유교적 공공성, 민본성, 그리고 일부 실학자들의 사상을 근거로 해서 행정 공공성의 근거를 찾고 있다(권정호,

2014; 이나미, 2013; 그리피스, 1999: 435-436; 새비지 랜도어, 1999: 88; 헐버트, 2006: 140; 김석근, 1998; 안병주, 1986; 신무섭, 1978). 특히, 사회복지를 연구하는 학자들은 조선시대 유교 사상에서 사회복지 정책의 근거 내지는 한계점을 찾으려는 노력을 지속해왔다(김순양, 2017; 김기현, 2013; 정병석 · 권상우, 2012; 최연식 · 임유진, 2011).

이들 학자들의 주장대로라면 대한민국 행정이념이 서구 국가들과 다르기 때문에 다른 행정 가치가 존재한다고 해도 무방해진다. 특히, 민본주의가 분절성보다는 집합성을(최태현, 2017: 332), 개인의 자유보다는 공동체적 선을, 개인 간의 평등성보다는 지배와 피지배 관계를 인정하고 있기 때문에(유병용 외, 2017: 61; 정인재, 1992; 박찬승, 2013: 33; 박종민, 2013), 지배계층 또는 지도자 개인의 인치나 충성(김명구, 2017: 7; 김순양, 2017: 63; 박종민, 2012: 143), 이들 일부 학자들의 주장은 의리 또는 공동체에 미치는 추상적 결과가 개인의 자유보호와 보장보다 우선한다고 볼 수 있는 논거가 될 수 있다. 필자는 이러한 인식과 주장이 한국 행정제도 발전에 걸림돌로 작용했다고 추정한다.

따라서 본 연구의 연구 질문은 대한민국 행정이념과 이념에서 도출되는 가치가 서구의 그것들과 동일한지에 대한 것이다. 즉, 우리 헌법에 내재되어 있을 수 있는 또 다른 이념(특히, 민본주의, 삼균주의 · 만민균등주의)에서 도출되는 독특한 가치가 존재하는지에 대한 것이다.

본 연구는 행정의 역할과 범위를 설정 · 제한하는 헌법(Hayek, 1971, 1980; 민경국, 2007: 436)과 함께, 헌법 조문의 제정 · 개정에 영향을 준 행정이념을 담고 있는 연구문헌을 탐색 · 분석한다. 먼저, 개인적 자유주의와 민주주의 이념을 건국헌법 제정 이전에 우리 국민에게 전파한 단체와 인물, 역할, 그리고 그 경로에 대한 연구문헌을 탐색한다. 또한 대한민국 자유와 민주주의 사상 도입과정에 긍정적 · 부정적 영향을 미친 조선시대 민본주의 사상과 고전적 공화주의 사상(이상주의적 역사학파의 주장 포함)의 유사성과 차이점에 관한 연구문헌도 확인해본다. 그리고 대한민국 건국강령으로 선포된 삼균주의(신용하, 2001: 32; 서희경, 2002)에 대한 연구문헌과 기록물들을 탐색한다. 한국 삼균 · 만민균등주의와 서구의 사민주의 이념 사이에 공통점에 대해서도 확인해본다.

마지막으로, 하이에크(Hayek, 1969, 1971)과 신용일(2019)의 연구에서 자유주의와 민주주의, 그리고 한국의 삼균 · 만민균등주의와 관련된 규정들이 건국 · 제헌 · 현행헌법에 명시되어 있는지를 확인한다. 그리고 이들 규정에 대한 헌재와 헌법학자들의 해석과 적용에 관한 연구문헌을 살펴본다.

본 연구의 분석 단위는 행정제도 설계에 영향을 미치는 행정이념과 가치이다. 즉, 한국 공공부문의 목적적 가치와 도구적 가치이다. 개인적 자유주의를 토대로 하는 윤리관에서는 목적적·도구적 가치 모두가 규범적인 가치이다(임도빈, 2002: 90).

본 연구의 첫 번째 목적은 대한민국 행정 가치와 정당성의 근원을 헌법이념에서 도출하는 데 목적이 있다. 대한민국 헌법정신에 뿌리를 둔 행정 가치를 명확히 하는 이유는 정부 운영인 행정의 역할과 정당성 획득(Cooper, 2006; Waldo, 1948)과 함께, 행정윤리를 명확히 하는 것과 관련이 있기 때문이다. 두 번째 목적은 대한민국 헌법이념에 부합하는 행정제도 연구와 교육 방향을 제시하는데 있다.

제2절 대한민국 행정 가치와 정당성: 헌법이념과 유사이념 비교

1. 논의의 쟁점

우리 헌법은 건국헌법부터 현재까지 대한민국이 민주공화국이라고 규정하고 있다. 헌법학자는 정체로서 민주국과 국체로서 공화국임을 선언한 것으로 보고 있다(장영수, 2013: 55). 민주는 민주주의 행정(또는 정치)체제임을 의미한다. 국체로서 공화국은 대의제 민주주의 국가를 의미한다(허영, 2015: 204; 유진오, 1949: 19-20). 우리와 서구 국가의 정체(nation identity)가 일치한다면, 정체 형성에 토대가 되는 행정이념과 가치가 동일하다는 것을 의미한다.

사회과학연구에서 비교방법은 비교대상 간의 공통·차이점을 파악하여 가능한 한 이들 간에 인과관계를 규명하는 것이다(임도빈, 2000). 본 연구의 비교연구쟁점은 다음과 같다.

쟁점 1: 서구 국가들과 대한민국 행정 가치의 동일성을 확인하는 부분이다. 우선적으로, 정체로서 민주국의 사상적 기초인 자유주의와 민주주의 이념 도입 여부와 경로, 그리고 이들 이념이 헌법에 명시되어 있는지 여부를 분석한다.

자유주의의 핵심개념인 자유와 권리(權利), 그리고 개인이라는 개념이 19세기 말까지 조선에는 없었다(이나미, 2007: 51). 자유주의 이념 전파가 어떤 경로와 내용으로 이루어졌고, 자유주의와 관련된 헌법 규정(건국・제헌・현행헌법 등)이 헌법에 명시되어 있는지를 확인한다. 다른 한편으로, 민주주의와 관련된 주요 개념으로 민주라는 용어는 동아시아에는 존재하지 않았다(박찬승, 2013: 30). 조선과 대한제국이 전제군주정(專制君主政)이었으니 대한제국 이전에 국민 주권이 제도적으로 인정되지 않았던 것은 당연하다. 민주주의 행정이념의 도입 여부와 경로를 확인해 보고, 민주주의와 관련된 제도들이 헌법에 존재하는지를 확인해본다.

쟁점 2: 제헌헌법 제정 당시 행정이념으로 삼균과 만민균등주의가[4] 존재했다(박동서, 1988: 194; 강만길, 1992; 신용하, 2001: 31; 서희경, 2001, 2002). 삼균주의 이념의 핵심내용을 확인하고, 헌법에 삼균 및 만민균등주의가 반영된 규정의 존재 여부를 확인해본다. 헌재와 다수의 헌법학자들은 "우리 헌법의 경제 질서를 사회적 시장경제 질서"로 인식하고 있고(양건, 2013: 24),[5] 사회적 경제 질서는 사회민주주의(이하는 사민주의로 칭함) 국가인 독일 특유의 경제 질서를 지칭하는 의미가 강하다(양건, 2013: 24; 정정길 외, 2007: 287). 독일은 독일기본법 제20조에 "민주적・사회적 연방국가"라고 명시하고 있다(장영수, 2013: 55-59). 삼균・만민균등주의와 사민주의 행정(또는 정치)이념 사이에 비교도 실시한다.

쟁점 3: 일부 학자들은 대한민국 행정 공공성의 이념적인 근거로 조선 민본주의 이념을 제시한다(권정호, 2014; 이나미, 2013; 최태현, 2017). 우선적으로, 본 연구는 고전적 공화주의(Brennan & Lomasky, 2006)와 자유주의 이념의 비교를 실시하고, 민본주의와 고전적 공화주의의 공통점을 확인해본다. 또한 20세기 민주주의 국가의 행정 역할에 대한 이론적인 논거를 제공했던 이상주의적 역사학파(Green, 1895: 1924; Hobhouse, 1924; Parsons, 1965)가 아리스토텔레스(Aristotle)의 사상을 이어받았다고 할지라도, 자유주의의 소극적 자유를 수용하여, 소극적 자유의 규범성을 인정하였다는 점을 확인한다. 그리고 이들 이념에서 도출되는 행정 가치의 차이를 확인해본다.

4) 제헌헌법기초위원장인 서상일은 "임시정부는 약헌・헌법 등을 대외에 선포했고, 삼균주의가 분명히 있는데"라는 질문에 대해서, "삼균주의가 아니라 모든 영역에 만민균등주의를 확인했다"고 답했다(국회속기록, 1948.6.26: 8)(박찬승, 2013: 335).

5) 헌재 1996.4.25., 92헌바 47, 8-1, 380, 96헌가4등, 10-1. 533-544: 2001.6.28., 2001 헌마132, 13-1, 1456; 한수웅(2012: 128).

2. 한국 자유주의 이념의 기원, 그리고 관련된 헌법 규정

1) 자유주의 이념의 도입

서구에서 개인적 자유주의는 개인과 자유의 개념이 형성된 르네상스 운동, 종교개혁과 과학혁명에 그 기원을 두고(노명식, 2011), 19세기 말에 이론으로 꽃피웠다(Bernstein, 1952: 124). 하이에크(Hayek, 1971)는 자유주의의 법인 자생적 질서의 기원을 로마 제정 이전인 국가가 성립이전에 존재했던 그리스-로마시대의 법에서 찾고 있지만, 개인적 자유주의가 보편적인 사회 질서이자 행정이념이 된 것은 미국의 독립선언과 프랑스 대혁명 이후이다(Lynn, 2013; Gaus, 1936; Bernstein, 1952).

한국에서도 구한말까지 개인적 자유주의 이념은 존재하지 않았다. 동양에 자유라는 용어가 처음 들어왔을 때는 자유는 '방종'과 같은 부정적인 의미를 지닌 것이었다(이나미, 2001).[6] 중국에도 자유라는 말이 없어 초기에는 자립, 자주자립, 자중 등으로 번역해서 사용했다(이나미, 2001: 51). 일본에서는 1866년 liberty를 자유로, 밀(J. S. Mill)의 『자유론(*On Liberty*)』을 자유지리로, 그리고 중국은 1903년 엄복(嚴復)이 자유로 번역하여 사용하면서부터 자유라는 말이 통용되었다(이나미, 2001: 51).

한국에 자유주의 이념의 도입은 서재필과 윤치호가 갑신정변 이후에 미국으로 망명하여 서구이념을 접하고, 그들이 귀국한 후 〈독립신문〉을 통해서이다(문중성, 1998: 165). 독립신문은 최초로 순 한글로 발행되어, 이전에 신문에 비해 읽기 쉽게 만들어졌으며(신용하, 1976: 18-19), 발행부수나 독자들의 호응 면에서 대중적인 영향력은 막대했다(신용하, 1976: 33-35).

자유주의 이념 도입 초기에 자유가 유교의 영향으로 부정적인 의미로 시민들에게 인식될 수 있었기 때문에, 독립신문은 유교의 의(義)라는 개념을 자유에 포함시켜 "자유라 하는 것은 우리 마음에 욕심대로 하는 것이 아니요. 욕심을 능히 어거하야 좋은 일이면 나의 마음대로 하고 그른 일이면 하지 아니하는 것이 실상 자유의 본의"라고 했다.[7] 이는 자유의 사전적인 정의(남에게 구속을 받거나 무엇에 얽매이지 않고 자기 마음대로 행동하는 일, 또는 그러한 상태)[8]와 큰 차이가 있다. 또한 독립신문은 자유주의가 중시하는 경제적 이익에 대한 개념을 보다 분명히 하고, 개인의 경제적 이익창출이

6) 맹자는 "사람들이 서로 이(利)를 취하고자 한다면 나라가 위태로울 것이라고 하면서 의(義)를 먼저 추구해야 한다"고 했다(이나미, 2001: 53). 즉, "이(利)는 의(義)의 대어(對語)였다."

7) 〈독립신문〉 1899년 1월 10일자. "언권자유"; 이나미(2001: 53). 전게서에서 재인용함.

8) 두산백과의 내용을 네이버에서 인용함. 노명식(2011: 19)은 자유와 해방이 뜻이 같다고 한다.

국익에 도움이 된다는 것을 다음과 같이 기술하고 있다.

> "우리가 이익이라고 말을 하였는데 조선 사람들이 이익 두자 뜻을 자세히 모를 듯한 고로 우리가 설명하노라. …(중략)… 이익이라고 장사하는 데서 쓴 것은 이조로 가지고 하는 말이요 …(중략)… 나라마다 해륙군과 순검을 크게 배설하야 나라를 방어하고 보호하게 하니 그것도 이익이 있어서 하는 것이요. 정부에서 돈을 들여 학교를 배설하는 것도 나라에 후진을 교육시켜 그 후진들이 후일에 학문 있는 백성들이 되어야 나라가 진보하고 부강해갈 터인즉 리가 드리는 돈보다 더 남는 까닭에 나라마다 교육을 힘쓰는 것이요. 국중에 도로를 돈을 들여 수리하고 위생을 돈을 들여 힘쓰며 밤에 도로에 불을 켜 도적과 협잡하는 일이 적게 하며 인민이 왕래하기에 편리케 하는 것이 돈 드리는 이보다는 이익이 더 나는 까닭에" …… (독립신문, 1897.1.12; 이나미, 2001: 54). 이와 같이, 자유라는 용어가 대한민국에 처음 소개될 때는 개인의 경제적인 이익이 국가의 부나 사회기간 시설 확충을 위한 공동체 자금으로 활용될 수 있다(박영효, 1994: 279-280, 287-289)는 식으로 포장되어서 전파되었다.

이외에도 자유주의와 관련된 기사로 "백성마다 얼 만큼 하느님이 주신 권리가 있는데 그 권리는 아무라도 빼앗지 못하는 권리"(독립신문, 1897.3.9), "조선 인민의 목숨과 재산과 자유권"(독립신문, 1897.12.8)이라는 기사와 함께, 독립을 개인적인 자립이라는 개념과 연결시켜 "사람마다 놀고 있는 사람을 인심 좋은 체하고 먹여 살려주면 얼른 생각하면 그게 매우 후한 듯한 일이여 그러하되 다시 생각하면 그 사람을 아주 잡는 것이라"(독립신문, 1896.12.8), "이전에 편하던 몸 괴롭게 가지고 이전에 놀던 날 일삼아 주야로 저 부자 사람 재물 모고 몸 닥는 대로 나도 하면 못 될 리가 있으리요"(독립신문, 1896.11.26)라는 기사를 실고 있다.

이러한 초기의 자유주의 의미 전파는 후에 공리주의적 사고의 제국주의나 전체주의를 정당화시키는 논리로 활용될 위험이 있었다(이나미, 2007: 75 이하). 서구 국가에서 자유주의자들은 일반 시민의 무지를 두려워하여, 재산권이 있는 제3의 신분에게만 선거권을 부여하는 제한 선거를 실시할 것을 주장하였다(Sieyes, 1963: 156). 개화파들도 독립신문을 통해서 자유주의에 대한 민의 지지를 얻으려고 노력했지만, 우민관(愚民觀)이 있었고, 개화파에게 진정한 의미의 위협으로 인식되고 있었다(이나미, 2001: 44).

이나미(2001: 64 이하)는 독립협회에서 주장했던 독립이 일본의 힘에 의한 '청나라로부터 조선의 독립'을 의미했지만, 대의적인 의미에서 일제로부터 조선의 독립운동이 아닌 실상은 자유주의 중심 개념인 개인적 자유주의를 전파하기 위한 활동과 연결된다고 보고 있다. 독립신문의 주필을 맡았던 서재필은 독립신문의 기사내용을 가지고 배재학당에서, 그리고 저자거리에서 사람들을 대상으로 강의를 했다고 한다. 독립신문이 발간되면, 신문 1부가 평균 200인에게 윤독되었다(McKenzie, 1969: 67). 이와 같이, 독립협회, 독립신문, 그리고 배재학당은 개인적 자유주의 이념을 전파하는 데 많은 기여를 했다.

서재필로부터 개인적 자유주의 이념을 직접 전수받은 이승만(2008: 93)은 "독립정신"에서 자주와 독립, 그리고 국가와 자유주의 법의 역할을 본의대로 정확하게 기술하고 있다. 그(2008)는 "자주란 한 사람 또는 한 나라가 자기들의 문제를 스스로 처리하는 것을 말하며, 독립이란 홀로 서서 남에게 의지하지 않는 것을 말하니, 자주와 독립은 인간의 타고난 권리라고 할 수 있다." 그리고 "법은 모든 사람의 권리를 보호할 수 있도록 공평하게 제정되어 각 사람에게 속한 권리를 빼앗을 수 없게 하는 것이니, 이것이 국가를 설립한 근본 목적이라고 할 수 있다." 이 내용은 하이에크(Hayek, 1969, 1971)의 자유주의 정치체제에서의 법 개념과 일치한다.

2) 건국 및 제헌헌법에 드러난 자유주의 이념과 관련된 규정

건국헌법에서 자유주의 이념과 관련된 규정은 다음과 같다. 건국헌법 제2조 "대의민주주의와 권력분립 제도로서 임시의정원과 임시정부의 역할을", 제4조 "대한민국의 인민은 신교, 언론, 저작, 출판, 결사, 집회, 신서, 주소 이전, 신체 및 소유의 자유를 향유함을", 그리고 제9조 "생명형, 신체형 및 공창제를 전폐한다"이다. 건국헌법은 자유권적 기본권의 핵심내용(방승주, 2013: 344)을 정확하게, 그리고 다 포함하고 있다.

건국헌법 제정된 이후, 1919년 9월 11일에 1차 개정된 임시헌장 전문에는 "아 대한인민은 아국이 독립국임과 아 민족이 자유민임을 선언하였도다", 1944년 4월 22일 8차 개정된 임시헌장 전문에도 "국가의 독립을 갈망하였고, 무수한 선열들은 피와 눈물로써 민족자유의 회복에 노력하여 3·1 대혁명에 이르러 …(중략)… 정치, 경제, 문화 기타 일체 제도에 자유 평등 및 진보를 기본정신"(독립운동사편찬위원회, 1969: 998)을 명시하고 있다.

건국헌법은 재산권과 관련하여 "소유의 자유를 향유한다"라고만 규정하고, 개인의 삶에 행정개입을 정당화하고 재산권의 한계를 지우는 조항은 "교육, 납세와 병역의무"

표 6-1 대한민국 헌법에 재산권을 포함한 자유권적 기본권의 변화과정

구분	건국헌법 (1919.4.11)	임시헌장 (1919.9.11)	임시헌장 (1944.4.22)	제헌헌법 (1948.7.12)
기본권 조항	신교 · 언론 · 저작 · 출판 · 결사 · 집회 · 주소이전 · 신체 · 소유의 자유 향유함	재산의 보유, 신교 · 언론 · 저작 · 출판 · 집회 · 결사	재산권 보장 언론 · 출판 · 집회 · 결사	재산권의 보장하나 행사는 공공복리에 적합해야 함. 신체 · 양심 · 신교 · 언론 · 출판 · 집회 · 결사의 자유

출처: 서희경 · 박명림(2007: 87). 전게논문에 게재된 표의 일부를 수정 · 재편집한 것임.

만 명시해 자유권적 기본권을 거의 완전하게 보장했다. 이후 1919년 9월 11일 대한민국 임시헌장은 재산권의 보유로, 1944년 4월 22일 임시헌장, 그리고 1948년 제헌헌법 제15조에서는 재산권은 법으로 보장되지만, "재산권의 행사는 공공복리에 적합해야 한다"와 "공공복리를 위해서 재산권을 수용할 경우에 상당한 보상을 제공한다"라고 규정하고 있어, 〈표 6-1〉과 같이, 제헌헌법은 건국헌법보다 재산권의 천부적 기본권적인 성격이 상당히 후퇴했다.9)

자유권적 기본권 후퇴의 가장 큰 이유로는 일인(日人: 동양척식회사)들이 토지와 대량생산기관을 거의 전부를 소유하고 있었다는 점 때문이다. 당시 헌법설계자들은 원칙적으로는 재산이나 소유의 자유를 인정하였지만, 현실적으로 거의 대부분의 국민들이 소유한 재산권이 없었고(1941년 지주는 3.6%이고, 농업인은 69.8%에 달함), 일인들이 보유했던 대규모 재산권(공장, 광산 등)을 공공복리 향상을 위해 국영하는 것이 바람직하다고 보았다(신용옥, 2009). 다만, 농지의 경우에는 제헌헌법 제86조에 근거를 둔 농지개혁법(1949.6.21. 제정)이 제정 · 시행되었고, 정부가 부재지주에게 유상 매입하여 자경하는 농민들에게만 유상분배 하였다는 점도 특징이다(신용옥, 2014: 193).

재산권의 자연권으로서 천부적 기본권성의 후퇴를 확인할 수 있는 것은 제헌헌법에서의 경제 관련 조항이다. 제헌헌법 경제에 관한 조항인 제6장 제84조는 "대한민국의 경제 질서는 모든 국민에게 생활의 기본적 수요를 충족할 수 있게 하는 사회정의의 실현과 균형 있는 국민경제의 발전을 기함을 기본으로 삼는다. 각인의 경제상 자유는 이 한계 내에서 보장된다"라고 명시했다. 이와 같이, 제헌헌법 재산권 규정은 자유주의자들이 주장하는 국가로부터의 불간섭의 자유(Hayek, 1969, 1971; 이나미, 2001: 32)가 아

9) 신자유주의자 · 자유지상주의자(무정부주의자들이라고도 칭함)들은 재산권의 천부적 기본권 성격을 주장한다. 재산권을 생명권과 같은, 천부적 기본권 성격을 인정한다면, 재산권의 한계와 행사 범위를 대의제 기관인 의회에서 법으로 정할 수 없게 된다는 것을 의미한다.

니었다.

제헌헌법 기본권 조항 중에 제15조에서 "재산권이 법으로 보장되지만, 재산권의 행사는 공공복리에 적합하도록 하여야 한다"는 내용과 일맥상통하는 내용이다. 현행 헌법 제23조에도 동일한 내용이 명시되어 있다. 이 규정들은 독일 바이마르 헌법 제153조 제3항과 이를 이어받은 독일기본법 제14조 제2항을 계수한 것이다(김문현, 2013: 843; 정태호, 2019.6.22).

대한민국 제헌헌법에 자유주의 이념이 상당히 후퇴되어 담겨있지만, 자유주의는 민주주의의 토대이기 때문에(신용일, 2019; Lynn, 2013; Gaus, 1936), 행정과 행정조직은 수단적 가치로 행정활동을 제약하는 법 적합성(Lynn, 2009), 경제성과 능률(efficiency)이 중시된다(van Wart, 1998; 신용일, 2019). 여기서 경제성과 능률성이란 막스 베버(Max Weber)가 주장한 도구적 합리성(목측 합리성)을 의미한다. 목측 합리성은 정부 또는 민간 조직의 성립근거이고 추구이념이다.[10] 바버(Barber, 1984)는 자유주의를 무정부주의(anarchist), 현실주의(realist), 그리고 최소주의(minimalist) 등 세 가지 속성으로 분류하고 있다(Kravchuk, 1992). 순수 자유주의는 무정부주의이며, 이 경우에도 개인들 사이에 체결되는 계약이나 (상)관습이 존재(자연법이나 보통법 등)하고, 공동체 구성원들 사이에 형성되는 자율규칙이 존재하고 공동체 구성원들 사이에 이행이 강제된다.

3. 한국 민주주의 이념의 도입과 관련 헌법 규정

1) 형식적 의미의 민주주의의 도입과 전파

본 연구에서 형식적 의미의 민주주의는 반베르그(Vanberg, 1994)가 민주주의로 구분하는 조직규칙에 해당하는 것으로 행정의 권력을 누가 통제하는가, 대표자를 어떻게 선출하고 의사결정은 어떻게 하는가와 관련된 규정들과 관계가 있다. 즉, 형식적 민주주의는 정책(의사)결정이 합의된 절차를 충실히 준수했는지를(김영평, 1995: 17), 실질적인 민주주의는 정책결정에의 참여 기회가 모두에게 보편적으로 평등하게 주어졌는지, 결정된 내용이 실질적인 면에서 공정한지를 중시한다. 형식적인 절차준수가 중요한 이유는 인간 이성의 한계 때문이다(민경국, 2007: 366; 김영평, 1995; Hayek, 1971: 225).

10) 미노브룩(Minnowbrook)의 주요 이슈 중에 하나인 반관료주의 철학(an anti-bureaucratic philosophy)은 도구적인 합리성만을 추구하는 관료 조직의 철학에 반대한다는 것을 의미한다.

그리핀(Griffin, 2001: 315)은 법의 지배를 형식적인 것과 실질적으로 것으로 구분한다. 그(2001)는 형식적 의미의 민주주의에 속하는 법치를 다시 3단계로 구분하는데, 1단계는 전제군주시대와 같은 법에 의한 통치를, 3단계는 합의된 절차에 의해서 제정된 법의 지배를 의미한다(박은정, 2011: 168).[11)]

우선적으로, 조선시대 말까지 '민주'라는 개념이 존재했었는지, 그리고 형식적 민주주의가 소개된 문헌과 내용에 대해서 확인해 보면 다음과 같다. 동양에는 민주(民主)라는 개념이 존재하지 않았다(박찬승, 2013: 30). 중국 선진시대 문헌에는 민지주(民之主)라는 용어가 존재하였지만, 백성의 주인인 최고 통치자 제왕을 가리키는 어휘였다(진관타오 · 류칭펑, 2010: 271). 동양에는 민본이라는 단어가 존재했지만, 조선에서의 민본주의는 지배계층과 피지배계층의 뚜렷한 구분을 전제로 하여, 지배층이 피지배계층에 대해 온정적인 정치를 베푸는 것을 의미했다(박찬승, 2013: 33).

서양의 정치제도를 한국 사람들이 처음 접한 책은 중국 위원(1844)이 쓴, 미국정치제도를 소개한 『해국도지』이다(박찬승, 2013: 35). 그리고 최한기(1875)는 서양의 정치제도를 소개한 『지구전요』를 썼다(안외순, 2002: 71-72). 『지구전요』에는 영국의 입헌군주제와 양원제, 그리고 미국의 대통령제과 주지사, 의회에서의 의사결정제도, 헌법과 개정 절차 등을 소개하고, 미국의 정치제도가 영국 제도보다 우수하다고 적고 있다(안외순, 2002: 73 이하).

그 이후, 박정양 등은 일본을 시찰단으로 다녀와서 일본의 정치, 행정, 사회에 관한 책을 저술하여 소개하였다(박정양, 1984). 1881년 일본 조사시찰단 보고서에서는 일본의 권력분립과 양원제 국회 등 정치제도와 지방행정조직을 소개하고 있다(허동현, 1994: 122). 그리고 1883년 고종이 설치한 박문국에서 발간한 〈한성순보〉는 1984년 1월 30일자에 "구미입헌정체"라는 제목의 글을 실어, 서양의 정치제도를 소개하고 있다(김효전, 2006: 274). 이 글에서는 "유럽과 미주 양주는 나라가 많아도 치국의 요점은 단 두 가지가 있을 뿐이니 군민동치와 합중공화인데, 모두가 이를 '입헌정체'라고 일컫는다"고 기

11) 반베르그 등 학자들은 법치의 유형을 크게 형식적인 유형과 실질적인 유형으로 나누면서 그 요청강도에 따라 단계적으로 다음과 같이 구분한다(박은정, 2010: 168). 형식적인 법치의 1단계는 법에 의한 통치(통치행위의 수단으로서의 법), 2단계인 중간 단계는 형식적 합법성(일반성, 효력의 불소급, 명확성, 행위예측가능성, 법적 안정성), 3단계인 높은 단계는 민주적 합의에 의한 합법성(합의 절차에 의해서 제정된 법의 지배)이다. 실질적 법치인 4단계는 개인의 권리보호(재산권, 계약의 자유, 사생활 자유, 사적 자치), 5단계는 인간존엄 및 정의의 요청, 6단계는 사회복지(실질적 평등, 복지, 공동체 보존)이다(박은정, 2010: 168).

술하고, 삼부의 역할을 자세히 소개하고 있다.[12] 또한 한성순보는 홍영식이 미국에 보빙사(1883년)로 다녀와서 고종과 미국의 정치제도에 관해 나눈 대화(1883년 11월 21일) 내용을 다음과 같이 자세히 싣고 있다. 고종이 "그 나라에서는 나랏일을 어떻게 나누어 처리하던가?"라고 질문했는데, 홍영식은 "나랏일은 크게 셋으로 나누어 처리합니다. 상의해서 법을 만드는 의회가 있는데 상원과 하원으로 구성되었으며, 여기서 법을 정한 대로 이를 처리하는 행정부가 있어 대통령이 그 책임을 맡습니다. 사법부가 따로 있어 재판을 통해서 법대로 잘되었는지를 판단합니다"(홍영식, 1981).

형식적 민주주의와 관련된 개화파의 주장은 군민공치라고 할 수 있다. 군민공치는 왕으로 하여금 국민과 함께 통치하라는 요구이며, 입헌군주제로 소개되었다(한성순보, 1883.11.21). 유길준은 『서유견문』을 통해 군민공치체제가 가장 좋은 정치체제라고 평하고, 조선도 궁극적으로는 군민공치가 되어야 한다고 주장했다(이태진, 2000: 40). 군민공치의 행정이념은 갑신정변을 주도했던 개화파 김옥균의 『갑신일록』에 실려 있는 정령 14개조에 잘 들어나 있다. 정령 제13조에는 "대신과 참찬은 매일 합문 안 의정소에서 회의하여 품정하고, 정령을 반포 시행할 것"(박은숙, 2005: 292 이하), 그리고 제14조는 "정부, 육조 외에 무릇 불필요한 관직에 속하는 것은 모두 혁파하고, 대신·참찬으로 하여금 의논하여(군왕에게) 계를 올리도록 할 것"(박은숙, 2005: 292 이하)으로 되어 있다.

이후 1894년 갑오개혁에서 유길준 등 소장파들이 권력을 장악한 후에, 비상정치기구로 군국기무처를 만들었다. 군국기무처는 과반의결을 따르는 협의제 입법기관으로서 각종 개혁입법을 만들어내는 기구였다(박찬승, 2013: 55). 상기처럼, 조선 말기 또는 대한제국 시기까지 형식적인 민주주의 정치제도가 일부 정치인들에게 주장·실행되었다.

2) 민주주의 이념(실질적인 의미)의 도입과 전파

민주주의와 관련하여 실질적이라는 의미는 내용이 얼마나 자유주의와 민주주의 이념에서 지향하는 개인적인 자유의 보호와 함께, 시민 각자의 권리 평등성에 접근하느냐와 관련이 있다. 박은정(2011: 169)은 실질적 법치라는 용어를 사용하여, 법이 개인의 재산권과 자유를 보호하는 내용을 담아야 실직적인 법치라고 보고 있다. 본 연구에서 민주주의란 경제적 자유의 보장과 함께, 국민 모두에게 보편적으로 정치적인 자유가 보장되는 상태를 의미하며, 이를 위해서는 평등권, 참정권(보통·평등), 인간다운 삶을 살

12) "구미입헌정체". 〈한성순보〉. 1884년 1월 30일; 박찬승 2013: 41). 전게서에서 재인용함.

권리가 헌법으로 보장되는 것을 의미한다.

정태호(2008: 685; 2011: 131)는 민주주의를 "모든 국민이 자율적 결정의 주체라면, 모두가 평등하게 공동체 질서의 형성에 참여할 수 있어야 한다." 그리고 "민주주의의 핵심이 평등주의에 의하여 규정되고, 보통·평등 선거의 원칙을 비롯해 정치의사형성 과정에 대한 정치적 참여의 자유에 대한 엄격 평등·기계적 평등이 보장되어야 한다"고 본다.

그리핀(Griffin, 2001: 306) 등 학자들은 실질적 법치의 첫 번째 단계로, 개인의 권리보호(재산권, 계약의 자유, 사생활의 자유, 사적자치)를, 두 번째 단계로, 인간존엄 및 정의의 요청을, 그리고 세 번째 단계로 사회복지(실질적 평등, 복지, 공동체 보존)를 들고 있다(박은정, 2010: 168). 그리핀의 실질적 법치는 개인의 자유가 법을 통해서 보호되고 확장되는 20세기 민주주의를 의미한다(신용일, 2019: 134).

조선시대 실질적인 민주주의 이념을 엿볼 수 있는 문헌으로, 정약용은 『경세유표』에서 정전제 실시를 통해 사회경제적으로 모든 사람이 평등한 사회를 꿈꾸었다(박찬승, 2013: 33). 그리고 그는 「탕론」에서 "요순시대 백성이 지방관을 추대하고, 지방관이 제후를 추대하고, 제후가 모여 천자를 추대했다"(박찬승, 2013: 33)고 기술한 것과 「원목」이라는 글에서, "민이 통치자를 추대할 수 있다는 생각, 신분이 아니라 능력에 따라 관리를 선발해야 한다"(박찬승, 2013: 33)고 보았다.

한성순보(1884.2.7)는 "민주주의와 각국의 장정 및 공의당"이라는 주제의 기사에서 "나라를 다스리는 권력이 국민에게 있으며, 국민으로부터 나와서, 국민을 위해 시행되어야 한다는 것이다. 그 근본 원인은 모든 사람은 평등하기 때문이다"라고 기술하여, 만민 평등사상을 소개하고 있다.[13] 또한 한성순보(1884.3.8)는 "미국지략 속고"라는 제목의 기사에서 "대체로 하늘이 사람을 낼 때에는 바꿀 수 없는 통의(通義, right의 번역어임-후에 권리로 쓰임)가 있으니, 이는 억조창생이 모두 같다. 이른바 통의란 자유를 추구하고 생명을 보존하는 것으로, 이는 인력으로써 제한할 수 없는 것이며 귀신도 빼앗을 수 없는 것이다. 무릇 사람들이 나라와 정부를 세우는 것은 이 통의를 보존하기 위한 것이다"(박찬승, 2013: 45)라고 기술하고 있다. 또한 박영효(1888: 289-290)가 고종에게 올린 "건백서"에서, "백성의 귀천을 가리지 말 것, 노비를 해방할 것, 남녀의 차별을 철폐할 것, 반·상·중·서의 등급을 철폐할 것"을 건의했다는 것과 함께, 갑오개

13) 롤스(Rawls, 2003: 17-19)가 자유롭고 동등한 개인이라는 의미에서 권리평등자유주의를 소개하고 있는 것과 같은 의미이다.

혁 이후에 만들어진 군국기무처에서 1894년 6월 28일 의결한 사회개혁조치에도 노비제도를 혁파하고 남녀노소평등 원칙을 천명하였다(박찬승, 2008: 282-283).

이후 황성신문(1898.2.17)은 논설에서 "우리 대한 인민은 언필칭 자유권이라 하니, 그 자유권을 능히 말하는 자가 과연 자유권이 어떤 것인지 알기나 하는지, 무릇 자유권이란 것은 하늘이 고르게 주시고 사람들이 모두 똑같이 가지고 있는 바라, 남의 권리를 빼앗는 자는 하늘을 거역함이요, 그 권리를 남에게 양도하는 자는 하늘을 잊어버리심이니 실로 근신하고 두려워할 바로다"(박찬승, 2013: 96)로 실고 있고, 대한매일신보(1909.3.10)는 "세 가지 자유의 큰 공"이라는 제목의 논설에서 20세기 문명의 꽃을 피우게 하는 세 가지 자유로서 첫째, 언론의 자유, 둘째, 저술의 자유, 셋째, 출판의 자유를 들었다(김효전, 2006: 411). 이 세 가지 자유가 있음으로써 교육, 실업, 정치, 문무의 교화, 기술, 학업, 제도 등이 나날이 진보할 수 있다고 실고 있다(김효전, 2006: 411). 한광호(1908: 14-28)는 공권과 사권의 개념을 소개하였다. 그(1908)는 "공권은 한 개인이 국가에 대하여 갖는 권리이며, 참정권, 인권, 국가의 행위를 청구할 수 있는 권리를 포함한다. 사권은 한 개인이 다른 개인에 대하여 갖는 권리라고 설명하고, 자유권적 기본권 이외에 인간다운 삶과 관련이 있는 교육 및 취학의 자유, 영업과 직업의 자유가 포함된다"(한광호, 1908)고 보았다.

이외에도 대한자강회의 김상범은 관권과 민권을 대비시켜 설명하고, 설태희는 법률상 사람의 권리라는 제목의 글에서 천부의 권리를 소개하고, 원영의는 인민의 공동적 책임이라는 제목의 글에서 참정권을 소개하였다(김효전, 2006: 290-291). 이들은 입헌대의정체로서 의회와 정부의 역할에 대해서도 소개하였다(박찬승, 2013: 99).

원영의는 『대한협회회보』의 "정체개론"이라는 주제의 글에서, "정체에는 군주정체와 공화정체 등 두 가지가 있고, 군주정체에는 다시 전제군주제와 입헌군주제가 있고, 공화정체에는 귀족공화제와 민주공화제가 있다"(대한협회회보 제3호, 1908: 27-28)고 소개하였다. 그는 "정체 가운데는 민주공화제가 가장 앞선 제도라고 보았지만 이는 문명이 상당히 발달된 상황에서 가능하다"(대한협회회보 제5호, 1908)고 주장하고 있다.[14)]

14) 이 시기에 국체와 정체를 소개한 글로 안종화의 정치원론(황성신문사, 1907), 필자(역자) 미상인 국가학(만세보, 1906년 9~11월), 선우순의 국가론의 개요(서북학회월보, 제8, 9, 11, 13호), 필자 미상의 국가의 개념(서우, 제16호 연재), 이기의 국가학설/정치학설(호남학보 1, 2), 이각종의 국가론(소년한반도 2), 설태희의 법률상 인간의 권의/설태희의 법률상 인간의 권의(대한자강회월보 9, 13), 안국선의 정부의 성질(대한협회회보 7), 정치학(기호흥학회월보 2)이 있다(박찬승, 2013: 87-88).

민주주의 정치체제에서 국가개입과 역할의 근거는 시민들의 자발적인 합의를 통한 제도(법)이다(Hayek, 1980: 169-173; Wilson, 1984: 194). 구한말기에 주권자인 시민들의 자발적인 합의 정신에 대한 기원은 구한말 "공심"에서 찾을 수 있다(이나미, 2013: 154). 공심은 사심을 버리고 나라와 이웃을 사랑하자는 애국애민의 정신을 의미한다(이나미, 2013: 154). 독립신문은 "학교를 확장하여 후생을 가르치고 연설장과 신문사를 많이 배설하여 남녀노소를 가르친다"(독립신문, 1897.2.6), 그리고 "관원들이 공심하나만 가지고 일한다면 조선 국기가 세계에 대접을 받을 터"(독립신문, 1897.2.6)라고 하여, 이는 시어도어 루스벨트(T. Roosevelt)가 미국 공무원들에게 참되고 영속적인 도덕적 각성, 확장된 신국가주의 정신을 요청했다(Sandel, 2005: 15-16)는 것과 유사한 내용이다.

이 시기에 강조된 공심은 공화주의의 공동체적 선이나 덕(Lynn, 2013; Sandel, 2005: 11)과 유사하다. 이나미(2013)는 공심을 "감성에 기초한 공공성"이었다는 점을 강조하고 있고, 황태연(2011: 259)도 "서양의 합리주의 전통과는 달리 감정적 소통에 기초한 공감적 · 이타적 감정(측은, 수오, 공경지심)을 윤리적 덕성의 기초로 보았다"고 주장하고 있다. 애덤 스미스(Adam Smith, 2009)도 자신의 저서에서 "자기 이해(자기애) 이외에 이타심이 있다"고 보았고, 미국 건국 아버지 매디슨(James Madison)은 미국 정치제도 설계에서, 그리고 프랭클린(B. Franklin)도 덕(virtue)의 중요성을 강조했다(Lynn, 2013: 623). 이에 대해서는 이후에 이상주의적 역사학파 소개에서 자세히 기술한다.

3) 민주주의 행정이념과 관련된 헌법 규정

(1) 민주주의와 관련된 규정

민주주의 이념과 관련된 헌법 규정은 정치체제에 관련된 조항과 프랑스의 주권재민 사상에서 기원하는 것으로(Hayek, 1980: 169), 주권의 소재가 누구에게 있는가를 분명히 하는 조항과 관련이 있다(허영, 2015: 151; 장영수, 2013: 68 이하). 건국헌법 제1조는 "대한민국은 민주공화제로 함"으로 규정하여, 국호와 국체를 동시에 정하고 있다. 장영수(2013: 63)는 "19세기 이전까지는 주권의 소재에 따라 국가형태를 군주국, 귀족국, 민주국으로 나누는 것이 그 국가의 전체적 성격을 규정하는 데 매우 중요한 징표였다"고 보고 있다.

제헌헌법 제정 이전에 결성된 대한인국민회 중앙총회 헌장 제1조에 본회는 "대한국민으로 성립하여 이름을 대한인국민회라 칭함"으로 규정하였다(도산안창호선생기념사업회, 2000: 548). 또한 1917년 7월 대동단결선언에서 "주권상속의 대의"와 "대동단결의 원칙"을 선언하고 있다. 여기서 주권상속의 대의란 "융희황제가 삼보, 즉 토지와 국민과 주권을 포기한 1910년 8월 29일은 곧 오인(吾人) 동지가 삼브를 계승한 날"(도산안창호선생기념사업회, 2000: 235-236)이라는 의미이다.

건국헌법 제1조에서 "대한민국은 민주공화제로 함"을, 제헌현법 제1조는 "대한민국은 민주공화국이다"로 그대로 이어받고 있다. 장영수(1993: 85-86)는 현대 민주주의를 국민주권과의 관계에서, "인간의 이성(합리성)에 기초하는 모든 개인의 인격적 평등을 전제로 하였으며, 개인의 최대한의 자율성의 보장에 그 정당성의 근거를 두고 있던 것이다." 또한 그(1993: 86)는 "국민주권만으로서 민주주의가 완성되는 것은 아니지만 국민주권을 부정하는 민주주의는 있을 수 없는 것이 또한 그런 까닭이다"라고 기술하고 있다.

장영수(1993)의 주장처럼, 건국헌법 제1조 대한민국은 민주공화국을 천명하고, 제2조는 국민 주권주의를 명시하고 있다. 제3조는 대한국인이 남녀노소 모두 평등함을 천명하고, 제5조는 공민자격이 있는 대한국인 모두에게 보통선거권이 있음을 명시하고 있다.

이는 일부 시민에게만 선거권과 피선거권이 주어지는 자유주의(Abbé Sieyés, 1963; 156; Lowi et al., 2008: 24)와는 구별되는(형식적인 것과는 대비되는) 민주주의 국가에서 행정(정부)개입을 통한 개인의 정치적 자유의 확장과 보장을 위한 방안이라고 할 수 있다(헌재 2004.3.25., 2001 헌마710 결정). 건국헌법은 교육과 납세의 의무를 규정하고 있고, 제헌헌법은 자유권적 기본권 이외에 인간다운 삶의 보장과 관련된 교육과 노동의 권리, 노동삼권, 노령인과 장애인의 권리, 가족보건과 관련된 권리를 명시하고 있다.

장영수(2013: 64)는 공화국을 "공화제의 요청에 따라 모든 공권력이 공동체에 귀속되며, 공공복리에 봉사하는 국가를 의미한다"고 본다. 공화제는 대의민주주의를 의미하고, 시민들의 자발적인 합의에 의해서 만들어진 법을 제정·집행하고, 사후적으로 올바른 적용 여부를 심사하는 기능이 대의제 정부기관에 주어진다는 것을 의미한다. 이들 기관은 공공복리의 향상을 주요 존재목적으로 하며, 개인은 공화국 안에서만 자유를 보장·향유할 수 있다.

대법원은 민주공화국이라는 대한민국의 국체와 정체에 대해서, "우리나라의 헌법 질서 아래에서는 헌법에 정한 민주적 절차에 의하지 아니하고 폭력에 의하여 헌법기관의 권능행사를 불가능하게 하거나 정권을 장악하는 행위는 어떠한 경우에도 용인될 수 없다"(대법원 1997.4.17., 선고 96도 3376 전원합의체 판결)고 판시한 바 있다. 이 판결은 민주공화국의 침해 내지 변경이 허용될 수 없다는 것을 의미한다(장영수, 2013: 66).

(2) 민주주의를 넘어서는 사회민주주의와 관련된 헌법 규정

정승현(2007: 69)은 사회민주주의를 "좁은 의미에서는 정치적 민주주의 틀을 인정하면서 부르주아 정당과의 연합 혹은 연정을 모색하기도 하며, 수단으로서는 폭력혁명을 거부하고 의회주의 원칙을 통해 점진전인 사회개혁을 추진하는 사회집단이나 정당"(정승현, 2007: 69)으로, 그리고 사민당은 '민주사회주의'를 이념적인 뼈대로 내어놓고, "생산수단의 사적소유를 의회민주주의 실현과 기본권 보장을 전제로 인정하면서 자본주의 사회의 양대 계급인 부르주아와 프롤레타리아트의 이해관계를 공공복리라는 상위 개념으로 묶는 것"(정범구, 1991)이라고 정의한다. 황병덕(1995: 249)은 자유민주주의란 국가권력의 창설과 아울러 국가권력의 정당성이 최종적으로 국민의 정치적 합의에 의해 귀착될 수 있는 통치형태라고 정의할 경우에, 자유·평등·복지 등이 기본가치가 된다고 정의한다. 그(1995)는 자유민주주의는 신자유주의와 사회민주주의로 분할한다. 그리고 그(1995)는 신자유주의는 절차상 민주주의와 시장자유주의를 결합시키고, 사회민주주의는 절차상 민주주의를 토대로 사회·경제적 의미의 민주주의를 추구한다고 본다. 이들 학자들 주장에서 공통적으로 추출되는 사민주의의 개념은 공공복리, 자유·평등·복지, 그리고 사회·경제적 의미의 민주주의이다.

건국헌법과는 달리, 제헌헌법은 서구유럽 국가들과 같은 경제민주주의와 관련된 규정들을 많이 포함하고 있다. 제헌헌법은 헌법 전문에 "정치, 경제, 사회, 문화의 모든 영역에 있어서 기회균등과 국민생활의 균등한 향상을 기함"을 명시하고, 총강 제5조 공공복리의 향상을 위하여 국가의 조정의무 규정을, 제8조 정치, 경제, 사회적인 차별금지 규정을, 제15조 재산권의 행사는 공공복리에 적합 규정을, 제18조 노사이익분배균점권 규정을, 제84조 사회정의의 실현과 균형 있는 국민경제의 발전을 기한다는 규정을, 제86조 농지는 농민에게 분배규정 등을 명시하고 있어서, 단순한 민주주의 정치체제를 초월하는 "경제적 민주주의의 수립"(서희경·박명림, 2007: 103)에[15] 대한 의지가 담겨있다.

제헌헌법 기초위원장이었던 서상일은 제헌헌법의 취지를 설명하면서, "정치·사

15) 유진오(1949: 10)는 『헌법해의』에서의 "개인주의적 자본주의의 장점인 각인의 자유와 평등 및 창의의 가치를 조화되고 융합되는 새로운 국가형태를 실현함을 목표로 삼고 있는 것"으로서 경제민주주의의 수립은 "우리나라 헌법의 가장 큰 특징"으로 기술한다(서희경·박명림, 2007: 103).

회・경제・문화 모든 영역에서 3,000만 명, 그리고 자손만대가 균등한 사회를 이루자고 하는 뜻이", 그리고 "특히, 경제에 있어서는 만민균등의 경제원칙을 담고 있다"고 설명했다(국회속기록, 1948.6.28).[16] 그리고 제헌헌법 초안을 작성한 유진오는 대한민국 헌법의 기본정신은 "정치적 민주주의와 사회적・경제적 민주주의의 조화를 꾀하는 데 있다"(유진오, 1980: 236)라고 설명했다(박찬승, 2013: 335).

또한 제헌헌법 제18조의 "노사이익균점권"은 헌법독회과정에서 문시환 의원 등이 추가할 것을 제안했고, 헌법기초위원들이 오랜 시간 트론과 표결로 통과된 조항이다(신용옥, 2009). 문시환 의원은 "정치적으로만 민주주의를 실행할 것이 아니라, 경제적으로도 민주주의를 하자는 것"[17]이라고 설명했다.

이와 같은 사민주의와 유사한 행정이념의 뿌리는 조소앙의 "삼균주의"라고 할 수 있다(서희경, 2002). 조소앙은 대동단결선언의 기초를 작성하고, 건국헌법과 상해임시정부에서 8차에 걸쳐 개정된 임시헌장의 작성자이다. 삼균주의는 국민 모두가 균권(均權), 균지(均智), 균부(均富)를 실현할 수 있게 하겠다는 취지의 건국정신이다(서희경, 2002). 삼균 중에 '균부'가 경제민주주의와 관계가 있고, 경제민주주의를 어떻게 실현할 것인가에 대해서는 논박이 있다(권도혁・강정인, 2017). 삼균주의의 체계적인 해설서인 『한국독립당당강천석』은 자유와 평등의 관계에 대해서 다음과 같이 기술한다(서희경・박명림, 2007:90). "자유는 절대적인 것이 아니고, 선량한 풍속을 해치거나 죄악을 선동하거나 치안을 방해하거나 공공의 이익에 손해를 끼치면, 이것은 평등의 원칙에 어긋나기 때문에 국가가 간섭할 수밖에 없다"(추헌수, 1972: 146).

물론, 헌법학자들은 제헌헌법이 바이마르 공화국(독일기본법의 별칭임) 헌법[18]을 계수한 것이라는 것에 이견이 없다(양건, 2013: 24). 특히, 독일 바이마르 헌법 제153조 제3항과 독일기본법 제14조 제2항의 내용을 계수하여(김문현, 2013: 843), 제헌헌법 제15조에 재산권의 행사는 공공복리에 적합해야 한다고 재산권의 사회구속성을 둔 것이 그것이다. 소유권이 1776년 버지니아 권리장전, 미국 독립선언, 1780년 매사추세츠헌법,

16) 국회속기록, 제1회 제17차 회의록(1948년 6월 23일), 8쪽; 박찬승(2013: 335). 전게서에서 재인용함.

17) 국회속기록, 제1회 제24차(1948년 7월 3일), 제25차(1948년 7월 5일) 회의록; 박찬승(2013: 334). 전게서에서 재인용함.

18) 1919년 2월 6일부터 8월 11일까지 열린 국민의회가 헌법을 바이마르에서 채택했기 때문에 바이마르 공화국이라고 함. 1918년 11월에 일어난 독일혁명으로 빌헬름 2세는 네덜란드로 망명함. 독일은 군주제를 폐지하고 공화국을 선포함(Daum 백과사전 참조).

그리고 1789년 프랑스의 인권선언 등에서 신성불가침한 자연법적 절대적 인권으로 인정되었으나(김문현, 2013: 821), 벤담(Jeremy Bentham) 등에 의해 자연법 비판이 이루어지면서 소유권도 실정법적 권리로 변화되었다(長谷川正安, 1987: 182).

우리나라의 만민평등주의는 기독교정신에 영향을 받은 것이며, 구한말부터 주장되어 온 하나의 염원 같은 것이었다(유진오, 1949: 15).[19] 건국헌법 제3조 "남녀노소 평등하다는 것", 제헌헌법은 제8조에 "성별, 신앙, 그리고 사회적 신분에 의하여 정치적, 경제적, 사회적 생활의 모든 영역에서"로 명시하였고,[20] 현행헌법은 제11조는 "문화적인 것도" 포함시켜서 차별을 금지하고 있다. 임지봉(2013: 409)은 "현행헌법 제11조를 헌법 제32조의 여성노동자의 차별대우 금지, 제36조의 혼인과 가족생활에서의 양성평등, 제31조에서의 교육의 기회균등, 제41조의 평등선거의 원칙, 헌법 제119조에서의 경제민주화, 그리고 헌법 제123조의 지역 간의 균형 있는 발전과 연관된다"고 보고 있다.

이상에서 살펴본 것처럼, 한국 행정의 역할 범위는 자유주의와 민주주의의 행정이념에서 허용하고 있는 개입 범위를 초월하고 있다. 다만, 건국과 제헌헌법에서 명시하고 있는 만민균등의 정신은 사회민주주의가 절대적인 평등을 의미하지 않는다는 점에서(강정인・권도혁, 2018: 261; 황병덕, 1995: 249) 행정개입 범위에 한계가 있다. 그리고 제헌헌법에서 존재하던 노사이익균점권이 사문화되고 헌법 개정을 통해서 폐지되었지만, 헌법 제11조 평등권, 제32조 여성노동자의 차별대우금지, 제31조 기회균등, 그리고 제119조 경제 질서에 있어서의 평등 등의 규정에 그 정신이 남아 있다(임지봉, 2013).

4. 행정이념 도입과정에서 민본주의의 영향과 헌법 규정과의 차이점

1) 다양한 행정이념 비교와 민본주의 사상의 공통점과 차이점

개인의 자유로운 활동만을 통해서는 모든 개인의 정치적 자유가 보호되고 확장될 수 없다는 토마스 힐 그린(T. H. Green)의 주장을 추종하여 등장한 것이 이상주의적 역사

19) 〈독립신문〉 1898년 1월 4일 논설에서 "하나님이 세계인생을 낳으실 때 …(중략)… 동등한 권리 …"; 박찬승(2013: 67). 전게서에서 인용함. "하늘이 인간을 낳았으니 모든 사람은 태어날 때부터 평등하다"[박영효 상소문, 1888(김갑천 역, 1990)], "신성한 평등복리, 1919.3.1. 독립선언서", "건국헌법 제3조 남녀귀천 및 빈부계급이 없고 모두 평등함", "제헌헌법 전문에 폐습철폐"(계급 및 인간존엄무시 등).

20) 헌재는 성별, 신앙, 그리고 사회적 신분에 의한 차별을 엄격심사 대상으로 분류함(헌재 1999.12. 23., 98헌마363 제대군인 가산점 제도를 위헌 결정함).

학파이다(신용일, 2019). 이상주의적 역사학파의 사상적인 기원은 아리스토텔레스(Aristotle)의 고전적인 공화주의(이하에서는 공화주의로 칭함)이다. 아리스토텔레스를 끝까지 놓을 수 없었던 옥스퍼드대학에서 이상주의 운동이 시작(Eckoff, 1895: 715)되었다는 점에서도, 아리스토텔레스의 공화주의는 이상주의적 역사학파의 사상적 뿌리이다.

공화주의는 사회재(social goods), 정치적 참여를 통한 사회성(sociality) 함양, 그리고 개인의 선호보다는 자기지배를 중시한다(Brennan & Lomasky, 2006). 개인적인 이해나 선호를 초월하는 사회재 중에 하나로서 공동체적 선은 매디슨(James Madison)과 애덤 스미스(Adam Smith)의 집단적인 덕(virtue)과 연결된다(Lynn, 2013: 621). 하지만, 매디슨은 애덤 스미스의 『국부론』에 감명받았고, 『국브론』의 인간 이기심을 기초로 미국 국가제도를 설계했다(Lynn, 2013). 즉, 미국은 개인적 자유주의 이념을 토대로 설립된 국가이다. 우리 헌법도 개인적 자유주의를 이념적인 토대로 하고 있다.

공화주의와 자유주의의 차이점을 살펴보면 다음과 같다. 첫 번째로, 공화주의자는 생래적인 사회재의 존재의 중요성과 함께, 사회재(social good)의 보존과 육성과 관련되어서 국가 조직(polity)의 의무적인 역할을 강조하는 데 반해서, 자유주의(민주주의 포함)자들은 시민들의 다양한 활동의 부산물일 수 있고, 사회재의 창출에 대한 자발적인 시민들의 합의를 강조한다(Brennan & Loamsky, 2006: 227). 다만, 애덤 스미스(Adam Smith, 1981[1776])는 사회재 중에 하나로 비경합성과 비배제성의 특성을 지니고 있는 공유자원은 시장보다는 정부가 공급하는 것이 효율적이라고 보았다.[21] 새뮤얼슨과 노드하우스(Samuelson & Nordhaus, 1985: 714)는 공유자원을 누가 배분할 것인지의 문제는 정치적인 질문이라고 주장한다.

두 번째로, 공화주의자들은 정치적 활동을 통해서만 사회성(sociality)이 길러질 수 있다고 보는 데 반해서, 자유주의자들은 정치활동 이외에도 교회단체, 친목단체, 동창회 등 다양한 활동을 통해서 사회성이 길러질 수 있다고 본다(Brennan & Loamsky, 2006: 236).

세 번째로, 자기지배(self-mastery)이다. 공화주의자들은 공동체의 의사결정과정에 참여하기 때문에 자기지배 원칙에는 예외가 없다고 보는 반면에, 자유주의자들은 공동체의 의사결정을 통해서도 지배할 수 없는 개인 이익 또는 선호의 영역이 있다고 본다

21) 벤담과 로마스키(Brennan & Lomasky, 2006: 225)는 공유자원의 국가공급이 자유주의와 양립 가능하고, 공화주의(또는 공산주의)와 개인주의적 자유주의를 구분하는 차이점이 되지 않는다고 보고 있다.

(Brennan & Loamsky, 2006: 241). 공화주의자들과는 달리, 자유주의는 소극적 자유의 규범성을 인정한다. 개인 또는 개인주의는 근대에 발견된 개념이다(Bernstein, 1952, 124). 공화주의는 이 점 때문에 20세기 초반에 치열한 이념논쟁 끝에 사라지게 되었다(Brennan & Lomasky, 2006: 222). 벤담과 로마스키(Brennan & Lomasky, 2006: 226)는 공화주의자를 공산주의자와 같은 유형으로 보고, 자유주의와 대비시켜 설명하고 있다.

20세기 민주주의는 소극적 자유의 규범성을 인정하고 아리스토텔레스(Aristotle)의 공화주의 사상이 결합되어 탄생된 것이다. 왈도(Waldo, 1948)는 미국 행정국가가 19세기 말~20세기 초에 탄생했다고 본다. 윌슨(T. W. Wilson)은 미국 건국의 아버지들은 유럽스타일의 전제군주의 탄생을 막기 위해서, 견제와 균형, 연방주의, 주기적 선거, 개인의 자유의 보호를 통해 국가권력을 제약할 수 있는 제도적 장치를 마련했지만, 윌슨은 많은 글을 통해서 이런 견제장치들이 허접한 것이라고 보았다(Stillman, 1997: 333). 하지만, 뉴랜드(Newland, 1997)는 미국 헌법주의를 바버(Barber, 1984)의 자유주의의 세 가지 유형(무정부주의, 최소주의, 현실주의) 중에 하나인 현실주의로 본다. 민주주의는 자유주의의 개인적 자유의 보편적인 보호와 확장이고, 헌법은 국가권력으로부터 개인의 자유를 보호하기 위한 제도적 장치이다.

공화주의에서는 광범위하게 가부장적인 통제가 가능하고, 개인의 자유를 무력화시키는 국가권위의 한계가 없다(Brennan & Lomasky, 2006: 241). 그리고 최근에 다양한 학자들에 의해 공화주의가 연구되고 있지만, 고전적 공화주의에서는 정치에 참여할 수 있는 자격을 가진 사람이 극소수이고, 도덕적으로 평등을 전제하지 않기 때문에 누구에게나 자기지배가 되는 것이 아니다(Brennan & Lomasky, 2006: 236). 이 점은 후술할 민본주의(유은하, 2012)와 공통점이다.

조선시대 말기 자유주의와 민주주의 이념 도입과정에 가장 큰 영향 준 사상은 민본주의 사상이다. 민본주의 사상은 공동체, 공동체적인 선과 구성원의 윤리, 윤리교육을 중시하지만(최태현, 2017: 332), 개인과 개인의 소극적 자유, 권리(權利) 개념이 없다는 점에서(이나미, 2001) 자유주의와 차별화된다. 민본주의에서 민본은 『서경』에서 나오는 민위방본(民爲邦本) 본고방녕(本固邦寧), 즉 "백성이 나라의 근본이니, 근본이 견고해야 나라가 편안하다"에서 기원한 것이다(최태현, 2017; 김순양, 2017; 박찬승, 2013; 이석규, 2011). 민본주의는 "지배자는 지배자답고 백성은 백성다우며, 어버이는 어버이답고 자식은 자식다운" 것을, 그리고 "민본사상에 초점을 두는 민은 대부분의 경우에 생산을 담당하는 피지배계층"(유은하, 2002; 장현근, 2009)이다.[22]

특히, 민본주의는 신분 질서의 유지와 관련된 통치이데올로기로 활용되었으며(이석규, 1996: 2011; 임도빈, 2008: 181), "지배층은 권농정책, 진휼제도, 부세감면, 신문고제도, 소원제도 등을 도입하여 백성들이 지배층의 온정적인 배려에 기대도록 만들었다"(김훈식, 1989: 189). 이러한 유교(민본주의의 뿌리)와 공화주의 사상의 유사성은 현대 중국의 경제적 자본주의와 정치적 공산주의 체제의 공존을 정당화하기 위한 이념적인 작업에서도 잘 드러난다(유은하, 2012). 민본주의는 "양민과 교민"을 핵심적인 활동내용으로 한다. 민본주의에서 양민(養民)은 백성들의 기본 생업을 보장해주는 것이고, 교민(敎民)은 백성들이 윤리적으로 행동하도록 가르치는 것을 의미한다. 민주주의에서 행정의 역할이 복지(양민)와 교육(교민)이라는 점(신용일, 2019)에서 상당히 유사하지만, 민본주의는 백성을 다스리는 치민(治民)이고, 민주주의는 시민이 자발적으로 정치과정에 참여해서(Lynn, 2013: 613; 박동서, 1988: 136), 대표자를 뽑거나 대표자가 되어 공공부문을 이끈다는 의미의 민치(民治)라는 점에서 뚜렷한 차이가 있다(한상범, 2002: 128).

즉, 20세기 민주주의(또는 사회민주주의)의 목적 내지는 이상이 개인의 자발적 합의를 통한 개인의 자유보호와 확장이라는 점에서(Lynn, 2013; Storing, 1981: 1-6),[23] 개인 또는 개인의 권리를 인정하지 않거나 부정할 수 있는 민본주의(또는 고전적 공화주의)와는 구분된다. 민주주의에서 행정의 개입과 역할의 근거가 되는 것은 개별적인 가치 이외에 사회적 가치의 창출이었다(Urban, 1902; Martin, 1902; Hobhouse, 1922). 사회적 가치창출은 단순히 양민(養民)에만 머물지 않고, 환경보호와 의료・복지문제, 과학 및 정보통신기술, 주택과 교통 등 다양한 사회적 문제와 관계가 있고, 사회적 가치창출 과정에 행정의 적극적 역할을 요구한다(Lynn, 2009: 304).

민본주의가 양민을 주요 가치로 둔다는 점 때문에, 일부 학자들은 사회복지의 사상적 근거를 유교에서 찾으려 한다(권정호, 2014; 김기현, 2013; 유병용 외: 2002; 이민수,

22) 민본주의의 영향은 선공후사(先公後私)나 멸사봉공(滅私奉公)이라는 개발기 때 정부에서 쓰였던 구호에서 나타난다. 자유주의는 개인의 이익보호와 추구가 우선이다. 자유주의는 공동체가 시민 개인에게 우선적으로 봉공(奉公)을 강요할 수 없다. 다만, 자유로운 시민이 자발적으로 합의를 통해서 공익을 추구할 수 있다. 공동체인 국가는 개인 이익보호가 우선이고, 개인 이익 확장은 인간다운 삶의 보장이라는 헌법적 가치를 준수하기 위해서 국가에 의해서 보장되는 것이다. 사실 멸사봉공은 공산주의 구호이고, 사회주의 국가에서나 사용될 수 있는 구호이다. 경제개발 시기에 멸사봉공이라는 구호는 특수집단에 부를 몰아주는 불균형 성장의 논리로 활용된 것이 사실이다.

23) 이것을 리와 로젠블룸(Lee & Rosenbloom, 2005)은 계약주의로, 베르틸리와 린(Bertilli & Lynn, 2006)은 사회적 정의(social justice)에 대비되는 개인적 정의(individual justice)로 표현한다.

2000; 홍경준, 1999). 또한 일부 학자들은 행정과 공무원의 공공성, 그리고 윤리와 관련된 연구에서도 유교의 이념이나 정신을 소개한다(한승연, 2017; 김도영 · 배수호, 2016; 이광모, 2011; 신무섭, 1978). 하지만, 이들 학자들의 주장은 자유주의와 민주주의가 개인적인 자유의 보편적 보호(개인적 정의, 권리에서 이는 이(理)가 아닌 이(利)다)(Lynn, 2013; Bertilli & Lynn, 2006)를 목적으로 한다는 점을 간과한데서 비롯된 오류라고 연구자는 생각한다.

2) 행정 역할 인식에서 민본주의의 영향, 그리고 헌법 규정과의 차이점

독립협회는 당시 시민들이 민본주의 인식을 지니고 있었기 때문에 자유주의의 본의를 솔직하게 전파할 수 없었다(이나미, 2001). 독립협회는 개인의 경제적인 활동으로 얻은 이익을 통해서 나라가 부강해지고, 국방이나 공공복리를 향상시킬 수 있다는 논리로 자유주의를 왜곡 전파하였다(이나미, 2001: 33).[24]

1968년 박정희 정권에서 만든 국민교육헌장은 자유주의이념이 아닌 민본주의 의식의 강화이었다. 그 헌장이 "우리는 민족중흥의 역사적 사명을 띠고 이 땅에 태어났다"로 시작한다는 점에서, "누구에게도 간섭받지 않고 자유로운 삶을 추구하는 자유를 최고가치"(Hayek, 1971: 14; Barber, 1984)로 여기는 자유주의(또는 개인주의) 이념과 상반된다. 당시 정치지도자들의 행정 역할에 대한 인식이 개인의 자유와 재산을 보호하고 보장하는 것이 아닌, 개인위에 군림하는 것이었다는 점(강력한 권위주의 내지는 파시즘)에서도 차이가 있다(박동서, 1988: 178; 최상용, 1984).

민본주의 사상은 민은 피지배계층이라는 점에서(박동서, 1988; 유은하, 2012; 장형근, 2009), 지배와 피지배를 정당화시키는 논리로 활용될 수 있다. 통치자는 백성의 아버지와 같은 존재로서, 백성의 도덕적 · 경제적 삶을 인도하는 존재로 인식되는 문제가 있다(강상규, 2016; 정윤재, 2009). 조선시대 변형된 민본주의 사상이 강력한 통치이데올로기로 등장하였고(이석규, 1996: 2011), 한국 국민이 전제적인 대통령제를 경험하면서, 민본주의 사상은 왜곡된 자유주의 사상과 함께 강력한 통치이데올로기로 작용했다(이태진, 2000).

자유주의 도입 초기에 여러 단체들은 자유주의를 민본주의 사상과 결합하여 일반 시민들에게 왜곡하여 전파하였지만, 정규 법학교육을 이수하였던 헌법초안 작성자인 조

24) 독립신문(1897.1.12)은 세 가지 의미의 이익을 제시함(이나미, 2001: 33). 첫째, 장사 이익, 둘째, 목숨, 재산의 보존, 명예, 의리, 영광, 하느님께 옳게 보이는 것, 셋째, 국방, 교육, 복지 등.

소앙과 유진오는 건국헌법과 임시헌장(8차 개정), 제헌헌법에 앞선 〈표 6-1〉에서 보여주는 것과 같이, 개인적 자유주의 이념을 헌법에 정확하게 규정하였다. 우리 헌법이 자유주의를 토대로 한다는 것은 제헌헌법이 제정되기 직전에 조소앙이 직접 작성·배포한 전단지에 "자본주의도 공산주의도 반대한다"고 기술되어 있는 점에서도 잘 드러난다(한국사료연구소, 1972: 763). 조소앙은 삼균을 통해서, 민주주의 내지는 사회 민주주의를 실현하겠다는 의지를 보여준 것이라고 보고 있다(한인섭, 2009: 177). 제헌헌법부터 대부분의 산업시설을 국유로 한다고 한 것은 일본 제국주의 정부 소유로 되어 있던 재산을 손쉽게 되찾고, 한국독립당 당의(黨議)의 내용과 같이(신주백, 2018: 109), 모든 국민의 '균평한 삶의 질 향상'을 위한 것이었다(박동서, 1988: 194; 신용옥, 2014: 204; 제헌헌법 전문). 헌재는 우리나라의 경제 질서를, "자유민주적[25] 질서 하에 민주복지국가 또는 사회적 시장경제 질서 국가"라고 일관되게 보고 있다(헌재 1989.12.22., 88헌가13, 헌재 1996.12.26., 96헌가18, 헌재 1996.4.25., 92헌바47. 8-1, 380; 2001.6.28., 2001헌마132, 13-1, 1456).

3) 양 정치이념에서 바라본 행정과 직업공무원제도의 필요성

자발성의 원칙에 기반을 둔 국가개입의 증가는 자동적으로 정부 역할을 확대시키고, 직업공무원제도의 정착으로 이어질 수밖에 없다. 영국과 미국의 공무원제도의 기원에 대해, 학자들은 영국은 1870년 추밀원령에 의해, 미국은 1883년 실적제(Merit System)를 근간으로 하는 펜들턴 법이 제정 때부터로 보고 있다.

하지만, 이념적인 차원에서 학자나 정치인이 관료제나 정부의 필요성을 제기한 것은 훨씬 이전부터이다. 미국 건국의 아버지 해밀턴(Hamilton, 1781)은 시민들의 자유(human liberty)를 확보하기 위해서, 그리고 공동체 구성원들 사이에 자신(우리)을 보호하기 위해서, 강한 공적기관이 필요하다고 보았다. 해밀턴(A. Hamilton)은 다음과 같이 기술하고 있다.

> 영속적인 자유를 위해 설계된 정부에서 …… 지나치게 많은 권력이 폭정을 가져오는 것처럼, 지나치게 적은 권력은 무정부상태를 가져온다. 그리고 둘 다는 마침내 국민들을

25) 여기서 자유민주적 질서란 원론적인 차원에서 언론과 표현의 자유가 보장되는 자유주의와 민주주의 질서를 의미한다는 것이 헌법학회의 정설이다. 신자유주의자들이 주장하는 자유민주주의를 의미하는 것은 아니다.

멸망으로 이끈다(Hamilton, 1781).

해밀톤(Hamilton, 1781)은 정부의 외양적인 형태보다는 정부의 품격(tone of government)에 관심을 가지고 있었다. 로시터(C. Rossiter)의 표현을 빌리면, 품격이란 정당성, 역량, 존엄성, 권위, 그리고 한마디로 '에너지'이다. 품격의 부재는 변덕, 반항적인 불신, 퇴화, 그리고 한마디로 '허약함'이다(Rossiter, 1964). 그(1781)는 강하고 효과적이고 에너지가 넘치는 정부를 원했으며, 정부에 대한 설계안을 여섯 가지로 제시하고 있다(Stillman Ⅱ, 1982: 8).

① 에너지, 리더십, 그리고 품격으로 특징 지워지는 행정의 확장된 의식 있는 활동적 역할
② 행정활동에 대한 책임이 여러 사람에게 분산되지 않고 하나의 프로세스처럼 통일된 행정(이사회 또는 위원회의 위원들에게 책임이 분산되지 않아야 함)
③ 할당된 행정권은 행정적 기능에 대한 책임에 상응해야 한다.
④ 행정의 효과성과 안정성을 확보할 수 있도록 적절한 재직기간 확보
⑤ 행정 참모에 충분한 급여 제공과 훈련된 전문가(파트타임이나 급여 없는 자원봉사자가 아니어야 함)
⑥ 활동적이고 효과적인 정부를 유지하기 위해 꼭 필요한 경제적이고 제도적인 지원(예: 군대에 예산과 장비지원 같은)에 관한 특별한 강조.(Stilman Ⅱ, 1982: 8)

앞서 기술한 해밀턴과는 다른 관점에서 관료제의 필요성을 주장하는 학자로, 존 스튜어트 밀(Mill, 1951)은 대다수 국가에서 국민들이 투표권을 가지게 된다면, 당시 국민의 대다수를 구성하고 있는 육체노동자들의 야만성과 무지를 위험시했다. 그리고 이때 너무 낮은 수준의 정치적 지성과 계급 입법이라는 이중의 위험이 매우 위험스러울 정도로 존재한다는 것을 두렵게 생각했고, 그런 해악을 제거할 수 있는 방법으로 대의제와 함께, 관료제를 거론한다(Mill, 1951). 밀은 "관료제에 실질적 정치 운영의 권한을 주고 의회가 여기에 간섭할 수 없도록 해야 한다"고 주장한다(이나미, 2013: 108).

그렇지만, 실제상으로 국가의 역할과 공무원 수가 본격적으로 늘어난 것은 한참 후에 일이다. 1930년대, 우리에게 잘 알려진 뉴딜정책이라는 이름으로 국가개입을 주도한 미국 제32대 프랭클린 D. 루스벨트(Franklin D. Roosevelt) 대통령보다 앞서서, 제26대 시어도어 루스벨트(T. Roosevelt) 대통령(1901~1909)은 집중된 경제력이 정치에 미칠

결과를 두려워했다.[26] 1902년 석탄 스트라이크를 조정하여, 물가와 산업 분야에 국가가 적극 개입하는 선례를 만들었고, 독점금지법(Sherman Antitrust Act), 철도회사의 리베이트 관행을 금하는 엘킨스 법(Elkins Act), 철도회사 운임을 규제하는 헵번 법(1906), 식육업체를 비롯한 식품재벌들의 비리를 막기 위한 육류검사법(Meat Inspect Act) 및 식품의약규제법(Pure Food and Drug Act), 환경보호를 위한 산림법, 노동자보호법 등을 제정했다. 그는 1899년 1월부터 뉴욕 주지사로 재직하였고, 재임기간 동안 인맥과 연줄로 채용된 공직자 및 부패하고 무능력한 공직자와 경찰 등을 숙정(肅正)하고 공무원 공개채용제도를 확립하였다. 그리고 이때부터 미국공무원의 숫자는 기하급수적으로 증가하기 시작했다(리차드 스틸만 Ⅱ, 1992). 시어도어 루스벨트가 당시 분권주의자들과 불일치했던 점은 민주적 권위를 되찾는 방법에 관해서였다.

> 시어도어 루스벨트(T. Roosevelt) 대통령은 거대한 기업은 산업화의 불가피한 산물로 보았으며, 19세기와 같은 분권화된 정치체제를 대안이라고 보지 않았다. …(중략)… 그는 공무원 수의 증원을 통한 연방정부의 힘을 키우는 것이 규모가 큰 기업에 대응하는 방법이라고 보았다(Sandel, 2006).

이와 같은 시어도어 루스벨트의 생각은 미국 건국 초기부터 건국 아버지들의 집중화된 부의 위험에 대한 두려움으로부터 기원했다고 볼 수 있다. 보수주의자의 선두격인 해밀턴(A. Hamilton)조차도 새로운 국가에 불운을 가져올 수 있는 인간의 본성적인 성향에 대한 글을 작성하였는데, 부(富)가 소수에게 집중된다면, 덕(virtue)이라는 것은 부(富)의 우아한 부속물에 지나지 않을 것으로 보았다(Gore, 2007: 74).

프랑스와 독일의 공무원제도의 기원은 미국보다도 오래되었다. 관방제라는 이름으로 행정학 교과서에서 실려 있는 프랑스와 독일의 관료제는 기원이 나폴레옹시대 이전으로 거슬러 올라간다. 독일의 전신인 프로이센은 1872년 프랑스와의 전쟁에서 패하자, 패전의 원인을 내적으로는 통일된 게르만 국가의 부재와 함께, 외적으로는 합리적, 전문적 관료제를 기초로 체계적이고 효율적인 국가운영을 했던 프랑스의 우월한 국력에서 찾았다(권혁주 · 곽효주, 2006: 191-192).

26) 도르잔(Dorjahn, 1938)은 On the Social Value of the Classics에서 "시어도어 루스벨트 대통령은 자신의 저서에서 마라톤과 살라미스 섬에서의 승리했던 그리스 인들은 플라톤, 아리스토텔레스, 아이스킬로스, 헤로도투스, 그리고 투키디데스의 사회적 가치를 빼앗기지 않는 일을 해냈다"고 기술하고 있다.

프랑스는 프랑스 혁명 이후 왕에게 충성하는 관료제를 대폭 개편하여, 능력에 따른 선발, 전문성 확보에 필요한 교육훈련, 신분의 안정성을 위한 관료제를 도입했다. 독일은 분열된 독일의 힘을 효율적으로 동원하기 위해 스타인-하덴버그(Stein-Hardenberg) 개혁을 통해 전문성과 합리성에 기초한 관료제들 도입 · 발전시켰다(Meny, 1990: 303).

막스 베버(Weber, 1968)는 직업공무원제도의 기원에 대해서, 프러시아의 관료들은 새로운 사회의 주도권을 놓고 치열한 경쟁을 벌이던 신흥 자본주의 부르주아와 수적으로 급격한 성장을 보이며 자본주의 하에서 고통받고 있던 노동자, 그리고 변화를 꺼려하는 전통적 지주세력 사이에서 국민국가라고 하는 공동체 전체의 이익을 보호해야 하는 역사적인 도전에 직면해 있었다. 여기서 국가는 사회적 이해세력으로부터 관료체계의 구조적인 자율성을 확보해야 했으며, 이를 위해 관료의 신분보장과 경제적인 보상을 위한 제도가 성립된 것이다(Weber, 1968).

그렇지만, 직업공무원제도가 헌법적으로 정착된 것은 1919년에 제정된 바이마르 헌법(§128~§131) 때부터이다(정종섭, 2010: 352). 현재의 직업공무원제도가 19세기 후반에 탄생해서 20세기에 정착된 제도라는 점에서,[27] 국가의 시장개입과 역할의 증대와 관련된다는 점에서, 직업공무원제도는 국가의 개입과 역할을 부정하는 자유방임주의 · 신(new)자유주의보다는 민주주의 · 사회민주주의에 익숙한 제도라고 할 수 있다. 또한 공무원제도 성립의 역사적 배경을 고려해본다면, 직업공무원제도 하에서 직업공무원이 우선적으로 중시해야 하는 가치는 수단적 · 도구적 가치 군에 속하는 능률성, 효율성, 혁신 · 창의성보다는 사회적 통합, 민주성, 중립성, 공정성 내지는 형평성의 사회적 가치이다.[28][29]

---

27) 함성득 · 남유진(1999: 176)은 『미국정치와 행정』에서 "펜들턴 법은 연방정부의 공무원은 공개경쟁시험을 통해 임용하도록 하는 외에 3명의 위원으로 공무원인사위원회(CSC)를 구성하도록 하는 등 직업공무원제도 확립의 근거법이 되었다. 초기에는 연방정부 공무원의 10% 정도가 이 법의 적용을 받았으나 …(중략)… 1800년 2,900명 정도였으나 …… 1861년부터 1901년까지 20만명 이상(증가인원의 86%가 우체국 직원임)의 연방공무원이 증가하였다"고 기술하고 있다.

28) 이승종(2016: 3)은 "서문: 과정패러다임에서 목표패러다임으로"에서 행정이 추구하는 목표의 예로, 박동서(1989: 70)는 "통일, 민주화, 경제발전, 안보력의 향상, 국민형성, 통합과 국민복지의 향상", 정용덕(2000: 73)은 "도덕적 의미, 특정한 상태의 존재 여부에 관한 의미", 유민봉(2005: 50)은 "공공가치를 실현하는 규범성과 처방성"을 제시하고 있다.

29) 김판석(2011: 44)은 "정부혁신을 둘러싼 쟁점과 새로운 발전방향 모색"에서 행정이 추구할 궁극가치로 자유, 평등, 정의, 민주를, 수단적 행정 가치로 합법성, 민주성, 능률성, 효과성, 형평성, 공정성, 책무성, 투명성, 중립성을 제시한다.

제3절 대한민국 행정의 가치와 쟁점 정리

1. 행정 가치

한국 행정의 윤리와 가치는 개인적 자유주의를 토대로 하는 민주국가이라는 점에서, 서구의 국가들의 그것들과(신용일, 2019; 서울행정학회, 2007) 다르지 않다. 대한민국이 개인적 자유주의를 토대로 한다는 점은 건국헌법(1919.4.11) 제4조 "소유의 자유를 향유함", 제1차 개헌인 대한민국 임시헌법(1919.9.11) 제8조 제2항 "재산의 소유와 영업의 자유", 현행헌법 제4조 통일 관련 조항에서 "자유민주적 기본질서", 제헌헌법부터 현행 헌법 제15조와 현행헌법 제23조 "재산권은 보장된다. 재산권의 내용과 한계는 법률로 보장된다"고 명시하고 있다는 것에서 확인할 수 있다. 우리 헌법은 소극적 자유의 규범성(개인의 선호 내지는 이익)을 인정하고 있고, 자유의 본질적 내용은 자발적 합의를 전제로 하는 의회의 입법권을 통해서도 침해할 수 없다고 규정하고 있는 것이다.

즉, 우리 헌법은 제23조 제3항에 재산권에 사용고· 수용, 그리고 제한에는 국가의 정당한 보상을 명시하고 있고, 헌법 제37조 제2항에 "기본적인 권리의 본질적인 내용 침해금지"를 재확인하고 있기 때문에, 시민의 개인적인 자유를 보호하는 것이 첫 번째 행정이 준수해야 할 윤리이다. 일정한 재산권의 보유는 아리스토텔레스(Aristotle) 이래로 정치적 선택능력(독립성)을 판가름하는 주요한 잣대이다(아리스토텔레스, 2009: 25; Sieyes, 1963; Lowi et al., 1990: 24; Jefferson, 1787). 헌재도 재산권을 개인적 자유주의의 핵심적 내용으로 보고 있다[헌재 1993.7.29., 92헌바20. 5-2. 36(44); 헌재 1999.4.29., 헌바37, 11-1, 299(302-3)].

또한 행정은 시민의 자유의 보호자로서 소극적 법적합성과 함께, 다양한 이해관계 집단들의 중재자이자 조정자로서(박동서, 1988) 공정하고 중립적으로 업무를 수행해야 한다(Wilson, 1984). 행정 조직, 정책, 프로그램 운영은 직업전문주의에서 비롯된 효율성이 중시되나(Wilson, 1887; 1984; White, 1962: 2; Kellough & Nigro, 2006), 능률이 행정의 중심가치(cardinal value)가 될 수는 없다(Miller, 2007: viii; van Wart, 1998: 16; Mosher, 1992).

두 번째로, 주권자의 자발적인 합의인 대한민국 헌법에 명시되어 있는 자유보장(확장)에서의 행정의 역할은 서구의 국가들 만큼 크고 적극성을 요구받는다. 서유럽의 독일, 스웨덴 등 국가들이 사민주의 국가이라면(Esping-Andersen, 1990), 대한민국은 독일과 같은 "사회적 시장경제 질서 국가"이다[양건, 2013: 24; 헌재 2001.6.28., 2001헌마132, 13-1, 1141(1456)]. 사회적 시장경제 질서 국가는 민주주의의 권리 평등성을 강화하기 위해서, 국가가 광범한 사회보장을 책임 있게 시행하는 것을 의미한다(헌법 전문, 제119조 제2항 참조; 1989.12.22., 88헌가13).[30]

사민주의와 기독교 교리에 영향 받은 만민균등주의 이념은 제헌헌법부터 전문과 평등권 조항에 담겨 있다(제헌헌법 제8조, 헌법 제11조 제1항 후단 참조). 같은 맥락에서 제헌헌법 제15조와 현행헌법 제23조 제2항에 재산권의 행사는 공공복리에 적합해야 한다는 단서가 달려 있다. 사회적 가치가 있는 재화의 창출과 관련된 영역에서 행정의 가치는 사회적 효율성, 공정성, 형평성, 그리고 법이 행정의 역할의 근원(source)이자 틀(frame)이 된다는 의미에서 적극적인 법적합성(Lynn, 2009; Ostrom, 2005)이다. 이 점은 서구 사민주의 국가들과 동일하다. 특히, 투자 위험성이 높아 소수 개인 또는 기업이 지출하지 않는, 광범위한 사람들에게 이익이 있는 미래 첨단산업(의료)기술 개발과 육성, 그리고 문화예술 전통보존·창작과 관련된 분야는 정부 영역이다(Adam Smith, 1981 [1776]: 723). 행정의 역할이 크고 넓다는 것은 공지성(투명성)의 요구가 그만큼 커진다는 것을 의미한다(van Wart, 1998; Thompson, 1987).

2. 쟁점 정리

앞에서 논의한 내용을 〈표 6-2〉로 정리해 보았다. 첫 번째 쟁점은 대한민국과 서구의 민주국들과의 행정의 가치의 동일성부분이다. 대한민국 헌법은 자유주의와 민주주의 이념을 모두 수용하고 있다. 대한민국 행정 가치는 서구 국가들의 가치와 동일하다.

두 번째 쟁점은 대한민국의 건국정신인 삼균·만민균등주의에서 도출되는 행정 가치의 차별성부분이다. 삼균·만민균등주의가 서구 국가들의 사회민주주의 이념에서의 경제적인 균등을 지향하고 있다는 점에서 가치의 차별성은 없다. 여기까지가 우리 헌법에 내재된 이념이고 가치이다.

---

30) 다만, 헌재는 헌법 제34조 제2항과 제6항의 국가의 사회보장·사회복지 증진의무나 재해예방노력 의무 등의 성질과 관련하여, 입법재량권의 행사에 의하여 구체화되는 '법률상의 권리'이기 때문에, 개인이 급부를 청구할 권리는 아니라고 판시한다[헌재 1995.7.21., 93헌가14, 7-2, 20-21; 1999.12.23., 98헌바33, 11-2, 758; 2000.6.1., 98헌마216, 12-1.640-641)(김문현, 2012: 417) 재인용함].

표 6-2 주요 쟁점 및 한국 헌법상 이념, 그리고 공공부문의 가치

<table>
<tr><th>구분</th><th>주요 이념</th><th>사상적 토대</th><th>행위 주체</th><th>도입, 단체</th><th>헌법상 주요 규정</th><th>행위 기준</th><th>핵심 가치</th></tr>
<tr><td rowspan="2">쟁점 1</td><td>자유주의</td><td rowspan="3">개인적 자유주의(다원주의), 기본적 인권의 불가침)</td><td>개인</td><td>독립협회, 서재필, 박영효 등 개화파</td><td>개인, 경제적 자유의 보장, 권리(權利), 권한의 분산</td><td>동기(법과 규칙의 준수)</td><td>효율성, 소극적 법 적합성</td></tr>
<tr><td>민주주의</td><td rowspan="2">공동체·개인 조화</td><td rowspan="2">삼균협회, 상해임시 정부, 조소앙, 유진오, 이상주의적 역사학파</td><td>국민주권, 참정권(보통), 인간다운 삶(사회權)</td><td rowspan="2">동기(법과 규칙의 적극적 실천), 정당성</td><td rowspan="2">사회적 효율, 공정성, 형평성, 공지성(투명성), 국민 전체에 충성</td></tr>
<tr><td>쟁점 2</td><td>삼균주의(사회적 시장경제 질서)·사민주의</td><td>경제 민주화와 균등한 삶 실현(대형 기업 등 국·공유화), 집권·분권 조화</td></tr>
<tr><td>쟁점 3</td><td>민본주의 공화주의</td><td colspan="2">지배체제 공동체</td><td>맹자, Aristotle</td><td>무제한의 국가 권위(개인적 자유불인정): 위헌</td><td>결과 목적</td><td>지배계층·개인에 충성</td></tr>
</table>

자유주의, 민주주의(사민주의)는 행정 행위의 결과보다는 시민들의 자발적 합의(동기와 과정)인 법을 중시한다는 점에서는 같다(허영, 2015: 205; Wright, 2010: S312). 현대 민주주의는 개인주의적 자유주의를 토대(민경국, 2007: 126)로 하기 때문에, 어떠한 경우라도 개인의 소극적 자유가 행정의 희생양이 될 수 없다(박동서, 1988: 182; van Wart, 1998: 21)는 점에서 공리주의, 전체주의, 그리고 사회주의와는 구별된다[헌재 2001.9.27., 2000헌마238·302(병합); 박종현, 2012: 41]. 행정의 행위 기준이 동기중심이란 것은 행정 행위가 시민들의 합의인 법에 근거하여 국민의 기본권을 보호·강화하는 방향으로 이루어질 때만, 정당성을 인정된다는 것을 의미한다(Lee & Rosenbloom, 2005; Rosenbloom & O'Leary, 1997).

그렇지만, 자유주의와 민주주의, 그리고 사회민주주의는 상이점이 존재한다. 자유주의는 개인의 경제적 자유보장과 제한선거를, 민주주의는 정치적 자유의 보장과 보통·평등선거를, 그리고 사민주의(삼균주의)는 정치적 평등 이외에 경제적인 균등을 지향한다(박동서, 1988: 194; 한인섭, 2009: 109; 신용옥, 2014: 204; 한수웅, 2012: 128 헌재 판시 참조).

세 번째 쟁점은 민본주의와 공화주의는 개인의 선호의 존재와 규범성을 인정하지 않고, 국가 권위에 한계가 없다는 점에서 공통점이 있고 위헌이다. 특히, 민본주의는 행정윤리와 가치를 지배 체제유지와 통치자에 대한 순응(충성)으로 본다는 점, 그리고 개인과 공무원의 사적인 삶의 영역에서도 지나치게 도덕적 행위를 강요한다는 점에서 문제가 있다. 과거에는 사생활에서도 공무원의 품위유지 의무 규정이 광범위하게 적용되었고, 프랑스는 잠자는 자세까지도 규정했다. 이 의식은 과거 우리 행정에 반자유적이고 반민주적인 강력한 권위주의를 가능케 했다(최상용, 1984; 한배호, 1989).

제4절 결론과 연구제언

앞에서 기술한 것처럼, 대한민국 헌법상 행정의 역할 범위는 사민주의를 행정이념으로 채택하고 있는 서구 유럽의 국가들만큼 크다. 헌재는 헌법 제23조 제1항과 제119조 제1항과 관련하여, “자본주의적 생산양식이라든가 메커니즘의 자동조절기능을 유지하면서 근로 대중의 최소한의 인간다운 생활을 보장하기 위하여 소득의 재분배, 투자의 유도 · 조정, 실업자 구제 내지 완전고용, 광범위한 사회보장을 책임 있게 시행하는 국가, 즉 민주복지국가의 이상을 추구하고 있음을 의미하는 것이다”[헌재 1989.12.22., 88헌가13(토지거래허가제 사건)]라고 판시했다(한수웅, 2012: 126). 이는 대한민국의 건국정신인 조소앙의 삼균 · 만민균등주의 정신이 사민주의와 같은 경제균등의 이념을 담고 있기 때문이다(박동서, 1988; 신용하, 2001: 18; 서희경, 2002). 대한민국 헌법은 민주국가의 행정의 역할인 사회적 가치창출(Hobhouse, 1924; Martin, 1902; Urban, 1902)을 초월하는 거의 모든 영역에서 행정의 역할을 인정하고, 정당성을 부여한다(헌법 제37조 제2항, 제119조 이하 경제 관련 조항 참조). 헌재는 헌법 전문을 포함한 모든 헌법 규정에 대해 법적인 효력을 인정하고 있다(장영수, 2013: 41). 임도빈(1998: 73)은 행정개혁의 방향이 탈 공공화가 아닌 행정서비스 능력 강화를 통한 서비스의 질과 보편성 강화를 위한 방향으로 이루어져야 한다고 주장한다.

국가 정체를 성문으로 명시한 나라는 셋이다. 대한민국 헌법은 제1조에 “민주국”, 프랑스 헌법은 제2조에 “민주적 · 사회적 국가”, 그리고 독일은 기본법 제20조에 “민주적 · 사회적 연방국가”로 규정하고 있다(장영수, 2013: 55-59). 이 국가들의 행정 가치는 동일하고, OECD 국가들도 동일한 행정 가치를 존중한다(서울행정학회, 2007: 54). 뉴랜드(Newland, 1997)와 린(Lynn, 2013)은 미국을 민주헌법 국가로 기술한다. 미국 학자들은 행정의 정치적 특성, 행정과 공무원의 역할과 가치를 헌법원리에서 찾고 있고, 매디슨(Lynn, 2013: 614)과 해밀턴(Newbold & Rosenbloom, 2007)이 페더럴리스트(Federalist) 잡지에 기고한 글을 근거로 제시한다.

스파이서와 테리(Spicer & Terry, 1993)는 미국 행정의 정당성 근원과 가치가 헌법원리에 있다고 최초로 주장했다. 미국 행정학자들이 그들(1993)의 주장을 수용하기 시작한 것은 1997년 『미국행정학보(*PAR*)』가 주관한 "미국 대 유럽(특히, 프랑스와 독일) 행정"이란 주제의 왈도 심포지엄을 통해서이다(Stillman, 1997). 스틸만(Stillman, 1997)의 왈도(D. Waldo) 심포지엄 논의결과 요약 논문에 의하면, 미국 형정은 기술(art)에 불과한데 반해서, 유럽 행정은 과학(science)이고, 포괄적인 원리가 존재하며, 헌법원리에서 근원을 두고 있다고 보고 있다(Stillman, 1997).

미국 건국 이후 시민의 요구는 개인주의에서 국가의 집단적 행동을 통한 자신보호 방향으로 변모해왔다(Gaus, 1936: Bernstein, 1952; Lynn, 2013; Stillman, 1997). 가우스(Gaus, 1936: 92)는 "사람들이 혁명과 자유를 위해 형성된 뿌리 깊은 철학에 직면(개인주의적인 삶)한 이후에, 태양 왕(the Sun King)만큼 비도덕적이고 자의적인 제도적 통제를 수용·보호받고 있다"고 주장한다. 이 시기 행정 역할 확대의 핵심 이유는 "시민의 존엄, 가치, 그리고 잠재성을 키우는 것"(Applbey, 1947; Green, 1924, 1895; Martin, 1902)이고, 폴 크루그먼(Paul Krugman)은 행정의 의도적인 역할로 중산층이 확대되었고(바텔즈, 2008: 49), 아리스토텔레스(Aristotle)는 중산층의 존재가 민주주의의 성공요인으로 본다(Gulick, 1990). 미국 헌법설계자인 매디슨(James Madison)은 페더럴리스트 51번(Federalist #51) 기고 글에서 "정의는 정부의 목적이다. 그리고 정의는 시민사회의 목적이다. 정의는 지속적으로 …(중략)… 추구될 것이다" …(중략)… "강자는 미래 불확실성으로 인해, 약자들 자신만큼 보호하는 정부에 굴복할 것이고, 결과적으로 강자와 약자를 포함한 모든 집단을 보호하는 정부를 원하게 될 것이다"라고 주장한다(Lynn, 2013: 621).

하지만, 시민들의 합의로 행정의 적극적인 역할이 인정된 이후, 미국 정부는 1960년대 시민들의 극심한 반대에도 불구하고 월남전 참전을 결정하였고, 파병을 반대하는 시민들과 흑인을 탄압하기 위한 목적으로 백악관의 의도적인 정보 왜곡과 함께, 공권력을 동원하였다(Ehrlichman, 2016).[31] 또한 1970년대 초반 카터(Jimmy Carter)부터 레이건

(Ronald Reagan) 행정부 기간에 관료 때리기(bureaucrat bashing)는 극심했다(Spicer & Terry, 1993). 신공공관리(NPM)와 신성과관리(NPR)로 명명된 지배연합에 의한 관료 때리기는 집행부 일인독재화, 주나 지방정부의 세금과 지출한계 부과, 입법가의 임기설정, 민영화, 이용자요금제, 행정업무의 민간위탁, 비용-효과분석에 기초한 결과우선의 행정, 공무원의 임의해고, 그리고 정부 정보의 비공개 등의 형태로 나타났다(Piotrowski & Rosenbloom, 2002; Newland, 1997; Rosenbloom, 1993). 이 시기에 19세기 말과 같은 형태의 엽관과 부패가 주정부와 지방자치단체에서 다시 등장했다(van Wart, 1998; 팰러스트 외, 2004; Newland, 1997). 당시 개혁옹호자들은 신자유주의를 표방하였지만, 일인 혹은 소수집단 지배인정, 정보자유의 침해와 민주적 견제장치를 무력화시켰다는 점 등을 이유로, 미국 행정학자들은 미국 헌법이념과 원리를 위반했다고 보고 있다(Lynn, 2009, 2013; Newland, 1997; Piotrowski & Rosenbloom, 2002; Rohr, 1986: 139). 안문석(2009: 207)은 "스미스의 작은 정부는 부르주아라는 중산층을 배출시켰고, 레이건의 작은 정부는 소수의 독점적인 자본가, 특히 투기 자본가를 만들어냈다"고 본다. 1970년대 초반부터 1980년대까지 미국 정부의 신뢰도는 60%대 이상에서 30%대로 급락했고, 1980년대 이후에는 20%대를 넘지 못하고 있다(Keele, 2007: 246). 미국 법원은 공무원의 자의적인 해고에 대한 판결에서, 공무원 신분이 특권이라는 기존 입장을 변경하여 재산권과 같은 권리로 인정하고, 적법 절차를 없는 해고는 무효라고 판결하고 있다(Rosenbloom, 1975; Piotrowski & Rosenbloom, 1993).

다만, 현행헌법은 질서 유지와 공공복리, 그리고 1972년부터 국가안전보장을 위해 '필요한 경우에 한하여' 시민 기본권을 일부 제한할 수 있다고 명시하고 있다. 대통령이나 단체장의 긴급명령권이 여기에 속한다. 통상적으로 국가의 안보위협이나 재난 상황에서 명령권이 발동된다. 미국 행정학자들은 중앙이나 지방정부가 처한 경제위기 상황에서 공리주의에 뿌리를 둔(Sandel, 2009: 44-46; Piotrowski & Rosenbloom, 2002: 643) 결과 성취에 초점을 둔 비용-효과분석이 한시적으로 유용할 수 있다고 본다(Hall, 2012: 488).

그렇지만, 불요불급한 상황에서도 톰슨(Thompson, 1987)은 사전・사후적으로 공지

31) 1960년대 시민무질서에 관한 국가자문위원회보고서가 있었으며, 닉슨(R. Nixon) 행정부의 국내정책보좌관이었던 에를리크만(Ehrlichman, 2016)은 반전 좌파와 흑인을 탄압하기 위해서, 대중에 마리화나를 가진 히피와 마약을 가진 흑인을 연계시키도록 했고, 인권탄압을 위해 활용했다고 증언함(Harper Magazine, 2016.6).

성을 충족시키는 다양한 제도적인 장치가 필요하다고 주장한다. 왈저(Walzer, 1973: 161)는 특수한 상황에서 결과주의적 행정의 필요성을 인정하지만, 해당 행정업무를 한 공무원이 결과주의적인 행위로 인해 죄의식을 느끼거나 처벌을 감내하는 것을 사회적으로 바람직하다(Thompson, 1999: 39)고 보고 있다.

현대 행정에 성과요구가 커지고 있는 것이 사실이다. 하지만, 행정성과 측정의 근본적인 문제는 행정의 정치적, 법적 특성에서 비롯된다(Rosenbloom, 1983). 베버(Max Weber)와 왈도(Waldo, 1968)는 행정을 중범위 이론으로 보고 거성기술적방법론(ideo-graphic methods)을 추천하지만(Parsons, 1965), 2011년 말 미국 행정학회 책임과 성과센터가 주관한 세션에 참여한 행정학자들은 행정의 성과를 정확하게 측정할 수 있는 측정도구가 없다(Hall, 2012; Christensen, 2009; Riccucci, 2010)고 보고 있다.

현대 행정에서 성과보다도 더 중요한 문제는 확대된 행정 역할이 시민들의 자유를 보호・확장하는 데에만[덴하트와 덴하트(Denhardt & Denhardt, 2000)는 서비스라고 표현함], 활용될 수 있도록 효과적으로 통제하는 방안이다. 반 와트(van Wart, 1998)는 국가지상주의와 관료제 병리를 우려한다. 로젠블룸(Rosenbloom, 1993; 2001b)과 린(Lynn, 2009; 2013)은 행정통제 방안으로 입법부의 우위성을 주장한다. 독일, 그리고 프랑스 입법부는 행정입법에 대한 각종 통제 권한을 가지고 있고(장영수, 2015: 164), 미국 의회는 집행부에 정책프로그램의 효과성에 대한 조사 요구와 감독을 할 수 있으며, 효과가 없는 프로그램의 폐지를 명령할 수 있다(Lowi et al. 2008: 208). 잉그레이엄 외(Ingraham et al., 1989)는 행정조직 내부통제의 한 방안으로 공무원노조 활동 인정을 통한 조직 내 권위의 수평화와 함께, 정부정책 취약성의 외브공개(내부고발)를 제안한다. 그리고 대표관료제의 확대와 정책결정과정에의 참여를 제안한다. 미국 연방 대법원은 판례를 통해 공무원 노조의 권리와 표현의 자유를 인정하고 있다(Ingraham et al., 1989). 행정권한을 가진 모든 사람들이 악(evil)한 행동을 할 수 있기 때문이다(Piotrowski & Rosen-bloom, 2002: 648; 임도빈, 2008: 115). 협동생산이나 거버넌스 방법도 행정 통제를 위한 효과적인 방법이다(이종범・주재복, 1994: 177).

연구자는 향후에 행정개혁에 참여할 연구자와 실무자들에게 우리 헌법이념과 신행정제도 사이에 연계성에 관한 연구를 제안하고 싶다. 또한 민본주의에 뿌리를 둔 반자유주의적・반민주주의적 의식, 관행, 그리고 행정제도의 개선이 필요하다(노명식, 2011: 30). 린(Lynn, 2011)은 미국 특유의 이념에서 비롯된 행정적인 사고와 실무를 맥락이 다른 국가에 자동적으로 이전할 수 없다고 본다.

자유주의 정치제도는 정부 행정을 악하다고 보지만(안문석, 2009: 209), 민주주의 정치제도는 정부 행정을 선하다고 본다(Green, 1895; 1924). 전자는 법 실행의 소극성을, 후자는 적극성을 요구한다. 현대 행정은 양 이념에서 도출되는 상반된 가치의 역설적인 균형이 필요하다(Wright, 2010; van Wart, 1998). 또한 적극행정의 실천을 위해서는 국민의 경제 · 사회 · 교육 · 문화 등 모든 영역에서(헌법 제11조 단서 조항 참조) 차별받지 아니한다는 현행 규정을 대신하여, 적극적인 평등 실현의무를 행정에 부과하는 독일 헌법 제3조 제2항과 같은, 헌법상 명문규정이 필요하고(임지봉, 2013: 445), 차별금지법과 같은 평등성 · 공정성을 확보할 수 있는 법제정이 필요하다.[32] 추후 연구와 논의가 필요한 부분이다.

마지막으로, 행정의 공공성 강화와 관련되어 신공화주의 이론이 등장하고 있다. 하지만, 브레넌과 로마스키(Brennan & Lomasky, 2006)는 비지배의 자유를 내세우는 신공화주의의 유용성 한계와 위험성을 지적하고 있다. 톰슨(Thompson, 2013)은 베버의 견해와 같이, "페팃(Philip Pettit)의 비지배의 자유"가 현대적 맥락에서 소수 과두제 집권층이 사회적 약자를 지배 · 간섭하는 문제에 대한 해결방안을 제시하는 방향으로 연구되어야 한다고 주장하고 있다. 톰슨의 이러한 지적은 한국 특유의 민본주의 의식이 지배하고 있는 공공 · 민간 조직 내 구성원들의 평등한 지위 강화를 위한 연구 필요성을 환기시켜준 것이라고 필자는 생각한다.

32) 한국 의회는 차별금지법 제정을 추진하고 있으나 종교단체의 반대로 추진이 안 되고 있다. 종교단체가 차별금지법 제정을 반대하는 이유는 동성혼을 인정하는 것과 관계가 있다. 국가가 결혼등록제도를 운영하고 있는 이유는 재산권 문제이다. 국가에 결혼관계를 등록함으로써 배우자 상호 간에 상속권과 부양권한의 인정 범위가 정해진다(가족관계 확인). 자녀는 법적인 결혼관계가 아니더라도 상속권을 인정받는다. 결혼 여부는 시민의 자유선택 영역이기 때문에 국가가 관여할 수 없다. UN 인권규정과 인권선언은 동성혼을 국가가 인정할 것을 권고하고 있다. 이웃에 대한 사랑을 실천하는 종교단체가 인권 차원에서 전향적으로 생각할 필요가 있다. 차별금지법은 동성혼 문제만을 규정하는 것이 아니다. 모든 시민의 차별을 금지하는 것이기 때문에 인사관리 전반에서 인종 · 성별 · 출신지역 · 학벌 등을 이유로 정부나 민간기관이 인사관리 전반에서 차별을 할 경우에 처벌할 수 있는 근거규정이 된다. 사법부가 인사관리 전반에 평등 · 공정성 확보 여부에 관여할 수 있는 근거규정이 된다. 미국은 1964년 시민권법을 제정해서 정부나 민간기관이 평등 · 공정인사를 관리하도록 강제하고 관리하고 있다.

제 7 장

사적입법과 자유(재산권)보호 · 보장

본 연구는 의회에 제출되는 입법안의 유형 중에 사적입법안(private bills) 제도, 적용 가능 범주, 그리고 당위성을 소개하는 데 목적이 있다. 국내 연구자들은 국회의원이 의회에 제출할 수 있는 입법안을 국회의원 입법안(congressman parliament bill)으로 통합적으로 인식하고 있고, 영 · 미권 국가에서 의원들의 전유물로 인식되고 있는 사적입법 제도와 그 제도의 장점에 대해서는 간과하고 있다.

영 · 미권 국가에서는 아주 오래전부터 공공입법(public bill) 이외에 사적입법이라는 제도를 운영하고 있다. 미국 연방의회는 사적입법을 정의를 배분하는 포괄적인 시스템의 본질적인 어느 한 부분으로서 간주한다. 이러한 입법활동은 일반법이 모든 상황을 형평성 있게 처리할 수 없다는 믿음에 기초한 것이다(*Harvard Law Review*, 1966). 사적입법은 환경의 복잡성과 인간의 불완전성, 그리고 가치의 다양성을 전제로 하고 있는 자유주의와 다원주의 이념에도 부합한다. 또한 사적입법제도는 한국 정부에 특별한 기여를 한 개인이나 집단에 대한 국가 차원에서의 개별적인 보상, 그리고 국가 전체 이익을 위해서 추진되는 국책사업으로 인해 발생되는 손실을 입은 개인이나 집단, 지역의 손해보상을 가능하게 해줄 수 있고, 특정 지역만의 특유한 사업추진을 위한 법제정을 가능케 하여 지방분권을 활성화하는 데도 도움이 될 수 있을 것으로 추정한다.[1]

미국 행정부(영어식 표현은 집행부이나, 현재는 자율성이 강화된 면을 고려하여 행정부로 표기를 통일함)에 입법권이 공식적으로 위임된(1946년) 이후에, 사적입법제도는 의원들이 자신이 속한 또는 관련된 유권자와의 소통 · 신뢰를 강화하는 데 도움이 되었고,[2] 일부 학자들은 의원들의 당해 유권자들에 대한 미시관리를 가능케 하여 재선가능성을 높여주었다고 보고 있다. 이 책에서 사적입법제도를 소개하는 또 다른 이유는 사적입법제도가 자유권적 기본권의 핵심적인 영역에 속하는 개인 재산권 보호(또는 기본권)와도 밀접하게 관계가 있기 때문이다.

미국은 행정부에 정책결정기능(자원배분기능)이 위임된 1946년에 연방정부 공무원

1) *Harvard Law Review*(1966)에 의하면, 사적입법은 미국 정부에 의한 개인 시민에 대한 청구권의 면제뿐만 아니라 미국 정부에 대한 청구권을 포함한다. 그리고 미국에 특별한 공로가 있는 외국인의 이민과 귀화의 특별한 혜택 등이 포함된다. 사적입법의 제정 범위와 절차는 입법정책적인 차원에서 변경되어왔다.

2) 사적입법안은 제80회 의회인 1946년에 1,269건이 하원에서 발의되었지만, 지속적으로 감소하고 있는 추세이며, 101번째 의회 회기에서는 단지 96건이 발의되었다. 사적입법안이 감소된 원인으로 의회의 업무부담을 경감을 위한 것으로 보고 있으며, 1946년 의회재조직법이 통과되었을 시기에 통과된 의회재조직법에 의해 모든 위원회에서 발의되었던 것을 법사위원회와 외교위원회로만 한정한 것을 들고 있다(Hills & Williams, 1993).

의 부주의나 중과실, 그리고 태만으로 인해 시민 개인에게 손실이 발생했을 경우에 이에 대해 보상을 제공하기 위해서 국가손해배상법(the Federal Tort Claim Act)이 동시에 제정되었다(Rosenbloom, 1993: 5). 미국은 각 행정기관이 시민이 제기한 손해배상청구를 6개월 이내에 배상 여부를 결정・통보해주어야 하고, 각 기관의 손해배상 결정사항에 대해 이의가 있을 경우에, 해당 시민(또는 단체)은 관할 구 법원(U.S. District Court)에 손해배상청구소송을 제기하고 있다. 미국은 손해배상소송을 담당하는 손해배방법원(Tort Claim Court)을 별도 기관으로 두고 있다.[3] 그리고 "특정한 지역이나 개인의 이익을 위해서"라는 명목으로, 다른 행정적 또는 법률적인 구제수단으로 구제가 어려울 경우에 상・하원 의회 의원 개인에 의해서 발의되고, 의회의 공식적인 심의과정을 통해서 제정되는 사적입법제도가 있다. 사적입법제도는 1817년부터 존재했으며, 사적입법을 발의・제정할 수 있는 범위는 고정된 것이 아닌 의회의 입법정책에 변천되어져 왔다(Beth, 2004). 미국 행정학자들은 정부 행정은 사회적 정의보다는 개인적 정의를, 공리적인 정의보다는 계약주의를 우선 또는 지향해야 한다고 보고 있다. 사적입법제도는 정부 행정에 불가피하게 공공(공익)사업을 추진할 경우에 그로 인해 발생 가능한 특정한 지역이나 개인 손실을 의회 차원에서 구제해주는 제도이라는 점에서 개인적 정의와 계약주의의 이행에 도움이 된다.

본 연구의 연구 범위는 연방정부(특히, 의회)에 의한 자유권적 기본권을 보호를 목적으로 하는 사적입법제도를 소개하는 데 있다. 특히, 정부의 자유주의 이념 강화와 실천을 위한 제도 소개에 목적이 있다. 각종 국가 정책이나 각종 재난과 분쟁으로 피해를 입는 시민들에 대한 권리 구제를 위한 제도적인 방안이며, 그 피해구제에서 정부 권력의 한축인 의회의 역할과 위상을 강화할 수 있는 제도적인 방안에 대한 소개이다. 사적입법의 한국 국회에서의 도입 실효성과 적용 범위, 세부적인 절차, 그리고 효과성에 대

3) 미국 손해배상제도는 고용주로서 정부가 소속 공무원의 고의나 과실 또는 태만(부작위) 등으로 인해 시민의 부상, 사망, 재산적인 상실 또는 손상이 발생한 경우에 정부가 시민에게 배상을 해주는 제도이다. 우리와 달리, 공무원의 태만(부작위)가 배상책임의 대상이 된다. 힐과 윌리엄스(Hill & Williams, 1993)는 1,000$ 이하는 행정기관이 직접 결정하여 보상할 수 있다고 기술하고 있다. 우리나라는 국가배상과 관련된 재판은 행정법원에서 다루어지며, 공무원의 고의나 과실이 있을 경우로 한정하고 있고, 원고가 공무원의 고의나 과실을 입증해야 하는 의무를 지게 된다. 또한 우리는 공무원의 행정처분이 위법한 경우일지라도 공무원의 고의나 과실이 없는 경우에는(공중위생법을 위반했으나, 시행령・규칙을 준수한 경우에 해당됨) 시민에 대한 손해배상을 인정하고 있지 않지만(대법원 1994.11.8., 선고94다26141판결[손해배상(기)] [공1994.12.15.(982), 3244), 프랑스의 경우는 정부의 위법한 행정처분에 대해 평등의 원칙을 위반한 것으로 보고 정부의 손해배상을 인정하고 있다(박현정, 2012).

한 연구는 추후 연구자들의 몫이다.

제1절 서론: 문제 제기와 목적

정부(입법, 행정, 사법, 그리고 독립행정 기관을 포괄하는 국가기관 개념임) 행정을 주 연구대상으로 하는 행정학자들의 의원입법에 대한 연구관심은 아주 적은 편이었고, 일부 연구자들의 의원입법에 대한 관심도 비교적 최근에서야 보여주고 있다. 민주화가 이루어진 제15대 국회부터 의원입법이 폭발적으로 증가하고 있다. 한국 연구자들은 의원입법의 본회의 가결비율(발의되는 안건대비 본회의 통과비율을 의미함)이 급격하게 떨어지고 있다는 현상을 근거로 하여, 의원입법이 증가되는 원인과 가결비율에 영향을 미치는 요인, 그리고 의원입법의 실효성 강화방안에 대한 연구 관심을 보여주고 있다(김기동 외, 2018; 이지형, 2018; 현재은, 2018; 박윤희, 2014; 정극원, 2012; 이현출, 2009). 일부 연구자들은 가결비율 저하의 원인으로 의원들의 전문성 부족을 지적하고 있는가 하면, 또 다른 연구자들은 가결 비율에 정(+) · 부(−)적인 영향을 미치는 요인에 대한 연구결과를 내어 놓고 있다(이지형, 2018; 김윤희, 2014). 하지만, 미국의 경우에도 의원입법의 본회의 가결 비율은 우리나라 10%보다 낮은 5%대 내 · 외에 불과한 수준이다.[4] 미국 의회의 입법안 가결비율과 비교해보았을 때, 우리 국회의 의원입법 가

4) 로위 외(Lowi et al., 2008: 133)는 의원이 제출하는 8천여 건의 법안(bill) 중에 85~90% 정도가 해당 위원회에서 사라진다고 기술하고 있다. 미국 행정부, 대통령실이 제안하는 입법 제안(legislative initiative)이 입법안(bills)이라 칭해지려면, 의회구성원, 백악관 또는 연방관청이 입법안을 개발하고 입법 초안을 만들기까지 수개월이 소요되기 때문에, 그리고 그렇게 만들어진 입법안 초안이 상 · 하원의 의회사무처 입법공무원(the Clerk)에게 제출되고, 해당 상임위원회에 안건으로 상정될 경우에 정식으로 입법안(bills)이라는 명칭이 붙는다. 이러한 과정을 거치는 입법은 우리나라에서는 공공입법이고, 정부입법이라 칭해진다. 미국은 정부입법이 인정되지 않는다. 이러한 복잡한 절차를 거친 입법안(공공입법과 사적입법 포함)의 85~90% 정도가 해당 상임위원회에서 사라진다는 점을 고려한다면, 정부입법을 공식적으로 인정하고 있는 한국 의회에서 의원 입법안의 10%가 본회의에서 가결 · 통과한다는 것은 상당히 높은 통과율이라고 볼 수 있다. 로위 외(Lowi et al., 2008: 161)에 의하면, "미국 헌법은 명시적으로 규정하지는 않았지만, 대통령에게 입법 발안권(legisrative initiative)을 부여하고 있다. 발의한다는 것은 처음 시작한다는 것이고, 정부에서 권력을 의미할 수 있다. 헌법설계자들은 명확히 입법 발의권을 집행권의 중요한 요소 중에 하나로 명확히 보았다. 발의는 중요한 정책에 대한 제안서를 작성하는 능력을 명백히 의미하고, 그리고 많은 지원인력을 가진 개인으로서 대통령은 국회보다도 더 자주 결단력 있는 행동을 촉구할 수 있다. 일부 중요한 예외가 있지만, 의회는 대통령에게 공공정책에 관한 대안을 설정할

결비율이 낮다고 볼 수 없다. 이외에 일부 연구자들은 의원입법의 가결비율이 떨어지는 원인에 대한 연구결과로, 입법안의 가결 여부가 발의 의원들의 재공천에 유의미한 영향을 미치지 않는다는 점과 함께, 자신이 발의한 법안 가결 추진과정에서 정당 지도부의 입지에 위협으로 작용할 가능성이 있는 경우에, 해당 의원들의 재공천 가능성을 낮추는 원인이 된다는 분석결과를 제시하고 있다(김기동 외, 2018).

이와 같은 연구결과를 종합해 보았을 때, 필자는 한국 의회의 의원입법 발의 건수가 폭발적으로 증가하고 있다는 이유만으로 또는 입법 발의와 가결 사이에 비율인 가결비율이 10%대이라는 이유만으로 의원입법안 제출이 과도하다든지 의원들의 입법 전문역량이 부족하다고 지적하는 것은 과도한 문제 제기로 보여진다. 오히려 과거 국회의원들에 비해 점점 더 의원들이 시민의 대표자로서 적극적인 의정활동을 하고 있는 것으로 보여지고, 상기한 이유를 들어 의원들의 입법안 제출 절차나 요건을 강화하거나 일정한 경력이나 학력을 소유한 의원에게만 출마 자격을 부여하는 방식으로 공무담임권을 특정 집단으로 제한한다면 민주주의 주권재민의 원칙에 반한다고 할 수 있다.[5] 오히려 필자는 우리 국회의원 개개인과 입법부의 독립성을 좌우하는 지지기반의 취약성이 한국 민주주의 발전에 더 큰 걸림돌이 되고 있다고 생각한다. 린(Lynn, 2013)은 미국 건국헌법을 설계한 매디슨(James Madison)의 페더럴리스트 기고 글(Federalist #47, #51)을 인용하여, 민주주의의 발전은 입법부, 행정부, 그리고 사법부의 독립적인 기반 강화와 함께, 이들 삼부 사이에 적절한 견제와 균형이 이루어질 경우에만 가능하다고 보고 있다.[6]

우리나라는 제헌헌법이 제정된 이후에, 대통령중심제를 유지해오고 있고 이승만 정

것을 의지한다. 그리고 꽤 명확히 발안 권력이 있다. 공공정책 결정에서 논의주제를 설정할 수 있는 권력이 있다"(Lowi et al., 2008: 161).

5) 주권자인 시민이 대표자를 선발할 경우에 대표자의 자격요건에 제약을 가하는 것은 주권의 제약요인이 될 수 있다. 헌재는 "공무담임권도 국가안전보장 · 질서 유지 또는 공공복리를 위하여 필요한 경우 법률로써 제한될 수 있으나 그 경우에도 이를 불평등하게 또는 과도하게 침해하거나 본질적인 내용을 침해해서는 아니 된다고 판시하고 있다"[헌재 1999.12.23., 98 헌바 363; 권영성(2002: 548)].

6) 린(Lynn, 2013: 45-47)은 매디슨이 미국 헌법을 통해 정치제도를 설계과정에서 일인지배를 방지하기 위해서 구상했던 '정치적인 손(political hand)'으로 삼권분립과 같은 다양한 제도적인 견제와 균형 장치와 함께, 거부권 행사자로서 상원, 하원, 대통령, 대법원, 다수의 응집된 힘을 가지 도당(faction) 등에 대해서 소개하고 있다. 그(2013)는 시민의 자유를 침해할 수 있는 일인지배를 방지를 위해 다양한 견제장치가 제대로 작동될 때, 민주주의가 성공할 수 있다고 보고 있는 것이다.

부부터, 최근 정부까지 행정부 우위의 정치체제를 유지해오고 있다. 다만, 분점정부이던, 즉 여소야대 의회이던, 노태우 정권 말기에 국회가 행정부에 제 목소리를 낼 수 있었다. 이승만, 박정희, 전두환으로 이어지는 권위주의 정부는 대통령을 수반으로 하는 행정부 독재나 다름이 없었다. 그 이후 정부에서도 행정부 우위이었고, 대통령이나 유력 대선후보가 개별 국회의원들의 정치적인 입지에 미치는 영향력은 상당히 컸다고 볼 수 있다. 그리고 특정 대통령이나 유력 대통령 후보자와의 친밀도가 국회의원의 공천이나 당선 가능성에 영향을 미치고 있는 것이 사실이다. 대통령의 영향력은 한국 의회를 통법부로 만들었던 것이 사실이다(권영성, 2002: 739). 이와 같이, 집행부 수반인 대통령의 강력한 영향력은 행정부 독재가 가능하게 하는 원인이었고, 의회의 중요한 역할이자 기능 중에 하나인 행정부 견제기능을(Rosenbloom, 2018; Lynn, 2013; Lowi et al., 2008) 무력하게 만드는 요인으로 작용하고 있다고 볼 수 있다.

미국의 경우에는 의회, 대통령실, 사법부가 행정브가 의회에서 결정한 법(정책)을 집행하는 것을 통제하고 감시하도록 설계되었다고 한다(Rosenbloom et al., 2018). 행정부 소속 행정기관의 본래 임무는 의회에서 결정된 정책을 집행하는 것이고, 의회의 감시와 통제를 받는 것으로 정치제도가 설계되었다고 한다 1930년대 중반 이후에 대통령실에 행정 명령 권한이 부여된 이후에, 대통령의 정책 집행 권한 범위의 모호성에 대한 논란이 있으며(Rohr & O'Leary, 1989), 미국 연방의회와의 충돌을 겪으며 대통령이 행정부 명령을 빈번하게 사용하는 경향성이 증가되고 있는 것이 사실이다.[7)]

한국은 제헌의회에서 의원내각제 정치제도를 헌법초안에 담고 있었으나, 당시 의장이었던 이승만 대통령과 지지세력의 강력한 주장으로 대통령중심제도가 선택되었다고 한다(정종섭, 2010: 210; 권영성, 2002: 735 이하 참조). 의원내각제적인 요소가 혼합된 대통령중심제적 정치제도는 제헌의회 이후에 지속되고 있고 한국형 대통령제로 칭해진다(권영성, 2002: 738). 대통령과 대통령실이 사실상 통제하는 행정부 절대 우위를 점하는 한국형 대통령제가 지속되어 왔다고 볼 수 있다(권영성, 2002: 739).

현재도 한국의 대다수 정치인들은 강력한 리더를 보유한 행정부와 여당이 국민의 요구를 잘 수용 · 협력해서 국민이 원하는 정책을 효과적으로 추진할 수 있다는 점을 부각시키고 국민의 지지를 호소하고 있다. 이러한 주장을 옳은 것으로 수용하는 국민들의 일반적인 인식이 있다는 것도 사실이다. 하지만, 행정부 수반인 대통령의 강력하고 권

7) 트럼프(Donald Trump) 행정부는 멕시코 국경장벽 설치 예산을 미국 하원에 제출하였으나 상당한 금액이 삭감되었고, 대통령 집행명령(executive order)을 통해 장벽설치를 강행하고 있다.

위적인 리더십은 유일 주권자인 시민의 기본권을 침해해온 역사도 있고, 심지어는 주권을 위협해왔던 것도 사실이다(장영수, 2013: 57, 66).[8)9)]

필자는 개별 의원의 독립적인 지지기반의 부족은 민주주의의 중요한 기능 중에 하나인 행정부에 대한 의회의 견제를 곤란하게 만든다는 점과 함께, 의원들이 추진할 수 있는 정책의 다양성 부재, 소수자 또는 소수집단의 이익 보호를(Lynn, 2013: 616) 곤란하게 만드는 원인이 될 수 있기 때문에, 국회의원들의 자기 지역구 또는 이익단체 유권자의 지지기반을 강화할 수 있는 제도적인 보완책이 필요하다고 생각한다. 필자는 의원의 독립성을 강화할 수 있는 다양한 방안 중에 하나로 의원들의 고유한 역할 영역인 입법안 발의제도에 찾아야 한다고 본다.

외국 연구자들은 일반적으로 적극적인 법안발의를 통해 높은 수준의 입법성과를 달성하는 경우나 두드러진 이슈에 관련된 입법발의를 할 경우에 해당 의원의 이름이 널리 알려지게 되는 계기가 되고, 그 의원의 당내 입지와 재선확률이 높아진다는 연구결과를 제시하고 있다(Shomer, 2009; Bräuninger & Debus, 2009; Rahat & Sheafer, 2007; Miquel & Snyder 2006; Weissert, 1991). 이러한 연구결과를 근거로 추론해 보았을 때, 의원들의 의원입법안 발의가 의원들의 독립성 강화에 필요한 시민 지지기반 확보에 정(+)적인 영향을 미친다는 볼 수 있다. 그리고 의원들이 자신의 유권자들에게 봉사하고 있다는 것을 보여줄 수 있는 사적입법제도가 존재하고, 의원들이 그런 사적입법제도를 적극 활용한다면, 국회의원 개인의 독립성도 강화될 것으로 추정한다.

다른 한편으로, 우리 정부는 국회의원[의원입법안이라고 칭함과 행정부(국무회의 심의)를 거친 정부입법안이라고 칭함]에 의해 입법안이 제출되고 있고, 그러한 입법안은 전체 국민 혹은 특정 수혜 계층을 대상으로 하는 공공입법안(public bill)이다. 우리 의회에서 다루어지는 입법안이 정부 정책과 관련된 공공입법안의 형태이기 때문에 특정

---

8) 5 · 18 민주화운동 당시, 국군의 무력 사용이 대표적인 사례이다. 이승만 · 박정희 · 전두환 정권 때, 당시 정권이 양심수를 대상으로 삼청교육대 운영, 일부 공안경찰에 의한 고문치사, 그리고 무고한 시민, 정치인, 그리고 학자들을 공작과 고문을 통해서 간첩 내지는 사회주의자로 만들고 사형을 집행하거나 옥고를 치르게 만든 사례 등이 있다.

9) 미국 행정학자와 연방대법원은 일인지배, 지배체제연합에 의한 독재, 선출직 공무원에 대한 경력직 공무원의 봉사는 위헌으로 보고 있다(Ingraham et al., 1989; Newland, 1997; Rosenbloom, 1993; Piowkrowski & Rosenbloom, 2002; Lynn, 2013). 1968년 미노브룩(Minnowbrook Ⅰ) 컨퍼런스에 참여한 학자와 실무자들은 정부(입법, 집행, 사법) 행정의 주요가치로 사회적 형평성(social equity)를 선정하고, 행정이 사회적인 약자에게 봉사해야 하고, 그것이 헌법의 정신이고 그럴 경우에만 헌법을 통해서 보호받을 수 있다고 강조하고 있다(Ingraham et al., 1989).

개인, 집단, 또는 지역의 개별적인 사정을 고려한 입법안 제출은 불가능하다. 특정 개인이나 단체, 그리고 지역을 배려를 하기 위한 입법제도가 없기 때문에, 매년 국회 예산 심의과정에서 상임위 의원과 기재부와 소관부처 공무원들 사이에 절충과정을 거쳐서 특정 지역 현안 예산이 확보되고 있는 것이 관례화되고 있다. 이러한 방식으로 확보된 특정 사업예산이 지방자치단체나 특별행정기관의 사업예산으로 귀속되기 때문에 개별 의원의 활동 실적으로 일반 국민들에게는 가시적으로 인식되지는 않는다. 그리고 언론기관들은 매년 연말과 연초에 국회의원들의 자기 지역 현안예산 챙기기를 비판하는 기사를 싣기는 한다. 이러한 방식의 예산확보는 학자들이 비판적인 시각에서 구유여물 챙기기(pork barrell)로 평가하는 지정예산(earmark)이다(Lowi et al., 2008: 123).10) 국회의원들의 본연의 역할인 유권자들에 대한 현안 해결이, 언론 보도를 통해서는 지역 이기주의로 비추어지는 것이고, 결과적으로 일반 시민들은 지역 현안 사업예산을 챙기는 국회의원에 대해 좋은 인상을 갖지 않게 되는 것이 현실이다.

본 연구 질문은 대통령과는 별개로 유권자들과 의원들의 유대 강화를 통해 독립적인 지지기반을 강화시켜줄 수 있고, 지역 정책의 다양성과 함께, 특수한 개인 또는 집단, 그리고 지역을 배려하거나 개인이나 집단의 기여에 보답할 수 있는 입법제도는 없는가이다. 한국 정부를 위해 특별한 기여(희생)를 한, 개인이나 집단에 대해 특별한 보상을 제공할 수 있는 의회 입법제도는 없는가이다.

우선적으로, 영 · 미권 국가에서는 의회에 제출되는 입법안이 공공입법(안)과 사적입법(안)으로, 오래전부터 구분되어 있다(BMJ, 1884; Thompson, 1914; the HLRA, 1966). 공공입법안(public bill)은 전체 국민(예: 형법, 도로교통법 등)이나 특정 계층(예: 여성 · 청소년보호법, 사회보장법 등 사회복지 관련 법안들)을 대상으로 하는 법안이다. 사적입법안(private bill)은 특정한 지역이나 개인을 대상으로 하는 입법안으로 "누구(지역)의 이득을 위해(for the benefit of)"라는 것이 붙게 되고, 개별법 또는 공공입법에 포함된다(Beth, 2004).

본 연구에서는 사법입법제도가 영 · 미권 국가에서는 오랜 전통을 가지고 있지만, 한국 입법부에 도입 · 활용되지 않았기 때문에, 그리고 국내 연구자들의 연구관심 밖에 존재했기 때문에, 사법입법제도의 국내 적용 효과성 내지 문제점에 대한 기존 연구 분석된 자료를 제시할 수는 없다. 다만, 외국 학술자료를 중심으로 사적입법제도의 존재

10) 지정예산(earmark)에 대한 연구결과는 세비지(Savage, 1999)의 *"Funding Science in America: Congress, Universities, and the Politics of the Academic Pork Barrel"*이 있다.

이유, 개념정의, 제안 범위, 그리고 현재 활용 정도에 대해서 조사·분석하여 제시한다. 그리고 본 연구는 사적입법안 제출이 상·하원 의원들의 전유물이 된 이후에, 입법안 제출과 의원들의 재선비율 사이에 영향관계에 관한 연구결과를 학술지에 게재된 내용 위주로 분석하여 제시한다.

본 연구의 연구 목적 첫 번째는 소수의 개인 이익 보호와 국회의원 독립성 강화에, 그리고 다양한 지역 또는 산업기반 조성에 기여할 것으로 추정되는 사적입법제도를 한국 의회 제도로 제안하는 데 있다. 두 번째는 정부 운영에 관한 연구를 담당하고 있는 행정(정책)학 연구에서 의회와 사법부 운영에 대한 관심을 제고하는 데 있다.

제2절 본론: 미시관리와 자유보호 수단으로서 사적입법제도

1. 의원 입법안: 공공입법과 사적입법

법은 모두에게 예외 없이 보편적으로 적용되어야 한다는 일반 원칙이 있지만,[11] 미국 국회는 보편적인 법이 다룰 수 없는 예외적인 상황이 존재한다는 점을 인정한다. 미국 국회는 이러한 예외적인 상황을 구제해주는 것이 본질적인 기능으로 인식하고 있다(*Harvard Law Review*, 1966). 사적입법은 정부활동으로 인한 손실에 대한 개별 입법적 보상이며, 사적입법은 환급(refund), 정부의 청구권 포기(waiver), 그리고 손해배상(tort claims)의 형태로 이루어진다. 공적입법이 시민 전체나 특정 계층을 적용대상으로 한다면, 사적입법은 특정 개인, 기업, 집단의 구제를 목적으로 한다는 점에서 차이가 있다(Hinds, 1937).[12]

행정적 또는 법적인 구제수단이 고갈되었을 때, 사적입법이 활용된다(Beth, 2004). 시민들의 연방정부에 의한(법, 규정, 또는 계약 등) 금전적인 손해배상 청구는 의회에

11) 하트(Hart, 1994: 100-109)는 *The Concept of Law*에서 법의 특성으로, 일반성, 추상성, 그리고 확실성이 있어야 한다고 주장한다. 사적입법은 세 가지 특성 중에 일반성과 추상성이라는 특성에 대한 예외를 인정하는 것이다. 일반성이란 개인과 사적 조직은 물론, 국가도 예외 없이 동일하게 적용 대상이 되어야 한다는 점이다. 추상성은 법을 통해 달성하고자 하는 구체적인 목적이나 동기를 내포하고 있지 않아야 한다는 점이다. 사적입법은 특정 개인이나 집단을 대상으로 하고, 특정한 목적 또는 동기를 가진다는 점에서 법의 특성의 예외를 인정하는 것이다.

12) 10 Hinds, op. cit., IV, 247, sec. 3285. In 버달(Berdahl, 1937: 507).

탄원의 형태로 제기되었으며, 의원들의 탄원에 대한 업무처리가 과중해지면서, 의회는 1855년 손해배상법원(Tort Claims Court)을 만들어 일부 권한을 위임했다. 그리고 1946년 의회에서 손해배상법(Federal Tort Claims Act)이 제정되기 이전에는, 의회에서 사적입법이 제정될 경우를 제외하고(Rosenbloom, 1993: 5), 연방공무원의 부주의나 과실로 인한 손해배상은 자기지배의 원칙에 의해 청구할 수 없었다.

사적입법에 대한 명확한 헌법 규정은 존재하지 않지만, 수정헌법 제1조에 표현의 자유의 한 부분에 해당되는 것으로 정부에 고충을 청원할 수 있는 권리(petition for redress of grievances)에 헌법적인 근거를 두고 있다. 국회는 미국 연방정부가 진 빚을 갚을 수 있는 권한을 보유하고 있고, 국회가 빚을 지불할 수 있는 권한은 법률적인 것이 아닌 도덕적이고 명예적인 것이라고 보고 있다(the HLRA, 1966: 1685). 미국을 위해 희생하거나 헌신한 특정한 개인에 대한 특별 귀화(naturalization laws)를 허용하는 법이 여기에 해당된다. 다만, 고충(손실)을 겪는 개인은 사적입법의 제정을 위한 소송을 제기할 수 없다.

1946년 행정절차법과 의회재조직법이 통과된 이후에, 의회의 입법권한이 집행부에 위임되었고, 의회에는 재조직법에 근거해서 현재와 같은 상임위원회와 소위원회가 만들어졌다. 이때부터 의원들은 자신의 지역구민 관리인 미시관리(micromanagement)에 치중할 수 있게 되었다. 미시관리는 행정적 정책결정과 집행의 입법적 통제를 위한 도구일 수 있다(Mayer, 1993). 연방의회의 소위원회와 상임위원회는 공무원들이 집행하는 정책프로그램의 효과성 검증을 요구할 수 있으며, 프로그램의 폐지시킬 수 있다(Lowi et al., 2008: 213).

미국 연방의회에 1881년부터 1997년까지 발의된 법안을 지역구, 주 단위, 그리고 전국 단위로 분류하여 갬과 쿠서(Gamm & Kousser, 2010: 152)가 입법안을 분석한 결과를 살펴보면, 지역유권자와 관련된 지역구 법안(district bills)이 초기 10% 이상을 꾸준하게 유지되고 있고, 주 단위(general local government)를 대상으로 하는 법안은 20% 중반에서 한자리 숫자 중반인 7%대로 떨어졌으며, 전국 단위(state wide)를 대상으로 하는 법안이 초기 60%에서 80%로 상승했음을 확인할 수 있다. 1871년부터 1971년까지 매 의회에서 수백 건의 사적입법이 통과되었고, 그 이후는 30건 이하로 줄어들었다.

사적입법이 줄어들게 된 가장 중요한 이유로 첫 번째는 데이비드슨(Davidson, 1991)은 1946년에 의회재조직법(the Legislative Reorganization Act)이 통과된 이후부터는 의원들이 사적입법을 제기하는 것 자체가 제도적인 차원에서 어려워졌기 때문이라고 보고 있다. 이전에는 모든 위원회가 사적입법을 발의할 수 있었는데, 재조직법이 통과된 이후에는 법사위원회와 외교위원회만이 사적입법안을 제출할 수 있도록 절차가 까다로워졌다고 설명하고 있다.

두 번째는 미국 상·하원 의원들이 지게 되는 업무부담과 개인적으로 얻게 되는 순이득이 크지 않다는 데 있다고 보고 있다. 일반적으로 의원들이 사적입법을 제안하기 위해서는 조사, 충분한 증거확보, 그리고 사법적인 판단까지 해야 하기 때문에 의원들에게는 과중한 업무부담으로 작용할 수 있다(Hill & Williams, 1993: 1010). 의원들은 사법부나 행정기관에 사적입법을 위한 조사나 사법적 판단을 행정기관이나 사법기관에 위임할 수 있지만,[13] 의원들이 유권자들의 신탁(credit claim) 이행 차원에서 위임하지 않고 직접 수행하는 경향이 있다고도 한다(Mayhew, 1974: 52-53). 하지만, 최근에 의회에 소개되는 사적입법의 숫자가 급격하게 감소했고, 감소된 이유 중에 하나는 사적입법을 위해서 의원들이 지불해야 하는 비용(전문적인 직원의 채용, 각종 조사비용)에 대비해서 의원 자신들이 얻게 되는 수익(제한된 수의 수혜자들, 차후에 조사의 결함 내지는 수혜당사자와 유착관계에 있다고 언론에 왜곡되게 보도되어짐으로써 지게 되는 부담)이 크지 않은 것에 큰 이유가 있다고 보고 있다(Hill & Williams, 1993: 1012).

13) 미국 정부는 연방법원으로 연방손해배상법원(The Court of Federal Claims)을 두고 있고, 이 법원은 미국 정부를 상대로 하는 손해배상재판을 담당하고 있다. 이 법원의 전신은 1855년에 설립된 손해배상법원(The Court of Claims)이었으며, 인디언과 미국 멕시코 전쟁으로 인한 손해배상 청구에 대한 재판을 담당했다. 1946년에 미국 의회에서 연방손해배상법(Federal Tort Claims Act)이 통과된 이후부터는 연방정부 소속 공무원들의 고의나 과실로 인한 시민들의 손실에 대한 배상책임을 인정했고, 이 법원에서 손해배상재판을 담당하게 되었다.

※ 정부의 시민 재산권 수용과 관련된 법[수용법: Eminent Domain Law, 라틴어인 최고소유권(Domaine Eminent)에서 기원한 용어임]은 시민소유 재산권을 공공사업을 위해 강제로 수용하거나 사용하는 것이다. 영국은 영·미권은 compulsory purchase/acquisition이라는 용어를 사용한다. 미국 정부(연방, 주, 지방정부 등)가 사인의 재산권을 수용 또는 사용할 경우에, 수정헌법 제5조에 의거하여 시중의 일반적인 거래금액과 그 거래로 인해서 발생하는 비용을 보상해줌으로써 손해배상을 해주고 있다. 손해배상액은 그 재산권(지적재산권, 채권, 특허, 프랜차이즈 등) 수용이 발생하기 이전으로 수용된 재산권 소유자에게 자산수준을 유지시켜주기 수준에서 보상이 이루어진다. Kimball Laundry Co. v. United States의 판례를 통해서 연방대법원은 세탁시설 수용으로 인해 발생된 무형의 거래 손실과 같은 무형의 자산가치도 실물가치의 상실과 동등한 것으로 인정했다(Wikipedia 참조). 이와 같은 정부 수용으로 인해 발생된 개인적 재산권의 손해배상이 충분하지 않았다면, 사적입법의 제정을 통해 보상이 가능해진다.

2. 사적입법(Private Bills)의 범위와 절차

1) 사적입법의 범주

아래에서는 통상 의원입법이라 불리는 미국 연방의회에서 의원들이 제출할 수 있는 사적 법안의 허용 범주를 베스(Beth, 2004)가 미국 연방국회로부터 받은 자료를 근거로 소개한다. 의회에서 제정되는 법이 정부에 임무(mandates)를 부여하고 정당성을 준다는 점에서, 그리고 주권자인 소수에 속하는 개인이나 단체에 대한 정부와 국회의원의 대응성과 함께, 정책의 다양성을 확대시킬 수 있다는 점에서 체계적인 검토가 필요하다고 생각한다. 사적입법의 유용성, 효과성과 실현가능성 내지는 위험성에 대해서는 추후 연구자의 연구 몫으로 남겨둔다.

사법입법 허용 범주에 대한 명확한 규정은 존재하지 않지만, 미국 국회규칙 제12조 제4항에 연금을 주는, 다리를 건설하는, 육군 또는 해군기록을 수정하는, 또는 손해배상법(Title 28 U.S. Code)에 적용되어 손해배상 요청을 해결하는 법안은 제출할 수 없다고 규정되어 있다.[14] 2004년 국회도서관 자료에는 다음과 같이 사적입법의 허용 범주가 소개되어 있다(Beth, 2004).

- 이민(예: 거주 지위, 비자분류): 사법제도
- 정부를 상대로 하는 국내 분쟁: 사법제도
- 정부를 상대로 하는 외국 분쟁: 국제관계
- 특허와 저작권: 사법제도
- 선박 운항관련 문서: 수송과 기반시설
- 세금(예: 소득세 부담, 관세 면제): 세출을 맞추기 위한 자원(세입)
- 공유지(예: 판매, 클레임, 교환, 광산임차): 자원
- 전쟁용사의 혜택: 전쟁용사 관계사무
- 공무원 지위: 정부 개혁

14) 피노치아로와 멕켄지(Finocchiaro & Mackenzie, 2018: 115)는 현재 미국 연방 하원 의원들이 제안하는 법안을 첫째는 연금, 군기록, 전시 재산권 상실, 그리고 인디언 약탈행위 문제를 다루는 법안, 둘째는 교량, 운하, 항구 또는 공적인 시설들을 제공하는 법안, 그리고 셋째는 정부 정책과 관련된 법안으로 분류하고 있다. 그리고 두 번째 법안이 의원들의 구유여물통 챙기기(pork barrell)을 유발한다고 기술하고 있다. 연금의 경우에는 시기별로, 기록별로 사적입법의 적용 여부에 있어서 차이가 있다. 버달(Berdahl, 1937)은 연금을 포함하고 있으나, 미국 국회도서관 발간물(Beth, 2004)에는 연금을 제외하고 있다.

–의료(예: 약물허용, 건강유지조직 등록 필수요건): 에너지와 통상
–군인 훈장 등: 병역서비스[미국 국회도서관에서 베스(Beth, 2004)가 제공받은 정보를 인용함].

2) 도덕적 해이를 방지하기 위한 까다로운 사적입법 발의 및 제정 절차

미국 국회법 제12조(제3항에서 제7항까지)는 사적입법의 공동발의를 금하고 있지만, 광범위한 관심을 끄는 법안의 경우에는 공동발의가 이루어진다(Beth, 2004). 사적입법은 구제대상이 되는 유권자가 사는 지역구 또는 주를 대표하는 하원의원이나 상원의원에 의해 발의된다. 원칙적으로 의원 개인에 의해서 발의된 사적입법안은 소관 소위원회와 상임위원회의의 심의, 그리고 전체 회의를 통과해야 한다. 의원이 사적입법안을 발의하기 위해서는 법제정의 정당성을 설명할 수 있는 충분한 사전 사실조사가 이루어져야 한다(Hill & Williams, 1993).

그리고 전체 회의를 통과한 법안은 대통령에게 이송되고 대통령이 비준・공포해야 법적인 효력을 발생한다. 대통령은 공공법률안과 마찬가지로 사적입법안에 대해서 거부권을 행사할 수 있다. 사적입법에 대한 대통령의 거부권 행사는 루스벨트(F. D. Roosevelt) 대통령 시기에 498건(공공입법은 138건)으로 가장 많았다(Berdarl, 1937: 508). 대통령이 거부권을 행사한 사적입법안은 의회에서 재심의・표결한다면 법률로 확정될 수 있고, 1789년부터 1837년 거부된 498건 중에 49건이 재의결되어 법률로 확정된다(Berdarl, 1937: 508). 그 이후에 대통령이 거부권을 행사한 법안은 카터(Jimmy Carter) 대통령 시기에 6건을 제외하고 의회에서 재의결된 경우는 거의 없다(Watson, 1988; the HLRA, 1966). 사적입법 제정을 위한 의회 내부에서의 이루어지는 세부적인 절차에 대한 기술은 생략한다.

1996년에 대통령(주지사 포함)은 의회가 통과시킨 예산 중에 일부항목에 대한 지출을 거부할 수 있는 지출항목별 거부권(line item veto)을 행사할 수 있는 법적 권한을 갖게 되었고, 1997년에 클린턴(Bill Clinton) 대통령은 의회에서 통과된 82개 예산항목에 대해 11회 지출항목별 거부권을 행사했었다. 하지만, 대법원은 1998년에 지출항목별 거부권이 위헌이라고 판시했다(Lowi et al., 2008: 159). 이로 인해 헌법 개정이 없이는 포크 배럴(pork barrel)이라는 이유로 대통령이 지출항목별 거부권을 행사할 수 없게 되었다.[15] 사적입법을 의회가 의결하고 대통령이 비준하면, 사적입법의 효력을 중지시

15) 당시 대법관인 케네디(Anthony M. Kennedy)는 위헌판결 이유로 “정치적 의지의 실패가 비헌법

킬 수 있는 제도적인 방법은 없다.

다만, 사적입법은 법률이 제정된 이후에 대법원의 위헌법률심사의 대상이 될 수 있다. 그 대표적인 예로 특정인을 공산당원이라는 이유로 통상적인 업무에서 배제시키는 법률규정을 들 수 있다. 즉, 미국 연방대법원은 미국 의회에서 공산당원의 통상적인 과업에 고용을 금지시키는 노사관계보고와 공개법(the Labor-Management Reporting and Disclosure Act)의 규정이 사권박탈법(bill of attainer)이라는 이유로 위헌으로 판단했다.[16] 위헌판단의 핵심 이유는 공산주의자라는 표현이 모호하고, 누가 공산주의자인지에 대한 판단 자체가 입법적인 고려대상이 아닌 사법적인 판단의 대상이라는 것이었다. 이는 사적입법에 제약요인을 법원이 부여한 것으로 해석할 수 있다. 이상에서 기술한 사적입법 제정 절차에 대한 내용을 그림으로 그려보면, 다음 [그림 7-1]과 같다.[17][18]

그림 7-1 사적입법 제정(재심의) 절차

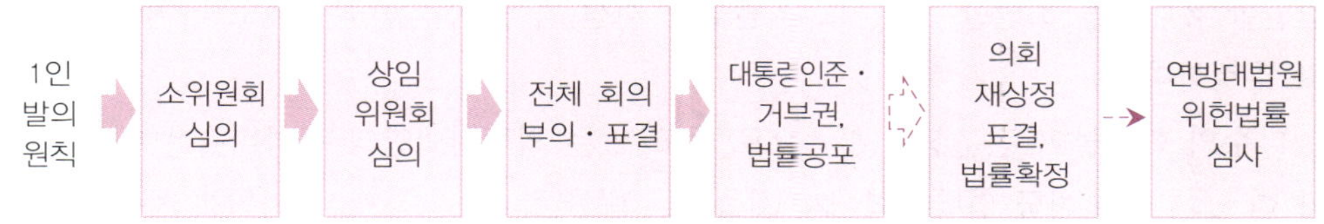

이외에 정부는 사적인 소유재산권에 대한 수용을 할 수 있는 권한을 인정해주고 있다. 미국은 Eminent Law라고 칭하고 있고, 정부의 재산권 수용에 대한 보상법으로 Uniform Relocation Assistance & Real property Acquisition Act(1970)가 있다.

적인 치료제를 정당화시킬 수 없을 것이다(Failure of political will does not justify unconstitutional remedies)"라고 하였다(Washinton Post, 1998.5.26. 기사 참조).

16) United States v. Brown. 38I U.S. 437(I965)를 The Harvard Law Review Association(1966: 1686)에서 재인용함.

17) 사적입법의 구체적인 처리 절차는 The Harvard Law Review Association(1966)의 논문에 잘 기술되어 있다.

18) 린(Lynn, 2013)은 미국 민주주의의 성공은 집단적인 덕(virtue)에 의존한다고 보고 있다. 어느 한 개인의 덕은 언제든지 악에 빠질 위험이 있다는(Piotrowski & Rosenbloom, 2002) 것이 플라톤(Plato)의 국가론에서 소개하는 기게스(Gyges)의 신화와 함께, 현대 옐로우 페이지 실험(Yellow Pages Test)이 우리에게 주는 교훈이다(임도빈, 2008: 115; Slyke & Roberts, 2009). 사적입법안의 1인 발의를 통한 소위원회와 상임위원회의 숙의과정, 본회의 표결, 그리고 대통령의 비준과 언론의 감시과정을 통해서 사적입법안은 최종적으로 법이 될 수 있다.

제3절 결론: 국회에 사적입법제도 도입 및 연구제언

국회의원들의 재선 가능성은 일부 지역정서가 짙은 지역을 제외하고는 미국 의원들보다 현저하게 낮고(Lowi et al., 2008; Rosenbloom, 1993), 국회의원들의 특정 대통령이나 정당 의존성 정도는 지나치게 높은 것이 현실이다. 특정 정치지도자가 새롭게 등장하면 그 지도자나 집단의 정치적 취향에 맞게 정당명칭이 변경되고, 명칭변경도 빈번한 것이 현실이다. 필자는 이러한 현상의 원인을 지역구나 직능단체를 대표하는 국회의원의 지지기반 부실에 따른 독립성 결여 때문이라고 보고 있다. 또한 국회의원들의 독립성 결여는 당해 유권자들과의 긴밀한 유대감 부족에서 기인한 것이라고 추정한다.

첫 번째는 사적입법제도는 의원들이 신탁을 준 해당 유권자를 위해 직접적으로 봉사하고, 국회의원 자신의 역할을 드러낼 수 있다는 장점이 있다. 사적입법제도는 지역구나 직능단체 대표로서 국회의원이 당해 유권자를 대상으로 직접적으로 봉사함으로써 긴밀한 유대감을 조성할 수 있고, 의원들의 재선 가능성을 높이는 데도 기여할 것이라고 추정한다.

다수의 학자들이 전문성의 부족으로 들고 있는 의원입법안의 통과비율은 미국 의회가 더 낮다. 즉, 미국 연방의회에서 제출되는 법안 중에 85~90%는 위원회 차원에서 사멸한다. 이에 비해서, 미국 의원들의 재선 가능비율은 하원이 95%이고, 상원은 90%이다(Lowi et al., 2008: 123). 우리의 경우에는 재선 또는 다선 의원의 법안비율이 현저히 떨어지는 데 비해서, 미국은 다선 의원의 법안 발의비율이 더 높다는 점도 차별점이다(Schiller, 2000). 사적입법제도와 법안 발의비율이 재선가능성에 미치는 직접적인 영향에 대한 기존 연구결과는 찾을 수 없었다. 하지만, 1946년 이후에 미시관리로 의원의 재선비율이 높아졌다는 주장이 있고(Rosenbloom, 1993), 미국 의회의 의원들이 자신의 유권자를 위해(case-work라고 불림) 전체 임기 시간의 1/4을, 그리고 의원 보좌관들은 2/3를 소비한다는 분석결과는 존재한다(Lowi et al, 2008: 123).

두 번째는 사적입법제도를 통해서, 일반성과 추상성을 특징으로 하는 기존 법률의 특성에서 오는 취약점을 보완할 수 있다는 장점이 있다(Hayek, 1971: 186; Hart, 1994). 사적입법제도가 대한민국에 도입될 경우에 적용 가능성이 높은 사례들을 소개하면 다음과 같다. 대한민국 국민의 지위를 갖지 못하고 있는 독립을 위해 활동하다가 타국에서 숨진 독립유공자와 6·25 전쟁에 참전한 무명용사(또는 후손들)의 발굴과 후손들에 대한 보상금 지급, 그리고 대한민국 국민은 아니지만 한국전쟁이나 특정 분야 발전에 기여 또는 헌신한 외국 국민의 대한민국 특별귀화를 가능하게 할 수 있다. 또한 권위주의 정부시절에 국가산업발전이라는 이유로 재산권을 거의 강제로 박탈당한 사람들에 대한 보상금 지급도 가능할 수 있다.

다음으로는 향후 발굴될 가능성이 있는 6 · 25 전사자에 대한 보상에 관한 법이다. 전쟁 당시 참전했던 무명용사의 미발견 · 발굴 유하가 발굴되고, 당시 법규에 지급 가능한 유족보상금액이 5,000원이었다. 유족보상금이 적실성이 없다는 부정적인 언론보도가 있었고, 국방부는 유족보상을 위한 심의위원회를 개최하였고, 최종적으로 유족에게 지급된 금액이 946만 원이었다(2011.11.25, SBS 뉴스 보도 참조). 향후, 국회에 사적입법제도가 도입된다면, 동일한 사항에 대한 보상금 지급은 집행부 결정이 아닌, 의원입법을 통해 가능해질 수 있게 된다.

세 번째는 사적입법을 통해서, 일부 대형 사회복지기관에 정부가 지급하는 지원금액을 별도의 예산 항목으로 배정할 수 있게 된다는 장점이 있다. 현재는 특정 지방자치단체 예산에 포함되어서 사회복지단체 지원금이 지급되고 있기 때문에, 외형상으로 해당 지방자치단체 정부보조금이 과다 책정되고 있는 것으로 비추어질 수 있다는 문제가 있다. 해당 지방자치단체장과 공무원들은 예산분리 지급을 기재부에 요구하고 있다.

네 번째는 특정 지역만의 특유한 향토 산업을 보호 · 육성하기 위한 법을 만들어낼 수 있다는 장점이 있다. 사적입법은 강이나 하구, 호스 등을 이용한 자연자원을 활용해서 할 수 있는 관광산업, 지역특산물 육성산업에 특별한 지원을 집행부가 아닌 의회 차원에서 가능하게 해줄 수 있다. 지역구 의원의 활동이 합법화되고, 해당 의원은 자신의 유권자들을 위한 역할이나 입지가 강화될 수 있다.

다음은 향후 연구제언이다. 우선적으로, 한국정책학회 회원들에게 정부 정책의 다양성에 결정적인 영향을 미칠 것으로 판단되는 국회 입법제도에 대한 관심과 연구를 제안하고 싶다. 행정학이 정부(삼부 포함)의 운영에 관한 연구를 담당하는 학문임에도 불구하고, 한국행정학자들이 집행부나 공공기관, 그리고 지방자치단체를 연구대상으로 하는 연구에 지나치게 편중되어 왔었다고 생각한다. 향후, 필자는 입법부나 사법부의 공무원의 정책이나 운영에 관한 연구를 제안하고 싶다.

마지막으로, 필자는 본 연구의 중심 주제인 사적입법제도의 활용가능성과 정책 다양화에 기여 정도, 사적입법제도가 의원들의 독립성과 재선가능성을 높여주는 정도, 사적입법제도의 문제점에 대한 연구를 제안하고 싶다. 사법입법제도가 국회의원과 지역구

유권자들 사이에 유착으로 만들어지는 정치적 연합에서 비롯되는 도덕적 해이(moral hazard)의 촉매제가 되지 않고, 정부 정책에 다원적 가치가 반영되는 입법제도가 될 수 있도록 연구자들의 관심이 필요하다고 생각한다.

제 8 장

행정서비스 활동에서 절차적 정의

본 연구는 공공부문 조직, 특히 사법행정업무를 맡고 있는 기관 중에 하나인 경찰조직과 조직구성원인 경찰관의 절차적 정의 실천으로 인한 효과성에 관한 탐색적 연구이다.[1] 경찰 절차적 정의에 관한 이론적인 기초는 사회심리학이며, 법적인 영역에서 사람 행동의 동인을 수리경제학자들이 보는 도구적 합리성이 아닌 정당성으로 본다.

기존 절차적 정의에 관한 연구는 조직 내부 결정 과정에서 절차적 정의가 실천될 경우에 조직성과(직무만족, 조직몰입)에 정(+)적인 영향이 있다는 것에 집중되어 있었다. 그에 반해, 본 연구에서의 경찰행정 현장서비스 활동에서의 절차적 정의의 실천이 행정활동에 대한 시민들의 정당성 인식을 강화시켜줌으로써 시민 신뢰와 협력, 그리고 조직성과에 정(+)적인 영향이 있다고 보는 경험적 연구결과를 탐색한다.

2015년부터 미국 경찰은 범죄억제력 위주의 경찰활동이 시민의 경찰활동에 대한 불신과 비협조를 가져옴으로써 경찰관들이 냉소주의에 빠지게 되었고, 그로 인해 경찰 내에 각종 문제에 봉착하게 되었다. 경찰 현장서비스 활동에서 절차적 정의 실천의 중요성과 필요성이 반성적인 차원에서 부각되었고, 미국 경찰교육기관은 현장 경찰관들의 절차적 정의 실천을 강화하기 위한 노력을 하고 있다. 여러 국가의 연구자들 또한 사법행정기관 중에 하나로서 경찰의 절차적 정의 실천의 긍정적인 효과에 관한 경험적인 연구결과를 내어놓고 있다.

우리 경찰도 행정서비스 활동의 절차적 정의의 필요성과 중요성을 인식하고, 현장 경찰활동에 이를 적극 도입하려 하고 있다. 다만, 우리 현장에서의 절차적 정의 실천의 실효성에 대한 연구자들의 연구결과는 아주 미미하다.

본 연구 목적의 첫 번째는 경찰활동에서의 절차적 정의의 의미, 절차적 정의 실천이 가져오는 효과, 그리고 경찰의 절차적 정의 실천에 영향을 주는 여러 조절 또는 매개요인을 탐색하고, 경험적인 연구를 위한 모델을 제시하는 데 있다. 두 번째는 권위주의 문화를 경험한 한국 사법행정기관들에 절차적 정의 실천에 대한 관심을 불러일으킴과 동시에, 한국 연구자들의 연구관심을 끌어내는 데 있다.

1) 신용일 · 정혜심(2019). 한국행정학회 동계학술대회에서 발표한 발표논문임.

제1절 서론: 문제 제기와 연구 목적

여러 학자들은 공공부문과 공직자의 가치에 대한 연구결과를 제시하고 있다(van Wart, 1998; 임도빈, 2008; 윤견수, 2012; 강명구, 2017). 이들 연구자들 중 일부는 공공부문과 공공부문 내에서 공적인 업무를 수행하는 공직자가 준수해야 할 가치의 유형을 소개하고 있다(van Wart, 1998; 임도빈, 2008; 김상묵, 2017; 신용일, 2019c). 일부 연구자들은 공직을 수행하는 공무원들이 공공부문이 수행하고 있는 업무의 특성이 사적인 기업과는 다르기 때문에 공직을 선택하였고(최무현 · 조창현, 2013; 김서용, 2009), 공적인 일을 수행한다는 것 자체만으로도 조직성과(직무만족이나 조직몰입)가 높다고 주장한다.[2)]

공공 철학적 관점에서 공공부문과 구성원이 실현해야 할 가치로서 '정의(justice)'라는 개념이 존재한다. 정의는 해야만 할 것(oughtness) 또는 옳은 것(righteousness)으로 번역되고 플라톤(Plato)과 아리스토텔레스(Aristotle) 이래로 줄기차게 주장되어져 왔다. 다양한 관점에서 정의가 무엇이고 실현될 수 있느냐에 관해 논쟁이 존재하지만, 크로판자노와 그린버그(Cropanzano & Greenberg, 1997)는 경험적 연구를 통해 정의(justice)가 존재함을 확인하고, "개인들의 어느 한 행동이 공정한 것으로 지각하는 정도"라고 개념정의하고 있다(Colquitt et al., 2001). 타일러 외(Tyler et al., 2015)도 공공정책에서 심리학의 기여라는 점을 강조하며, 그(2015)는 사회 심리적 관점에서 행정서비스 활동의 절차적 정의의 존재와 유용성에 대해서 주장하고 있다.

초기 절차적 정의를 주장한 연구자들은 조직 내부에서의 절차적 정의 실천을 주장하였다. 그들은 절차적 정의의 실천이 조직성과에 정(+)적인 영향을 미친다고 주장한다(Thibaut & Walker, 1975; Colquitt et al., 2001; Folger & Konovsky, 1989; Tyler, 1990). 현재의 절차적 정의에 관한 연구자들은 민원현장 경찰관의 서비스 활동을 연구대상으로 하여, 대(對) 시민행정서비스 활동에서의 절차적 정의 실천의 효과성을 강조하고 있다. 타일러 외(Tyler et al., 2015)는 사회 심리적 관점에서 행정서비스 활동에서의 절차적 정의의 존재와 유용성에 대해서 주장하고 있다. 타일러 외(Tyler et al., 2006)는 사법행정기관 소속 공무원들의 행정서비스 활동에서 절차적 정의의 실천이 사법행정활동에

2) 본 연구에서는 조직성과의 세부 구성개념으로 직무만족, 조직몰입, 이직의도로 구분하고, 이하의 기술에서는 이들을 개념들을 조직성과로 통칭한다.

대한 시민들의 정당성 인식을 강화시켜서, 시민의 신뢰와 협력을 얻어내는 데에 기여한다고 주장한다.

현장 행정서비스 활동에서의 절차적 정의 실천이란 네 가지 원칙을 강조한다. 우선적으로, 경찰관(공무원)들이 헌법적 가치에 기초해서 시민들을 존중·대우하고, 시민 관점에서 사건처리에 대한 시민 의견 개진을 방해함이 없이 충실히 듣고, 객관적인 사실에 근거하여 공정·투명하게 업무처리를 하고, 사건 처리과정과 결과를 투명하게 설명하는 것을 의미한다.

이상에서 기술한 조직 내부에서의 절차적 정의와 서비스 현장에서의 절차적 정의 등 두 가지 연구대상 사이에 관계, 즉 조직 내·외부 절차적 정의 실천 사이에 관계성에 관한 연구결과도 존재한다. 반두라(Bandura, 1962)는 관찰학습이라는 개념을 소개한다. 관찰학습이란 조직구성원이 조직 내부에서 관찰한 것을 학습하여, 행정서비스 현장에서 동일하게 실천하는 경향성이 있다는 것을 의미한다. 조직 내부의 절차적 정의와 현장 행정서비스 활동에서의 절차적 정의 사이에 상관관계 또는 영향관계를 주장하는 경험적인 연구결과가 다수 존재한다(Bradford et al., 2013; Trickner et al., 2015).

하지만, 경찰 조직 내부의 절차적 정의의 이행이 현장 경찰 행정서비스 활동에서의 절차적 정의 실천을 매개로 조직성과에 미치는 영향에 관한 연구결과는 미미하다. 또한 경찰 내부의 절차적 정의의 이행이 조직성과에 미치는 정적인 영향에 대한 연구는 많이 존재하지만, 경찰 내부 절차적 정의의 이행과 현장 경찰관의 절차적 정의 실천 사이에 존재할 수 있는 조절변수와 조절효과를 직접적으로 제시하고 있는 연구결과는 발견할 수 없었다.

다만, 경찰의 현장 행정서비스에서 절차적 정의 실천에 장애요인으로 고정관념 또는 편견에 대한 연구결과가 존재한다(Center for Police Equity, 2019: 12-31). 기존 범죄억제력 위주의 경찰활동에서 경찰관들이 문화윤리적인 특성인 피부색/인종 또는 소득계층에 따른 차별을 일으키는 원인으로 고정관념을 제시하고 있다(Mastrofski et al., 2016; Worden & McLean, 2014, 2016). 시민들이 민원현장에서 경찰관을 무시하거나 비윤리적인 행동을 할 경우에, 즉 악성민원이 발생할 경우에 경찰관들이 시민들을 대상으로 절차적 정의를 실천하지 않는다는 연구결과도 존재한다(McCluskey & Reising, 2017: 583).

본 연구는 사법행정기관 중에 하나로서 경찰조직과 그 조직구성원인 경찰관의 현장 행정서비스 활동에서의 절차적 정의에 관한 탐색적인 연구이다. 우선적으로, 절차적 정의 개념의 기원과 경찰활동에서의 절차적 정의의 개념과 절차적 정의의 행동 실천 기준에 대해서 확인해본다. 또한 경찰에서 절차적 정의의 개념이 부각된 주요 원인으로 기존 범죄억제력 위주의 경찰활동의 이론적 또는 실무적인 근거 내지 기원을 확인해보고, 기존 범죄억제력 위주의 경찰활동이 야기시킨 경찰관의 냉소주의로 발생되고 있는 문제들에 대해서도 확인해본다.

새로운 경찰활동의 패러다임으로 절차적 정의의 기준과 절차적 정의가 개인이나 조직에 미치는 성과에 대한 연구결과에 대해서 확인해본다. 조직 내부의 절차적 정의의 이행과 현장 절차적 정의 사이에 관계, 조직 내부 절차적 정의가 조직성과에 미치는 영향, 현장 경찰활동에서 절차적 정의가 시민의 신뢰와 협력에 미치는 영향에 관한 기존 연구결과를 소개한다.

마지막으로, 현재 대한민국 경찰청에서 현장 경찰활동에서의 절차적 정의를 도입하여 교육현장에서 경찰공무원을 훈련하고, 민원행정현장에서 실천하고 있다. 우리 행정환경 하에서 절차적 정의 실천의 타당성에 대한 이론적인 기반을 제공하기 위한 차원에서 경험적인 연구모형을 제시하려 한다. 과거 정부에서 만들어진 특정 이익집단에 대한 고정관념(윤견수, 1992)이나 시민들의 악성민원(신용일, 2016, 2019a, 2019b)으로 인해 발생한 경찰관들의 시민 신뢰의 저하가 경찰관의 절차적 정의 실천에 미치는 영향에 대해서 확인해보는 연구를 모형을 제시한다.

즉, 경찰관들이 조직 내부의 절차적 정의 이행 수준에 대한 인식과 조직성과 사이에 영향관계, 현장 경찰활동에서의 절차적 정의 실천 사이에 영향관계, 현장 절차적 정의 실천 인식과 조직성과 사이에 영향관계, 그리고 시민들의 경찰관의 절차적 정의 실천에 대한 인식과 시민 신뢰와 협력 인식 사이에 영향관계에 대한 연구모형을 제시한다. 이를 통해 현장 경찰활동에서의 절차적 정의 효과성에 대한 연구자들의 관심을 불러일으키는 것도 부가적인 목적이다.

제2절 본론: 조직 내 · 외 절차적 정의 준수의 효과성

1. 행정서비스, 경찰활동에서 절차적 정의의 도입배경

절차적 정의라는 용어는 티보와 워커(Thibaut & Walker, 1975)가 결정 단계와는 별도로 과정 단계의 존재를 구분해냄으로써 처음 사용했고, 그 이후에 절차적 정의는 "공정한 과정(fair process)" 또는 "목소리(voice)" 효과로서 자주 언급된다(Colquitt et al., 2001: 426). 그들(1975)은 조직 내 절차적 정의의 존재는 그 조직과 조직의 업무 안정성과 정당성을 가져온다고 주장한다.

절차적 정의가 과정통제의 개념을 넘어서게 된 것은 레벤탈 외(Leventhal al., 1980)에 의해서이며, 레벤탈 외(Leventhal al., 1980)는 공정한 것으로 인정받는 절차의 여섯 가지 기준을 제시하고 있다. 공정한 절차는 첫째, 사람 혹은 시간과 관계없이 일관되게 적용되어야 한다. 둘째, 편견으로부터 자유로워야 하고, 셋째, 의사결정에 정확한 정보가 수집되고 사용되어야 한다. 넷째, 흠결이 있고 부정확한 결정을 바로잡을 수 있는 메커니즘이 존재해야 한다. 다섯째, 개인적이거나 지배적인 윤리 또는 도덕적 기준에 부합되어야 한다. 여섯째, 결정에 의해 영향받는 다양한 이해집단의 견해가 고려되어야만 한다(Colquitt et al., 2001: 426).

코헨(Cohen, 1985)은 절차적 정의는 사람들이 의사결정과정 동안 절차에 관해 느끼는 만족과 관련이 있다고 보고 있다. 사람들은 결정과정에 참여할 기회가 주어진다면, 기회가 주어지지 않는 사람들보다 결정이 더 공정하다고 볼 가능성이 있다고 주장한다(Cohen, 1985). 타일러(T. R. Tyler)는 최초로 절차적 정의를 경찰 등 형사사법기관(경찰, 검찰, 법원)을 대상으로 연구하기 시작했다(Eottoms & Tankebe, 2013). 타일러(Tyler, 1990)는 경찰조직과 같은 형사사법기관에 더한 시민들의 신뢰는 절차적 정의의 실천을 통해서 강화된다고 주장한다(Galovic et al., 2016: 171). 2010년 이후에 경찰 행정서비스 활동에서 절차적 정의라는 개념은 영국·미국, 호주, EU 소속 국가 등에서 현장 경찰활동에 적용되기 시작하였다(치안정책연구소, 2019).

미국의 경우에 2015년 5월에 발표된 "21세기 경찰활동에 관한 대통령 특별위원회의 보고서"는 경찰활동의 초점이 적법성을 강화하고 효과성을 강조하는 것으로부터 경찰활동에 대한 시민의 신뢰와 확신을 강화하는 것으로 변화되어야 한다는 내용을 담고 있다(Tyler et al., 2015: 75). 이와 같은 패러다임의 변화는 경찰의 전문직업성이 높아졌다는 자체적인 인식, 범죄율의 급격한 감소가 경찰활동의 정당성(legitimacy)에 대한 시민 인식 개선에 기여하지 못하고 있다는 인식, 강압적인 경찰활동이 가지는 한계에 대한 인식, 그리고 경찰에 대한 공공의 신뢰와 자신감을 갖게 하는 대안적인 공감적인 경찰활동에 대한 인식 등 네 가지 인식에서 기인했다고 볼 수 있다(Tyler et al., 2015: 75).

경찰관에 대한 시민들의 통상적인 인식과 구분되는 개념으로서 경찰권한(또는 활동)

의 정당성(legitimacy)은 경찰관들이 자신의 권한을 발휘하기 위한 도덕적인 권리를 가진 기관으로서 시민들이 간주하는 정도라고 이해할 수 있다(Graziano & Gauthier, 2018: 594). 경찰권한의 정당성에 관한 시민들의 믿음은 효과적인 경찰활동을 위한 주요 구성요소인 것으로 연구자들에 의해 오랜 기간 동안 주장되어 왔고, 시민들이 경찰의 권한에 복종하기 위한 의무감뿐만 아니라 경찰에 신뢰와 확신을 형성하는 토대이다(Tyler, 1990). 경찰활동의 절차적 정의와 시민들의 정당성 인식 사이에 정(+)적인 상관관계가 있다는 다양한 기존 연구결과들이 존재한다(Gau et al., 2012; Hinds & Murphy, 2007; Reisig et al., 2007; Reisig & Lloyd, 2009; Sunshine & Tyler, 2003; Tyler et al., 2010, 2014).

[표 8-1]에서 보여주는 것과 같이, 경찰활동의 절차적 정의의 도입은 1960년대 "시민 무질서에 관한 국가자문위원회의 보고서"[3]로부터 비롯되어진 강압적인 범죄억제력

표 8-1 경찰활동의 패러다임 변화

활동중심	강압적인 범죄억제	공적인 신뢰와 확신 획득
근거	1960년대 시민 무질서에 관한 국가자문위원회보고서	2015년 21세기 경찰활동에 관한 대통령 특별위원회 보고서
문화	전사문화(warrior culture) 경찰력(police force). 계층적 조직문화: 억지(deterrence)	보호자문화(guardian culture) 경찰서비스(Police service)
시민의 행위동기	도구적 관점: 물질적 보상과 신체적인 처벌	인간의 문화적 속성: 일체감이나 소속감 법적인 측면: 정당성
목표	수리 경제적 측면: 범죄 발생률과 검거율	사회 심리적 측면: 신뢰와 협력

3) 1968년 닉슨(R. Nixon) 대통령 선거 후에 닉슨 정부의 백악관은 두 개의 적을 갖게 되었다. 하나의 적은 반전 좌파이고, 다른 하나는 흑인이다. 닉슨 정부는 반전운동을 하는 것과 흑인인 것 자체를 불법화할 수 없다는 것을 알고 있었다. 그렇지만, 닉슨 정부는 일반 대중에게 마리화나를 가진 히피와 마약을 가진 흑인을 연상하도록 만드는 것에 의해, 그리고 두 집단 모두를 중범죄인으로 이미지화하는 것에 의해, 두 집단 모두를 파괴시킬 수 있었다. 닉슨 정부는 두 집단의 리더를 체포했고, 집을 급습했고, 두 집단의 모임을 해산시켰으며, 매일 저녁 뉴스에서 두 집단을 허위 비방을 했다. 닉슨 정부가 두 집단이 마약을 한다는 것이 허위 정보인 것을 알고 있었는가? 물론, 알고 있었다[닉슨 행정부의 국내 정책보좌관이었던 에를리크만(J. Ehrlichman)이 Harper Magazine(2016년 4월호)에 "Legalize It"이라는 제목으로 인터뷰한 내용임](Center for Policing Equity(2019: 36). Tactical Perception: Using the Science of Justice). 1980년대 마약과의 전쟁에서, 대중언론 매체를 동원해서, 흑인을 마약거래상(black codes)으로 등장시킴으로써, 정부가 흑인은 범죄 집단이라는 고정관념을 시민들에게 심어준 사례도 있음.

위주의 경찰활동으로부터 탈피하는 것을 의미한다. 최근까지 경찰관들이 경범죄자 검거에 초점을 두었던 깨어진 유리창이론(broken window theory)에 기초한 핫스팟(hat spots) 활동과 같은 다양한 전술적인 접근은 기존 범죄 억제력 위주의 경찰활동에 포함되고, 생활범죄뿐만 아니라 마약범죄나 심각한 폭력범죄 등에 적용되어져 왔다. 새로운 경찰활동은 공적인 신뢰(trust)와 확신(confidence)을 얻기 위한 경찰활동에로의 초점 변화를 의미하며, 전사문화(warrior culture)로부터 보호자 문화(guardian culture)로, 경찰력(force)으로부터 경찰서비스(service)로의 변화를 의미한다(Tyler et al., 2015: 76).

이와 같은 새로운 경찰활동 패러다임은 시민행의의 동기를 경제학자들이 주장하는 좁은 시각에서의 이기심에 기초한 물질적 보상과 신체적 처벌이 아닌 광범위한 의미에서 일체감(sense of identity)이나 소속감(sense of belonging)으로 본다(Tyler et al., 2015: 78; Tyler & Blader, 2000; Tyler & Ratner, 1998; Steele, 1988; Foa, 1971). 사회심리학자들은[4] 사람들의 일상적인 행동이 경제적 이기심에 기초한 계산에 의해서 이루어지는 것이 아니라, 존경(honor), 지위(status), 그리고 일체감(identity)과 같은 문화적인 속성에 연계시켜 설명될 수 있다고 보고 있다(Fiske et al., 1998).

또한 타일러(Tyler, 2006)는 『왜 사람들이 법에 복종하는가?』라는 책에서 법 집행시스템에서, 도구적인 메커니즘에 대안으로 “정당성(Legitimacy)” 개념을 소개하고 있다(Tyler et al., 2015: 81). 정당성은 권력을 가진 사람이 다른 사람들에게 영향을 미치는 결정을 주재하고 형성할 자격이 있다고 여기는 어느 한 사회 내에 속한 구성원들 사이에 믿음이다(Kelman & Hamilton, 1989). 일선 업무 현장에서, 정당성은 어느 한 개체의 행동이 사회적으로 구조화된 규범, 가치, 믿음, 그리고 정의의 시스템 내에서 옳고, 적당하거나 적절한 판단으로 보는 것을 의미한다(Suchman, 1995: 574).

경험적인 연구결과를 근거로, 법적인 권한인 경우에 경찰, 법원, 그리고 법의 정당성은 다양한 중요 공적인 행동을 형상화하고, 개인적 조우에서 경찰권위에 추종을 포함한다(Tyler & Huo, 2002). 이것은 일상 속에서 법에 순응(Jackson et al., 2012), 경찰에 협력(Tyler & Fagan, 2008; Tyler & Jackson, 2014), 그리고 경찰권한의 수용(Jackson et al., 2013)을 의미한다. 정당성이라는 개념은 심리학자들이 처음 만들어낸 새로운 개념이 아니다. 프로이트와 밀그램(Freud & Milgram, 1974), 켈만(Kelman, 1958), 그리고 사회학자인 베버(Weber, 1968), 가몬 외(Gamon et al., 1982) 등의 연구문헌에서도 등장

4) 사회심리학은 개인이 아닌 집단생활 속에서 개인의 행동과 행동의 동인에 대해서 연구한다.

하는 개념이다(Tyler et al., 2015: 81-82).

> 호프만(Hoffman, 1977)은 프로이트(S. Freud)에 관해서 논평하면서, 대부분의 사람들은 삶 속에서 사회의 도덕적 규범을 그들이 복종해야 하는 외적이고, 강요적으로 부과된 압력으로 보지 않는다는 것에 사회과학자들 사이에 동의가 존재한다고 말한다. 규범이 초기에 개인에게 외적이고, 종종 사람들의 욕구와 갈등하지만, 규범은 종국적으로 사람들의 내적인 동기시스템의 일부분이 되고, 외적인 권위가 존재하지 않을 때조차도 행동을 인도한다. 이와 같이, 다른 사람에 의한 통제는 자기통제로 대체된다(Hoffman, 1977: 85).

호프만(M. Hoffman)의 가치와 규범에 대한 이해는 베버(Weber, 1915)의 글에서도 잘 드러난다.

> 베버(Max Weber)는 아이디어만이 아닌, 물질적, 그리고 이상적인 이해, 둘 다는 직접적으로 인간의 행동을 지배한다고 보았다. 그러나 조차계원(switchman)과 같이, 아이디어에 의해 창출되는 세계 이미지는 이해의 동력에 의해 추진되는 행동의 트랙을 변경시킨다(Weber, 1945[1915]).

최근까지 미국 경찰에서 시행했던 핫스팟 경찰활동도 사람행동의 동기를 물질적인 보상이나 처벌회피로 본 것이다. 다수의 연구자들은 기존 경찰활동이 부패, 인종을 기반으로 하는 수사(racial profiling), 과도한 경찰력, 공동체를 향한 냉소주의, 침묵의 블루코드와 반복된 공공불신 증가세 등의 문제가 있다는 분석결과를 제시하고 있다(Rosenbaum & McCarty, 2016: 71).

영·미 국가, EU 국가 소속의 학자들에 비해서, 한국 연구자들의 경찰활동에 절차적 정의에 대한 관심은 아주 미미하다. 이론 탐색적인 차원에서 박재풍(2012)의 연구결과가 존재할 뿐이다.

2. 독립·매개변수: 조직 내·외부 절차적 정의의 개념이해

1) 절차적 정의의 개념이해

절차적 정의란 법 집행의 외형적인 결과나 성과보다는 의사결정과정에 중점을 두는 것을 의미한다. 경찰활동에서 절차적 정의는 시민과의 접촉 시 경찰관이 보여주는 공정하고 공명정대한 개인 간 대우나 의사결정과 관련이 있다(Reising et al., 2007; Sunshine & Tyler, 2003). 경찰활동에서 절차적 정의가 실천되었다고 보기 위해서는 경찰 의사결정과정이 공정해야만 한다.

타일러와 후오(Tyler & Huo, 2002)는 경찰활동에서 의사결정의 공정성을 평가하기 위한 기준(또는 하위 구성개념)으로 다음 세 가지를 제시하고 있다. 첫째는 중립적(neutral)이고 일관된(consistent) 결정과 관련이 있는 결정의 질(quality of decisions)이다. 결정의 질은 중립성과 충분한 시민참여 기회를 하위 구성요소로 한다. 중립성은 객관적인 정보를 제공하고 개방적이고 공정한 태도로 시민들에게 설명하는 것이다(McCluskey & Reisig, 2017: 575). 중립적인 결정은 개인적인 편견에 사로잡힌 차별적인 결정과는 대비된다. 시민참여 기회 제공은 시민들이 불필요한 방해 없이 자신의 이야기를 말할 수 있는 기회를 제공하는 것이며(Thibaut & Walker, 1975), 시민들이 그 상황에서 최선의 해결책이라고 생각하는 것을 말할 수 기회를 제공하는 것도 포함된다(McCluskey & Reisig, 2017: 575).

둘째는 개인의 권리(헌법적인 인권)를 살피고 존중하는 결정과 관련된 대우의 질(quality of treatment)이다. 대우의 질 중에 하나인 존엄성(dignity)은 경찰이 접촉하는 사람들을 대우하는 방법에 관한 규범적 기대와 관련이 있다. 존엄성은 경찰관이 이름을 부르거나 무시하고 모욕적인 말을 하거나 저속한 제스처를 쓰거나 시민의 권리를 존중하지 않는 것과는 상반되는 경찰관의 태도이다. 대우의 질에 또 다른 하나는 경찰관이 개인 또는 더 큰 공동체에 대한 배려와 관심을 보여주는 것과 관련이 있다(McCluskey & Reisig, 2017: 575-576).

셋째는 권위 있는 정확한 결정과 관련이 있는 믿을 만함(trustworthiness)이다. 타일러와 후오(Tyler & Huo, 2002)는 앞서 기술한 세 가지 기준(하위 구성개념) 모두가 절차적 정의를 확립하는 데 있어 본질적인 것으로 보고 있다. 헤링턴과 로버츠(Herrington & Roberts, 2013)는 어느 한 조직에 대한, 그리고 조직 내에 안정성과 정당성을 극대화하기 위해서, 앞서 기술한 세 가지 기준(하위 구성개념) 중에 믿을 만함(trustworthiness)이 가장 중요하다고 보고 있다. 이상에서 기술한 내용을 [표 8-2]로 정리해 보면 다음과 같다.

현재, 미국 전체 경찰관 교육훈련 담당기관은 현장 경찰관들을 대상으로 절차적 정의를 가르치고 있고, 경찰관들은 일선 현장에서 절차적 정의를 실천하고 있다(Chicago

표 8-2 타일러와 후오(Tyler & Huo)의 경찰활동에서 의사결정의 공정성 판단 기준

공정성 기준	하위 구성개념
결정의 질	중립성: 편견 없는 객관적인 정보와 개방적이고 공정한 태도로 설명 충분한 참여의 기회보장: 시민이 방해받지 않는 의견 진술할 기회 보장
대우의 질	존엄성: 접촉하는 사람들을 대하는 방법에 대한 규범적 기대 배려와 관심: 개인 또는 더 큰 공동체에 대한 배려와 관심
믿을 만함	전문성에 기초한 정확한 판단

Police Department, 2019). 연구자들에 의하면, 미국 경찰은 절차적 정의 실천을 통해 경찰활동에 대한 정당성을 획득하고 있다고 보고 있다(Tyler, 1990, 2004; Donner et al., 2015; Schermuly & Forbes-Mewett, 2019; Mazerolle et al., 2012a, 2012b).

경찰활동에서 절차적 정의와 정당성의 네 가지 원칙은 다음과 같다. 첫째, 시민들의 목소리를 들어라, 둘째, 중립성(공정하라), 셋째, 존경심을 갖춘 대우(존경)하라, 넷째, 믿을 만함은 공정하고 투명한 업무처리과정에서 나온다. 결정과 행동의 이유를 설명하라(Chicago Police Department, 2019).

경찰 행정서비스 활동에서 절차적 정의의 실천이 헌법적 가치인 시민의 인권을 존중한다는 점에서, 연구자는 한국 일선현장 경찰서비스 활동에 절차적 정의의 도입과 실천이 필요하다고 생각한다. 한국 일선 민원현장 경찰관들을 대상으로 경찰 일선에서 인권보호활동이 어려운 이유에 대한 설문조사 결과에서 인권을 강조하다 보면 "경찰 목적을 달성하기 어려워서"라는 문항에 30%(8,339명 중에 2,331명)가 응답하였다. 한국 일선현장 경찰활동이 범죄예방이나 검거를 우선시하기보다는 시민의 인권을 존중함으로써 시민들로부터 경찰활동의 정당성과 신뢰 형성, 그리고 확신을 얻는 것으로 목적 전환이 필요하다.

2) 조직 내·외부 절차적 정의 실천 사이에 관계

콜퀴트 외(Colquitt et al., 2001)는 현장 경찰관들이 절차적 정의를 실천하는 데 있어서, 경찰청 내부에서의 절차적 정의의 실천이 중요하다고 강조한다. 조직 내부의 절차적 정의의 준수가 현장 경찰관의 절차적 정의 실천에 미치는 영향과 관련해서, 반두라(Bandura, 1962)는 관찰학습이라는 개념을 제시한다. 관찰학습이란 관찰을 통한 행동모방 또는 모델링으로 알려져 있다. 모방이라는 용어는 실제 또는 상징화된 모델에 의해 보이는 행동 또는 태도에 일치시키려는 사람들의 경향성으로서 정의된다(Bandura,

1962: 215). 반두라(A. Bandura)는 모방(imtation)을 일치 반응의 발생, 그리고 이러한 학습과정을 "모델링"이라고 언급한다(Lim, 2015: 677).

반두라(Bandura, 1962)에 의해 개발된 세 가지 기본적인 관찰학습 모델은 [표 8-3]과 같이, 살아있는(live), 언어적(verbal), 그리고 상징적(symbolic) 모델이다(Lim, 2015: 677). 첫 번째, 살아있는 모델은 선배 경찰관의 행동에서 후배 경찰관들이 배우는 것을 의미한다. 두 번째, 언어적 모델은 다른 사람들의 행동을 상세하게 가르치고 기술하는 사람과 관련이 있다. 교수자 또는 사내강사들이 강의 또는 강의안을 통해 학생들에게 영향을 미칠 수 있다. 세 번째, 상징적 모델은 영화, 책, TV, 라디오, 온라인 매체, 또는 다른 언론 매체를 통해서 특정 행동을 보여주는 실제 또는 가공의 배우를 포함한다.

표 8-3 반두라의 관찰학습 과정 "모델링"

모델링 유형	세부 내용(관련 연구)
살아있는 (live)	선배 또는 동료 경찰관의 행동을 후배 경찰관들이 배우는 것을 의미함. 개인만이 아닌 조직의 업무처리 절차, 내부·외부 고충처리의 공정성 등(Galovic et al., 2016; Angelis & Kupchik, 2007)
언어적 (verbal)	사내강사: 다른 사람들의 행동의 상세한 것을 가르치고 기술하는 사람 (Hawk-Tourtelot & Bradley-Engen, 2012)
상징적 (symbolic)	영화, 책, TV 등 매체를 통해서 특정 행동을 보여주는 진짜 또는 가공의 배우를 포함함(Lim, 2015; Weitzer, 2002)

브래드퍼드 외(Bradford et al., 2013)의 연구결과에 의하면, 자신의 조직 내에서 공정한 의사결정과정과 절차를 경험하는 경찰관은 기관의 규칙에 더 순응할 뿐만 아니라 자신 조직의 목표에 몰입할 가능성이 더 높고, 공동체 시민들과 협력을 강조하고 시민들과 긍정적인 업무관계를 형성하는 공동체 경찰활동 모델에 더욱 지지적인 경향성이 있다고 한다. 트릭너 외(Trickner et al., 2015)도 시카고 경찰에 관한 연구에서 동일한 결과를 발견했다(Tyler et al., 2015: 97). 로젠바움과 맥카티(Rosenbaum & McCarty, 2017)는 조직 내부(리더십, 상급자)의 절차적 정의의 준수는 경찰관이 조직의 규칙을 준수하게 만드는 효과가 있다는 연구결과를 제시하고 있다.

3. 종속변수: 시민들의 경찰에 대한 신뢰와 협력, 그리고 조직성과

1) 시민들의 경찰에 대한 신뢰와 협력

경찰의 행정서비스 활동에서의 절차적 정의의 필요성이 대두된 것은 경찰관들이 현장에서 느끼는 냉소주의 때문이다(Chicago Police Department, 2019). 기존의 강압적인 범죄예방력 위주의 경찰활동(무관용의 원칙)에서 비롯된 것으로서, 소볼(Sobol, 2010)은 현장에서 시민들이 협조하지 않을 때, 그리고 기존 사법시스템이 더 이상 시민들의 일탈을 치유할 수 없다고 판단할 때, 경찰관들은 냉소주의를 체감한다고 보고 있다(Chicago Police Department, 2019). 미국에서 현장 경찰관들이 느끼는 냉소주의로 인해, 현장 경찰관들이 알콜 중독, 이혼, 그리고 자살(경찰관 10만 명당 13명)까지 경험하고 있다(Chicago Police Department, 2019). 경찰관이 경미한 범죄행위도 간과해서는 안 된다는 것의 이론적인 배경이 되었던 윌슨과 켈링(Wilson & Kelling, 1982)의 깨어진 유리창이론도 결국은 범죄 발생 건수를 줄이고, 범죄 검거 건수를 높였지만 시민의 경찰에 대한 신뢰와 경찰활동에 대한 협력을 얻어내는 데는 실패하였다고 보고 있다(Tyler, 2015).

현장에서 경찰관들이 절차적 정의를 실천하는 행정서비스 활동은 시민의 협력을 얻어낸다(Tyler, 2006; Schermuly, 2017). 로젠바움 외(Rosenbaum et al., 2016)는 현장 행정활동에서 경찰이 절차적 정의를 실천할 경우에 경찰 신뢰가치 인식을 매개로 시민들의 협력의지가 높아진다고 보고 있다. 도너 외(Donner et al., 2015)는 경찰현장 행정활동에서 기존 절차적 정의 실천의 효과에 관한 28개의 연구결과를 메타 분석한 결과에서, 경찰관의 절차적 정의 실천은 시민들의 경찰서비스에 대한 만족, 상호작용 만족, 경찰에 대한 신뢰와 확신에 정(+)적인 영향이 있다고 보고 있다(Dean, 1980; Gau & Brunson, 2010; Reising et al., 2007).

이와는 정반대의 연구결과도 존재한다. 테릴과 라이지히(Terrill & Reisig, 2003)는 경찰공무원이 시민들을 존중하지 않을 때, 경찰관의 지시에 따르지 않고 저항한다고 주장한다. 시민들이 절차적 부정의를 인지할 경우에, 시민들은 경찰에 대한 호의적이지 않은 의견을 내고, 더 많은 법률 위반을 한다고 한다(Harvell, 2008; Tankebe, 2009).

거브너(Gerbner, 1972)와 거브너와 그로스(Gerbner & Gross, 1976)의 배양이론(cultivation theory)을 근거로 하여, 연구자들은 경찰들의 절차적 정의 실천과 부정의 실천이 대중언론 매체를 통해서 보도될 경우에, 시민들이 경찰에 대한 신뢰와 협력에 긍정적 또는 부정적 효과가 있는 것으로 보고 있다(Jefferis et al., 1997; Weitzer & Tuch, 2004, 2005; Wu, 2010). 그라치아노와 고티에(Graziano & Gauthier, 2018)는 미디어 소비는 경찰 정당성 인식의 가장 강력한 예측요인이고, 역으로 경찰에 대한 미디어를 통한 부정적인 노출은 경찰 정당성 인식에 부정적인 영향을 미친다는 연구결과를 제시한다. 이에 더하여, 가족, 친척, 친구, 그리고 전문직업인들로부터의 스토리텔링이 경찰에 대한 시민의 태도를 형성하는 데 기여(구전효과 존재함)한다(Brunson, 2007; Gau & Brunson, 2010; Rosenbaum et al., 2005).

경찰관과의 직접적인 접촉 빈도가 낮은 시민들은 상대적으로 대중언론 매체 보도를 통해서 경찰관에 대해 인식할 가능성이 높다. 경찰의 절차적 정의 또는 부정의 보도는 경찰활동의 정당성 인식이나 시민의 경찰에 대한 신뢰와 협력에 긍정적·부정적인 영향을 줄 수 있다. 최근에 시위현장에서 물 대포에 의한 농민사망 사건(백남기 씨)과 같이, 언론에 많이 노출되는 경찰의 부정의 실천사례는 일반 시민들에게 경찰활동의 절차적 정의 실천에 관한 부정적인 인식을 심어줄 수 있다.[5)]

기존 학자들의 연구결과를 근거로 경찰관의 현장 행정서비스 활동에서 절차적 정의 실천에 관한 시민들의 인식은 경찰활동의 정당성 인식을 통해서 시민의 신뢰와 협력을 끌어낼 수 있다는 연구모형을 [그림 8-1]과 같이 제시할 수 있다. 이와는 반대의 연구모형도 가능하다. 또한 언론 매체의 배양효과가 더해지면, 언론 보도는 대체로 부정적일 가능성이 높기 때문에, 부정적인 언론 보도는 시민의 신뢰와 협력의 상실로 이어질 수 있다. 양적 또는 질적 연구 모두 가능하고, 유사한 해외 경험적인 연구결과가 존재한다(Weitzer, 2002; Lim, 2015).

그림 8-1 현장 행정활동 절차적 정의 실천과 시민의 신뢰와 협력 사이에 영향관계

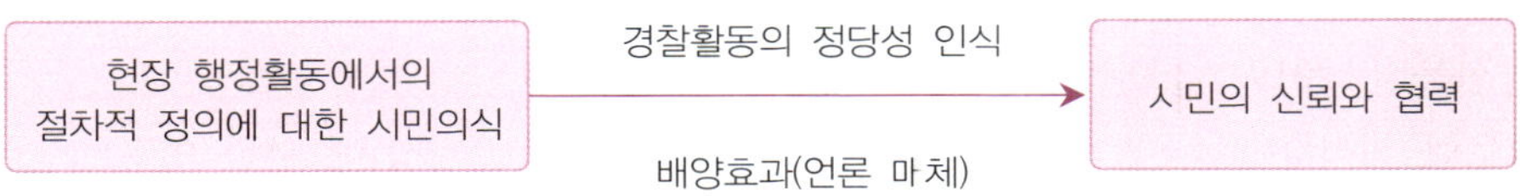

5) 미국의 경우에는 2014년 비무장 흑인인 마이클 브라운을 경찰이 총으로 쏘는 장면이 언론에 보도되면서, 경찰에 대한 시민의 태도에 부정적으로 영향을 미쳤다.

2) 조직성과

조직성과를 어떻게 측정할 것인가에 대해서 학자들 사이에 일치된 견해는 존재하지 않는다. 다만, 권대봉 외(2013)는 2000~2012년까지의 조직성과 측정변인에 대한 동향 분석에서, 연구자들이 조직성과의 주관적인 측정변수로 직무만족, 조직몰입, 이직의도를 가장 많이 활용하고 있다는 분석결과를 제시하고 있다. 신용일(2016, 2019a, 2019c)의 경찰조직을 대상으로 하는 연구에서도 직무만족, 조직몰입, 그리고 이직의도를 조직성과변수로 제시하고 있다. 사회 심리적 관점에서 절차적 정의에 대한 연구가 이루어진다는 점에서, 이들 변수들이 조직성과변수로 활용하는 것이 적절하다고 본다.

조직성과를 측정하는 세 가지 하위 구성변수에 대한 개념정의를 살펴보면 다음과 같다. 첫 번째, 직무만족(job satisfaction)은 조직구성원이 자신의 직무를 평가한 결과에서 나오는 즐거움이나 긍정적인 감정상태(locke) 또는 직무만족을 직무에서 얻어지거나 경험되는 욕구만족의 과정(Fischer, 2000)으로 정의한다. 두 번째, 조직몰입(organizational commitment)은 전통적인 견해에 따른 개념정의로 조직에 대한 정서적 유대감이나 조직에 대한 개인의 심리적 일체감을 의미한다(Mowday et al., 1979). 모데이 외(Mowday et al., 1979, 1982)는 조직몰입은 조직구성원들이 조직의 가치나 규범에 대해 동일시하는 정도로 정의하고, 오라일리와 채트먼(O'Reilly & Chatman, 1986)은 조직구성원들이 조직에 대해 느끼는 심리적인 애착 정도라고 정의한다. 세 번째, 이직에 대한 선행연구에서 박홍식 · 정주원(2012: 352)은 허시만(A. O. Hirschman)의 EVLN 모형에서 이직(exit)을 "조직을 떠나는 능동적 반응"이라고 설명한다. 이직은 자신 스스로에 의해서 일시적이든 영구적이든 고용을 종료시키는 것을 의미하며(Mikovich & Boudreau, 1997), 이직 의도는 실제 이직행동을 예측할 수 있는 선행변수로 이직행동의 대체 개념으로 사용되고 있다(Brown & Peterson, 1993). 이직 의도는 현재 직장의 구성원임을 자발적으로 포기하고 떠나려는 의도(Tett & Meyer, 1993; Goleman & Boyatzis, 2002)로 정의된다(신용일, 2019a: 380).

티보와 워커(Thibaut & Walker, 1975)가 절차적 정의(공정성)에 관한 연구를 시작할 때부터 성과변수로서 흔히 사용한 것은 직무만족과 조직몰입이다(Colquitt et al., 2001: 426). 절차적 정의와 직무만족 사이에 연구결과로는 모스홀더 외(Mossholder et al., 1998)와 웨솔로스키와 모스홀더(Wesolowski & Mossholder, 1997)의 연구가 있다. 그들(1997)은 절차적 정의와 직무만족 사이에 높은 상관관계가 있다고 주장한다.

절차적 정의와 조직몰입 사이에 연구결과로는 폴저와 코노브스키(Folger & Konovsky,

1989), 맥팔린과 스위니(McFarlin & Sweeney, 1992), 그리고 스위니와 맥팔린(Sweeney & McFarlin, 1993)의 연구가 대표적이다. 그들은 절차적 정의가 배분적 정의보다 더 큰 영향력이 있다고 주장한다.

도너 외(Donner et al., 2015)는 기존 경찰 내부에서 절차적 정의의 실천의 효과에 관한 18개의 연구결과에 대한 메타분석 결과에서, 경찰 내부에서 절차적 정의의 실천이 경찰관들의 의사결정 성과 인식, 행정에 대한 신뢰, 직무만족, 조직몰입, 조직에 머무르려는 의도, 그리고 전반적인 조직에 시각 등에 정(+)적인 영향이 있다는 분석결과를 제시하고 있다. 공정하게 대우받는다고 느끼는 경찰관들이 자신의 조직뿐만 아니라 정책이나 리더를 정당한 것으로 볼 경향성이 높고, 조직의 규칙이나 정책에 순응하고 상급자와 협력적으로 일하는 경향이 있다(Bradford et al., 2003; Harris & Worden, 2014; Tyler et al., 2007; Wolfe & Piquero, 2011).

경찰관들의 스트레스에 관한 연구에서 조직 내에서 절차적 정의 실천 수준이 낮은 조직일수록 조직구성원들의 직무 관련 스트레스 수준이 높다는 것이 발견되었다. 직장 스트레스가 주는 부정적인 신체적, 그리고 정신적인 성과는 병가, 약물오용, 음주, 결혼생활의 장애, 그리고 자살까지도 포함한다(Robbins et al., 2012).

앞에서 소개한 조직 내부의 절차적 정의와 현장 경찰활동에서의 절차적 정의의 실천 사이에 관계, 그리고 조직성과 사이에 영향관계에 관한 모형을 제시해보면 [그림 8-2]와 같다. 조직 내부의 절차적 정의는 직접 또는 현장 경찰 행정활동에서의 절차적 정의 실천을 매개로 조직성과에 정(+)적인 영향을 준다고 볼 수 있다. 역으로, 조직 내부의 절차적 정의 수준이 낮으면, 현장 경찰활동 절차적 정의 실천 수준이 낮아질 수 있고, 조직성과는 떨어질 수 있다.

그림 8-2 조직 내부와 현장 절차적 정의 실천, 그리고 조직성과 사이에 관계 모델

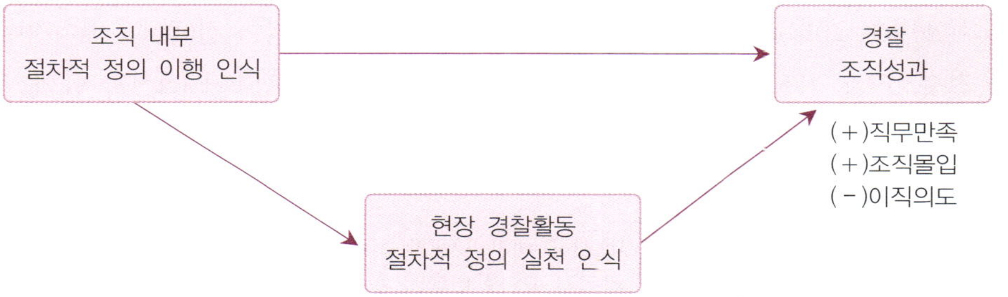

4. 조절변수: 경찰공무원의 시민 신뢰

조직 내부의 절차적 정의와 현장 경찰활동에서 절차적 정의 실천 사이에 경찰관의 시민 신뢰는 조절변수가 될 수 있다(Nix et al., 2014). 양(Yang, 2005)은 공무원의 시민 신뢰 개념을 소개하고 있는데, 그(2005)는 공무원의 시민 신뢰 개념을 "행정에 참여하는 시민이 공무원의 목표달성, 즉 성과에 도움이 되는 방식으로 행동할 것이라는 믿음"으로 정의한다. 양(Yang, 2005, 2006)은 공무원의 시민 신뢰에 영향을 미치는 요인으로 능력, 호의와 청렴성을 들고 있다.

시민의 능력은 개인의 역량 또는 기술과 관련이 있고, 호의와 청렴성은 신뢰하는 대상자의 성격(character)을 나타낸다(유의정 · 이숙종, 2015: 36). 호의는 신뢰대상자가 신뢰자에게 유익한 행동을 할 것이라는 믿음이고(Mayer et al., 1995), 신뢰자의 배려와 관심과 같은 감정적 애착을 불러일으킨다(Colquitt et al., 2007). 청렴성은 신뢰대상자가 도덕적 윤리적 원리를 충실히 지킬 것이라는 믿음을 의미하고(Mayer et al., 1995), 신뢰자가 불확실한 상황에 대처 할 수 있는 예측가능성을 제공해 준다(Colquitt et al., 2007).

이들 시민 신뢰영향요인 이외에 일부 심리학자들은 경찰의 행정서비스 활동 실천에 영향을 미칠 수 있는 요인으로, 경찰관이 특정 집단에 대해 가지고 있는 고정관념 또는 편견을 들고 있다(Higgins et al., 2010; Tyler & Wakslak, 2005; Engel, 2005). 본 연구에서는 고정관념과 편견도 시민 신뢰에 영향을 미치는 요인이라고 추정한다. 그리고 시민들에 의해서 경찰관(사법행정기관)을 대상으로 만들어지는 악성민원도 공무원의 시민 신뢰에 영향을 미치는 요인이 될 수 있다(신용일, 2016, 2019a, 2019b). 이에 대해서 소개하면 다음과 같다.

1) 고정관념에서 비롯된 특정 개인이나 집단에 대한 편견(bias)

일부 정치집단 또는 경제집단들은 특정 사회 또는 이익집단에 대한 고정관념을 만들어낸다(조현수, 2010). 고정관념은 특정 집단에 부여된 정치적 선전(광고) 이미지나 상징(윤견수, 1992: 1256)[6]의 활용으로 인해 유발되는 빠른 함정(fast trap)과 함께, 정체성이 문제가 될 때 발생하는 느린 함정(slow trap)에 사람들이 빠지게 한다(Center for

6) 페퍼(Pfeffer, 1991)는 "상징을 인식대상에 대한 생생한 이미지를 만들어냄으로써 사람들의 관심과 행동을 한곳으로 쏠리게 하고, 따라서 두 개 범주의 충돌현상에 대해 관심을 다른 곳으로 유도시킬 수 있다"고 정의한다(윤견수, 1992: 1256).

Police Equity, 2019: 12-31; Ambady et al., 2001; Wolfe et al., 2015).

고정관념은 편견을 만들어내고 편견은 차별을 불러온다. 사람들은 고정관념으로 인해 빠른 함정에 빠지게 된다. 빠른 함정은 특정 인물이나 집단에 부여된 이미지나 상징 때문에 사람들이 빠지는 함정이다. 큰 차를 타는 사람이 작은 차를 타는 사람보다 잘 배우고 잘살 것이라는 것, 양복 입은 사람이 허름한 옷을 입은 사람에 비해서 사회적 지위가 높고 부자일 것이라는 선입관이 빠른 함정의 예이다. 1960~1970년대 파업을 주도했던 노조원들을 사회주의자로 몰아서 탄압했던 것이 상징의 예이다. 미국에서는 월남전 참전을 반대했던 학생들을 사회주의자로, 흑인집단을 마리화나와 의도적으로 연결지어서 탄압했던 것도 상징의 이용이고 정치권에서 의도적으로 고정관념을 형성한 대표적 사례이다. 실제로 당시 흑인과 마리화나는 관련성이 없었다고 한다[애를리크만(J. Ehrlichman)의 Harper Magazine(2016.4. 보도내용)].

빠른 함정을 유발하는 궁극적 귀인오류(ultimate attribution error)는 특정한 사건을 환경적인 요인보다는 그 집단의 속성에 연계시키는 현상을 의미한다. 특정 집단의 구성원 중에 일부의 행동을 목격한 이후에 그 구성원의 부정적인 행동을 전체 집단의 행동으로 과도하게 일반화시키는 현상을 의미한다(Pettigrew, 1979). 반대의 현상도 가능하다. 자신이 속한 집단의 구성원의 행동을 환경적인 요인으로 귀속시켜서 미화하는 현상을 의미한다(Chicago Police Department, 2019: 42).

행정학자들은 궁극적 귀속오류와는 구분되는 개념으로 관료제의 병리(bureaupathology)라는 개념을 제시한다. 관료집단의 편익이 그 조직이 봉사하는 국민의 편익보다 우선하는 것을 의미하며(van Wart, 1998: 15), 현장 공무원들이 관료제의 병리에 빠진다면 공명정대한 의사결정을 할 수 없다.

[그림 8-3]에서와 같이, 고정관념은 편견을 불러오고 편견은 차별 행동을 야기시킨다. 고정관념은 집단구성원과 그 집단의 속성을 연계(연상)시키는 아이디어 또는 과도한 일반화이다. 편견은 고정관념 또는 과도한 일반화가 사실이라는 믿음이다. 차별 행

그림 8-3 고정관념, 편견, 그리고 차별과의 관계

동은 고정관념 또는 편견에 의해 영향받은 행동이다(Center for Police Equity, 2019: 17). 특정한 집단이나 개인에 대한 고정관념은 현장 공무원의 절차적 정의 실행에 장애요인으로 작용될 수 있다.

경찰관의 절차적 정의 실천에 영향을 미치는 요인에 관한 맥클러스키와 레이징(McCluskey & Reising, 2017: 583)의 연구결과에서, 낮은 계층의 사람(편견이 작용함)에게는 절차적 정의 실천이 낮아진다는 분석결과를 제시한다. 이러한 결과는 타 연구진의 연구결과와 일치한다(Mastrofski et al., 2016; Worden & McLean, 2014, 2016). 공무원이나 경찰공무원(사법행정기관 등)의 편견과 관련된 연구결과는 주로 인종이나 피부색의 차이에 따라 공무원들이 차별적으로 대우를 인식했는가에 관한 것이다(Renauer & Covelli, 2010; Reitzel & Piquero, 2006; Higgins et al., 2010).

2) 악성민원

악성민원이란 정부나 지방자치단체의 행정서비스에 대한 불만 및 불편사항에 대한 시민 건의 혹은 이의제기 행동이 민주사회 시민 권리의 통상적 행동 범위를 넘어서는 경우를 의미한다. 악성민원은 지속기간이 비교적 짧고 충동적이며, 우발적인 기물파괴 행위, 폭력행위, 욕설행위, 고소・고발 등을 이유로 협박하는 행위, 여성공무원들에 대한 성적비하・성희롱 행위와 함께, 행위의 지속기간이 비교적 길고 반복적인 고질민원 행위 등을 포괄하는 개념이다(신용일, 2016: 12).

악성민원은 공무원들의 직무소진을 유발하는 요인이고 직무소진에 빠진 사람이 느끼는 주요한 현상 중에 하나가 민원인인 시민에게 무엇이 일어났는지에 대해 관심이 없다는 것이다(Maslash et al., 2001; 신용일, 2019a). 공무원의 직무소진은 현장 공무원들의 절차적 정의요소 중에 시민참여 기회 제공과 대우의 질을 떨어트리는 요인이 될 수 있다. 앞서 기술한 시민참여 기회란 시민들이 불필요한 방해 없이 자신의 말할 수 있는 기회를 제공하는 것이며(Thibaut & Walker, 1975), 대우의 질은 시민을 존엄으로 대우하는 것이며, 개인과 더 큰 공동에 대한 배려와 관심이다.

경찰관들이 현장에서 인권보호활동이 어려운 이유에 대한 설문조사에서 응답자의 64.1%가 "민원인이 욕설, 폭언이나 경찰을 무시하는 듯한 태도에 불쾌해서"라는 문항을 선택했다(경찰청 고객만족 모니터센터, 2015). 맥클러스키와 레이징(McCluskey & Reising, 2017: 583)은 경찰관들의 절차적정의 실천에 영향을 미치는 요인에 관한 연구에서, 비합리적 피의자의 말에 의해 자신의 권위와 사회질서가 위협받을 때 절차적 정

그림 8-4 조직 내부 · 외부 절차적 정의 사이에 시민 신뢰 조절효과 모형

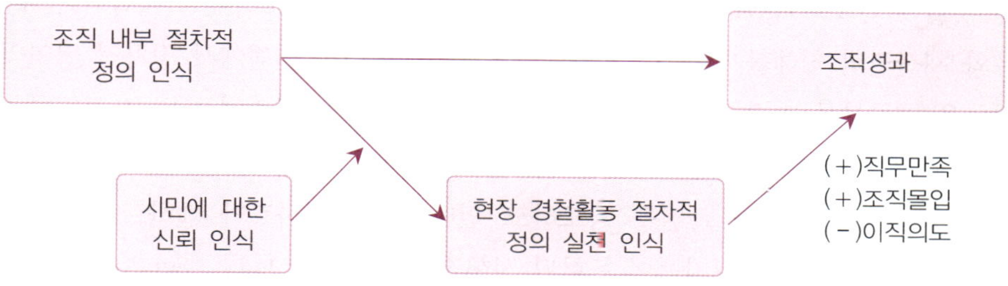

의 실천이 낮아진다는 경험적 결과를 제시한다. 유사연구에서 동일한 결과가 도출되었다(Mastrofski et al., 2016; Worden & McLean, 2014, 2016).

앞에서 소개한 [그림 8-2]에 조직 내부 절차적 정의 인식과 현장 행정활동에서 절차적 정의 실천 인식 사이에 시민에 대한 신뢰라는 조절변수 요인을 삽입하여, [그림 8-4]와 같이 새로운 연구모형을 제시할 수 있다. 기존 연구에서 조직 내부 절차적 정의에 대한 현장 경찰관의 인식이 현장 활동에서 절차적 정의로 실천되는 데 있어서, 경찰관의 시민에 대한 신뢰가 조절요인으로 작용할 것이라고 보는 것이다.

제3절 결론: 향후 연구제언

조직 내부의 절차적 정의의 효과성에 대한 기존 연구는 많이 존재한다. 절차적 정의에 관한 기존 연구자들은 정의 또는 공정성의 존재 유무에 관해 수리 경제학자들과 논쟁이 있었고, 현재 진행형이다.

본 연구에서 제시하는 사법행정기관 현장 서비스 활동에서의 절차적 정의 또는 공정성, 그리고 정당성의 개념은 사회심리학 이론에 기초를 둔다(Cropanzano & Greenberg, 1997). 사회심리학자들은 법적인 권위에서 정당성의 존재를 경험적인 연구로 확인했다. 사람들이 정당한 것으로 인식한다면 법적인 권위에 순응하고 복종한다고 보는 것이다(Tyler, 2006, 2015).

하이에크(Hayek, 1958, 1971)의 자유주의 연구, 사이먼(Simon, 1957)의 인간의 제한된 합리성 주장과 애로우(Arrow, 1950)의 불가능성의 정리가 수리경제적인 관점에서

공리주의가 달성할 수 있다고 보는 실체적 합리성이나 최적의 능률성을 확보할 수 없다는 것을 확인으로써(Simon, 1957; Arrow, 1950), 국가가 과도하게 비대화되어 개인의 자유와 재산권의 침해를 막는 데 기여했다면, 사회 심리적 관점에서 절차적 정의의 연구자들은 공공부문 기관, 특히 사법행정기관들이 법적인 의사결정을 하고 집행할 경우에, 도구적인 관점에서 시민을 바라보는 것으로부터 벗어나 헌법적인 가치인 인권을 존중하고 봉사해야 한다는 점을 강조하고 있다. 이는 덴하트와 덴하트(Denhardt & Denhardt, 2000) 등의 연구자들이 포함된 신행정서비스(New Public Service)의 중심 슬로건인 국가기관이 "조정보다는 서비스(serving rather than steering)"를 해야 한다는 것과 일치한다.

사회심리학자들은 법률적인 권위와 관련되는 경우에, 사람들의 행동의 동인이 도구적인 관점에서 보상이나 처벌여부에 따라 행동하지 않고, 시민들은 정당성(legitimacy)에 순응하고 공무원의 행동, 법, 법원이 정당하다고 인식한다면 신뢰하고 협력한다는 것이다(Tyler, 2011; Tyler & Huo, 2002; Jackson et al., 2012; Tyler & Jackson, 2014). 사회심리학은 베버(Max Weber) 이래로 주장되어온 정당성 개념이 경험적으로 존재함을 확인하였으며, 사회의 제도형성과 공공기관에서 공적인 제도를 실행할 때 지켜야 하는 원칙 내지 기준을 제시하는 데 기여하고 있다. 수리경제학적인 관점에서 공적인 제도는 불완전하고 불필요하기까지 하다고 주장하는 것과는 상반되는 관점이다.

권위주의 행정문화를 경험한 대한민국 사법행정기관에서 공무원들의 절차적 정의 도입과 실천이 필요하다고 판단한다. 현재 미국, 영국, 호주, 그리고 EU 소속 국가들의 경찰공무원들은 절차적 정의를 민원 현장에서 실천하려고 노력하고 있다. 특히, 한국 정부가 참여정부 이래로 정부혁신을 통해서, 정부서비스의 질이나 업무처리 프로세스가 단축되고 빨라졌음에도 불구하고 정부에 대한 시민의 신뢰는 높아지지 않고 있는 상태이기 때문에(행정안전부 2019/2022년 발표. OECD 국가 간 정부신뢰도 순위발표에서 우리나라는 39/45%로 22/20위 수준임, 1위는 스위스로 85%임), 행정서비스 활동에서 절차적 정의의 도입은 필요하다고 판단한다.

현재, 한국 행정 환경에서 현장에서 절차적 정의의 실천의 효과성에 대한 경험적인 연구가 부족하다. 다양한 이유로 직무소진을 겪고 있는 공무원들(신용일, 2016, 2019a, 2019b)에게 절차적 정의의 실천이 직무부담 요인으로 작용할 수 있는 것을 인정한다. 그러나 다른 한편으로는 현장에서의 절차적 정의의 실천이 직무만족, 조직몰입을 높이고, 이직의도를 낮추는 조직성과 향상요인이 될 수 있다는 외국 학자들의 경험적 연구결과가 존재한다. 임장호(2020)는 경찰의 절차적 정의 준수가 시민의 법률준수 및 경찰 업무에의 협력에 정(+)적인 영향을 미친다는 연구결과를 제시하고 있다. 장재성 · 최낙범(2021)은 일선 경찰관의 재량이 절차적 정의와 행정 대응성 사이에 관계에 부(−)적인 조절효과가 있다는 분석결과를 제시하고 있다. 그들(2021)의 연구결과는 경찰관이 철저히 절차적 정의를 실천할 때, 시민들이 경찰공구원의 행정대응성이 높은 것으로 인식한다는 연구결과를 제시한다.

한국 경찰뿐만 아니라 사법행정기관, 그리고 유사 권력기관 소속 일선 현장 업무담당 공무원을 연구대상으로 하는 분석 결과를 제시하고 있는 연구결과는 아직 존재하지 않는다. 검찰 등 사법행정기관 직원들의 시민 신뢰가 정치권에 의해 의문시되고 있는 상황에서 이런 유형의 연구 분석 결과가 존재한다면, 연구결과물은 조직의 존립 정당성 획득과 정치권 설득을 위한 근거자료로 활용될 수 있을 것으로 판단한다. 많은 연구자들의 절차적 정의 실천 효과성에 관한 연구관심을 요청하고 싶다.

제 9 장

가치에 관한 연구와 다양한 접근법

가치와 사실의 분리는 20세기의 사회과학의 탄생의 산물이고, 과학철학 발전의 산물이다. 콩트(Comte, 1830)는 사람의 성장 단계를 3단계로 구분하고, 유아기는 신학자(a theologian)이고, 청소년기는 형이상학자, 공상가(a metaphysician)적이고, 마지막 성인의 단계는 과학의 추구인 실증 단계(positive stage)라고 보았다(Comte, 1830). 실증주의(positivism)라는 용어는 성인의 전유물인 과학적 · 경험적 지식의 추구 단계를 의미한다(Gordon, 1991). 콩트(Comte, 1830)는 이러한 성장 단계를 우주적인 범주에서 논증했으며, 인간사회 집단에는 모든 단계가 존재하는 계층적인 구조로 인식했다. 즉, 사람은 신학적, 형이상학적, 그리고 과학적인(실증적인) 단계가 공존하고, 실증적인 단계가 최상층이라고 보았다(Gordon, 1991: 291).

사람들이 합리적이라고 인식하는 것에는[1] 종교의 교리(주로 종교의 신 또는 샤머니즘에서의 자연의 섭리와 법칙), 한 사회의 전통과 관습, 철학 사상에서 그 기원을 찾을 수 있다. 이러한 것들이 인간의 가치형성과 행위에 복합적으로 영향을 미친다. 가치는 정의(justice)와 같이, 물질적인 이기심(또는 금전적인 욕망과 탐욕)도 있고, 이타심과 같은 공동체적인 것도 있다.

과학철학에서 쓰이고 있는 경험주의(empiricism)라는 용어도 심신이원론보다는 심신일원론(유물론)에 근거를 두고 있다. 심신이원론은 사람의 정신(영혼)이 선험, 관습 또는 신의 섭리라고 보는 반면에, 심신일원론은 사람은 인간의 오감을 통한 경험으로 통해서 학습하고 인간의 사고가 형성되고 행동을 이끈다고 본다. 경험주의가 객관적인 사실을 중시한다고 하더라도, 사람이 공동체적인 삶을 살아간다는 점에서 인간의 행동에 관한 연구에서 가치를 배제하기 어렵다. 20세기 가치다원주의는 가치로부터 가치로 부터 사실의 분리에 기반하고, 어느 한 개인이 추구하는 가치를 무시하는 것이 아닌 존중하는 가치상대주의(또는 문화상대주의) 또는 윤리상대주의를 의미한다(임도빈, 2008: 92 이하).[2] 가치다원성은 미국 헌법 구성원리이고(Lynn, 2013; Madison, 1787), 헌법과

1) 베버(Max Weber)는 인간의 행위 유형을 전통적, 감상적, 가치 합리적, 그리고 목적 합리적 행위로 구분하고 구체적 경험적 인간들의 행위는 이들 네 유형의 복합적 혼성체로 보았다(전성우, 1996: 184). 반 와트(van Wart, 1998: 202 이하)는 합리성의 12가지 유형과 의사결정 프로세스를 제시한다. 시장(합리적 선택), 이성화된 선택(reasoned choice), 비선형 체계(nonlinear systems), 인간욕구, 강요적(coercive), 전통적(traditional), 종교적(religious), 이타주의적(altruistic), 엘리트(elite), 민주적(democratic), 법률적(legal), 그리고 무정부적(anarchic) 합리성 등이 행위에 복합적으로 영향을 미친다.

2) 베버(Weber, 1979)는 가치 합리적 행위의 상대개념으로 목적 합리적 행위를 소개하고 있으며, 목적 합리적 행위는 행위자들의 대등한 교통관계를 전제로 한다. 목적 합리적 행위는 어떤 가치

법률은 가치다원적이고 가치중립적이다(Spicer, 2010).

사회과학의 아버지 중에 한분으로 불리는 막스 베버(Max Weber)는 가치와 사실을 명확히 구분해야 한다고 주장했지만, 사람이 가치를 추구하는 것이 사실이라고 보았다(Gordon, 1991). 사람의 목적적 행동은 가치에 영향을 받는다. 사회과학은 어느 한 개인(사람) 또는 소집단 사이에 영향관계를 연구대상으로 하기 때문에, 사람이나 소집단이 가치를 추구하는 것이 사실이라고 보았다. 어느 사람의 의도, 희망, 그리고 기대가 어느 개인의 행동에 방향을 제시한다. 즉, 사회과학의 연구대상은 어느 한 개인 또는 소집단이고, 그 개인이나 소집단이 추구하는 가치인 이유가 여기에 있다. 개인이나 집단의 가치에 관한 다양한 학자들의 연구를 정리해보면 다음과 같다.

제1절 가치와 가치에 관한 다양한 접근방법에 대한 이해

1. 개인가치 개념의 이해와 정의

가치에 관한 선행연구에서 가치에 대한 개념정의는 다양하다. 클루크혼(Kluckhohn, 1961)은 자연 속에서의 인간의 위치, 인간관계, 그리고 인간 대(對) 환경 및 대인관계에 관련되는 바람직하지 못한 것에 대한 일반화되고 조직화된 개념으로 정의한다. 프랑케나(Frankena, 1967)에 의하면, 가치란 좁은 의미에서는 "좋은", "바람직한", 또는 "할 보람이 있는 것"을 의미하고, 넓은 의미에서는 "모든 종류의 옳음, 의무, 덕, 미, 진리, 그

도 절대적일 수 없고, 이해 지향적이고, 또 가치자유라는 관점에서 보면 행위의 규범적 내용이 문제가 아니라 '형식적인 절차만'이 문제되는 행위이다(전성우, 1996: 185-186). 목측 합리성은 행위의 자율성을 전제하고 있는 바, 그 자율은 정치적 사회적 자율이고, 다른 하나는 가치선택의 자율, 즉 내적 자율이다. 자본주의란 목적 합리적 행위가 지배적인 사회이다(전성우, 1996: 186). 가치 합리적 행위는 칸트(I. Kant)의 의무동기와 연결되며, 칸트의 정언명령이란 특정한 가치가 옳기 때문에, 가치선택의 결과와 무관하게 옳다고 보는 가치에 따른 행동을 자율적으로 하는 것이다(샌델, 2014: 183 이하). 자본주의가 어떠한 절대적 성질의 가치 규범적 제한도 받지 않는 목적 합리적 행위이라면, 공리주의는 최대다수의 최대효용 추구라는 절대성 기준을 취한다는 점에서(샌델, 2014: 181) 자본주의와는 차별화된다. 즉, 행정과 행정가는 민주헌법주의 국가의 공직가치를 정언명령에 따라 추구(가치 합리적인 행위)해야 한다. 민주헌법주의 국가에서 자본주의는 합헌이라면, 공리주의에 따른 정부정책 결정과 집행은 국가 위기(재산) 상황이 아니라면, 소수의 시민을 전체의 효용을 위한 수단으로 전락시킬 위험이 있기 때문에 위헌이다(샌델, 2014: 183 이하 참조).

리고 성"을 지칭한다. 로키치(Rokeach, 1973)에 의하면, 가치는 개인의 가장 견고한 특성이며, 사람의 행동이나 선호, 결정, 삶의 방향, 개인 취향에 기반이 되는 것으로 개인적으로나 사회적으로 더 선호하는 이상적인 행동양식이나 존재의 목적상태와 관련이 있는 하나의 지속적인 신념이라고 정의한다. 그는 개인 차원에서 어떤 구체적인 행동이나 최종상태(end-state)를 다른 행동이나 최종상태보다 개인적으로 더 바람직하다고 생각하는 지속적인 신념으로 보고 있다. 따라서 가치는 객관적 사안에 대한 개인의 판단이나 지각방식, 그리고 그에 대한 태도나 행동양식에 중대한 영향을 미친다.[3] 가치는 인간의 기본적인 욕구를 표출하고,[4] 다양한 활동과정이 매력적으로 보이게 하는 정도를 결정하는 것에(Feather, 1995) 의해 행동을 동기한다. 라이언스(Lyons, 2006)는 가치를 어떤 행위의 바람직성 혹은 우리 삶에 있어서 동기를 결정하는 데 사용하는 목표 혹은 기준이다.

필자는 가치는 욕구와는 달리 후천적으로 학습되는 것이며, 사회에 의해서 바람직하다거나 옳은 것으로 존중되는 것으로서 인간행동의 동기를 결정한다고 할 수 있다. 가치가 사회적으로 학습된 것이라는 점에서 가치는 그 사회가 가지고 있는 종교적·관습적 윤리관 또는 정치이념에 따라 변화될 수 있다. 전제군주시대인 조선시대에 삶았던 양반의 윤리관에는 사적인 자유나 이익이라는 것은 없었다. 그러므로 사람들의 머릿속에서 개인적인 영역의 가치는 존재하지 않았다고 할 수 있다. 왕이나 지배체제를 위해서 봉사하는 것, 체제를 위해서 자신을 희생함으로써 열문으로 자신이 속한 가문을 빛내는 것 등이 있었을 뿐이다. 그에 비해서, 개인적 자유주의 체제에서는 개인의 자유로운 선택에 의한 쾌락의 추구라는 것이 인정되고 존중된다.

결국 가치라는 것은 한 사회의 윤리관과 동떨어진 개념이 아니라고 할 수 있다. 그 사회가 가지고 있는 윤리관이 개인이 추구하는 가치의 범주를 좌우하는 것이다. 자유주의체제 속에서 개인의 가치 범주와 사회주의 체제 속에서 개인의 가치 범주는 충분히 달라질 수 있다. 자유주의 체제에서는 지극히 사적인 영역에서 쾌락의 추구도 다른 사람에게 피해를 입히지 않는다면 존중되어야 하는 것이다.

이상에서 소개한 학자들의 가치에 대한 개념정의에서 공통적으로 언급되는 것들은 다음과 같다. 가치란 "사람들의 삶에서 중요하다고 생각하는 것, 행동의 동기가 되는 것, 사람들의 인식, 판단, 그리고 행동을 인도하는 것 또는 그런 행동을 매력적으로 보

3) Rokeach(1973); Weiner(1988); Williams(1979)를 인용함.
4) Rohan(2000); Schwartz(1992); Seligman et al.(1996)을 인용함.

이게 만드는 것, 비교적 안정된 삶의 목표 내지는 목적"이라고 볼 수 있다.

관료제 이론을 연구했던 막스 베버(Max Weber)는 인간의 행동을 이끄는 동인에 대해 관심을 가졌다. 막스 베버의 연구에 대한 해석에 관심을 기울인 학자들을 크게 스웨드버그(Swedberg, 2003: 299)는 세 가지 부류로 분류하고 있으며, 파슨스(T. Parsons)는 규범과 가치를, 카이저와 핵터(Kiser & Hechter, 1998)는 가치에 따른 합리적 선택을, 보듀(Bourdieu, 1971)는 이해(interest)인데,[5] 신고전경제학자들이 유일하게 이기심(self-interest)이라고 하지만, 다양한 이해가 있다고 막스 베버가 보았다고 주장하고 있다.[6]

막스 베버는 또한 경제학에서 대리인 이론을 가져와, 대리인의 행동을 결정함에 있어서 정당성은 무엇보다도 중요하다고 강조하고 있다. 그는 나는 그것이 좋고, 공정하고, 정당하기 때문에 이것을 한다고 기술하고 있다.

아젠과 피시바인(Ajzen & Fishbein, 1980) 등 학자들은 [그림 9-1]과 같이, 가치가 행동으로 이어지는 과정을 자세하게 기술하고 있다. 가치는 공무원의 태도에 영향을 미치고, 태도는 인지, 정서, 행동의도에 영향을 미쳐서 실제행동으로 이어진다는 것이다. 행

그림 9-1 가치행동 관계도[7]

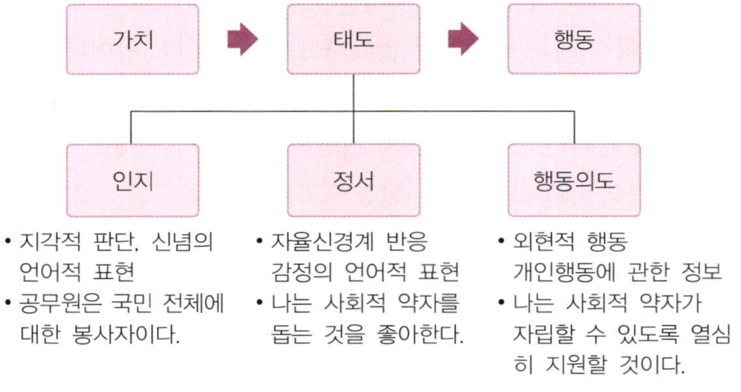

출처: Fishbein(1975); Rossenberg(1976); Home(1985).

5) 콜맨(Coleman, 1990: 27-44). *Foundations of Social Theory*에서 이해이란 행위자가 원하는 자원에 대한 통제권으로 정의하고 있음.

6) 베버는 물질적·이상적 이해가 있다고 보았으며, 둘 중에 하나가 인간행동을 이끄는 동인으로 보았다. 그러나 가끔은 아이디어(idea)가 사람의 행동의 큰 변화를 가져오는 철도의 선로를 바꾸어주는 조차계원의 역할을 한다고 보았다(Swedberg, 2003: 292).

7) 하상근(2013). "지방의원의 가치유형별 태도에 관한 연구: 인지 심리적 접근을 중심으로"에서 제시된 내용을 그림으로 표현한 것임.

동의도가 있을 때, 실제 행동으로 이어질 가능성이 높다고 보고 있다.

가치와는 다른 개념으로 사람 행동의 동인(動因)으로 연구자의 연구대상이 되고 있는 것으로 욕구(needs)와 성격(personality)이라는 개념이 있다. 욕구는 공공선택이론에서 인간행동에 관한 근본 가정이고, 주류 경제학자들은 인간행동의 동인으로서 욕구[막스 베버에 의하면, 신고전경제학자들은 유일하게 이기심(self interest)만 있다고 주장한다고 기술함] 이외에 가치의 존재를 부인하고 있으며(Swedberg, 2003: 299), 마더 테레사(Mother Teresa)와 같은 성인(聖人)들의 행동의 동인을 개인가치 실현이 아닌 관계욕구로 보는 경향이 있다. 이 장에서는 가치와 유사개념으로 성격에 대해서 알아본다.

원재훈(2010: 234 이하)은 애국지사 중에 한 분인 안중근 의사의 한민족 공동체 교육을 위한 기부와 의병으로서의 활동 내역을 상세히 조사해서, 안중근 의사 일대기를 소개하고 있다. 위 책을 읽은 독자라면, 안중근 의사와 어머니인 조마리아 여사의 사고와 행동은 공동체 구성원에 대한 이타심에 근거한 것이고, 개인의 이기적인 욕구를 넘어선 것이라는 것을 이해할 것이다.

2. 가치와 성격(personality)과의 차이점

1) 성격의 정의와 구성개념들

선행연구에서 성격에 대한 개념정의는 다음과 같다. 설리반(Sullivan, 1953)은 성격은 인간 생활을 특성화하는 '대인관계 상황에서의 비교적 안정적인 양상'이다. 올포트(Allport, 1961)는 성격은 환경에 대한 개인의 적응을 결정하는 심리 생리적 체계로 이루어진 개인 내부에 있고 개인의 특징적인 행동과 사고를 결정하는 역동적인 체제(organization)이다. 카텔(Cattell, 1965)은 성격이란 특정한 상황에서 개인이 어떻게 행동할 것인가를 예측할 수 있게 해주는 것이다. 성격은 내현적이고 외현적인 모든 행동과 관련이 있다. 아이젱크(Eysenck, 1967)는 성격은 환경에 대한 개인의 적응을 결정하는 개인의 특성, 기질, 지능, 신체의 비교적 지속적이고 안정정인 조직이다. 리버트와 리버트(Liebert & Liebert, 1998)는 성격이란 사회적 환경과 물리적 환경에 대한 행동 반응에 영향을 주는 육체와 마음을 가진 특정 개인의 독특하며 역동적인 특성들의 조직이다. 이 특성들 중에서 어떤 특성은 특정한 개인에게만 있으며, 다른 어떤 특성은 소수의 사람, 다수의 사람 또는 모든 사람이 공유한 것일 수 있다.

미셸 외(Mischel et al., 2002)는 여러 학자의 성격에 대한 개념정의를 분석하여 구성개념을 다음과 같이 제시하고 있다.

- 성격은 지속성, 안정성 및 응집성을 보이고, 외현적 행동에서 사고와 감정에 이르기까지 다양하게 표현된다.
- 성격은 조직화되어 있고, 개인이 사회적 세계와 관계 맺는 방식에 영향을 주는 결정요소이다.

결국, 성격이란 상대적으로 안정된 행동, 사고와 감정의 패턴에 관한 사람들에 관한 기술(description)이라고 볼 수 있으며, 맥크레이와 코스타(McCrae & Costa, 1994)는 상대적으로 고정된 성질을 갖고 있어 시간이 지나도 거의 변하지 않는 것으로 여겨진다고 보고, 선행연구에서 도출된 사람들의 성격 특성을 다섯 가지로 유형화(Five-Factor Model: FFM)하여 Neo-FFI라는 질문지를 개발하였고, 현재는 세계적으로 폭넓게 사용되고 있다.[8] 다섯 가지 유형은 신경성, 외향성, 경험에 대한 개방성, 친화성 또는 수용성, 그리고 성실성으로 분류된다. 이상 다섯 가지 성격 유형을 〈표 9-1〉로 기술하면 다음과 같다.

표 9-1 성격의 다섯 요인 모델(Five-Factor Model of Personality)

개념	기술(description): 사람들이 ~한 경향성의 정도
경험에 개방성 (open to experience)	호기심 있는, 지적인, 상상력 있는, 창의적인, 혁신적인, 그리고 유연한(폐쇄적인, 천박한, 그리고 단순함과 대비되는)
수용성 또는 친화성 (agreeableness)	도움을 주는, 좋은 성품의, 협력적인, 동정적인, 믿을 만한, 그리고 용서하는(무례한, 이기적인, 적대적인, 비협력적인, 그리고 불친절함과 대비되는)
외향성 (extraversion)	사교적인, 말수가 많은, 낙천적인, 야심 있는, 자기주장이 강한, 보상을 추구하는, 에너지틱(내향적인, 수줍은, 조용한, 그리고 모험적이지 않음과 대비되는)
성실성 (conscientiousness)	잘 정돈된, 책임감 있는, 의존할 수 있는, 단정한, 효율적인, 그리고 성취지향적인(정돈되지 않은, 게으른, 책임감 없는, 부주의한, 단정치 못함과 대비되는)
신경성 (emotional stability)	조용한, 자기 확신에 찬, 안정된, 역경을 잘 이겨내는, 그리고 잘 적응하는(신경증의, 과민한, 불안전한, 두려워하는, 그리고 고뇌함과 대비되는)

출처: Parks-Leduc et al.(2014: 2). 전게논문에서 인용.[9]

8) John(1990); Goldberg(1990); Allik(2005); McCrae & Costa(2003) 논문 참조.

9) 성격특성 다섯 가지에 대한 번역은 송운석 · 김재현(2002). 전게논문에서 친화성, 성실성, 외향성, 안정성, 창의성을 사용하고 있으나, 조현춘 외 옮김/Libert & Libert(2006)에 신경증적 성향, 목표추구성, 외향성, 친화성, 경험에 대한 개방성으로 번역되어 있고, 손성락 옮김/Mischel et al. (2006). 성격심리학-통합을 위하여, 91.에서는 안정성을 신경성으로, 창의성을 경험에 대한 개방

2) 가치(values)와 성격(personality)의 차이

가치를 개인의 특성에 관한 통합적 모델에 한 구성요소로서 포함시키려는 노력은 최근까지 있어 왔지만,[10] 아직까지 이론적 또는 실증적으로 성공을 거두지는 못했다(Schwartz, 2011). 성격과 가치의 가장 근본적인 차이에 대해서 팍스-리덕 외(Parks-Leduc et al., 2014)는 다음과 같이 기술하고 있다. 성격은 어느 한 개인에 관한 기술적 변수(descriptive variables)인 데 반해서, 가치는 동기적 변수라는 것이다. 즉, 속성(traits)은 개인이 어떻게 느끼고, 생각하고, 행동하는 경향이 있는가를 기술한다. 그러므로 속성은 개인의 반응과 행동의 축약이다. 속성과 달리, 가치는 행동에 반영될 수도 있고 아닐 수도 있는 개인의 동기를 표출한다(Roccas et al., 2002).

예를 들어, 경험에 개방적인 사람(속성)은 창조적인 사고와 창조적인 행동을 하는 경향이 있다; 만약에 그렇지 않다면 이 사람을 창조적인 속성을 가졌다고 하지 않을 것이다. 그러나 창조에 가치를 두는 것은 창조적인 사고 또는 행동을 가져올 수도 있고 아닐 수도 있다. 창조에 가치를 두는 것은 그가 창조적 가치에서 행동하든 안하든 그 사람이 창조적이고 싶다는 것을 의미하고 창조가 중요하다고 생각한다(Parks-Leduc et al., 2014: 3).

팍스-리덕 외(Parks-Leduc et al., 2014)의 기존 60개의 연구에 대한 메타분석(Meta-analysis)결과에서 성격과 가치 사이에 일관되고, 이론적으로 의미 있는 관계가 있었지만 그 관계는 크지 않았고, 속성과 가치는 별개의 개념으로 나타났다. 인지적인 속성이 클수록 가치와 관련되었고 감정적일수록 기초된 속성은 가치에 더 작은 관련성이 있다는 것을 발견했다.

두 개의 개념은 1930년대부터 따로 연구되었다. 올포트(Allport, 1937)는 성격에 관한 탐색연구에서 가치를 분리하려고 노력했으며, 속성을 기질(temperament)로, 가치를 특성(character)이라고 언급했다. 가치와 속성 사이에 구분하지 않으려는 연구자도 있지만(Lee, K. & Ashton, 2004), 전체적으로 분리된 개념으로 가치와 속성을 보는 연구자들도 있다(Roccas et al., 2002). 이들 연구자들은 가치와 속성의 선행요인을 심리적 욕구로 보고 있다. 이들은 성격(personality)을 속성(가치가 아닌)의 총합으로 정의하는 경향이 있다. 속성이 가치의 선행요인으로 보는 연구자도 있지만(Wijnen et al., 2007), 가치가 속성에 영향을 미칠 수 있다(Roccas et al., 2002). 특히, 가치가 행동을 동기화하기 때

성으로, 수용성을 친화성으로 번역하고 있음. 이 연구에서는 손성락의 번역을 따름.

10) McClenlland(1996); McAdams(1996); Shoda & Mischel(2006); Winter et al.(1998)의 논문 참조.

문에, 가치가 재발하는 행동을 가져올 수 있다면, 속성이 일련의 행동 패턴이기 때문에 재발하는 행동은 나중에 속성이 될 것이다(Parks-Leduc et al., 2014). 로카스 외(Roccas et al., 2002)는 가치와 속성 간의 영향관계에 대해 다음과 같이 기술하고 있다. "사람들은 자신의 가치와 일관되게 행동하기 때문에, 가치가 속성에 영향을 미칠 수 있다. 그러나 속성은 속성이 실현하고자 하는 목표에 가치를 두는 정도를 증가시키는 경향을 때문에 가치에 영향을 끼친다."

환경의 요구에 대한 특정한 상황과 관계없이 일관된 반응패턴으로서 성격(personality)은 유전적이고 내력성이 강하고, 거의 환경과 환경적인 변화에 의해서 영향을 받지 않으며, 성인기에는 매우 안정적이다. 다른 한편으로, 가치는 유전에 의해서 영향을 받을 수도 있지만 오히려 사람의 삶 속에서 학습된 안내지침이고, 교육과 환경에 의해서 영향을 받을 수 있고 속성보다는 덜 안정적이고 지속성이 약하다.11) 가치와 성격 사이에 차이에 대한 로카스 외(Roccas et al., 2002)는 다음과 같이 설명한다.

> 속성은 발생빈도와 강도에서 변동이 있는 데 반해, 가치는 안내지침으로서 중요성에서 변동이 있다. 사람들은 행동을 설명하기 위해서 속성과 가치를 이용하지만, 행동의 선택이 옳고 가치 있는 것으로 정당화하기 위해서는 가치가 이용된다. 사람들은 자신과 다른 사람들을 속성이 아닌 가치를 언급하는 것에 의해 판단한다(SAROGLOU & MUÑOZ-GARCÍA, 2008: 86). 속성은 사람들이 인지적인 통제가 없는 행동에 더 큰 영향을 미치지만, 가치는 보다 자율적인 통제 하에 있는 행동에 영향을 미친다(Roccas et al., 2002: 799).

3. 가치(values)에 관한 접근방법

글루(Glew, 2009: 672-673)는 가치에 관한 기존 연구를 일반적으로 네 가지 접근방법으로 분류하고 있다. 그가 제시하는 가치에 관한 네 가지 유형의 접근법을 기술하면 다음과 같다.

---

11) Dollinger et al.(1996); Olver & Mooradian(2003); Yik & Tang(1996); Saroglou & Munoz-Garcia(2008)의 논문 참조.

1) 단일화된 개인가치군(群)에 관한 연구

완전하고 단일화된 인간가치군(complete unifiec set of human values)에 대한 탐색이다(Glew, 2009: 672). 로키치(Rokeach, 1973)에 의한 가치군 도출작업, 카알(Kahle, 1988)의 로키치(M. Rokeach) 도출가치군 간소화작업, 그리고 슈바르츠(Schwartz, 1992)의 후속 가치군 도출작업이 이 유형에 속한다고 볼 수 있다. 기존 연구결과를 상세히 기술하면 다음과 같다.

개인적인 수준에서 추구하는 개인가치에 대한 선행 연구자들의 연구결과를 종합하여, 로키치(Rokeach, 1973)는 〈표 9-2〉와 같이 모든 개인들이 정도나 수준의 차이는 있지만 공통적으로 보유하고 있는 개인가치를 궁극가치와 수단가치로 구분하여 제시하고 있다. 예를 들어, 모든 개인을 평화(peaces)에 가치를 두지만 어떤 사람은 다른 사람보다 평화에 더 높은 우선순위를 둔다. 궁극가치란 개인을 위한 바람직한 목적 또는 목표를 제시한다. 수단가치란 목적을 달성하기 위한 바람직한 행동 또는 방법의 기준을 제시한다(Whetten & Cameron, 2005). 로키치(M. Rokeach)가 제시한 궁극가치들 중에 일반 시민들의 일상적인 삶과 직접적인 관계가 부족한 일부가치를 제외하고, 카알

표 9-2 전 세계인이 추구하는 가치들

궁극가치(terminal values)	도구적 가치(instrumental values)
안락한 삶(번영하는 삶)	야심 있는(열심히 일하는, 포부 있는)
재미있는 삶(자극적인, 활동적인 삶)	관대한(마음이 열려 있는)
성취감(영속적인 공헌)	능력 있는(역량, 효과적인)
세계 평화(전쟁과 갈등이 없는)	기분 좋은(근심 없는, 즐거운)
미의 세계(자연과 예술의 아름다움)	깨끗함(단정하고 정돈된)
평등(형제애, 모든 사람에 대한 동등한 기회)	용기 있는(당신의 믿음을 내세우는)
자유(독립심, 자유선택)	용서(다른 사람을 용서하려는 의지)
가족 안전(사랑하는 사람을 돌보는 것)	유용함(다른 사람의 복지를 위해 일하는)
행복(만족스러움)	정직함(순수함, 진실함)
내적인 조화(내적 갈등으로부터의 자유)	상상력(대담한, 창의적인)
성숙한 사랑(성적이고 정신적인 친밀감)	독립적인(자립의, 자급자족의)
국가안전(공격으로부터 보호)	지적인(총명한, 사색적인)
즐거움(즐길 수 있고 여흥이 있는 삶)	논리적(일관되고 합리적인)
구원(구원된 영속적인 삶)	사랑(애정 어린, 동정심이 많은)
자존감(자기 존중)	순종하는(의무에 충실한, 정중한)
사회적인 인정(존경, 흠모)	정중한(예의 바른, 매너 있는)
진정한 친구(밀접한 동료애)	책임이 있는(신뢰할 수 있는, 믿을 만한)
지혜(삶의 성숙한 이해)	자기 관리가 되어 있는(절제된, 자기 규율된)

출처: Rokeach(1973: 28)에서 인용함.

표 9-3 카알의 가치목록(the list of values)

항목
자기 실현(self-fulfillment)
삶 속의 자극(excitement)
성취감(sense of accomplishment)
자아존중(self-respect)
소속감(sense of belonging)
존중받음(being well-respect)
안정성(security)
재미와 즐거움(fun and enjoyment)
다른 사람과 우호적인 관계(warm relationship with others)

출처: Kahle(1988).

(Kahle, 1988)은 단일 영역에 속하는 가치목록을 〈표 9-3〉과 같이 만들어냈다.

개인가치에 관한 조금 더 진전된 연구로 슈바르츠(Schwartz, 1992)는 개인가치를 네 개 유형 군으로 분류하고 10가지 가치를 제시하고 있다. 네 개 유형 군(群)은 보수주의, 변화에 대한 개방성, 자기 강화, 그리고 자기 초월이다. 보수주의는 안전, 전통, 그리고 동조가치를 포함한다. 변화에 대한 개방성은 자기 지향성, 자극, 그리고 쾌락주의를 포

표 9-4 개인가치 유형과 세부적인 내용

유형	세부 가치	구체적인 내용
보수주의 (conservation)	동조	다른 사람의 기대를 충족시키려고 충동을 통제하는 것 (자기 규율, 복종)
	전통	전통을 유지하는 것(절제, 전통에 대한 존중, 독실함)
	안전	자기, 가족, 그리고 국가의 안전과 안보(가족안전, 사회질서, 청결)
변화에 개방성 (open to change)	자극	자극적인 경험을 하는 것(모험적인, 자극적인 삶)
	개인주의	생각과 행동이 독립적임(창의성, 자유, 독립, 호기심)
	쾌락주의	감각적 즐거움(재미, 즐기는 삶)
자기 강화 (self-enhancement)	권력	사람과 자원을 책임지는 것과 돈을 가지는 것 (사회적 권력, 부, 권위)
	성취	사회적으로 인정된 성공(야심, 역량)
자기 초월 (self-transcendence)	자선	나와 가까운 사람의 복지를 증진하는 것 (도움, 충성, 정직, 용서)
	보편주의	모든 사람과 자연의 복지를 증진하는 것 (평등, 사회적 정의, 환경을 보호하는 것)

출처: Parks-Leduc et al.(2014: 2). 전게논문에 기술된 내용을 편집한 것임.

함한다. 자기 강화는 권력과 성취와 쾌락주의를 포함한다. 쾌락주의는 자기 강화와 변화에 대한 개방성 등 양측 영역에 걸쳐 있는 것으로 나타났다. 자기 초월은 자선과 보편주의를 포함한다(Parks-Leduc et al., 2014: 2). 이상에서 기술한 10가지 가치와 세부 내용을 정리해 보면 〈표 9-4〉와 같다.

이 연구에서는 슈바르츠(Schwartz, 1992)가 제시하고 있는 개인들이 중시하는 가치를 기반으로 삶의 목표수준의 고·저와 삶에 있어서 안정성 추구의 고·저라는 기준으로 일반 시민들이 중시하는 가치유형을 [그림 9-2]와 〈표 9-5〉와 같이 분류해볼 수 있다.

〈표 9-5〉에서 보여주고 있는 슈바르츠(Schwartz, 1992)의 가치유형 군(群) 분류에서 왼쪽 열은 공동체 지향적 삶과 관련성이 깊고, 오른쪽 열은 개인주의적 삶과 관련성이 깊다. 왼쪽이 공동체적인 삶 속에서 규범성을 강조하는 사회적 또는 윤리가치라면, 오른쪽은 개인으로서 삶이나 성취를 추구하는 도구적 의미의 개인적 또는 역량가치라고 할 수 있다.[12] 일부학자들은 사람들이 오른쪽 개인적 가치 영역에서 왼쪽의 사회적이고 규범적인 가치로 가치가 성숙되어져 간다는 의미에서 가치 성숙성(value maturity) 또는 도덕적 발달이라고 주장하고 있다.[13] 콜버그(Kohlberg, 1969)가 주장하고 있는 도덕적 발달 단계(가치 성숙성)에 대한 경험적 연구결과는 추후에 자세하게 기술한다.

그림 9-2 네 가지 개인가치 유형 군(群)

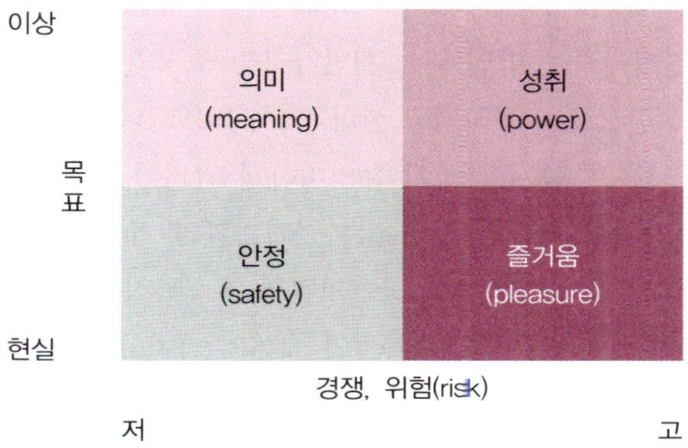

12) Bilsky & Schwartz(1994); Cable & Judge(1996)의 논문 참조.
13) Kohlberg(1969); Kohlberg & Ryncarz(1990)의 논문 참조.

표 9-5 네 가지 개인가치 유형과 세부 가치

자기 초월(의미 추구)	자기 강화(성취 추구)
– 인류나 사회의 행복과 사회를 위한 봉사가 중요 – 인류를 위해 환경을 보호하는 것이 중요 – 나와 가까운 사람을 돕는 것과 행복한 것이 중요	– 다른 사람을 책임지는 권력이 중요 – 부자가 되는 것이 중요 – 사회적에서 성공했다고 인정받는 것이 중요
보수주의(안정 추구)	**변화에 개방성(즐거움 추구)**
– 나는 다른 사람에게 폐 끼치지 않고 예의바르게 행동하는 것이 중요 – 전통을 유지·보존하는 것이 중요 – 나, 가족, 그리고 국가의 안전과 안보가 중요	– 삶을 즐기는 것 또는 즐거운 것이 중요 – 자극적이고 쾌락적인 경험이 중요 – 나만의 독자적인 삶, 호기심과 창의성 추구

출처: Schwartz(1992), 전게논문에서 제시한 가치유형을 재명명한 것임.

2) 개인과 조직의 가치정합성에 관한 연구

개인가치 연구의 두 번째 접근법은 개인과 조직의 정합성(person-organization fit) 연구에 밀접하게 연관되어 있다. 본 접근법에서는 가치를 어느 한 개인의 작업환경에 내재한 가치들과 어느 정도에서 부합하는 개인의 특성으로 고려한다. 차트맨(J. Chatman)은 개인과 조직의 정합성을 조직에 내재한 규범과 가치와 개인이 중시하는 가치 간에 일치성으로 본다(Glew, 2009: 672).

본 접근법에 관심을 가지는 연구자들은 개인가치를 실용적인 관점에서 고정불변의 것이 아닌 얼마든지 조작 가능한 것으로 보고, 조직구성원의 개인의 가치를 조직에서 중시하는 가치에 일치시키는 방법에서, 개인가치를 조직의 목표달성이나 전략의 성공적인 실행을 위해 수단으로 이용하려고 한다. 피셔 외(Fischer et al., 1996)는 팀 구성원들 사이에 가치의 공유가 팀 효과성에 유의미하게 관련이 있다는 것을 발견했다.

공무원들이 공직가치를 학습하는 이유는 국가기관의 가치와 공직자 개인의 가치를 직무수행 과정 중에 일치시키는 것이 국가기관의 존재목적 달성에 효과적이기 때문이다. 국가 조직의 존재목적에서 나오는 가치와 개인의 가치 우선순위를 일치시키는 것이 국가의 존재목적 달성에 효과적이라는 이유이다. 국가의 존재목적 차원에서의 가치는 목적적 가치로, 국가 조직 그 자체로서의 가치는 도구적 가치로 다음에서 자세하게 기술한다.

또한 공직자는 특정한 국가의 구성원으로서 개인 차원의 가치를 이행하는 것도 중요하다. 반 와트(van Wart, 1998)는 『변화하는 공공부문의 가치』라는 책에서 공직자 개인 차원의 가치 중에 하나로 공민적 청렴성을 제시하고 있다. 공민적 청렴성은 공무원뿐만 아니라 공적인 업무를 수탁받아 수행하는 부패방지 및 부정청탁방지법상의 개념인 "공무수행 사인"에게도 요구되는 가치이다.

3) 국가별 문화 차이에 관한 연구

가치를 연구하는 세 번째 접근법은 국가 문화를 가로지르는 국가별·문화별 가치 차이에 관한 조사이다. 한 국가나 사회를 구성하고 있는 사람들이 동일한 가치를 공유하고 있다면 문화라고 한다. 많은 연구에서 홉스테드(Hofstede, 1980)의 연구결과가 인용되고 있으며, 처음 두 접근법과의 차이는 분석의 수준이 사회적 수준에서 가치를 본다는 것이다(Glew, 2009: 673). 본 접근법은 사회나 집단 내에 존재하는 개인가치를 현상학적인 관점(자연스럽게 형성되어온 존재상태)에서 바라보고, 개인 자체보다는 집단이나 사회구성원 전체가 공유하는 가치(문화로 칭함)에 따라 집단이나 사회에 속한 사람들의 행동이나 의식수준이 어떻게 다른지에 대해 연구자들은 관심을 가진다.

햄튼-터너와 프롬페나스(Hampton-Turner & Trompenaars, 1994)는 국가마다 상당한 차이가 존재하는 일곱 가지 가치 영역을 입증하였다. 이들은 보편주의 대 배타주의, 개인주의 대 집단주의, 감정적 대 중립적, 특정적 대 확산적, 성취 대 귀속, 과거와 현재, 그리고 미래, 내부통제 대 외부통제 등 일곱 가지 영역을 발견하였다. 이들의 연구결과에서 제시하고 있는 대비되는 문화 중 일부를 간략하게 설명하면 다음과 같다.

(1) 보편주의(Univeralism) vs. 배타주의(Particularism)

보편주의 가치를 중시하는 국가의 시민들은(예: 미국 등 선진 OECD 국가들)은 사회질서 유지에 필요한 보편적인 기준과 보편주의의 가치를 강조한다. 교통신호에 복종하라, 정직이 최선의 정책이다. 시민의 합의를 통해서 만들어지는 공동체의 공존에 영향을 미치는 규칙, 즉 일반 사회적 규칙들이 사람들의 행동을 지배한다.[14)]

사람들 사이에 관계가 사람들의 행동을 지배하는 국가의 국민들(예: 한국, 중국 등 아시아권 국가들)은 배타주의 가치를 보유하고 있다. 가까운 사람들(친구, 가족, 친족 등 혈연, 지연, 학연 등) 사이의 관계가 행동을 지배한다. 그 사회나 조직 내에 존재하는 보편적인 원칙이 가까운 사람들에게는 지켜지지 않고, 유리하게 해석되고 변형되는

14) 오스트롬(Ostrom, 1982)은 합법 또는 불법행위인지를 판가름하는 기초는 도덕적 수칙(계율)에 내재하는 가치기준으로부터 도출된다고 기술하고 있다

가능성이 높은 사회가 배타주의 문화를 가진 국가들이다.

최근 특정 정치세력의 좌장격인 한 정치인이 박근혜 전 대통령 탄핵과 특정한 정치인의 탈당을 두고 '배신의 정치'라는 용어를 사용하여 비판하였다(SBS 비디오머그, 2016. 12.14). 특정한 사람을 정치계에 입문시켜주고 키워준 사람에 대한 충성(혹은 의리)을 당연시하는 유교적이고 전통적인 관념에서 비롯된 용어 선택으로 보여진다. 우리 사회에 배타주의 문화가 남아 있음을 보여주는 표현이기도 하다. 학자들은 사회가 발전하고 투명할수록 배타주의에서 보편주의로 발전해간다.

다음 질문을 읽고 답하는 것을 통해서, 자신이 어느 쪽에 속하는지를 알아볼 수 있다.

질문: 당신의 친구가 남의 귀중품을 훔쳤다는 것을 당신은 알고 있었다. 당신의 친구는 그 귀중품을 팔려다가 경찰의 불신검문에 붙잡히게 되었고, 절도를 이유로 경찰서 유치장에 갇혀 있는 상태이다. 친구의 가족들은 친구인 나에게 와서 그 귀중품이 친구인 나의 것이고, 해외 출장 중에 귀금속 상점에서 구입한 것이라고 거짓증언을 해달라고 간청한다. 아무도 그것이 훔친 것이라는 것을 모른다고 한다. 친구를 위해서 거짓증언을 해주겠는가?

ⓐ 예　　　　　ⓑ 아니오

※ 당신이 "예!"라고 답한다면, 당신은 배타주의에 속한다. "아니오!"라고 답한다고 하더라도 실제로는 예처럼 행동한다면 당신은 배타주의적 가치를 가지고 있다고 볼 수 있다. 만약에 자신이 속한 사회가 배타주의 문화에 속한다면 "아니오!"라고 답하는 것은 정말로 어려운 일이다. 친구와 단교가 될 뿐만 아니라 친구를 알고 있는 사람들로부터도 비인간적이라는 평을 들을 가능성이 있기 때문이다.

(2) 개인주의(Individualism) vs. 집단주의(Collectivism)

자아, 독립성, 차별성을 강조하는 개인주의 문화와 집단, 결합된 단위, 그리고 다른 사람과의 연합을 강조하는 집단주의 문화로 구분된다. 개인주의적 가치는 개인의 기여에 가장 가치를 두는 데 반해서, 집단주의는 팀 기여에 가치를 둔다. 내가 속한 조직이나 집단이 개인의 실적을 강조하고 개인의 성과에 따라 보상하는 조직이나 집단이라면 개인주의에 속하고, 개인의 실적보다는 조직이나 집단의 실적을 강조하고 보상하는 조직이라면 집단주의에 속할 수 있다.

한국의 공공조직의 성과보상 시스템은 두 가지 문화가 적절하게 혼합되어 있다. 개인이 속해 있는 부서나 소속 기관의 업무실적에 대한 평가와 함께, 소속 부서 내지 기관의 개인 단위 업무실적을 동시에 평가하는 성과보상 시스템을 가지고 있다. 조직구성원 개인의 업무가 개인 단위로만 배분되지 않는다는 직무배분 특성에 기인한다고 볼 수 있다. 예를 들어, 경찰청 경우에 경찰관 개인의 업무수행 실적을 개인 단위로 평가하고 있지만, 개인 단위 평가항목에 관서/부서/개인에 대한 평가점수가 합산되게 되어 있다.15)

개인주의에 잘 부합하는 성과보상 시스템은 직위분류제에, 그리고 집단주의는 계급제에 잘 부합한다. 직위분류제는 직무분석과 직무평가를 기초로 하기 때문에 개인의 업무수행 실적 평가가 가능하고, 개인 직무수행 성과에 따른 성과보상도 비교적 공정할 수 있다. 이에 반해, 계급제에서는 부서배분 기준이 대체로 특정 계급(직위)의 개인이 수행 가능한 직무난이도를 중심으로 부서업무가 배분되기 때문에, 집단성과 시스템이 공정하고, 집단주의 성과배분 시스템이 발전하게 된다. 정부 또는 민간 조직 인사 시스템이 직위분류제인가 또는 계급제인가는 환경이 되는 그 사회에 개인주의 또는 집단주의 문화가 뿌리내려져 있는지 여부에 따라 달라진다고 볼 수 있다. 그리고 이들 조직구성원들의 성과평가와 보상 시스템에 대한 공정성 인식에 영향을 미친다고 볼 수 있다. 즉, 어느 한 조직 내에 개인주의 또는 집단주의 문화를 보유한 직원이 혼재한다면(주재진, 2015), 특정한 문화에 전적으로 기반한 성과보상 시스템은 직원들의 공정성 인식에 부(−)적인 영향을, 그리고 결과적으로 직무성과에 부(−)적인 영향을 미칠 수 있다.16)

다음 질문을 읽고 답하는 것을 통해서, 당신은 어느 집단에 속해 있는지를 알아볼 수 있다.

---

15) 경찰청 기획조정과. 16년 치안종합성과평가 최종평가 계획(요약)을 신용일(2016: 79). 「악성민원이 공무원의 조직성과 인식에 미치는 영향」에서 재인용함.

16) 2020년 한국행정연구원 공직생활실태조사결과에 의하면, 연령이 낮고 재직기간이 짧을수록 이직의도가 높다는 분석결과가 있었다. 이직의도의 이유로는 낮은 연봉과 노후생활 불안이 도출되었다. 필자는 공무원 급여 책정에 영향을 미치는 주요 이해관계자 집단 중에 하나인 중장년 세대가 집단주의 문화를 더 높게 보유하고 있다는 점에서 공무원 인사문제 해결에 부(−)적인 영향요인으로 작용성이 크다고 본다. 집단주의 문화는 유학사상의 영향이 크다(조긍호, 2004). 베버(Max Weber)는 동양 유교를 연구하여, 유교를 집단주의·귀속문화로 보고, 유교문화권에서는 서양의 개인·성취문화를 특징으로 하는 합리주의 문화가 발전하기 어렵다고 보았다. 민주주의도 발전하기 어렵다고 보았다. 그(1921)는 "민주주의와 자유는 한 민족이 양떼같이 지배당하지 않겠다는 확고히 정립된 의지를 가지고 있는 곳에서만 가능하다"고 보았다.

질문: 어떤 유형의 직무가 당신 조직에서 가장 빈번하게 발견되는가?

ⓐ 모든 사람이 함께 일하고 개인적인 평가를 받지 못하는 직무	ⓑ 모든 사람이 개인적으로 일하고 개인적인 인정을 받는 직무

(3) 특정적(specific) vs. 확산적(diffuse)

프라이버시와 개인적인 자율(personal autonomy)을 유지하기 위하여 삶에서 다양한 역할을 구분하는 문화를 특정적인 문화(specific culture)라 하며, 여러 역할을 통합하고 합병하는 문화를 확산적인 문화(diffuse culture)라 한다. 특정적인 가치를 가진 문화는 사적관계로부터 일 관계를 분리하는 데 반해서, 확산적인 문화는 일 관계와 사적 관계를 혼동한다. 확산적인 문화는 일과 사적인 관계가 더 혼재되어 있기 때문에 직원들 사이에 더 낮은 이직율과 고용주에 대한 더 높은 충성도를 가진다.

한국의 경우에는 공직에서 퇴직한 이후에도 공직에서 퇴직하기 이전에 불리어지었던 호칭이 그대로 퇴직한 이후에도 불리어지는 경우가 많다. 예를 들어, 퇴직하기 전에 ○○차관님 내지 ○○국장님으로 불리어지던 사람이, 퇴직한 이후에도 동일하게 불리어지게 된다. 미국 군인의 경우에는 부내 내에서의 호칭과 사적인 자리에서의 호칭이 달라지는 것을 자연스럽게 여긴다. 미국군 장성은 사적인 자리에서 자신의 이름을 불러 줄 것을 요구한다.

다음 질문을 읽고 답하는 것을 통해서, 당신은 어느 집단에 속해 있는지를 알아볼 수 있다.

질문: 직장 상사가 당신에게 상사의 개인적인 경조사에 와서 도울 것을 요청한다. 당신은 개인적인 일이 있어서 가서 돕는 것을 원하지 않는다. 당신은 거절할 것인가?

독일과 스웨덴 사람은 90% 이상이, 미국 사람은 82%가 거절할 것인데 반해서, 중국 사람의 32%와 나이지리아 사람의 46%가 거절할 것이다(Whetten & Cameron, 2005: 61).

(4) 성취지향 문화 vs. 귀속 문화

사람들이 개인적인 성취에 기초해서 높은 지위를 획득하는 경향이 있는 문화를 성취지향 문화라 하고, 지위와 명성이 나이, 성별, 가족유산 또는 인종적 배경과 같은 귀속적인 특성에 더욱 기초되는 문화를 귀속 문화라 한다. 당신이 누구를 아는가(귀속) 대 당신이 무엇을 할 수 있는가(성취)는 이 가치 영역의 차이를 발견하는 데 도움을 준다.

베버(Max Weber)는 서양의 문화는 개인주의 문화이고 성취지향 문화라고 본다. 이에 반해서, 동양의 유교 문화는 귀속 문화로 분류한다. 개인의 성취지향 문화에서만 서구의 도구적 합리주의 정신이 발전될 수 있다고 보고 있다. 자본주의의 발전도 성취 문화에 기초한다. 자유민주주의는 기본적으로 자신의 느력이나 성취에 따라 사회적 지위가 달라지고, 그 지위가 세습되지 않는다는 점에서 성취 문화를 지향한다고 할 수 있다.

다음 질문을 읽고 답하는 것을 통해서, 당신은 어느 집단에 속해 있는지를 알아볼 수 있다.

> 질문: 비록 당신이 현재 책임지고 있는 과제가 손쉽게 해결될 수 없다 할지라도, 당신이 진정으로 원하는 방법으로, 자신의 진정한 자아에 부합되게 행동하는 것은 중요하다.

미국, 서유럽 국가는 77%가, 남미와 중앙아메리카 국가들은 15% 이내에서 동의 안 한다(Whetten & Cameron, 2005: 61).

(5) 내부통제(internal locus of control)와 외부통제(external locus)

변화에 대한 태도에 대한 것으로 "변화의 성공과 실패의 원인이 나"라고 생각하는 것은 내부통제이고, "어떤 다른 사람 또는 다른 것이 변화를 일으켰다고 생각하는 것"이 외부통제이다. 내부통제적 성향을 가진 사람들은 미래를 위한 유용한 정보를 제공하는 환경적인 측면들에 관심을 기울이고, 환경을 개선하는 활동에 참여하고, 성취에 더 많은 관심을 기울이고, 더 많은 질문을 하고, 외부통제적인 사람들보다 더 많은 정보를 가진다.

내부통제가 관리자 역량에 미치는 영향에 대한 기존 연구에서, 내부통제적인 사람들은 작업환경에 집중하고, 자신의 일에 만족하며, 직무상의 스트레스도 적고 높게 승진한다고 한다.[17] 리더십과 집단성과에 관한 연구에서, 내부통제적 성향을 가지는 사람

17) Coleman, Irving, & Cooper(1999). Another Look at the locus of control-organizational commitment relationship: It depends on the form of commitment. in Whitten & Cameron(2005). Ibid.

이 리더가 될 가능성이 높고, 그런 리더가 이끄는 집단이 더 효과적이라고 한다(Blau, 1993).

4) 전문직업인으로서 가치에 관한 연구

네 번째 접근법은 이 책에서 주로 관심을 두고 있는 직업가치(work value)를 연구하는 것이다. 기존 연구에서 직업가치는 비즈니스 윤리로부터 직업 선호성(work preference)까지(Dose, 1997) 많은 의미를 가진다. 작업환경 내에서 관리자와 직원들에게 특정한 관련성이 있는 가치를 입증하기 위한 다양한 시도[18]들이 있었다(Glew, 2009: 673). 요르겐센과 보즈먼(Jørgensen & Bozeman, 2007)은 민주사회에서 공적인 영역에서 시민들이 중시해야 할 가치를 공공가치(public value)로 개념정의하고, 72개의 가치(values)를 7개의 가치 군(constellations)으로 분류하여 제시하고 있다. 드 브리스와 킴(De Vries & Kim, 2011: 44)은 공공가치는 궁극가치와 수단가치로 구분하고 있다. 궁극가치는 자유, 평등, 정의, 민주 등 추상적 이념으로 표현될 수 있고, 수단가치는 합법성, 민주성, 능률성, 효과성, 형평성, 공정성, 책무성, 투명성, 중립성으로 표현된다고 본다. 반 와트(van Wart, 1998)는 공공 영역 종사자들이 다섯 가지 영역 또는 역할이 주어진다고 보고, 각 영역 또는 역할에서 중시해야 할 가치를 제시하고 있다.

최근 연구자들은 공공부문 종사자들이 민간과 다른 욕구 내지는 가치체계를 보유하고 있을 것이라고 주장한다. 국내 연구자들은 공공봉사동기(이근주, 2005) 또는 공공서비스동기(김상묵, 2003)로 번역하여 사용하고 있다. 이 책에서는 공공봉사동기(public service motivation)라는 용어를 사용하며, 이에 대해서 추후에 상세히 기술할 예정이다.

4. 목적론적, 그리고 도구적 가치

1) 목적론적 차원에서의 공직가치[19]

목적론적 차원에서 국가나 정부가 왜 존재 또는 필요한가에 대한 질문에 답하는 것

18) Cornelius et al.(1985); England(1967); McDonald & Grandz(1991)의 논문 참조.

19) 목적론적 차원에서 공직가치라는 표현은 윤리에서 목적론과는 차이가 있는 표현이다. 근세 민주주의 국가에서 국가의 시장 개입과 역할이 생성되는 이유로 국민의 인권보호(모든 사람들의 자유보장 및 확대)라는 칸트(I. Kant)의 의무론적 동기론에 기초를 두고 있기 때문에, 국가개입을 하게 된 목적, 즉 국가 조직을 통해서 얻게 되는 인권보호 그 자체가 중시된다는 차원에서 목적이다. 그러므로 여기서 규범적 · 목적론적 차원에서 공직가치란 국가를 통해서 보장되고 확장되

이 목적론적 국가관이다. 근대 국가나 국가의 역할은 근본적으로 목적적 성격을 가지고 태생한다. 20세기 신(Neo)자유주의(민주주의), 다원주의, 그리고 사회민주주의 탄생에 가장 큰 영향을 준 토머스 힐 그린(T. H. Green)은[20] 헤겔(G. W. F. Hegel)과 칸트(I. Kant)의 사상에 가장 큰 영향을 받았으며, 국가는 윤리 그 자체이며, 순수한 국가(pure state)를 상정했다는 점에서도 국가는 규범적이다(Green, 1895: 716). 국가를 구성하고 국가의 역할을 수행하는 공무원의 가치도 그 성격을 벗어날 수 없다. 근대 국가의 존재와 역할에 대해서 개인의 자유를 억압하는 것으로 부정적인 입장을 취하고 있는 하이에크(F. A. Hayek)의 주장을 뒤집어보면, 입법자들에 의해서 인위적으로 만들어진 국가나 국가의 역할을 정하고 있는 법은 목적론적 성격을 벗어날 수가 없다(민경국, 2007). 하이에크는 법을 노모스(nomos)와 테시스(thesis)로 구분하고, 노모스는 개개인들이 자율성을 가지고 있고 자신의 목적을 위해서 자신의 지식을 이용할 수 있는 질서이고, 여기에 속하는 법이 사법(private law)이다. 테시스는 조직질서의 기초가 되는 행동규칙이며, 명령이나 지시처럼 구성원들에게 특정의 행동을 지시하고 지정하는 역할을 한다. 이런 조직규칙이 국가와 관련되어 적용될 경우에 공법(public law)이 된다. 프랑스의 계몽주의 전통에 따른 '주권재민의 사상', 즉 주권자가 합의를 통해서 만들면 법이 된다는 사상이 노모스보다는 테시스를 우세하게 만들었다고 보고 있다(민경국, 2007: 396-397).

근대 공공철학의 기본정신은 플라톤(Plato)의 『국가론(*Politia*)』에서 비롯되었다고 본다. 플라톤이 『국가론』에서 언급하고 있는 국가란 국가의 역할에 대한 것이 아닌, 정의

는 가치를 의미하는 것이지, 국가를 통해서 실현되거나 달성되는 편익이나 이익 같은 것을 의미하지 않는다. 예를 들어, 법원은 행정운영에서 법규의 준수 여부를 중시하고, 행위 동기를 따져서 공무원의 불법행위 유무를 따진다는 점에서 의무론적 윤리를 중시하지만, 일부 언론이나 정치단체의 경우에는 국민연금 재정운영의 결과로 인하여서 발생한 수입 내지는 수익률(효율성)을 따지는 것이 목적론적 윤리관 또는 공리주의적 윤리관이 된다. 2008년도 글로벌 금융위기 시에, 국민연금과 건강보험기금의 축적으로 인해서, 금융시장을 안정화시킬 수 있는 자금 여력을 제공함으로써 한국 경제가 1997년과 같은 심각한 경제위기를 겪지 않았다는 점, 비교적 많은 연금 수급자들(2016년 현재 130만 명)이 은퇴 후에 어느 정도 경제적인 안정을 누리고 살고 있다는 점은 공리주의적(목적론적) 윤리관에서는 부각되지 않는 면이다.

20) 비시르지안(Bishirjian, 1974)은 Thomas Hill Green's Political Philosophy에서 "토마스 힐 그린(T. H. Green, 1836~1882)은 옥스퍼드 대학의 이상주의 운동(idealist movement) 설립에 영향을 미쳤으며, 그 운동은 영어권 대학에서 지배적인 운동이었다. 그린은 철학을 가르쳤으며, 잉글랜드, 스코틀랜드, 웨일스뿐만 아니라 미국에서도 이상주의 운동이 일어나게 하였고, 자유주의(neo liberalism)의 순교성인이다"라고 기술하고 있다. 하지만, 그린의 저서와 강의는 사후에 출판되었다.

로운 국가가 운영되는 방식에 대한 것이고, 국가는 이성 내지는 도덕성을 갖춘 철학자 또는 통치자들에 의해서 지배되어야 한다고 본다.

또한 플라톤은 국가를 이루는 세 주체가 있으며, 삼 주체와 본성은 최고지도자 또는 공인(이성과 이타심), 서민(욕구), 그리고 군인 또는 수호자(기개)로 구성된다고 한다.[21] 공인의 역할은 입법과 법의 집행, 특히 교육의 감독이다. 여기서 이성(reason)은 "사사로운 정이나 이기심에 치우치지 않는 냉철함"이며, "도덕성을 가지고 사리분별을 할 줄 아는 냉철함"을 의미한다.[22] 민주국가에서 모든 국민은 공적인 영역에서 역할을 할 때, 냉철함이 요구된다고 볼 수 있다. 반 와트(van Wart, 1996)가 공민으로서 필요한 공민적인 청렴성도 냉철함과 같은 의미로 보여진다.

칸트(Kant, 1785)의 의무동기에 의한 정언명령으로서 경제적인 손익과는 상관없이 옳은 일이기 때문에 당연시 여기는 행동과도 일치한다. 의무동기는 목적적이고, 끌림의 동기는 도구적이라고 할 수 있다(Sandel, 2009).

관료제이론을 쓴 막스 베버(Max Weber)도 이상주의적 역사학파로 분류될 수 있고, 가치의 다원주의적 관점에서 관료는 행동함에 있어서 좋고, 공정하고, 정당하기 때문에 행동하고, 정당성이 매우 중요하다고 강조하고 있다(Swedberg, 2003: 299; Ringer, 2002: 379).[23] 주류경제학자들이 사람들의 행동의 동인으로 이해(interest)가[24] 모두 동일한 이기심(self-interest)이라고 주장하지만, 막스 베버는 사람들의 동인인 설사 이해라 하더라도, 이해가 하나가 아닌 다양(이기심, 정치적, 종교적 등)하다고 보고 있으며, 이해의 선택에서 사회의 영향을 받는다고 본다.[25]

> 아이디어가 아닌, 물질적, 그리고 이상적인 이해가 직접적으로 인간의 행동을 지배한다. 그러나 아주 가끔 "아이디어"에 의해서 창출된 세계관(world images)이 열차의 선로를

21) 플라톤(2009). 플라톤의 『국가론』 책 서문에서 칼 포르랜더(K. Volander)는 플라톤의 국가에 대해 기술함.

22) 일부 학자들은 일본 학자들이 reason을 이성(理性)으로 번역함으로써, 본래의 의미를 잘못 전달하고 있다고 보고 있다. 사람이 사물을 인지할 때, 감성을 통해서 인지하고 냉철하게 판단할 수 있을 때, 균형된 판단을 할 수 있다고 보고, 공적인 역할을 하는 사람은 이와 같은 냉철함이 필요하다고 주장한다.

23) 카이저(Kiser, 1999)는 대리인 관한 베버의 관료제와 정당성에 재해석에서, 대리인이 어떤 과업을 수행할 때, 대리인이 그 과업을 정당한 것으로서 인식하는 정도가 매우 중요하다고 주장한다.

24) 콜맨(Coleman, 1990: 27-44)은 이익(interest)을 행위자가 원하는 자원에 대한 통제권으로서 정의함.

25) 막스 베버에 의하면, 행동이 무엇인가?에 대한 세 가지 이상적-일반적인 대답들

바꾸어주는 조차계원과 같이, 이해의 동력에 의해 추동되는 행동의 방향성을 결정한다 (Weber, 1915).

공직가치는 목적적이고 규범적인 것과 관련이 깊다. 국가라는 공동체에 속해 있는 모든 사람들의 기본적인 인권의 보장과 관련되는 것이다. 국민들이 운동장에서 운동경기를 하는 선수이라면, 국가나 공무원은 심판이라고 할 수 있다. 선수들의 안전, 경기의 원활한 진행, 그리고 행복을 보장하기 위해서 기회의 균등성과 공정성을 보장하는 것이 중요한 공직가치가 되는 것이다. 공직가치는 윤리 또는 도덕적인 것과 관계가 깊다. 국가나 정부 조직이 생래적으로 가지고 있는 가치이며, 정부 조직의 구성원들이 이들 공공조직 본연의 가치를 공유하고 있을 경우에, 현상학적 관점의 공직문화이다(이종범, 1994).

국가기관 또는 공공조직이 만들어질 때부터 일반기업과는 추구하는 목적이 다르다는 점에서 국가기관의 구성원으로서 공직자가 추구하는 가치도 다른 것이다.[26] 민간기업에서 생산된 제품이 공공의 이익을 추구하지 않는 것은 아니다.[27] 기업이 만드는 신발, 자동차, 전자제품 등이 없다면 일반 국민들은 생활에 있어 엄청난 불편을 겪을 것이다. 기업이 제공하는 일자리 또한 국민들에게 삶의 보람과 성취를 느낄 수 있게 해준다는 점에서, 생존을 위해 필요한 생필품을 구입할 수 있는 보수를 제공받는다는 점에서 공익을 제공한다.

	전통적 관점	합리적 선택 관점	이익 관점
행동의 원인	가치, 규범	합리적 선택	이익
이해의 관점	통합됨	경시됨	통합됨
방법론적 개인주의	경시됨	맥락에 묶여 있음	사회적
베버의 패러다임 교재	권위와 종교의 사회학	경제와 사회 제1장	종교사회학
대표(해석) 학자	Parsons	Kiser & Hechter	Bourdieu

출처: Parsons(1937); Kiser & Hechter(1998: 785-816); Bourdieu(1987: 119-36). Swedberg(2003: 299) 전게논문에서 인용함.
이해(verstehen): 자신의 행동을 이해하는 방법.
베버(Max Weber)가 19세기 제국주의적 관점에서의 국가주의자가 아닌 현대의 세계시장 자유주의자였다는 시각도 있음.

26) 옥스퍼드 대학의 이상주의 운동과 영어권 국가에 이상주의 사상에 가장 큰 영향을 준, 그린(Green, 1895)의 『윤리학의 서설』에서 국가를 윤리 그 자체로 보고 있다. 그린은 플라톤, 아리스토텔레스, 칸트 등과 함께 국가의 존재 필요성과 윤리적인 국가를 상정하는 이상주의자 그룹에 속한다.

27) 일부 경제학자들은 기업도 정부와 마찬가지로, 공역을 추구한다고 주장하고 있다.

그렇지만, 국민들에 의해 국가기관에 위임되는 기본권 보장과 관련된 각종 공권력 행사와 관련된 규제권한은 국가기관의 전속권한이다. 안전·환경·생활·치안·사법·입법권한 등은 국가기관에만 귀속되고, 이러한 권한을 행사할 때, 중시해야 하는 가치는 목적적·규범적 가치들이다. 정부는 민간과는 다르게 사회적 약자를 보호하고, 시민의 자발적인 합의 이행을 감독하고 강화하다는 점에서 앞에서 기술한 것처럼 개인적 정의와 사회적 계약 추구라는 점이 다르다.

최근 행정개혁과 관련해서 슐레이만(E. Suleiman)은 본질적으로 행정의 목적이 무엇인지에 대해서 고민해볼 것을 주문한다(Suleiman, 2013: 312). 행정이 실제로 할 수 있는 것들이 무엇인지에 대해 고민해야 한다는 것이다. 시장경제 활성화의 주역은 개인이나 시장이고, 국가는 시장이 원활화게 돌아갈 수 있도록 간접적이고 제도적인 지원 역할을 담당할 뿐이다.

이와 관련하여, 임도빈은 어느 나라의 법규범이 대체로 약자를 보호하기 위해 존재하는 것이라면 이를 집행하는 관료들은 법규범을 경직적으로 집행해야 한다고 주장한다(임도빈, 2007: 43). 프랑스는 오래전에 민주주의를 성취한 나라임에도 불구하고 행정과 국가 역할에서 사회정의와 민주주의를 강조한다는 점에서 볼 때(임도빈, 1998: 78), 민주화를 이미 이룩했으니 기업규제 해소를 통해서 선진일류국가를 만들어야겠다는 이명박 정부에서의 구호와는 상반된다고 할 수 있다.[28] 또한 그는 프랑스에서는 국가행정은 특수이익보다는 일반이익의 수호자로서 사회적 위험을 분담하고, 사회적 유대감을 강화하며, 지식과 정보의 원활한 확산을 책임지는 역할을 강화하는 것으로 매김하였고, 지역 간, 세대 간, 소외계층 간의 유대감을 강화시키는 것이 국가의 역할이라고 본다고 기술하고 있다(임도빈, 1998: 71). 근대식 공무원제가 처음 출범한 국가에서 행정의 규범성과 목적성을 중시하고 있다는 것을 유념할 필요가 있다.

2) 도구적 차원에서의 조직가치

정치로부터 행정의 독립성을 강조하기 위해서 의도적으로, 우드로 윌슨(Wilson, 1887)은 존재론적 또는 목적적인 국가나 행정보다는 행정의 도구적인 측면을 강조했다. 우드로 윌슨(Wilson, 1887)은 자신의 논문에서 도끼를 벼르는 살인자에게서 살인의 의도가 아닌 도끼를 벼르는 기술을 배울 수 있다고 강조하고 있다. 행정은 회계사무소의 직원

28) 이명박 정부에서는 선진일류국가를 실현하겠다는 목표로 주무부처인 행정안전부와 시·도에 기업규제해소를 전담하는 담당관실을 두고, 규제개혁에 집중했다.

들의 업무처리 방식과도 같다고 기술하고 있다.[29] 행정조직이 일반조직과 같이, 주어진 목적 또는 목표를 달성하기 위해 가치를 강조할 때, 도구적인 가치가 부각된다.

조직은 기본적으로 목적과 목표를 가지고 있다. 목적과 목표를 달성하기 위해서 모인 두 사람 이상의 사람들의 모임을 조직이라고 정의한다면,[30] 정부 조직이든 민간 기업조직이든 조직은 생래적으로 도구적이다. 조직 내에서 구성원들이 설정된 목표달성을 위해, 당면한 현안 문제를 해결하는 능력을 역량이라고 정의할 한다면, 조직의 목표달성과 관련된 가치는 역량가치이다. 조직구성원들에게 필요한 전문성, 목표달성을 위한 능률성과 효과성을 의미하는 효율성, 창의성, 혁신성은 도구적 가치들이다.

현대 조직에서, 조직구성원들이 설정된 미래의 전략적 목표를 달성하기 위해서 조직구성원들이 중시해야 할 가치를 임의적으로 설정하고, 조직구성원들이 이들 가치를 공유하고 내재화할 수 있도록 하기 위해서 〈표 9-6〉과 같이 채용 선발기준, 상징물 활용, 교육, 의식과 행사 등을 활용한다. 조직구성원들이 새롭게 설정된 동일한 가치를 공유하게 된다면 그 조직의 문화가 된다. 조직문화를 기능론적 관점에서 바라본 것이다(이종범, 1994; Schein, 1965; Ouchi, 1981).

해외 글로벌기업인 GE는 조직구성원들이 업무수행 중에 중시하고 준수해야 하는 가치로 외부지향, 명확한 사고, 상상과 용기, 포용성(inclusiveness), 전문성을 제시하고 있다. 또한 각각의 가치에 부합하는 행동규범을 설정하고 실행 여부를 평가하여, 인사에 반영하고 있다. 국내 한 민간은행의 조직(기업)가치와 행동규범에 대해서 소개하면 다음과 같다. 조직가치에 대한 행동지표는 행동규범에서 나오며 행동규범은 조직가치의 정의에서 도출될 수 있다. 조직가치의 정의를 이루고 있는 핵심개념들을 중심으로 행동규범이 만들어진다. 그 민간은행은 과거의 보수적이고 수동적인 조직문화를 개선하기 위해서, 조직가치 중에 하나로 스피드(speed)를 선정했다.

조직가치로서 스피드에 대한 가치 정의는 우리는 시간을 소중히 여긴다. 때를 아는 지혜, 정확한 판단 신속한 행동으로 고객의 기대를 뛰어 넘는 최상의 가치를 창출해 나간다. 스피드에 대한 행동규범으로 첫째, 고객 중심: 항상 고객의 입장에서 생각하고,

29) 이승종(2016). "서문: 과정패러다임에서 목표패러다임으로"에서 "윌슨(T. W. Wilson)은 행정학의 대상은 정부가 적절하게 성공적으로 할 수 있는 일과 그 일을 효율적으로 수행하는 방법이라고 규정함으로써 효율성 중심으로 행정을 파악하였다"고 기술하고 있다. 윌슨의 주장에 따르면, 국가나 공무원은 사무의 전문성과 능률성을 추구해야 하는 것이다.

30) Barnard(1938: 73-95); Weber(1947); Selznick(1949); Etzioni(1964: 3); Katz & Kahn(1966: 14-29)의 논문 참조.

고객 니즈의 핵심을 파악하여 신속히 해결한다(의미: 업무수행 시 항상 고객관점에서 바라보고 고객을 이해하며, 고객 니즈를 파악, 그에 부합하는 상품과 서비스를 개발한다).

둘째, 효율적 의사결정: 의견수렴은 충분히, 의사결정은 짧고 효율적으로 한다[의미: 모든 업무담당자들이 함께 모여 토의·협의하고, 최적의 결제 라인을 유지하여 의사결정의 효율성을 높인다(항상 의사결정 프로세스 검토, 관료적 장애요인 제거)].

셋째, 실행력: 전체 프로세스와 타이밍을 고려하여 우선순위를 설정한 후 신속히 실행한다(의미: 전체적인 업무흐름 및 시기 적절성을 검토하여 업무 우선순위를 설정한 후, 철저한 계획 하에 정해진 시간 내에 처리한다).

반 와트(van Wart, 1998: 81-93)는 공공부문의 조직 가치의 역할에 대해서 소개하면서, 조직 가치를 환경과의 관계에서 조직문화와 연결지어서 설명하고 있다. 그는 조직문화 유형을 퀸과 로르보(Quinn & Rohrbaugh, 1981)의 경쟁적 가치모형(Competing Value Approach: CVA)을 제시하고 있으며, 각 조직문화 유형에 따라 조직구성원들에게 필요한 가치를 제시하고 있다. 그들은 조직문화와 리더십 가치를 네 개 조직문화 유형에 열 개의 리더십 가치를 제시하고 있으며, 경쟁가치모델이라고 칭하고 있다.

조직가치와 조직구성원들의 가치와 관련해서, 조직가치 보유 능력과 관련된 역량(competence)과 개인이 보유 능력과 관련된 역량이라는 개념이 존재하며, 현대 조직에서는 조직이 목표를 달성하는 데 필요한 역량군과, 조직구성원들이 직무를 수행하는 데 필요한 역량을 직무유형별로 구분하여 정의하고 있다. 예를 들어, 영업담당자들이 필요한 역량은 정보수집, 대인관계, 의사소통 및 설득, 네트워크 파악 등 하위 역량군들

표 9-6 조직가치 활용에 관한 국가 간의 비교

유형	전파 양식	세부 내용
제도 연계형 (미국)	인사제도와의 연계	채용기준, 평가/보상 연계, 리더십 시스템과 연계
	Audit 및 측정·평가	가치정착에 대한 survey, 현장확인, Audit를 통한 반가치적 행동 통제
현장 전파형 (미국, 일본)	OJT, 멘토링	현장에서 가치의 커뮤니케이션 활동
	현장 리더에 의한 교육	현장 리더에 의한 가치 전파교육, 행사
교육주도형 (국내 S기업)	집합교육	주로 신규 인력에 대한 오리엔테이션, 연수원을 통한 1 : 多 전파교육
	문화의 암묵적 공유	조직문화에 스며든 암묵적 가치 공유

출처: 이송원(2007)을 이혜민(2011)에서 재인용.

로 구성된다. 계층별 관리자별로 필요한 역량의 내용과 난이도가 달라지고, 역량은 신입직원 채용부터 승진대상자 선발까지 다양하게 활용되고 있다.

대한민국 정부는 계층별(5급, 과장급, 국장급) 관리자 역량유형과 세부 역량지표를 설정하고 있으며, 교육 및 인사에 활용하고 있다. 이에 대한 내용은 제11장에서 자세하게 기술하고 있다. 서울행정학회는 조직가치체계도를 [그림 9-3]과 같이 제시하고 있고, 조직의 비전과 미션을 달성하기 위해서 가치와 가치를 실행하기 위한 원칙의 개념을 소개하고 있다(서울행정학회, 2007: 74). 원칙의 역할을 서울행정학회는 ① 비전 달성을 위해, 기업의 가치관을 위해 의도하는 행위, ② 가치(value)에 합당한 행동을 하기 위한 원칙, ③ 비전(vision) 달성을 위해 의도하는 행위를 어떻게 해야 하는지에 대한 합의된 원리로 보고 있으며, 앞서 설명한 행동규범과 역할이 다르지 않다.

국가 조직은 임무가 정부조직법에 의해 정해지기 때문에 임무가 가장 우선한다는 것이 민간조직과는 차이가 있다. 조직의 비전과 미션, 그리고 가치를 개인의 행동과 연결시켜 조직의 성과를 높이려는 노력의 일환으로 강조되는 것이 조직역량과 개인역량의 연계이다. 역량에 대해서는 제11장에서 '투입'중심 수행관리 방안으로서 역량에서 자세히 기술하고 있다.

그림 9-3 조직가치체계도

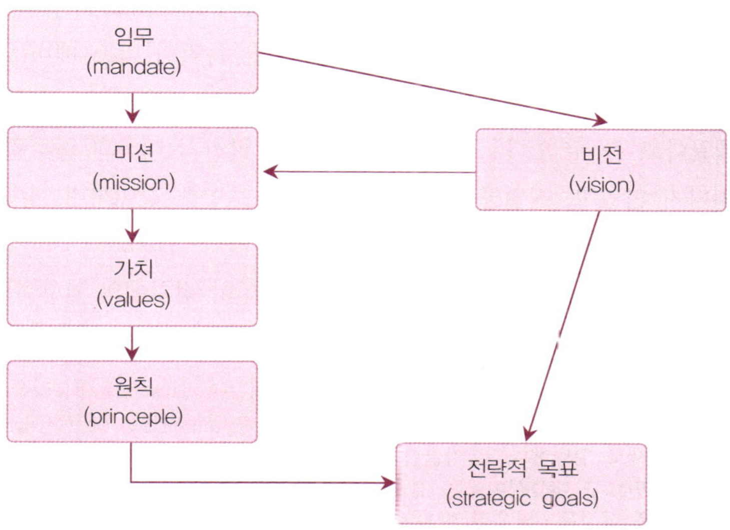

출처: 서울행정학회(2007: 74)에서 인용함.

3) 공공부문에서의 가치의 우선순위 변화

자유(liberty)의 개념이 전제적인 권력이나 종교적 · 집단적인 구속으로부터 해방(liberation)으로 인식되었던 자유방임주의 시대에는, 정치와 행정이 분리되지 않았고, 행정은 단순히 정치에서 결정된 정책을 실행하는 수단적인 존재로만 인정되고 있었다. 정부의 자리는 엽관이나 정실에 의해 집권당과 관련 있는 사람들로 채워졌고, 행정부문이 독립성과 전문성을 가진 고유 영역이라는 인식조차도 없었다.[31] 그 당시 행정의 영역은 재무, 국무부, 전쟁 및 해군부, 법무부, 그리고 대부분의 공무원을 차지했던 우정업무에 지나지 않았고, 연방공무원이 90% 이상이 우편과 국방업무에 종사하고 있었다.[32] 철도 · 도로 · 항만 등 SOC 사업에 대한 투자도 정부 주도로 이루어진 것이 아닌 개인 이익창출을 목적으로 하는 민간기업 주도로 건설되고 유지 · 관리 · 운영되었다.[33]

1848년 혁명의 시기 이후에, 사회주의와 자유주의 진영 국가들 사이에 경쟁이 격화되었고, 자유주의 진영 국가들이 개인의 삶에 국가의 개입을 확대하기 시작하면서, 1906년 영국에서는 사회보장법이 제정되는 등 국가의 역할이 커지기 시작했다. 정부역할의 확대는 자연스럽게 공무원의 역할과 수의 증가로 이어졌고, 영국에서는 1870년 추밀원령에 의해 공무원제도가 도입되었고, 미국은 진보의 시대 정부경쟁력 향상을 목적으로 하는 실적제도 도입을 근간으로 하는 펜들턴 법이 제정된 1884년 이후가 되어서야 정부에 도구적인 가치, 즉 행정의 전문성과 능률성과 같은 가치들이 중시되기 시작되었다. 윌슨(Wilson, 1887)의 「행정 연구(The study of Administration)」라는 논문도 이 시기에 발표되고 행정의 전문성과 능률성이 강조된다. 독일의 막스 베버(Max Weber)와 미국의 테일러 시스템은 전문성과 능률적인 업무처리 능력을 갖춘 행정조직 발전에 큰 기여를 해왔다고 볼 수 있다. 그렇지만, 1920년대 말까지 미국의 공무원 수는 30만 명 정도에 지나지 않았고, 직업공무원보다는 장관과 운명을 같이하며, 장관의 업무를 도와주는 계약직 공무원 수가 더 많았다(리차드 스틸만 Ⅱ, 1992).

19세기 말과 20세기 초에 큰 기업집단의 성장으로 인한 정치에의 영향력의 불균형에

---

31) 함성득 · 남유진(1999: 176). 『미국정치와 행정』에서는 "잭슨(A. Jackson) 대통령은 1831년 공직순환과 전리품은 승자에게 속한다는 명분 하에 반대당 소속 공무원들을 해고하고, 새 정부에 충성하는 사람들을 새로 임명했다"고 기술한다. 하지만, 로젠블룸(Rosenblum, 1993)은 잭슨 대통령은 공무원의 시민요구 대응성이라는 점을 강화하기 위한 방안이었다고 본다.

32) 영(Young, 1996)을 함성득 · 남유진(1999)의 전게서에서 재인용함.

33) 홍익희(2013). 『유대인 이야기』의 Ⅱ부 "유대인 세계경제사에 우뚝 서다"를 사회간접자본에 대한 투자 · 관리 · 운영이 민간기업 주도로 이루어졌음을 알 수 있다.

대한 우려는 정부규모(일반직 공무원 수) 증대로 이어지고(Sandel, 2006), 1920년대 경기침체의 장기화와 실업률의 상승은 시민 각자의 삶에서 정부의 개입의 필요성을 증가시켰고(Keynes, 1972),[34] 목적론적 가치의 중요성이 부각되었다. 19세기 중반에 등장해서 20세기 초반에 확산된, 국가나 법에 의해서만 인간의 자유와 권리가 강화되고 넓어질 수 있다는 그린(Green, 1924)과 홉하우스(Hobhouse, 1922)의 사상에 기초를 둔 새 자유주의(neo-liberalism)는 다원주의(pluralism)와 롤스(Rawls, 1971)의 정의에 기반을 둔 권리평등 자유주의(egalitarianism)로 학자들에 의해 불리게 된다.[35]

막스 베버는 합리적 선택 사회학자로서(Swedberg, 2003) 관료제를 연구한 학자로 유명하다. 막스 베버에 대한 초기 연구는 하버드 대학 교수인 파슨스(T. Parsons)에 의해서 이루어졌다(Swedberg, 2003). 파슨스의 연구에서 막스 베버의 관료제는 몰주관성 신분적 고려의 배제, 계산 가능한 규칙 등을 통하여 정확성과 신속성을 가지고 업무를 처리할 수 있다는 장점을 가지고 있다고 보았다.[36] 하지만, 파슨스(Parsons, 1964)는 막스 베버(Max Weber) 탄생 100주년 기념식에서 자신의 막스 베버의 관료제 이론에 관한 글에 다른 학자들의 해석이 잘못된 것임을 밝히고, 관료는 정당성을 가장 중요시해야 한다는 것을 강조하고 있다.

그리고 현재까지 막스 베버의 글에 대한 다양한 학자들의 연구가 이루어졌고, 막스 베버의 글에 대한 해석에서 많은 변화가 이루어졌다. 막스 베버는 칼 마르크스(Karl Marx)의 추종세력들이 자본주의를 붕괴시키려는 움직임을 강력하게 반대했지만, 관료에게 있어 정당성은 아주 중요하다고 보았다(Swedberg, 2003: 289). 막스 베버의 관료제는 가치를 배제하는 것이 가치가 내재된 합리성이었다(Swedberg, 2003: 289). 보든(Boudon, 2001)은 막스 베버의 가치합리성 개념이 어떻게 믿음이 합리적 선택 분석 유형으로 통합되는지를 더잘 이해될 수 있도록 브여준다고 주장한다(Swedberg, 2003: 289). 막스 베버는 관료제 분석에서 에이전시 이론에 의한 정당성을 주장하고, 관료는 에이전시로서 비용편익 계산에 의해 행동을 결정하는 것이 아니다. 에이전시로서 과업이 정당한 것으로 인식하는 것이 상당히 아주 중요하다고 보았다(Swedberg, 2003: 289).

34) 케인스(Keynes, 1972)는 애덤 스미스(Adam Smith)의 보이지 않는 손의 역할을 부정하고 국가 개입의 필요성을 강조한다.

35) 홉하우스(Hobhouse, 1922: 83) 같은 영국의 학자들은 19세기 자유주의 이념에 기초를 두고 확산된 경제적, 정치적, 그리고 사회적 자유와는 정반대로, 정부의 개입과 규제가 증가되는 현상을 설명하기 위해서, 학자들은 자발성의 원칙(principles of voluntarism)이라는 것을 고안해 냈다.

36) 베버(Weber, 1968: 975)를 임도빈(2000: 55)에서 재인용함.

나는 이것이 좋고, 공정하고, 정당성 등등이 있기 때문에 한다(I do this because it is good, fair, legitimate, and so on)(Swedberg, 2003: 289).

1900년대 초반 어떤 유형의 재화에 대해서 국가가 개입할 수 있는가에 대한 이론적인 논거를 제공하는 개념이 개별적(Individual) 가치에 대한 상대적인 개념으로 "사회적(social) 가치"라는 개념이 등장한다. 특정 재화는 개인적인 차원에서의 효용과 만족을 초월하는 사회 전체적인 차원에서 총량을 가늠할 수 없을 만큼 큰 가치를 보유하고 있고, 그것을 사회적 가치라 칭해진다(Martin, 1902; Urban, 1902; Hophouse, 1924). 슘페터(J. Schumpter)는 군함을, 어반(W. M. Urban)은 노동조합을 일례로 들고 있다(Schumpeter, 1909; Urban, 1902). 사회적 가치라는 개념의 기원을 어반은 그린(T. H. Green)의 저서 『윤리학의 서론』에서 "특정 재화는 일시적인 아닌 그 재화의 생애 전반에 걸친 영속적인 가치가 존재한다"는 문구에서 찾고 있다(Green, 1895).

폴라니(K. Polanyi)는 경제를 전체적으로 조망할 경우에, 외적조망과 내적조망이 있다고 보고, 사회적 가치를 내적조망으로 보고 있다.37) 내적조망은 현행헌법의 인간의 존엄과 가치의 보장수단으로 자유권적 기본권과 함께 사회권적 기본권의 주요 내용(근로의 권리, 노동삼권, 교육을 받을 권리, 환경권 등)이다(방승주, 2013: 285). 사회적 가치라는 용어는 1954년 경제학자 새뮤얼슨(P. Samuelson)이 자신의 논문에서 공공재와 집합재(collective goods)가 지니고 있는 특성으로 '외부경제성'이라는 용어를 사용하면서 외부경제성으로 대체 사용되어온 것으로 추정된다. [그림 9-4]와 같이 대체적으로 학자들은 공공재와 공유자원의 관리는 국가개입 영역으로 보고 있다(Samuelson, 1954; Mcchesney, 2003; Yandle, 2002).

자발성의 원칙에 기초한 국가에 의한 개인의 자유와 국민생활의 질적 향상은 1906년부터 영국의 자유당 정부가 각종 국가의 개입 정책38)과 더불어, 미국 프랭클린 루스벨트(F. D. Roosevelt) 대통령의 뉴딜정책부터 1960년대 존슨(L. B. Johnson) 대통령의 위

37) 폴라니(Polanyi, 1925)는 "경제를 전체적으로 조망(Übersichts)했을 경우에, 외적·내적 조망으로 구분할 수 있다고 보고, 외적조망은 물질적 대상(노동력, 공장, 광산, 경작지 같은 생산수단)을 관찰하는 것이고, 내적조망은 내면적인 인간적 존재(필요욕구, 노고, 노동)가 일으키는 심리학적, 정신적 현상을 관찰하는 것으로 보고 있다"(칼 폴라니, 2002: 105 참조).

38) 영국의 자유당 정권은 1906년 노동자배상법, 노동쟁의법, 중소농 장려법, 노인연금법, 어린이 보호법, 광부 8시간 노동법, 주택 및 도시계획법, 최저임금법, 국민보험법, 직업알선법, 1913년 노동조합법이 있다. 이와 같은 사회정책에 필요한 재원은 토지세, 상속세, 누진소득세 등으로 충당했다.

그림 9-4 사유재, 공공재, 그리고 집합재의 영역

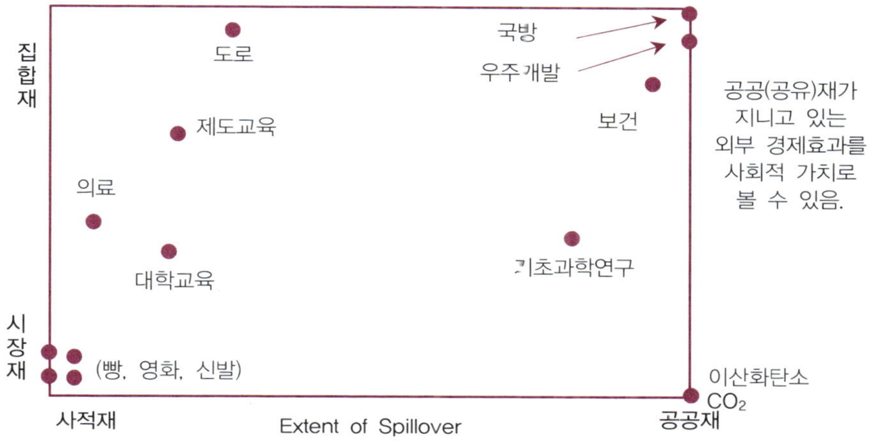

출처: Samuelson & Nordhouse(1985: 714)에서 인용.

대한 사회건설까지 이어지고, 정부 역할과 규모는 지속적으로 증가되었다. 행정의 사회적 목적이 강조되고 공정성과 평등성의 원칙과 함께, 기회균등, 형평성과 같은 공직가치가 중요한 가치로 부각되었다. 미국은 1920년대 말부터 30만 명이던 공무원의 숫자가 기하급수적으로 늘어나고(Llorens, 2018: 34; 리차드 스틸만 Ⅱ, 1992), 연방 공무원들(행정, 입법, 사법부)에게 국가관이 강조되었다(Sandel, 2006).

개인주의적인 삶에 대한 중요성을 인정하지만, 스스로 자립할 수 없는 사람들에게 기회의 균등 차원에서 정부가 일정한 영역에서 지원을 해주어야 한다는 인식이 커진 것이다.[39] 또한 민주주의국가에서 정치적인 영향력의 차이는 제도적 균형을 상실하게 하는데, 국가관을 가진 공무원 증원을 통해서 세력균형을 이루려고 했다고 볼 수 있다.[40]

1960년대 이후에, 일부 정치와 경제학자들로부터 정부의 비대화와 개인적 자유의 침해가능성에 대한 지적이 증가하였고, 1980년대 들어서면서 러시아 공산주의 체제의 붕괴라는 탈냉전시대를 맞이하여, 정부업무와 공무원 수의 축소와 개인과 시장의 자율성

39) 프랭클린 루스벨트 기념관에서 "정부가 개인의 삶에 지원이 국가개입이 필요하다고 판단한 이유"에 대한 기념관 관리자의 설명부분에서 참조함.

40) 샌델(Sandel, 2006)은 *Public Philosophy*에서 시어도어 루스벨트(T. Roosevelt)는 국가주의의 필요성을 강조하고, 공무원들에게 국가관을 심어줄 것을 강조했다. 미국 연방 고위공무원 교육기관인 FEI 홈페이지에 시어도어 루스벨트 사진을 게시하고 있을 만큼, 미국 직업공무원제도의 정착은 이때부터 이루어졌다고 볼 수 있다.

증대에 대한 요구 증대와 더불어, 정부업무 효율성을 향상시키기 위한, 정부혁신, 리엔지니어링, 규제개혁과 같은 개념과 함께(Osbone & Gambler, 1992 참조), 도구적 가치들이 중시되기 시작하였다. 오직 시장의 성과(GDP, 주식시세, 경제성장률과 같은 지표들)에 의해 정부업무의 성과가 평가되었고, 정부업무 성과평가에서 경제적 효율성 이외에 다른 목적적 가치들이 경시되거나 무시되었다. 국가 경제와 관련된 지표에서의 긍정적인 변화가 국민 모두의 개인의 삶의 질 향상과 자유에 기여할 것이라는 환상이 지배했다고 볼 수 있다.

학자들 사이에 국가나 사회의 개입을 통해서 개인의 자유와 권리 증진시킬 있는가와 국가개입의 축소 내지는 경제활동의 자유를 통해서 개인의 자유(freedom)을 얼마나 신장하고 확대할 수 있는가의 대결 양상으로 변화되었다. 2008년도 전 세계적인 금융위기 이전까지는 국가개입의 축소와 경제활동의 자유를 맹신하는 학자들이 주장이 우세를 보였고(Bowman & Knox, 2008), 경제규제 폐지 내지는 축소를 통해서 기업과 시장의 자유가 확대되었다(G. 팰러스트 외, 2004 참조).

이러한 대결 양상 사이에서 "국가나 공동체가 제공할 수 있는 정의로운 일 또는 영역은 무엇인가"에 문제를 제기하는 정치철학자가 샌델이다. 샌델(Sandel, 2009)은 자유주의 내지는 권리주의의 주장을 그대로 받아들이고, 이들 주장들이 가지고 있는 문제 내지는 한계점을 극복하기 위한 방안을 제시하고, 국가나 공동체가 개인의 자유를 확보 내지는 신장하기 위해서, 당연히 제공해야만 하는 영역 또는 방안을 제시하고 있다(Sandel, 2009; 노명식, 2012: 7 참조). 1990년대 이후에 사회적 소외문제와 빈부 격차의 증가는 신행정학자와 공동체적 자유주의를 표방하는 학자들로 하여금 신자유주의 이념과 신자유주의 경제정책(레이거노믹스, 감세정책, 시장위주의 규제완화 정책)이 가지고 있는 이념적 한계 내지 문제점에 대한 인식을 갖게 하였다.[41] 목적론적 국가론에서 중시되는 규범적 가치들, 즉 사회적 형평성, 공민적 청렴성(civic virtue), 공동체와 공동체적인 미덕이 다시 주목받기 시작했고, 추후 기술할 공공봉사동기(PSM)의 한 영역이 규범적 가치이다.

정부의 목적적・규범적 가치와 도구적・수단적 가치 사이에 오가는 시계추는 어느 한쪽으로 지나치게 치우치면, 다른 한쪽이 강조되고, 다시 반대쪽으로 지나치게 기울어지면 회복력을 가지고 다른 쪽으로 움직이는 것으로 보여진다.

41) 공동체주의로 분류되는 아마르티아 센, 맥킨타이어, 마이클 샌델과 함께, 신행정학자들이 여기에 속한다.

생각해보기

미국 클린턴(Bill Clinton) 행정부에서 노동부 장관을 지낸 로버트 라이시(Reich, 2011: 43)는 대공황이 있던 1928년과 2007년 말 전 세계적인 금융위기로 대불황이 있었던 시점에 소득 분배율에 대한 분석을 제시하고 있다. 그(2011)는 소득 상위 1%가 가져가는 비율이 전체 소득에서 23%가 넘었으며, 또한 상위 1% 중에 0.1%도 같은 패턴을 보였다고 한다. 이와는 상반되게 국가의 개입이 증대된 1930년대부터 1960년대까지 기간 중에 소득 상위 1%가 가져가는 소득분배율이 10% 내외이었고, 미국 경제는 전례가 없는 호황이었다고 한다.

미국의 거시경제 지표를 〈표 9-7〉과 같이 1948년부터 2005년까지 민주당과 공화당 대통령 집권 시기를 구분하여 분석한 자료가 있다. 이 자료에는 아쉽게도 1928년과 2008년 금융위기가 있던 시기를 포함하고 있지 않다. 1928년은 후버(H. C. Hoover) 대통령이, 2008년은 부시(George W. Bush) 대통령이 집권했으니, 모두 공화당이다. 두 대통령 모두 시장의 기능을 신뢰하고 국가개입을 범죄시하거나 축소했다. 민주당과 공화당 집권기의 소득증가율 비교에서도 민주당 집권기에는 전 소득계층에서 비교적 고르게 소득이 증가한 반면에, 공화당 집권기에 최고소득층과 다른 계층의 격차가 크게 조사되었다(바텔즈, 2012: 66-70).

표 9-7 미국 민주당과 공화당 집권 기간에 거시경제 성과(1948~2005)

	전체	민주당	공화당	집권당에 따른 차이
실업률(%)	5.63(.19)	4.84(.24)	6.26(.24)	−1.42(.34)
물가상승률(%)	3.85(.39)	3.97(.71)	3.76(.43)	.20(.80)
인당실질 GNP 성장률(%)	2.15(.31)	2.78(.41)	1.64(.43)	1.14(.60)
N	58	26	32	58

출처: 래리 M. 바텔스 저, 위선주 역(2012: 81).
* 미국 노동부 노동통계국 및 상무부 경제분석국의 데이터 활용.
* 거시경제지표들의 평균값(괄호 안은 평균오차). 집권당의 효과는 임기 2년차부터 다음 정권의 임기 1년차까지 측정함.

국가가 개인과 시장의 영역이나 활동에 대해 방임하거나 정부규제를 축소할수록, 왜 경제가 성장하는 것이 아닌 대 공항이나 대 불황을 가져오는 것일까? 케인스(J. M. Keynes)는 대공황의 원인을 자유방임에 있다고 보고, 『자유방임의 종언』이라는 책을,

조지프 스티글리츠(Stiglitz, 2012)는 『불평등의 대가』라는 책을 내어 놓았다. 케인스는 경제활동에의 국가의 개입을, 조지프 스티글리츠는 불평등이 가져올 사회적인 문제에 대하여 기술하고 있다.

개인의 삶 또는 경제활동에의 국가개입의 축소가 프리드만과 프리드만(Friedman & Friedman, 2002)이 『자본주의와 자유』라는 책에서 주장하듯이, 개인의 자유의 보장 내지는 신장시켜주지 못하는가? 내지는 국가의 개입이 없는 시장의 자유로 인해 가져오는 경제적 불평등이 개인의 삶과 자유를 확대시켜주고 있는가? 주권자인 독자분들의 진지한 성찰이 필요한 질문이다.

4) 목적가치와 도구가치와의 조화 필요성

앞서 기술된 것처럼, 국가와 정부 조직의 가치는 국가나 정부가 왜 존재해야 하는가 내지는 무엇을 하기 위해서 만들어졌는가와 관련이 있는 목적가치와 함께, 목적가치를 실현하기 위한 도구적 가치로 [그림 9-5]와 같이 구분할 수 있다. 각 시대마다 가치의 우선순위 내지는 관심의 중점에 변화가 있었지만, 어느 시기에나 국가나 정부기관에서 목적·수단가치 모두 중요시되었다. 다만, 목적적 가치를 망각한 수단적 가치만의 중시는 국가나 정부 조직의 고유의 방향성의 상실이고, 결국에는 대부분의 국민생활이 심각한 곤경에 처해질 수 있다는 점을 강조하고 싶다. 애덤 스미스가 쓴 『도덕감정론』의 서문에서 애덤 스미스의 글을 아마르티아 센(Amartya Sen)은 다음과 같이 소개하고 있다.

> 규제되지 않은 시장경제에 전체적으로 의존하는 것은 그 국가의 자산의 상당부분이 수익적이고 이로운 이용을 가능하게 만들 손을 벗어나서 파괴적이고 낭비를 가져 오게 할 손에 떨어질 가능성이 높기 때문에, 끔직한 곤경에 처해질 수 있다.[42][43] 애덤 스미스

42) 최병선(1992). 『정부규제론』에서 경제적인 규제는 과감하게 풀고, 사회적인 규제를 늘려야 함을 역설하고 있다. 구소련의 붕괴로 냉전시대가 종식되고 국가마다 경제전쟁의 시대에 돌입함에 따라 군사정권과 권위주의 시대에 과도한 시장에 대한 규제와 개입이 시장경제 발전을 저해시키는 측면이 있었다는 점에서, 그리고 급속도로 발전하는 과학기술로 인해 시대에 뒤떨어진 규제가 상존하고 있다는 점에서, 경제적인 측면에서 규제를 찾아내서 과감하게 풀어야 할 것이다. 하지만, 경제적 규제와 사회적 규제의 경계선이 모호하고, 경제적 규제의 축소는 상대적으로 사회적 규제의 필요성의 증가를 가져온다는 점에서 상충되는 딜레마를 어떻게 현명하게 풀 수 있는가도 공무원들의 몫으로 남게 된다. 실제로 1990년대 말, 외환위기 이후에 정부는 과감하게 금융규제와 노동 관련 규제를 풀었지만, 세월호사건 이후에 사회 안전과 관련된 규제를 강화해야 한다는

는 덕(virtue)을 세 가지로 보고, 첫 번째, 올바름, 두 번째, 자신의 사적인 이익과 행복에 충실한 것, 세 번째, 다른 사람의 행복을 추구하는 것 등 이다. 이 세 가지 관점은 이성에 순응함으로써 통합될 수 있다고 보았다.[44]

기업과는 달리, 국가기관이나 정부부처의 설립이나 목적은 최종적으로 국민의 대표기관인 국회에 의해 정치적인 의사결정에 의해 설정된다는 점에서, 민주적이고 규범적일 수밖에 없다. 국가나 정부기관 역할이나 존재이유가 주로 사회문제 해결이라는 점에서 경제적 효율성보다는 사회적 효율성이 추구된다고 할 수 있다. 국가기관이나 정부의 운영 전반에 대해 국회나 감사기관, 옴부즈맨 기관, 그리고 언론기관에 의해 민주적인 통제를 받게 되어 있다. 국가를 포함한 공공기관은 각 기관의 운영전략이나 핵심 기술에 대한 비밀유지보다는 내부정보나 데이터의 원천적인 공개를 기본으로 하는 투명성이 중시된다.

또한 고객의 지불 능력에 따라 차별을 정당화하는 기업과는 다르게 평등성・공정성과 함께, 차별할 만한 정당한 이유가 있는 경우에 소수자나 사회적 약자에 대해 차별적인 대우를 하는 형평성을 중시한다. 단순히 업무의 효율성과 창의성을 통해 경제적 효율성을 추구하는 민간조직과는 다르게, 정부정책과 전략을 사전에 적법한 절차를 거쳐 국민에게 고지하고, 여론을 수렴하고 국민의 지지를 얻어야 하는 민주성 정당성이 추구된다는 점도 차이가 있다.

마찬가지로, 공무원의 궁극적인 봉사대상이 국민이라는 점에서, 공무원의 부패행위에 대해 내부고발을 당연시하고 의무화하는 공민적 청렴성을 중요한다는 것도 일반 조직과는 차이가 있다. 공민적 청렴성을 실천하는 사례 중에 하나로서, 공익과 인권 침해

목소리가 증가된 것이 사실이다.

43) 1999년부터 6년 간의 임기로 캘리포니아 공익사업위원회의 위원을 맡았던 칼 우드(Carl Wood)는 캘리포니아의 전력공급을 민영화한 후에 발생한 전력 가격이 최대 50배까지 오른 사태에 대한 평가에서 "소위 민간의 효율성을 찬양하는 식으로 경제에 대한 민주적 감독을 반대하는 주장들은 결국 무솔리니의 동조자들이 사용한 정당화 논리, '그가 기차를 정시에 운행하도록 했다'와 다를 바 없게 된다고 이야기하며, 공익사업이 더 싸고, 효율적이고, 신뢰성 있게 운영되도록 만드는 것은 바로 민주적 과정이라고 주장한다." 또한 G. 팰러스트 외(2004)는 "민주주의와 규제에서 정보에 대한 국민들의 완전하고 공개적인 접근이 가능하고 서비스 기준과 가격 결정에 있어서 국민들의 완전한 참여"가 가능한 두 가지 조건 하에서 민주적 규제가 효과적임을 주장하고 있다.

44) Adam Smith(1979). Moral Sentiments, Ⅶ. ii. introduction. 1-4의 내용을 Adam Smith(2009: XV). *The Theory of Moral Sentiments*에서 인용함.

에 대한 공직자 개인의 개인적인 확신(personal conviction)에 기인한 명령불복종도 뉘른베르크 재판(the Nuremberg trials)을 통해서 인정된다(van Wart, 1998: 10). 또한 반 와트(M. van Wart)는 조직의 지침과 개인적인 확신 사이에 차이가 발생할 경우에, 다양한 내부 의사소통 채널을 통해서도 이견(異見)의 차이가 좁혀지지 않는다면, 언론에 흘리는 것을 통해서라도 개인적인 확신을 실천하는 것이 바람직하다고 주장한다(van Wart, 1998: 11).

예를 들어, 경찰공무원들이 유명인사나 특정인의 범죄 혐의에 대한 개인적 확신이 있지만, 경찰 고위직을 통한 정치권이나 경제계의 수사중단에 대한 압력이 있을 경우에, 특정인의 범죄혐의를 언론에 흘려 수사진행을 위한 우호적인 분위기를 조성해서 사건 수사를 지속하는 경우를 하나의 예로 들을 수 있다. 2015년 8월 개봉된 영화 〈베테랑(veteran)〉에서는 하위직 경찰공무원이 내·외부의 수사중단에 대한 외압을 이겨내고, 끈질기게 범죄혐의를 입증해 특정 기업체 사장을 법의 심판대에 서게 하는 모습을 그리고 있다. 미국 CIA는 공정한 수사과정에 정치권에서 외압을 행사하는 경우를 범죄로 규정하고 있다.

국가와 정부의 목적과 도구(조직)가치체계를 그림으로 나타내 보면 다음 [그림 9-5]와 같다. 공무원에게는 목적과 도구가치 모두가 중요하며, 두 유형의 가치가 상충될 경우에는 국가기관의 지향해야 하는 방향을 제시하고 있는 목적가치가 우선되어야 한다는 의미에서 경제적 효율성이 아닌 사회적 효율성이 중시된다.

그림 9-5 국가와 정부의 목적 · 도구가치

목적가치	도구가치
공민적 청렴성 – 일관성 – 부합성 공정성/평등성 투명성 법적합성/절차준수	(조직가치) 전문직업주의 – 전문성 – 효율성 – 혁신과 창의성 – 업무처리의 신속성 – 민원절차의 간소화/ 고객지향성

제2절 도덕적 가치 성숙성과 공직자의 행동의 준거

1. 도덕(윤리)과 정치이념 간 인간의 동인에 관한 기본가정

1) 도덕과 윤리에 대한 개념정의

사전적 의미에서, 도덕이란 "인간이 지켜야 할 도리 또는 바람직한 행동기준으로 정의"한다.[45] 서양에서 윤리를 '인간행위의 지침이 되는 일련의 원리'나 "도덕적 가치판단과 이들 판단에 관한 기초"로 본다면(Sahakian, 1985: 15), "동양에서의 도, 덕, 례 등의 개념은 동양적 봉건성을 본질로 하는 것으로 지배층의 이익을 담보하기 위한 일종의 이데올로기"로 간주될 수 있다(조기빈, 1996; 임도빈, 2008: 180 참조).

이와 같은 도덕이나 윤리의 개념정의를 따른다면, 동양에서는 옳은 것이 무엇인가를 지배계층이 정하고, 피지배계층은 지배계층이 정한 것을 따르는 것이 도덕이요 윤리라고 보는 것으로 이해된다. 물론, 지배계층은 성리학이나 유교경전의 가르침, 그리고 선현들의 행적이나 말씀을 글을 통해서 숙지했다. 피지배층은 글을 공부하지 않았기 때문에, 지배계층이 지시하는 것이 옳은 것인지를 판단할 능력이 없었고 판단해서도 안 된다는 것이 윤리이고 도덕이 된다. 서구 사회에서 구텐베르크(J. Gutenberg)의 활자가 발명되기 전에는 무엇이 성경 말씀에 부합하는 행동인지를 성직자들만이 알 수 있었다. 당시에는 성직자만이 성경을 읽을 수 있었다. 중세 가톨릭 신자들은 글을 배울 기회가 없었고, 성경은 성화를 통해서 배울 수 있었다.[46] 일반 신자들의 행동이 성경의 가르침에 부합하는 행동인지 여부를 오직 성직자만이 구분할 수 있었고, 자연스럽게 성직자의 말에 순종하는 것이 일반 신자들의 도덕(또는 윤리)이었다. 일반 신자들은 성직자들 말에 순종하지 않으면 파문을 당했고, 화형에 처해졌다고 한다. 동양이나 서양이나 도덕이나 윤리는 결국 종교(또는 선현)의 가르침을 따르는 것이고, 행동의 옳고 그름의 판단은 오직 글을 읽을 줄 아는 지배계층이나 성직자의 몫이었다.[47]

45) 네이버 지식백과(두산백과)에서 인용함.

46) 홍익희(2015: 283)는 『유대인이야기』에서는 "중세 가톨릭 신자는 대부분 문맹으로 당시 문맹률은 98퍼센트로 추정되고 있다. 상류층 가운데 일부만 글을 읽을 줄 알았다", "1229년 툴루즈 회의에서 교황 그레고리 9세는 평신도들이 이단에 기우는 것을 막기 위해 평신도들은 『성경』을 소유할 수도, 읽을 수도, 번역할 수도 없다는 금지령을 내렸다", "이런 상태가 약 500년 동안이나 계속되었다"고 기술하고 있다. 그리고 "중세 이후로는 신도들에게 『성경』의 말씀을 이해하기 쉽게 그려서 알려 주는 수단으로 발전한 것이 교회의 성화다"라고 기술하고 있다.

앞서 기술한 동양과 서양의 도덕과 윤리관의 차이는 동양과 서양의 사회발전 단계의 선후에서 오는 차이일 뿐, 윤리나 도덕은 종국적으로는 사회적으로 합의된 규범이나 기준에 순응하는 것이라고 볼 수 있다. 서구 사회는 종교개혁부터 프랑스 시민혁명에 이르기까지 오랫동안 피를 뿌리는 투쟁을 벌이면서 다양한 학자들의 사유과정에서 만들어지고, 공유된 철학적 사상의 기반 위에서 도덕이나 윤리관이 성립되었다. 그에 비해서, 동양 사회는 19세기 말 또는 20세기 초에 전제 군주사회(봉건사회)가 붕괴되어져 가는 과정에서, 제6장에서 이미 소개했던 것처럼 일부 지식인층(또는 서구문물을 먼저 접한 선각자나 단체)에 의해 서구의 사상 또는 윤리관(또는 도덕관)이 동양의 윤리관과 혼합되어 이식되었다고 볼 수 있다.

임도빈(2008: 11)은 도덕을 옳다고 믿는 행동규범 혹은 기준이라는 규범적 의미로 정의한다. 구체적으로는 “좋다, 옳다, 해야 한다” 등의 의미를 가지고 있다. 그(2008)는 또한 “윤리와 도덕과의 구분이 유의미하지 않다”고 보고 있다.

도덕이란 자연환경의 특성에 순응하고 각기 그 집단과 더불어 생활하여 온 인간이 한 구성원으로서 살아온 방식과 습속에서 생긴 것이다. 즉, 생활양식이나 생활관습의 경험을 정리해서 공존(共存)을 위해 인간집단의 질서나 규범을 정하고 그것을 엄격하게 지켜나간 데서 도덕은 생긴 것이다. 이러한 점에서 도덕과 법은 같은 근원에서 나온 것이라 할 수 있다(Ostrom, 1982: 42). 다만, 사회가 복잡해짐에 따라 법은 사회적 외적(外的) 규제로, 그리고 도덕은 개인적인 내적(內的) 규제로 자연히 분화되었을 뿐이다.[48]

---

47) 종교개혁의 원동력과 시민 저항권의 기원: 쿠텐베르크의 활자 발명 이후에, 『성경』과 일반 서적들이 일반인들에게 쉽게 보급되면서, 많은 사람들은 글을 읽고 쓸 수 있었고 『성경』을 공부할 수 있게 되었다(홍익희, 2015: 352-354). 일부 연구자들은 금속활자의 발명이 칼뱅(Jean Calvin)이나 루터(Martin Luther)의 종교개혁을 가능하게 한 원동력으로 보고 있다. 일반 신자들이 성경을 읽을 수 있게 됨에 따라, 어떤 행동이 성경에 부합하는 행동인지를 스스로 판단할 수 있게 된 것이다. 종교개혁을 이끈 루터나 칼뱅은 교황청의 권위를 부정했을 뿐이지 종교와 정치지도자, 즉 사회지배계급의 권위 자체의 부정으로 확대되기를 결코 바라지 않았다. 루터는 1525년 일어난 독일농민전쟁을 맹렬히 비난하면서 무자비한 탄압을 강조했고, 칼뱅은 선한 통치자에게도 악한 통치자에게도 똑같이 순종할 것을 명하였다(노명식, 2015: 117-118). 그렇지만, 칼뱅은 기독교 강요(Christianae Religious institutio)의 마지막 구절에 인간에 대한 순종이 신에 대한 순종에 앞설 수 없다는 한 구절을 넣어둠으로써(노명식, 2015: 118), 칼뱅이 의도하지 않게 불의한 지배자에게 저항할 수 있다는 근거를 제공하게 되었다. 칼뱅주의자들이 세속 지배자들의 박해에 직면하여 굴종이냐 저항이냐의 갈림길에 서게 되었을 때, 칼뱅의 그 구절이 저항의 승인으로 해석되었다(노명식, 2015: 117-118).

48) 네이버 지식백과(두산백과)에서 인용함.

도덕이나 윤리는 특정한 문화권에 속하는 집단 사이에 유사성이 있다. 하지만, 특정 국가 내이더라도 신앙 또는 종교가 다른 집단(또는 신앙집단) 내에 특정 성인이나 선지자의 가르침이 다를 수 있기 때문에 도덕이나 윤리가 다를 있다. 이는 거래관행이나 관습에 영향을 미친다. 유대인들 집단인 경우에 돈을 빌려주고 이자를 받을 수 없다는 것이 유대인 율법이고 도덕・윤리이다. 이슬람교인은 라마단 기간에 금식하는 것이 율법이고 윤리이다. 특정 국가 내 공동체 구성원의 자발적인 합의인 법(집단규범)도 공동체 구성원이 믿는 종교적인 윤리나 풍습에 영향을 받는다. 한국은 유교나 성리학을 믿고 있지는 않지만, 시민들의 공유된 생활 관습 또는 인식으로 잔재해 있어 시민들의 윤리로 강제된다. 특히, 공무원은 품위유지 의무가 있고, 시민들 의식 속에 잔재되어 있는 유교의 윤리 위반이 징계근거로 활용될 수 있다.[49] 하지만, 특정 종교윤리가 특정 신앙공동체 내에서만 영향을 미치는 내적규제이라면, 특정 국가의 법은 그 국가의 구성원인 시민들에게 외적인 규제로 강제된다는 점이 다르다.

2) 인간행동의 동인

도덕이 무엇이냐에 대한 논쟁만큼이나 사람의 행동의 동인이 무엇이냐에 대한 관심과 논쟁은 오랫동안 지속되어왔다. 이 책의 주요 주제인 공직자가 준수해야 하는 가치가 무엇인가에 대한 연구자의 관심과 탐색은 공직자가 어떤 행동의 동인이나 기준에 근거해서 업무수행 상의 판단과 행동을 할 때, 그 판단과 행동이 옳은 것으로 또는 도덕적인 것으로, 공직자 스스로, 그리고 국민들에게 인식되고 정당화될 수 있는가와 연관되어 있다.

위에서 기술하고 있는 자유주의자들은 사람들의 안정되고 일관된 행동의 동인은 욕구이고 이성은 불안전한 것으로 보고 있다.[50] 국가 조직이나 공동체는 사람들이 자신의 욕구를 기초로 한 합리적인 선택행동을 존중하고, 개인 선택에 의한 거래관계를 존

49) 유부남인 공무원이 바람을 피운 경우에 형법상에 처벌규정은 없지만, 품위유지 의무 위반으로 징계대상이 되곤 한다.

50) 헌팅턴(Huntington, 1957: 456)은 “보수주의에 대해서, 인간은 종교적 동물이다. 사회는 점진적 역사과정을 통하여 성장한 유기체이다. 인간은 이성적이면서 또한 본능적・감정적이다. 공동체는 개인보다 우월하다. 인간은 궁극적・도덕적 의미를 제외하고는 불평등하다. 현재의 해악을 고치려는 기도는 대개 더 해악을 초래한다”고 기술하고 있다. 커크(Kirk, 1953: 293)는 “인간의 이성은 유약하고 신의 의도가 양심과 사회를 지배한다”고 주장한다. 결국 이들은 역사적이고 자생적으로 만들어진 제도가 존중되어야 하고 우월한 지위에 있으며, 사람들의 이성에 의해 자발적 합의를 통해 만들어지는 합의를 불완전성을 강조한다.

중해야 한다는 시각이다. 극단적으로는 개인 간에 거래를 통해 얻은 탐욕적인 성과물이나 폭리조차도, 개인의 합리적인 선택에 근거했기 때문에 정당한 거래관계(자생적 질서)로 존중해야 한다는 것이 자유지상주의자 내지는 신자유주의 경제학자들의 시각이다.[51] 또한 자유주의자들은 국가(또는 정부)나 공동체가 개인의 합리적인 선택행동에 중립적인 입장을 취하고 간섭하지 않는 것이 정의라고 본다. 또한 자유주의자들은 거래당사자 쌍방이 거래를 위해 성립된 합의나 계약이 이행될 수 있도록 강제하는 하는 역할을 정부의 역할로 본다.

이에 반해서, 민주주의자들은 사람들에게 욕구 이외에 이타심(fellow feeling)이 있다고 본다. 민주주의자들은 공동체를 구성하는 각 개인의 이타심을 기초로 하는 자발적 선택을 정당성의 기초로 하는 국가나 공동체의 개입이 개인의 경제적, 그리고 정치적 자유를 확대시켜 줄 수 있다고 여긴다. 이들은 사회적 약자 혹은 자연재해로 인해 곤란한 처지에 취해진 사람들이 과도하게 불평등·불공정한 계약을 체결했을 경우에, 이타심에 의한 자발적인 합의인 공정거래 또는 폭리방지규정에 근거해서 국가가 개입하는 것을 당연하고 정당한 것으로 본다(샌델, 2014: 19-22). 신자유주의자들은 개인의 자유로운 선택에 의한 합의(관행)를 자생적 질서로 보고, 인간 이성의 불완전성을 이유로 인위적인 국가가 개입이 정의롭지 못하다고 보는 것과는 차이가 있다.

막스 베버(Max Weber) 또한 인간행동을 이끄는 동인이 무엇인가에 대한 관심을 가졌다. 막스 베버의 인간행동의 동인에 대한 파슨스(T. Parsons)의 해석에서는 가치와 규범을, 카이저와 핵터(Kiser & Hechter, 1998)는 상황에 따른 합리적 선택(자기 이익 또는 정당성)을, 부르디외(Pierre Bourdieu)는 다양한 이해(interest)로, 주류경제학자들이 주장하듯이 유일한 행동의 동인으로 이기심만이 아닌 사회적인 것(이타심, fellow feeling)으로 해석하고 있다(Swedberg, 2003: 299). 애덤 스미스는 『도덕감정론』에서 정의 이외에 자혜(beneficience)가 있다고 본다(Adam Smith, 2008: 43).

---

51) 마이클 샌델(2014: 23). 전게서 서문에서 가격폭리방지법에 관한 논쟁을 읽어보면 분명하다. 가격폭리방지법을 반대논거로서 학자들은 첫째, 시장은 사람들이 원하는 물건을 공급하기 위해 열심히 일하도록 공급업자들에게 동기를 부여함으로써 사회 전체의 복지를 증진시킨다. 둘째, 시장은 개인의 자유를 존중하기 때문에, 재화나 용역에 어떤 특정한 가치를 강제로 부여하기보다는 사람들 스스로 자신이 교환하고자 하는 것에 가치를 매기도록 한다.

2. 도덕적 발달 단계와 인간 성숙성의 이해

인간행동의 동인에 관한 학자들 사이에 논쟁이 한참인 시점에서, 사회 심리적 관점에서 인간의 도덕성이 경제적 · 도구적 합리성의 추구단계로부터 절차적 · 목적적 합리성 추구 단계로 순차적으로 성장해 나간다고 주장하는 콜버그(L. Kohlberg)의 도덕적 발달 단계 이론을 경험적인 연구를 통해서 확인해보려는 심리학자들의 연구결과물들이 존재한다. 발달심리학자들은 사람들에게는 행동의 동인으로 가치의 성숙성 발달 수준이 존재하고, 사람들이 어느 특정한 선택 상황에 직면할 경우에 도덕적 성숙수준에 따라 서로 다른 선택을 한다고 보고 있다.

발달심리학자인 콜버그는 도덕적 단계의 영역을 정의 이성화(justice reasoning)의 영역으로서 정의하고, 갈등하는 권리의 딜레마 상황에 대한 인터뷰조사에서 응답자들이 사용하고 있는 다음과 같은 도덕적 지향성을 기술하고 있다: ① 규칙과 규범적 역할의 일반적이고 맹목적 추종; ② 각 개인의 복지의 공리주의적 극대화; ③ 자아와 사회적 집단의 조화와 통합의 완전한 추구; 그리고 ④ 공정성, 균형된 관점, 공평성의 유지, 그리고 사회적 계약(이성호, 1994[52]; Kohlberg, 1983: 7).

콜버그 외(Kohlberg et al., 2000: 85)는 사람들의 도덕적 판단수준이 높아지면 도덕적인 행동을 할 가능성이 높아진다는 것을 레스트(Rest, 1983)의 연구와 블라지(Blasi, 1980)의 연구를 근거로 다음과 같이 설명하고 있다.

"콜버그와 캔디는 레스트의 연구와 블라지의 증평에 근거하여 도덕행동은 세 단계를 통해 일어난다고 가정함으로써, 여러 연구에서 보고된 도덕 단계와 도덕 행동 간의 단선적 관계를 설명하고 있다. 첫째 단계는 주어진 상황에서 옳음 또는 정의로움에 대한 의무론적 판단을 하는 과정이고, 둘째 단계는 도덕적 상황에서 이러한 의무판단을 실행할 책임이 자신에게 있다고 판단하는 과정이며, 셋째 단계는 그것을 행동으로 옮기는 과정이다. 다시 말하면, 도덕 단계와 도덕행동 간의 일치도가 단계가 높아질수록 일관되게 증가하는 현상은, 도덕 단계가 높아질수록 의무판단과 이러한 판단을 행할 책임판단 사이의

52) 이성호(1994)에서는 "콜버그(J. Kohlberg)가 1958년 시카고에서 72명의 청소년을 대상으로 연구한 도덕성 판단에 관한 연구결과에 기초한 것이라고 소개"하고 있고, 임도빈(2008: 281)에서는 "피아제(J. Piaget)의 도덕 발달의 2단계를 10~16세 소년들에게 확대 적용하여 연구하였고, 3년마다 처음 논문작성 시 연구대상이었던 '소년'을 다시 만나 변화를 검증하는 방법으로 도덕성 발달 단계 연구를 계속하여, 20여 년 간의 경험적 연구의 결과로서 문화적 보편성을 가진 일련의 도덕적 판단의 단계를 확립하였다"고 소개하고 있다.

일치도가 일관되게 증가한다는 가설로써 설명된다"(Kohlberg et al., 2000: 85).

> 콜버그의 도덕성 판단수준은 결국 어떠한 사고와 행동이 도덕적으로 옳고 그르냐 함은 수준에 따라 그 판별 양태가 달라진다는데 특색이 있다. 예컨대, 아주 낮은 수준에서는 옳다고 판별되는 행동도 높은 수준에서는 그르다고 판별될 수 있고, 또 설혹 낮은 수준이나 높은 수준에서 모두 옳다고 판별되어도 그 판별의 준거는 서로 다를 수 있다는데 특색이 있다(이성호, 1994: 71).

콜비 외(Colby et al., 1983)는 '도덕적 판단에 관한 문화종단적인 연구'를 통해 피아제(J. Piaget)와 존 롤스(J. Rawls)의 공정성이라는 개념이 도덕적인 판단에 있어, 실제로 존재함을 실증적인 연구를 통해서 입증하려 하였으며, 경험적인 연구를 통해 존재한다는 것을 확인하였다(Colby et al., 1983). 다만, 최초 연구가설과는 달리 2단계에서 5단계까지 존재하며, 어느 한 단계를 뛰어넘지 않고 순차적으로 발전한다는 것을 확인하였다. 현재까지 콜버그의 도덕적 판단 모델을 이용한 연구는 문화종단적인 연구, 지표개발 연구, 다양한 집단을 대상으로 하는 발달단계별 행동연구 등 만여 개의 연구결과 존재한다.

콜버그(Kolberg, 1981)의 도덕성 발달 단계에 대한 모형을 소개하면 다음과 같다. 콜버그는 피아제의 도덕적 판단 단계에 관한 가설을 발전시켜 사람들의 도덕적 판단과 실행수준에 대해서 총 3수준 6단계의 인지적 도덕 발전의 단계 모형을 제시하였다. 콜버그가 제시하는 6단계의 도덕성 발달수준에 따른 사람들의 행동과 이유 내지는 준거에 대한 설명을 이성호는 자신의 저서에서 이해하기 쉽도록 자세하게 설명하고 있다(이성호, 1994: 72 이하).

응답자들은 다음 내용에서 제시하는 도덕적 갈등상황과 관련된 스토리를 읽는다. 내가 하인츠(Heinz)라면 나는 이런 상황에서 어떻게 판단할 것인지, 그리고 판단의 이유가 무엇인지를 답해야 한다. 콜버그에 의하면, 나의 도덕성 발달수준에 따라 행동에 대한 판단과 이유가 달라질 수 있다는 것이고, 그에 대한 자세한 설명을 다음에서 기술하고 있다.

도덕적 갈등상황

유럽의 어느 조그마한 마을에서의 일이다. 그 마을에는 어떠한 특수한 종류의 암으로 거의 죽음에 임박한 여인이 살고 있었다. 의사들이 수차례 그 여인을 진단한 바에 따르면, 그 여인의 목숨을 건지는 데는 오직 한 가지 약만이 있다는 것이다. 그 약은 그 마을의 어느 약제사가 발견한 라디움 종류의 특별한 약인데, 그 약은 오로지 그 약제사만이 갖고 있었다. 즉, 다른 어느 곳에서도 구할 수가 없는 특별한 약이었다. 그렇기에 그 약은 무려 한 알에 2,000달러나 될 만큼 비쌌다. 원가의 10배가 넘는 터무니없이 비싼 약이었다.

그 여인의 남편 하인츠(Heinz)는 몹시 가난했다. 그럼에도 그는 아내를 살리기 위해서는 어쩔 수 없이 그 약을 구해야만 했고 그 비싼 약을 구하기 위해 그는 온갖 노력을 다했다. 돈을 빌리기 위해 이 사람 저사람 찾아 다녔다. 그러나, 그는 끝내 1,000달러 밖에 마련할 수가 없었다. 그래서 하인츠는 약제사를 찾아가 사정을 해보기로 하였다. 죽어가는 아내와 자신의 어려운 형편을 상세히 설명하고, 약을 1,000달러에 싸게 살 수 있도록 해주거나 아니면, 모자라는 1,000달러는 나중에 갚을 수 있도록 사정을 하였다. 그러나 약제사는 그의 부탁을 거절하였다. 그는 자기가 세계에서 처음으로 이 약을 조제하였고, 또 그 만큼 각고의 노력을 해서 만든 것이기에, 그 약에 대해서는 그 만큼 보상을 받아야 하겠다는 것이다.

이 말을 들은 하인츠는 결국 생각 끝에 어느 날 밤에 약방에 몰래 침입하여 약을 훔치고 말았다. 죽어가는 아내의 목숨을 건지기 위해서는 이러한 방법밖에 다른 방법은 없다고 생각한 것이다. 그러면, 하인츠의 이러한 사고와 행동은 옳은 것일까요? 아니면 그릇된 것일까요? 그의 사고와 행동이 옳다면 왜 옳고, 그릇되었다면 왜 그릇된 것인가를 생각해보십시오(이성호, 1994: 72에서 인용함).

내가 하인츠라면 어떻게 판단하십니까? 그런 행동을 선택한 이유에 대해서 간략하게 기술해 주십시오.

1) 전 인습적 수준

(1) 제1단계 수준의 사고와 행동: 복종과 처벌 지향의 사고와 행동

> 판단: 하인츠는 나쁘다.
> 이유: 남의 것을 훔치면 벌 받고 잡혀가기 때문이다.

도덕적인 발달수준에서 가장 낮은 단계에 처하여 있는 '복종과 처벌 지향의 사고와 행동'을 하는 사람들은 대체로 모든 사고와 행동의 옳고 그름을 그 사고와 행동의 신체적 · 물리적 결과에 따라 판단한다. 사고와 행동의 결과가 신체적으로 벌을 받게 되면, 또는 어떤 다른 물리적 제재를 받게 되면, 그들은 그러한 사고와 행동은 옳지 않은 것으로 판단한다. 어떤 사람이 징역 1년을 선고받았다면, 우선 징역형을 받았다는 사실 하나만으로 그들은 그 징역형을 받은 사람을 나쁜 사람이라고 판단한다. 반대로, 이들은 어떤 일을 행하였을 때, 그것이 신체적으로 벌을 받지 않거나 물리적인 제재를 안 받으면, 괜찮은 것으로, 옳은 것으로 판단한다. 우리가 집에서 어린아이를 관찰하면, 많은 어린아이들이 이런 식으로 옳고 그름을 판단하는 것을 본다. 신문을 찢고 있는 어린아이에게 엄마가 상을 찡그리거나, 붙들어 세워서 가볍게 엉덩이를 때려 주면, 아이는 신문을 찢는 것은 나쁜 일이라고 판단한다. 그러나 이에 엄마가 아무런 신체적 벌을 가하지 않으면, 신문을 찢는 것은 나쁜 일이 아니고, 옳은 행동으로 판별하게 된다.

이러한 제1단계의 낮은 수준에 머물러 있는 사람들은 대체로 어떤 권위에 의하여 만들어진 고정불변의 규율이나 법에 순응하는 것이 도덕적으로 옳고, 순응하지 않으면 그것은 도덕적으로 나쁘다는 생각을 한다. 즉, 법, 힘, 규율 등에 대한 무조건적 복종을 원칙으로 한다. 그리고 그 이상을 생각하지 않는다. 그렇기에, 하인츠가 왜 훔치게 되었는가는 생각하지 않는다. 그저 남의 것을 훔친 것은 으레 법에 의하여 처벌을 받게 될 테니까, 그것은 도덕적으로 나쁘다고 생각한 것이다.

(2) 제2단계 수준의 사고와 행동: 도구적 상대주의(상대적 쾌락주의)의 사고와 행동

> 이 단계에서 두 가지 방향의 판단이 이루어질 수 있다.
> ① 판단: 하인츠는 옳다.
> 이유: 감옥에 가는 한이 있어도 사랑하는 부인을 위해서 한 일이기 때문이다.

② 판단: 하인츠는 나쁘다
이유: 죽을 수밖에 없는 아내 아닌가? 차라리 편안히 죽게 하고, 그는 다시금 결혼해서 살면 더 좋을 것을, 바보스럽게 도둑질을 해서 감옥에 가기 때문이다.

제2단계인 도구적 상대주의 또는 상대적 쾌락주의에 근거하여 어떠한 사고와 행동의 옳고 그름을 판단하는 사람들은 기본적으로 각자의 이기적인 욕구 또는 쾌락을 가장 중요한 판단 근거로 내세운다. 즉, 자신의 개인적이고 이기적인 욕구충족이 사고와 행동의 옳고 그름을 가르는 기준이 된다. 인간관계는 시장에서의 거래관계와 같은 것으로 본다(van Wart, 1998: 36). 제도가 허용하는 범위 내에서 개인적인 욕구를 충족하는 순진한 이기주의와 상호주의적인 행동이다. 이들은 앞서 제1단계의 경우처럼 어떤 법칙이나 규율은 죽어도 지켜야만 하는 고정불변의 것이 아님을 깨닫는다. 자기 자신의 어떤 목적을 위해서라면, 그러한 규율을 깨뜨리고 안 지켜서 받는 벌쯤은 감수해야 한다고 생각한다.

그러기에, 도덕적 판단수준이 상대적 쾌락주의 수준에 머물고 있는 사람들은 우선, "사랑하는 부인을 위한 일"이라면, 그러한 목적이 감옥에 간다는 "벌" 이상으로 가치 있고 선하다고 생각하는 것이다. 부인을 사랑 한다 또는 사랑하는 부인을 위한다는 것은 궁극적으로 자기 자신을 위한 것이다. 그만큼 그는 기쁘고 행복하기 때문에, 사랑하는 부인을 위하는 것은 곧 자기를 위하는 것이다. 자기 자신의 욕구를 충족하기 위한 것이다. 우리 사회에서 만연되어 있는 님비(NIMBI) 현상이 자기 자신만을 중시하는 풍조에서 나온 것이라고 볼 수 있다.

이상에서 살펴본 두 가지의 전 인습적 수준의 도덕적 사고와 행동은 글자 그대로 우리의 보통 관습 또는 보편적인 인습이나 환경으로는 받아들이기 어려운 원시적 또는 인습이전의 사고와 행동이다. 어떻게 보면, 도덕성이 아직도 덜 발달된 사람들의 사고와 행동이라 하겠다. 그리고 이러한 전 인습적 수준의 도덕적 사고와 행동에서 가장 중점요인이 되는 것은 "자아"이다. 즉, 자기 본위, 자기중심적으로 또는 자아 보호적으로 사고와 행동을 하는 것이다.

이러한 전 인습적 수준의 도덕적 사고와 행동은 대체로 성숙되지 못한 어린이에게서 자주 나타난다. 그렇다고, 어른들의 경우에는 그러한 전 인습적 사고와 행동이 없는 것은 아니다. 어른들도 때때로 어느 특정한 상황에서는 그렇게 전 인습적인 수준의 도덕적 사고와 행동을 하는 경우가 있다. 업무 현장에서 직무를 수행하면서, 어떠한 어려운 갈등상황에 놓여 있을 때, 그것의 도덕성 판단을 내리는데 "자아"중심적으로, 벌을 피하기 위하여 또는 자아의 욕구나 쾌락을 충족시키기 위하여 옳다고 믿고 생각하는 경우가 있음을 우리는 자주 발견할 수 있다. 자신의 업무성과에서 불이익을 면하는 것이 시민의 생명·안전보다 우선하는 경우이다.

2) 인습적인 수준

(1) 제3단계 수준의 사고와 행동: 개인 간 화합 지향의 사고와 행동

판단: 하인츠는 옳다.
이유: 눈물겹도록 하인츠가 불쌍하다. 돈 없는 것이 죄지, 사람이 무슨 죄인가? 더욱이 그토록 사랑하는 아내를 위해서 그랬는데, 뭐가 나쁘냐?

많은 사람들은 어떠한 사고와 행동의 도덕성을 인습적으로 판단한다. 여기서 인습적이라는 함은 우선, 대부분의 다른 사람들이 어떻게 생각할 것이냐를 고려하여, 사고와 행동의 도덕성을 판단하는 것이다. 사람들은 그 시대, 그 사회에서 다수의 대중 속에 스스로가 소속되기를 원하기 때문이다. 또한 그러한 경우, 사람들의 사고와 행동에 하나가 됨으로써 서로 간에 화합을 유지한다. 웬만하면, 다른 사람들 하는 방식대로 따라 함으로써, 조직이나 집단 안에서 평범한 하나이기를 원한다.

그렇기에, 어떠한 사고나 행동이 옳고 그르냐를 판단하는 데도 남들이 옳다면 옳고, 남들이 그르다면 그르다는 식의 판단을 보인다. 즉, 남들이 어떻게 생각하느냐? 남들이 공통적으로 갖고 있는 감정이 무엇이냐에 의사결정의 근거를 둔다. 이것이 제3단계 수준의 개인 간 화합지향의 사고와 행동이다. 2022년 5월 19일자로 시행되는 이해충돌방지법은 공직자의 인습적인 수준 이하의 행동으로 인한 부패를 사전에 예방하고 사후적으로 처벌하기 위한 제도적인 장치이다. 교육학자인 문용린은 우리 사회 구성원인 시민들의 전반적인 의식수준이 제2단계 내지 제3단계 수준에 머물러 있다고 한다. 공무원들의 의식수준이 제3단계 이하 수준에 머물러 있다면 조직 할거주의, 사적이익 추구를 위한 부정·부패행위가 만연할 수 있고, 조직 내 부정·부패행위에 대한 직원들의 내부 고발이 어려울 수 있다. 권위주의나 집단주의 의식은 이러한 행동을 더욱 강화시킬 수 있다(고대유 외, 2019).

(2) 제4단계 수준의 사고와 행동: 법과 질서 유지 지향의 사고와 행동

판단: 하인츠는 나쁘다.
이유: 하인츠의 형편은 충분히 이해되고 동정은 가지만, 그렇다고 법을 어기면 되겠느냐. 법을 어긴 것은 일단 용서될 수 없다.

인습적으로 도덕성을 판단할 때, 사람들이 사용하는 또 다른 보편적인 준거는 법이다. 이들은 여러 사람이 하나의 사회를 구성하여 더불어 살려면, 그 사회에 존재하는 일반적인 사회적 질서, 규칙 등을 유지하는 데 최고의 가치를 부여하여야 한다고 믿는다. 따라서 이들은 법의 권위를 가장 소중하게 받아들이고, 법의 준수를 위해 노력한다. 그리하여 법을 잘 준수하면 그것은 선이고, 법을 어기면 그것은 악이라고 판별한다.

인습적인 수준으로 제4단계는 사회유지 지향 단계로서 선한 행동에 대한 의무가 주변 사람들과의 관계에서 사회로 폭넓게 확장된다. 법과 질서 지향으로 명명되며, 이 단계에 속하는 사람의 행동은 역할과 규칙을 정하고 있는 사회체제 관점에 초점을 맞춘다.[53] 즉, 권위나 사회적 질서를 가치 있는 것으로 평가하고 존중하며, 집단 속에서 자신의 의무를 충실히 수행하려는 단계이다. 법은 이것이 다른 고정된 사회적 의무 및 권리와 갈등하는 극단의 경우를 제외하고는 지켜야 한다고 생각한다. 문용린은 어느 한 사회가 선진국이 되려면 구성원인 국민 전체가 제4단계의 의식수준을 가져야 한다고 한다고 본다. 애덤 스미스는 『국부론』에서 사회와 국가가 번성하려면, 누구에 의해서라도 법과 계약이 준수되어야 한다는 것을 다음과 같이 강조하고 있다.

> 정의의 조직적 집행이 시행되지 않는 어떠한 국가에서도, 국민들이 재산의 소유에서 불안함을 느끼는 어떠한 국가에서도, 계약이 법률에 의하여 보호받지 못하는 어떠한 국가에서도, 국민의 공권력이 지불할 능력을 지닌 사람들로 하여금 채무를 변제하도록 강제할 수 없는 어떠한 국가에서도 상업과 제조업이 장기적으로 번성한다는 일은 거의 발생할 수 없다"(Adam Smith, 1776: 910).[54]

53) Kohlberg(1981: 411). 'The Philosophy of Moral Development: Moral Stages and the Idea of Justice. 1.'의 내용을 van Wart(1998: 36). *Changing Public Sector Values*에서 재인용함.

54) 애덤 스미스(Adam Smith)는 자유주의 국가에서 재산권을 보호하는 법과 정부의 역할을 기술하고 있음. 이때의 정의는 개인의 자기애(또는 이기심) 보호와 관련된 정의를 의미함. 애덤 스미스(Adam Smith, 1759)는 『도덕감정론』에서, 그는 도덕적인 덕을 두 가지 유형으로 구분한다: '정의(justice)'와 '선행(beneficience).' 스미스는 정의를 부정적인 덕, 정의를 행하는 것은 다른 사람에게 상처를 주는 것을 단지 삼가는 것을 의미한다면, 대조적으로 선행은 긍정적인 덕이고, 선

위에서 볼 수 있었듯이, 인습적 수준에서는 어떠한 사고와 행동을 크게 보아 "사회"라는 틀 속에서 해석하고 판단하는 것이다. 이는 앞서 전 인습적 단계의 경우, 판단의 중요한 근거가 "자아"라는 차원에 머물고 있었던 것에 비해서, 그 질적 차원이 크게 다름을 나타내는 것이다. 예컨대, 제3단계인 개인 간 화합 지향 수준의 사고와 행동에서처럼, 타인의 보편적 믿음을 준거로 할 때는 "옳다"고 판별되었던 것도, 제4단계인 법과 질서 유지 지향 수준의 사고와 행동에서는 그것이 법에 위배된다 하여 "그르다"고 판별되고 있는 것이다. 그러나 역시 공통점은 "자아"라는 개인적 범주를 벗어나서, 공동체라는 사회적 범주로 사고와 행동의 수준이 승화되고 있다는 점이다. 사법행정기관에 근무하는 공무원(검사, 검찰 · 경찰공무원, 판사 및 법원공무원)은 반드시 이 수준 이상의 의식수준을 보유해야 한다.

3) 후 인습적 수준

(1) 제5단계 수준의 사고와 행동: 사회적 계약 법률 지향의 사고와 행동

판단: "옳다", "그르다"를 판단하기 어렵다. 판단을 보류한다. 옳을 수도 있고 그를 수도 있다.
이유: 사회의 법질서를 위배한 하인츠는 나쁘다. 그러나, 하인츠의 아내도 살 권리가 있다. 그렇다고 하인츠의 행위를 용서하는 데도 문제가 있다.

후 인습적 수준에서 사고하고 행동하는 사람들은 사회적 가치나 법의 절대성을 인정하지 않는다. 그것은 상대적이라고 믿는다. 법이라는 것은 결코 절대적일 수가 없고, 유동적으로 적용되고 해석되어야 한다고 믿는다. 법이란 사람들의 생명을 구속하기보다는 오히려 그것을 보호하기 위해 만들어진 것이다. 따라서 그 법으로 보호받는 인간의 개인적 가치나 존엄성은 법보다 훨씬 위에 존재하는 것이다. 사회적으로 구성원들 간에 상호 합의가 이루어지기만 하면 법의 해석은 얼마든지 달라질 수가 있다. 그리고 여기서 구성원들 간에 상호 합의란 곧 개인들 간의 가치와 믿음의 조화로움을 이룩하는 일이다.

따라서 하인츠가 법에 위배되는 사고와 행동을 하였다 해서 무조건 그가 "나쁘다"고

행을 행하는 것은 다른 사람의 삶의 조건을 개선하는 것에 참여해야 하는 것을 의미한다. 스미스가 의미하는 선행이란 수혜자에게 감사하는 마음을 불러 일으키는 자혜, 관용, 그리고 우정이다. 다른 한편으로 정의는 다른 사람들에게 해롭거나 손상을 주지 않는 것이며, 우리가 다른 사람에 손상을 입힌다면 분노(개)하는 마음을 일으킨다(Otteson, 2018).

판단하는 것은 바람직하지 않다. 또한 하인츠가 처한 형편을 동정적으로 이해하고, 그럴 수밖에 없었던 상황에서 나라도 그렇게 하였을 것이라고 믿고, 그의 행동은 "옳다"고 합리화시켜 주는 것도 바람직스럽지 않다. 결코, 그 어느 누구가 이제 와서 하인츠의 옳고 그름을 단정적으로 말하기는 어렵다. 문제는 판단하는 사람이 그 사회구성원들과 어떠한 사회적 계약으로 법을 해석하고 받아들이느냐에 달려 있다(이성호, 1994: 81-82).

후 인습적 수준인 제5단계는, 선험적 권리와 사회적 계약의 단계로서, 권리(rights)는 엄격하게 따져 묻는 행위기준인 권한과 의무(duty)을 초월하는 것이다. 합의에 도달하기 위한 절차적 권리에 가치가 부여된다. 최대 다수의 최대 선에 도달하려는 의사결정의 공정하고 합리적인 양식은 적법 절차(due process)를 강조한다(van Wart, 2008: 37). 콜버그(L. Kohlberg)는 이 단계를 미국 헌법에 반영되어 있는 공무상의 도덕성이라고 강조한다.[55]

(2) 제6단계 수준의 사고와 행동: 개인적 · 사회적 양심 지향의 사고와 행동

판단: 하인츠는 "옳다"
이유: 그 어떤 값을 치룬다 해도 인간의 생명보다 더 구한 것은 없다.

초월적 도덕관, 후 인습적 사고와 행동의 진수는 제6단계 수준의 사고와 행동이다. 이는 어떻게 보면, 현실을 뛰어넘는 종교적 도덕관일 수도 있다. 이러한 초월적 도덕관의 핵심은 양심이다. 개인적인 양심이든, 사회적 양심이든, 그것은 그 개인, 그 사회가 선택하는 주체적 도덕관이다. 매우 추상적인 수준의 사고와 행동이기도 하다.

이러한 초월적 도덕관을 지니고 있는 사람들은 대체로 하인츠의 행동은 옳다고 판단한다. 이들이 그렇게 판단하는 까닭으로는 다음과 같은 것이 있을 수 있다. 예컨대, 인간의 생명, 인간의 가치와 존엄성은 그 어떤 대가를 치르더라도 반드시 보호되어야 한다. 설혹 유죄선고를 받고 감옥살이를 한다 해드, 사람의 생명을 구하기 위해서는 그쯤은 감수해야 되지 않겠는가? 자기희생을 통한 참된 승리, 참된 사랑, 참된 자유의 획득이야말로 오히려 더 고귀한 것이 아니겠는가? 그리고 그것이 인간 본연의 양심이 아니겠는가?(이성호, 1994: 83-85).

55) Kohlberg(1981: 19)를 van Wart(1988: 37)에서 재인용함.

제6단계는 보편적 윤리원칙의 단계로서, 권리는 논리적 완전성(comprehensiveness), 보편성, 그리고 일관성에 호소하는 자기 선택 원리에 충실한 양심의 결정에 의해 정의된다. 정의의 보편적인 원칙이 사회의 일반 법규와 상충될 경우에도, 정의의 보편적인 원칙이 우선한다. 인권의 평등성과 인간의 존엄성에 가장 큰 우선순위가 주어진다(van Wart, 2008: 37).

이 세 번째 수준에서는 누구의 동의나 기쁨을 위해서가 아니라 본인의 도덕적 양심에 따라 윤리규칙이나 도덕적 원리들을 준수하는 단계이다(정정길, 2010: 623). 도덕성의 본질, 즉 다른 사람을 수단이 아닌 목적으로서 존중하는 기본적 도덕적 전제를 인식하는 합리적인 개인적 관점을 취한다(임도빈, 2008: 285). 칸트(I. Kant)는 이런 행동을 의무동기, 자율, 정언명령에 따른 행동이라고 본다(Sandel, 2014: 179). 이상에서 기술한 도덕적 판단수준과 발전 단계를 작성해보면 〈표 9-8〉과 같다.

표 9-8 콜버그의 도덕적 판단수준과 단계

도덕적 판단의 수준	발전 단계
1. 전 인습 수준(자기 중심) 도덕적 사고의 발달은 인간이 경험하는 행동의 결과에 집중된다.	1. 처벌과 순종 옳은 것은 처벌을 피하는 것과 권위 있는 규칙을 위반하지 않는 것에 의해 결정된다. 2. 개인적 도구적 목적과 교환 옳은 것은 한 개인의 즉시적인 관심을 맞추는 것이다.
2. 인습적인 수준(동조) 도덕적인 가치는 사회적 계약을 유지하는 것과 헌신을 유지하는 것, 임무에 존재한다.	3. 호혜적 대인 간 기대, 관계와 동조 옳은 것은 다른 사람의 감정에 대해 관심을 가지는 것과 기대와 헌신을 유지하는 것에 의해 신뢰를 유지하는 것이다. 황금률(the golden rule is relevant)과 관련 있다. 4. 사회적 체제와 양심의 유지 옳은 것은 사회에 자신의 의무를 이행하는 것이고 사회질서를 지키는 것이다.
3. 후 인습적 수준(원칙중심) 도덕적인 가치는 자유롭게 선택된 표준, 권리와 의무에 헌신에 존재한다.	5. 선험적 권리와 사회적 계약 또는 효용 옳음은 사회 내에 다른 사람의 권리, 가치, 그리고 계약을 지키는 것이다. 6. 보편적인 윤리원칙 옳음은 내적, 보편적인 윤리원칙들에 의해 인도된다. 법이 원칙을 위반했을 때, 법은 무시된다.

출처: Kohlberg(1981: 409-412).

3. 도덕적 발달수준별 공직자의 행동

임도빈(2008: 282)은 콜버그의 도덕성 발달 단계에 상응하는 공직자의 도덕적 판단 수준과 단계는 어떠한 모습인지를 〈표 9-9〉로 정리하여 보여주고 있다. 어느 공무원이 전 인습적 수준의 제2단계에 속하는 도덕적 판단을 한다면 뇌물은 부족한 보수의 보충 수단으로 인식하고 다른 공무원이 받으면 받을 것이다. 그 공무원이 제4단계에 속한다면 합법성을 추구하는 공무원의 책임과 의무이행을 추구해서 모든 행동을 법대로 처리하는 것이 정당하다고 생각하고 행동할 것이다. 또한 공무원이 제5단계에 속한다면 합리적 행정이란, 단지 법·규칙 등의 조문이행보다 모든 국민에 대한 공평한 봉사라고 판단하고 행동할 것이다. 대한민국의 헌법이 형식적 법치가 아닌 실질적인 법치를 추구하고 있다고 본다면, 공무원의 바람직한 도덕성 판단수준은 제5단계에 속한다고 볼 수 있다.

표 9-9 공직자의 도덕적 판단수준과 단계

수준	단계	특징	사례: 공직자의 행동
전 인습적 도덕성	1	타율적 도덕성	처벌을 피하기 위해 명령과 규율에 복종하는 노예적 행동
	2	공리주의 보상 지향성	직장 동료가 노물을 받으면 나도 받는다. 뇌물은 부족한 보수의 보충수단
인습적 도덕성	3	일차집단 위주 상호 호혜성 원칙	조직의 생존과 명예가 최우선 순위 객관적 기준보다 동료의 청탁이 우선
	4	법치주의·합법성 의무와 사회질서	모든 행정은 법대로 처리될 때 정당화된다. 합법성을 추구하는 공무원으로서의 책임과 의무 이행 추구
후 인습적 도덕성	5	사회 전체의 복지 시민의 권리존중	합리적 행정이란, 단지 법·규칙의 조문이행보다 모든 국민에 대한 공평한 봉사
	6	사회를 넘어선 도덕적 관점 양심의 가책	사회적 기준이나 법의 제한과 관계없이 자신이 선택한 도덕원리에 어긋나는 행정 행위는 시정하는 것이 양심의 행동

출처: 임도빈(2008: 282)에서 인용함.

생각해보기

콜버그의 도덕성 발달 단계 모형에서 제시하고 있는 개인의 도덕성 수준은 반 와트(M. van Wart)의 공직가치의 근원과 가치에 관한 연구에서 제시하고 있는 여러 차원 중에 개인적 차원의 공직가치라고 할 수 있다 특히, 콜버그 모형의 제4단계 내지 제5

단계는 민주사회의 구성원이면 누구나 중시하고 준수해야 할 반 와트의 '공민적 청렴성(civic integrity)'과 거의 같다. 민주사회의 구성원이라면 갖게 되는 가치와 국가라는 공적인 목적을 가진 조직의 구성원인 공직자가 준수해야 하는 가치는 공적인 영역에 서게 된다면 거의 동일하다.

다만, 톰슨(D. F. Thompson)은 공직자들이 대면하는 윤리적 갈등은 공직의 두 가지 특성, 즉 대표성과 조직성에서 비롯된다고 말한다. 첫 번째 특징은 행위원칙들 사이의 갈등을 초래하고, 두 번째 특징은 책임원칙들 사이의 갈등을 초래한다고 본다(Thompson, 1999: 17). 공직자는 일반 시민들이 갖지 못하거나, 일반 시민들이 동일한 정도로 가질 필요는 없는 권리와 의무를 떠맡는다. 시민의 대변인으로서 공직자는 개인이나 몇몇 소수만을 위해 행위하는 사람들에게 적용되는 원칙들과는 다른, 또는 다르게 해석되는 원칙들에 의해 평가된다고 한다(Thompson, 1999: 18).

일반 시민들과는 다르게, 공직자들만이 가질 수 있는 대표적인 윤리적인 문제 중에 하나로서 '더러운 손(dirty hands)' 문제이다. 정부의 의사결정 절차는 공지성(publicity)의 요구－공직자들은 모든 시민들에게 알려질 수 있는 원칙들에 따라 행위해야 한다는 요구－와 같은 특정한 윤리적 제약조건을 충족시켜야만 한다(Thompson, 1999: 17-18). 그렇지만, 때때로 정부의 의사결정 내지는 업무처리는 '대외비' 내지는 '비공개'로 처리된다. 공직자들이 비공개 사유로 자주 활용되는 것이 국가안전보장, 국방, 외교, 부동산 투기와 매점매석 우려 및 개인정보 보호이다.[56]

더러운 손의 문제에 대한 해결책으로 톰슨은 시민들이 의사결정을 추후에 재검토(소급)할 수 있게 하거나, 특정한 결정을 포함하는 상위수준의 결정을 미리 결정해 두는 방법(일반화), 그리고 시민들을 대리하는 대표자를 뽑아서 시민들을 위해서 결정사항을 감시할 수 있도록 하는 방법(대의제)을 제시한다(Thompson, 1999: 52).

첫 번째, 소급은 의사결정이 추후에 공개될 경우에, 국민들이 과거의 의사결정에 대한 책임을 그 의사결정자에게 물을 수 있는지의 문제와 공개될 때까지 처음 결정으로 인한 손실이 지속된다는 문제가 있다. 한국에서 같은 정치적 노선을 취하는 정권이 차기 정권을 이어받는 경우에, 지난 정부에 비공개로 처리된 의사결정에 대한 책임을 묻는 것은 한계가 있고, 집권당이 바뀐 경우에도 야당이 된 정당이 집권 정부에 대해 정치보복으로 프레임을 씌우는 경향이 있기 때문에 재검토가 쉽지 않다.

56) 공공기관의 정보공개에 관한 법 제9조(비공개대상정보)에서는 다양한 비공개사유를 명시하고 있다.

두 번째, 일반화는 고속도로에서 전용 차선이나 갓길 위반을 단속하기 위한 경찰 마크 없는 경찰차와 같은 경우가 해당된다. 또한 정브에서 공직자 개인이나 기관 고객만족도 조사할 때, 흔히 쓰는 방법으로 블랙 컨슈머와 같은 사례를 들 수 있다. 생뚱맞은 민원인으로 가장하고 전화해서, 전화받는 공직자가 제대로 전화를 받고 응대하는지를 묻고 평가하여, 평가 실적에 따라 포상하거나 재교육시키는 방법을 쓰는 경우이다.

일반화의 문제는 적용이 특정한 사례로 제한되어야 한다는 것이다(Thompson, 1999: 52). 과거 정부에서 큰 이권이 있는 사업권에 대한 사업자 선정과정에서 공직자 개인의 개인적인 판단이 정실이나 청탁에 의한 것이 아닌가를 알아보기 위해서, 고위 공직자와 직원사이에 대화를 녹음해오게 한 사례가 있었다.

세 번째, 대의제이다. 의회의 예산결산위원회와 같은 상임위원회 활동이 그것이다. 정부 각 부처의 정책집행 결과에 대해서 국회 소관 상임위원회가 감시활동을 한다. 대의제의 한계는 불안정하다는 것에 있다. 감시위원회의 구성원이 그들이 감시하는 공직자들과 입장을 같이 할 때, 감시과정은 부드러워지고, 책임추궁의 문제는 사라진다(Thompson, 1999: 52-62).[57] 세계 유일의 한국형 대통령 중심제를 가지고 있는 우리나라의 경우에, 국회 상임위원회의 공직자 감시활동은 유명무실한 때가 많았다.

한국 정부의 정책결정 투명성은 세계경제포럼 조사결과 발표에서 2016년 세계 115위로 세계 최하위 수준이다. 지난 박근혜 정부는 '정부 3.0'을 국가 주요 정책으로 추진하며, 2013년도에 「공공기관의 정보공개에 관한 법률」을 개정하였다. 법률 개정의 요지는 시민들이 정보공개 청구절차를 거치지 않고, 정부업무처리나 각종 위원회 회의결과에 대해 알고 싶을 때는 언제든지 쉽게 알 수 있도록, 원문 자체를 웹사이트에 최고결재권자의 결재와 동시에 공개하도록 한 것이다. 그렇지만, 정부의 정책결정의 투명성은 세계 최저수준을 벗어나지 못하였다.

스티글리츠(J. Stiglitz)는 언론기고에서 정부의 업무처리에 대한 투명한 공개필요성에 대해 다음과 같이 기술하고 있다.

> 외부의 비평이나 충고에 귀를 막고 있을 때 똑똑한 사람들이 어리석은 짓을 할 가능성이 많아진다. 내가 정부에서 배운 것이 한 가지 있다면 전문성이 가장 중요해 보이는 영역에서 개방성이 가장 필수적이라는 점이다(G. 팰러스트 외, 2004: 269-270).[58]

57) 톰슨의 전게서에 기술된 내용을 기초로 하여 한국 사례에 맞게 재기술한 것임.

58) Stiglitz(2000). "What I learned at the World Economic Crisis." The New Republic(Apil 17, 2000)

또한, 스티글리츠(Stiglitz, 2000)는 IMF의 비밀주의는 수많은 실패들을 은폐하고 있다고 주장하고 있다.

- 시대에 뒤쳐진 수학적 모델들
- 결함투성이의 경제적 모델들, 예를 들어 채무자의 채무 불이행 또는 파산 가능성을 무시하는 것
- 다른 나라의 보고서와 거의 같은 어떤 나라의 보고서가 돌아다닌다는 이야기가 있을 정도로 뻔뻔한 천편일률적인 접근방법
- 분석 대상 국가에 대하여 별 다섯 개짜리 호텔 이외에는 아는 것이 거의 없는 경제학자들
- 증거 없는 결론들(G. 팰러스트 외, 2004: 269-270)

를 G. 팰러스트 외(2004: 270)에서 재인용함.

제 10 장

공무원 가치 관련 유사연구들

제1절 공공봉사동기(Public Service Motivation: PSM)

1. 공공봉사동기 개념 이해와 정의

선행연구자들[1]의 연구에서는 공공부문 종사자들이 욕구 내지는 가치의 보유 정도나 수준이 민간부문 종사자와는 차이가 있다는 것을 보여주고 있다(이근주, 2005). 페리와 와이즈(Perry & Wise, 1990, 1996)는 공공부문 종사자들 특유의 동기요인으로 공공봉사동기(Public Service Motivation: PSM)를 소개하고 있다(Perry & Wise, 1990, 1996). 그들은 "어떤 개인이 공공조직에 진입하는가"에 대한 의문에서 공공봉사동기에 대한 연구를 시작했다(이혜훈 · 이근주, 2013: 219). 그들은 공공부문 종사자들이 가지는 특유의 동기요인으로 공공조직에 관련된 동기에 부합하려 하는 개인들의 기본적인 경향성으로서 공공봉사동기를 정의한다.

레이니와 스타인바우어(Rainey & Steinbauer, 1999)는 공공봉사동기를 지역공동체, 국민과 국가 및 인류를 위해 봉사하려는 일반적인 이타적 동기로 정의한다. 그들은 이타적 동기는 보다 헌신적이고 열정적이며, 자기희생적인 방법을 통해 공익 증진을 위한 서비스를 제공하려는 공무원의 일반적인 동기를 포괄한다고 보고 있다.

페리와 와이즈(Perry & Wise, 1990)는 공공봉사동기를 합리적 기반, 규범적 기반, 정서적 기반 등 세 가지로 구분한다. 합리적 기반은 개인적인 효용극대화에, 규범적 기반은 공동선과 공익을 추구하려는 열망에, 정서적 기반은 인간적인 감성에 초점을 두고 있다. 〈표 10-1〉과 〈표 10-2〉에서 보여주는 것과 같이, 합리적 기반 동기는 정책형성과정에 참여, 개인적 선호도 및 특정 이익을 실현하기 위한 정책프로그램에의 헌신 등을 포함하며, 규범적 기반 동기는 공익에 봉사하려는 열망, 의무, 정부 및 사회적 형평성에 대한 충성심을 포함한다. 정서적 기반 동기는 정책프로그램의 사회적 중요성에 대한 확신에 근거한 헌신과 선행을 하려는 의지를 포함한다(김상묵, 2003: 3).

공공봉사동기에 관한 연구는 크게 네 가지로 분류될 수 있다. 첫 번째는 공공부문의 종사자들이 민간부문의 종사자들과는 차별화되는 동기를 가지고 있는지 여부에 관한 것이다.[2] 두 번째는 공공봉사동기를 형성하는 데 영향을 미친 선행요인에 관한 것이

1) Warner et al.(1963); Guyott(1962); Kilpatrick et al.(1964); Rainey(1982); Cacioppe & Mock (1984); Crewson(1995)의 논문 참조.

2) Warner et al.(1963); Guyott(1962); Kilpatrick et al.(1964); Rainey(1982); Cacioppe & Mock(1984);

표 10-1 PSM의 세 가지 동기유형과 구성내용

동기유형	구성내용
합리적 기반 (rational based)	정책형성과정에의 참여, 개인적 선호도 및 특정 이익을 실현하기 위한 정책프로그램에의 헌신
규범적 기반 (norm based)	공익을 위해 봉사하려는 열망, 의무, 정부 및 사회적 형평성에 대한 충성심
정서적 기반 (affective based)	정책프로그램의 중요성에 대한 확신에 근거한 헌신과 선행하려는 의지

출처: Perry & Wise(1990). 전게논문에서 기술된 내용을 표로 정리한 것임.

표 10-2 PSM 하위요소와 구체적인 측정지표

하위요소	구체적인 측정지표
정책결정의 매력도	정치란 더러운 말이다.* 공공정책결정의 주고받기는 받아들일 수 없다.* 나는 정치인에 별로 관심이 없다.*
공익/시민 본분에 몰입 (committment to public interest/ civic duty)	나는 나의 공동체에서 일어나고 있는 일에 집중적인 관심을 두는 것이 어렵다.* 나는 나의 공동체에 사심 없이 기여한다. 나는 공공서비스를 시민 본분이라고 생각한다. 의미있는 공공서비스는 나에게 매우 중요하다. 나는 비록 나의 이익에 해가된다 할지라도 공무원이 전체 공동체를 위해 최상의 것을 하는 것을 보는 것을 좋아한다.
동정심 (compassion)	나는 고통을 겪는 사람들을 볼 때 내 감정을 자제하는 것이 어렵다. 대부분의 사회프로그램은 매우 불가피해서 없어서는 안 된다. 우리가 서로 얼마나 의존적인지를 일상의 사건으로 인해서 체감한다. 나는 소외계층의 어려움에 마음이 가지 않는다.* 나에게, 애국심은 다른 사람의 복지를 보는 것을 포함한다. 나는 자신의 운명을 개척하려 하지 않는 어려운 사람들에 동정심을 거의 느끼지 않는다.* 내가 충심으로 지지하는 공공프로그램이 거의 없다.* 나는 내가 개인적으로 알지 못하는 사람들의 복지에 대해 좀처럼 생각하지 않는다.*
자기희생 (self-sacrifice)	돈 버는 것이 선행을 하는 것보다 더 중요하다.* 내가 하는 많은 것은 나 자신보다는 사회적 대의를 위한 것이다. 다른 시민에게 봉사하는 것은 나에게 이득이 없더라도 기분이 좋다. 사회에 공헌하는 것이 개인적인 성취보다 중요하다 나는 사람들이 사회로부터 얻는 것보다 더 돌려주어야 한다고 생각한다. 나는 사회의 선을 위해 많은 희생을 할 준비가 되어 있다. 나는 다른 사람을 돕기위해 위험을 감수할 수 있는 소수의 사람들 중에 하나이다. 나는 자신보다 의무가 우선한다고 생각한다.

출처: Perry(1992, 1997)의 전게논문 측정지표를 번역한 것임. *표시는 역질문

Crewson, 1995; Houston(2000); 이근주(2005)의 연구가 여기에 속한다.

다.[3] 세 번째는 공공봉사동기가 직무몰입 · 직무태도 등 조직의 성과에 영향을 미치고 있는지 여부에 관한 것이다.[4] 네 번째는 공공봉사동기를 특징하는 측정도구 개발에 관한 것이다.[5]

PSM 연구에서 가장 중요한 공공부문 종사자가 민간부문 종사자와 비교하였을 때, PSM 수준이 높은지에 관한 연구결과에서 공공부문 종사자가 더 높다는 연구결과를 보여주고 있다. 예를 들어, 워너 외(Warner et al., 1963)는 연방공무원이 위신과 업무의 중요성에 대한 신념에 우선순위를 둔다는 것을, 길패트릭 외(Kilpatrick et al., 1964)는 공공부문 종사자들이 금전보다는 사회적 또는 정치적 봉사의 가치를 우선시한다는, 레이니(Rainey, 1982)는 공공부문 종사자들이 금전적 목표는 낮게 평가하고, 타인을 돕거나 사회 전체를 위해 가치 있는 일을 하는 이타주의적 목표를 높게 평가한다는, 카시오포와 목(Cacioppe & Mock, 1984)은 공공부문 관리자들이 민간부문 관리자보다 경제적인 인센티브에 덜 가치를 둔다는, 페리와 와이즈(Perry & Wise, 1990)는 더 큰 공익관을 가진 사람이 공직을 직업으로 선택한다는, 크루슨(Crewson, 1995)는 공공조직에 공직윤리의식이 높은 사람이 근무할 확률이 높다는 것을, 휴스턴(Houston, 2000)은 공무원들에게 공공봉사동기가 특히 더 강하게 나타나서, 외재적 동기보다는 내재적 동기를 더 중시한다는 것을, 박천오(1989)는 한국 공무원이 보수 등 물질적인 요인의 개선으로 인한 동기부여에 한계가 있고, 자기실현 등 상위 수준의 욕구가 충족됨으로 인해 동기부여될 가능성이 있다는 것을, 이종수(1997)는 공공부문 종사자들은 민간부문 종사자들이 보수 등 금전적인 보상을 우선시하는 데 반해서, 직업 안정성을 가장 중요시 여긴다는 것을, 이근주(2005)는 공공부문 종사자가 민간부문 종사자보다 공공봉사동기 수준이 높다고 한다.

---

3) Perry(1997, 2000); Perry et al.(2008); 김서용 외(2010); Vandenabeele(2011); Moynihan & Pandey (2014)의 연구가 여기에 속한다.

4) 이근주(2005); 김상묵(2005); 조태준 · 윤수재(2009) 김현진 · 이민창(2012); Naff & Crum(1999); Bright(2000, 2005); Alsonso & Lewis(2001); Park & Rainey(2008, 2013); 최무현 · 조창현(2013)의 연구가 여기에 속한다.

5) Perry(2006); Coursey et al.(2008); Coursey & Pandey(2007); Vandenabeele(2009); Kim(2010); Kim et al.(2013)의 연구가 여기에 속한다.

2. 공공봉사동기의 긍정적인 성과

1) 조직 성과요인인 미치는 긍정적인 영향

또한 선행연구자들은 공공봉사동기 수준이 높은 사람이 공직에 들어왔을 때, 긍정적인 방법으로 조직에 기여할 것이라고 보고 있다. 예를 들어, 브루어와 셀든(Brewer & Selden, 1998)은 공익을 보호하기 위해서 내부고발자(whistle-blowing)가 되려는 의지가 더 크고, 크루슨(Crewson, 1997)은 더 높은 수준의 조직몰입을 보일 것이고, 화이트(Wright, 2003)는 자신의 직무가 중요하다고 믿기 때문에 더 열심히 일할 것이고, 나프와 크럼(Naff & Crum, 1999)은 고성과자가 될 가능성이 크고 더 큰 직무만족과 자신의 직무를 이탈할 가능성이 적다는 연구결과를 보여주고 있다.

2) 공공봉사동기가 조직시민행동(이하 OCB라 칭함)에 미치는 영향

공공봉사동기가 선행요인(독립변수)이라면 공공봉사동기가 조직성과에 기여하는 긍정적인 측면으로 다음에 소개할 조직시민행동을 결과요인(종속변수)을 취급하는 연구들이 다수 존재한다. 친사회적 동기(pro-social motivation)와 OCB 사이에 긍정적인 관계를 보여주는 연구가 있다(Coyle-Shapiro & Kessler, 2003; Rioux & Penner, 2001). 김상묵은 PSM과 OCB 사이에 영향관계에 관한 연구를 하였으며(Kim, 2005, 2006), 첫 번째 연구는 지방공무원 1,739명을 대상으로, 두 번째 연구는 한국의 중앙・지방공무원 1,584명을 대상으로 조사하였다. 이 두 연구에서는 PSM 수치가 높게 나타난 공무원이 조직시민행동 수치도 높은 것으로 조사되어 두 변수 사이에 상관관계가 높은 것으로 조사되었다. 그의 연구결과에 의하면, 한국 공무원에게는 이타심(altruism)과 일반화된 순응(generalised compliance)[6]이 높은 것으로 조사되었다.

두 변수 사이에 관계에 관한 또 다른 연구는 팬디 외(Pandy et al., 2008)에 의한 것이다. 조직시민행동의 여러 영역 중에 하나의 영역인 대인 간의 관계와 관련된 시민행동을 그들은 대인 관계적 시민행동(Interpersonal Citizenship Behavior)으로 정의하고, PSM과의 관계를 분석하였다. 미국 북동부지역에 위치한 주정부 인사담당자들을 대상으로 조사한 결과에 의하면, PSM이 높을수록 대인 관계적 시민행동도 높은 것으로 조사되었다.

레이너 외(Rayner et al., 2012)는 신공공관리개혁과 성과의 강조가 공공조직 구성원

6) Organ(1988)이 양심성(conscientiousness)으로 명칭 변경함.

들의 조직시민행동을 내쫓고(crowded-out) 있다고 우려를 표명하고 있다. 영국 내 14개 대학에 근무하는 대학직원 433명을 대상으로 실시한 연구에서, 공공서비스 윤리와 조직시민행동 사이에 정(+)적인 영향이 있음을 보여주고 있다. OCB는 공공부문 조직의 성과향상에 영향을 미치는 요인인데, 신공공관리의 성과의 강조는 오히려 OCB를 축소시키고 있다는 주장을 하고 있다.

PSM과 OCB 사이에 관계에 관한 세 번째 연구는 김정인(2014)에 의한 연구이다. 그(2014)는 지방세무직 공무원을 500명을 대상으로 연구한 결과에 의하면, 공공봉사동기의 하위 요인인 공공정책에 대한 호감도는 조직시민행동에 부정적인 영향을, 동정심과 자기희생은 조직시민행동에 긍정적인 영향을 미치는 것으로 조사되었다. 이 연구에서는 김서용 외(2010)의 연구와는 다르게, 광역본청에서 근무하는 세무직공무원이 지역세무서에 근무하는 공무원보다 PSM이 높은 것으로 조사되었다. 또한 여성보다는 남성이, 교육수준이 상대적으로 높을수록, 직급은 4급과 5급의 관리직이 공익몰입, 동정, 희생과 관련된 PSM이 높게 도출되었다(김정인, 2014: 209).

리츠 외(Ritz et al., 2014)는 스위스 지방정부 569명을 대상으로 한 연구에서 공공조직에서 변혁적 리더십(transformational leadership)과 조직시민행동 사이에 공공봉사동기와 목표명확성(goal clarity)이 매개 역할을 하는지에 대해서 연구하였다. 그 연구결과 변혁적 리더십과 조직시민행동 사이에 직접적인 관계가 없는 것으로 공공봉사동기와 목표명확성을 매개로 간접적인 관계가 있는 것으로 조사되었다. 이상에서 기술된 PSM과 OCB 사이에 관계에 관한 연구결과를 정리하면 〈표 10-3〉과 같다.

제2절 조직시민행동

1. 조직시민행동의 개념 이해와 정의

공공부문에서 연구자들은 조직시민행동(Organizational Citizenship Behavior: OCB) 개념과 함께, 역할 이외의 행동 개념에 대한 모호함을 극복하려는 노력이 있었다. 그러한 차원에서의 최초의 연구는 그레이엄(Graham, 1986)의 연구이다(송운석 · 김재현, 2002).

그레이엄(B. Graham)의 연구를 기초로 하여 보다 실증적으로 개념과 측정도구를 발전시킨 것이 반 다인 외(van Dyne et al., 1994)의 '시민정신의 하위개념과 측정도구에 관한 연구'이다. 그들(1994)은 잉켈레스(Inkeles, 1969)의 활동적 시민정신 증후군 개념과 그레이엄(Graham, 1991)이 주창한 정치철학적 관점에서의 시민정신 개념을 수용하여, 조직 분야의 조직시민행동을 세 가지 하위 영역(복종, 충성, 자발적 참여)으로 세분화하고, 각각의 하위 영역에 대한 측정지표를 제시하고 있다(van Dyne et al., 1994). 그들(1994)은 첫 번째, 복종 영역에는 조직의 규칙과 치침의 준수, 정시에 출근과 과업의 완수, 조직자원의 절약을, 두 번째, 충성(loyalty) 영역에는 개인과 작업집단, 그리고 부서의 부분적 이익을 초월하는 조직 리더와 전체로서 조직에 대한 동일시와 충성을, 세 번째, 조직참여 영역에는 자발적 미팅의 참여, 습득된 정보와 아이디어를 다른 직원들과 공유, 집단사고를 극복을 위해서 조직에 안 좋은 소식을 전하고, 다수가 지지하지 않는 관점을 지지해주는 것을 포함시키고 있다.

일반적으로 조직시민행동은 조직의 공식적인 보상체계에 의해 직접 또는 명시적으로 인정되지 않는 조직구성원들의 자발적이고 자유재량적인 행동으로 조직의 효과적인 운영을 촉진하는 역할과 관련이 있다.[7] 김호균・김정인(2010)도 마찬가지로, 월롬와 외

표 10-3 공공봉사동기와 조직시민행동 간에 관계에 관한 연구

선행연구자	연구결과(연구대상)
Coyle-Shapiro & Kessler(2003), Rioux & Penner(2001)	친사회적 동기(pro-social motivation)와 시민행동(citizenship behavior) 사이에 긍정적인 관계
Kim(2005, 2006)	PSM과 OCB 사이에 상관관계 존재: 이성적인 영역은 부정적, 동정심과 자기희생은 긍정적인 관계[지방공무원 1,739명(2005), 중앙・지방공무원 1,584명(2006)])
Rayner et al. (2012)	공공서비스윤리(PS Ethics)와 OCB 사이에 정(+)적인 관계 (영국 내 14개 대학의 교직원 433명)
김정인(2014)	공공정책에 대한 호감도와 부(-)적인 영향, 동정심과 자기희생이 조직시민행동에 정(+)적인 영향(지방세무직 공무원 500명)
Ritz et al.(2014)	PSM과 목표 명확성(Goal clarity)이 시민행동에 긍정적인 영향(스위스 지방관리자 569명)
Ertas(2014)	PSM 이론과 공무원이 자원봉사활동을 더 많이 함 (미국 시민과 공무원 포함, 1,787명)

7) Organ(1988); Organ(1997); Bolino et al.(2002); Vigoda(2002); Bergeron(2016)의 논문 참조.

(Walumbwa et al., 2010)의 개념정의를 수용하여, 조직시민행동이란 일반적으로 급격한 변화의 시기에 조직의 효과성을 향상시킬 수 있는 조직구성원들의 자발적이고 자유재량적이며, 자신에게 부여된 공식적인 역할 이외의 행동이고 공식적으로 보상받지 못하는 행동으로 정의한다. 오간(Organ, 1997)은 보만과 모토위들로(Borman & Motowidlo, 1997)의 맥락적인 성과라는 개념을 받아들여,[8] 조직시민행동은 과업성과가 발생하는 사회적이고 심리적인 환경을 지원한다는 점을 강조함으로써, 조직시민행동이 반드시 역할 이외의 행동이어야 한다는 요구사항과 공식적 조직보상체계에 의해 보상받으면 안 된다는 기존 개념정의의 한계를 피해할 수 있었다(Podsakoff et al., 2014: 89).

이상에서 소개한 선행연구자들의 조직시민행동에 대한 개념정의에서 발견되는 공통점은 조직구성원이 자발적으로, 조직의 보상체계에 의한 보상을 고려하지 않고, 행하는 행동, 즉 민주사회의 공동체 구성원으로서 행하는 이타주의, 선의, 시민 덕성(civic virtue)과 관련된 행동들이라고 할 수 있다.

2. 공공부문에서 조직시민행동의 의의

공공부문에서 조직시민행동에 대한 연구자들의 관심은 1930년대 바너드(C. I. Barnard)의 연구에서부터 존재했다. 하지만, 조직시민행동이 공공부문에서 다시 주목받은 것은 1990년대 초반에 공공부문에 도입된 관리주의적 운영방식에 대한 비판에서 비롯된다.[9] 레이너 외(Rayner et al., 2012: 278)는 공공부문에서 전문직업주의를 관리주의적 운영방식이 대체(Exworthy & Halford, 1998; Powell et al., 1999)하면서, 공공부문의 인력구조조정과 함께 개인과 조직성과를 강조하게 되고, 자연스럽게 개인이 처리해야 하는 일의 양이 많아지게 되고, 공직자들이 동료나 시긴에 대한 관심보다는 성과평가 대상이 되는 업무를 처리하는 데 급급해지는 상황이 되었다고 보고 있다. 결과적으로, 관리주의적 운영방식이 조직과 사회의 번영에 도움이 되는 조직구성원들의 “선의의 의지(good will), 자발성, 시민의 덕, 자발적 창안, 그리고 개인의 헌신” 같은 가장 강력하고 가치 있는 자원을 조직에서 소멸되게 만들었다는 점 때문에 여러 학자들의 비판의 대상이 되고 있다. 예를 들어, 조직구성원의 내부고발행위는 조직의 장기성과(Daniel et al.,

8) Borman & Motowidlo(1993)의 논문에서 맥락적 성과(contextual Performance) 개념을 사용함.

9) Graham(1991); Graham & Dienesch(1994); Fredricktson(1997); Vigoda & Golembiewski(2001)의 논문 참조.

2006; Grojean et al., 2006)와 민주사회 발전에 기여하는 자발적이고 보상받지 않는 바람직한 시민행동이지만 관리주의 성과평가시스템에서는 역할 내 행동이 아니기 때문에 보상받지 못하는 행동이 될 뿐만 아니라 자칫 부정적인 보상(처벌내지는 낮은 평가를 받는 행동)이 주어지는 행동이 된다.

또한 공공부문 종사자들은 공공서비스 윤리에 관한 믿음뿐만 아니라 이타주의적 행동을 포함한 내재적 가치체계로 인해 도움을 주는 행동을 수행하는 것에서 동기를 부여받는데,[10] 공공부문에서 관리주의의 강조로 인해서, 추구하는 목표가 각양각색인 공공조직의 효과성과 구성원들의 동기부여에 도움이 된다고 보는 "조직시민행동을 조직 밖으로 몰아냈다는 점"에서 학자들의 비판과 시민행동에 대한 관심이 커졌다고 볼 수 있다.[11]

그레고리(Gregory, 1999)와 코일-샤피로와 케슬러(Coyle-Shapiro & Kessler, 2003)는 뉴질랜드와 영국 정부의 사례를 들어, "사회적 자본으로 행정에 있어서 신뢰가 중요한데, 신제도경제학과 공공선택론에 기반을 둔 행정개혁 또는 관리주의가 행정가의 개인적 윤리문제와 이타적 행동에 대한 관심을 경시하게 만들었다"고 비판한다. 코일-샤피로와 케슬러(Coyle-Shapiro & Kessler, 2003)는 영국 정부 공무원 약 5,700명 대상으로 실시한 경험적인 연구에서, "조직에 의한 거래적인 계약의 이행이 단기적인 효과가 있는 조직몰입에는 정(+)적인 영향을, 장기효과가 있는 조직시민행동에는 부(−)적인 영향을 주는 것으로, 조직에 의한 관계적 계약의 이행은 조직몰입과 조직시민행동에 정(+)적인 영향이 있다"고 한다. 조직에 의한 거래적인 계약의 이행이란 다른 민간조직만큼 또는 삶의 표준과 책임의 양만큼의 공정한 보상을 제공하는 것을 의미하고, 관계적인 계약의 이행이란 일에 흥미, 좋은 경력 전망, 새로운 기술 습득을 원할 경우에 지원, 그리고 장기적인 직업안정성을 의미한다. 그들(2003)은 "공공부문 종사자들이 공직을 선택한 동기가 다르기 때문에, 민간기업 종사자와는 다르게 조직에 의한 관계적 계약의 이행을 고용주의 심리적 계약의무 이행으로 받아들이고 호혜적으로 상응하는 의무이행을 한다"고 보고 있다.

프레데릭슨과 하트(Frederickson & Hart, 1985)는 "최근 미국 정부를 곤경에 처해지

10) Audit Commission(2002); Hebson et al.(2003)을 참조함.

11) Perry & Wise(1990); Graham(1991); Graham & Dienesch(1994); Fredricktson(1997); Vigoda & Golembiewski(2001); Coyle-Shapiro(2002); Coyle-Shapiro & Kessler(2003); Perry et al.(2010); Rayner et al.(2012)의 논문 참조.

게 만들었던(고위직의 민간으로의 이탈, 공무원의 사기와 열의 저하 등) 가장 큰 이유로, 미국 정부가 비즈니스 운영방식에 과도하고 의존했기 때문이라고 보고 있으며, 관료들의 행동지침으로 이상주의(idealism)를 경력주의(Careerism)가 대체해 왔다"고 주장한다. 톰슨(Thompson, 2006) 또한 마찬가지로, "최근에 정부에 도입된 성과주의 패러다임이 도덕성을 내재하고 있는 공공서비스를 정브 조직에서 사라지게 만들었다"고 주장한다. 가장 공통적으로 증명된 공무원의 규범적인 기초는 공익에 봉사하려 하는 바램이고(Downs, 1967; Perry & Wise, 1990), 다운스(Downs, 1967)는 "공익에 봉사하려 하는 바람은 본질적으로 이타주의적인 것"이라고 주장한다(Perry & Wise, 1990: 368).

앞서 기술한 것과 같이, 시민행동이 민간조직브다 공조직에서 더 중요한 의미를 가지는 이유는 공조직의 직무가 권력행위 내지는 가치배분과 관련이 있기 때문이다. 공조직 구성원들은 상사의 불법·부당한 업무지시에 대해 거부할 의무가 있고, 내부인의 불법한 행위에 대해 내부고발을 할 의무가 있다(국민권익위원회 설립에 관한 법 참조). 공조직에서 내부고발인은 민간조직과는 달리 법의 보호를 받게 되어 있다(국민권익위원회 설립에 관한 법령 참조).

생각해보기

1990년대 이후에, 외국 학자들은 공공조직에 성과주의가 중시될 경우에 공직자들의 시민행동이 줄어들 것에 대한 우려를 표명하고, 시민행동이 조직에 미치는 긍정적인 영향에 대한 연구결과를 많이 내어 놓고 있다. 국내 민간기업을 대상으로 하는 연구결과에서도 조직시민행동의 긍정적·부정적 연구결과를 내어 놓고 있다. 그렇지만, 국내 공조직의 조직구성원들을 연구대상으로 하는 조직시민행동에 대한 연구에 대한 관심은 상대적으로 저조하고, 시민행동에 대한 필요성에 의문을 제기하는 연구자들이 있는 것이 현실이다.[12)]

정부부처 중에 공무원 인사평가를 관장하는 인사혁신처(MPM)와 정부 산하 공공기

12) 외국 정부의 경우에는 퇴근 후 공무원들의 사회봉사를 장려하고, 자발적인 사회봉사를 인사점수에 반영해 주는 것으로 알고 있다. 무료강의, 사회복지센터 등 조직에서 인정되는 자원봉사의 형태가 다양한 것으로 알고 있다. 미국 공공조직에서 성과주의가 도입되면서, 학자들은 공직자들이 외부에서 자원봉사할 수 있는 시간적인 여유가 줄어드는 것에 대한 문제를 제기하고 있다.
우리나라에는 공무원의 자발적인 선행을 장려하는 공무원 봉사대상이라는 행사를 개회하기는 하지만, 공무원들의 자원봉사를 인사에 반영하고 있지는 않다. 그리고 중앙부처 하위직 공무원들이 자원봉사를 할 만큼 시간적인 여유가 없는 경우가 많다.

관 성과관리를 책임지는 기획재정부는 성과주의 인사와 급여제도 도입과 정착에 많은 관심을 기울여 온 것이 사실이다. 기존에 서기관 이상에서 실시되고 있던 성과연봉제도를 박근혜 정부에서 사무관까지 확대하고, 공기업은 관리자급에서 실무자급까지 확대 실시하려고 노력해왔다. 국내 연구자들도 공직자들의 무사안일함을 지적하며, 성과주의 도입에 적극적이었다고 볼 수 있다.

외국의 일부 학자들은 외국 공공조직에 성과급제도가 도입되는 것에 대해 세 가지 이유를 들어 비판하고 있다(Light, 1994). 첫째는 공공조직은 정권의 교체와 기관장의 잦은 인사로 인해, 정부나 기관의 정책이 수시로 변화되고, 그렇기 때문에 공정한 성과평가의 한계가 있다.

둘째는 성과연봉이 공직자들의 맹목적인 상사에 대한 순종을 부축이고 있다. 내부고발이나 불법적인 지시에 대한 거부를 어렵게 만들고 있다. 공공부문에서 장기적인 성과측정이 쉽지 않기 때문에, 성과주의가 무조건적으로 순종적인 사람을 포상하고, 기관장의 부적절한 지시를 따르지 않고 법과 원칙을 지키는 사람을 징벌하는 수단으로 전락할 수 있다는 것이다. 한국 사회가 연고주의 문화가 남아 있기 때문에 기관장과 가까운 사람이 좋은 평가를 받을 가능성이 높다. 실제로 공기업 종사자들을 대상으로 한 설문조사에서 인사가 정치적이라는 의견이 60%를 넘었었다.[13)]

셋째는 민주사회의 존속에 중요한 시민행동을 조직에서 몰아낸다. 예를 들면, 경찰관이 건널목을 건너는 다리가 불편한 노인을 안전하게 건널 수 있도록 도와주는 행동, 가로등이 꺼져 있는 어두운 밤길을 혼자 걷는 여성이 안전하게 귀가할 수 있도록 도와주는 것은 시민행동의 한 유형이다. 그렇지만, 경찰관 성과평가 항목 속에 이런 행동을 측정할 지표는 없기 때문에, 경찰관들이 그런 중요한 행동에 관심을 기울이지 않고, 결과적으로는 그런 행동을 하지 않게 된다는 것이다.

일선 소방서 근무하는 소방관의 예를 들어 보자. 한겨울 어느 날 밤에 한 시민이 찾아와 소란을 피웠다고 한다. 소방서 소속 구급차가 아픈 사람을 데리고 병원에 갔어야 했는데, 그 병자 본인이 구급차 이송을 거부하는 관계(규정상 환자 또는 민원인 본인이 거부하면 이송할 수 없도록 되어 있음. 의식이 있는 경우에 본인 동의가 필수임)로 그냥 돌아오게 되었고, 그 후에 그 이송을 거부한 환자는 길을 걷다가 쓰러졌고, 병원으로 옮겨져서 병원에서 큰 수술을 받게 되었다는 것이 주요 이유였다.

13) 2015년도 인사혁신처 내부설문 조사결과(비공개자료).

소방관은 방문한 민원인(수술받은 민원인의 형)과 밤을 새우면서, 민원인의 이야기를 들어주며, 대화를 나누었다고 한다. 새벽이 되어서야 민원인은 집에 돌아가게 되었고, 민원인은 집에 돌아가면서 고맙다는 말을 여러 번 했다고 한다. 평생 자신의 이야기를 끝까지 진지하게 들어준 사람이 처음이라고 …… 가정 형편이 어려워서 아무 일이나 닥치는 데로 하며 먹고 살기 때문에 자신의 이야기를 들어주는 사람은 없었다고 ……(신용일, 2016b: 147). 민원인의 이야기를 끝까지 들어준 일선 소방관의 행동은 시민행동으로 장려되어야 할 행동이지만 결과나 성과 위주의 소방관 개인이나 조직성과 평가 지표에는 존재하지 않는다.

3. 조직시민행동의 유형

선행연구에서 시민행동의 유형으로 첫째, 조직 내부에서 직원들 스스로 행하는 시민행동, 공식적 보상체계에 의해 직접적 또는 명시적으로 보상되지 않는 행동이며, 자신의 역할 밖의 행동을 조직시민행동으로 정의하고, 조직 내 구성원(interpersonal)을 위한 시민행동과 조직(organizational)을 위한 시민행동으로 구분한다.[14] 조직 내 개인들 사이에 이타적인 행동을 개인 간 시민행동으로 명명하는 선행연구자도 있다.[15] 이와 같은 조직 내 시민행동을 브리프와 모토위들로(Brief & Motowidlo, 1986)는 규율이 있는 조직적 불일치(principled organizational dissent)로, 조지와 브리프(George & Brief, 1992)는 조직적 자발성(organizational spontaneity)으로, 보만과 모토위들로(Borman & Motowidlo, 1993)는 맥락적 성과(contextual performance)르 정의한다(Rayner et al., 2012: 119). 둘째, 조직 내 구성원이 조직 내 또는 밖의 시민들을 대상으로 하는 이타적인 행동(자원봉사활동)을 친사회적(prosocial) 시민행동으로 정의한다.[16]

포드사코프 외(Podsakoff et al., 2014)는 지난 30년 동안 출간된 2,100여 개의 논문에 대한 메타 분석을 실시하여, 조직시민행동에 대한 연구가 마케팅, 행정, 엔지니어링, 보

14) 김호균(2007); 배귀희(2007); 서인석 외(2011); Bettencourt(1997)의 논문 참조.

15) Settoon & Mossholder(2002); Bowler & Brass(2006); Tayler et al.(2010); Monti & Bergami(2014)의 논문 참조.

16) Hilbig & Glöckner(2014); Polidori & Teobaldeli(2013); Clerkin et al.(2009); Grant(2007); Gagne(2003); McNeely & Meglino(1994); van Dyne et al.(1995); Batson(1990); Hackman & Oldham(1980)의 논문 참조.

건서비스, 스포츠과학, 사회학, 컴퓨터 과학, 커뮤니케이션과 요양보호 등 다양한 학문 분야에서 있었다고 한다. 포드사코프 외(Podsakoff et al., 2000)는 선행연구결과를 분석하여 "조직시민행동을 7가지로－돕는 행동, 스포츠맨십, 조직충성, 조직순응, 제안, 시민정신, 그리고 자기개발－유형화한다. 그리고 최근까지 선행연구를 종합하여, 다섯 가지 영역(이타주의, 양심, 시민의식, 예의, 스포츠맨십 등)으로 조직시민행동을 분류하는 것이 일반적이며, 개인 차원에서는 이타주의를, 조직 차원에서는 시민의식과 양심을 이야기하는 것이 일반적이다"라고 하고 있다.[17]

김호균(2007)은 오간(D. W. Organ)이 제시하고 있는 조직시민행동의 다섯 가지 범주를 다음과 같이 설명하고 있다. 첫째는 시민의식(civic virtue)이다. 이는 조직 내의 활동에 관심을 가지고 적극적으로 참여하는 것을 말하며, 조직의 발전을 위해 혁신적인 제안을 하고, 조직 내에서 전달되는 사항이나 문서 등을 숙지하고, 조직이미지 제고를 위한 활동에 참여하는 행동이 포함된다(김호균, 2007). 둘째는 양심적인 행동이다. 조직 구성원이 자신에게 요구되는 역할을 최소수준 이상으로 수행하는 것을 뜻하는 것으로, 오간은 업무시작 전에 출근하는 것, 청소하기, 시간 엄수하기, 불필요한 휴식 취하지 않기, 마감일 또는 시간을 맞추는 것, 그리고 규칙이나 절차 준수 등을 행동사례로 예시한다(김호균, 2007). 셋째는 이타적인 행동이다. 조직 내에서의 과업이나 해결해야 할 문제와 관련하여 다른 동료를 돕는 행동을 의미한다. 조직구성원이 이타적 행동을 함으로써 조직유지에 필요한 자원을 감소시키며, 조직의 자원유입 능력을 제고할 수 있다. 또한 조직의 외부인에게 친절한 행동을 보임으로써 그 조직에 대한 고객의 충성도를 높일 수 있다(김호균, 2007).[18] 넷째는 스포츠맨 정신이다. 이는 조직 내에서 발생하는 사소한 문제에 대해 비난하지 않고 고충을 인내하는 행동을 말하는 것으로, 문제나 고충을 단순히 받아들이고 불평하는 것 대신에 보다 건설적인 목적에 노력을 기울이는 행동이 이에 해당한다(Organ, 1988; 김호균, 2007). 다섯째는 예의바른(courtesy) 행동이다. 이것은 "어떠한 조직의 의사결정으로 영향을 받게 되는 당사자에게 세심한 배려를 하는 기본적인 접촉"[19]을 의미한다(Organ, 1988).

---

17) Organ(1988); Neihoff & Moorman(1993); Podsakoff et al.(2009); Chen & Budhwar(2002); Todd & Kent(2006)의 논문 참조.

18) 공공기관을 방문한 손님에게 따뜻하게 인사하거나 목적하는 장소를 안내해주는 자발적인 행동, 기관의 정책에 반대해서 1인 시위 중인 시민에게 음료나 잠시라도 더위(추위)를 피할 수 있는 장소를 안내해주는 활동이 포함된다.

19) 승진누락이나 원하지 않는 지역으로의 전보가 있을 경우에 부서의 장이나 인사담당자가 개별적

반 다인 외(van Dyne et al., 2014)는 조직시민행동을 정서 지향된 행동(affiliation oriented: AOCB)과 도전 지향된 행동(challenge-oriented behavior: COCB)으로 구분한다. AOCB는 대인적, 그리고 협력적이고 다른 사람과 관계를 강화하고 유지하는 경향이 있다. COCB는 관행적인 현상(the status quo)에 도전하는 것으로 정의된다. 단지, 현상에 대한 비판보다는 개선을 의도해서 건설적인 도전을 표출하는 촉진적 행동(promotive behavior)으로 정의할 수 있는 개선제안 행동이다. 소리(voice)는 변화를 위한 혁신적인 제안을 하는 것이고, 다른 사람들과 의견이 불일치할 때조차도 표준운영 절차의 수정을 권고하는 것과 같은 것이다(van Dyne & LePine, 1998; Podsakoff, 2014: 89). 이상에서 기술된 여러 학자들의 조직시민행동의 유형을 포드사코프 외(Podsakoff et al., 2014)는 〈표 10-4〉로 다음과 같이 정리하고 있다.

표 10-4 조직시민행동 유형 요약

	정서 지향 OCB	도전 지향 OCB	기타
OCBI	타인을 돕는 행동, 이타주의 동료를 향한 이타주의 예의, 평화유지, 치어리딩 대인적 촉진과 조화		
OCBO	조직충성, 충성심 고취 조직 일체감과 선의의 전파 조직의 옹호, 후원, 보호 기업이미지의 홍보 스포츠맨십과 시민 덕성 조직 순응과 복종 조직의 규칙과 절차의 순응	창의적 아이디어 건설적인 제안 시민의 덕성 원칙에 입각한 반대 공개적인 지지참여 조직참여, 이슈 제기 책임감수	개인 창안과 산업 (personal industry) 성실성과 과업 헌신 과업활동의 자원 봉사적 수행 자기개발과 훈련 경력개발과 개인혁신

출처: Podsakoff et al.(2014: 90). 전게논문을 인용한 것임.

4. 시민행동의 효과 또는 성과

시민행동이 공공조직에 미치는 성과에 대한 연구는 부족하고 공통적인 이해는 존재하지 않는다(Boyne el al., 2007, 2010). 다만, 킴(Kim, 2005)과 코이즈(Koys, 2001)는 조직시민행동과 인지된 성과측정 사이에 정(+)적인 영향관계에 대한 경험적인 증거를

으로 결정의 이유나 위로의 말을 인사명령 직전이나 직후에 전하는 것과 같은 활동을 의미하며, 직장인에게 상당한 위로가 되고, 조직에 대한 충성심을 떨어트리지 않을 수 있다.

제시하고 있다(Ritz et al., 2014: 131).

테일러(Taylor, 2013: 453)는 집단, 부문, 그리고 조직생산성에 조직시민행동의 연계성이 공공부문의 생산성을 향상시킬 수 있고, 조직시민행동이 조직구성원에게는 작업관계 개선과 풍토를 제공하는 것에서, 더 많은 시민들은 그와 같이 개선된 공공서비스로부터 수혜를 받을 것으로 보고 있다. 그(2013)는 여러 연구자들[20]의 주장을 예로 들어, 조직시민행동이 관료제적 가치, 공공서비스 윤리(ethos), 그리고 공공봉사동기와 같은 행정개념들과 유사성을 공유한다는 점에서, 시민행동이 행정의 존재 목적에 토대라는 점(Vigoda-Gadot & Beeri, 2012)에서, 공공행정에 잘 부합된다고 주장한다.

리츠(Ritz, 2014)는 조직시민행동 유형 중에 하나인, 조직에서 부여된 역할을 넘어서는 활동인 직원들 상호 간에 지원이 서로에게 도움이 되고 과업활동이 더 잘 성취될 수 있도록 돕기 때문에, 행정조직의 특성상 불확실하고 애매한 상황에서 교정물(a corrective)이 될 수 있다고 보고 있다. 또한 그(2014)는 선행연구자들[21]의 주장을 예로 들어, 정부 조직에서 내부고발과 같은 시민행동이 개인과 조직뿐만 아니라 이해관계자인 시민들에게 도움이 될 수 있다고 보고 있다.

볼리노 외(Bolino et al., 2002)는 조직시민행동이 사회적 자본의 창출을 통해서 성과에 기여한다고 주장한다. 그는 또한 "조직시민행동은 다른 동료를 위해서, 개인에게 부여된 공식적인 직무 범위를 넘어서려는, 그리고 조직의 발전을 위해 조직의 활동과 전체적인 미션에 진정한 관심을 가지려는 직원들의 의지로부터 빈번하게 비롯된다"고 보고 있다(Bolino et al., 2002). 패스 외(Farh et al., 2004)의 다양한 연구에 대한 분석을 근거로 하여, "조직시민행동이 사회적, 심리적, 조직적, 그리고 정치적인 맥락을 개선한다"고 주장한다(Taylor, 2013).

시민행동이 자발적이고 자유재량적인 활동이라는 점에서 공공서비스 윤리와 동일시하는 직원들에게 시민행동 자체가 동기부여요인이 되고, 남들보다 더 뛰어난 업적을 내보려고 하는 내재적 가치와 관계가 있다.[22] 사익보다는 조직, 그리고 국민에 봉사라는 공공서비스 가치들이 공공조직의 설립목적 자체에 반영되어 있기 때문에, 공무원 시민행동 그 자체가 공공조직 목표달성에 기여하는 활동이라고 볼 수 있다.

---

20) Horton(2006); Meier & O'Toole(2006); Perry et al.(2010)의 논문 참조.
21) Brewer & Selden(1998); DeHart-Davis(2007); Morrison(2006)의 논문 참조.
22) Audit commission(2002) 논문에서 인용함.

생각해보기

정부 조직에서 공직자들은 법률 조항[23]에 상관의 불법·부당한 명령에 대한 거부와 불법한 행위에 대한 내부고발에 대한 의무조항이 있다. 그리고 불법·부당한 상관의 명령에 대해 거부하거나 내부고발한 공직자는 법에 의해서 보호를 받게 되어 있다.[24][25] 상관의 불법적인 명령에 대한 거부나 불법한 행위에 대한 내부고발은 조직시민행동의 한 유형으로 분류되고, 궁극적으로 주인인 국민에 대한 공무원의 봉사의무에 대한 이행이다.

그렇지만, 필자가 인터뷰한 여러 고위직 공직자들은 대통령 또는 장·차관 내지는 고위직 공직자들의 불법한 지시를 따르지 않는 것과 내부고발한다는 것이 어렵다고 보고 있다. 오히려 불법이나 부당한 지시를 이행할 수밖에 없다고 이야기한다(2016.5~2017.7, 다수의 고위공직자 인터뷰). 실제로, 여러 국내 연구자들은 공무원들이 상관의 지시를 무조건 수용하고, 지시에 따른 행위를 하고 있다고 비판적인 어조로 이야기하고 있다.[26] 윤견수(2012)는 지방공무원들을 대상으로 한 연구에서 공무원들의 정치적 중립성(공정성)유지를 위해서, 지방자치단체장의 인사권에 제약을 가하는 제도의 필요성을 제기하고 있다.

필자는 공무원들이 상기의 시민행동을 못하는 이유 중에 하나가 계급제와 순환 보직제도라고 생각한다. 한국의 계급제 공무원제도 하에서는 사람뿐만 아니라 자리에 서열이 정해져 있다. 정부 부·처·청 내에서 총괄서기관, 총괄과장, 총괄국장들은 일반 보직 국·과장에 비해서 서열이 높다. 또한 본부 국·과장은 소속 기관 부·과장보다 서열이 높다. 초임 국·과장부터 선임 국·과장까지 진급일자 순으로 서열이 정해져 있고, 서열에 따라 자리배치가 이루어지고, 상위 서열의 자리에 공석이 생기면 순차적으로 보직이동이 이루어지는 것이 관례이다.

장·차관 및 고위공무원의 지시가 불법으로 판단된다 할지라도 명령을 거부하거나

23) 부패방지 및 국민권익위원회 설치 및 운영에 관한 법률 제55조(부패행위의 신고).

24) 국가공무원법 제57조(복종의 의무) 공직자는 직무를 수행할 때 상사의 직무상의 명령에 복종할 의무가 있다고 명시하고 있어, 직무수행 중이고 상사의 직무 범위 내에 속하는 명령에 대한 복종 의무만 있다. 그러므로 불법이나 부당한 지시에 대한 복종의무는 없으며, 조직 내 상사나 동료의 부패행위를 발견하면 신고할 의무가 있다.

25) 부패방지 및 국민권익위원회 설치 및 운영에 관한 법률 제64조 제2항(신고자의 신변보호조치).

26) 2017년 12월 한국행정학회 동계학술대회 종합토론회에서 국내 한 유명 연구자는 공무원이 기관장의 명령만을 검토나 수정 없이 그대로 수행한다고 비판하고 있다.

불응하면, 무능력하거나 구태에 물들어 있다는 이유로 소속 기관이나 외부 파견기관(인공위성으로 칭함)으로 좌천된다. 한 번 인사에서 물을 먹으면, 결과적으로는 승진서열에서 영원히 뒤처지는 결과가 초래된다. 정권이나 집권당이 지속될 경우에는 문제아로 찍혀 차기 보직을 주지 않기 때문에, 고위직인 경우에는 정년과 관계없이 공직을 떠나야 한다.

직업공무원들이 환경의 변화에 대응하지 못하는 것인지와 불법·부당한 지시를 거부하는 것인지는 법원의 확정 판결이 나기 전까지는 명확하게 선을 그을 수 없는 경우가 많다. 박근혜 정부에서 블랙리스트 작성과 관리에 대해서, 명령을 거부하고 공직을 떠난 문화체육관광부 1급 공무원 3인이 있었다. 대통령 탄핵과 집권당의 변화가 있고 블랙리스트 작성과 관리가 불법이라는 법원의 판결이 있었기 때문에, 공직을 떠난 3인은 추후 구제받을 수 있었다. 이런 사례는 지극히 예외적인 경우에 속한다.

내부고발에 대한 조직구성원들과 외부인사, 그리고 언론의 평가는 어떠할까? 내부고발자의 옳은 행동에 대한 칭찬보다는 조직에 부정적인 영향을 주었다는 내·외부 평가를 받거나 그 조직이 언론에 의해 부패한 조직으로 평가될 개연성이 있다면 내부고발은 힘들어질 것이다. 톰슨(Thompson, 2006)은 공무원이 개별 부처 소속이 아닌 하나의 집단(an institution)이라는 인식을 갖게 할 필요성이 있다는 것을 강조하고, 공무원 인사·교육의 일원화를 주장하고 있다. 외국 사례로 미국, 독일, 프랑스와 싱가포르는 정무직 공무원들이 경력직 공무원 인사에 개입하지 못하게 하고 있다. 미국과 같은 직위분류제도는 업무 전문성을 요구하기 때문에 상관의 자의적인 인사에 제약요인으로 작용할 수 있다.[27]

27) 문민(김영삼) 대통령은 "인사가 만사다"라는 말을 많이 했다. 대한민국 헌법 제78조는 "대통령은 헌법과 법률이 정하는 바에 따라 공무원에 대한 임면 한다"라고 명시되어 있다. 필자와 인터뷰한 많은 고위공무원들은 대통령이 고위직 공무원 임면에 개입하는 것을 당연시하고 있었다. 하지만, 헌법 제7조에서 공무원 신분보장 조항을 두고 있고, 헌법 제78조는 헌법과 법률에 정하는 절차를 준수해야 한다는 점을 전제하고 있어, 대통령의 임면권의 보장 내지는 강조가 아닌, 임면의 공정성과 투명성, 그리고 법규준수의 엄격성을 강조하려는 것으로 판단된다.

제3절 반 와트가 제시하는 공직가치[28)]

• • •

반 와트(van Wart, 1998)는 로어(J. Rohr)의 체제가치(법과 법률적 전통), 프레데릭슨(H. G. Fredericktion)의 사회적 균등(공익), 퓨와 헤즈카-에킨스(Pugh & Hejka-Ekins)의 가치의 근원으로서 관료적 윤리와 민주적 윤리 포스너와 슈미트(Posner & Schmidt)의 엄격한 개인주의 윤리로부터 공동체와 협력윤리 등 다양한 학자들에 의한 공공 분야 종사자의 가치와 가치의 근원에 대한 연구결과를 기초로 하여, 공공부문 종사자의 가치근원과 각 근원으로부터 도출되는 가치를 제시하고 있다(van Wart, 1998). 그는 공공부문 종사자가 중시해야 할 가치의 근원으로 다섯 가지 차원(개인적, 전문직업적, 조직적, 법률적, 그리고 공익적)을 제시하고, 각각의 근원에서 비롯되는 공직가치를 제시하고 있다.

1. 개인적인 차원에서 공민적 청렴성[29)]

반 와트(M. van Wart)는 공직자들 개인적인 차원에서의 가치로 공민적 청렴성(civic integrity)[30)]을 들고 있다. 공민적 청렴성이란 헌법과 법률체계에 대한 존중과 정치-법률체계에 대한 존경을 의미한다(van Wart, 1998). 개인적 차원은 민주사회의 구성원으로 시민들이 공적인 영역에서 존중해야 하는 공민적 청렴성과 차이가 없다. 단지, 공민적 청렴성을 위반했을 경우에, 공직자와 시민이 지는 책임의 정도가 달라질 수 있다.[31)] 반 와트의 표현에 의하면, 아이러니컬하게도, 전무직 공무원과 경력직 공무원들은 공공선을 실현하는 데 있어, 법이 비능률적이거나 비효과적이라고 생각하기 때문에, 간혹 법을 경시하는 경향이 있다. 공민적 청렴성은 법규가 효과적이지 않다고 판단한다면,

28) 이하의 내용은 반 와트(van Wart, 1998) *Changing Public Service Values*에서 기술하고 있는 내용을 요약한 것임.

29) van Wart(1998: 8-12, 34-53) 전게서의 내용을 요약하여 정리한 것임.

30) 서울행정학회(2007). 새로운 공직가치도출과 교수체계 개발을 위한 연구. 26.에서 'civic integrity'를 공민적 청렴성으로 번역하여 사용하고 있음.

31) 일반적으로 일반 시민은 「형법」 또는 공무수행 사인으로서 「부정청탁 및 금품수수에 관한 방지법」의 적용을 받지만, 공직자는 「특정범죄 가중 처벌에 관한 법」, 「공직자 범죄수익 은닉처벌에 관한 법」, 그리고 「공직자윤리법」의 적용대상이 되며, 대법원은 맡는 직종에 따라 윤리의식의 요구 정도를 달리보고, 높은 윤리의식을 요구하는 중앙부처 공무원과 교원에 대한 처벌수준을 높게 책정한다.

법과 시스템을 통해서 법규를 개정할 것을 요구한다.

공민적 청렴성은 보편적으로 정직, 일관성, 정합성, 호혜성[32]과 같은 문화적 가치를 포함하고 있다.[33] 서울행정학회는 공민적 청렴성의 구성요소에 대해서 반 와트의 글을 인용하여 다음과 같이 기술하고 있다.

> 정직은 미국의 가치에 관한 거의 모든 연구에서, 역량에 우선하여 제일 중요도가 높은 가치이다. 일관성은 기분 내키는 대로 행동하는 것이 아니라 원리에 따라 행동하려는 이성적 시도를 의미한다. 정합성은 그러한 원리들을 실사례에 연결시키고 가능한 한 원리들을 조화롭게 하려는 이성적 시도를 의미한다. 호혜성은 유사한 조건에서 다른 사람들이 당신에게 행동하도록 하는 것과 같이 다른 사람에게 행동하려는 이성적 시도를 말한다. 이러한 가치들이 제자리를 잡을 때, 고도의 신뢰문화가 확립되고, 높은 성과를 내는 팀이나 조직의 특징이다.[34]

공직자의 공민적 청렴성과 관련해서, 반 와트는 가장 어려운 문제 중에 하나로 공직자의 개인적인 소신(personal conviction)을 어떻게 처리할 것인지에 대해서 기술하고 있다. 제2차 세계대전 종전 후에 독일 전범들에 대한 판결로 뉘른베르크 재판을 통해 확립된 인류 보편적인 윤리원칙으로 상관의 부당하고 반인륜적인 지시에 대해서, 공직자는 거부할 의무가 있다는 것을 확인해주고 있다.[35][36] 반 와트는 상사가 불법・부당하게 공정하고 정당한 정책이나 직무집행(예: 수사기관)을 방해할 경우에는 언론에 흘리는 것도 하나의 방안으로 제시하고 있다(van Wart, 1998: 11).

---

32) van Wart(1998: 40)는 일관성은 획일성이 아닌 조화와 변덕스러움의 회피를, 정합성은 예측되거나 합리적으로 설명될 수 있는 체계적인 사고와 행동을, 호혜성은 상호관계와 공평함을 의미한다고 본다.

33) van Wart(1988)의 내용을 서울행정학회(2007: 26) "새로운 공직가치 도출과 교수체계 개발을 위한 연구"에서 재인용함.

34) van Wart(1999: 9) 전게서의 내용을 서울행정학회(2007: 26) 전게논문 인용내용을 수정하여 기술함.

35) 대한민국 「국가공무원법」 제57조는 "공무원은 직무를 수행할 때 소속 상관의 직무상 명령에 복종하여야 한다"로 규정하고 있어서, 직무를 수행할 때와 직무상의 명령일 경우라는 두 가지 조건이 충족될 경우에만 복종의무가 있는 것으로 규정되어 있다. 또한 「부패방지 및 국민권익위원회 설치에 관한 법률」 제56조는 공직자의 부패행위 신고의무를 규정하고 있고, 불법하고 부당한 지시에 대해서 "당해 기관 행동강령책임관"에게 신고해서 부당한 지시를 철회하도록 하고 있다.

36) 법원은 박근혜 정부에서 블랙리스트 작성을 지시하고 실행했던 김모 청와대 비서실장과 조모 문화체육부 장관에게 실형을 선고한 것도 같은 차원이다.

2. 전문직업인(공직) 차원에서의 전문직업주의(professionalism)[37]

공공기관에 근무하는 공직자의 업무 범위는 실로 넓고 다양한 전문성을 요구한다. 어느 한 직종이나 직류를 특정해서 공직을 근원으로 하는 가치를 제시하는 것은 어렵고, 현장에서 단순한 기능적인 업무를 맡아 일하는 공직자도 있지만, 대체로 공직은 전문직이고 가치로서 전문직업주의를 중시한다.

전문직업주의는 공공조직을 매력적으로 만들어주는 특징이다. 전문가는 명확하고 극단적으로 세분화된 교육과 훈련을 받았으며, 숙련도를 높일 수 있도록 더 높은 수준의 교육을 받아야 한다. 그 분야에서 최신이라고 판단되는 이론, 지식, 그리고 기술을 숙지하고 있다는 기대는 전문직업인이 되기 위한 주요 기준이 된다. 이러한 점은 그 전문가가 독립적인 의사결정을 주도할 수 있게 하는 전반적이고 고도의 숙련된 지식수준을 보유하도록 촉진한다(van Wart, 1998: 13). 스테버(Stever, 1988)는 전문직업주의를 유사하고 적절한, 그리고 높은 윤리적인 기준을 지속적으로 심어 주기 위한 최상의 도구로 인식한다.

전문직업에 대한 비판 또는 문제가 없는 것은 아니다. 첫 번째 문제는 선발 기준으로 고학력 수준이 요구되다 보니 공공조직들이 직면하는 현장의 문제들에 대한 동정심(예: 사회문제나 어려운 시민들에 대한 동정심)을 잃을 수 있다는 것과 함께, 현장 실무수행을 위한 필요한 기술이나 기법의 습득에 에너지를 쏟지 않을 가능성이 높다.

두 번째 문제는 공무원 자신들이 다른 이익집단들과 유사성을 지닌다는 데 있다. 전문성에 상응하는 높은 보수와 수당, 그리고 존중을 요구할 수 있다는 점과 자신의 이익에 반하는 아이디어를 묵살해 버릴 수 있다는 것이다. 그렇지만, 두 번째 문제는 자신들이 공민적 청렴성을 요구받기 때문에, 자신들만의 고유한 가치와 윤리기준을 보유하고 있다는 것을 선언한다면 어느 정도 해소될 수 있다고 본다.

전문직업의 가장 중요한 윤리강령 중에 하나는 모든 고객에게 공정하고 균등한 업무처리를 하는 것이다. 전문직업인이 자신이 받는 대가의 크기와 관계없이 모두 고객들에게 높은 전문적인 서비스를 제공할 수 있다는 의미에서 파슨스(Parsons, 1939)가 "무관심성(disinterestedness)"이라고 칭하는 것과 같은 의미이다. 뒤르켐(Emile Durkheim)과 베버(Max Weber)와 같은 사회학의 아버지들은 현대 사회에서 다양한 집단들을 중재하는 전문직업인들의 건강한 측면을 크게 두둔한다(van Wart, 1998: 67). 전문직업인

37) van Wart(1998: 13) 전게서에서 인용함.

들은 존경심과 재정적인 안락을 누리는 대가로 고객을 보호한다는 윤리의식을 지니고 특정한 분야에서 사회를 위해 상대적으로 정형화되고 높은 수준의 선(good)을 제공한다.[38][39] 그렇지만, 전문직업인들이 개인과 계층의 이익을 위해 특권을 남용하거나 사회의 선을 묵살할 수 있다는 것이 오래전부터 인정되어 왔다.[40][41]

3. 조직 차원에서의 가치[42]

반 와트(M. van Wart)는 조직 차원의 가치를 고트너(H. F. Gortner)와 쿠퍼(P. J. Cooper)의 예를 들어, 중요하다고 기술하고 있다. 하지만, 그의 관심 초점은 조직의 이익이 법률적 가치, 공민적 통정성, 그리고 공익가치와 갈등을 빚을 때, 어떤 역할을 하는지에 있다. 그는 조직 차원의 가치를 조직 건강, 조직설계, 그리고 리더십 스타일 등 세 가지 유형으로 분류해서 기술하고 있다(van Wart, 1998: 14-15).

첫 번째 유형으로는 조직건강이다. 조직의 가치가 다른 가치들을 압도할 때를 관료제적 병리(bureaupathology)로 칭할 수 있고, 국민을 위해서 봉사하는 것이 아닌 행정체제의 목적을 위해서 존재하는 전체주의 국가로 특징지을 수 있다. 그런 극단적인 사례는 미국에서 거의 발생하지 않지만, 그 조직이 봉사하는 국민의 편의보다 조직구성원의 편의가 우선할 때처럼, 미묘한 형태의 관료제적 병리가 드문 것은 아니다. 피터 드러커(Peter Drucker)는 "조직의 이익과 다른 이익 사이에 균형을 맞추는 것에서 고삐가 느슨해진다면, 어느 조직이든지 조직의 보호가 공공선을 위한 것이고, 조직의 이익이 공공선과 다르지 않다고 합리화할 것"이라고 주장해 왔다.[43]

---

38) Marshall(1939). The Recent History of Professionalism in Relation to Social Structure and Social Policy의 내용을 van Wart(1998: 67) 전게서에서 재인용함.

39) 강명구(2017). "관료제와 장인정신: '영혼 없는 공무원'을 위한 변론"에서 관료제의 장인주의적 요소를 강조하고, 영혼 없는 공무원을 정권에 취향에 따라 움직이는 나쁜 공무원과의 구분해야 한다고 주장한다.

40) Maclver(1995). The Social Significance of Professional Ethics in van Wart(1998: 67) 전게서에서 재인용함.

41) Meier(1993: 50)는 "21세기에 이미 의회는 국가정책의 의사결정 권능을 사실상 관료제에 넘겨주었다고 보고, 대통령 · 입법부 · 사법부와 어깨를 나란히 하는 하나의 통치기구, 즉 제4부라고 보고 있다." 또한 "상임위원회 의원과 관련 이익집단, 그리고 관료가 서로 서로 묵인하는 범위 내에서 서로의 필요를 채워주는 담합체제, 즉 철의 삼각과 이슈네트워크로 변질되었다"를 오재록(2018: 141). "관료제 권력 측정: 박근혜 정부 중앙부처를 중심으로"에서 재인용함.

42) van Wart(1998: 14-17) 전게서의 내용을 요약하여 기술한 것임.

두 번째 유형으로 조직설계이다. 능률성과 효과성과 같은 생산성과 전문성 가치를 소개하고 있다. 생산성은 민간과 같이 공공부문에서도 존중된다. 하지만, 공공부문에서는 생산성이 중심가치가 아니다. 로버트 덴하트는 다음과 같이 말하면서, 능률성이 고려해야 하는 중요한 가치 중에 단지 하나라는 것을 지적한다.

> "조직과 그 구성원들은 단지 그렇게 하는 것이 능률적일 때 도덕적인 것이 아니고, 단지 그렇게 하는 것이 도덕적일 때 능률적임에 틀림이 없다."[44]

조직설계의 두 번째 가치는 전문성이다. 교량안전, 보건안전, 국방보안은 전문가들에게 맡겨지는 경향이 있다. 공공 분야의 전문가들은 대안을 선택, 비용편익분석, 그리고 미래 효과를 평가할 때, 많은 영향을 미칠 수 있다. 그렇지만, 많은 사람들은 조직에서 제시하는 추정(assumption)이 시대에 뒤떨어지고, 고객들의 의견이 더 식견이 있다는 것을 발견하고 있기 때문에, 내부 전문가들이 과도한 권력을 행사하지 않도록 하는 것이 중요한 도전이 되고 있다.

세 번째는 리더십 스타일이다. 몽고메리 반 와트(M. van Wart)는 1980년 초에 로버트 퀸(R. E. Quinn)과 로바흐(J. E. Rohrbaugh)가 처음 제안했던 조직효과성을 위한 경쟁가치 틀(competing values approach or framework)에서 제시하는 네 가지 환경과 각각의 가치(합리적 문화: 생산성과 능률성, 계층적 문화: 안정과 통제, 팀 문화: 응집력과 사기, 적응적 문화: 외부적 지원)에 대해서 소개하고 있다(van Wart, 1998: 81-96 참조).[45] 행정 조직의 중심가치가 과거 안정과 통제 중심에서 경쟁과 변화중심으로 변화해 가야 함을 기술하고 있다(van Wart, 1998: 97-98).

휘텐과 카메론(Whetten & Cameron, 2007)은 관리자는 주어진 것을 잘하는 것으로, 리더는 일을 옳은 방향으로 갈 수 있도록 하는 것으로 구분한다. 관리자는 성과관리와 조직관리를 측면을, 리더는 변화관리와 동기부여와 갈등관리 영역에 관계되지만, 21세기 급변하는 환경에서는 관리자와 리더의 역할이 모두 필요하며, 퀸과 로바흐(Quinn & Rohrbaugh, 1981)가 주장하는 것과 같이 역설적 균형을 이루는 것이 중요하다고 강조

43) Drucker(1981). "What Is Business Ethics" in Wart(1998: 15) 전게서에서 재인용함.
44) Denhardt(1992: 105). "Morality As an Organizational Problem" in van Wart(1998: 16) 전게서에서 재인용함.
45) Quinn & Rohrbaugh(1981). "Competing Values Approach to Organizational Effectiveness" in van Wart(1998: 82) 전게서에서 재인용함.

하고 있다.[46] 그들은 개인적 스킬에는 자아 인식 계발, 개인 스트레스 관리, 분석적이고 창의적인 문제 해결 역량을, 대인적 스킬에는 지지적인 커뮤니케이션을 통한 관계형성, 파워와 영향력 획득, 다른 사람들을 동기부여하는 것과 갈등을 관리하는 역량을, 집단스킬 역량에는 임파워먼트와 위임, 효과적인 팀 및 팀워크 형성, 긍정적인 변화 주도 등 열 가지 역량을 제시하고 있다(Whetten & Cameron, 2007).

4. 법적 차원에서의 가치[47]

법률가치는 헌법으로서 광범위하게 정의될 수 있다; 연방, 주, 그리고 지방법들; 법을 실행하기 위한 규칙과 규제들; 법을 해석하는 사법적인 판결들; 그리고 미국을 법의 국가로 찬양하는, 그리고 기본적 인간의 가치일 뿐만 아니라 정치적 가치로서 적법 절차(due process)를 준수하는 윤리 등이다. 미국 사회 내에서 법과 적법 절차의 존중은 학계 문헌에서나 실무자들의 관점에서 동등하게 명백하다. 기업가정신과 비용절감 주창자인 톰 피터스(T. Peters)도 법과 적법 절차에 대한 존중심이 매우 강해서, 행정가들이 보호해야만 하는 세심하게 균형을 맞춘 공적 신뢰 때문에 법률적 절차주의의 과도한 간소화를 하지 말라고 충고한다.[48]

상식적으로나 경험적인 연구에서[49] 법과 적법 절차는 윤리적인 딜레마에 처해졌을 때, 행정가들의 사고의 한복판에 있다. 임명된 행정가들이 곤혹스러워 하는 극단적인 예는 결속력이 약한 집단에 대해 올바른 혜택을 줄여야만 하는 법을 집행할 때이다. 또 다른 예는 어느 한 상급자를 해고할 수 있는 강력한 실권을 쥐고 있는 상급자가 매우 위법이 의심스러운 법률 행위를 수행할 것을 명령받은 상급자의 딜레마이다. 최소 수준에서, 법, 법을 지원하는 규제, 그리고 적법 절차는 다른 경쟁하는 가치를 위한 기준선이다. 그러나 많은 경우에, 법률적 이해는 법률이 특정한 상황에서 침묵하거나 경쟁하는 가치를 해소하지 못하기 때문에 거의 역할을 하지 못한다.

46) 역설적 균형이란 리더의 역할과 관리자의 역할이 상반됨에도 불구하고 동시적으로 균형을 이루는 것이 필요하다는 것을 의미한다. 예를 들면, 조직관리자는 새로운 비전과 미션을 설정하며 변화를 주도함과 동시에, 조직이 성과를 달성하기 위해서 안정적으로 조직관리를 할 수 있어야 한다는 것이다.

47) van Wart(1998: 18-20) 전게서의 내용을 요약 정리한 것임.

48) Peters(1991: 6). Excellence in Government? I'm All For it! Maybe. in van Wart(1998: 18) 전게서에서 재인용함.

49) Gortner(1991). "Ethics for Public Managers" in van Wart(1998: 19) 전게논문에서 재인용함.

법률적인 이해가 중심 가치임에도 불구하고, 많은 존경할 만한 평론가들은 비이성적이거나 과도한 법에 의존, 즉 법률주의에 반대해서 경고를 한다. 법률주의는 생산성과 혁신을 축소시킨다는 것이다. 왜냐하면, 존재하는 절차가 빈번하게 생산적인 혁신가를 가혹하게 처벌하기 때문이다.[50] 법률주의에 대한 가장 광범위한 비평으로, 도벨(J. P. Dobel)은 법률-제도적 모델로 칭하는 다섯 가지 유형의 한계를 제시한다.[51]

① 법률주의는 소심한, 수동적인, 그리고 규칙에 사로잡힌 공무원을 양성한다.
② 창안과 생산적 이견을 사라지게 한다.
③ 과도하게 협소화된 관심 또는 법률주의를 초대한다.
④ 공무원이 실행해야만 하는 필수 불가결한 재량을 무시한다.
⑤ 부자들과 잘 조직된 집단의 이익을 지나치게 대표한다.

5. 공익 차원에서의 가치

공익(사회적 · 공리적 차원의 정의 실현이 아닌 개인적 정의, 사회적 합의의 이행)은 공공서비스 분야에서 일하는 많은 사람들이 열정을 가지는 가치 군이다. 정치적으로 결정된 의지에 순응하는 것 이상이다. 대부분의 행정가들에 대해, 공공선은 그들의 특장점이다(Walzer, 1983). 여러 경험적인 연구에서 공공부문 관리자들이 공정성, 정의, 그리고 형평성을 민간 비즈니스에서보다 더 중시하는 것으로 도출되었다.[52] 공익가치가 공공행정가들에게, 특히 중요하다는 상당한 동의가 있다고 할지라도 무엇이 공익이냐에 관해서는 불일치가 존재한다(van Wart, 1998: 20-22).

1) 이론적인 정의와 함의

어떤 분석가들은 공익의 첫 번째 정의는 사회의 장기적인 가치로서 공익을 정의한다. 광의에서 민주주의; 개인 행복추구; 자본주의; 특별한 경우를 제외하고 국영보다는 민영; 정교분리; 그리고 최소한 정부개입이 가지는 해로움으로부터 보호를 포함할 것이다. 이 관점에서 공공부문은 사회의 가치의 관리인이 된다. 이 관점을 순하게 해석한다

50) Balk(1985). "Productivity Improvement in Government Agencies: An Ethical Perspective." in van Wart(1998: 19) 전게논문에서 재인용함.
51) Dobel(1990). "Integrity in the Public Service" in van Wart(1998: 19) 전게서에서 재인용함.
52) West, Berman & Cava(1993). Ethics in the Minicipal Workplace. in van Wart(1998: 20) 전게서에서 재인용함.

면, 행정가는 사회의 가치에 민감한 것이고 주의 깊은 것이다. 이 관점을 공격적으로 해석한다면, 행정가는 상당한 국가통제주의자가 된다.

공익의 두 번째 정의는 개별 시민에 초점을 둔다. 미국 권리장전에서 포함된 오랜 서구 개인주의 전통으로부터 나온다. 이 관점의 개인주의적 개인에의 초점은 개인에서 예측되지 않은 해로움과 사회의 모든 구성원의 활동적 포괄성인 “다수에 의한 전제정치”에 대해 관심을 갖게 한다. 이런 방식으로 정의되면, 행정은 불공정하게 대우받는 개인 권리의 보호자가 된다.

공익의 세 번째 정의는 선거과정에서 뿐만 아니라 행정과정을 통해서, 공익을 정부의 일원인 일반국민의 권리로 정의한다. 이 역할에서, 행정가는 국민에게 공개하고, 국민을 참여시키는 국민의 정부에 청지기(집사)가 된다.

2) 실무적인 정의와 함의

공익이 개별 시민 또는 시민 집단의 공정성을 증진시키는 것으로 가장 빈번하게 해석될 때인, 실용적인 수준에서 정의하는 것은 어렵다. 이 관점은 1960년대 말 신행정학의 기간 동안 특히 인기를 얻었다.[53] 적어도 두 개의 개념화가 존재한다. 공익은 사회적 형평성과 정의로 정의된다.[54] 공익의 사회적 형평성 정의는 외부 초점과 내부 초점으로 구분된다. 외부 초점은 재산이 적고, 힘이 없고, 사회적 동정심과 긴급한 필요에 처해진 사람에 집중된다. 내부 초점은 조직 내에 사람들에 집중된다. 소수자 집단에게 채용우선권을 주는 것, 노동력의 다양성, 조직 민주주의, 그리고 권한과 책임의 위임(임파워먼트)이 포함된다.[55]

공익의 또 다른 정의는 무관심(disinterest)의 개념과 관련이 있다. 무관심은 이기심에 대립하는 개념으로 공정성을 의미한다. 무관심은 개인 이기심과 함께 조직 이기심과의 싸움이 필요하다. 공직자의 무관심은 정치적 중립성과도 연결된다.

마지막으로, 정부의 일부분인 행정을 이해하고, 사용하고, 행정에 관여하는 대중의 능력과 관련성이 있다. 이 관점에서 공익은 정부 이슈에 관한 관보와 대중 매체의 활용

53) Marini ed.(1971). *Toward a New Public Administration and Society*. in van Wart(1998: 21) 전게서에서 재인용함.

54) Frederickson ed.(1974). A Symposium: Social Equity and Public Administration. in van Wart (1998: 21) 전게서에서 재인용함.

55) Henry(1986: 351). Administrative and Public Affairs., Bruce(1992). Ethics and Administratin. in van Wart(1998: 22) 전게서에서 재인용함.

에서처럼, 개방 행정과 대중과의 지속적은 대화를 장려한다. 이 관점은 옴부즈맨, 시민자문위원회, 공개 토의 활용에서처럼 가능한 한 행정에 국민의 참여를 장려한다.

제4절 외국 주요 국가들과 대한민국의 공직가치

1. 외국 주요 국가들의 공직가치

2007년도 한국행정연구원은 OECD 국가들의 공직가치에 대한 조사에서 〈표 10-5〉와 같이 형평성(24개국), 적법성(22개국), 청렴성(13개국), 투명성(14개국), 효율성(14개국), 평등성(11개국), 책임성(11개국), 정의(10개국) 등 8개 가치를 공통적으로 채택하고 있다고 제시하고 있다.[56] 괄호 안의 숫자는 각 가치를 명시하고 있는 국가들의 숫자이다.

OECD 국가들 중에 일부 국가들의 공직가치 유형 및 공직자의 공직가치 이행을 담보하기 제도적인 방안, 그리고 공직가치 교육현황에 대해서 정리하면 〈표 10-5〉와 같다.

표 10-5 OCED 국가 및 주요 국가의 공직가치

국가	핵심 공직가치
OECD	형평성(24), 적법성(22), 청렴성(18), 투명성(14), 효율성(14), 평등성(11), 책임성(11), 정의(10)
미국	형평성, 평등성, 효율성, 청렴성, 책임성, 도덕성
영국	인테그리티, 전문성, 공정성, 정치적 중립성, 불편부당성, 효율성, 정직성, 객관성, 대응성
캐나다	민주적 가치의 존중, 국민에 대한 존중, 윤리적 가치(인테그리티), 책무성, 전문직업적 가치
호주	• 의회와의 관계: 비정치성, 공개적 책임성, 반응성 • 대국민 관계: 공정성, 합리적 기회제공 • 공직 내부적 관계: 실적주의, 다양성, 의사소통이 잘되는 근무환경, 근무의욕을 높이는 근무환경, 결과 지향, 고용형평성 추구 • 개인과의 관계: 윤리성, 리더십, 경력 중시

출처: 한국행정연구원(2015). 공직가치 교육용 교재. 인사혁신처 내부자료.

56) OECD PUMA Policy Brief No. 8.을 서울행정학회(2007) 전게보고서에서 재인용함.

2. 대한민국의 공직가치 유형과 내재화 방안

1) 대한민국 공직가치 내재화 방안

대한민국 정부의 공직가치에 대한 관심과 연구는 2007년도부터 시작되었다. 당시 대통령 직속으로 공무원의 인사와 교육훈련업무를 관장하는 중앙인사위원회는 서울행정학회에 대한민국 정부의 공직가치를 도출하고, 공무원 교육프로그램을 개발하는 연구용역을 의뢰하였다. 당시에 서울행정학회는 반 와트(M. van Wart)의 공직가치 근원 및 근원별 가치도출 방식을 추종하여, 개인, 전문직업적, 조직적, 법적, 그리고 공익적으로 근원을 분류하고 15개의 가치를 공직가치로 제시하고 있다.[57]

세월호 사건 이후인 2015년도에, 국무총리실 소속으로 공무원 인사의 공정성과 투명성을 재정립한다는 차원에서 인사혁신처가 출범되었고, 2015년부터 한국행정연구원과 함께, 대한민국의 공직가치 정립이라는 연구를 시작했다. 각계각층의 정치가, 실무자, 학자, 그리고 일반 시민들을 대상으로 실시한 설문조사와 기존 이론적인 연구결과에 대한 탐색을 통해서, 대한민국 공무원의 공직가치를 세 개(국가관,[58] 공직관, 윤리관)의 분야로 구분하고, 각각에 세 개씩 아홉 개의 가치를 제시하고 있다.

각 시대에 맞는 공직가치 정립과 교육에 대한 권한과 책임을 분명히 하기 위해서, 2015년도 말에 기존에 존재하던 공무원교육훈련법을 전면 개정하여, 공무원인재개발법을 제정하였다. 공무원인재개발법 제정 목적을 제1조에 “국가공무원을 국민 전체에 대한 봉사자로서 공직가치가 확립되고”라고 기술하여, 공직가치 확립이 가장 우선시되는 목적임을 명시하고 있다. 또한 법 제2조 제2항 가호에 공무원인재개발법 제정과 함께 출범한 국가공무원인재개발원에 공직가치와 리더십 등 시대변화에 맞는 공무원 인재상 정립 책임을 두고 있다.[59]

---

57) 서울행정학회(2007: 137)는 개인가치(public integrity, 자긍심, 자발적 조직행동), 전문직업가치(창의성, 전문성을 지닌 책임과 대응), 조직가치(변화와 혁신, 공정성, 일과 가정의 조화), 법적가치(합법성, 윤리적 판단), 공익가치(형평성, 민주성, 다문화 감수성)를 공직가치로 제시하고 있다.

58) 국가관을 20세기 초에 있었던 전체주의나 파시즘 또는 과거 권위주의 시대에 악용되었던 유교적 윤리에 기반한 국가로 해석하는 분들이 있는데, 여기서 국가는 사회적 계약인 헌법을 통해 만들어진 대한민국 민주주의 국가를 의미하고, 국가가 성립되는 기초가 되는 헌법정신과 규정을 공무원이 제대로 숙지하고 실천하자는 차원이다. 반 와트(M. van Wart)가 제시하는 공민적 청렴성(civic integrity)과 일치하는 개념이다.

59) 1948년 중앙부처 고위직 공무원을 교육훈련하기 위한 목적으로 만들어진 중앙공무원교육원이 국가공무원인재개발원으로 명칭과 목적을 변경하여 개청하였음.

1980년 12월 29일 대통령훈령 제44호로 선포된 공무원의 윤리헌장을 공무원헌장으로 변경하고 새롭게 정립된 아홉 가지의 공직가치를 녹여서 담고 있다. 공무원헌장의 내용은 다음 〈표 10-6〉과 같다. 공무원헌장에는 헌법이 지향하는 가치, 국가와 국민에게 헌신, 공익우선과 공정성 추구, 창의성과 전문성을 바탕으로 하는 적극적인 업무수행, 다양성의 추구와 민주행정의 실현, 청렴과 규범 준수라는 가치를 담고 있다.

표 10-6 인사혁신처 공무원헌장[60)]

우리는 자랑스러운 대한민국의 공무원이다.
우리는 헌법이 지향하는 가치를 실현하며, 국가에 헌신하고 국민에게 봉사한다.
우리는 국민의 안녕과 행복을 추구하고, 조국의 평화통일과 지속가능한 발전에 기여한다.
이에 굳은 각오와 다짐으로 다음을 실천한다.
하나, 공익을 우선시하며 투명하고 공정하게 맡은 바 책임을 다한다.
하나, 창의성과 전문성을 바탕으로 업무를 적극적으로 수행한다.
하나, 우리 사회의 다양성을 존중하고 국민과 함께 하는 민주 행정을 구현한다.
하나, 청렴을 생활화하고 규범과 건전한 상식에 따라 행동한다.

인사혁신처는 각부・처・청 소속 인사담당 부서와 교육훈련기관에 매년도 말에 다음연도 교육훈련지침을 시달하고, 매년도마다 각급 교육훈련기관의 교육추진 실적을 평가하여, 포상을 실시하고 있다. 각급 교육훈련기관은 장기교육과정인 경우에는 공직가치 교육내용이 1/3 이상이 될 수 있도록 교육과정을 편성하여야 하며, 매년도 말에 공직가치 교육 이행실적을 별도로 집계하여 인사혁신처에 보고하도록 되어 있다.

2) 대한민국 공직가치 내재화 방안

대한민국 공직가치체계는 인사혁신처에서 작성하는 2016년도 교육훈련지침에 잘 나타나 있다. 대한민국 공직가치의 지향점과 세부 공직가치는 [그림 10-1]과 같다. 국가관에는 애국심, 민주성과 다양성을, 공직관에는 책임감, 투명성과 공정성을, 윤리관에는 청렴성, 도덕성과 공익성으로 구분할 수 있다.

60) 인사혁신처 홈페이지(www.mpm.go.kr)에서 인용함.

그림 10-1 대한민국 공무원의 공직가치

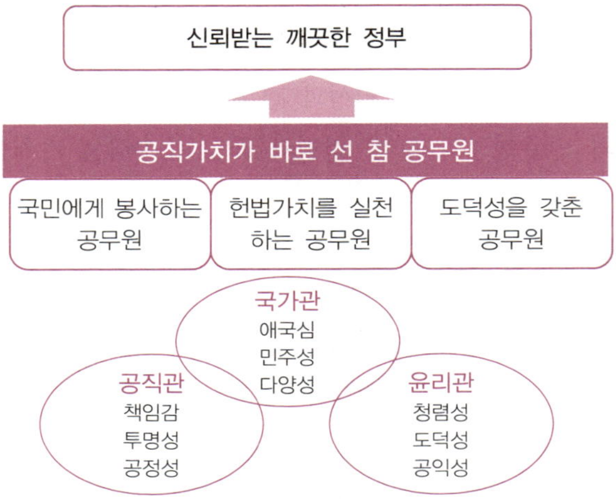

출처: 인사혁신처(2015). 2016년도 교육훈련 지침.

표 10-7 공직가치로서 애국심과 행동지표

분야	가치	행동지표
국가관	애국심	- 대한민국의 헌법과 법률을 준수하고 국가(國歌)와 국기(國旗)에 담긴 정신과 의미를 수호한다. - 우리 역사를 이해하고 전통과 문화를 창조적으로 발전시킨다. - 우리의 말과 우리의 글을 사랑하고 갈고 닦아 나간다. 자제: 대한민국과 국민의 명예를 훼손하는 언행을 하지 않는다.
	민주성	- 국민이 자유롭게 참여하고 의견을 이야기할 수 있도록 하여 공개행정을 실천한다. 자제: 국민에게 중대한 영향을 미치는 정책이 소수의 이해관계자들에 의해 결정되지 않도록 한다.
	다양성	- 국내·외의 다양한 문화를 이해하고 존중한다. - 국민의 입장이 서로 다를 수 있음을 이해하고 소통과 협력으로 갈등을 해소할 수 있도록 최선을 다한다. 자제: 업무수행에 있어서 선입관과 편견을 개입시키지 않고, 국적·인종·성·연령 등 어떠한 이유로든 차별하지 않는다.

출처: 한국행정연구원(2015). 대한민국 공직가치 연구결과. 인사혁신처 내부자료.

〈표 10-7〉에서와 같이, 국가관에서 장려되어야 할 행동지표로 애국심은 대한민국 국가 성립의 기본이 되는 헌법과 법률의 제정 및 개정정신을 존중하고 국가상징과 전통, 그리고 우리글과 말에 대한 존중심을 의미한다. 민주주의 국가의 당연한 귀결로 민주성

은 국정에 누구나 자유롭게 참여하고 의견을 개진할 수 있도록 행정을 공개할 것을 의미하고 국정이 소수자들에 의해 결정되지 않도록 노력한다는 것을 의미한다. 다양성은 자유주의에 대한 당연한 귀결로 다양한 문화를 존중하고 관용의 정신으로 소통하고 협력하는 것을 의미한다.

자제해야 할 행동지표로 애국심은 대한민국과 국민의 명예를 훼손하지 않는다. 민주성은 국민에게 중대한 영향을 미치는 정책이 소수의 이해관계인들에 의해 결정되지 않도록 한다. 다양성은 국적・인종・성・연령 등 어떠한 이유로든 차별하지 않는다고 명시하고 있다.

애국심은 헌법정신에 담겨 있는 주요 정신을 존중하고 실현해 나가는 것으로 이해될 수 있으며, 국가로서 공무원이 국가권력을 행사함에 있어서, 헌법적 한계를 분명히 하는 것도 애국심에 포함된다. 다만, 대한민국과 국민의 명예를 훼손하는 언행을 삼가는 것에 대한 구체적인 기준을 분명히 하고 있지 않아서, 공무원이 집권 정부와 인사의 잘못된 정책이나 부패행위를 대중매체를 통해서 고발할 경우에, 공직가치 위반으로 문제 삼을 수 있다는 데 있다. 오히려 내부고발행위를 명시하는 것이 더 바람직할 것으로 판단된다.

정부 정책이 소수 이해관계자들에 의한 결정되지 않도록 한다는 것은 공직자의 공평무사 내지는 형평성 가치와 연결된다. 특정 이익 집단에 이익이 될 수 있도록 정책이 결정되거나 집행되지 않도록 하는 것이 중요하다.61)

〈표 10-8〉에서와 같이, 공직관으로 책임감은 전문직업주의의 당연한 귀결로 전문성에 의해 업무를 수행하며, 특정한 집단의 청탁이나 압력에 굴복하지 않고 소신 있게 일한다는 것을 의미한다. 반 와트(M. van Wart)가 전문직으로서의 가치에서 기술하고 있는 것과 같이, 공직자들이 높은 전문성을 가지고 수준 높은 서비스를 저렴한 가격으로 누구에게나 제공한다는 측면과 함께, 전문직업인으로서 높은 윤리의식을 요구받는다는

61) G. 팰러스트 외(2004: 49)는 미국 서부지역 전력회사인 엔론과 주정부의 계약이 비밀리에 이루어졌기 때문에 전력소비자들은 상당히 높은 전기요금을 지불할 수밖에 없었다고 기술한다. 또한 Bayliss & Hall(2000: 17). Independent Power Producers: A Review of the Issues for Public Services International; Dixit, Sant, & Wagle(1998). Regulation in the WB-Orissa Model: Cure Worse Than Disease. 33. Economic and Polititical Weekly.를 인용하여, "주정부는 이의제기한 이해당사자의 의견이 30개나 된다고 항변했지만 이 의견은 정보가 부족한 상태에서 제기된 것이고, 실제로 완전한 정보를 가지고 참여할 수 있는 권리와 대비하여 볼 때 의견을 제시할 수 있는 권리는 독재적으로 내려진 결정에 정통성을 주는 데에 불과하기 때문에 오히려 아무것도 안 할 때보다 더 나쁠 때가 많다"고 기술하고 있다.

표 10-8 공직가치로서 공직관과 행동지표

분야	가치	행동지표
공직관	책임감	– 맡은 업무에 대하여 높은 수준의 전문성을 유지하며 어떠한 압력에도 굴하지 않고 소신 있게 처리한다. – 의사결정은 사실과 증거에 기반하도록 하며, 모든 업무에 대하여 정확한 기록을 유지하고 관리한다. 자제: 근무시간 중에 직무에만 전념하고 사적인 일로 시간을 낭비하지 않는다.
	투명성	– 국민의 알권리를 존중하며, 공공정보를 적극적으로 개방하고 공유한다. 자제: 어떠한 목적으로라도 정보와 통계자료를 가공하거나 조작하지 않는다.
	공정성	– 모든 업무는 신중히 검토하고 행정절차에 따라 공정하게 처리한다. 자제: 상사의 부당한 압력이나 개인의 정치적 입장에 따라 정책이 결정되지 않도록 한다.

출처: 한국행정연구원(2015). 대한민국 공직가치 연구결과. 인사혁신처 내부자료.

것을 선언하고 준수하는 것이 책임감이다. 책임감은 자신의 업무수행과정이나 결과에 대한 법적 책임뿐만 아니라 도덕적인 책임도 수반한다.

투명성은 민주사회 시민들에게 행정정보를 투명하게 공개하고 공유하는 것을 의미하고 공정성은 공정한 행정 절차에 따라 특정한 집단의 이익이 침해되지 않게 일한다는 것을 의미한다.62) 특히, 상사의 부당한 압력이나 개인의 정치적 입장에 따라 정책이

62) 루게릭 병(근위측성측상경화증, ALS) 환자들을 돕기 위한 릴레이 기부 캠페인으로 사회저명인사들이 아이스버킷 챌린지(Ice Bucket Challenge)에 도전했다. 이 캠페인은 미국의 유명인사들이 차가운 얼음이 있는 물통을 뒤집어쓰는 것이었다. 당시 미국 대통령 오바마(Barack Obama)가 다음 챌린지 후보로 지명되기 전에 미국의 상・하원 의원들이 참여했었고, 기 참여했던 의원들은 이를 자신의 SNS상 블로그에 올렸었다. 오바마 대통령이 아이스버킷 챌린지 후보로 지명되자 미국 법무부는 대통령의 참여가 법적인 문제가 없는지에 대한 검토를 했고, 모든 사회단체에 공정한 위치에 서야하는 공직자가 특정 단체를 위한 행사에 참여할 경우에, 공정성 원칙에 위배된다는 법령 해석이 나왔다. 법무부 해석에 의하면, 미국 중앙정부의 고위공무원, 연방의회 상원과 하원의원, 외교공무원들은 이 캠페인 참여가 공정성 원칙에 위배되기 때문에 참여할 수 없다는 것이었다. 이미 참여했던 상・하원 의원들은 자신이 참여했던 사진을 SNS상 블로그에서 일제히 삭제했다.
트럼프(Donald Trump) 행정부는 기존 정부에서 체결된 한・미 FTA가 공정성의 원칙에 위배되기 때문에 재검토해야 한다고 주장하고 나왔다. 한국 정부는 이 주장이 터무니없는 것이라고 인식했다. 하지만, 미국 정부에서 제시한 재검토 근거가 미국 헌법의 주(state) 간 통상에 관한 규정이었다. 미국 연방정부의 권한으로 헌법은 주간통상에 관한 업무를 규정하고 있다. 미국 주들(states) 각각을 하나의 국가로 보기 때문에, 미국 연방정부와 한국 정부 사이에 체결된 FTA 협정이, 미국 주들에게 불공정하게 적용될 수 있는 여지가 있다는 논리였다. 이 두 사례는 개인뿐만 아니라 조직이나 국가 차원에서도 공정성의 원칙을 중시되는 모습을 보여주는 사례이다.
우리 헌법 제11조에는 법 앞에 평등조항을 두고 있다. 모든 개인뿐만 아니라 국가도 법의 적용을

표 10-9 공직가치로서 윤리관과 행동지표

분야	가치	행동지표
윤리관	청렴성	– 공직자의 청렴이 국민 신뢰의 기본임을 이해한다. 자제: 어떠한 경우에도 금품과 향응을 받지 않으며 권한과 신분을 이용하여 이권에 개입하지 않는다.
	도덕성	– 준법정신을 생활화하고 공중도덕을 준수한다. 자제: 공무원으로서 명예를 훼손하거나 품위가 손상되는 행위를 하지 않는다.
	공익성	– 봉사활동과 기부 등을 통해 생활 속에서 국민에 대한 봉사자로서의 역할을 다한다. 자제: 이웃과 타인에게 피해가 되는 행위를 하지 않고, 공공재산과 주변 환경을 훼손하지 않는다.

출처: 한국행정연구원(2015). 대한민국 공직가치 연구결과, 인사혁신처 내부자료.

결정되지 않도록 노력한다는 것을 의미한다. 자제해야 할 행동으로 어떠한 목적으로라도 정보와 통계자료를 가공하거나 조작하지 않는다는 것이 포함된다. 자신이나 기관에 불리한 정보를 숨기고 조작할 때 국민의 알권리는 침해되고 국가권력에 의해 국민의 인권은 심각하게 침해될 수 있다.63)

〈표 10-9〉에서와 같이, 윤리관으로 청렴성은 공직자로서 당연한 의무이며, 자제해야 할 행동으로 어떠한 경우에도 금품과 향응을 받지 않으며, 권한과 신분을 이용하여 이권에 개입해서는 안 된다고 명시하고 있다. 「부정청탁 및 금품수수 금지에 관한 법률」은 공직자뿐만 아니라 공직자에게 청탁을 하는 국민도 처벌할 수 있고, 공무원이 이해관계가 있는 사람으로부터 어떠한 경우에도 금품이나 향응을 제공받을 수 없도록 명시하고 있다. 이 법의 주요 특징은 공직자뿐만 아니라 공공성을 지니고 있는 업무종사자(언론인, 대학 교수, 사립학교 교원 등), 공므를 위탁받아 수행하는 민간인, 금품 등의 대가를 받지 않았더라도 청탁을 받고 거절하지 않은 공무원에게까지 적용대상을 넓혔

받을 뿐만 아니라 법의 적용에서는 예외가 없다는 것을 의미한다. 헌법학자들은 개인적인 자유를 보장하기 위한 조항이며, 행복추구권에 속하는 조항으로 보고 있다. 일례로, 정부의 고위공무원들이 이해관계인들에 대한 여론 수렴이유로 기업체 대표들과 바다낚시를 다녀온 사례가 있었다. 대표적인 공정성 원칙 위반사례로 징계를 피할 수 없었다. 이해관계인의 목소리를 공정하게 들으려면 반대집단이 함께 참여한 가운데 듣는 것을 공정한 것으로 보며, 그래야 상대방의 반론을 들을 수 있다는 것이 중앙징계위원회 위원들의 징계사유이었다. 민간기업이나 은행에서 특별고객에 대한 차별적인 서비스를 위해 VIP 라운지를 두고 있으나, 정부 민원실에서는 모든 민원인들이 번호표를 뽑고 기다려야 한다. 공적인 영역에서는 공정성의 원칙이 지배되기 때문이다.

63) 서울교육방송(2017)의 '남파간첩재심사건'에서처럼, 국가권력에 의해 정보가 조작되어 남파간첩으로 몰린 사람들의 인권은 처참하게 짓밟히게 되었다.

다는 특징을 가지고 있다. 도덕성은 준법정신을 생활화하고 공중도덕을 준수한다. 그리고 자제해야 할 행동으로 공무원으로서 명예를 훼손하거나 품위가 손상되는 행위를 하지 않는다고 명시하고 있다.[64] 공익성은 민주사회의 시민으로서 갖추어야 할 시민의 덕성과도 연결된다. 법률을 준수하고 사회적인 기부와 봉사를 하는 것과 연결된다.[65]

제5절 심리적인 계약과 집단주의

1. 심리적 계약이행

레이너 외(Rayner et al., 2012)는 "신공공관리 개혁과 공공조직에서의 성과에 대한 강조가 공공조직 구성원들의 조직시민행동을 조직에서 내쫓고(crowded-out) 있다"고 주장한다. 영국 내 14개 대학에 근무하는 대학직원 433명을 대상으로 실시한 연구에서, 공공서비스 윤리와 조직시민행동 사이에 정(+)적인 영향이 있음을 보여주고 있다. 조

64) 최근 교육부 모 기획관이 언론사 기자들과 술자리에서 영화 내부자에서 나온 민중 개, 돼지 발언과 신분제 공공화해야 한다는 개인 의견을 말한 것이 품위유지 위반으로 공무원 중앙징계위원회에서 파면처분을 받았고, 법원에 행정소송을 제기하였다. 법원 판결에서 법원은 "물론, 공무원이더라도 기자들과 언쟁과정에서 자신의 의견을 철회하거나 정정할 의무는 없다. 그러나 이 사건 발언은 '민중은 개, 돼지다. 신분제 공고화시켜야 한다'는 것으로 국민의 봉사자인 공무원의 지위에서 해서는 안 될 발언임은 두말할 나위가 없으므로, 원고로서는 기자들이 그 발언을 문제삼으면서 녹음까지 하는 상황이었으면 자신의 발언을 철회하거나 정정하였어야 한다"(원고는 2016. 7.19. 중앙징계위원회 회의에 출석하여 이 사건 당시 계속된 언쟁 중에 자존심이 많이 상하여 구구절절 변명하기 싫었다고 진술하였다). 그렇지만, 파면처분은 국가공무원법이 규정한 징계처분 중 가장 무거운 처분으로 신분 박탈뿐만 아니라 공무원 임용 자격의 제한, 퇴직급여, 퇴직수당이 제한된다. 이 사건 처분 사유는 앞서 본 이 사건 발언의 경위, 그 후의 정황 등에 비추어 「공무원 징계령 시행규칙」 제2조 제1항 [별표 1] '징계기준'의 7. 품위 유지의 의무 위반의 "비위의 정도가 심하고 중과실이거나 비위의 정도가 약하고 고의가 있는 경우" 또는 "비위의 정도가 심하고 경과실이거나 비위의 정도가 약하고 중과실인 경우"로 평가될 수 있을지언정 "비위의 정도가 심하고 고의가 있는 경우"라 보긴 어렵다. 그 경우 징계기준은 강등, 정직, 감봉을 정하고 있다 [서울행법 2017.9.29., 선고, 2016구합84665, 판결: 항소]. 징계사유는 정당하나 파면은 과하고 강등 등 중징계사유에 해당한다고 판결하고 있다. 법제처 법령정보사이트에서 인용함.

65) 조직시민행동과 연결된다. 조직시민행동은 조직구성원들이 스스로 하는 보상과는 관계없이 자발적으로 하는 행동으로 정의된다. 조직시민행동은 조직을 위한 행동, 조직 내 타 구성원을 위한 행동, 조직 외 일반 시민들을 대상으로 하는 이타적인 행동 등 다양하게 구분될 수 있다. 조직시민행동이 조직성과 향상에 전반적으로 도움이 된다는 연구결과이지만 관리자들에 의해 관찰되거나 보상이 주어졌을 때, 조직성과에 부정적으로 작용한다는 연구결과가 일부 존재한다.

직시민행동은 공공조직의 성과향상에 영향을 미치는 중요한 요인인데, 신공공관리의 성과에 대한 강조가 오히려 조직시민행동을 축소시키고 있다는 주장을 하고 있다.

레이너 외(Rayner et al., 2012)의 신공공관리에서 이야기하는 성과에 대한 강조라고 하는 것은 공공조직에서의 중요한 가치 중에 하나인 도구적 성과에 대한 강조라기보다는 1980년대부터 민간조직에서, 1990년대에는 미국 정부 기관에서, 그리고 1990년대 말 한국 정부에서도 시행했던 정부 조직의 구조조정, 성과급제도, 외부 아웃소싱 등으로 인해서, 공무원들이 직업에 대한 안정성을 잃고, 신분에 대한 불안감을 갖게 하는 단기적인 업무수행 실적과 평가의 강조를 의미한다고 볼 수 있다.[66]

신공공관리의 구조조정, 아웃소싱, 성과급 제도는 공무원들이 공직을 지원할 당시에 가지고 있었던 유무형의 기대에 대한 위반(심리적 계약 중 관계적 계약의 위반으로 볼 수 있음)으로 직원들의 신뢰(Robinson, 1996), 직무만족(Robinson & Rousseau, 1994), 조직몰입(Coyler-Shapiro & Kessler, 2000), 역할 내와 역할 밖의 행동(Robinson, 1996; Robinson & Morrison, 1995), 공직에 남아 있으려는 의도(Turnley & Feldman, 1999)를 낮춘다는 분석결과를 보여주고 있다.

아지리스(Argyris, 1960)는 심리적 계약이라는 용어를 최초로 사용한 학자이다. 그 이후에 레빈슨 외(Levinson et al., 1962)와 샤인(Schein, 1965)에 의해 상호 호혜적 의무에 대한 기대감으로 정의되었고, 루소(Rousseau, 1990)에 의해 조직구성원으로서 개인적 차원에서 주관적으로 정의되는 상호 의무에 대한 믿음으로 그 개념이 구체화되었다(황영호, 2006: 98).

심리적 계약은 장기간에 걸쳐 조직과 구성원 간 상호 기대와 의무가 제대로 이행된다고 느낄 때 나타나는 조직과 구성원 간 상호 의무에 대한 기대와 믿음이라고 정의할 수 있다(김판석 · 정성호, 2012). 연구자들은 심리적 계약을 거래적 계약과 관계적 계약으로 구분하는 경향이 있다.[67] 김판석과 정성호(2012)는 학자들의 심리적 계약의 정의

66) 목표에 의한 관리(Management By Objective: MBO), 즉 목표에 의한 관리방식이 가지는 한계점을 보완하기 위해서, 균형성과제도(Balance Score Card: BSC, 주요 평가 분야: 학습과 성장, 고객, 운영혁신, 업무수행) 평가시스템이 만들어졌다. MBO는 조직 내에서 설정한 목표달성만을 중시하기 때문에, 조직 환경변화로 인해 목표를 달성한 조직도 망할 수 있다는 경험에서, 다양하고 장기적인 관점에서 조직성과를 평가하자는 것이 BSC 시스템이다. BSC 평가의 주요 요소 중에 하나가 고객이다. 신공공관리는 정부 내부운영 방식에서 효율성을 향상시키는 데 기여했다고 생각한다. 하지만, BSC 평가시스템의 주요 평가요소 중에 하나인 고객관점, 학습과 성장이 신공공관리에서 강조되었는지에 대한 분석될 결과는 없다.

67) Blau(1964); MacNeil(1985); Rousseau(1990); Robinson, Kraatz & Rousseau(1994); Coyle-Shapiro

표 10-10 심리적 계약의 정의와 유형

<table>
<tr><th>저자</th><th>정의</th><th>유형</th></tr>
<tr><td>Argyris(1960),
Levinson et al.(1962),
Schein(1965)</td><td>조직과 조직구성원 간
상호 호혜적 의무에
대한 기대감</td><td rowspan="4">거래적 계약: 거래적 계약은 금전적·단기적 교환(개인임무는 시간 외 초과근무, 역할 외 협력행동 등; 조직임무는 고임금, 승진, 성과급, 교육훈련기회 제공 등)

관계적 계약: 관계적 계약은 비금전적·장기적 교환(개인 임무는 회사에 대한 충성심, 재직 중 업무비밀 준수, 최소 재직기간의 준수 등; 조직임무는 직무안정성, 신분안정, 개인문제에 대한 고충처리와 지원, 학위과정 등 경력개발 지원 등)</td></tr>
<tr><td>Rousseau(1990),
조영호 외(2002),
황영호(2006)</td><td>상호 호혜적 의무에
대한 믿음,
동태적·주관적 믿음</td></tr>
<tr><td>Conway &
Briner(2005)</td><td>개인이 지각한 약속이나
지각한 합의</td></tr>
<tr><td>Morrison &
Robinson(1997)</td><td>조직과 조직구성원 간
호혜적 의무에 대한
개인적인 믿음</td></tr>
</table>

출처: 김판석·정성호(2012: 79) 전게논문에서 인용함.

와 유형을 〈표 10-10〉으로 정리하여 제시하고 있다.

김판석과 정성호(2012)는 공공부문의 종사자들은 민간부문 종사자들과는 다른 특성을 가지고 있기 때문에 공공부문 고유의 심리적 계약을 강화하기 위한 인사지원 시스템의 필요성을 강조하고 있다. 그들이 제시하고 있는 심리적 계약을 강화하기 위한 인사적인 지원 틀을 소개하면 [그림 10-2]와 같다.

그림 10-2 공공부문의 심리적 계약 강화를 위한 인사적인 지원 틀

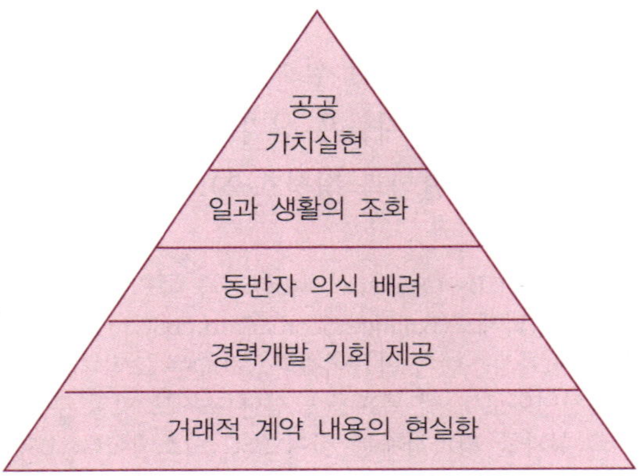

출처: 김판석·정성호(2012: 84)에서 인용함.

(2002)의 논문 참조.

공공부문의 심리적 계약의 강화는 거래적 계약도 중요하지만, 관계적 계약 향상에도 많은 비중을 둘 필요가 있다. 특히, 공공가치를 우선으로 하는 공무원들은 민간조직에 비해 재정적 보상에는 덜 민감하다. 그러므로 전문성 제고와 국가경쟁력 제고 차원에서 경력개발 프로그램 등을 중시할 필요가 있다. 경력개발 프로그램은 개인의 잠재적 가치 증대와 연관되지만 더 나아가서 전문성 향상에도 기여하기 때문에, 궁극적으로 국가경쟁력 제고에 기여하게 된다.

또한 상호 협력을 강조하는 동반자 의식과 배려와 가족 친화적 제도로 잘 알려진 일과 생활의 조화는 새로운 관점에서 논의되어야 할 필요성이 있다. 공공부문은 조직 특성상 심리적 계약요소들 간 상호작용 결과가 심리적 계약의 강화로 이어진다고 추론할 수 있다(김판석 · 정성호, 2012: 83-84).

민주주의 국가에서 공공조직이 만들어질 때부터 사회적 가치를 실현을 목적으로 한다는 점에서, 공공가치를 실현, 일과 생활의 조화, 동반자의식 배려, 경력개발 기회 제공, 거래적 계약 내용의 현실화가 이루어진다면, 공공조직의 구성원들이 직무만족, 조직몰입, 그리고 조직시민행동이 높아질 것이기 때문에, 그 자체가 공직가치의 이해이고 조직목적인 사회적 가치 실행이라고 할 수 있다.

2. 집단주의

기존 개인 가치에 관한 연구는 홉스테드(Hofstede, 1980)와 햄든-터너와 트롬페나스(Hampden-Turner & Trompenaars, 1994, 2000)에서 국가 간 문화 차이를 구분짓는 하나의 중요한 영역으로 개인주의(individualism)-집단주의(collectivism)로 구분하고 있다. 개인주의자들은 자기 자신, 독립성, 그리고 독특성에 강조를 두는 데 반해서, 집단주의자들은 집단, 결속체, 그리고 다른 사람과의 관계에 관심을 둔다(Whetten & Cameron, 2005: 61). 연구자들은 국가 간에 존재하는 개인주의와 집단주의 문화로의 구분이 동일 문화권 내에서도 개인 간에도 존재함을 인정하고 있다.[68] 일부 연구자들은 국가 간에 존재하는 개인주의와 집단주의 문화로의 구분이 동일 문화권 내에서도 개인 간에도 존재함을 인정하고 있다.[69]

호와 치우(Ho & Chiu, 1994)는 개인주의-집단주의를 개념화하고 특징짓는 요소를

68) 신유근(1991), Moorman & Blakely(1995), Realo et al.(1997) 등 참조.
69) 신유근(1991), Moorman & Blakely(1995), Realo et al.(1997) 등 참조.

표 10-11 개인주의와 집단주의의 특성

핵심요소	개인주의	집단주의
가치	근본적인 가치는 개인임 개인의 자아실현에 관심 자기고유성이라는 자아정체성	개인보다는 집단의 가치가 중요 집단의 발전과 목표실현에 관심 집단소속감이라는 집단정체성
자율성/동조	개인의 독립적 판단과 자율성 개인의 사생활 보호 혼자 있는 것을 선호함	사회집단과 조화추구, 동조에 관심 내집단 구성원들의 사생활에 관심 타인과 함께 있는 것을 선호함
책임	도덕적·법적 책임은 개인이 짐 개인의 행동은 개인에게만 영향	도덕적·법적 책임은 집단이 짐 개인의 행동은 집단에게도 영향
성취	개인적 독립을 통한 성취 경쟁을 통한 목표달성	집단적 협력 노력을 통한 성취 협동을 통한 목표달성
자기의존성/ 타인의존성	개인적 요구와 가치의 실현을 위한 행동	집단의 이익을 위한 의무와 행동

출처: 김소연(2004: 17)을 주재진(2015: 216)에서 재인용함.

가치, 자율성과 동조, 책임과 성취, 그리고 의존성 등으로 세부적으로 영역을 나누어 구분하고, 개인주의와 집단주의의 영역별 특성을 〈표 10-11〉과 같이 기술하고 있다. 연구자들은 국가 간에 존재하는 개인주의와 집단주의 문화로의 구분이 동일 문화권 내에서도 개인 간에도 존재함을 인정하고 있다.[70)]

개인이 중시하는 가치가 조직시민행동에 영향요인인지에 대한 연구에서 개인들 사이에 개인주의와 집단주의 중에 어느 가치 군을 더 중시하느냐에 따라 조직시민행동 실행 여부가 달라질 수 있다고 보고 있다.[71)] 유사한 연구에서 자기중심적 가치보다는 이타적 가치를 보유한 사람이 시민행동을 할 가능성이 높다고 보고 있다. 또 다른 유사 연구에서는 자신의 일을 소명으로 인식하는 사람이 세상을 더 좋게 만들려는 친사회적 행동(prosocial behavior)을 할 가능성이 높다는 것을 보여주고 있다(Wrzesniewski et al., 1997).

주재진(2015)의 한국 경찰공무원을 대상으로 한 연구에서, 집단주의가 직무태도(직무만족, 조직몰입)에 정적인 영향을 준다는 분석결과를 제시하고 있다. 단, 개인주의 가치를 가진 사람의 경우에는 부(−)적인 영향이 있음을 보여주고 있다.

70) 신유근(1991), Moorman & Blakely(1995), Realo et al.(1997) 등 참조.
71) McNeely & Meglino(1994); Moorman & Blakely(1995); Penner et al.(1997); Wrzesniewski et al.(1997); 한정화 외(1999); 안광영·이병직(2002); 조윤형·최우재(2010)의 논문 참조.

3. 행동강령의 존재

반 와트(van Wart, 1996)는 행동강령은 입법적인 금지목록 이상의 의미를 가지고, 행동강령의 존재 자체가 윤리적인 의사결정을 불러온다고 주장한다. 미국 연방공무원, 주정부 공무원 등 다양한 직렬별로 공무원 행동강령이 존재하고, 대한민국 행정부 공무원을 대상으로 하는 공무원 행동강령, 국회공무원을 대상으로 하는 국회공무원 행동강령, 사법부 법관 및 공무원 행동강령, 선거관리위원회 및 헌법재판소 공무원 행동강령이 별도로 존재한다.

2018년도 개정된 공무원 행동강령 제5조는 사적 이해관계에 대한 사전신고 의무를 부과하고 있으며, 또한 제5조 제6항에서는 공무원이 직무 관련자인 소속 기관의 퇴직공무원과 골프, 여행, 사행성 오락 등의 행위를 할 경우에는 소속 기관장에게 서면으로 사전 신고할 의무를 부과하고 있다. 제6조(특혜배제)에서는 혈연 · 지연 · 학연 · 종교상의 이유로 차별을 하여서는 안 된다는 내용을 명시하여 공정의 의무를 명시하고 있다. 또한 제13조 제2항에서는 사적인 노무의 요구를 금지하는 조항을, 제16조에서는 직무 관련자와 거래에 대한 신고조항을 2018년 1월 개정을 통해서 두고 있다.

그 사이 입법적 불비로 인해서 발생했던 공무원과 직무 관련자 사이에 있었던 거래를 사전에 예방한다는 측면과 함께 행정의 투명성을 강화하기 위한 조치들이다. 관료조직의 특성상 기관장에게 신고의무를 두고 허가를 받게 하는 것은 불가피한 경우가 아니라면 자제할 수 있도록 하는 효과가 크다고 할 수 있다.

공무원 행동강령에 의한 법적인 규제보다는 자발적으로 자신의 업무수행과 행동을 돌아볼 수 있는 원칙을 정립해보는 것이 중요할 것 같다. 휘텐과 카메론(Whetten & Cameron, 2005: 68)은 조직관리자들이 자신을 스스로 돌아보고 실천할 수 있는 황금률을 다음과 같이 제시하고 있다.

도덕적 행동을 위한 원칙 테스트 기준

- 1면 테스트: 당신의 결정이 신문의 헤드라인에 실렸을 때 당황스럽지 않을까?
- 황금률 테스트: 내가 기꺼이 동일한 방식으로 대우 받을 수 있을까?
- 존엄과 자유 테스트: 이 결정에 의해 타인의 존엄과 자유가 보존될까?
- 동등 대우 테스트: 소수자와 약자의 권리, 복지, 그리고 더 나은 삶이 충분히 고려되고 있는가?

- 개인적 이득 테스트 : 개인적 이득의 기회가 내 판단을 흐리게 하고 있는가? 결과가 나에게 이득이 없더라도 똑같은 결정을 내릴까?
- 일치 테스트: 이 결정과 행위가 내가 신봉하는 개인적 원칙과 일치하는가?
- 절차적 정의 테스트: 의사결정에 적용된 절차가 이해관계자에 의한 조사에도 전혀 문제 없는가?
- 비용-이익 테스트: 어떤 이의 이익이 다른 이의 수용 불가능한 해악을 야기하지 않는가?
- 편안한 잠 테스트: 나의 행위에 대해 누군가가 알거나 모르거나 편히 잘 수 있는가?

출처: Whetten & Cameron(2005). '전게서'에서 인용

제 11 장

'투입'중심 수행관리 방안으로서 역량

제1절 역량관리에 대한 이해

1. 역량관리의 필요성과 강점

행정의 도구적 가치는 행정의 효과성과 능률성을 포함한 개념인 효율성이라고 표현할 수 있다. 반 와트(M. van Wart)는 조직 차원의 가치로서 생산성, 효율성 등을 제시하고 있으며, 조직 리더십 스타일에서 리더십 역량에 대해서 기술하고 있다. 또한 그는 조직 가치를 언급하며, 관료제적 병리에 대해서 경계해야 됨을 기술하고 있다. 그(1988)는 조직가치가 모든 다른 가치를 압도할 때 일어날 수 있는 극단적인 현상을 관료제 병리라고 칭한다. 관료제 병리란 관료들이 국민을 위해서 봉사하는 것이 아니라 행정체제의 목적을 위해 존재할 경우에 발생하며, 관료제의 병리는 전체주의 국가(totalitarian states)의 특징이라고 보고 있다. 그(1988)는 그러한 극단적인 사례가 미국에서 존재하지 않지만, 조직구성원의 편의성이 봉사대상자인 국민의 편의성보다 더 클 때, 아주 미묘한 형태의 관료제의 병리가 드물지 않게 일어나고 있다고 보고 있다.

민주헌법주의 국가에서의 성과관리란 결과관리가 아닌 투입관리이며, 결과적으로 드러나는 수치보다는 공직에 역량을 갖춘 자원을 투입하고, 지속적으로 역량개발을 한다면, 종국적으로 시민에게 서비스하는 행정이 될 수 있다는 철학적인 사상이 깔려 있다. 과거의 인사관리가 근태관리와 같은 통제관리이었다면, 현재는 인적자원관리이다. 이러한 측면을 고려한다면 인사관리 담당자의 역량과 역할이 어느 때보다도 중요해진 것이 사실이다.

역량을 윤리적인 차원에서 연구하려고 하는 노력이 존재한다. 테리 쿠퍼와 도날드 멘젤은 『윤리역량: 공직리더십을 위한 윤리역량 성취』라는 제목의 저서에서 윤리역량의 개념과 구체적인 실천방법에 대해서 제시하고 있다(테리 쿠퍼 · 도날드 멘젤, 2018). 직원들의 윤리역량을 측정하는 방법은 일선 민원업무 담당 직원들이 단위 시간당 몇 건을 처리했는지 또는 시민들을 대상으로 하는 고객만족도 평가에서 몇 점을 받았는지보다는, 이전 장인 제8장과 제10장에서 소개한 직원들이 업무처리과정에서 절차적 정의를 얼마나 잘 준수하고 있는지, 핵심 가치를 얼마나 잘 이행하고 있는지를 지표화해서 상사가 업무수행평가를 하고, 그 평가결과를 기초로 성과급 지급이나 진급대상자를 결정할 수 있다.[1)]

민간에서는 역량을 직접적으로 도구적인 측면인 생산성 또는 효과성과 관련시키고 있지만, 정부 조직 등 공공 분야에서는 효과적인 의사전달의 기초로 논리적 일관성(객관성과 공정성을 기반으로 함), 고객 지향성(이해관계의 의견청취 능력), 전략적인 대안탐색(희소한 자원의 효과적 활용) 등은 신탁관계에서 수탁인이 추구해야 하는 윤리적인 의무와 관련되어 있기 때문에 윤리적 역량이 배제되거나 경시되기는 어렵다. 학자들의 역량 정의에서도 도구적 측면뿐만 아니라 윤리적인 측면이 포함된다. 비햄(Byham, 1996)은 역량의 개념을 행태역량, 지식역량, 그리고 동기역량으로 구분하고 있다. 행태역량은 우수한 성과를 가져오는 행태에, 지식역량은 기술이나 전문성에 초점을 두지만, 동기역량이 직업, 조직 등에 갖는 정서나 동기에 초점을 둔다. 또한, 헤이스(Hayes, 1979)도 역량을 과업을 하기 위한 능력과 의지의 조합 이상으로 보고 있으며, 어느 한 사람의 포괄적인 지식, 동기, 속성, 사회적 역할 또는 스킬 등이 포함된다고 본다는[2] 점에서 전적으로 윤리적 측면을 배제하고, 역량의 생산성과 효율성만의 도구적인 측면만을 분리해서 본다는 것은 어려움이 있는 것은 사실이다.

기존 생산성과 효율성은 종국적으로 산출이나 목표를 얼마나 달성했느냐 또는 동일한 산출에 대해 투입을 얼마나 줄일 수 있는지에 따라 실적평가가 달라졌다는 점에서 산출중심의 성과관리 방식이 된다. 이 장에서 새롭게 소개할 직원들의 역량중심 관리란 투입중심의 관리방식으로, 직원들을 역량중심으로 관리해서, 조직에 부여된 임무를 원활히 수행하고, 목표달성을 돕는 방식이다.

미국, 영국, 독일,[3] 네덜란드, 뉴질랜드 등에서는 행정개혁의 일환으로 역량중심의

1) 360도 다면평가를 실시할 수 있다. 하지만, 과거 참여정부 시기에 중앙정부기관에서 360도 다면평가제도를 정부혁신과제로 추진하였지만, 인사혁신처에서 주관해서 실시한 중앙행정기관 소속 전 직원대상 다면평가에 대한 여론 설문조사에서 서로 가까운 직원들 사이에 관대화 경향이 지나치게 높게 나와 평가의 타당성이 없는 것으로 조사되었다. 수행평가에서 발생 가능한 다양한 오류를 방지하는 방법으로 직근 상사나 본인이 중요사건 행동기록(Critical incidents of Behavior Inventories)을 작성하도록 하는 방법이 있다. 또한 플래너건과 번스(Flanagan & Burns, 1955)는 GM에서 사용할 목적으로 종업원 수행 기록표를 개발하였다. 이 기록표는 평가 차원을 지식, 팀워크, 고객관리, 업무정확성으로 구분하고, 행동유형으로 잘한 행동, 잘못한 행동으로 구분하여 기술하게 되어 있다.

2) Hayes(1979). A New look at Managerial Competence: the AMA model of worthy performance. in Hoffmann(1999) The meaning of competence에서 재인용함.

3) 정부위원회가 2003년 제출한 인사행정개혁에 대한 보고서 '인사행정의 미래: 미래의 인사행정'에서는 독일 인사행정의 문제점으로 높은 수준으로 이루어지는 규범통제의 강도가 오히려 자발성과 창의력을 저해하는 요소로 기능하고 있으며, 목표 지향이 아닌 규제 지향적인 측면이 있고, 상당수의 분야에서의 경쟁적 요소 부재와 시민 지향적인 행정환경이 결여되어 있으며, 경제적

관리방식을 채택했다. 공공부문에서 역량관리를 채택하게 된 특별한 이유가 있다. 역량관리는 관료제를 능률적이고 유연한 단위체로 변형시키기 위한 지렛대라고 보았다(van Schaardenburgh & van Beek, 1998). 인사관리에서 역량기반 접근은 관심의 중심에 사람을 두고, 조직의 목표에 도달하기 위해서 인적자원의 중요성을 강조한다. 역량관리는 공공조직에서 관료제문화를 더욱 개인화된 조직문화로 변형시키기 위한 도구일 수 있다고 보고 있다(Hondeghem & Vandermeulem, 2000: 343).

[그림 11-1]에서 보여주는 것과 같이, 피터스(Guy Peters, 1994)는 변화의 압력이 공공부문의 조직들에게 고객, 직원, 그리고 유연성에 더욱더 초점을 두게 만들 것이라는 점에 주목했다.[4] 반 와트는 공공조직에서 로버트 퀸(R. E. Quinn)과 로바흐(J. E. Rohrbaugh)가 제시한 네 개의 문화(팀 또는 그룹 문화, 계층문화, 합리문화, 적응문화)가 동등하게 중요해졌다고 보고 있다(van Wart, 1998: 97). 로버트 퀸과 로바흐(Quinn & Rohrbaugh, 1981)는 이와 같은 조직문화의 형태를 경쟁적 가치 문화 또는 조직문화의 역설적 균형이라고 표현한다. 역설적 균형이란 서로 상충되는 가치나 문화가 조직 내에서 동시에 중시되고 존재하는 상황을 의미한다. 21세기 급변하는 환경 속에서 조직이 지속 가능한 성장을 위해서는 직원들을 동기부여해서 변화에 신속하게 대응하고 변화를 주도함과 동시에, 안정적인 성과관리와 직원들 사이에 결속유지가 요구된다는 것을 의미한다(Whitten & Carmeron, 2005).

반 와트는 전통적인 행정조직의 가치 변화에 대해서 다음 [그림 11-1]과 같이 제시하고, 자세한 변화내용을 다음과 같이 설명하고 있다. 전통적인 서비스독점에서 경쟁으로, 규제에서 시장유인으로, 조직규모 성장과 정부지원 프로그램의 수 증가에서 기존 프로그램의 지속적인 개선과 변화로, 행정전문가중심에서 고객중심으로, 현상유지에서 변화로, 좁은 시야의 문제분석에서 새로운 가능성을 찾아내고 기회를 발견하는 것으로, 성과측정이 결과에 대한 책임추궁의 두려움(저성과를 유발함)에서 기회요인(상대적인 비교를 통해 개선 가능성을 보고, 새로운 가능성에 주목할 수 있게 함)으로, 방어적(계

사고의 결여, 성과 향상에 동기부여가 될 만한 환경의 부재, 상당히 낮은 수준에서의 리더십 발휘, 공무원 자신에게 주어진 직무에 대한 인식의 정도가 충분치 않음, 공직자의 개념정의상의 문제 등이 지적되었다. 구르멜론(Gourmelon, 2006)의 사례연구에서 독일 지방자치단체 공무원들이 향후 개발해야 할 역량으로 심사숙고를 거친 행동, 문제 해결 능력, 어투, 성과에 대한 동기부여, 서비스정신 등을 꼽았다고 한다[하미승 외(2007: 52-53) 전게논문에서 기술된 내용을 재인용함].

4) Guy Peters(1994). New Visions of Government and the Public Service를 van Wart(1998: 97-98) 전게서에서 재인용함.

층제가 위협받는다고 느낄 때 방어적이 되고 합리화하려고 한다는 것, 단기 방어 전략은 적대적이고 동적인 환경에서 비효과적이라는 것)에서 생산적으로, 성과(공공부문의 성과를 측정하는 것이 용이하지 않기 때문에 과정중심이었고, 조직성과는 취약했음에도 불구하고 고성과자로 평가되는 사람들이 많이 존재하는 성과관리)에서 조직구성원들의 능력(역량)으로, 감시와 통제(사후감사방식으로 인해, 미국 정부에서 출장 승인 절차에 들어가는 비용이 민간보다 10억 달러 더 소요되는 데 비해서, 민간기업에 비해서 상대적인 성과는 낮다는 것)에서 예방(체계적인 질 통제의 필요성)으로, 중앙집권화에서 분권화(일선 공무원들에게 상당한 의사결정 권한이 부여되고, 상급자는 통제자보다는 조력자로서의 역할을 함)로, 개인적인 일(대량생산 체제에서 직원들을 교체 가능한 부품으로 인식)에서 팀워크(복잡한 문제에 대해서 집단경험과 지성으로 문제를 해결하고, 관리자는 촉진자나 하나의 자원공급자의 역할을 하게 됨)로, 계층제적 조직에서 평면조직으로, 단순 직무에서 다차원적 직무(직무 확장: 더 많은 과업을 할 수 있게 하고, 다양하고 관련된 업무를 할 수 있는 기회를 줌. 이것은 더욱 높은 수준의 교육훈련을 요구함)로, 단일한 버전의 서비스에서 다양한 버전의 서비스로, 무차별하고 표준화된

그림 11-1 공공조직의 조직문화와 형태의 변화흐름

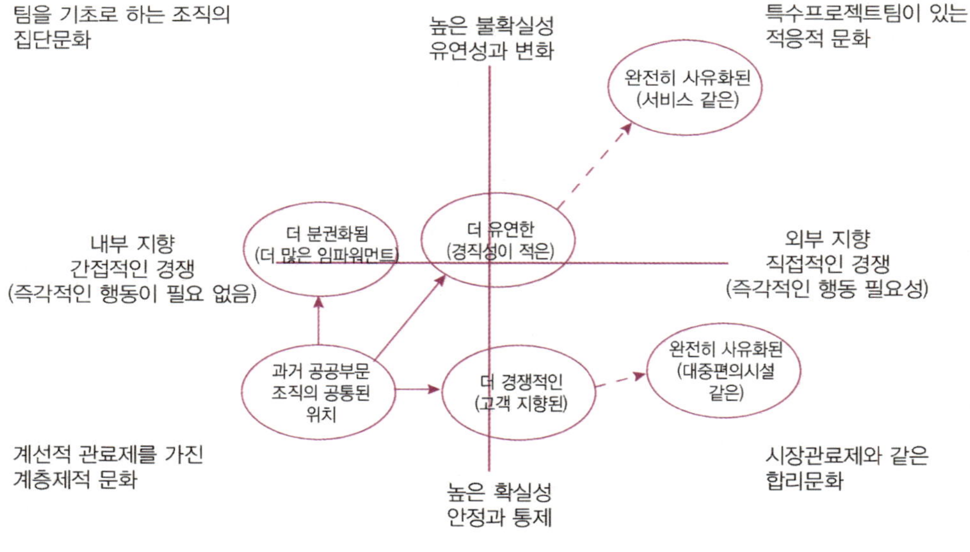

출처: van Wart(1998: 98). 전게서에서 제시된 그림의 내용을 일부 수정함.

인사시스템에서 직원들의 필요에 부응하는 맞춤형 인사시스템으로, 직원을 단순한 비용에서 자산으로, 관리자 초점에서 직원초점으로, 평가/제재/계급에서 개발/학습/인정으로, 변화될 것이라고 주장한다(van Wart, 1998: 99-106). 행정환경의 변화에 따라 정부 행정조직들은 소속 직원들의 역량과 역량개발의 중요성이 커지고, 변화에 대한 유연한 대처와 개선을 중시하고, 고객의 필요를 충족시키는 방향으로의 전환할 것을 요구받는다고 보고 있다.

하지만, 피터스(Guy Peters, 1994)는 전통적 공공 분야의 가치와 함께, 새롭게 경쟁하는 가치들 사이에 역설적 균형이 필요하지만, 최적 또는 최상인 상태가 어떤 것이라고 판단하기 어려운 상황이라고 말하고 있다. 반 와트 역시, 현재 전통적인 가치들이 공격받고 있지만, 선출된 공직자가 임명된 공직자에게 명령계통을 통해 지시하는 것과 같은 관료제적 형태나 문화가 완전히 사라지는 것은 어렵다고 보고 있다(van Wart, 1998: 106).

로렌스 외(Llorens et al., 2018: 18)는 발전하는 국가들에 대한 인사시스템에 대한 진단을 통해 4단계 발전 단계 모형을 제시하고 있다. 1단계가 엘리트에 의한 정부, 2단계가 엽관, 3단계가 직업공무원(civil service)와 엽관이고, 4단계는 직업공무원과 엽관, 그리고 집단협상, 그리고 민영화로 구분된다. 마지막 4단계는 친정부적, 그리고 반정부적 가치와 시스템의 동적인 균형이라고 표현하고 있다. 직업공무원과 엽관, 그리고 집단협상이 친정부적이라면, 민영화는 반정부적인 것이다. 반정부적인 인사시스템에 속하는 것이 전문·일반 계약직 공무원제도이고, 임기제 근로자 또는 정부업무의 아웃소싱, 무기 계약직 근로자들이 포함된다.

이와 같은 환경변화에 따른 조직문화와 가치의 변화는 인사시스템과 공무원의 가치, 그리고 공공조직 구성원의 역량관리의 필요성을 증가시키고 있다. 더 치열한 경쟁과 급변한 환경 하에 생존해야 하는 민간부문의 경우에는 소속 직원들에 대한 역량관리가 공공부문보다 더 중요해지고 있는 것은 사실이다.

민간부문에서 역량관리가 점점 더 필요하고 중요해진 이유로 다음 네 가지를 제시하고 있다(Lawler, 1994). 첫째로, 업무의 특성이 대량생산에서 고객친화적인 생산, 지식과 서비스 업무로 변화되어왔다는 점, 둘째로, 세계화가 조직들 사이에 심화된 경쟁을 가져왔다는 점, 셋째로, 변화하는 환경은 조직에 급격한 변화압력을 가하고 있다는 점, 넷째로, 평면조직구조는 전통적인 조직경력의 재구조화를 필요로 한다는 점 등이다(Lawler, 1994).

앞서 기술한 것처럼 기존 성과관리의 초점이 결과나 산출이었다면, 역량관리의 초점은 투입관리이다(Horton, 2000: 354).[5] 투입중심이라는 것은 역량관리가 보유하고 있는 강점이다.[6] 특히, 공공조직은 산출을 측정하기도 어렵고, 공공조직이 산출을 조정(steering)해 나가는 것도 바람직하지 않기 때문이다(Hondeghem & Vandermeulem, 2000: 345; Denhardt & Denhardt, 2000).[7] 또한 역량관리는 기존에 표준성과를 지향하던 방식에서 공무원들의 자기 지향성과 책임성, 그리고 탁월성의 추구를 향한 문화적 변화를 의미한다. 또한 모든 인사관리단계마다 사람들의 질을 확인하고 측정할 수 있다는 장점이 있다(Horton, 2000: 354).

역량관리는 인적자원관리(HRM)에 전략적이고 통합적인 접근을 지원한다. 수직적으로는, 역량관리는 조직의 미션과 전략으로부터 개인과 조직의 역량을 상세하게 기술하기 위한 도구일 수 있다. 수평적으로는 역량 프레임워크는 선발, 평가, 훈련, 그리고 보상을 포함하는 다양한 인사관리의 목적을 위해서 사용될 수 있다(Hondeghem & Vandermeulem, 2000: 345).

역량관리는 전통적인 HR 부서의 업무이었던 서무관리 업무나 근무기강을 확립하고 강화하는 차원에서 벗어나 고객서비스 업무로 탈바꿈 할 수 있게 해준다. 역량관리는 인사 및 교육훈련 담당부서가 자신들의 고객인 일선관리자들에게 도움을 주기 때문에

5) 기존 산출방식의 성과관리는 생산성과 효율성에 초점을 두고 평가했다. 생산성 및 효율성 향상을 위해서는 산출물을 늘리거나 비용을 절감하는 방안이 고려될 수 있다. 산출지표로 거론되는 것이 대부분 경제적인 지표인데, 공공부문의 경우에 산출에 직접적인 영향을 측정하는 것은 어려운 것이 현실이다. 결국 투입을 줄이는 방식으로 인원을 감축하여 경비를 줄이는 방식을 생각하게 되는데, 이는 직원을 비용으로 생각하는 방식이다. 투입관리 방식은 직원을 자산으로 생각하고, 직원들의 역량을 강화해서 조직의 역량을 강화하는 데 초점이 있다. 투입에 대한 성과 측정 변수로 직원들의 만족도, 조직몰입도, 이직의도의 감소 등으로 측정된다. 이는 공공부문 성과 측정변수에서 흔히 사용되는 변수들이다. 또한 직무활동을 세부 영역으로 구분하고, 세부 영역별 바람직한 행동수준과 지표를 설정하여, 이행수준을 측정하는 방안도 있다. 행정의 능률성이란 사회 심리적 관점이다.

6) 왕태규 외(2018)는 "인적자원관리가 전통적인 인사관리와 다른 점은 조직구성원을 조직의 소모적 자본이나 부품의 하나로 보지 않고 조직발전을 위한 귀중한 인적자원으로 생각한다. 인적자원을 관리하는 주요한 도구로 연구되는 것이 '고성과작업시스템'이고, 테일러적 통제중심 방식에서 벗어나 조직구성원의 참여와 몰입을 유도하여 조직성과를 향상시키고자 하는 전략적 인적자원시스템을 이야기한다"고 기술하고 있다. 또한 "고성과작업시스템은 정부성과를 올리기 위한 다양한 참여제도, 수평적 분권화, 폭넓은 교육훈련, 장기적인 고용, 높은 보상, 정보공유, 숙련형성 등의 인적자원리관리제도를 포함한다"고 기술하고 있다. 고성과시스템과 조직성과와의 관계를 보기 위해 사용되는 변수로 역량, 동기, 기회, 참여, 자율 등의 변수들을 사용한다고 기술하고 있는데, 이때의 역량은 능력(abiliity)이라는 개념을 사용한다.

7) 덴하트와 덴하트(Denhardt & Denhardt, 2000)는 NPM이 주도했던 기업가형 정부의 조정자 역할보다는 서비스 제공자로서의 역할에 충실해야 할 것을 강조하고 있다.

표 11-1 전통적 공공부문의 가치와 경쟁하는 새로운 가치들

전통적		새로운
	거시적 수준 가치들	
독점		경쟁
규제(통제를 위한 조직)		시장유인(미션중심의 조직)
감축 대 성장		지속적 개선/리엔지니어링
정책프로그램 추가		프로그램 개선과 변화
	일에 대한 가치	
전문가중심		고객중심
(내부 위주)		(외부 위주)
전통중심(현상유지)		혁신에 초점(변화)
문제분석		새로운 가능성을 봄
평가의 두려움		평가가 기회임
방어적임		생산적임
성과		능력
검열와 통제		방어
	구조에 대한 가치	
집권화됨		분권화됨
통제자로서 상급자		조력자로서 상급자
비민주적		참여적
개인별 업무		팀워크
계층제적 조직		평면조직
단순한 직무		다차원적 직무
단일한 서비스		다양한 서비스 버전
	직원에 대한 가치	
무차별한 획일적인 시스템		차별화된 맞춤형 서비스
비용으로서 직원들		자산으로서 직원
관리자중심		직원중심
평가/제재/서열		개발/학습/인정

출처: van Wart(1995: 99). "The First Step in the Reinvention Process: Assessment"를 van Wart(1998: 99) 전게서에서 재인용함.

더욱 효율적으로 실행될 수 있다. 그리고 조직개발 또는 컨설팅 모델은 HR 담당자들이 광범위한 조직의 이슈에 대해 내부 컨설턴트로서 기능할 수 있도록 해준다. 이와 같은 역량관리 접근법은 HR 관리자가 HR 정책을 기관의 미션, 목표, 그리고 정책에 연계시키는 전략관리팀의 총괄관리자로서 행동할 것을 요구한다.

2. 역량개념의 개념정의와 이해

역량에 대한 학자들의 개념정의는 다양하다. 그렇지만, 역량이라는 개념을 최초로 만들어 사용한 것은 심리학자 맥클랜드 외(MaClelland et al., 1953)이다. 맥클랜드(D. C. MaClelland)와 보야티스(R. E. Boyatzis)는 "어느 직무의 효과적이고 탁월한 수행을 가져오는 어느 한 사람의 내재된 특성"으로 역량이 존재한다는 것을 사례연구를 통해서 확인했다.[8] 라이언 외(Ryan et al., 2009)는 역량(competencies)이 특정한 행동의 실행과 인지-정서적 과정에 영향을 미치는 동기와 성격속성과 관련된 능력으로 보고 있다. 역량은 어느 한 개인이 할 수 있다는 것과 하기를 원하는 것을 포괄한다. 역량을 동기를 포함하기 때문에 능력과는 엄연하게 다르다. 역량이 어떤 사람이 할 수 있고 할 의지가 있다는 것을 알 수 있게 하는 데 반해서, 능력(abilities)은 할 수 있는 것에 대한 정보를 제공한다.[9]

미국 연방정부에서 공직자의 직무수행에서 역량이 중요하다고 인식한 것은 제2차 세계대전 종전 이후에 미국이 승전 국가가 되면서, 전 세계 국가에 대사관을 설치하고 공보관을 파견하고 난 이후부터이다. 정확하게 말하면, 전 세계 국가들에 파견된 공보관들의 학력수준이나 직무경력은 유사했으나 공보관으로 파견된 이후에 공보관들 사이에 직무수행 실적에서 큰 차이를 보였고, 심지어는 외국 정부나 국민들과 마찰을 겪고 본국으로 송환되는 공보관이 발생하게 되면서부터이다.

이때 동기와 성취에 대한 연구로 유명한 맥클랜드 외(McClelland et al., 1953)는 미국 국무성 정보처로부터 해외공보관 선발방안을 연구해 달라는 요청을 받았고, 현직 해외공보관들을 대상으로 인터뷰를 진행한 결과, 탁월한 업무성과를 내는 해외공보관들에게서 공통적으로 나타나는 행동특성이 타 문화에 대한 수용성, 타인에 대한 긍정적 기대, 정치적 네트워크 파악 능력이었음을 발견하였고, 이를 '역량(competency)'이라고 명명하였다. 그렇지만, 역량이 관리 분야에서 널리 알려지게 된 것은 보야티스의 저서에서 역량관리라는 용어가 사용되면서부터라고 보고 있다(Boyatzis, 1982).

역량이라는 영어 표현은 첫 번째 역량(competence)과 역량(competency)으로 두 가

8) MaClelland(1973). "Testing for competencies rather than intelligence" in Boyatzis(1982). "The Competent Manager: A Model for Effective Performance" in Moore et al.(2002). Competence, competency, and competencies: performance assessment in organizations에서 재인용함.

9) Ryan et al.(2009: 860). Distinguishing high-performing European executives: The role of Emotional, social and cognitive competencies에서 인용함.

지가 존재한다. 첫 번째 역량(competence)은 어느 사람이 잘할 수 있는 일의 영역, 즉 역량의 영역을 언급할 때 사용된다. 어떤 일을 잘 수행하기 위해서 요구되는 능력(예: 고용을 위해 필요한 선발 기준)을, 두 번째 역량(competency)은 잘된 일의 배후에 내재하는 행동의 영역, 즉 사람 관련될 때는 사용된다 어떤 사람이 일과 기능을 역량 있게 수행하기 위해서 보여주어야 하는 행동의 모습들을 의미한다.[10)11)]

역량개념에 대한 정의가 학자들 간에 차이가 있으며, 크게 세 가지로 분류될 수 있다. 역량(competencies)은 첫 번째는 관찰 가능한 수행,[12)] 두 번째는 개인수행의 성과의 질 또는 기준,[13)] 세 번째는 어느 한 개인의 내재된 속성[14)]으로 정의된다.

패리(J. L. Parry)는 1995년 요하네스버그에서 열린 역량을 주제로 한 회의에 참석한 전문가들의 의견을 종합하여 역량이란 "개인이 수행하는 업무의 주요한 부분들에 영향을 주고, 업무성과와 관련성이 높고, 조직에서 널리 받아들여지는 성과기준에 대비하여 측정될 수 있으며, 교육훈련과 개발을 통하여 개선될 수 있는 지식과 기술, 태도의 집합체"로 정의하고 있다.[15)]

역량이란 성과기준에 대비해서 관찰과 측정 가능하고 교육훈련을 통해서 개발 가능하다는 특징이 있으며, 개인 역량의 경우에는 내재되었다는 점에서[16)] 무의식적으로 행동으로 도출되고 반복된 행동의 특성이 있다. 윌리엄 제임스(William James)는 역량이 측정 불가능하다면 그것은 역량이 아니라고 단언적으로 선언한다.[17)] 하지만, 위에서 기

10) Woodruffe(1991). "Competent by any other name" in Moore et al.(2002) "Competence, competency and competencies: performance assessment in organizations"에서 재인용함.

11) 테리 쿠퍼 · 도날드 멘젤(2018). 『윤리역량: 공직리더십을 위한 윤리역량 성취』라는 번역서 머리말에서 행정사상과 방법론 연구회는 "Competence(역량: 능력): 형용사로 수식할 수 있는 명사다; 예를 들면, 그녀는 조직을 운영하는 데 적절한(낮은 또는 높은) 수준의 역량을 가지고 있다. Competent(역량; 유능함): 한 사람이 전문직, 실무, 기술(공예, 기교), 또는 업무에 대한 기준에 맞는 충분한 수준의 역량을 달성한 상태를 의미한다. 면허증의 승인, 시험합격, 견습(직)기관 완료, 학위 수여 또는 누군가의 역량을 일반적으로 증명할 수 있는 조합을 말한다. Competency(역량성; 능력들): 의미에 대한 상당한 합의 없이 어휘에 몰래 스며든 까다로운 단어; 그래서 다양한 의미로 가끔은 갈등을 야기하는 방향에서 사용된다. 우리는 이 단어를 역량의 구성요소인 특별한 기술, 지식, 그리고 태도의 짝(조합)에 대한 근거로 더 즐겨 사용한다"고 기술하고 있다.

12) Boam & Sparrow(1992); Bowden & Masters(1993) 참조.

13) Rutherford(1995); Hager et al.(1994) 참조.

14) Boyatzis(1982); Sternberg & Kolligian(1990) 참조.

15) Parry(1996)를 권용수(2006: 132). "공무원 역량기반교육훈련에 관한 고찰"에서 재인용함.

16) Spencer & Spencer(1998). Competency at work Models for Superior Performance에서 "역량을 특정한 상황이나 직무에서 효과적이고 우수한 성과의 원인이 되는 개인의 내적인 특성으로 정의"하고 있다.

술한 것처럼 역량이 동기를 포함하고 있다면, 사람들의 동기에 영향을 미치는 윤리적 가치도 측정 가능하다면 측정하는 것이 바람직하다고 생각한다. 테리 쿠퍼와 도날드 멘젤은 저서에서 윤리적 가치를 측정할 수 있는 다양한 측정도구를 제시하고 있다(테리 쿠퍼 · 도날드 멘젤, 2018: 129, 168).

앞에서 소개한 학자들의 역량정의를 정리해보면, 역량은 할 수 있는 것과 하려고 하는 동기 모두를 포괄한다고 할 수 있다. 관리자의 윤리적인 판단에 의한 행동과 행동의 일관성을 관찰함을 통해서 하려 하는 동기나 윤리적인 측면까지도 평가 가능하다고 본다. 예를 들어, 실무수행에서 또는 역량평가에서 특정 후보자가 조직의 목표나 국민 전체의 이익이라는 관점에서, 합의의 기준이나 정책대안의 우선순위를 설정하려고 노력하고, 합의된 기준이나 정책대안의 우선순위를 일관되게 지켜나가려는 모습을 보여주고 있다면 윤리적인 동기까지도 행동으로 나타나는 것이며, 그럴 경우에 관찰 및 측정 가능하다고 할 수 있다.

스패로우(Sparrow, 1994)는 역량을 조직역량, 관리역량, 개인역량으로 구분하고 조직역량을 핵심역량으로, 개인역량을 직무역량으로 구분하고 있다. 조직역량은 조직구성원이 공유해야하는 역량이며, 관리역량은 개인직무가 아니라 다양한 조직의 관리자들이 활용 가능한 역량이고, 개인역량은 직무수행과 관련된 역량이라고 한다(Sparrow, 1994).[18]

김현주(2003)는 조직역량을 조직구성원들이 조직의 전략적 목표와 가치에 근거하여 공통적으로 보유해야 한다는 점에 주안점을 두어 공통/핵심역량으로, 관리역량은 개인과 조직을 연결해 주는 기능을 하는 관리적/리더십/프로세스 역량으로, 개인역량은 개인의 직무와 관련된다는 점에 주안점을 두어 개인/직무/전문역량으로 구분하고, 적용 취지와 범위, 그리고 도출 근거를 〈표 11-2〉와 같이 제시하고 있다.

조직역량에 관해서는 앞장 제10장에서 이미 소개하였다. 대한민국 정부에 주권자인 국민, 헌법설계자, 그리고 주권자의 대표기관인 국회가 정부 조직 설립목적에 부여한 가치를 앞장에서 대한민국 공직자가치로 소개했다. 이 장에서는 관리자역량에 대해서 소개한다. 그리고 각 조직의 직무분석전문가(또는 인사담당자)는 직무분석을 기초로 개별직무에 대한 직무역량을 정의하고, 인사부서의 채용/역량평가전문가는 해당 직무의

17) Spencer & Spencer(1993)를 하미승 외(2007) 공무원 역량평가를 위한 사례비교연구에서 재인용함.

18) Sparrow(1994). The Psychology of Strategic Management, in Cooper, C. & Robertson(eds). *International Review of Industrial and Organizational Psychology*, 9. Wiley. in 하미승 외(2008: 40). 전게논문에서 재인용함.

표 11-2 인적자원관리에서 적용되는 일반적인 역량의 유형

역량구분	적용 취지	적용 범위	도출 근거
공통/핵심역량	전 조직구성원이 공통적으로 갖추어야 할 역량	전체 조직구성원	조직의 미션, 가치, 전략
관리적/리더십/프로세스역량	개인의 역량이 조직 차원에서 원활히 수렴되고 변화하도록 하는 역량	관리자 및 특정 계층의 조직구성원	부서 내 업무의 효과적 수행요건 및 부서 간 협조의 관건
개인/직무/전문역량	조직구성원 각자가 업무를 효과·효율적으로 수행하기 위한 역량	업무유형별 담당자	개인 단위 업무의 내용 및 성과요인

출처: 김현주(2003: 128). 역량기반 인적자원관리의 도입과 발전에서 인용함.

직무역량을 가장 잘 수행할 수 있는 개인역량을 보유한 공직후보자/승진후보자를 선발한다. 제12장은 민주헌법주의 국가에서 신입 직원 선발, 승진, 그리고 전환배치 등 인사관리 전반에서 중시해야 할 가치, 가치이행관리조직, 그리고 관련 제도(법규와 지침 등)에 대해서 상세하게 소개한다.

3. 역량중심 대 기능중심 관리의 비교과 혼용 필요성

조직에서 역량관리란 조직활동의 모든 영역에서 우수수행자와 평균수준의 수행자를 구분짓는 역량을 확인하고, 모집, 선발, 훈련과 개발, 보상, 그리고 모든 직원관리를 위한 기초로서 역량체계를 활용하는 것을 포함한다. 종래의 기능중심의 접근방법은 직무에서 산출이나 성과에 초점을 두었다면 역량중심의 접근법은 투입에 강조를 둔다.

림보우(Limbourg, 1997: 8)는 종래에 기능중심의 접근법과 역량중심 접근법의 차이를 구분하여, 〈표 11-3〉과 같이 상세하게 설명하고 있다.[19] 다음 〈표 11-3〉에서 소개하는 바와 같이 기능중심에서 역량중심과의 차이는 인사관리 방식의 변화를 가져올 수 밖에 없다. 역량중심의 접근법이 종래의 기능중심의 접근법보다 나은 첫 번째 장점은 단순히 어느 직무를 잘 수행하는 것 이상의 것을 사람들로부터 기대할 수 있다는 것에 있다. 두 번째 장점은 초점이 오늘이 아닌 내일에 있다는 것이다. 조직이 급격하게 변화하는 것처럼, 어떤 유형의 사람들이 미래에 필요한가를 탐색하는 것이 중요하다(Hon-

19) Limbourg(1997: 8). Competitencies: een HR-hefbloom om ondernemingsstrategie te realiseren. in Hondeghem & Vandermeulen(2000: 344). Competency Management in Flemish and Dutch Civil Service에서 재인용함.

표 11-3 기능과 역량중심 인사관리(HRM)의 차이점

기능적 접근	역량접근
직무기술(job description) 무엇이 행해져야 되나? 핵심과업과 기능적 요구(지식, 기술, 책임) 선발(selection): 그 사람이 어떠한가? 기능과 개인 사이에 정합성을 알기 위한 선발 하나의 자리를 채우기 위한 선발 현재 기능에 기초된 선발기준 지식, 성격, 그리고 태도에 초점을 둔 선발기준	**역량프로파일(competency profiles)** 무엇이 행해져야 하나? 왜 그리고 어떻게? 핵심과업들과 역량요구(지식, 기술, 성격, 태도, 가치와 규범, 인센티브) 선발(selection): 그 사람이 어떻게 기능하는가? 개인과 조직 사이에 정합성을 알기 위한 선발 장기적으로 한 조직의 성장과 발전관점에서 선발 미래에 기초된 선발 지식 이외에 성격과 태도, 기술, 가치, 태도를 포함하는 선발기준
능력개발(development) 지식의 개발 계층제적 승진에 목적을 둠 직무스킬을 향상시킨다는 관점에서	**능력개발(development)** 지식, 능력, 의지, 그리고 존재의 개발 수평적 이동성에 목적을 둠 인간의 잠재 능력의 최대 활용에 목적을 둠 스킬, 태도, 그리고 행동개발 관점에서
평가(assessment) 특정 직무 내에서 기능하는 것에 초점 헌신에 초점	**평가(assessment)** 직무, 수행, 결과와 잠재성에 초점 행동에 초점
보상(reward) 직무에 따라 급여 지급 직무의 상대적 가중치가 임금을 결정 책임, 지식, 나이, 그리고 연공서열에 초점	**보상(reward)** 일하는 것에 따라 급여 지급 어느 한 조직을 위해 요구되는 역량이 임금을 결정 산출에 초점

출처: Limbourg(1997: 8)를 Horton(2000) 전게논문에서 재인용함.

deghem & Vandermeulen, 2000: 344).

그러나 사람들이 기능적 접근과 역량 기초된 접근의 근본적인 차이가 있는지를 의문시할 수 있지만, 양 접근법을 상호 보완적으로 사용하는 것이 좋다는 것을 제안한다. 역량관리는 기능적인 접근이 타당하지 않다는 것을 의미하는 것은 아니며, 기능중심 접근이 인사관리의 유일한 방법이 아닐 수 있다는 것을 알게 해주는 데 의미가 더 크다고 보고 있다(Hondeghem & Vandermeulen, 2000: 345).

기능중심의 접근에서 벗어난 것 이외에, 역량관리는 수행관리로부터 벗어나서 이동한 것으로 보여진다. 수행관리의 초점이 결과와 성과에 있었다면, 역량관리의 초점은 투입에 있다는 것이다: 사람들이 그들의 직무에 무엇을 가져오는지, 이러한 역량관리의 특징은 산출을 측정하기 어려운 또는 산출을 조정하는 것이 바람직하지 않은 공공 분야 중에, 특히 공공조직에서 매력적이다(Hondeghem & Vandermeulen, 2000: 344). 그리고 결과나 산출중심의 관리가 아닌 투입중심의 관리이고, 이러한 특징이 공공부문의 윤리에 부합한다. 역량관리는 HRM에 전략적 접근과 통합된 접근을 지원한다. 수직적으로 역량관리는 개인과 조직의 역량을 조직의 전략과 미션으로부터 도출할 수 있는 도구일 수 있다. 수평적으로, 역량 프레임워크는 선발, 평가, 개발, 그리고 보상을 포함하는 다양한 인사관리의 목적을 위해서 사용되어질 수 있다.

실제로 조직에서 관리자의 필요한 역량을 도출할 경우에는 세 가지 관점에서 역량을 도출한다. 첫째, 우수성과자의 과거행동을 분석하는 것, 둘째, 유사조직에서 유사실무의 역량을 벤치마킹하는 것, 셋째, 미래에 그 분야에 어떤 역량이 필요할지를 예측하는 것 등이다(Horton, 2000). 즉, 조직이 급속하게 변화하는 것처럼, 어떤 유형의 사람들이 미래에 필요한지를 탐색하는 것이 필요하다고 강조한다.[20]

역량관리의 도입은 HR 조직에 변화를 의미한다. 반(C. Ban)은 인사조직의 세 가지 개혁모델을 제시한다.[21] 첫 번째, 고객서비스 모델은 HR 조직이 과거에 서무적인 일과 함께, 규칙과 내규를 지키게 하는 고전적인 역할에 대한 새로운 역할모델이다. 인사조직 담당자가 인사조직이 고객으로서 일선관리자에게 봉사할 수 있도록 해준다. 두 번째, 조직개발 컨설팅 모델은 인사담당자가 폭넓은 범위의 조직이슈들에 관해서 일선관리자들에게 내부 컨설턴트로서 기능할 수 있게 해준다는 특징이 있다. 세 번째, 전략적 인사관리 모델은 인사정책을 기관의 미션, 목표, 그리고 정책에 연결하는 인사담당자들을 전략관리팀의 총괄관리자로서 행동할 수 있게 해준다.

20) 권용수(2006: 138). 전게논문에서 역량모델에 적용해야 하는 네 가지 원칙을 제시하고 있다. 첫째, 역량과 교육훈련 간의 연계가 용이해야 한다는 점, 즉, 역량 향상과 교육훈련의 연계가 용이하도록 분석되어야 하며, 구체적인 교육훈련 설계에 반영할 수 있는 지식 및 기술요소의 규명이 이루어져야 함. 둘째, 역량진단 및 역량개발의 용이성이 확보되도록 해야 함. 수준을 보다 정확히 진단하고 역량개발 시 정확한 메시지를 갖도록 역량요소를 간소화해야 함. 셋째, 조직 및 직무특성을 정확히 반영해야 함. 현업 조직구성원들이 역량을 쉽게 이해하고 정확히 진단할 수 있도록 역량정의 및 수준 기술 시 구체적 직무내용을 반영해야 함. 넷째, 직무별/직무계층별 역량요소를 포괄해야 함. 즉, 우수성과자가 발휘하는 역량 전반을 규명하여야 하며, 직무수행에 필요한 수준을 분석하고 이에 따른 교육훈련 제공에 중점을 두어야 함.

21) Ban(1998). The Changing role of the personnel office. in Hondeghem & Vandermeulen(2000) 전게논문에서 재인용함.

4. 중간관리자 관리역량이 조직성과에 미치는 영향

관리자/리더십 역량이 조직성과에 미치는 영향에 관한 학자들의 관심은 지대하다. 일부 학자들의 다양한 분야의 968개 기업을 대상으로 실시한 연구에서 효과적인 사람 관리 전략을 실행하고, 관리역량이 높은 기업이 낮은 기업보다 이직률이 7% 이상 낮고, 직원당 이익이 3,814$ 증가, 직원당 매출이 $27,044 높고, 직원당 시장가치가 $18,641 높았다는 조사결과를 보여주고 있다(Huselid, 1995).[22)]

핸슨(Hanson, 1986)은 글로벌 40대 제조업체(5년 이상 재정적인 성공을 기록한 기업들)을 대상으로 실시한 연구에서 다섯 가지 강력한 예측 요소로 ① 시장점유율, ② 자본집약도(자동화 등), ③ 기업의 자산규모, ④ 산업평균 판매수익률, ⑤ 사람을 효과적으로 관리하는 관리자의 능력 중에 사람을 효과적으로 관리하는 관리자의 능력이 다른 요소들보다 세 배 이상의 강력한 예측요소라는 것을 발견하였다.

숙련된 사람관리가 조직성공의 주요 결정요소이라는 것을 보여주는 사례가 또 있다. 제너럴 모터스(General Motors)의 캘리포니아주 프리몬트(Fremont) 조립공장 사례가 대표적이다. 1982년 공장을 폐쇄하기 전에 이 공장의 결근율은 20%이었고, 5,000건의 고충신고(매일 20건 이상) 중 2,000건 이상이 미해결 상태로 남아 있었고, 매년 평균 3~4건 정도의 노사분규가 발생했다. 공장직원 5,000명의 사기와 생산성, 그리고 생산품의 질은 최악의 수준이었다. 주요 생산품이었던 Chevrolet NOVA 모델에 대한 생산비용이 아시안 경쟁기업들보다 30% 더 들어갔다. 결국 1982년 말 기업의 총수는 공장 폐쇄를 명령했다.

1985년 GM은 토요타(TOYOTA) 자동차와 공동 운영계약을 체결하고 일본식 관리방식 도입하였다. 대부분의 기존 GM 종업원들이 재고용되었다. 유일한 차이는 새로운 관리팀과 직원들을 대상으로 High-Involvement 교육실시를 하였다는 것이다. 직원들의 결근율은 2%로 떨어졌고, 고충신고는 2건, 노사분규는 발생하지 않았다. 생산실적이 20% 향상되었고, 공장 생산성은 GM 내 최고 품질을 유지하며, 생산비용은 동급 모델을 생산하는 다른 경쟁기업과 동일하게 유지할 수 있었다. 그 공장에서 생산한 생산품은 토요타 코롤라(TOYOTA Corolla)로 동급 최강이 되었다. 단지, 1년 만에 놀라운 변

22) Huselid(1995). The Impact of human resource management practices on turnover, productivity, and corporate financial performance; Pfeffer & Viega(1999). Putting People first for organizational success. in Whitten & Cameron(2007: 6). Developing Management Skills에서 재인용함.

화를 이룩할 수 있었다(Whitten & Cameron, 2007: 6-7).

휘텐과 카메론(Whetten & Cameron, 2007)은 우 사례 연구를 통해서 얻은 교훈을 다음과 같이 기술하고 있다.

> 좋은 관리가 압도적으로 재정적인 성공을 가져오는 데 반해서, 효과적이지 않는 관리는 재정적인 어려움을 키운다는 것을 보여준다. 성공적인 조직은 잘 훈련된 사람관리 스킬을 가진 관리자들이 있다. 최고경영자와 임원들, 사업가들에 대한 설문조사에서도 비즈니스 실패에 가장 책임 있는 요소가 잘못된 관리이고 비즈니스 성공을 가져오는 최상의 방법이 더 좋은 관리를 제공하는 것이다.
>
> 그러나 놀랍게도 효과적을 사람을 관리하는 사람을 발견하는 것은 기대하는 것만큼 쉽지 않다. 페퍼와 비에가(Pfeffer & Veiga, 1999)는 실제 관리의 동향은 많은 경우에, 다수의 증거들이 처방하는 것과는 정반대로 움직이고 있다고 결론짓는다. 상식과 일반적인 지식이 필연적으로 일반적인 실무는 아니다. 아는 것과 행하는 것은 동일한 것이 아니다(Whetten & Cameron, 2007: 7).

제2절 학자들이 제시하는 관리자 역량모델과 각국 정부사례

1. Whitten & Carmeron이 제시하는 관리자 역량모델

휘텐과 카메론(Whetten & Cameron, 2007)은 관리자와 리더를 다음과 같이 구분한다. 관리자는 주어진 일을 잘하는 사람으로, 리더는 일을 옳게 하는 사람으로 구분한다. 관리자는 조직에서 자신에게 주어진 업무를 달성하기 위해, 목표를 설정하고 달성계획을 수립하고 모니터링과 통제를 하는 역할을 맡는다고 보고 있다. 리더는 새로운 변화방향을 모색하고, 비전과 미션을 설정하고 직원이 변화를 수용하고 변화에 동참할 수 있도록 동기부여하는 역할을 맡는다고 보고 있다. 21세기 급변하는 환경 속에서 관리자와 리더 역할 중 어느 하나에만 치중할 수 없고 동시적으로 균형을 이루어야 한다는 점에서 그리고 이 두 가지 역할이 상충된다는 점에서 역설적인 균형을 강조한다. 이들은 관리자의 역할과 리더의 역할을 통합해서 관리자의 스킬이라고 통칭해서 부르고 있다.

휘텐과 카메론(Whetten & Cameron, 2007)은 민간기업, 보건, 교육, 그리고 주정부의 가장 효과적인 관리자들을 대상으로 하는 행동사건 이벤트 면접결과로부터 얻어낸 관리자의 스킬들을 근거로 하여 관리자/리더의 역량모델을 제시하고 있다. 이들이 행동사건 면접에서 사용한 질문문항들은 다음과 같다. 당신은 이 조직에서 어떻게 성공할 수 있었는가? 이 조직에서 성공한 사람과 실패한 사람은 누구이고 이유는 무엇인가? 만약에 당신이 당신의 자리를 대신할 사람을 훈련시킨다면 어떤 지식과 기술을 습득해야만 하는가? 만약에 당신이 더 나은 관리자가 되기 위해서 교육프로그램을 설계한다면 무엇이 포함될 것인가? 당신이 아는 효과적인 관리자에 대해서 생각해 보고, 그들의 성공을 설명할 수 있는 스킬은 무엇인가?와 같은 다양한 질문들을 통해서 도출한 관리자의 역량을 크게 세 가지 영역에서 열 가지 역량을 제시하고 있다. 이들은 자신들이 제시하고 있는 열 가지 관리역량을 민간부문과 정부부문 관계없이, 모든 조직에서 활용 가능하다고 보고 있다.

또한 관리자 역량의 주요 특징으로 첫 번째는 행동적이라고 한다. 개인들이 결과를

그림 11-2 관리자와 리더, 그리고 관리자 역량 관계도

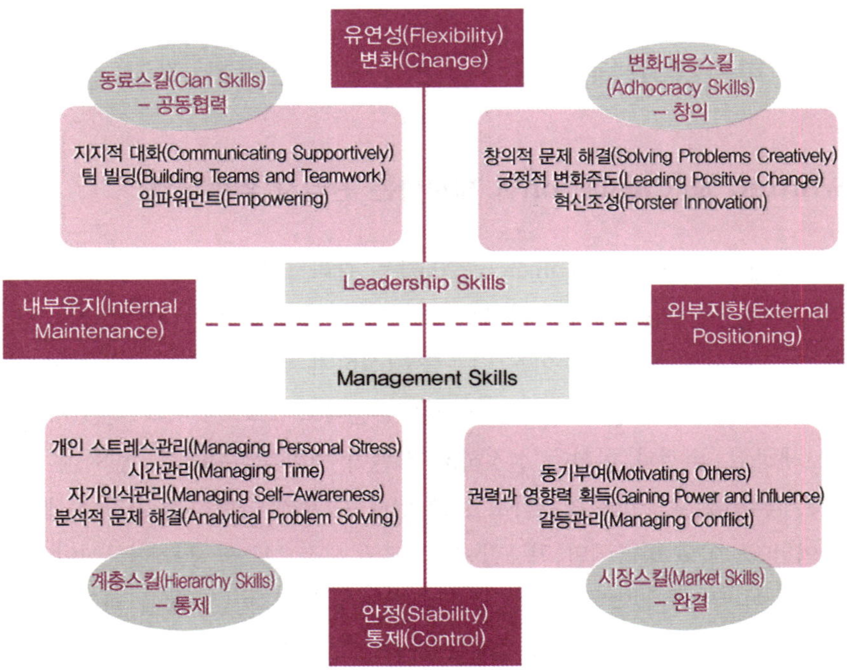

출처: Whitten & Cameron(2007:16). Developing Management Skills에서 인용함.

만들어 내기 위하여 수행하는 일련의 식별 가능한 행위들로 구성되어 관찰 가능하지 않은 성격속성들과 대비된다고 보고 있다. 두 번째는 통제 가능하다는 것이다. 통제 가능하다는 것은 수행자 자신이 통제할 수 있는 행동으로 두려움의 통제와 같은 인지적 활동과는 대비된다. 세 번째는 개발 가능하다는 것이다. 이는 연습과 피드백을 통해서 향상이 가능하다는 것이다. 그러한 점에서 IQ, 성격, 그리고 기질과는 대비된다고 본다. 네 번째는 상호 연관되고 중첩되어 있다는 것이다. 복합적 반응이 통합된 세트이고, 결과를 달성하기 위해 스킬들을 조합해야 한다. 그러한 면에서 단순한 용접이나 슈팅과는 대비된다고 보고 있다. 다섯 번째는 모순과 역설이 있다는 것이다. 모두 부드럽고 인간적이거나 모두 지시적이거나 딱딱하지 않다는 것이다.

휘텐과 카메론(Whetten & Cameron, 2007)은 저서에서, 관리자와 리더의 역량을 구분하고 [그림 11-2]와 같이 제시하고, 이를 다시 개인적, 개인 간, 그리고 집단 역량 등 세 가지 영역으로 구분하고, [그림 11-3]과 같이 열 가지 역량을 제시하고 있다. 관리자 역량에는 계층제적 스킬로 개인 스트레스를 관리하는 것, 팀을 관리하는 것, 자기인식을 유지하는 것, 분석적 문제 해결을 하는 것을 포함시키고 있다. 시장스킬에는 다른

그림 11-3 개인, 개인 간, 그리고 집단과 역량 사이의 관계도

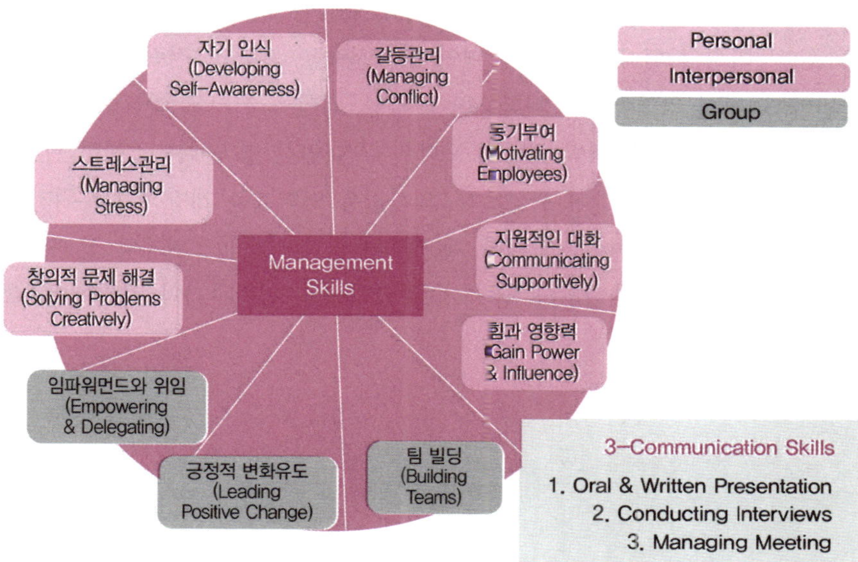

출처: Whitten & Cameron(2007:19). Developing Management Skills에서 인용함.

사람을 동기부여하는 것, 권력과 영향력을 얻는 것, 갈등을 관리하는 것을 포함시키고 있다. 리더 영역으로 공동협력스킬에는 지지적으로 대화하는 것, 팀과 팀워크를 유지하는 것, 임파워먼트하는 것을 포함시키고 있다. 변화대응스킬에는 창의적으로 문제를 해결하는 것, 긍정적 변화를 주도하는 것, 그리고 혁신을 조성하는 것을 포함하고 있다.

개인적인 영역에서는 자기 인식, 스트레스 관리, 창의적 문제 해결을, 대인간 영역에서는 갈등관리, 동기부여, 지지적 대화, 힘과 영향력을, 집단 영역에서는 임파워먼트와 팀 빌딩, 그리고 긍정적인 변화유도를 제시하고 있다. 이들은 열 가지 역량 이외에 커뮤니케이션 스킬로 프리젠테이션, 인터뷰, 그리고 미팅스킬을 별도로 소개하고 있다.

2. PDI(Personnel Decisions International) 관리자 역량모델

1) 임원급 관리자의 역량모델[23]

PDI는 임원들(executives)이 갖추어야 하는 여덟 가지 영역으로 구분하고, 21개의 역량을 제시하고 있다. 여덟 가지 영역은 [그림 11-4]에서 보여주는 것과 같이 사고, 전략관리, 리더십, 대인간, 의사소통, 동기부여, 자기관리, 폭과 깊이로 구분한다.

사고(thinking) 영역에서는 노련한 판단(seasoned judgment), 비전을 시각화할 수 있는 사고(visionary thinking), 재정적인 감각(financial acumen), 글로벌한 관점(global perspective) 등이 포함된다. 전략관리 영역에는 전략을 세우고, 전략을 집행하는 역량이 포함된다. 리더십 영역에는 다재다능한 리더십, 영향을 끼치고 협상하기, 다른 사람을 임파워하기, 매력과 지능개발 역량이 포함된다. 대인간 영역에는 조직적 관계형성하기와 신뢰를 이끌어내기 역량이 포함된다. 의사소통 영역에는 개방적인 분위기 조성과 설득력 높은 의사전달 역량이 포함된다. 동기부여 영역에는 이해관계자 성공추구와 기업가적 위험감수 역량이 포함된다. 자기개발 영역에는 경력관리와 자기개발, 유연성, 성숙한 확신 역량이 포함된다.

23) Gebelein et al.(2000). *Successful Executive's Handbook*에서 인용함.

그림 11-4 임원 관리역량의 여덟 가지 영역과 21가지 역량

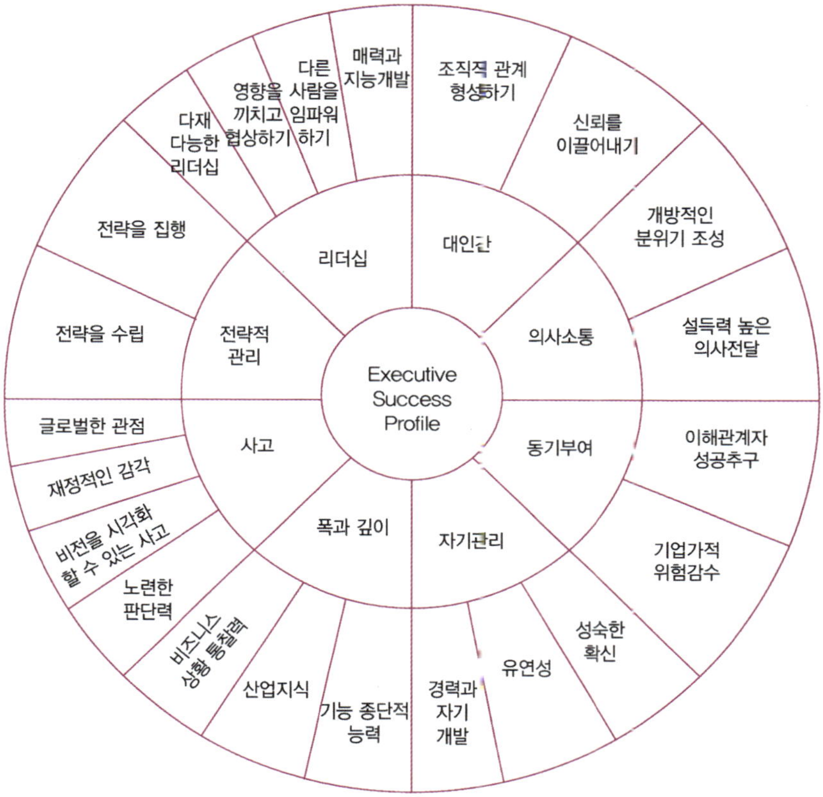

출처: Gebelein et al.(2000: XIV). *Successful Executive's Handbook*에서 인용함.

임원들의 여덟 가지 역량 영역 중에 사고 영역에 해당되는 네 가지 역량과 세부적인 역량지표를 자세히 소개하면 다음 〈표 11-4〉와 같다. 사고 영역은 앞서 기술한 것처럼, 노련한 판단, 비전을 시각화할 수 있는 사고, 재정적인 감각, 그리고 글로벌한 관점이 포함된다.

표 11-4 PDI 임원들의 사고역량 네 가지와 역량별 세부 행동지표

사고 영역	행동지표
노련한 판단 (seasoned judgment)	① 복잡하고/중요한 이슈를 해결하기 위해서 광범위한 지식과 노련한 경험을 적용하라. ② 불완전하거나 애매한 정보에도 불구하고 명확하게 이슈를 정의해라. ③ 의사결정을 위해 필요한 정보를 얻기 위해서 깊이 파라. ④ 내재된 전략적 이슈를 확인하기 위해서 문제와 증상(symptoms)을 연결시켜라. ⑤ 다양한 아이디어와 관점을 창의적으로 통합하라. ⑥ 결정을 할 때, 모든 중요한 이슈를 고려하라. ⑦ 적시에 결정하라. ⑧ 필요할 때, 과감하고 실용적인 결정을 하라.
비전을 시각화할 수 있는 사고 (visionary thinking)	① 사업과 조직의 미래를 위한 명확한 비전을 개발하라. ② 다른 사람들의 상상력을 끌어낼 수 있는 명확한 조직의 목적과 미션을 전파해라. ③ 사업의 장기적이고, 큰 그림을 유지하라, 그리고 사업을 위한 장기적인, 미래 필요와 기회를 확인하라. ④ 그 산업의 전략적 방향을 전환할 때, 산업의 진화와 미래를 예측할 때를 확인하고, 그 조직이 경쟁우위를 유지하기 위하여 변화에 적응하기 위한 방법을 인식하라. ⑤ 다른 사람들이 하기 전에 문제를 발견하고, 이슈를 이해해라. ⑥ 현상 유지적인 사고와 가정에 도전하라. ⑦ 시장에서 가치를 창출하는 신선한 관점, 혁신적인, 상황 돌파적인 아이디어, 그리고 새로운 패러다임을 구상하라.
재정적인 감각 (financial acumen)	① 재정정보의 단골 고객이 되라. ② 주요 재정지표의 완전한 의미와 상호관계를 이해하라. ③ 예산과 수익계획에 허술한 점을 확인하라. ④ 전략적 선택과 대안들을 평가하고 창출하기 위한 재정적인 분석을 사용하라. ⑤ 비즈니스 기회에 잠재된 수익성과 수익을 확인하라. ⑥ 그 사업의 전반적인 재정성과를 관리하라(소득명세와 재무제표).
글로벌한 관점 (global perspective)	① 사업과 조직에 영향을 미치는 중요한 최근 트렌드를(기술적, 경쟁 우위적, 사회적, 경제적 등등) 파악해서 알아두라; 글로벌한 맥락에서 해당 조직의 위치를 이해하라. 주요 행동지표는 글로벌 시장 내에서 당해 사업의 포지션을 이해하라; 당해 조직의 글로벌 시장 포지션, 기회, 능력, 그리고 경쟁적인 위협에 관해 전반적인 이해를 표현해라. ② 당해 조직의 계획과 성장에 관한 글로벌 트렌드의 영향을 이해하라.

출처: Gebelein et al.(2000: XIV) 전게서에서 제시한 내용을 표로 정리한 것임.

2) 일반관리자의 역량모델[24]

PDI는 일반관리자의 역량 영역을 아홉 가지로 구분한다. 아홉 가지 영역은 운영 스킬, 커뮤니케이션 스킬, 대인간 스킬, 리더십 스킬, 동기부여 스킬, 조직적 지식, 조직전략 스킬, 자기관리 스킬, 사고 스킬로 구분한다. 일반관리자들의 아홉 가지 역량 영역과 39가지 세부 역량을 〈표 11-5〉로 나타내보면 다음과 같다.

일반관리자들은 오늘날 비즈니스 환경에 성공적이기 위해서 전략적인 마인드셋(mindset)이 필요하다. 또한 그들은 큰 양의 정보를 수집하고 처리할 수 있어야만 하고, 건전한 판단에 필요한 객관적인 사실을 얻기 위해서 산더미 같은 정보를 능률적으로 파헤칠 수 있어야 한다.

24) Davis et al.(1992). *Successful Manager's Handbook*에서 인용함.

표 11-5 일반관리자의 관리역량의 아홉 가지 영역과 39가지 세부 역량

영역	세부 역량	영역	세부 역량
운영 스킬	계획수립	리더십 스킬	방향성 제공
	구조와 인력		용감하게 리드하기
	시스템과 프로세스 개발		다른 사람에게 영향 끼치기
	실행관리		팀워크 조성
	능률적으로 일하기		다른 사람 동기부여
대화 스킬	효과적으로 말하기		다른 사람을 코치하고 개발
	개방적 대화분위기 조성		변화 챔피언 되기
	다른 사람에게 듣기	동기부여	결과 지향
	프리젠테이션 기술		업무몰입 행동 보여주기
	서면 프리젠테이션 준비	조직지식	재정적/양적인 데이터 사용
대인 스킬	관계형성		기술적/기능적 전문성 사용
	조직적 상식 드러내기		비즈니스 파악
	네트워크 형성과 활성화	자기관리	통정성 보여주기
	가치 다양성		유연성 보여주기
	불일치 관리		자신을 개발하기
조직전략 스킬	수익성 관리	사고스킬	전략적으로 생각하기
	질에 몰입		이슈를 분석하기
	고객 니즈에 초점두기		건전한 판단을 하기
	기업 시민정신 촉진하기		혁신적인
	글로벌 영향 인식하기		

출처: Davis et al.(1992). 전게서에서 기술한 내용을 표로 정리함.

부가하여, 급격한 변화의 시기에, 관리자들은 경쟁에 앞서가기 위해서 창의적이고 (풍부한 재능에서 오는) 유연하게 대응할 수 있어야 한다. 그리고 제한된 자원을 최대한 활용하기 위해서, 관리자들은—작은 파생으로부터 시작할 것인지 또는 이미 존재하던 것을 키울 것인지—창의성과 (다양한 자원보유를 통한) 대응성 사이에 효과적으로 균형을 둘 수 있어야 한다.

일반관리자들의 사고 스킬 영역의 세부 역량으로 전략적으로 생각하라, 이슈를 분석하라, 건전한 판단을 하라, 그리고 혁신적이어야 함이 있다. 각 세부 역량별 행동지표를 자세히 소개하면 다음과 같다.

우선적으로, 전략적으로 생각하라: 문제를 해결하고 결정을 할 때 광범위한 범주의 내적, 그리고 외적 요소들을 고려하라; 중요한, 높은 페이오프 전략을 확인하고, 그에 따라 우선순위를 정해라; 의사결정에서 시장과 경쟁자에 대한 정보를 활용하라; 성공을 위한 전략적 기회를 인식해라; 활동과 결정을 주요한 전략적 이슈에 초점을 두고 유연하게 하라(예: 고객, 질, 경쟁, 그리고 등등).

이슈를 분석하라: 관련 정보를 체계적으로 수집하라; 광범위한 범위의 이슈와 요소들을 고려하라; 복잡성을 이해하고 문제 또는 이슈들 사이에 관계를 지각하라; 다른 사람들로부터 관여를 허용하라; 분석에서 정확한 논리를 사용하라.

건전한 판단을 하라: 적시에 건전한 판단을 하라; 불확실성의 조건 하에 결정을 하라.

혁신적이 되라: 새로운 아이디어를 창출하라; 현상유지를 넘어서라; 새로운 또는 수정된 접근법을 위한 필요를 인정해라; 관점과 접근법을 함께 가져오고, 창의적인 방법에서 양측을 결합하라.

3. 외국 정부의 관리자 역량모델

1) 네덜란드의 관리자 역량모델

네덜란드의 행정서비스는 상당히 분권화되어 있다. 중앙행정기관은 13개부로 구성되어 있으며, 꽤 독립적으로 일한다. 인사관리 분야에서도, 각부만의 인사정책이 따로 존재한다. 그러므로 역량관리에 관한 일원화된 전략이 존재하지 않는다. 이와 같은 부처 독립주의는 조정과 통합을 필요로 한다(Kickert, 1997).

1993년 출판된, 중앙정부 조직과 기능에 관한 보고서는 중앙행정기관의 규모와 함께, 중앙정부의 최대 약점으로 부처들 사이에 장벽의 존재(협업의 부재)와 정책집행의 관심의 부재를 확인했다.[25] 보고서 작성자들은 대응방안으로서, 핵심 부처의 형성을 주장했고 영국 모델과 유사한 통합된 중앙행정서비스 기관의 창출을 주장했다. 그 첫 단계가 최고위급 공무원들을 고위공무원으로 통합하는 것이었다.

ABD(Algemene Bestuursdientst)는 1995년에 만들어졌다. ABD는 17등급 이상(대략 366개 자리)에 속하는 공무원들로 구성된다. 2000년부터 16등급에 모든 공무원들은 ABD에 통합되었다. ABD를 만든 이유는 정책이슈의 증가하는 복잡화와 국제화, 공공관리자들에 대한 새로운 요구, 장관으로 이동의 자극, 부처 할거주의에 대한 싸움과 일체

25) Oosterhueism & Van der Krogt(1996). The Netherlands in Hondeghem & Vandermeulen(2000) 전게논문에서 재인용함.

성의 창출이다. 고위공무원을 위한 HR 정책을 위해, 새로운 기구가 창출되었고, 그것이 ABD-service이다. The ABD-service는 전 부처적인 수준에서, 그리고 부처와 협력하여 일을 한다.

역량관리는 초기부터 ABD-service의 중요한 전략이 되어왔다. The ABD-service는 모든 최고위 고위공무원을 위한 역량프로파일을 개발했다. 역량프로파일은 기존 직무분석표와 최고위 공무원들의 인터뷰로부터 도출된 정보를 가지고 보충되었다. 네덜란드 고위공무원의 역량유형과 세부 역량은 다음 <표 11-6>과 같다.

역량 프레임워크는 고위공무원의 모집과 선발, 그리고 인사와 경력개발에 활용된다. 그것은 특정 직위 기술서 작성의 출발점이 된다. 관련 역량은 부처들과 협의를 거쳐서 ABD-service에 의해 최종 선택되고 명확화된다. 특정 직위 기술서는 역할과 직위에 관한 가장 중요한 요소를 기술한다. 특정 직위에 필요한 역량은 지원자나 후보자의 역량과 비교된다.

표 11-6 네덜란드 고위공무원의 역량유형과 세부 역량

영역	역량	영역	역량
A. 일관된 거버넌스	미래에 대한 비전	E. 영향	구두 발표
	정책대상 지향		자기 확신
	네트워크 스킬		확신을 심어주는 힘
	결속 리더십		집요함
B. 문제 해결	정보분석	F. 스트레스 극원력	에너지
	판단		스트레스 저항력
	개념적 유연성		성취동기
	결단성		학습 능력
C. 대인적 행동	청취	G. 거버넌스 민감성	환경 인식
	대인적 민감성		거버넌스 친밀감
	유연한 행동		통정성
	공동협력자 개발		헌신
D. 운영적 효과성	새로운 창안		
	통제		
	위임		
	기민한 상호작용		

출처: Hondeghem & Vandermeulen(2000). 전게논문에서 인용함.

2) 영국 고위공무원의 역량

영국 인사위원회에서 만든 역량프로파일이 별도로 존재하는지 여부는 확인되지 않으며, 공무원대학(Civil Service College)이 영국 고위공무원 대상으로 하는 교육프로그램을 개발하기 위해서 만든 역량프로파일이 존재하고, 대학뿐만 아니라 영국 중앙인사위원회와 수상실에서 활용하고 있다. 그리고 역량프로파일은 고위공무원의 선발과 공무원들의 경력개발, 그리고 훈련에 활용되고 있다.

대학에서의 역량도출은 첫째, 우수 성과자의 과거 행동을 분석하고, 둘째, 유사한 조직의 동일 직무에서 역량을 벤치마킹하고, 셋째, 미래에 필요할 역량을 예측하는 것을 통해서 도출된다. 역량 도출에 활용된 기법은 레퍼토리 그리드, 중요사건기법과 행동사건 인터뷰기법이 활용되었다(Adams, 1998). 레퍼토리 그리드와 중요사건기법, 그리고 행동사건 인터뷰기법은 현재의 역량을 파악하는 데 활용되었고, 미래의 역량을 예측하기 위해서, 유사조직의 동일 직무의 벤치마킹과 SWOT 기법이 활용되었다.

영국 공무원대학에서 도출한 영국 고위공무원단의 역량은 정향성(direction), 관리와 커뮤니케이션(management & communication), 개인적 기여(personal contribution)라는 세 가지 영역으로 구분된다. 정향성 영역에는 리더십, 전략적 사고와 기획, 그리고 결과의 전달이 속하고, 관리와 커뮤니케이션 영역에는 사람의 관리, 커뮤니케이션, 재정과 다른 자원의 관리가 포함된다. 개인적인 기여 영역에는 개인적 효과성, 지적, 창의성과 판단, 그리고 전문성과 전문직업적 역량 등 세부 역량이 포함된다.

(1) 정향성(direction)

리더십	전략적 사고와 기획	결과의 전달
• 명확한 비전에 몰입을 창출하고 유지하라. • 전략적 목표를 달성하기 위해 변화를 주도하고 관리하라. • 가시적이고, 접근 가능하고 존경을 얻어라. • 충성심을 고무하고 보여주라. • 고성과 팀을 형성하고 지원해라. • 평가된 위험을 결단력 있게 취하고 행동하라. • 팀의 행동에 대한 책임성을 수용하라.	• 미래의 수요, 기회, 그리고 제약요인을 예측하는 전략적 목적을 개발하고 영향을 미쳐라. • 장관의 욕구에, 더 넓은 정치적인 부처별 요구에 민감성을 보여라. • 고위관리팀의 전략적 사고에 효과적으로 기여하라. • 복잡한 상호 의존적인 요소들 사이에 관계를 보라. • 장기 목표를 가지고 일상적인 요구를 조화시켜라.	• 고객 또는 다른 이해관계자들의 욕구를 고려하여 결과를 정의하라. • 고객/다른 이해관계인과의 관계를 효과적으로 관리하라. • 적시에, 예산 범위 내에서, 그리고 동의된 질적인 수준에 맞추어 전달할 수 있도록 업무프로세스를 조직하라. • 지속적인 수행개선을 추구하고, 다른 사람들이 그렇게 할 수 있도록 격려하라.

• 공공서비스에서 기대되는 높은 통정성, 정직성, 그리고 공정성기준을 보여라.	• 전략적 목적을 실용적이고 성취 가능한 계획으로 전환하라. • 불확실한 상황에서 조차도, 정시에 결정을 하라.	• 높은 수준의 프로젝트 관리스킬을 보여주어라. • 리스크를 평가하고 관리하라. • 성과를 모니터링하고 미래계획에 피드백을 반영하라.

(2) 관리와 커뮤니케이션

사람의 관리	커뮤니케이션	저정과 다른 자원의 관리
• 변화하는 조직 필요에 맞추기 위해서 직원들을 개발하라. • 명확한 기준과 기대를 설정하고 대화하라. • 개입할 때와 아닐 때를 알고, 효과적으로 위임하라. • 팀 내 스킬과 자원을 최상으로 활용하라. • 규칙적으로 대면 피드백과 인정을 주라. • 저성과를 해결하라. • 신뢰, 사기, 팀워크를 형성하라. • 직원들로부터 피드백에 반응하라. • 직원들의 적절한 관여를 통해 변화를 위한 몰입을 확보하라.	• 효과적으로 협상하고 적대감을 처리할 수 있다. • 대화와 글에서 간략하고 설득적이어야 한다. • 상대의 말을 적극적 듣고 반응에 민감해야 한다. • 대화와 미디어스킬을 보여주어야 한다. • 가장 효과적인 결과를 확보할 가능성이 있는 의사소통 방법을 선택하라. • 대표자로서의 역할에 안락하고 효과적이어야 한다. • 효과적인 네트워크의 형성, 유지, 그리고 활용하라. • 적절한 언어 스킬을 가발하라.	• 세금납세자들의 돈에 대한 가치를 인정하고 귀하게 써라. • 현행 관행에 도전하고 자원의 새로운 더 효과적인 사용을 위해 창안을 주도해라. • 폭넓은 우선순위 관점에서, 자원을 배분을 위한 협상을 하라. • 주요 우선순위에 맞게 자원을 배정하고 재배치하라. • 자원을 모니터하고 통제하기 위해 관리정보를 활용하라. • 자원제공자들과 효과적으로 접촉과 관계를 관리하라. • 하나의 자원으로서 IT를 활용하는 태도를 보여라.

(3) 개인적인 기여

개인적인 효과성	지적, 창의적과 판단	전문성과 전문직업적 역량
• 새로운 요구와 변화를 빠르게, 그리고 유연하게 채택하라. • 경쟁하는 우선순위에 맞게 자신의 시간을 잘 관리하라. • 중압감 하에서 복원력, 스테미나, 그리고 신뢰성을 보여라. • 환경이 지지할 때 확고한 입장을 취하라. • 개인의 강정과 약점, 그리고 다른 사람들에 영향을 인식하라. • 자기 자신의 개인적이고 전문적인 개발을 보여라.	• 주요 이슈와 원칙을 고수하라. • 문제 해결에 창의적이고 건설적인 접근을 보여주라. • 통찰력을 보여주고 실용적으로 적용 가능한 창의적인 아이디어를 창출하라. • 애매한 데이터와 개념을 엄격하게 분석하라. • 자신의 판단에 확신을 보이지만 대안적인 아이디어에 건설적으로 반응하라. • 다른 사람들에게 아이디어, 창	• 전문성의 깊이와 폭을 통해 신뢰성과 영향력을 확보하라. • 결정이 관련 기술/전문가들의 전문적인 의견들이 반영될 수 있도록 하라. • 정치적, 그리고 정부 프레임워크 내에서 효과적으로 이해하고 운영하라. • 전문적인 업무의 질에 대한 개인적인 책임을 수용하라. • 다른 사람들에게 전문직업적인 방향성을 제시하라.

• 두려움 또는 부탁없이 객관적인 충고를 하라. • 에너지와 몰입을 가지고 채택된 전략을 추진하라.	안, 혁신을 장려하라.	• 다른 조직으로부터 우수사례를 벤치마킹하고 적용하라.

영국 정부의 인사기능은 40개 부, 137개 부 소속 기관, 그리고 300개 집행청 각각에서 별도로 관리하고 있다. 영국 공무원 전체에 대한 종합적인 역량체계는 존재하지 않으며, 각 기관별로 역량체계가 마련되어 있기도 하지만, 일부는 없다.

3) 미국 고위공무원단의 역량[26)]

미국 고위공무원들에게 요구되는 자질로서 OPM(Office of Personal Management)은 여섯 가지를 제시하고 있다. OPM은 고위공무원의 자질(Executives Core Qualifications: ECQ)을 민간부문과 공공조직에서 성공적인 임원들의 속성에 관한 광범위한 연구를 통해서 도출되었으며, 여섯 가지는 다음과 같다. 이들 속성은 고위공무원단을 선발할 때 활용하고, 동료 평가위원회에서 평가하는 근거로서 활용된다.

▸ 변화를 주도하기(leading change): 조직의 목표를 달성하기 위해서, 조직 내・외에 전략적 변화를 가져오기 위한 능력을 포함한다. 이러한 자질은 조직의 비전을 설정하기 위한 능력과 지속적으로 변화하는 환경에서 비전을 실현하기 위한 능력을 포함한다.

 – 변화를 주도하기의 세부 하위 역량으로 창의성과 혁신, 환경에 대한 인식(external awareness), 유연성, 회복력(resilience), 전략적 사고, 그리고 비전이 포함된다.

▸ 사람을 리드하기(leading people): 조직의 비전, 미션, 그리고 목표를 달성할 수 있도록 사람들 리드하는 능력을 의미한다. 이러한 자질은 다른 사람의 개발을 조성하고, 협력과 팀워크를 촉진하고, 건설적인 갈등의 해결을 지원하는 종합적인 지원이 이루어지는 일터를 제공하기 위한 능력을 포함한다.

26) OPM of Unite States(2006). GUIDE TO SENIOR EXECUTIVE SERVICE QUALIFICATIONS에서 인용함.

–사람을 리드하기의 하위 역량은 갈등관리, 다양성 활용(leveraging diversity), 다른 사람을 개발하기, 팀 빌딩이 포함된다.

▸ 결과를 지향하기(result driven): 조직의 목표와 고객의 기대를 충족시키기 위한 능력을 포함한다. 이러한 자질은 기술적인 지식을 적용하고, 문제를 분석하고, 그리고 위험을 고려하는 것에 의해 고품질의 결과를 산출하는 의사결정을 하는 능력을 포함한다.

–결과를 지향하기의 하위 역량은 책임성(accountability), 고객서비스, 결단성(decisiveness), 기업가정신, 문제 해결, 기술적 신뢰성(technical credibility)이 포함된다.

▸ 비즈니스 감각(business acumen): 사람, 재정, 그리고 정보자원을 전략적으로 관리하기 위한 능력을 포괄한다.

–비즈니스 감각의 하위 세부 역량은 재정관리, 인적자산관리(human capital management), 기술관리가 포함된다.

▸ 연합 형성(building coalition): 공동의 목적을 달성하기 위해서, 다른 연방기관, 주, 그리고 지방정부, 비영리와 사적부분 조직들, 외국 정부 또는 국제조직들과 연합을 형성하기 위한 능력을 포함한다.

–연합 형성하기의 하위 세부 역량은 파트너 형성하기, 정치적인 요령(political savvy), 영향력/협상력이 포함된다.

그리고 고위공무원단이 필수적으로 갖추어야 하는 기초역량으로 여섯 가지 역량을 선정하고 있다. 미국 고위공무원단의 기초역량과 역량의 정의를 살펴보면 〈표 11-7〉과 같다.

미국의 고위공무원단(SES)은 1978년 Civil Service Reform Act를 법적인 근거로 도입되었다.[27] 중간관리자급 이상에 대한 성과급제도(pay-for-performance plan for mid level managers and supervisors) 도입을 위한 법적인 근거도 동시에 만들어졌으나 많은

27) 중앙인사위원회 고위공무원단제도 실무추진단(2005). 주요국 고위공무원단제도 운영실태 조사결과 보고. 내부자료.

표 11-7 미국 고위공무원의 기초역량

역량	세부 내용
대인적 스킬	다른 사람을 예의, 민감성, 그리고 존경심을 가지고 대하라. 다양한 상황에서 다양한 사람들의 욕구와 감정을 적절하게 고려하고 반응하라.
구두적인 의사소통	명확하고 확신을 심어주는 구두 발표를 하라. 효과적으로 듣고, 요구받는 정보를 명확히 하라.
통정성/ 정직성	정직하고, 공정하고 윤리적인 매너에서 행동하라. 말과 행동에서 일관성을 보여라. 높은 윤리적 기준의 모델이 되라.
서면 커뮤니케이션	의도된 독자를 위해 명확하고 간결하고 조직되고, 그리고 확신을 심어주는 태도로 작성하라.
계속학습	자신의 강점과 약점을 평가하고 인정하라. 자기 개발을 추구하라.
공공서비스 동기(PSM)	국민에 봉사하는 몰입감을 보여라. 행동이 국민의 요구에 맞도록 하라. 조직의 목표와 실무를 국민의 이익과 일치시켜라.

출처: OPM(2006). GUIDE TO SENIOR EXECUTIVE SERVICE QUALIFICATIONS에서 인용함.

학자들이 직원의 동기부여나 만족을 증가시키지 않는다는 반대와 함께, 조지아주 직원들의 성과급제도에 대한 강한 불신 때문에 중단되었다. 성과급제도는 1997년도 이후에 많은 부처에서 도입되었다. 미국에서 고위공무원단은 GS-15등 이상에 해당되는 직위이며, 다음과 같은 다섯 가지 요건을 갖추어야 한다. ① 조직의 단위업무를 지휘(direct)하는 직위, ② 1개 이상 프로그램이나 사업의 성공에 책임을 지는 직위, ③ 조직목표의 진도관리, 주기적 평가 및 조정에 관여하는 직위, ④ 개인적 보조자(assistant)가 아닌 피고용자의 업무를 감독하는 직위, ⑤ 중요한 정책수립 · 정책결정 또는 관리적 기능을 수행하는 직위 등이다.

인사처(OPM)가 각 부처에 2년 주기로 고위공무원 수를 할당 후, 각 부처는 그 범위 내에서 위 범주에 포함되는 직위를 확정한다. 1979년 고위공무원단제도 시행 후 실적제보호위원회(Merit System Protection Board: MSPB)에 제기된 고위공무원단제도 관련 소청사건을 분석해 보면, 고위공무원단 직위에 포함되지 않음에 대한 적정 여부를 다투는 소청사건이 여러 건 있었다.

4. 한국 정부의 관리자 역량모델과 평가

1) 한국 공무원 역량체계 수립과 활용

한국 공무원의 역량체계 수립과 역량중심의 관리방식은 참여정부 시기인 2005년도에 사전 준비작업을 하였고, 2006년도부터 정부변화 혁신 차원에서 도입되었다. 한국 정부는 급변하는 외부 환경에 유연하고 신속하게 대응할 수 있도록, 조직구조와 시스템의 변화 이외에 교육을 통한 조직문화와 마인드 변화, 그리고 중간관리자급(고위공무원단, 과장, 사무관) 역량을 강화해야 할 필요성이 있었다.

또한 계층별 승진후보자들에 대한 역량평가제도가 2006년부터 도입되었다. 고위공무원단 역량평가는 2006년도 1년 간의 시범적으로 운영하였고, 2007년도부터는 본격적으로 실시되었다. 2009년부터는 과장후보자들을 대상으로 부처의 기관장이 희망할 경우에 한해서 행정안전부 역량평가센터에서 역량평가를 실시하였다. 박근혜 정부인 2012년도부터는 전 부처 과장후보자들을 대상으로 하는 역량평가가 의무화되었다. 과장급 역량평가 도입이 대통령 국정시책에 포함되었고 법적으로 의무화되었다. 사무관들에 대한 역량평가는 부처청의 필요에 따라 자율적으로 역량평가를 실시하고, 5급 승진후보자 선발 시에 활용하고 있다.

고위공무원단과 과장후보자에 대한 역량평가는 역량평가를 주관하는 인사혁신처에서 통과와 미 통과로만 구분한다. 인사혁신처 인재정책과는 고위공무원단 · 과장후보자에 대한 역량평가를 실시하고, 후보자의 역량평가 통과 여부와 함께, 개인별 평가결과서를 통보하고, 역량평가 통과자에 한해서만 법적으로 고위공무원단 · 과장 보직을 받을 수 있도록 되어 있다. 역량평가에 대해서는 다음에 자세히 기술한다.

당시 중앙인사위원회(현재의 인사혁신처) 인재정책과에서는 각 부처에서 고위공무원단(Senior Executive Service)으로 분류될 직책을 분류하는 작업을 실시하였고, 고위공무원단, 과장, 그리고 5급 사무관이 공통적으로 수행할 역할과 책임을 [그림 11-5]와 같이 명확하게 도출하였다. 당시, 고위공무원단의 역할과 책임은 변화혁신 주도자, 부하육성자, 조직관리자, 국정목표 구현자, 성과책임자, 그리고 공익대변자 등으로 정의되어 있었다. 그 이후에 연구용역 결과를 기초로 하여 부하육성자와 조직관리자는 과장의 역할로 변경되었다.

EU 국가들과 영어권 국가들의 경우에는 1980년대 이후, 미소냉전시대 종식 이후에 신공공관리(NPM) 방식의 직무성과중심의 성과급 체계가 도입되었다. 직무성과중심의

그림 11-5 계층별 역할 및 책임

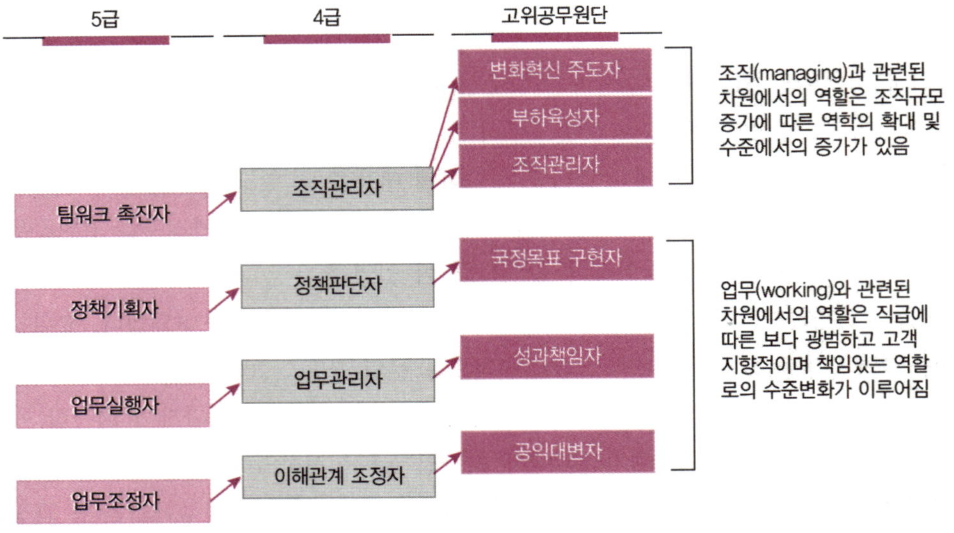

출처: 중앙공무원교육원(2006). 고위공무원단 교육과정개발 연구용역보고서에서 참조

인사관리 방식이 행정 결과나 성과평가 방식에 의한 보상시스템이었다는 점, 그로 인해서 공공 분야의 업무성과를 정확히 측정하기 곤란하다는 문제점이 있었다. 학자들과 행정실무자들에 의해서, 성과평가의 공정성과 성과급제도가 공공조직의 성과에 미치는 부정적인 측면에 대한 문제 제기가 있었고,[28][29] 그에 대한 해결방안 중에 하나로 투입중심인 역량중심 관리방식이 도입되었다는 것은 앞에서 기술한 바 있다.

한국 정부의 역량중심의 관리방식의 도입목적은 EU 국가들에서 했던 투입중심의 인적자원관리 방식의 도입이 목적이라기보다는, 고위공무원의 직무성과를 강화하고 직무

28) Ingraham & Colby(1982)는 금전적인 보상의 제공과 같은 외재적인 동기부여가 제언과 충성 같은 내재적인 동기요소들을 내몰고 있다는 분석결과를 제시함. 또한 “공무원을 희생해서 관리적 개혁을 팔고 있을 가능성”이라는 강한 표현을 쓰면서 금전적 동기부여에 대한 거부감을 드러내기도 했다(Lee & Whitford, 2008: 664).

29) Lee & Whitford(2008)는 대통령관리위원회 소속 13개 청의 208,424명을 대상으로 한 연구에서 인센티브에 기초한 거래적인 요소들이 조직에 대한 충성심을 몰아내고 이직의도를 키운다는 연구결과를 제시하고 있다. 이와는 상반된 연구결과로 Coyle-Shapiro & Kessler(2003)는 영국 연방정부 공무원을 대상으로 하는 연구에서 성과보상이 조직 몰입에 긍정적인 영향을 미친다는 연구결과를, Bertelli(2007)는 미국 재무성 산하 연방통화감독청과 국세청 관료를 대상으로 하는 비교연구에서, 성과급제가 도입된 국세청 고위직들의 이직의도가 도입되지 않은 통화감독청보다 현저히 낮다는 연구결과를 보여주고 있다(신용일, 2016: 38).

성과에 따른 보상체계를 확립한다는 목적으로 발하였다는 것이 큰 차이점이다.[30] 실제로 고위공무원단제도가 도입됨과 동시에, 고위공구원에 대한 성과급 지급 체계가 도입되었으나, 직무수행역량평가방식에 의한 성과급 지급 방식이라기보다는 기존 직무급 중심의 성과급 책정과 지급이 이루어지고 있다는 점이 주목할 만한 점이다.[31] 인사혁신처 인재정책과의 고위공무원단 소개 자료에서 직무중심의 인사관리라고 표현하고 있는 이유는 기존 계급제(1~3급) 방식에서 직무중심으로 변경되었다는 것을 의미한다고 볼 수 있다.

한국의 역량중심의 인적자원관리는 직업공무원제도의 본질인 종래의 연고나 정실위주의 인사에서 벗어나, 업무수행 역량중심의 인적자원관리로의 이행이라는 측면에서도 일부 기여하였다. 역량중심의 선발, 배치, 역량평가와 승진제도는 중앙정부와 지방자치단체, 그리고 공공기관 기관장들의 자의적일 수 있는 인사권에 제약하고, 인사시스템을 통해 역량을 갖춘 공직자에게 더 큰 기회가 주어진다는 행정의 윤리측면에서 또 다른 강점이 있다.

고위공무원단제도가 도입된 초기에는 1급부터 3급까지 고위공무원단에 포함시켰고, 선출직 · 임명직 기관장들이 임의로 해고할 수 없도록 만들어 놓았다. 고위공무원단 소속 고위공무원은 부처 간 교류가 가능할 수 있도록 고위공무원단 직위의 50%까지 직위공모제 방식이 도입되었다. 또한 고위공무원단 직위의 20%까지 민간인들이 경력직 고위공무원단 직위에 응모할 수 있도록 하였다. 민간경력개방 채용제도는 정부 조직이 환경변화에 유연하게 대응할 수 있는 전문인력 풀을 민간에서 확보할 수 있는 긍정적인 방안이었다.[32] 고위공무원단 직위로의 승진임용과정을 그려보면 [그림 11-6]과 같다.

고위공무원단 인사심사 처리지침상에 나타난 그위공무원단 직위로의 일반직 승진임용 절차를 표시하면 [그림 11-7]과 같다. 이상의 절차는 현재도 크게 변화된 것이 없다.

30) 중앙인사위원회 · Bearing Point Consulting(2005.12.22). "고위공무원단 제도 도입을 위한 변화관리 Master Plan 수립 최종보고서"를 참조함.

31) 고위공무원단의 성과급 지급 등급 산정은 본부의 주요 보직 실 · 국장급, 담당관과 소속 기관 부장급, 그리고 교육이나 해외파견자로 구분하고, 주요 보직 실 · 국장이 최상위 등급을, 소속 기관 부장급이 차상위 등급을, 교육이나 해외파견자가 최하등급을 부여받는 방식으로 역량평가 결과보다는 기존 직무급 중심으로 성과등급이 부여되었다는 점이 특이한 점이다.

32) 고위공무원단은 대통령 인사로 인사혁신처에서 총괄하고 있고, 인사혁신처 주관 고위공무원단 역량평가를 통과해야만 임용될 수 있다는 점에서, 상당히 투명하게 인사가 이루어지고 있다. 하지만, 민간과는 다른 정부 조직의 존립 이유와 운영원리를 이해하는데, 민간조직 출신들이 상당히 한계가 있다. 개방형 인사를 특정 전문 분야로 한정하는 방안 또는 일반 대학의 행정전문대학원 과정을 이수한 자를 선발하는 방안이 있다.

그림 11-6 고위공무원단 직위로의 승진임용·채용과정

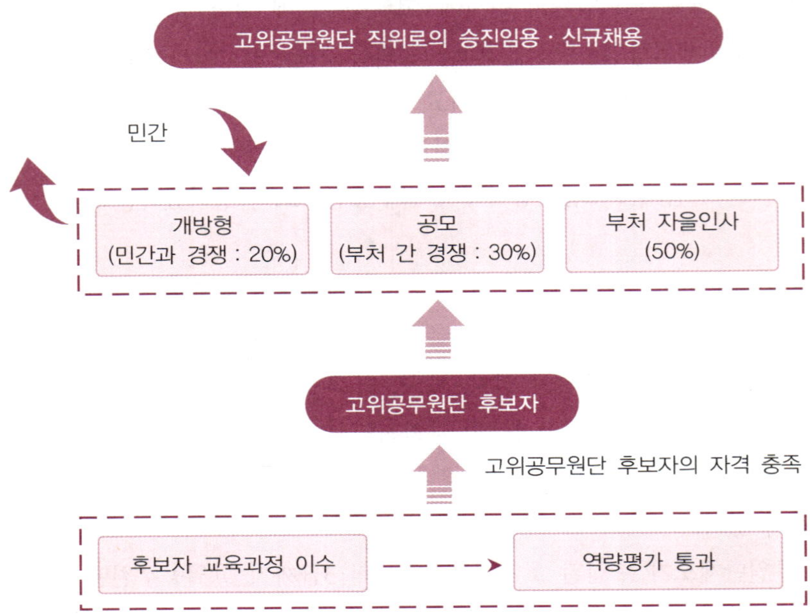

출처: 안전행정부 고위공무원단과(2013). 고위공무원단 소개자료에서 인용함.

그림 11-7 고위공무원단 일반직 직위로의 승진임용 절차

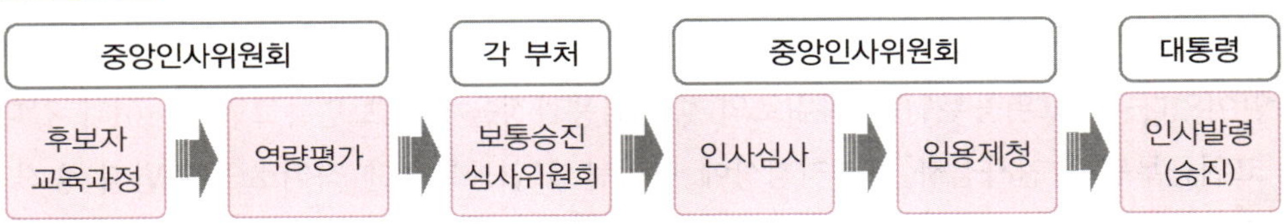

출처: 중앙인사위원회 예규 제140호(2007). 고위공무원단 인사심사 처리지침.

기존 폐쇄형 공무원 인사제도에서 최초로 혼합형 공무원 인사제도로 변화가 이루어진 것이다. 초기 직위공모제도에서 공무원과 민간인이 경쟁하였으나, 민간인의 공직유입은 아주 미흡한 수준이었다.

2015년 인사혁신처 출범 이후에 박근혜정부에서는 민간인의 공직문호를 대폭 넓힌다는 목적 하에 공무원과 민간인이 함께 경쟁하는 직위공모방식 이외에, 민간인만이 응모가 가능한 경력개방형 직위공모방식이 도입되었다. 경력개방형 직위공모에는 기존 공

무원 출신은 퇴직 후 3년이 지나서야 지원할 수 있다는 제한규정을 두게 되어, 사실상 전·현직 공무원들이 경력개방직에 응모할 수 있는 길을 차단하였다. 현 정부에서도 민간인 출신 전문 분야 인력들이 공직에 많이 진출할 수 있도록 경력개방직을 늘려가는 추세이다.

이명박 정부 출범과 동시에 고위공무원단은 일반직 국장급 직위에 해당되는 2급 공무원(본부국장, 관, 소속 기관 부장) 위주로 축소되었다. 고위공무원단에서 1급(실장, 본부장급)을 제외시키기 위해서, 국가공무원법에 공무원의 신분보장 조항에서 1급을 제외시켰다. 그에 따라 고위공무원단은 무보직 상태가 되더라도 보직대기 상태로 1년간 공무원 신분을 유지하고 다음 보직명령을 기다릴 수 있는데, 1급 공무원은 다음 보직명령을 받지 못해 무보직 상태가 되면 바로 퇴직처리가 된다. 계급제, 그리고 폐쇄형 공무원제도의 특성상 1급 이상 고위직의 신분보장 장치의 제거는 고위직 공무원들에게 전체 시민이 아닌 특정 정치지도자에게 개인적인 충성을 야기시킬 위험성을 아주 크게 만든다. 고위직 공무원을 순종형 'YES Man'으로 만들 위험성이 있다. 그만큼 국민의 기본권은 위협받을 가능성이 커진다는 것이다.

종래 폐쇄형 공무원제도와 개방형 공무원제도의 혼합은 새로운 인사관리방식으로의 전환의 필요성을 가져왔다고 볼 수 있으며, 역량중심의 인사관리 시스템 도입의 필요성을 강하게 만들었던 요인 중에 하나라고 볼 수 있다. 경력직 공무원뿐만 아니라 일반직 공무원 채용에서도 역량중심의 모집과 채용제도(종래 시험결과중심 채용에서 역량면접 중심으로 변화), 역량중심의 인력개발, 승진(역량평가제도, 역량평가에 통과해야 과장·국장 보직을 받을 수 있음), 전환배치에 활용되고 있다.

생각해보기

고위공무원단 제도 도입에서 중요하게 고려된, 그리고 간과해서는 안 되는 목적 하나가 공무원의 신분보장 강화이다. 당시 중앙인사위원회 위원장을 맡았던 조창현 위원장은 "정실이나 엽관에 의해서 고위공무원단의 인사가 좌우되지 않고 객관적인 역량에 따라 인사가 이루어질 수 있게 하는 것이다"라고 국가공무원인재개발원(구 중앙공무원교육원) 강연에서 도입취지를 설명하였다.

조위원장의 이 발언은 기존에 고위공무원 인사가 정실이나 엽관에 의해 많이 좌우되고 있었다는 반증이기도 하다. 대통령의 정치적 성향의 차이나 단순 언론보도에 의해서, 고위공무원단 인사가 좌우된다면 공무원의 신분보장은 어렵고, 결과적으로 시민민주주의 정착이 불가능하다.

실제로 최근까지 대통령을 지지하는 정치기반이 영남 또는 호남지역이냐에 따라 그 지역 출신고 졸업생들의 중앙부처 요직배치 여부가 달라졌고, 동일 정치기반의 대통령이 연속해서 집권한다면 반대지역 출신 공무원들이 중앙부처 요직에서 전멸했다는 지역출신 정치인들의 불만의 목소리가 공공연하게 흘러나왔다. 특정 지역 지방자치단체장은 단체장 선거결과에 따라 해당 지방자치단체 주요 보직 인사에 공무원출신 초등학교를 주요 인사기준으로 삼았던 것이 사실이다.

현재 한국 정부에서 대통령과 각부·처 장관, 그리고 지방자치단체장에게 인사권을 부여하는 이유는 대통령과 장관, 그리고 단체장의 정치적 입지강화를 위해서 입맛대로 인사를 하라는 것이 아닌 그만큼 공정성과 객관성을 유지하고, 법에 엄격하게 정해진 절차를 준수하여 신분보장을 강화하기 위한 것이다. 제12장에서 살펴볼 것처럼, 실적주의 공무원인사제도의 역사가 깊은 미국은 공정 인사시스템이 대통령과 임명직 기관장 우위에 있다.

헌법 규정으로 공무원의 신분보장을 명시하고 있지 않은 영국과 미국은 고위공무원단에게 엄정한 정치적인 중립을 요구하는 대신에, 대통령이 자의적인 해고를 방지하기 위한 제도적인 장치를 보유하고 있다. 미국은 대통령이 고위공무원단을 특정 직위에서 해임하기 위해서는 상원 인준 절차를 거쳐야 한다.

영국은 관습법을 중시하는 나라답게 공무원 익명성(Civil Service Anonymity)이라는 불문율을 유지하고 있다. ① 정권이 변경되어도 직업공무원에게는 책임을 묻지 않는다. 즉, 정책선택에 대한 책임은 정치인인 총리와 장관이 지는 것이다. ② 이를 위해 직업공무원은 의회 상임위원회에서 답변하지 않도록 하고 있다. 과거에는 특별위원회에서도 답변하지 않는 전통을 유지했지만, 요즘에는 특별위원회 답변은 허용하고 있다. ③ 정치인들이 자서전을 많이 쓰는데, 이 경우에도 공무원의 실명을 거론하면서 어떤 정책에 대해 어떤 입장을 보였는지는 쓰지 않는 것이 불문율이다.

이와 같은 불문율을 지키는 이유는 다음과 같다. ① 직업공무원이 국가통치에 있어서 소중한 자원이라는 것을 모두가 잘 알고 있다. 정권이 바뀌었다고 직업공무원들의 "전문가적 지식"을 사장시키는 짓을 해서는 안 된다는 것이다. ② 한 번 책임을 묻기 시작하면 공무원들이 정치인들에게 솔직한 의견을 말하지 않게 되고, 모두가 영국의 인기 드라마 제목처럼 "Yes, Minister!"라고 말하게 되기 쉽다는 것이다(박수영 페이스북

포스팅 자료, 연도 미상).

미국은 제5장에서 소개하였듯이 NAPA, NASPPA와 같은, 퇴직공무원들을 수용할 수 있는 조직들이 있다. 이런 조직이 한국에도 존재한다면, 매디슨(James Madison)이 우려한 도당(faction)의 영향으로부터 직업공무원은 자유로울 수 있게 된다.

2) 한국 공무원의 계층별 역량과 하위 역량, 그리고 세부 역량지표

한국 정부의 공무원 역량모델은 인사혁신처 인재정책과에서 국장과 과장에 대한 역량유형과 하위 역량, 그리고 세부 역량지표를 정의·발굴하여 고위공무원 후보자와 과장후보자들에 대한 역량평가에 활용하고 있다. 중앙부처 소속 공무원들에 대한 교육훈련업무를 담당하고 있는 국가공무원인재개발원(구 중앙공무원교육원)에서는 국장, 과장, 사무관들에 대한 하위 역량별 세부 행동지표를 별도로 정의하고 개발하여 교육훈련에 활용하고 있다. 인사혁신처와 국가공무원인재개발원에서 활용하는 역량지표는 상이하다. 즉, 역량평가를 세부 역량지표와 교육프로그램 개발을 위한 세부 역량지표는 상당 부분 유사한 면이 존재하지만, 다를 수 있다는 것을 의미한다. 인사혁신처 인재정책과에서 주관하는 역량평가에서는 역량사례 시뮬레이션을 통해 밖으로 들어날 수 있는 피평가자의 행동을 중심으로 역량지표를 구성하는 데 반해서, 국가인재개발원에서는 측정 가능한 것뿐만 아니라 마인드의 변화까지도 역량지표에 포함하고 교육하고 있다.

그림 11-8 한국 중앙부처 소속 공무원 역량체계도

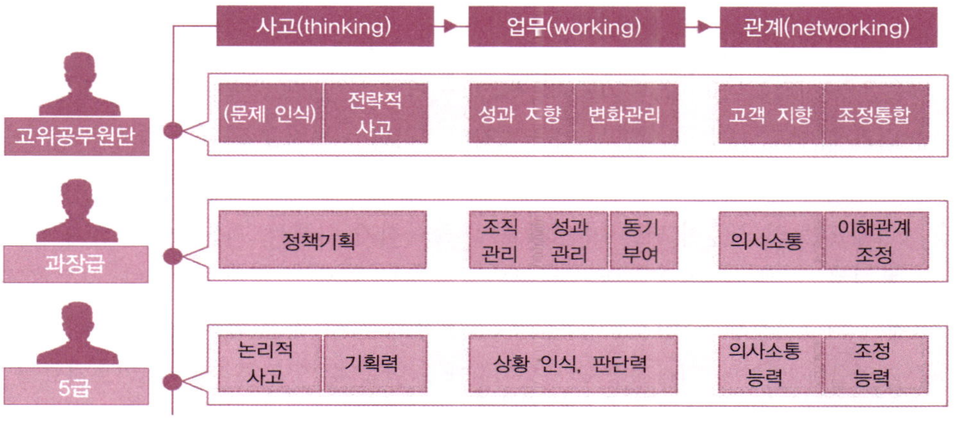

공무원을 3개 계층으로 구분하고, 사고, 업무, 그리고 관계 등 세 가지 역량유형을 구분하며, 계층별로 세부 역량과 역량지표를 [그림 11-8]과 같이 구성하고 있다. 고위공무원단은 사고역량유형에 문제 인식과 전략적 사고를, 업무역량유형에는 성과 지향과 변화관리를, 관계역량유형에는 고객 지향과 조정통합역량 등 여섯 가지 역량으로 구성하고 있다. 과장급은 사고에 정책기획역량을, 업무역량유형에는 조직관리와 성과관리, 그리고 동기부여를, 관계역량유형에는 의사소통과 이해관계 조정역량 등 여섯 가지 역량으로 구성하고 있다. 사무관(5급)은 사고역량유형에 논리적 사고와 기획력을, 업무역량유형에 상황 인식, 판단력을, 관계역량유형에는 의사소통과 조정 능력을 포함하고 있다.

3) 계층별 공무원 세부 역량과 역량의 정의

(1) 사무관 세부 역량과 역량정의

중앙부처에서 실무담당자로 근무하는 사무관급 공무원에 해당되는 역량이다. 실무담당급 사무관 역량을 기획력, 상황 인식과 판단력, 논리적 사고, 조정 능력, 그리고 의사소통 능력으로 구성되어 있다. 중앙부처 사무관과 무보직 서기관급 공무원들에게 가장 중요한 역량은 정책기획 업무이다. 정부업무의 특성상 문서를 통해서, 업무를 처리하고, 상사에게 보고하고, 부서·부처 간 협조를 구하고, 업무처리 전과 후에 내·외부감사를 받아야 하기 때문에 문서작성 능력은 필수불가결하다.

항상 업무주변 상황에 대한 정확한 인식과 함께, 문제를 정확하게 인지하고 정부가 개입할 사안인지 또는 규제 이외에 다른 방법이 없는지에 대한 판단이 중요하다. 그리고 보고서 작성의 필수역량은 논리적인 사고이다. 문제와 대안 사이에 논리적인 연결구조를 파악하고, 적정한 대안을 찾아내는 능력이 중요한다.

다음은 자신의 의견이나 판단을 객관적인 근거를 중심으로 논리적으로 설명할 수 있는 능력과 함께, 상대방의 의견을 적극적으로 경청하는 능력을 의미하는 의사소통 역량이 있다. 그리고 마지막으로, 이해관계가 다른 집단들 사이에 이해관계를 파악하고, 집단 사이에 갈등의 원인이 되는 이견(異見)을 조율하기 위해서, 객관적이고 합리적인 기준을 제시하고, 해결책을 찾아내는 능력을 의미하는 조정 능력이 요구된다. 사무관들은 조직에서 의사결정자가 아니기 때문에 이견을 조율할 수 있는 합리적인 기준과 기준에 따른 대안을 마련하여 의사결정자가 용이하게 판단할 수 있도록 판단의 기초자료를 만드는 것이 바람직하다.

그림 11-9 사무관(5급) 역량모델

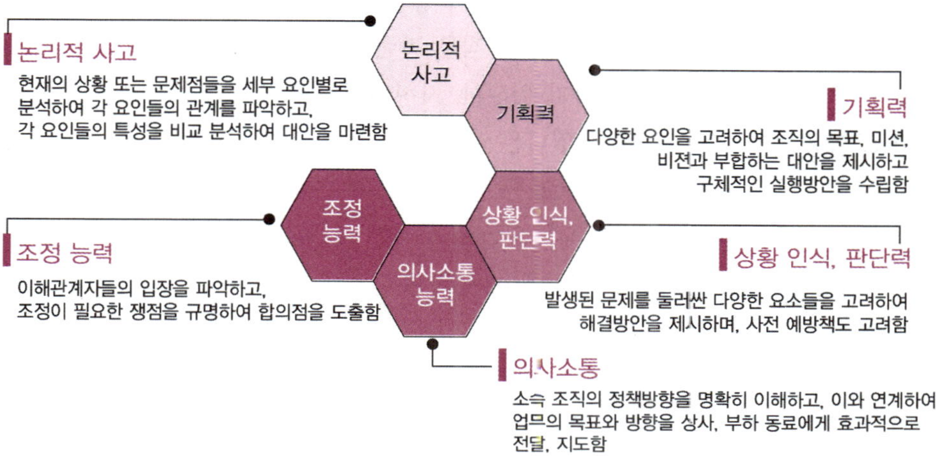

(2) 과장 세부 역량과 역량정의

중앙부처 과장급 세부 역량은 정책기획 및 판단, 의사소통, 이해관계 조정, 조직관리, 성과관리, 그리고 동기부여 역량으로 구성되어 있다. 중앙부처와 1차 소속 기관(청, 원, 관)의 과장은 부이사관 내지는 서기관들이 과장보직을 맡고 있으나 2차/3차 소속 기관의 경우에는 사무관들이 과장을 맡고 있다. 사무관이 과장급 보직을 맡고 있을 경우에는 정책기획 및 판단 역량을 제외하고는 과장으로서의 역량이 요구된다.

과장에게 요구되는 정책기획과 판단역량은 사무관이나 무보직 서기관들이 작성한 정책보고서를 검토하고, 우선적으로 보고서의 틀이 적정하게 구성되어 있는지, 보고배경과 문제현황과 문제점 분석이 정확하게 되어 있는지, 문제와 대안 사이에 객관적인 근거를 중심으로 논리적인 관계구조를 통해 적절하게 제시되었는지, 정책대상별 요구를 정확히 파악하여 대안을 제시하고 있는지, 대안의 우선순위 설정기준은 적합한지, 대안 실행을 위한 계획은 구체적으로 잘 수립되어 있는지 등을 검토하고 판단하게 된다. 중요한 정책보고서는 장관이나 이해관계자들에게 과장이 직접 보고하게 되는 경우가 많기 때문에, 과장이 효과적인 의사소통 능력을 갖추는 것은 필수이다.

의사소통 능력은 논리적이고 객관적인 근거를 중심으로 의사소통 또는 결재대상자를 설득할 수 있는 능력과 함께, 정책보고를 통해서 보여주는 자신감도 중요하다. 또한 직원들이나 보고대상자의 의견을 적극적으로 경청하고 공감할 수 있는 능력도 의사소통 능력에 포함된다. 효과적인 의사소통을 위해서 필요한 스킬에는 개방형 질문하기, 연결형질문하기, 상대이야기를 요약해서 말하기, 눈 맞춤 등 다양한 스킬이 필요하다.

조직관리는 전체 조직구조를 파악하고, 직무 관련 상급기관 또는 산하기관을 파악해서 자신에게 주어진 과제를 달성하기 위해서, 자신에게 자원(시간, 인력, 예산 등)을 효과적으로 활용할 수 있는 능력이 있다는 것을 보여주는 것이 필요하다.

성과관리는 달성가능성이 높은 목표를 설정하고, 목표를 달성에 방해가 되는 장애요인을 파악하고, 장애를 극복하기 위한 방안을 마련할 수 있는 능력이다. 또한 목표달성을 위한 계획을 수립하고 모니터링하는 기술도 포함된다. 성과관리에는 성과목표와 지표를 설정하고 성과달성 여부를 측정할 수 있는 능력도 포함된다.

동기부여에는 직원들의 동기와 능력의 파악이 필수이다. 우선적으로, 직원들의 능력수준과 욕구를 정확히 파악하고, 직원들의 부족한 능력을 채워줄 수 있는 다양한 방안(교육훈련기회 제공, 외부전문가 자문기회 제공, 상사 직접지원, 부서 내 인력지원 등)을 마련하는 것이 필요하다. 다음으로는 직원들의 동기를 부여하기 위해서, 직원들의 의견을 듣고 직원들의 의견이 의사결정에 반영될 수 있게 하는 의사결정에의 참여 기회를 보장하는 것이 필요하다. 부하직원들과의 의사소통에서 상사와 부하 간에 적정한 의견교환을 위한 시간배분이 필요하다.

그림 11-10 과장 역량모델

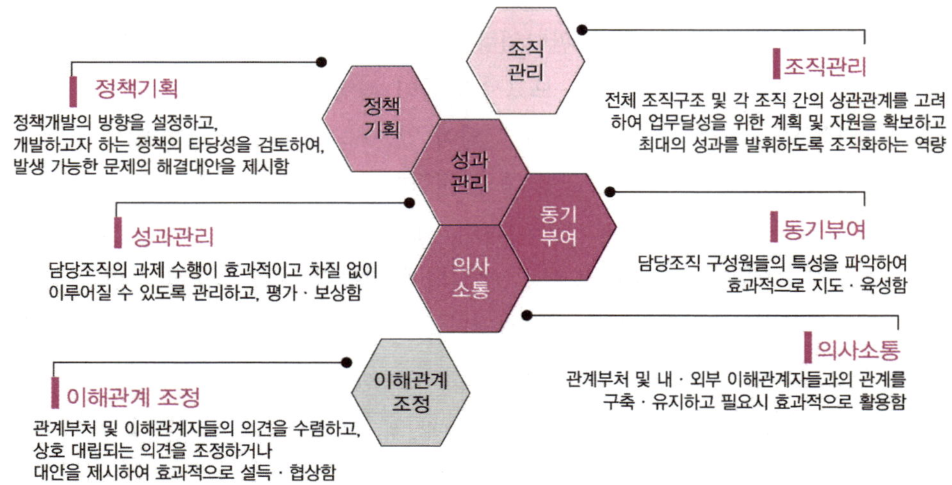

(3) 고위공무원단 세부 역량과 역량정의

고위공무원단은 중앙부처나 소속 기관에서 국장과 관, 그리고 부장급 직책을 맡고 있으며, 2차 소속 기관에서는 기관장 역할을 맡게 된다. 조직의 장래를 예측하고, 장래 문제를 미리 파악할 수 있는 문제 인식 능력과 함께, 장래문제에 대한 대안을 마련하고 대안 사이에 우선순위를 설정해서, 우선순위가 높은 정책대안을 선정하여 부족한 자원을 가지고, 가장 효과적으로 문제를 해결할 수 있는 전략적 사고 능력이 요구된다. 우선순위 설정에는 적절한 기준을 설정하는 능력도 포함된다.

성과향상 역량은 정책목표를 설정하고 목표달성에 장애가 될 수 있는 요인을 미리 발견하고, 그에 대한 대비방안을 마련하는 능력이 포함된다. 목표달성에 장애가 되는 장애요인을 파악하기 위한 노력을 하는 모습과 함께, 장애요인에 대한 적절한 대비 또는 지원방안을 체계적으로 마련하는 능력이 요구된다.

조직이나 국민의 이익을 위해서, 미래의 변화방향을 예측하고 변화를 추진하는 능력이 요구된다. 조직 변화에 따른 저항요인을 사전에 파악하고, 저항을 극복하기 위한 방안과 함께, 직원들에게 변화를 통해서 얻게 되는 이익을 국민과 조직관점에서 설명해서 변화를 위한 동기부여 능력도 요구된다.

고객만족 역량은 고객의 필요를 파악하기 위한 노력과 함께, 객관적인 근거를 중심으로 설득하는 능력, 고객이나 이해관계자의 요구나 이해를 정확히 파악하기 위한 경청 능력도 요구된다. 고객의 요구를 파악하기 위한 구체화 질문 능력과 개방형 질문 능력,

그림 11-11 고위공무원단 역량모델

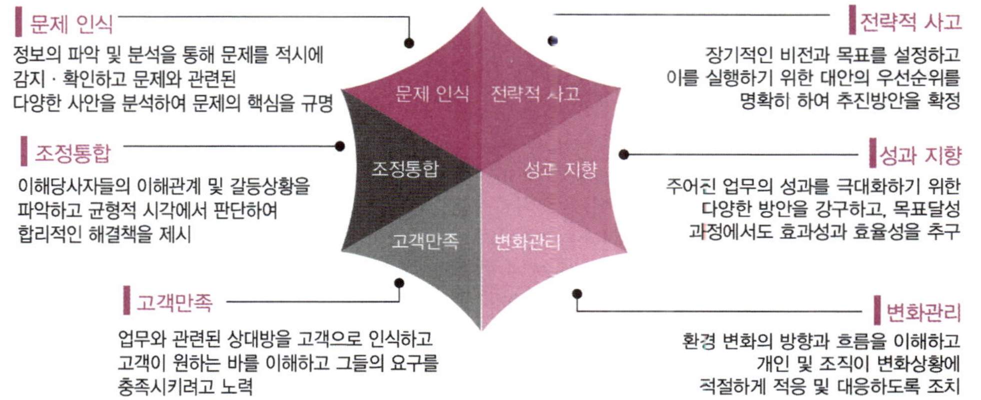

상대의 의견을 끊김 없이 정확하게 듣기 위한 연결형 대화 능력이 요구된다.

조직 차원 또는 국민의 이익 차원에서 조정통합을 이끌어내기 위해서, 균형된 입장에서 적절한 기준과 대안제시 능력, 이해관계인의 이해를 파악하는 능력, 새로운 대안을 창출하여 제시하는 능력 등이 조정통합 역량에 포함된다.

4) 역량평가제도33)

역량평가제도의 기원은 1920년대 독일군 장교 선발에서 기원을 찾을 수 있다. 1938년 미국 하버드대학 맥클랜드는 미국 외교부 소속 공보관들을 대상으로 하는 연구에서 역량이라는 것이 존재하는 것을 확인하였고, 이후 미국 국무부는 공보관 선발 시에 후보자들에 대한 역량평가를 실시하였다. 1942년 영국장교선발위원회, 제2차 세계대전 중에 미국 전략정보국, 그리고 1956년 미국 정보통신회사(AT&T) 등 민간기업으로 확대 적용 실시되었다. 역량평가제도의 역사에 대해서 제시하면 〈표 11-8〉과 같다.

역량평가제도는 기존에 존재하던 어떠한 사람의 능력에 대한 평가도구보다도 측정도구의 타당도가 높은 것으로 경험적인 연구결과에서 나타나고 있다. 우선적으로, 후보자에 대한 지인(교수, 졸업생, 상사)의 추천서의 타당도는 .13이고, 전형적인 입사 면접이 .15이고, 워크 샘플 테스트가 0.53인 데 반해, 현장사례 시뮬레이션 방식의 역량평가

33) 직원 선발도구와 관련된 수행측면에서의 타당도가 높은 것은 인지 능력(미국) 관찰된 0.39, 교정된 0.51(Schmidt & Hunter), 인지 능력(유럽) 0.23, 0.51(Salgado et al., 2003), 이력 0.26, 0.51(Beal, 1991), 구조화된 면접 0.34, 0.57(Hulcutt & Arthur, 1994), 작업표본(행동) 0.31, 0.43(Hardison et al., 2005), 평가본부 0.28, 0.38(Arthur et al., 2003), 상황면접 0.26, 0.43(Huffcutt et al., 2003), 직무지식검사 0.22, 0.45(Dye et al., 1993), 경험 0.22, 0.27(Quinones et al., 1995), 범죄이력 -0.21(Aamodt, 2014), 성실성 0.21, 0.26(Judge et al., 2013), 자기효능감 0.19, 0.23(Judge et al., 2013), 서류함 0.16, 0.42(Whetzel et al., 2014), 비구조화된 면접 0.11, 0.20으로 나타났다. 비생산적 행동과 관련해서 도덕성 검사 0.26, 0.32(van Iddekinge et al., 2012), 근무기간과 관련해서는 이력이 0.28(Beal, 1991)이고, 훈련 능력과 관련해서는 인지 능력 0.28, 0.54(Salgado et al., 2003), 직무지식검사 0.27, 0.47(Dye et al., 2003)로 도출되었다(Aamodt, 2017: 239-230을 참조하였음). 현재 정부에서 역량평가센터를 운영하고 있다. 역량평가를 위한 도구로 직무와 관련된 직무 상황 자료를 피평가자들에게 주어진 시간 내(통상 30분, 50분)에 읽고 정리하게 하고, 과장후보자는 세 가지, 고위공무원단은 네 가지 시뮬레이션 방식으로 훈련된 평가자들이 평가를 하고 있다. 이런 평가방식은 피평가자들에게 기본적인 직무지식뿐만 아니라 인지 능력을 요구한다. 상기 연구 분석 결과에 비추어볼 때, 인지 능력은 업무수행에 대한 예측에 중요한 예측요인이다. 피평가자들은 인지 능력 테스트라고 불만을 표출하고 있지만, 필자는 일정한 수준의 인지 능력을 갖추고 있지 않다면 중앙부처 과장이나 고위공무원단 직무수행이 불가능하다고 본다. Hogan et al.(1990)과 Judge et al.(2004)은 인지적 결핍을 성공적이지 못한 리더의 특성 중에 하나로 꼽고 있다.

표 11-8 역량평가 적용 유래

적용기관	활용사례 및 내용
독일군 장교 선발 (1920년대~1942년)	최초의 Assessment Center 도입 게슈탈트(Gestalt)적, 사실적 측정 강조
하버드대학 연구	개발센터(Development Center) 형식 사용 평가회의 등 도입
영국장교선발위원회(1942)	제2차 세계대전 중 도입 호주, 캐나다에 전파
영국행정위원회(1945)	군 이외 조직의 최초 도입 다단계 선발 프로세스 도입
미국전략정보고(제2차 세계대전 중)	정보요원 선발을 위해 사용
미국 AT&T	최초의 일반기업 도입(연구 목적) 신입관리자를 평가한 뒤 지속적 경력추적
Michigan Bell(1958)	실질적인 최초의 산업계 적용 내부관리자들로 평가자 구성

표 11-9 평가도구와 타당도

평가도구	타당도
Assessment Center	.65
Work Sample Tests	.55
Ability Tests	.53
Personality Tests(Combined)	.41
Researched Bio-Data	.38
Structured Interview	.31
Typical Industry Interview	.15
References	.13

출처: Nitin Sawardkar, *Assessment Centers*, A division of Sage Publications, 2002, Figure 11.1(page 159).

는 .65로 가장 높다. 평가도구별 타당도는 〈표 11-9〉와 같다.

한국의 고위공무원단 후보자와 과장후보자는 현장사례 시뮬레이션 방식의 역량평가를 의무화하고 있고 평가에 통과해야만 고위공무원단과 과장직위로 승진할 수 있다. 〈표 11-10〉에서 보여주는 것과 같이, 고위공무원단 평가방식은 1:1 기자나 부하직원 면담, 1:2 이해관계집단의 이견조정, 예산이나 사업조정을 위한 집단토론과, 서류함(in-basket)기법 등 네 가지 방식으로 하루 대략 6시간 정도 평가가 이루어진다. 그리고

표 11-10 고위공무원단 역량평가 방식, 내용, 그리고 소요시간

실행과제	모의 직무상황 예시	소요시간
1 : 1 역할수행	현안 문제에 대응하기 위한 기자와의 인터뷰, 업무대안 발표, 부하직원 코칭 등 실시	준비시간 30분 평가진행시간 30분
1 : 2 역할수행	부서(부처) 간 업무를 조정하는 상황	준비시간 30분 평가진행시간 30분
서류함기법	여러 가지 현안 문제를 처리하는 상황	준비시간 50분 평가진행시간 30분
집단토론	부처의 관련 국장 등이 모여 관련된 문제를 합의·조정하는 상황	준비시간 40분 토론진행시간 50분

출처: 인사혁신처(2021). 고위공무원단 역량평가 소개자료.

표 11-11 과장급 역량평가 방식, 내용 그리고 소요시간

실행과제	모의 직무상황 예시	소요시간
1 : 1 역할수행	현안 문제에 대안 발표 실시	준비시간 30분 평가진행시간 30분
1 : 1 역할수행	부하직원 코칭 및 업무관리	준비시간 30분 평가진행시간 30분
서류함기법	여러 가지 현안 문제를 처리하는 상황	준비시간 50분 평가진행시간 30분

〈표 11-11〉에서 보는 것과 같이, 과장의 평가방식은 1 : 1 부하직원 면담, 정책기획보고서 작성 후 상급자(평가자) 앞에서 발표, 서류함기법 등 세 가지 방식으로 대략 3시간 20분 정도 평가시간이 소요된다.

평가역량은 앞에서 소개된 고위공무원단 역량 여섯 개(문제 인식, 전략적 사고, 조정 통합, 성과 지향, 변화관리, 고객 지향)와 과장급 역량 여섯 개(정책기획, 성과관리, 조직관리, 동기부여, 이해관계 조정, 의사소통)를 시뮬레이션별로 3~4개씩 혼합하고, 어느 한 역량에 대한 평가자를 복수로 하여 두 번 평가하고, 복수의 평가자들의 평가결과를 평균을 내서 역량별로 평가점수를 부여하게 된다.

단, 복수의 평가자 사이에 점수 차이가 .2점을 넘게 되면 상호 조정협의를 반드시 거치게 되지만, 대부분의 경우에는 특정인의 특정한 한 역량에 대한 평가 결과가 2점 차이가 나지 않는다고 한다. 여섯 가지 역량에 대한 평가결과를 합한 후에 평균을 내서, 보통수준인 평균 2.5 이상의 점수를 획득하면 역량평가를 통과하는 것으로 하고 있다.

고위공무원단 및 과장 역량평가에서 평가 탈락률은 평균 20% 정도가 된다. 후보자별로 1차 역량평가에서 탈락하면 1달 정도 기간이 지난 후에 2차 평가 기회를 부여하고, 2차 평가에서도 탈락하면 6개월 후에 세 번째 평가 기회가 주어진다. 역량평가에서 3번 탈락하면, 진급을 포기하는 것이 일반적이다.

참고자료

정부 중간관리자 역량평가에서 가장 많이 활용되고 있는 평정척도는 스미스와 캔달(Smith & Kendall, 1963)이 개발한 행동기준평정척도(behaviorally anchored rating scale: BARS)와 라담과 웩슬리(Latham & Wexley, 1977)가 개발한 행동관찰척도(behavioral observation scale: BOS)가 있다. 행동기준평정척도는 평가대상자 행동의 질적인 수준을 평가하는 것으로, 행동기준평정척도를 만들기 위해서는 고위공무원단 또는 과장급 직위의 직무수행자들의 우수한 행동, 평균적인 행동, 그리고 미흡한 행동에 속하는 중요사건 행동유형들을 수집하여, 직무분석전문가들이 분류작업을 한다. 중요사건 행동평정은 또 다른 직무분석가가 맡게 되고, 이들 전문가들은 수행수준을 5점 척도(9점까지 사용함)로 평정한다(Bernardin et al., 1976). 일반적으로 정부 중간관리자 역량평가에서 사용되는 행동기준평정척도는 7점 척도이다.

다음으로, 행동관찰척도는 바람직한 행동의 빈도를 측정하는 방법이다. 행동관찰척도는 행동기준평정척도보다 제작·활용이 용이하다(Latham et al., 1979). 또한 행동관찰척도는 직원들의 행동을 바꿀 수 있도록 피드백하고 동기화하는 데에 유용하다는 장점이 있다(Tziner et al., 1993). 행동관찰척도 개발을 위해서는 평가대상집단 직위에 속하는 관리자들의 중요사건과 행동을 도출하기, 이들 사건들을 유형별로 분류하고 수행수준을 평정하기 등 작업을 거친다. 그리고 역량평가자는 평가대상자들에 중요사건에 해당되는 행동을 얼마나 많이(빈도) 보여주는지를 평가하게 된다. 평가대상자들은 역량평가를 받고난 이후에, 더 높은 역량평가점수를 받기 위해서 해야 하는 행동에 대한 피드백을 역량평가센터로부터 받아 볼 수 있다. 정부 역량평가 평정척도는 5점 척도로 제작되며, 중간관리자 필요역량 요소별 평균점수가 2.5 이상이면 통과하게 된다.

이외에 도식평정척도, 행동체크리스트 등 수행평가에서 사용되는 척도들이 있다. 앞서 소개한 행동기준평정척도의 관대화오류(leniency error)를 줄이기 위해서 개발된 강제선택형 평정척도(forced-choice rating scale)가 있지만, 이 척도는 평가자가 '논리적 평정오류'를 범하기 쉽다. 기타 수행평가 방법과 유형, 그리고 평가척도에 대해서는 학부와 대학원의 '인사행정(인적자원관리)'과 '산업 및 조직심리' 과목과 교재에서 상세하게 다루고 있다.

제 12 장

공정 · 평등한 인사를 위한 이론 · 제도 · 기법

제1절 서론: 인적자원관리의 중심가치로서 공정과 평등

이 장에서는 미국 행정(학)과 행정가의 공정·평등 가치, 그리고 평등권을 강화하기 위한 형평성 가치라는 것을 보여주는 평등·공정 인사제도를 소개하는 데 목적이 있다. 공공 및 민간기관에서 평등하고 공정한 고용·승진 기회의 보장은 베버(Max Weber)가 본 조직구성원 또는 후보자들의 목측 합리성 또는 슘페터(J. Schumpter)의 기업가정신(entrepreneurship) 추구를 위한 동기부여 요인이 된다. 조직구성원이나 후보자들의 자기계발과 그로 인해서 종국적으로 도출되는 조직성과의 향상은 애덤 스미스의 『국부론』의 정신과도 연결된다. 그러므로 이 장은 인사관리 전반과 관련된 이론, 제도와 기법을 소개하는 데 목적이 있지 않다.

미국이 다양한 가치를 가진 다민족·다양한 국가로부터 이주해온 사람들이 주축이 되어 만들어진 나라라는 점에서 사회통합을 위한 당연한 제도·기법이라고 볼 수 있지만, 한국 행정(학)과 행정제도, 그리고 운영에 반영할 만한 시사점이 있다고 본다. 미국 공정·평등인사 제도·기관·세부 실행 지침이 만들어진 이유는 수정헌법 제5조와 제14조를 실현하기 위한 것에 있다. 미국 행정(학)이 헌법 운영이라고 보는 관점에서, 미국 행정(학)이 공정·평등 인사에 관해 연구하는 것은 당연하다.1)

1) Llorens et al.(2018: 15)는 미국의 행정, 특히 인사행정에 영향을 준 가치로 반응성(resonsiveness), 능률성(efficiency), 개인권리(Individual rights), 사회적 형평성(Social equity), 그리고 반정부적인 가치(antigovernment values) 등 다섯 가지로 보고 있다. 그들(2018)은 이들 다섯 가지 가치가 서로 상충되기 때문에, 인적자원관리의 효과성에 한계점으로 작용한다고 본다. 반응성이란 정치적인 정실에 의해서 공무원을 임명하는 것이다. 정치적인 책임을 진다. 능률성이란 최상의 후보자들 선발하겠다고 승진이나 채용에서 소수점까지 고려하는 과도하게 합리적인 인사 절차를 만들고 집행하는 것을 의미한다. 공무원 권리는 정치적이고 자의적인 인사개입으로부터 공무원을 보호하는 것을 의미한다. 형평성은 모든 집단을 균형 있지 대표할 수 있도록 직원을 구성하는 것을 의미한다. 반정부적 가치는 인사행정을 민간 메커니즘에 따라 수행하는 것으로, 서비스 계약(임시고용 등등), 민영화, 이용자요금제, 그리고 기타 비즈니스 메커니즘에 의존하는 것을 의미한다(Llorens et al., 2018: 15). 미국은 임의고용(employment at-will)이라는 관습법이 존재한다(Levy, 2018: 237). 임의고용이란 고용인과 피고용인이 언제든지, 그리고 어떠한 이유에서든지 고용과 철회를 할 권리를 인정하는 것이다. 이 관습법은 영국에서 출발하였으며, 식민지 시대에 미국 법 시스템에 통합되었다(Levy, 2018: 222). 1993년 Winter 위원회 보고서가 근거가 되어, 1996년 Georgia 주는 모든 신규공무원에 임의고용 지위를, 2000년 Texas도 공무원에 대한 임의고용을 규정했다. 2001년 플로리다는 공무원을 변화시키려는 개혁노력으로 "Service First"라는 구호 아래 감독자들을 직위분류에서 미분류시스템으로, 불법 또는 중과실이 있는 해고(just cause job termination)에서 임의고용으로 지위를 변화시켰다(Llorens et al., 2018: 12). 임의고용은 집단협

대한민국 건국의 기틀이 된 '삼일 독립선언서'에서도 모든 시민이 평등한 사회를 이룩하겠다는 의지를 피력하였으며, 삼일 독립운동 정신을 담은 건국헌법인 상해임시정부 헌법 제3조에서 대한인민은 남녀노소 평등하다는 기본권 조항을 담고 있다(양건, 2013: 4). 대한민국 헌법은 제헌헌법 제8조부터 현행헌법 제11조까지 기본권 중에 평등권을 제일 먼저 규정하고 있다.[2] 이러한 기술은 대한민국 건국사상과 무관하지 않다.

이 장에서는 미국 연방·주정부, 그리고 지방정부, 그리고 이들 정부기관과 계약을 맺고 있는 민간단체에 적용되는 평등·공정 인사와 관련된 제도와 기법들이 소개된다. 미국은 1883년 펜들턴 법이 시행될 때부터 직위분류제를 실시해온 전통이 있다(Sager & Rosser, 2009). 직무분석도[3] 직위분류제 시행 초기부터 실시되었다. 그에 비해서, 한국은 계급제를 기본적인 틀로 유지하고 직위분류제를 혼합하여 사용하는 형태를 유지하고 있다는 점에서 차이가 있다. 직위분류제와 계급제[4] 사이에 가장 큰 차이점은 직무권한과 책임을 정하는 직책과 급여의 책정기준인 (직무평가에 의한)등급 이외에, 우리

상의 대상이 되고 있고, 공무원 정원에 포함되지 않는다. 각종 차별금지 규정의 적용대상이 아니다(Llorens et al., 2018). 아무런 이유 없는 해고에 대해 '부당해고'라는 법적 소송이 줄을 잇고 있고, 고용철회 시 납득할 만한 충분한 이유를 설명해야 한다는 사회통념이 생겨나고 있다(Dunford & Devine, 1998). 사법적 판단의 참조 없이 인적자원관리 업무를 할 수 없을 정도가 되었다(Rosenbloom, 2010: s176). 주정부의 공무원 인사개혁에 대한 성과 연구에서, 성과를 알 수 없거나 성과에는 관심이 없다는 연구결과를 제시한다(Kellough & Nigro, 2006). 선출직 공무원에 대한 정치적 또는 개인적인 충성을 강화하고, 사기와 남용의 실질적 가능성을 높이고 인사비용을 높였다는 부정적인 성과가 있다(Llorens et al., 2018: 12). 또한 정부가 비즈니스와 같아야 한다는 인식처럼, 민간도 정부와 같아야 한다(책임성, 투명성, 공공부문 윤리)는 인식의 확산이 있다(Price, 2007).

2) 평등권은 "국가로부터 부당하게 차별대우를 받지 아니함은 물론, 국가에 대해 평등한 처우를 요구할 수 있는 주관적 공권"을 말하는 것으로 정의된다(권영성, 2007: 390; 김철수, 2007: 445; 허영, 2007; 성낙인, 2007: 340; 정종섭, 2007: 367 참조).

3) 직무분석의 직무기술서에는 특정한 직책에 작업활동이 유형별로 상세하게 기술되고, 사용하는 도구 및 장비, 직무환경, 보상에 대한 정보, 요구되는 직무역량 등이 상세하게 명시된다. 특정 직무의 직무기술서는 모집이나 선발에서 적격자를 선발하는 중요한 기준이 되며, 사후적으로 평등·공정인사를 판가름하는 주요 기준으로 활용된다.

4) 임도빈·유민봉(2019: 89)은 계급제와 직위분류제의 차이에 관해서, "계급제가 '사람'을 대상으로 그 사람이 일을 '얼마나 잘' 수행할 수 있고, 주어진 책임을 '얼마나 효과적으로' 감당할 수 있는가를 기준으로 분류하는 것이라면, 직위분류제는 사람이 하는 '일'을 대상으로 그 일이 '무엇'이며, 그에 따른 책임이 '어느 정도'인가를 기준으로 분류하는 것이다"라고 기술하고 있다. 계급제가 인사의 기준으로 '그 사람의 직무수행 능력'을 본다고는 하지만, 보통은 그 사람이 동일 계급 내에서 연공서열이나 입직 기수가 주요한 기준이 되고 있는 것이 현실이다. 실제로 승진후보자 중에 근무평가 등에서 동일 점수획득자가 많기 때문에, 최종적으로는 연공서열이나 입직기수들이 승진이나 전환배치의 주요한 기준으로 활용된다.

는 계급(1급부터 9급, 10등급 기능직, 군인·경찰·소방 등은 계급)과 호봉제도가 존재한다는 것이다. 미국은 특정 직무에 적격자를 선발할 경우에, 선발대상자가 직무에 적합한 직무수행경험과 역량을 보유하고 있는가가 중요한 선발기준이 되지만, 우리는 그 사람의 직장 내 계급이 중심이 되고, 동일 계급 내에 각종 서열이 주요 선발 기준이 된다는 점이 다르다.[5)]

직위분류제는 직군 간, 그리고 직렬 간에 원활한 의사소통과 공동협력이 문제가 되는 것이 사실이다. 미국 9·11 사태에 대한 원인규명에서 직위분류제의 사이로(silo)방식 인사제도가 기관 간, 그리고 조직 내 부서 간 원활한 협력을 방해하는 원인이라는 지적이 있었다. 제11장에서 기술한 미국 등 EU 국가 등에서 고위공무원단(SES) 제도를 채택한 이유도 부·처간, 그리고 부·서간 원활한 업무협조 및 고위직공무원으로서 필요한 공통관리역량 배양과 보유에 목적이 있다. 고위공무원단 직위에 보임되기 위해서는 고위관리자로서 필요한 공통관리자 역량을 보유하고 있음을 역량평가를 통해서 확인하는 절차가 있다. 고위공무원단에 속하게 되면 정치적인 이유로 해임이 불가능하다는 점에서 정부 정책의 안정성과 전문성 향상에도 도움이 된다.

계급제는 직무수행 능력보다 계급이나 계급 내 각종 서열이 인사의 중요한 기준이 된다는 점에서 공정·평등한 인사기준 확립에 부정적인 요인으로 작용할 수 있다. 계급제에서는 조직의 주요 보직을 맡고 있는 각종(해당 계급 승진임용 순위, 입직 시 시험·연수원 기수 등) 서열이 높은 대상자가 승진예정후보자가 되고, 보직인사가 직무수행 역량중심이 아닌 조직 내 각종 서열중심으로 이루어진다는 점이[6)] 평등·공정인사 여부를 사전·사후적으로 감시·통제하는 데 장애요인이 될 수 있다.[7)] 다음에서는 미

5) 그 사람의 직위가 사적인 신분으로 인식되는 면이 있다. 미국은 사적인 영역에서는 평등하지만, 공적인 영역에서는 직책이 중요한 역할을 하고 엄격하다. 그에 비해서, 우리는 공적·사적인 영역에서 그 사람의 직위가 신분을 인식하는 중요한 기준이 된다. 직찬과 등급 이외에 계급을 폐지할 필요성이 크다. 특정 계급 승진 순서에 따라 차순급 직위의 승진순위가 정해지게 되고, 보직 배치전환 순위에도 크게 영향을 미친다. 여기에 입직 시에 채용시험 또는 연수원 기수도 보직 배치에 영향을 주고 있다. 우리는 직무 능력중심 인사운영이 아닌 철저하게 각종 서열중심으로 인사운영이 이루어지고 있는 것이 사실이다.

6) 연공서열에 따라 승진의 우선순위가 달라지고, 늦게 입사한 사람을 해고가 쉽도록 설계된 인사정책이 오래전부터 존속해온 조직은 불리효과가 발생했다고 하더라도 계속 그렇게 할 수 있다는 것을 진정연공서열체계라고 칭한다(Aamodt, 2017: 115). 연공서열체계가 진정성이 있는 것으로 간주되기 위해서는, 연공서열체계의 목적이 연공서열에 따른 차별이 아니라 보상이어야 한다(Twomey, 2013).

7) 사람보다 직무의 구조적 배열을 중시한 과학적 관리사상이 직위분류제에 반영되어 있다(임도

국의 평등 · 공정 인사 제도와 기법에 대해서 간략하게 소개한다.

제2절 미국 평등 · 공정 인사 관련 제도와 조직

1. 평등 · 공정한 인적자원관리를 위한 제도

미국에 평등과 공정인사와 관련된 헌법 규정과 법률, 그리고 지침은 다음과 같다. 미국 수정헌법 제5조(연방정부)와 수정헌법 제14조(주와 지방정부)는 평등 보호의무(The equal protection clauses of the Fifth and Fourteenth Amendments)를 연방과 주정부 기관에 부과하고 있다.[8] 이러한 헌법 규정을 구체적으로 실현하기 위해서 시민권법(1964), 평등임금법(1963), 미국 장애인 차별금지법(1990), 직업재활법(1973), 임산부 차별금지법, 베트남전 참전 퇴역군인 재적응 지원법(1974), 참전퇴역군인 고용촉진법(2002) 등이 있다. 또한 대통령 행정명령(제11246호-연방계약업체 대상), 연방판례법(연방대법원, 순회항소법원, 지방법원의 헌법과 연방법에 대한 판례, 그리고 연방행정기관으로서 고용평등기회위원회(Equal Employment Opportunity Commission: EEOC), 연방계약준수프로그램사무국(Office of Federal Contract Compliance Programs: OFCCP)의 평등고용 관련 지침(Uniform Guidelines on Employee Selection Procedure: UGESP, 1978) 등이 존재한다.

상기한 평등 · 공정인사와 관련된 규정을 적용받는 단체는 연방정부와 연간 5만 달러 이상의 계약을 체결하는 15인 이상의 직원을 고용하고 있는 공공 및 민간기업 등이다. 즉, 연방정부, 주정부, 지방정부 고용 관련 기관, 연방 · 지방정부와 계약을 맺는 기관들, 노동조합, 그리고 해외에서 미국회사를 위해 일하는 미국인들도 이법의 적용을 받는다. 현재 정부와 계약을 맺지 않는 많은 민간단체(사업체)들도 자발적으로 상기법과 지침을 준수하고 있다.

빈 · 유민봉, 2019: 89). 직위분류제는 '동일업무에 대한 동일보수'라는 보수의 형평성 요구와 실적주의제의 요구를 실현하기 위한 방안이었다(Super & Crites, 1962: 73).

8) 우리 헌법 제11조는 제1호는 정치 · 경제 · 사회 · 문화적인 생활 영역에서 차별받지 않는다고만 규정하고 있고, 정부의 적극적인 평등보호 의무 규정은 없다. 향후 헌법 개정이 이루어진다면 추가될 필요가 있다.

표 12-1 연방 또는 중앙정부 차원 보호계층의 국제비교

국가명	보호대상
미국	인종, 출신국가, 성별, 나이, 장애 여부, 피부색, 종교, 임신 여두, 베트남 참전용사
캐나다	인종, 출신국가, 성별, 나이, 장애 여부, 피부색, 임신 여부, 혼인 여부, 성적 지향
호주	인종, 성별, 나이, 장애 여부, 종교, 임신 여부, 성적 지향, 정치적 성향, 가족관계, 성전환자, 속인국, 사회적 계층, 진료기록, 노동조합활동
영국	인종, 출신국가, 성별, 나이, 장애 여부, 피부색, 종교, 성적 지향, 전과자
EU	인종, 출신국가, 성별, 나이, 장애 여부, 피부색, 임신 여부, 성적 지향
멕시코	인종, 출신국가, 성별, 종교, 임신 여부, 정치적 성향
일본	출신국가, 성별, 나이, 종교, 정치적 성향, 사회적 지위
한국	근로기준법(균등한 처우, 직장 내 괴롭힘 방지), 장애인 고용촉진 및 직업재활법에서 채용·승진·전보 및 교육훈련 차별을 금지함. 50인 이상 사업장에 대해 고용분담금 부과함.

미국 연방 차원의 보호를 받는 계층은 〈표 12-1〉에서 기술하고 있는 것처럼, 인종, 출신국가, 남녀, 나이, 장애, 피부색, 종교, 임신 여부, 베트남 참전용사 등이 포함된다. 국제적으로는 호주가 가장 많은 보호계층(정치적 성향, 성적 지향, 사회적 계층, 진료기록 등등)을 두고 있으며, 일본은 사회적 지위를 포함시키고 있다.

미국 연방 중앙인사위원회(the Civil Sevice Commission), 노동부 고용평등기회위원회와 연방계약준수프로그램사무국, 그리고 법무부는 합동으로 인사선발 절차에 관한 통일지침[UNIFORM GUIDELINES ON EMPLOYEE SELECTION PROCEDURES(1978)]을 연방 규제 강령(Code of Federal Regulations)으로 제정하여 각 기관에 이행 지침을 제공하고 있다. 미국 내 모든 정부 기관, 정부와 연 5만 달러 이상의 조달계약을 맺는 기관은 준수할 법적인 의무가 있다. 인사관리에서 규정위반에 대한 이의 제기가 있고,9) 고용평등기회위원회가 심의결과 차별이 인정된다면 위원회가 대행해서 또는 차별받는 당사자가 직접 법원에 사법 심사(소송)을 제기할 수 있다. 통일된 인사지침 규정에는 선발절차, 차별 기준, 불리효과 기준, 선발 점수 타당도 기준, 불공정 대우, 그리고 적극적 조치 등의 내용이 포함되어 있다(미국 노동부, 2011.7.1. 연방규제강령, 제29장 노동).

다음 [그림 12-1]에서와 같이, 주(state), 군(county), 그리고 지방정부(municipal)에

9) EEOC(2004)는 채용과 해고, 급여 또는 부서배치, 직두 전환배치, 일시 해고와 재고용, 취업광고, 검사, 회사 시설의 이용, 교육훈련프로그램, 복리후생, 급여의 지급, 퇴직 설계, 그리고 장애로 인한 휴가 등에서 차별이 존재할 경우에 고용차별이라고 정의한다. 미국은 임의고용(employment at-will)이라는 관습법이 존재한다(Levy, 2018: 237).

는 공무원인사위원회(Civil Service Commission: CSC)가 설치되어 있다. 공무원인사위원회 이외에, 연방과 주정부 법령을 준수하고, 소속 기관 인사위원회 규정에 따라 인사운영책임을 맡는 최고인사관리관(Personnel Director, the Chief Personnel Clerk)이 있으며, 인사위원회에 인사 감독위원회가 존재한다(Sonoma County, 2019.4.18. 발효 인사. 공무원인사위원회 규칙 참조). 미국은 인사시스템이 선출직(또는 임명직) 공무원보다 더 우월한 지위를 가지고 있다(Llorens et al., 2018: 39).

로렌스 외(Llorens et al., 2018: 35-36)에 의하면, 〈표 12-2〉에서 보여주는 것과 같이, 공공기간에서 인사에 대한 책임은 세 집단이 공유한다. 세 집단은 첫 번째는 선출된 또는 임명된 공무원, 두 번째는 인사담담관리관과 전문가이다[10]. 그리고 세 번째는 일반관리자와 감독자들이다. 선출직(또는 임명직) 공무원은 기관 세입 재정과 프로그램 우선순위, 가치를 설정하고, 인사시스템의 구성원들을 임명한다. 인사담당관리관들과 전문가들은 인사시스템을 설계하고 집행하거나 할 사람들에게 지시하고 지원한다. 이들은 공무원 인사시스템 내에서 일반관리자들과 감독자들의 행정지원인력 지원서비스를 제공한다. 그리고 관리자들과 감독자들은 예산범위 내에서 사명을 달성할 수 있도록 관리하고, 직원들을 고용·해고하고, 직원들의 업무수행 목표를 명확히 하고, 수행기술, 피드백과 보상을 제공한다.[11][12]

10) Llorens et al.(2018)은 인사관리관과 전문가의 공적인, 그리고 정치적인 역할 기대는 "파수꾼(watchdog), 공동협력자(collaboration), 컨설턴트(consultation), 그리고 컨설턴트와 계약이행자(contract compliance) 순으로 변화해 왔다고 보고 있다. 컨설팅은 일반관리자들과 직원들에 대한 컨설팅을 의미하며, 생산성을 증가시키고, 기관의 정치적인 대응성을 강화하고, 인사시스템 내에서 직원들의 권리를 것과 관련이 있다(Llorens et al., 2018: 41-42).

11) Llorens et al.(2018: 36)에 기술된 내용을 요약하여 정리한 것임.

12) 현재 미국 공무원의 유형은 여섯 가지로 구분할 수 있다. 공무원 분류 기준은 선발방법, 보상 및 처우 제공방법, 그리고 신분보장 여부와 관련이 있다. 첫째, 공무원(civil service)은 특정 직위에 최상위 수준의 자격을 갖춘 사람들 지원자들 중에 한 사람을 선발한다. 둘째, 공무원(적극적 조치 임명): 특정 직위에 최소한의 자격을 갖춘 충분한 수의 여성과 소수자들 지원 인력풀을 만들고, 그 인력풀 중에 최상의 자격을 갖춘 후보자를 선발한다. 셋째, 공무원(정치적 엽관임명) 특정 직위에 대한 최저 자격기준을 넘어서는 자격을 갖춘 후보자 중에 최상의 정치적인 지지를 받는 후보를 선발한다. 넷째, 공무원(집단협상임명) 집단교섭 합의에 의해 명확히 되는 것으로서, 연공서열을 강조하는 내적인 지원과정을 통한 승진 또는 직무배치를 함. 다섯째, 공무원/계약임명: 큰 범주로 단순 일반사무 또는 기술 직위를 재분류한 이후에, 그 직위를 독립적인 계약자로서 단기 또는 파트타임 작업자로서 필요한 때 채움. 공무원/개방형 전문직위 임명: 현저하게 높은 급여와 매력적인 처우가 제공되지만 신분보장이나 연공보장이 안 되는 직위임. 한국에도 동일한 공무원 유형이 존재한다. 하지만, 미국에서는 인사에 정무직(또는 임명직) 기관장의 개입 가능성은 거의 없다. 계약임명은 "임시고용(at will)"의 형태이며, 1996년 조지아주는 모든 신규 직원에

소노마카운티(Sonoma county)의 인사 규정을 근거로 하여, 미국 공공기관의 인사시스템 운영구조와 관련된 세부 규정내용을 살펴보면 다음과 같다. 우선, 각 기관에는 인사위원회(Civil Service Commission)가 존재한다. 인사위원회 위원장과 부위원장 임기는 1년이며, 인사위원회 위원들 중에 1인을 위원들이 호선한다. 인사위원회는 기관장과는 독립적인 지위에서 실적 중심의 인사관리(고용과 승진)가 될 수 있도록 노력한다. 인사위원회 심의과정은 투명성을 확보하기 위해서, 위원들의 발언 내용들을 포함해서 모든 내용은 문서화한다. 인사위원회 심의과정에서 이해충돌을 방지하기 위해서, 특정 인사위원이 이해충돌 발생가능성이 있을 경우에 자진 신고하고, 심의과정에서 빠져야 하는 상피(相避) 규정(ex parte rule)을 두고 있다.

최고인사관리관[(Humane Resource Management Director 또는 the Chief Personnel Clerk), 최고인사관리관]은 기관장과 독립적인 지위를 가지고, 인사 관련 법 규정과 인사위원회의 지침에 따라 인사운영 관련 업무를 총괄한다.[13] 독립 행정기관에 최고인사책임자는 인사업무를 총괄하고(Mosher, 1992), 인사위원회와 하위 부서 인사책임자들과 협력관계에 있다. 최고사무책임자는 공정하고 독립적으로 인사업무를 수행한다. 승진과 급여인상, 전보 등과 같은 모든 인사업무에 대한 권한과 책임을 진다(Mosher, 1992: 711-712). 최고인사책임자는 직위분류를 실시하고, 인사후보자들에게 인사 관련 자료를 요구할 수 있다. 현재는 최고사무책임자는 규제, 법령해석, 인사행정 등 모든 사무를 총괄한다(County of Sonoma, 2019.4. RULES OF THE CIVIL SERVICE COMMISSION의 내용 참조).

대한 임시고용 지위, 인사정책과 운영 권한의 분권화, 성과기준으로 급여가 책정되는 신성과관리 시스템을 규정했다. 2001년에 플로리다 주, 2000년에 텍사스 주가 채택했다. 임시고용은 자연법사상에서 기원을 찾고 있으며(Levy, 2018), Florens et al.(2018)은 반정부주의라고 규정한다. 이러한 자연법사상에 기원한 임시고용의 증가의 결과는 조직의 고객지향성을 강화했다는 연구결과이지만, 파트타임 근로자, 고용차별금지법 면제대상 조직 근로자들 임금차별을 강화했고, 조직의 전문성(핵심 전문성)을 약화시키고, 조직 기억을 사라지게 했을 뿐만 아니라 사기와 남용의 실질적인 문제를 야기시켰다는 연구자들의 연구결과이다(Nigro & Kellough, 2006: 315; Milward, 1996; Moe, 1987). Florens et al.(2018: 13)은 역설적인 균형을 강조한다. 전통적인 공무원 인사가치(안정된 공무원제도)와 신자유주의 인사제도(전문임기제와 단기계약직 공무원)의 역설적인 균형을 의미한다.

13) 한국 정부 조직에는 존재하지 않는 직책이다. 직책 명칭도 필자가 임의적으로 정한 것이다. 정무직기관장에게 인사 권한과 책임이 부여된다. 만약에 신설한다면 조직 내 행정관리 총괄실장 내지는 사무처장 정도의 직책이 적당할 것이다.

표 12-2 인사 기능에 대한 공유된 책임

기능	수준		
	선출된, 그리고 임명된 공무원	관리자와 감독자	인사관리관과 전문가
기획	세입예산을 결정, 프로그램 우선순위 결정	예산 범위 내에서 사명을 관리함.	직무기술서를 개발하고, 급여와 후생계획을 집행함.
획득	선발과정에 방향을 결정하는 가치에 영향	직원을 고용하고 해고함.	채용 규칙과 절차를 마련함.
개발	기관과 프로그램 목표와 우선순위를 정의함.	직원들이 명확한 목표을 갖게 하고, 기술, 피드백과 보상을 제공함.	훈련과 평가시스템을 개발함.
제재	적정한 인사시스템을 결정	직원과 정책을 자문하고 규율함.	약물검사와 규율을 위한 정책과 프로그램을 개발함.

출처: Llorens et al.(2018: 36)에 게시된 표를 인용함.

그리고 인사업무에 대한 제도 개선에 대한 자문, 그리고 전문적인 인사자문과 컨설팅 업무를 담당하는 외부 기관이 존재한다. NAPA(National Academy of Public Administration)는 1,000여 명의 전직 고위공무원, 대학 교수들이 사회적 형평성 강화를 위한 컨설팅 서비스를 제공하고 있으며, 행정 분야의 불공정 해소방안에 대한 (제도)컨설팅 서비스를 제공하고 있고, 공무원, 그리고 정치인들에게 불공정해소와 관련된 자문서비스를 제공하고 있다. 조지아주립대학에 빈슨(Vinson) 정부기관은 주로 인적자원개발과 자문서비스를 주, 군, 그리고 지방정부 소속 정부기관에 제공하고 있다.[14]

2. 시민권법(the Civil Rights Acts)

미국 공정·평등인사 제도와 관련해서 우선적으로 살펴볼 수 있는 것이 시민권법이다. 미국 시민권법(the Civil Rights Acts)은 미국 내 시민들에게 부여된 특정한 권리, 특권, 의무, 혜택, 사회적 지위와 같은 것들을 규정하고 있다. 1867년, 1964년, 1991년의 미국 시민권법과 미국 수정헌법 제5조[15]와 제14조[16]에 의거하여, 어느 한 개인을 인

14) 조지아주립대학의 정부 연구원(자문 및 컨설팅) 기관은 예시이며(Google 검색 자료 참조), 미국 내에는 인적자원개발 전문서비스를 제공하는 기관이 다수 존재하는 것으로 알고 있음.

15) 미국 수정헌법 제5조는 적법 절차 없는 신체의 구금이나 체포의 금지를 규정하고 있고, 배심원 없는 형사재판의 금지, 자백을 통한 처벌, 그리고 이중처벌 금지, 보상 없는 재산수용 금지를 규

그림 12-1 정부기관의 인적자원관리 기구 및 관련 자문서비스 제공기관

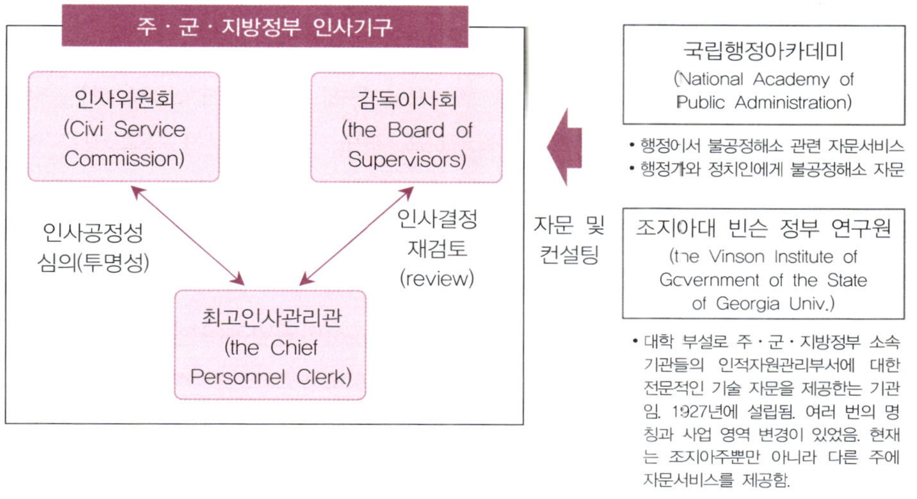

출처: Sonoma County 인사 관련 규정집 참조해서 모형을 저작함.

종에 따라 차별하는 것은 위법이다. 미국 수정헌법 제5조와 제14조의 평등보호 조항은 연방정부나 주정부가 개인의 법률에 의한 평등 보호권을 거부할 수 없다고 규정하고 있다. 이와 같은 헌법 규정은 정부가 의도적으로 차별하지 못하거나, 의도적인 차별의 발생이 가능하지 않도록 해야 한다는 것을 포함하고 있다.

1964년(시민권법 제7편)과 1991년에 제정된 시민권법은 미국 수정헌법 제5조와 제14조의 적용 범위를 지방정부와 민간부문까지 확대하고 있다. 시민권법 제7편 제703절에 규정에 의거하면, 고용된 직원이 15인 이상인 단체의 사업주, 노동조합, 고용기관, 주정

정하고 있다(Cornell Law School 홈페이지 참조).

16) 미국 수정헌법 제14조는 어떤 "주"도 그 주민에게 법의 평등보호를 부인할 수 없다고 함으로써 "주정부"를 평등보호조항의 규율대상으로 하고 있다. 연방정부는 워렌 대법원 때인 1954년에 Bolling v. Sharpe(1954) 판결에 의해 규율대상이 되었다(임지봉, 2013: 392). 임지봉(2013: 391)은 "평등"은 가장 미국적인 주제라고 보고 있다. 수정헌법 제15조 끝부분에는 적법 절차(due process)를 규정하고 있다. 수정헌법 제14조를 근거로 미국 연방대법원은 취업이나 입학 등에 있어, 특히 국가적 도움을 필요로 하는 흑인이나 여성 등의 경제적·사회적 약자에 대해 우선적인 처우(preferential treatment)나 적극적 조치(affirmatve action) 등의 특혜를 부여함으로써 실질적 평등을 기하려 노력하였다(임지봉, 2013: 403). 임지봉(2013: 407)은 우리 헌법재판소의 평등심사 기준이 미국처럼 구체적이지도 못하고, 잘 정비되어 있지도 못해서 문제이라고 지적하고 있다. 또한 그(2013: 445)는 우리 헌법 제11조 평등권조항 속에 '적극적 평등실현 조치'에 관한 헌법상의 근거규정을 마련할 필요가 있다고 제언하고 있다.

부와 자치정부의 소속 및 산하기관들, 그리고 교육기관에서, 다음과 같은 차별이 발생한다면 위법에 해당된다. 첫 번째는 개인의 인종, 피부색, 종교, 성별 및 출신국가 등과 같은 이유로 어느 한 개인을 불합격시키거나, 계속 고용을 거부하거나 혹은 해고시키는 경우, 또는 보상, 계약 조건, 근무환경 및 우선고용 등에 대하여 어느 한 개인을 차별할 경우이다. 두 번째는 개인의 인종, 피부색, 종교, 성별, 및 출신국가 등과 같은 이유를 들어 개인으로부터 고용의 기회를 박탈하거나 박탈할 경향이 있을 수 있는 어떤 방식을 통해서 직원을 제한, 분리 및 분류하는 경우, 또는 직원으로서의 지위에 불리하게 영향을 미치는 경우이다.

미국 수정헌법 제5조 및 제14조 규정과는 다르게, 시민권법은 고용관행이 잠재적 위법으로 간주될 수 있는 의도적인 차별이 존재할 것을 요구조건으로 하지는 않는다. 그런 조건 대신에 차별의 증거로 선발 비율에 대한 통계분석, 불리효과(adverse impact)[17]의 존재 및 부재 등이 활용된다. 미국 연방 순회법원 및 지방법원은 시민권법이 조직의 분위기도 사법심사의 대상인 것으로 해석했으며, 성희롱, 연령에 따른 괴롭힘, 인종에 따른 괴롭힘, 종교에 따른 괴롭힘 등과 같은 행태를 포함한다.[18]

3. 고용상 연령차별금지법 (Age Discrimination in Employment Act: ADEA)

1967년 제정된, 그리고 수차례 개정된 고용상 연령차별금지법은 고용주나 노동조합으로 하여금 40세 이상인 개인에 대한 차별을 금하고 있다.[19] 이 법은 비용을 절감하기 위해서 고임금의 나이가 많은 직원들을 해고하고 저임금의 젊은 직원들로 대체하는 고

17) 불리효과란 주류집단의 구성원보다 보호 집단구성원에게 더 높은 비율로 부정적인 결과를 초래하는 고용관행을 의미한다. 불리효과는 주로 4/5 법칙에 따라 결정된다.

18) 직원 선발기준에서 직무 관련성과 관련된 미국 법원의 판결로 Griggs v. Duke Power 사건이 있다. 연방대법원은 직원채용공고문에 명시된 고등학교 졸업 이상의 직무 관련성을 단체가 입증해야 한다고 판결했다. Albermarle v. Moody(1975), Chance v. Board of Examiners(1971), Guardians v. Civil Service(1980) 등 판결을 통해서, 미국 법원은 직원선발 기준으로 직무 관련성을 지속적으로 확인시켜주고 있다(Aamodt, 2017: 41). 그런 연유로 사법적인 조사에 대비해서 직무분석이 이루어지는 과정과 그 결과물이 철저하게 문서화되는 것이 필수적이다(Gutman & Dunleavy, 2012).

19) 2005년에 미국 대법원은 직원들이 연령에 근거하여 불리효과 관련 고발을 제기할 수 있다고 선고하였다. 이러한 것은 고용상 연령차별금지법(Age Discrimination in Employment Act: ADEA)의 규정에 의해 보호된다(Roderick Jackson v. Birmingham Board of Education, 2005).

용관행으로부터 나이가 많은 고용인들을 보호하기 위해 제정된 측면이 있다. 실제 현장에서는 반대의 경우가 많지만, 사람들은 보통 나이가 많은 직원들이 젊은 직원들보다 능력이 떨어지고 경제적으로도 가치가 떨어진다고 생각하기 때문에 이렇게 법률을 제정하는 것이 중요하다. 40세 이상의 강제 퇴직자들이 고용을 유지하기 위해서는 더 열심히 일해야 하는 불리한 점, 그리고 재취직을 위해서는 더 많은 노력이 필요하다는 점, 그리고 연령제한이라는 것이 자의적인 기준이라는 점이 본 법 제정의 취지로 설명되고 있다.[20]

이 법에 의거하여 소송을 제기하기 위해서 개인은 자신이 특정 연령층에 속해 있다는 것, 해고되었거나 좌천되었다는 것, 해고 혹은 좌천 시점에 직무를 적절하게 수행하고 있었다는 것, 그리고 젊은 직원으로 교체된 것을 증명해야 한다. 대학 교수의 정년을 70세로 명시한 것과 같이 특정한 상황에서는 의무적인 퇴직연령이 허용되고 있기는 하지만, 일반적으로 직무수행 능력은 나이가 든다고 해서 나빠지지 않는다는 연구결과가 있기 때문에 이것은 합법적이지 않다.

4. 직업재활법(Vacational Rehabilitation Act)과 장애인 차별금지법(Americans with Disability Act: ADA)

1973년 제정된 직업재활법에서는 연방정부 혹은 연방정부와 거래하는 기업이 장애를 가진 사람들을 차별하는 것을 금지하고 있다. 또한 장애인 차별금지법에서는 직원이 15인 이상인 사업장의 고용주가 장애를 가진 사람을 차별하는 행위를 금지하고 있다.

연방계약준수프로그램사무국(OFCCP)은 2013년에 직업재활법 제503조에 따라 법을 개정했으며, 2014년에는 연방정부와 거래하는 기업들로 하여금 지원자들에게 그들의 장애 등급 확인을 요청하는 것과 전체 직원의 최소한 7%가 장애를 가진 사람들이어야 한다는 장애인 근로자 채용목표를 설정하는 것을 의무화했다. 여기서 채용목표는 고용할당제(쿼터)와는 다르며, 채용목표를 준수하지 못할 경우에도 바로 규정 위반이 되지는 않고, 채용목표를 달성하기 위한 효과적·적극적인 조치를 취해야 하는 것을 의미한다.

1990년 조지 워커 부시(George H. W. Bush) 대통령 시기에 법으로 제정한 장애인 차별금지법은 1964년 제정된 시민권법 이후에 고용 관련된 법률로는 가장 중요한 역할

20) U.S. Equal Employment Opportunity Commission 홈페이지에 게시된 법령 제정 취지임.

을 하는 법이다. 2008년에는 조지 부시(George W. Bush) 대통령 시기에 장애인 차별금지법을 수정한 장애인 차별금지법 수정조항을 제정했다. 장애인 차별금지법에 따라 직원이 15인 이상인 사업장은 "경영상 혹은 비용상 과도하게 곤란한 상황에 처해지는 것이 아니라면 신체적, 정신적 장애를 가진 고용인들을 위해 합리적인 편의시설"을 갖추어야 할 의무를 지게 된다.

의회가 상세한 목록형태로는 제시하지 않았지만, 다음과 같이 장애에 대한 정의를 제시한다. 첫 번째는 "주요 일상생활을 위한 활동 중에서 하나 또는 그 이상에 대한 현저한 제약을 가하는 신체적 혹은 정신적 손상"이다. 여기서 말하는 주요 일상생활 활동은 걷기, 듣기, 말하기와 같은 것들이 포함된다. 장애인 차별금지법 수정조항은 일상생활의 범위를 주요 생체기능 활동까지로 확장시켰다. 모든 직무 혹은 한 계통의 직무들과는 반대로 특정한 직무를 수행하지 못하게 하는 질환은 장애가 아니다. 판례법과 미국 노동부에서 장애로 보는 질환에는 시각장애, 마비, 천식, 근육 위축병, 그리고 난독증과 같은 다양한 종류의 학습장애 등이 포함된다. 사법부에서 장애 범주에 포함시키고 있지 않은 질환으로 고소공포증, 색맹, 고혈압, 우울증, 그리고 일시적인 질환인 폐렴이나 발목 인대 손상, 20파운드를 넘는 과체중, 손목 골 증후군 등이 포함된다.

두 번째는 "상기한 손상을 겪은 기록이 있는 경우"이다. 이 항목은 과거에는 장애가 있었지만 현재는 장애를 겪지 않는 사람들을 보호하기 위해 추가되었다. 예를 들어, 알코올 중독증을 겪은 사람들, 회복 상태인 암 환자들, 정신건강 시설에 수용되었던 사람들, 그리고 약물 중독을 겪었던 사람들이다.

세 번째는 "상기한 손상을 보유하고 있다고 간주되는 경우"이다. 이 항목은 안면에 흉터를 갖고 있는 사람들 혹은 심각한 화상 흔적이 있는 사람들과 같이, 일상 활동상에 장애를 가지고 있지 않지만 장애를 겪고 있는 것처럼 간주되거나 대우를 받고 있는 사람들을 보호하려는 규정이다. 장애인 차별금지법 수정조항은 이 규정의 보호대상과 적용 범위를 확장하였고, 손상 존속기간이 6개월 미만인 경우에는 장애로 보지 않는다는 것을 명확히 하였다. 또한 사업주는 장애가 있다고 간주되는 직원들에 대한 합리적인 편의제공의 의무를 지지 않는다고 명확히 명시했다. 장애인 차별금지법은 조직의 (인사)관리자들에게 장애를 가진 사람들에 대한 평등한 고용의 기회 제공과 편의시설을 제공을 위한 합리적인 노력을 요구하고 있지만, 장애인을 반드시 고용해야 하거나 장애인들만을 위한 특혜 제공을 요구하지는 않는다. 상기 법은 사업주에게 어떤 것을 해야 합리적인지에 대한 명확한 지침을 제시하고 있지는 않고, 편의제공의 예시로 근무 일정이나 설비를 조정하거나, 접근성을 개선한 시설을 갖추는 것 등을 규정하고 있다.

5. 기타 평등고용 관련 미국 법과 보장내용

평등고용과 관련된 법을 간략하게 소개하면 〈표 12-3〉과 같다. 동일임금법(Equal Pay Act: EPA), 시민권법(1964, 1991), 대통령 행정명령 11246, 연령차별금지법(ADEA), 장애인법(ADA), 그리고 가족 및 의료 휴가법(1993)이 있다.

표 12-3 미국 평등고용 관련 법령과 내용

법령	연도	주요 규정내용
동일임금법	1963	동일한 근로 조건, 그리고 동일한 기술, 노력, 책임이 요구되는 직무의 경우 동일한 임금이 제공되어야 함.
시민권법(Title Ⅶ)	1964	직원이 15명 이상인 사업체에서 인종, 피부색, 종교, 국적 또는 성별에 따라 고용, 근무조건, 권한에 대한 차별금지
행정명령 11246	1965	연방정부와 계약을 맺는 단체와 협력단체는 인종, 피부색, 종교, 국적, 성별에 대한 차별을 금지함.
연령차별금지법	1967	직원인 20인 이상인 단체에서 40세 혹은 그 이상의 직원에 대한 고용, 급여, 근무 조건, 그리고 권한에 대한 차별을 금지함.
장애인법	1990	직원이 15인 이상인 단체에 직무를 수행하기에 적합한 장애인 고용 시 고용, 급여, 급여, 조건, 권한에 대한 차별을 금지함.
시민권법	1991	1964년에 발효된 시민권법에 의거하여 차별 행위에 따른 보상과 징벌적인 손해배상을 규정함. 또한 법에 정해진 한드에 따라 배심원으로 출석할 수 있는 권리를 가진다고 규정함.
가족 및 의료 휴가법	1993	피고용인은 다음과 같은 이유가 있을 때 1년 중에 언제든지 12주 동안 무급휴가를 사용할 수 있다고 규정함. ① 자녀의 생일 혹은 신생아를 돌보기 위해, ② 자녀의 적응 문제가 있을 때, ③ 건강이 매우 좋지 않은 가족원을 돌보기 위해, ④ 피고용인 자신에게 심각한 건강상 이유가 있을 경우

출처: Levy(2017: 228)의 전게서에 게재된 표의 일부 내용을 수정한 것임.

제3절 평등고용을 확보하기 위한 연방정부 조직

1. 고용평등기회위원회

미국의 주요 국가기구에는 고용평등기회위원회(EEOC)와 연방계약준수프로그램사무국(OFCCP) 등이 있다. 미국의 고용차별 시정기관인 고용평등기회위원회(Equal Employment Opportunity Commission: EEOC)는 고용상의 차별 시정만을 주요 대상 업무로 하는 유일한 정부기관이다. 미국의 주요한 차별 시정기구로 발전해온 EEOC의 법적 근거는 1964년 시민권법(직원이 15명 이상인 사업장)에 다음과 같이 규정되어 있다. "사용자가 인종, 피부색, 종교, 혹은 국적을 이유로 채용을 거부하거나 해고하는 것은 불법적인 고용관행이다. …… 이 위원회의 주요 임무는 인종, 피부색, 종교 혹은 국적에 기반한 모든 고용차별을 제거하는 1964년 시민권법을 최대한도로 준수하도록 하는 것이다."[21] 이후 더욱 구체적인 차별금지법이 제정됨에 따라 EEOC는 다음과 같은 고용차별을 금지한 법들 역시 집행한다. 동일 노동에 대한 임금상의 차별을 금지한 1963년의 동등임금법(EPA), 40세 이상의 자를 연령을 이유로 차별하는 것을 금지하는 1967년의 고용상 연령차별금지법(ADEA, 직원이 20명인 사업장 대상), 장애가 있는 연방정부 고용인들에 대한 고용상의 차별을 금지하는 1973년의 재활법, 연방정부를 제외한 공공, 그리고 민간부문에서의 장애를 근거로 한 차별을 금지하는 1990년 장애인법 제1편이 해당된다.[22] EEOC가 관장하는 기관의 범위는 초기 100인 이상의 근로자를 고용하고 있는 사용자, 노동조합, 그리고 인력회사 등으로 제한되었으나 이후 포괄 범위가 15명 이상을 상시 고용하는 사용자와 사업장으로 확대되었다.

공공 또는 민간단체(사업체)로부터 인사관리상의 차별을 받았다고 인식한 직원 또는 채용지원자는 고용평등기회위원회에 진정을 제기할 수 있다. EEOC는 직권으로 조사를

21) the EEOC의 미션은 "작업장 내에 모두를 위한 불법적인 고용차별을 방지・치유하고, 동등한 기회를 진전시키는 것"이다(EEOC 홈페이지에 게시된 내용 참조).

22) 1964년 시민권법의 Title VII(42 U.S.C. §2000e), 1967년 고용상의 연령차별금지법(29 U.S.C. §621), 동등임금법(29 U.S.C. §206), 1900년 장애를 가진 미국인을 위한 법(42 U.S.C. §12101), 1973년 재활법 Section 501(29 U.S.C. §705), 1991년 시민권법(Pub. L. 102-166), 2008년 유전자정보비차별법(42 U.S.C. §2000ff), 2008년 미국인 장애법 수정안(Public Law 110-325), 그리고 2009년 Lilly Ledbetter 공정임금법(Public Law 111-2) 등을 집행하는 기관임(2022 Congressional Budget Justification, 2021.5.21. of EEOC. EEOC 홈페이지에서 참조).

진행하고, 자체 조사결과에서 이의신청자가 차별을 받았다고 인정되면 법원에 소송제기 등 모든 절차를 대리해서 진행하고, 소송비용 등 일체의 비용을 부담한다.

EEOC는 대통령이 지명하고 연방 상원의회의 승인을 받은 5명의 위원과 동일한 절차를 걸쳐 임명된 최고법률고문으로 구성된다. 위원의 임기는 5년이며, 최고법률고문의 임기는 4년이다. EEOC는 미국 수도인 워싱턴 D.C.에 있는 본부와 미국 전역에 걸쳐 있는 51개의 지방사무소를 통해 업무를 수행한다. 2022 회계연도의 EEOC 예산은 $445,9 백만 달러이다. 상근 경력직 근무 직원이 1980년에 3,390명에서 2020년에 2,000명 이하로 축소되었지만, 2021년에 일선 민원업무 담당 인력 450명이 새롭게 충원되었다.[23] 이와 같은 신규 인력 충원은 미국 인구 증가와 제기되는 민원건수의 증가로 인한 일선 민원업무 담당 인력의 과중한 업무부담을 줄여주려는 목적이었다고 EEOC는 2022 회계연도 예산 정당성 보고서를 통해서 설명하고 있다. 노동부의 EEOC 이외에 주와 지방의 소수민족 고용권리 보호조직을 따로 두고 있다.[24] 상기한 EEOC의 2022년도 예산은 이들 조직의 운영 예산 전체를 포함한 금액이다.

지역프로그램사무국의 주요 책무는 공공부문과 민간부문에서의 고용차별을 금지하는 법을 행정적으로 집행하는 것이다. 차별을 예방하는 교육 및 홍보 업무도 지방 사무소를 통하여 EEOC에서 실시한다. 차별 사안을 효율적으로 처리는 일이 지역프로그램국의 핵심적인 업무로, 최근에는 자원과 시간을 절약하기 위해 자발적 분쟁해결을 강조하는 대안적 분쟁해결전략을 강화하고 있다.

EEOC 내에 다양한 일부 국(부서)의 주요 업무를 소개하면 다음과 같다. 연방프로그램사무국(局)은 연방정부 소속 기관의 적극적 조치 프로그램 실행을 위한 정책가이드라인을 작성하고, 고용차별과 관련된 분쟁이 연방정부 소속 기관 내에서 발생하였을 경우 공정하게 해결될 수 있도록 표준고용지침을 제공하고 관련된 청문회를 관장한다. 이에 더하여, 이 국(부서)에서는 연방정부 소속 기관들의 직원들을 대상으로 하는 평등고용기회 교육프로그램을 제공하고 있다.

---

23) 정부 운영은 능률의 가치로 운영되는 것이 아닌, 정치에 영향을 받는 다는 것을 보여준다. 부시 행정부 시기에 축소된 역할과 예산이, 바이든 행정부 들어서 되살아나고 인력과 예산이 증가되는 모습을 보여주고 있다. 왈도(D. Waldo)는 행정은 정치의 영향을 받는다는 의미에서, 능률에 의해서 결정되는 관리가 아닌 정치라고 보았으며, 로젠블룸(Rosenbloom, 1993)은 행정이 정치라는 것이 정리가 되었다고 주장한다.

24) 주와 지방 공정고용사무소와 소수민족 고용권리 지원조직[state and local fair employment practice agencies(FEPAs) and tribal employment rights organizations(TEROs)].

법률고문단은 여러 고용차별금지법의 집행과 관련하여 EEOC에 광범위한 법률적 조언과 자문을 제공한다. 또한 EEOC가 피고가 되는 소송과 행정청문회에서 EEOC를 대표하며, 고용기회의 평등과 관련된 연방정부의 관련 법령에 대한 협의조정 업무를 담당한다.

고용평등기회국은 국 내부에서 적극적 조치 프로그램을 개발하고 시행하며, 내부 차별고발 사안에 대한 절차를 밟고 해결을 도모하는 역할을 한다. 예를 들어, 2020년에는 고발건수는 76,418건이고, 조정을 통해 합의 처리된 사건은 90,518건이고, 미처리 상태로 남아 있는 사건은 49,607건이다. 2020년에 사무국에서 조정과정을 거쳐서 합의를 이루어낸 건수는 6,272이고, 합의금액은 156.5백만 달러에 이른다. 평균 조정일 수 있는 104일이 소요된다.

2. 연방계약준수프로그램사무국(OFCCP)

연방계약준수프로그램사무국(OFCCP)은 미국 노동부의 소속 기관이다. 본 기관은 연방정부와 계약을 맺은 사업자(민간단체와 일반기업체)들이 차별금지법과 규정을 준수·이행하도록 감독할 책임이 있다. 본 기관의 임무는 연방 지출 예산에 의해 창출되어지는 고용 기회가 모든 미국인들이 공평·공정하게 누릴 수 있어야 한다는 원칙에 근거를 두고 있다. 본 사무국의 역할 범위를 소개하면 다음과 같다.

본 사무국은[25)]

- 연방정부와 계약을 맺은 일차 사업자, 그리고 그 사업자의 협력업체들이 규제 요구사항과 조사 과정을 이해할 수 있도록 돕는 규제이행 지원을 제공한다.
- 연방정부와 계약을 직접 맺은 사업주와 사업주의 협력업체들의 인사정책과 절차의 이행평가와 조사를 수행한다.
- 규제 요구조건을 위반한 일차사업자와 협력업체로부터 중재 합의를 이끌어낸다.
- 계약자와 하청업체들로부터 받는 주기적인 이행 보고서 검토를 통해서, 합의조건을 이행하는 과정을 모니터한다.
- 사업주들이 자질을 갖춘 직원을 확인하고 충원할 수 있도록 계약자와 노동부 직무훈련프로그램 연계 합의 계약 체결을 지원한다.

25) OFCCP 홈페이지에 게재된 내용임.

– 노동부 감사관에 규제 강화 활동을 위한 조력을 제공한다.
– 위반행위에 대한 궁극적인 제재는 배제이다: 연방조달 사업자 자격 상실이다. 고용차별로 인한 피해자에 대한 구제책으로 차별로 인해 상실된 임금의 소급 지급 등 피해 구제방안들이 있다.

본 사무국의 감독대상이 되는 민간 사업체만이 적극적인 보호조치의 적용대상이지만, 민간사업체 고용인구의 20% 이상의 직원들이 적극적인 보호조치의 혜택을 받게 된다.[26] 각종 차별금지법 적용대상이 되는 사업주는 보호대상 집단에 속하는 직원을 채용, 계속 고용, 그리고 이들에게 승진 기회를 제공하는 선의의 노력을 구체적으로 담은 적극적 보호조치 계획안을 문서로 작성할 의무가 있다. 또한 사업체는 직원 채용과 관

26) 적극적 조치(affirmative action)란, 흔히 앞에서 언급된 반차별 법령과 행정명령을 모두 아우르는 정책을 뜻한다(Spohn et al., 1981). 광범위하게 개념을 정의할 경우에, 적극적 조치의 대상은 영세기업을 제외한 거의 모든 사업주와 직원들로 확대된다. 보다 협소한 의미의 적극적 조치는 (반차별 정책과는 구별되는) 적극적 조치를 명시적으로 시행하는 (수정) 행정명령 제11246호와 1972년 기회평등법에 관련된 부분으로 한정되며, 그 적용 범위도 OFCCP의 감독대상인 연방정부와 조달계약을 맺는 사업주와 직원들로 한정된다. 그렇지만, 인사관리 전반에 있어 적극적 조치를 실제로 자발적으로 이행하고 있는 업체의 수가 상당하다는 점을 감안할 경우에 제한된 개념 정의로 적극적 조치를 한정하는 것은 부적절하다고 본다. 정도 차이는 있지만 사실상으로 적극적 조치 규제의 적용대상에는 속하지 않지만 자발적으로 적극적 조치를 이행하고 있는 단체(또는 사업체)들이 다수이며, 전체 노동자의 상당부분을 차지하는 공무원들, 즉 주정부 500만 명, 지방정부 1,520만 명, 연방정부 180만 명 등 총 2,200만 명(2012년 기준통계)이 적극적 조치의 보호대상이다. 일부 주(states), 군(counties), 도시들은 적극적 조치 법규를 채택하고 있고, 이들 정부 기관들과 계약을 맺는 단체(또는 사업체)는 반드시 해당 법규를 준수해야 한다. 대략 약 1억 4,600만 명 정도되는 미국 전 노동인구 중에 상당수가 법령에 의해 직접적으로, 그리고 사업주에 의해 자발적으로 시행되는 적극적 조치의 보호대상이 되고 있다. OFCCP의 관할권 하의 민간부문 단체(또는 사업체)만이 적극적 조치의 직접적인 적용대상이 된다고 할지라도, 민간 노동인구의 20% 이상(약 2,600만 명 노동자가 해당됨)에 해당되는 상당수의 사업주와 고용 직원이 적극적 조치의 보호를 받는다. 해당 사업주는 보호 집단을 채용, 계속 고용하고, 이들에게 동등한 승진 기회를 제공하는 '선의'의 노력을 구체적으로 명시한 적극적 조치 안(案)을 서면으로 작성해야만 한다. 또한 이들 단체(또는 사업체)는 고용지원자의 장기 지원 통계유량 데이터 자료(applicant flow data) 수집, 2년 간 지원자의 파일·지원서 보관, 보호 집단의 정보를 보유한 채용 서비스 및 루트 활용, 모든 모집 광고의 사본 보관 및 광고에 '평등고용기회 사업주(equal employment opportunity employer) 명시' 등의 법적인 의무사항을 이행해야만 한다. 홀저와 뉴만(Holzer & Neuman, 2006)에 의하면, 적극적 조치의 적용대상이 사업주, 대학 입학사무처, 정부 기관들에게 차별하지 않는 것을 초월하는 일련의 업무를 언급한다고 정의한다. 적극적 보호조치의 목표는 고용, 교육, 그리고 비즈니스 소유권과 성장에 여성과 소수자의 경제적 지위를 적극적 개선하는 데 있다. 이러한 부가적인 활동은 이들 영역에 더 많은 지원자들을 끌어들이기 위한 특별한 충원 노력을 포함한다. 때로는 백인 남성 지원자들보다 자격조건이 낮아질 수 있다.

련된 모든 광고 자료, 지원자 및 채용 관련 통계 정보 등이 담긴 서류를 2년 간 보관할 의무가 있다.

OFCCP의 사업체 고용관행 조사절차는 다음과 같다. 감사대상 선정은 이행평가과정을 통해서 이루어진다. 주로 고용 관련 유량 통계 패턴을 분석하여 감사대상을 선정한다. 이와 같은 방식의 조사는 체계적으로 인사관리상의 차별이 이루어지고 있는 기업을 집중적으로 단속하는 형태이다. 체계적인 차별이란 현재 진행 중이거나 반복되는 차별 관행을 의미한다. 특정 사업체에 고용된 직원 중에 여성 또는 소수민족에 속하는 직원의 숫자가 적거나 승진비율이 낮은 경우가 포함된다. OFCCP에 의해 한 번 조사대상으로 선정된 업체는 향후 2년 간 재조사대상 업체에서 제외된다.

OFCCP가 조사대상이 되는 연방정부와 계약한 업체를 선정하는 작업을 이행평가라고 칭한다. 신규 개발된 적극적 사건 관리시스템을 이용하여 OFCCP는 고용 통계흐름 패턴을 이용한 사전 검증으로 감사대상 업체를 용이하게 결정할 수 있다. OFCCP는 소위 체계적 차별을 관행처럼 일삼고 있는 사업체를 집중 단속하고 있다. 체계적 차별이란 차별 관련 민사소송에서 사용되는 집단차별과 유사한 개념으로서, 개별적 차별 행위가 아닌 현재 진행 중이거나 반복되는 차별 관행을 의미한다.

특정 사업체의 적극적 보호조치 위반 여부에 대한 판정기준은 대체로 고용에 있어 불리효과가 발생했는가에 있다. 고용상에 불리효과 발생되었다고 판단될 경우에는 사업주가 차별이 없었다는 것에 대한 입증책임을 지게 된다.

사무국(OFCCP)은 서면감사 이외에 사업주의 인사 관련된 정보를 정밀 조사할 수 있으며, 현장방문을 통해 검증할 수 있다. OFCCP의 조사절차를 거친 후에, OFCCP는 위반 사항이 경미하거나 발견되지 않을 경우에는 종결통지서를 발행한다. 하지만, 조사결과에서 엄중한 위반사항이 발견될 경우에는 조정 · 협약안을 작성하고, 규정 위반 사항에 대한 구제책 권고안을 사업주에게 제안할 수 있다. OFCCP의 제안서와 권고안을 받은 기업이 최종 협약의 협상 조정안을 받아들이지 않을 경우, OFCCP는 발견된 문제를 열거하고 소급임금지급, 일실수입지급, 복직과 같은 구제책을 제시한 시행 권고안을 작성할 수 있다.

OFCCP는 2019년에 45,726명, 2020년에 68,695명, 그리고 2021년에 21,971명이 고용차별구제를 받을 수 있도록 하였다. OFCCP의 이행평가를 통한 구제금액은 $40,569,816, $35,608,368, $26,445,764이다. 2011년부터 2021년까지 고용차별구제금액은 211백만 달러가 넘는다(OFCCP 홈페이지 참조). OFCCP는 행정명령 제11246호 위반을 근거로 하여, 연방정부와의 조달계약체결대상 자격 박탈 등 다양한 방법으로 사업체에 제재를 가할 수 있으며, 연방 조달사업자 자격박탈 결과는 제명당사자 등록시스템에 등록·공개한다.

사무국(OFCCP)은 사업주의 적극적 보호조치 준수 이행을 강제하기 위한 수단뿐만 아니라 긍정적인 유인책으로 우수이행업체에 대해 노동부 장관 표창을 수여하고 홍보를 한다. "소수민족, 여성, 장애인, 퇴역군인 등에 대한 고용기회 확대를 위한 프로그램 또는 활동"에서 모범적·혁신적인 사업체에 상을 수여한다.

※ 연방계약준수사무국의 발전과정과 업무 변천현황 개괄

연방계약준수프로그램사무국(OFCCP)은 1978년에 지미카터(Jimmy Carter) 대통령 행정명령 제12086호에 의해 설립되었다. OFCCP는 대통령 행정명령 제11246호에 의해 미국 연방정부 각 기관에 모든 적극적 보호조치 강화책임을 통합하여 수행할 수 있게 되었다.27)

노동부 소속 기관인 연방계약준수프로그램사무국(Office of Federal Contract Compliance Programs)은 연방정부와 계약을 맺는 민간기업 및 단체의 인사 관련 자료를 수집하고, 대통령 행정명령과 법률을 집행하는 역할을 한다. 1941년 6월 공포된 프랭클린 루스벨트(F. D. Roosevelt) 대통령의 행정명령 제8802호를 시초로 하여, 일련의 대통령령은 연방정부와 계약을 맺은 단체(federal contractor)의 직원들에 대한 '인종, 신념, 피부색 또는 출신국가'에 따른 차별을 금지한다. 1961년 3월, 케네디(John F. Kennedy) 대통령의 행정명령 제10925호는, 연방정부와 계약을 맺은 단체에 대해서 "입사지원자의 인종, 신념, 피부색 또는 출신국가에 따른 차별 없이 채용되고 동등한 처우를 받을 수 있도록 적극적 조치의 시행"을 규정하였고, 이에 "고용·승진·강임 또는 전임, 채용 또는 채용 광고, 경영상 일시해고 또는 해고, 급여 또는 기타 다양한 형태의 보상 및 수습(apprenticeship)을 포함한 교육훈련" 등 전체적인 것이 적용대상이 된다는 것을 명시하고 있다. 또한 린든 존슨(Lyndon B. Johnson) 부통령은 대통령이 당연직 의장이 되는 고용평등기회위원회(Committee on Equal Employment Opportunity: EEOC)를 설치하였고, 동 위원회는 적극적 조치를 이행하지 않는 단체(또는 사업체)에 대해 계약 해제와 같은 제재를 가할 수 있는 권한을 부여받았다. 이와 같은 일련의 변천과정은 오늘날 우

27) OFCCP 홈페이지 게시자료를 번역한 것임.

리가 알고 있는 적극적 조치의 토대이며, '적극적 조치'란 표현의 근간이 된다.

1964년 시민권법 제7조(Title VII of the Civil Rights Act of 1964)에 따라 설립된 고용평등기회위원회(EEOC)는 고용상의 차별을 금지하는 연방법(1963년 동등임금법, 시민권법 제7조, 1967년 연령차별금지법, 1990년 미국 장애인보호법 제1조 및 제5조, 1991년 시민권법 등이 포함됨)을 시행하였다. 1965년 9월 린든 존슨 대통령의 행정명령 제11246호는 이행 심의와 불이행 처벌에 관한 세부 절차의 지침을 제시하였고, 노동부를 발족함으로써 법의 집행을 강화하였으며, EEOC는 노동부와 관련 자료를 공유하고 이들 법의 시행에 협력해야 했다.

1967년 린든 존슨 대통령의 행정명령 제11375호는 이전의 차별금지 기준에 성별에 따른 차별금지를 추가하였고, 그 범위를 확대하였다. 그렇지만, 행정명령 제11375호가 일선 현장에서 제대로 실효적으로 적용된 것은 1964년 시민권법 제7조의 집행을 강화한 1972년 고용기회평등법에 따라 EEOC가 소송권한을 부여받고, 법 적용대상 범위가 교육기관 및 정부부처(연방, 주, 지방정부)로 확대되고, 상시 근로자 수가 기존 25명에서 15명으로 축소된 이후에야 가능해졌다. 15인 이상의 상시근로자를 둔(또는 12개월 동안 5만 달러 이상에 상응하는 계약을 체결한) 모든 연방정부 기관과 조달 계약을 체결한 단체(또는 사업체)와 일차 협력업체는 자체적인 조사결과에서 평등 고용기회가 축소되었다고 판단한다면, 자체적으로 시정하기 위한 목표(goal) 및 계획표(timetable)를 수립하고, 적극적 조치 안(案)을 문서로 관리하는 등 적극적 조치 지침을 이행하여야 한다.

1978년 10월 지미 카터 대통령의 행정명령 제12086호는 고용평등기회 조항의 관련 기능을 감시하는 모든 연방정부 기관을 노동부로 통합하였다. 이에 따라, 행정명령 제11246호에 의해 노동부 장관 명령으로 최초 설립된 노동부 산하 연방계약준수사무국(Office of Federal Contract Compliance)의 권한이 대폭 확대되었고, 연방계약준수프로그램사무국(Office of Federal Contract Compliance Programs: OFCCP)으로 개칭된 사무국은 관련 자료를 수집하고, 명령 및 관련 후속 명령과 법률을 집행하는 역할을 수행하게 되었다.

1970년대 말, 고등교육과 일터에서의 여성 참여가 확대됨에 따라, 정치인들은 여성의 고용참여를 보다 넓은 시각으로 바라보고, 정부의 여성 지원책을 모색하기 시작했다. 1979년 카터 대통령의 행정명령 제12138호는 '전미여성기업인정책(National Women's Business Enterprise Policy)'을 수립하였고, 이를 통해 각 행정부서 및 기관으로 하여금

"경영, 기술, 재정 및 조달 지원 …… 사업 관련 교육, 훈련, 상담, 정보 배포 및 조달"을 포함한 "프로그램 및 활동을 통해 여성 기업인을 지원하는 적극적 조치"를 이행토록 하였다. 1991년 시민권법 제2조는 연방 '유리천장위원회(Glass Ceiling Commission)'를 설립하여 "경영 및 의사결정 직무 배정 관행"의 연구, "여성과 소수민족의 승진을 가로막는 인위적인 장벽 제거"에 필요한 권고사항 준비 및 "여성과 소수민족의 기업 내 경영 및 의사결정 직무로의 승진을 위한 기회 및 경험 확대"를 규정하였다. 1995년 3월 빌 클린턴(Bill Clinton) 대통령은 적극적 조치의 검토를 요구하였고, 1995년 7월 두 명의 보좌관이 이를 완성하였다. 이 시점에, 클린턴 행정부는 적극적 조치에 대한 지원을 재확인하였고, 유리천장위원회는 1995년 11월 보고서를 발간하여 여성 및 소수민족이 기업의 승진 사다리를 오르며 겪는 어려움에 대한 주의를 환기시켰으나, 이와 관련한 추가 법안이 제정되지는 않았다.

클린턴 행정부가 마지막으로 시행한 적극적 조치의 지원 정책은 2000년 노동부에 의해 실시된 '평등기회실태조사(Equal Opportunity Survey)'이었다.[28] 조사대상인 연방정부 기관과 조달 계약을 맺은 업체들은 고용에 관한 자료뿐만 아니라 젠더 및 소수자 지위에 관한 일괄된 자료를 노동부에 제출할 의무가 있었다. 이런 방식으로 제출된 고용 관련 자료는 OFCCP의 이행 감사 절차(예: 감사대상 업체의 선정)를 원활하게 수행하는 데 그 목적이 있었으나, 부시(George W. Bush) 대통령 집권 시기의 노동부는 조사 횟수를 (5만 회에서 1만 회로) 축소하였으며, 2006년 9월 이후에는 아예 실태조사 자체를 폐지하였다. 부시 정권은 적극적 조치를 철폐하지는 않았지만 관련된 권한을 확대하지도 않았다.

OFCCP의 활동이 사실상 중단되거나 심하게 축소된 수년 간의 시간이 흐르고, 본 기

---

28) 국립경제조사국(National Bureau of Economic Research, 1998)의 적극적 보호조치의 영향에 대한 연구조사 결과에 의하면, 적극적 보호조치가 사업주들에게 자질을 갖춘 신규직원을 선발하기 위한 선발도구(또는 방법)에 대한 관심을 증가시켰다는 것, 그리고 여성이나 소수집단에 속하는 신규직원들 선발을 할당방식(quota)으로 채용한다는 것, 그리고 이들을 위한 교육훈련이 많아졌다는 연구결과가 도출되었다. 그렇지만, 수행성과측면에서는 변화가 없는 것으로 조사되었다. 본 연구 보고서는 적극적 보호조치로 인해서, 범죄나 장기실업으로 낙인찍힌 사람들에 대한 사업주의 고용의지가 증가되었고, 여성과 소수집단에 속하는 사람들의 고용 지원자 숫자와 채용이 증가되고, 훈련을 제공하고 수행을 평가하려는 사업주의 노력이 증가되었다는 것을 보여준다. 신규 입사자들의 자격조건은 좀 낮아지지만, 수행성과가 유지되는 것으로 보아, 재직훈련을 통해서 극복 가능한 것으로 한 것으로 조사되었다(Holzer & Neumark, 1998). 상기 보고서에서는 여러 연구자들의 적극적 보호조치에 대한 연구분석 결과도 유사한 결과를 도출하고 있는 것으로 보여주고 있다.

관은 활동을 활발하게 재기하기 시작했다. 부시 정권 시기에 설립된 고용표준청(employment Standards Administraion)이 폐지되고 그 활동이 OFCCP로 이관되었다. 고용표준청에 재직한 직원들은 현장 실무경험이 거의 없는 이론적인 지식을 갖춘 직원들로 구성되었다. 표준고용청에 재직했던 직원들은 새로운 그리고 혁신적인 어떠한 것도 하지 않았고, 현장 실사는 전혀 이루어지지 않았다. 부시, 오바마(Barack Obama), 트럼프(Donald Trump) 정권 기간 동안에는 OFCCP의 활동은 전혀 확대되지 않았고, 기관 인력규모는 축소되었고, 여성이나 흑인에게만 유리한 직장으로 변질되어 있었다. 오바마 행정부에서는 기관장인 국장(고위공무원단)이 여성, 흑인으로 채워질 뿐이었다. 바이든 행정부 들어서면서, OFCCP의 역할 중요성에 대한 인식이 높아졌고, 신규 일선 직원 채용이 대폭 확대된 것으로 비추어 보았을 때, 활동이 다시 활발해진 것으로 판단된다.

3. 연방고용분쟁 조정 및 중재위원회(FMCS)

FMCS(Federal Mediation and Conciliation Service)는 고용분쟁에 대한 조정 및 알선을 위한 연방기구로서 설립당시에 노사분규조정을 위해 설립되었으나 현재에는 단체협약 체결·갱신과 관련된 분쟁조정기능, 예방적 조정기능 외에도 연방·주·지방법상 연령, 성별, 인종에 기초한 차별이나 임금 및 근로시간 관련 위반과 같은 차별사건을 적극적으로 처리하고 있다. 더불어 정부기관 내에 대안적 분쟁해결기구와 절차를 신설하도록 조력함으로써 사업장에서 고용평등 관련 불만 등을 당사자들이 해결하도록 도와주는 ADR 서비스 기능을 총괄하고 있기도 하다.

제4절 인사의 공정성·평등성 확보를 위한 인사관리 기법

1. 진정직업자격(Bona Fide Occupational Qualification: BFOQ)

진정직업자격이란 직무와 연관된 책무를 수행하기에 필요한 채용 시 요구사항이며, 다른 것으로 대체하지 못하는 것을 의미한다(Aamodt, 2010: 90). 여성들은 우리 회사에서 직무를 수행하기에는 연약하기 때문에 그들은 채용하지 않을 것이라고 하는 것처럼,

보호그룹 소속 여부를 근거로 한 고용 의사결정은 채용 요구조건들이 진정직업자격이라는 것을 인사담당자가 입증하지 못하면 불법이 된다.

Geralinn Fuhr v. School District of Hazel Park, Michigan 재판에서, 6번째 순회항소법원은 농구팀 코치로 여성보다 남성을 선호하는 것은 진성직업자격이 아니라고 선고했다(Aamodt, 2010: 90).

Diaz v. Pan American Airways 재판에서, 법원은 승객들이 여성 승무원들을 선호하지만, 항공사의 사업의 본질이 승객을 안전하고 수송하는 것이기 때문에 남자도 본질적인 직무기능을 수행할 수 있다고 선고했다(Aamodt, 2010: 90).

애틀란타시 카이사르 카지노는 백인 남성을 선호하는 많은 판돈을 거는 손님을 위해 아프리카계 미국인 여성 딜러를 테이블로 제외시켰다는 이유로 25만 달러의 벌금을 물었다(Aamodt, 2010: 90).

이외에 식당 홀 서빙 직원으로 남성 차별금지 등에 대한 판례가 있으며, 주정부 차원에서는 개인의 정치적 성향, 성적인 취향, 혼인 여부 차별금지가 있으며, 지방정부는 신장이나 용모를 근거 차별, 성적인 취향, 특정 인종, 비만에 대한 차별을 금지하는 판례나 자치규정들이 존재한다(Aamodt, 2010: 91).

2. 불리효과(adverse impact)

불리효과란 주류집단의 구성원보다 보호 집단구성원에게 더 높은 비율로 부정적인 결과를 초래하는 고용관행을 의미한다. 불리효과는 주로 4/5 법칙에 따라 결정된다. 시민권법(1964년 제정)은 보호 그룹에 대한 것으로 한정되어 있었지만, 2005년 미국 대법원은 직원들이 연령에 근거하여 불리효과 관련 고발을 제기할 수 있다고 판결하였다(Roderick Jackson v. Birmingham Board of Education, 2005). 고용평등위원회에서 공표한 가이드라인이기도 하다(Levy, 2017).

법원은 불리효과 확인을 위해서, 통계적 유의성(Roth et al., 2008)과 실질적 유의성, 두 가지 기준을 사용하며, 전문가들은 불리효과를 밝히기 위해 두 기준 모두 충족되어야 한다고 생각한다(Cohen et al., 2010). 〈표 12-4〉는 불리효과에 대한 예를 두 가지 제시하고 있다. 앞서 기술한 것처럼 소수자 선발비율이 80% 이하인 경우에는 불리효과가 발생했다고 보지만(〈표 12-4〉의 상단 사례와 같이), 불리효과가 발생했다고 하더라도 그것만으로 법원은 고용차별이 발생했다고 판단하지 않는다.

표 12-4 불리효과 판단 기준 예시표[29]

사례	주류 집단 선발률	소수 집단 선발률	불리효과 (80%) 규칙	발생 여부
1	10명의 백인지원자 중에 7명 고용(70%)	10명의 아프리카계 미국인 4명 고용(40%)	70%의 80% = 56%	56% > 40%, 발생(○)
2	20명의 남성지원자 중 10명 고용(50%)	25명의 여성지원자 중 11명 고용(44%)	50%의 80% = 40%	40% < 44%, 발생(×)

출처: Levy(2018: 223)에 게시된 표를 참조하여 데이터를 수정한 것임.

이와 같이, 불리효과가 존재한다고 하더라도, 차별이라고 인정되기 위해서는 지원자가 최소한 자격을 갖추고 있었는가를 살펴보아야 한다. 최소한의 자격이란 선발자격요건[또는 기준, 보통 채용을 위한 모집요강(기준)을 의미함]이 직무를 수행하기 위해서 꼭 필요한 것이어야 하고, 선발 프로세스가 진행되기 전에 공증을 받아서 제출되어야 하며, 그 선발요강이 일관성 있게 적용되어야 한다. 즉, 지원자의 지원 여부가 아닌 지원자가 모집요강에 부합하는 자격(모집 요강에 특정한 자격증 보유자로 한정한 경우, 그 자격증을 보유자들만 계산함)을 갖추고 있어야 한다.

29) 백인과 흑인, 백인과 히스패닉 사이에 인지 능력 차이(d점수)는 0.99, 0.83이다(Roth et al., 2001). 학점은 0.78이다. 평가본부는 0.53이다. 신규직원을 인지 능력과 학점 순으로만 선발한다면 가장 큰 불리효과가 발생할 수 있다. 도덕성 검사 0.07(Ones & Viswesvaran, 1998), 성격(상냥함, 성실성)은 0.03, -0.07(Foldes et al., 2008)이다. 이 두 가지 기준으로 직원을 선발할 경우에는 불리효과가 거의 나타나지 않는다(Aamodt, 2017: 231 참조).
우리 대학의 신입생 선발은 인지 능력과 성적순(학교내신, 대학수능 점수)이라고 할 수 있다. 우리나라도 미국과 같이 시민권법 같은 것을 제정한다면, 미국 입시에서 동등기회를 위한 통일된 지침이 존재한다면, 현재의 대학 입시 신입생 선발 기준은 저소득층, 장애인, 다문화학생, 그리고 농촌지역 출신학생들에 대해 불리효과를 발생시킬 것이다. 물론, 현재도 대학에 기회균형 전형이 존재하지만, 아주 미흡한 수준이다.
현재 국회에서 차별금지법 법안이 발의되어 있지만, 성소수자(게이, 레즈비언 결혼인정 등) 문제로 종교단체가 반발하고 있어 법안 논의가 진행되지도 못하고 있다. 국가는 성소수자들의 결혼을 인정하는 것이 아닌, 정부의 결혼신고 제도의 목적은 신고 제도를 통해서, 가족관계를 확인시켜줌으로써 부양가족 범위나 상속권의 범위를 정하는 데 있다.
필자는 차라리 법안명을 시민권법으로 변경하여, 민간과 공공부문에 신규입사자 또는 경력입사자를 선발에서 지방대학 또는 남녀, 사회 소수자들에 대한 균등한 취업기회 보장, 공공 및 민간부문 종사자들에 능력에 따른, 그리고 공정하고 평등한 승진 기회 보장을 강화하는 법적 근거를 마련하는 것이 바람직하다고 판단한다.

3. 입증책임(the burden of proof) 문제

불리효과가 발생했다고 인정된다면, 입증책임(the burden of proof)은 사업주에게 넘어가게 된다. 사업주는 고용요구조건이 직무 관련성이 있다는 것 또는 불리효과가 발생하지 않는다는 것 중에 하나를 증명해야 한다. 신규직원 채용과정에서 특정한 검사도구[예: 공무원인적성검사(PSAT), 특정 기업인 검사도구 등]를 사용하게 된다면, 검사도구 자체가 불리효과를 발생시킬 수 있다. 1991년 제정된 시민권법과 법원판결(Griggs v. Duke Power)에 의하면(Aamodt, 2017: 114), 불리효과가 발생할 경우에 고의적인 차별이 아니라는 입증책임을 피고인 사업주(또는 고용주)가 지도록 하고 있다.

법원에서 고용차별로 판단되는 단계는 〈표 12-5〉와 같다. 우선적으로, 원고는 법원에 민원내지는 소송을 제기한다. 원고는 채용 단계에서 불리효과가 나타난 사례를 보여준다.[30] 채용과 관련된 자료와 절차에 대한 양측의 자료가 서류화되고, 양측에서 주장하는 불리효과와 관련된 통계분석의 문제점에 대해서 쌍방이 논박한다. 그리고 불리효과가 발생된 경우에 채용과정에 모집요강, 선발을 위한 각종 검사 등의 직무 관련성과 의도적 차별 여부에 대한 논박이다.

하지만, 채용상의 관행이 불리효과를 야기한다고 하더라도 직무 관련성이 있고 타당하면서도 불리효과가 덜 발생하는 다른 검사를 찾으려는 시도가 있었다면 이 채용상의

표 12-5 채용과정에서의 차별 사례에 관한 법정 다툼 단계

단계
1. 원고는 법원에 민원/소송을 제기한다.
2. 원고는 채용진행 단계에서 불리효과가 드러난 주요한 사례를 법정에 제출한다.
3. 피고인 사업체 자료와 채용에 대한 상세한 절차에 대한 자료는 서면 제출된다.
4. 피고는 채용 통계를 제시함으로써 불리효과가 없었다고 반박한다. 원고는 피고가 제시한 불리효과 관련 분석 자료의 문제점을 제시한다.
혹은
4. 피고는 불리효과의 존재를 수용하나 직무관련성이 있고 차별이 아니라고 주장한다.
5. 원고는 채용 검사가 차별을 위한 구실이며 채용결정과정에서 의도적인 차별이 발생했다고 주장한다.

출처: Levy(2018: 224)에 제시된 표의 내용을 참조하여 재작성한 것임.

30) 미국은 미국 연방 표준 준수를 위한 인사부서의 규칙인 직원선발 절차 표준지침(Uniform Guidelines on Employee Selection Procedure: UGESP, 1978)을 만들어 홈페이지에 게재하고 있다. 미국 내 모든 단체들이 차별 없는 직원선발을 위한 지침 제공을 목적으로 한다고 홈페이지는 설명하고 있다(www.uniformedguidelines.com의 게시 내용을 참조).

관행은 합법적이다(Aamodt, 2017: 114). 예를 들어, 특정 단체가 직원 채용을 위해 인지 능력 검사도구를 사용한 경우에, 불리효과가 발생할 가능성이 높다. 그렇지만 그 도구를 이용한 인지 능력 검사가 직무수행 성과를 예측하는 것과 함께, 그만큼 직무수행 성과 예측을 하면서도 불리효과가 적은 구성요인들로 인지능력을 측정할 수 있는 도구가 없다는 것을 단체가 증명할 수 있다면, 그 검사도구를 사용하는 것이 정당화될 가능성이 높아진다(Aamodt, 2017: 114 참조).[31]

4. 사법심판 제기 전 조사 · 조정 기관으로서 고용평등기회위원회 역할

어느 사람이든 채용상에 또는 인사관리상에 차별을 받았다는 것을 인지한 경우에, 이의신청을 해당 단체의 처리부서에 직접 진정할 수 있다. 통상 사내 고충처리절차에 따라서 해당 사건을 조직 내에서 직접 처리한다. 또한 차별을 당했다고 생각하는 당사자는 주정부 법에 관련된 차별일 경우에 주정부 관계기관(Fair Employment Practices Agencies: FEPA)에, 연방정부의 법과 관련된 차별일 경우에는 연방정부 관계기관(주로 EEOC)에서 처리한다. EEOC는 민원이 제기된 사건에 대해서 법원에 소송절차로 가기 전에, 해당 단체와 합의하여 양 당사자 간에 해당 문제를 조정 · 중재를 통해서 문제를 해결할 수 있고 소송절차를 거치는 것보다는 시간을 절약할 수 있다(Tyler, 2007). 만약에 법적으로 위임받는 중재절차가 해당 단체 내에 존재하고, 그 중재절차를 거친 사건의 경우에는 고용평등기회위원회나 법원에 고발을 제기할 수 없다는 것이 미국 대법원 판례이다(Circuit City Stores v. Adams, 2001).

해당 사건이 조정이나 중재절차를 거쳐서도 합의점을 도출하지 못한 경우에는 연방

31) Aamodt(2017: 115)는 불리효과의 예외사항으로 진정연공서열(bona fide seniority system), 국가안보(national security), 참전용사 특혜권리(veteran's preferencr rights)를 들고 있다. 이 중 국가안보는 수년 간 미국에 거주한 시민권을 획득한 러시아인을 국가 방위산업 분야에 고용하는 것을 금지하는 것과 같이, 국가의 안보를 위해서 특정 적성국가 출신이나 보호계층을 사용자가 고용상에 차별하는 것은 합법이 된다는 것이다. 참전용사 특혜권리는 대부분의 정부 조직이 다양한 전쟁의 참전용사들에게 선발검사에 가산점을 부여하는 것을 의미한다. 1964년 제정된 시민권법에 의거 참전용사에 대한 가산점 부여는 합법이 된다(Aamodt, 2017: 115). 불리효과 발생을 방지하기 위한 방법으로 캠피온 외(Campion et al., 2001)는 밴드설정법을 권고한다. 밴드설정법이란 직원들 선발하기 위한 특정 선발도구가 갖고 있는 측정오차를 고려하여 밴드 구간을 설정하여 최저 합격점수를 정하는 방법이다. 어떤 측정도구의 측정오차 값이 있다면, 그 측정오차 값에 1.96(95%의 신뢰구간에 해당되는 표준점수)을 곱해서 밴드구간(bandwidth)을 설정하는 것이다.

지방법원으로 사건이 이첩된다. 이 경우에 고용평등기회위원회는 원고를 대신(물리적, 그리고 재정적으로)해서 소송을 대행하게 된다. 2013년에 한 해 동안에 고용평등기회위원회에 93,727건의 고발이 접수되었으며, 3억 7,200만 달러가 넘는 금액이 보상금과 합의금으로 고발을 제기한 민원인에게 지불되었다.

5. 인적자원관리 전반에서 공정성·평등성 문제와 동기관리

인적자원관리의 프로세스상에 주요 기능을 구분한다면, [그림 12-2]와 같이 인적자원의 확보 단계인 충원,32) 능력개발, 동기부여, 수행평가,33) 그리고 보상으로 구분할

32) 신규직원 채용을 위한 직원 모집을 위해서는 다음과 같은 사전 절차가 필요하다. 직무분석-지원자 평가방법 선택-평가도구의 타당화-직원 모집 공고와 지원서 수령-지원자 심사-지원자에 대한 평가[공직적성검사(PSAT), 구조화된 면접 등]-직원 선발-합격자/불합격자 통보 등이다. 요즈음 공무원 신규충원 과정에 면접이 강화되는 추세이다. 행정부 인사주관 부서인 인사혁신처는 향후 1차 시험을 통해서 선발예정 인원의 1.5배수까지 합격자를 선발하고, 2차 면접에서 0.5배에 해당되는 인원 수만큼을 탈락시키겠다는 방침이다. 면접의 신뢰도와 타당도를 높이기 위해서 정교하게 설계된 구조화된 면접이 필요하다. 오모트(Aamodt, 2017: 165-168)는 비구조화된 면접이 신뢰도와 타당도를 떨어트리는 이유를 다양한 연구자들의 분석결과를 근거로 하여 여덟 가지를 제시하고 있다. 첫째, 선발되는 직원의 미래성공 가능성에 대한 형편없는 통찰 능력(Kuncel et al., 2013), 둘째, 면접관들의 면접질문의 직무 관련성 부족(Bolles, 2014), 셋째, 첫인상이 좌우하는 초두효과(Dougherry et al., 1994; Buckley & Eder, 1989; Barrick et al., 2010), 넷째, 한 면접자의 면접 수행이 다음 면접자의 평가에 미치는 영향인 대비효과(Oduwole et al., 2000; Kopelman, 1975), 다섯째, 긍정적인 정보보다는 부정적인 정보에 대해 강한 편향성(Bocketti et al., 2000), 여섯째, 면접관과 면접대상자 사이에 성격, 태도, 성별, 그리고 인종 등 유사성의 영향(Forster, 1990; Frank & Hackman, 1975; Foster et al., 1996; McFarland et al., 2004), 일곱째, 신체적인 매력, 전문적인 복장, 면접대상자의 비만 등이 영향을 미친다는 면접자의 외모(Barrick et al., 2009; Rudolph et al., 2013), 여덟째, 미소와 적절한 시선 맞춤, 음색, 달의 속도 등 비언어적인 단서들의 영향(Barrick et al., 2009)이다(Aamodt, 2017: 165-168). 구조화된 면접을 위해서는 직무와 직무수행 성과 향상에 영향을 주는 요인들을 세부 행동지표화하고, 각각의 행동지표에 대한 이행수준을 점수코드화해서 평가자의 주관이 개입될 소지를 최소화하는 작업이 필요하다.

33) 법률적인 관점에서, 법원은 수행평가의 기술적인 측면의 내부적인 요인보다는 수행평가시스템이 적절한 절차(due process)를 준수하고 있는지에 대해 더 많은 관심을 기울이고 있다. 295개 순회재판소(항소법원) 판례(Werner & Bolino, 1997)와 145개 연방 지방법원 판례 분석(Forster et al, 2008)을 통해서, 직무수행평가가 직무분석에 기반하고 있을 때, 사전 평가자 훈련과정이 있었고 평가자들이 서면으로 된 평가지침을 제공받았을 때, 평가자들이 직원의 직무수행을 실제로 관찰할 수 있는 기회가 주어졌을 때, 수행평가 기준이 어떻게 되는지 직원들이 사전에 고지받았을 때, 직원들이 자신의 평가결과를 검토할 기회가 주어지고 이의 제기를 할 수 있는 기회가 주어졌을 때, 직원들이 저조한 수행에 대한 피드백을 받은 후에 자신의 수행을 개선할 기회가 주어졌을 때, 다수 평가자들의 평가결과에서 일관성이 있을 때 등, 법률적인 문제 제기(법적 절차 위반사

그림 12-2 인적자원관리의 주요 기능 모형도

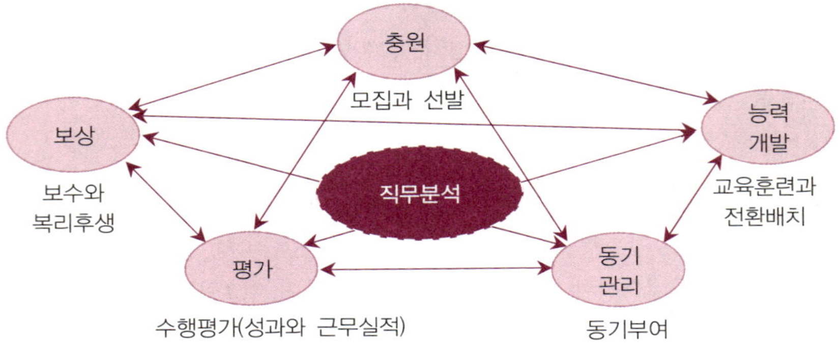

출처: 임도빈 · 유민봉(2019:51)에 제시된 그림 일부를 수정한 것임.

수 있다(임도빈 · 유민봉, 2019: 15). 상기한 인적자원관리에 속하는 모든 기능이 공정 · 평등하게 이루어지기 위해서는 기초 작업으로 조직의 모든 직무에 대한 직무분석과 직무평가가 이루어져야 한다. 직무분석(job analysis)은 직원들이 수행하는 일에 대

항에 대한 사법적인 검토) 과정에서 적법한 것으로 인정되었다(Aamodt, 2010: 256). 리 외(Lee et al., 2004)의 판례 분석에 의하면, 보수적인 성향을 취하는 법정(예: 네 번째 순회재판소)은 수행평가 도구의 타당도와 정확도(the validity and accuracy of the performance appraisal instrument)에 기반한 판결이 내려지는 경향성이 있었고, 진보적인 법정(예: 아홉 번째 순회재판소)은 공정성 이슈(fairness issues)에 기반한 판결이 내려지는 경향이 있었다(Aamodt, 2010: 256).

조직에서 부서관리자들이 공정한 수행평가(근무실적평가 또는 성과평가 등)를 위해서는 직원들의 행동을 관찰하면서 중요사건(critical incidents)을 기록해두는 것이 좋다. 오모트(Aamodt, 2017: 301)는 기록의 장점을 다음과 같이 제시한다. 첫째, 문서에 기록을 요구함으로써 관리자들이 평가할 때 직원 성격보다는 업무 행동에 더 집중할 수 있게 만든다. 둘째, 문서로 기록해두면 평가할 때 평가자들이 직원들의 과거 행동을 잘 회상하도록 도와준다. 관리자들은 첫인상, 최근 행동, 특이한 또는 극단적인 행동, 자기 생각과 일관된 행동을 더 잘 기억한다. 셋째, 직원과 성과면담을 실시할 때 직원의 실제 했던 행동 예시를 사용할 수 있다. 넷째, 직원이 승진누락 등과 같은 인사상의 불이익을 받았을 때 설명 자료로 활용할 수 있고, 법적인 분쟁이 발생되었을 때도 도움이 된다(Aamodt, 2017).

근로기준법 제76조 제2항은 직장 내 괴롭힘 금지 규정을 두고 있다. 조직에서 직장 내 괴롭힘이 신고가 접수된 경우에 관리자들을 상대로 조사를 진행하게 되는데, 피해신고자는 단순히 일회적이 아닌 과거부터 지속적으로 발생된 여러 사건들을 예로 들게 된다. 하지만, 대부분의 직장 내 괴롭힘이 개인 간에 발생하는 둘 사이의 문제이어서, 피해자의 직속 관리자들은 괴롭힘이 업무상의 적정 범위 내이었는지 아닌지를 판단할 근거가 충분하지 않다. 이런 경우에도 직원들 간에 벌어진 주요 사건을 기록하고 있다면, 그 시기에 발생한 사건과 원인이 업무상 범위 내 · 외이었는지 판단하는 데 도움이 될 수 있고, 징계위원회에서 징계위원들이 객관적으로 사건을 판단하는 데 도움을 줄 수 있다.

한 정보와 일이 수행되는 상황, 그리고 특정 상황에서 일을 수행하기 위해 필요한 직무수행자의 개인 특성을 모으고 분석하는 것이라고 정의할 수 있다(Aamodt, 2017: 38).

인사관리 전 프로세스에서 기초가 되는 자료가 직무분석을 통해 도출된 특정 직무에서 수행할 직무수행 목록과 역량을 도출하고, 특정 직무 및 관리역량은 직원을 선발하는 기준, 능력개발, 수행평가[34]와 보상·동기부여를 위한 기준으로 활용된다. 일반적으로 어느 특정 직무에서 직무수행 능력이 우수한 사람을 승진시키는데, '피터의 법칙(Peter Principle)'이라 불리는 결과를 초래한다고 한다. 피터의 법칙은 직원들을 결국 그들의 가장 높은 무능의 수준까지 승진시킨다는 것을 의미한다(Peter & Hull, 1969).

정부에서는 보고서를 잘 쓰는 직원이 능력이 있는 것으로 평가될 가능성이 높다. 실제로 공무원 입직 후 신입공무원 교육과정에서도 보고서 작성요령에 대한 교육에 많은 시간이 배정되고, 교육종료 후 부서배치 이후에 공무원들은 대부분의 업무시간을 보고서 작성에 시간을 쓴다. 정부업무는 민간기관에 비해서 투명(상시 감사의 대상임)해야 하기 때문에 문서화작업이 필수적이다. 그렇지만, 과장급 관리자로 진급하게 되면 문서를 과장이 직접 작성하는 것은 예외적인 일이 된다. 과장은 직원들이 작성해서 결재받으려고 올라오는 보고서를 검토하고 미흡한 부분을 체크해줄 수 있다. 그리고 나머지는 부서원들이 일을 잘할 수 있도록 동기부여하고, 소속 과에 부과된 업무와 자원을 조직화하고, 부서업무 추진상에 발생 가능한 부서원 간 또는 이해관계집단 간에 이해갈등을 조정하고, 부서추진 정책을 기관장이나 이해관계집단에게 알리고 설득하는 일들을 하게 된다. 직원으로서 직무수행상에 필요한 역량(KSAOs)와 과장으로서 필요한 역량은 현격하게 차이가 있고, 과장과 고위공무원단의 직무수행을 위한 필요한 역량에도 차이가 있다. 결론적으로, 공무원이 현장 실무를 잘 수행했던 결과가 관리자로서의 성공을 예측할 수 없다는 것을 의미한다.

인사부서는 과장급 관리자로서 필요한 역량을 사전에 직무분석 과정을 통해서 직무기술서로 명확히 해두고, 직원들에게 언제든지 열람이 가능하게 해둘 필요가 있다. 조

34) 머피와 클리블랜드(Murphy & Cleveland, 1995: 3)에 의하면, 수행평가의 역사는 3세기경까지 거슬러 올라간다고 한다. 수행평가란 어느 한 개인의 수행의 가치를 검토하고 가치를 부여하는 실무라고 정의한다(Worley, 2003). 직원수행평가가 실무에 적용된 것은 스코틀랜드에서 면직공장 사업주에 의해 19세기 초에 이루어졌다. 미국 공무원들은 1800년대 중반에 평가체제를 갖기 시작했다. 1950년대 중반까지 미국의 많은 조직들은 평가체계가 도입되었다. 1950년대부터 1980년대까지 수행평가 시스템 개선이 이루어졌고, 수행평가와 관련된 입법은 1950년대부터 1980년대까지 제정되었다(Worley, 2003: 11; Piatt, 1998).

직에서 관리자로 승진하기를 희망하는 공무원은 사전에 관리자로서 필요한 역량을 각종 교육과정을 통해 학습하고, 유사 직무수행과정에서 필요한 역량을 계발할 기회를 갖고 역량을 체득하는 것이 필요하다. 제11장에서 기술한 것처럼, 이론적인 역량지표에 맞는 행동을 몸으로 체득하는 것이 필요하고, 역량평가센터에서 관리자업무 수행에 필요한 역량을 보유하고 있음을 확인받는 것이 필요하다.[35)]

제5절 이 장 및 전체 결론, 그리고 연구한계

1. 이 장의 결론

앞서 기술한 것처럼, 미국 연방정부의 평등·공정 인적자원관리 제도이행을 감시·감독하는 기능을 맡고 있는 노동부 연방계약준수프로그램사무국(OFCCP)의 활동은 부시 행정부 때부터 무력화되기 시작했고, 트럼프 행정부까지 본래의 역할기능이 회복되지 않았다. 오바마 행정부는 흑인과 여성의 인권만이 강조되었다는 OFCCP 자체 평가가 있다. 바이든 행정부가 들어서면서, 미국 전역에서 흑백 차별 등 인종 차별 철폐를 위한 문화 정착을 위한 시민운동이 확산되었고, 부시 행정부에서 설치된 고용표준청이 바이든 행정부 출범 이후에 폐지되었으며, OFCCP가 신규직원 충원 등 적극적인 활동

35) 리더 성과에 대한 연구결과에서, 저지 외(Judge et al., 2002)는 성격유형 중에 외향성, 경험에 대한 개방성, 호감성 및 성실성(Judge et al., 2002), 자기 감시(Day & Schleicher, 2006), 인지 능력(Strernberg, 2007), 성취욕구(Angus & Zajack, 2008), 조직에 대한 권력욕구(McClelland & Burnham, 1976; McClenlland & Boyatzis, 1982)를 성과에 정적인 요인으로, 성별과는 무관(Eagly et al., 1995)하다고 한다(Aamodt, 2017: 511 이하). 성공적이지 못한 리더의 특징으로는 훈련부족(Hogan et al., 1990), 인지적 결핍(Hogan et al., 1990), 성격유형으로는 편집증/수동적 공격형(Hogan et al., 1990) 등이다(Aamodt, 2017: 511 이하). 라쉬 외(Rasch et al., 2008)는 비효과적인 리더가 보이는 행동으로 열 가지 차원을 제시한다. 불법적이고 비윤리적인 행동하기, 갈등과 인간관계 문제를 회피하기, 부적절한 감정관리(예: 고함지르기), 지나치게 간섭하기(예: 세부적 관리), 부진한 성과, 부진한 기획, 조직화 및 의사소통, 루머를 퍼뜨리고 비밀정보에 대해 공유하기, 의사결정을 미루고 시간준수하지 않은 것, 부하의 개별적 니즈를 파악하지 않는 것, 부하의 능력을 개발하거나 관리하지 않는 것 등이다(Aamodt., 2017: 518). 저지 외(Judge et al., 2004)는 151개 연구결과에 대한 메타분석결과에서, 인지 능력과 리더 성과와의 관계는 27% 정도의 영향관계가 있다는 분석결과를 제시한다. 이 메타분석 결과를 통해서 추론할 수 있는 것은 인지 능력이 결핍되지 않았다면, 리더로서 성과를 내는 데는 문제가 없다는 것이다. 이러한 분석결과는 인지 능력이 리더를 선발하는 절대적인 기준이 될 수 없다는 것을 의미한다.

을 재개하고 있다. 부시 행정부 시기에 고용표준청은 실무적인 현장지식이 없는 이론가들로 채워졌다(이상 OFCCP 홈페이지 참조). 결과적으로, 바이든 행정부는 극명하게 양분된 시민세력을 통합시키는 국민 통합과제를 안고 출범했다. 미국 사회 내에 민족·인종 갈등 수준은 세계에서 최고로 높은 수준이다(미국여론조사기관 퓨리서치센터 2021년 3월 조사결과 참조). 한국은 정치(90%), 종교(61%), 민족·인종갈등(57%) 순으로 사회 갈등수준이 높다고 응답했다(2021년 3월, 미국 퓨리서치센터 설문조사 결과, 연합뉴스, 2021.10.15일자).

현재 한국 정부는 인구 다양성으로 인한 사회갈등, 도·농, 그리고 수도권과 지방 간 지역 격차, 청년과 노인세대 간에 세대갈등, 저출산·노령화 등 다양한 사회문제를 안고 있고, 향후 심화될 것으로 예측된다. 미국 등 서구 국가들은 공직자들의 시민 대표성을 강화하기 위해서, 정부기관 내 구성원들의 인구대표성을 유지하는 추세이다(Britannica에서 civil service 검색자료 참조). 대표관료제가 그것이고 한국 정부도 균형인사제도를 가지고 있다. 필자는 이 장에서 소개한 평등·공정 인사제도와 시스템이 한국 정부에 도입되어야 하고, 제도와 시스템 도입을 위한 설계과정에 인종, 세대, 지역 대표성을 강화할 수 있는 방안이 함께 모색되어야 한다고 본다. 일부 연구는 공무원이 되는 것과 고위직에 승진하는 것이 자신이 속한 윤리적인 집단의 이익을 초월하지 못한다는 것을 보여주고 있다(Nachmias & Rosenbloom, 1978).

한국행정연구원이 실시한 2020년 공직생활실태조사결과(중앙정부 및 지방자치단체 재직자 2,000명 대상)에 의하면, 5년 이하 재직공무원의 이직의도가 30%로 높은 편으로 도출되었다. 이직의도가 있는 공무원들이 이직이유는 첫 번째가 낮은 보수이고, 두 번째가 노후불안이다. 이 장에서 기술한 평등·공정인사 관점에서 보았을 때, 과거 기성세대는 공직에 대해 선공후사, 멸사봉공의 정신이 강하다면, 신규세대는 개인적 자유주의 정신이 강하다. 공공조직 내 권위주의적인 조직문화(수직 계층적인 조직문화), 조직할거주의, 집단주의 내지는 귀속주의 문화에서 비롯되는 통제중심에서 직무중심·시민서비스중심의 수평·상향 문화 또는 인적자원개발중심으로 인사관리제도와 기법을 도입·변경하는 것이 과제이다. 정부 조직 내에 인사담당 기관과 부서의 인사담당자의 역할 강화·변화, 그리고 인적자원개발과 관련 전문적인 역량 강화도 과제이다.

미국 정부의 공무원 수는 지속적으로 증가해왔다. 연방정부 공무원의 수가 1990년대 초에 290만 명에서 270만 명 수준으로 감소했지만, 주정부와 지방정부의 공무원 수가 그만큼 증원되어 2012년 현재 2,200만 명 수준을 유지하고 있다(Llorens et al., 2018:

34-35). 미국이 공무원제도가 직무중심의 개방형 직위분류제를 채택하고 있다는 점을 감안한다면 그만큼 정부의 업무량은 늘고 있다는 반증이 된다. 이와 같은 공무원 규모는 전체 인구대비 8% 수준이고, 한국은 5천만 명 대비 130만 명 수준으로 2.6% 수준이다. OECD 평균이 전체 근로자대비 15% 수준인데, 우리나라는 7% 수준이다.

한국의 공직자 수는 시민들의 정부에 대한 각종 문제 해결 요구 기대 정도를 고려한다면, 절대적인 수준에서 부족한 편이다. 하지만, 공무원의 규모를 늘리면 그만큼 정부의 재정부담이 커지고 그만큼 현재, 그리고 미래세대에 속하는 시민들의 세금 부담은 커질 수밖에 없다. 그나마 각급 정부기관이 전자정부 구축으로 인해 비대면 행정업무처리가 가능하고, 그로 인해 적은 수의 공무원으로 민원대응 업무가 가능한 것은 다행스러운 일이다.

하지만, 노령인구 증가에 따른 대면적인 사회복지 수요의 폭발적인 증가, 도시 노후화로 인한 시설 및 생활안전문제, 시민들의 인권의식 강화에 따른 청소년, 아동, 여성인권보호문제, 반려동물 생명권 보호문제, 금융 및 디지털 기술 발전과 활용 증가에 따른 각종 사이버범죄와 개인정보보호문제 등 행정업무 범위의 폭이 넓어졌고, 깊이는 더욱 깊어졌다. 또한 변화하는 행정수요, 그리고 전문 인력에 대한 수요는 증가하고 있다. 이와 같이, 급격히 변화하는 행정수요에 맞추어 공무원을 증원할 경우에, 특수 분야 전문적인 능력을 갖춘 신규공무원의 채용을 기존 정년보장방식보다는 특별한 처우를 제공하는 임기제 공무원으로 채용하는 것이 바람직하다고 본다. 특별한 보상이 주어지는 임기제 공무원 채용은 자유주의 채용방식이고, 현재 한국과 미국 등 서구 국가들에서 활용하고 있다.

그리고 서비스·투입중심의 공정한 직무수행평가제도(핵심 가치 이행 여부 및 적정 서비스 이행 기준에 따라 설정된 과업수행 지표 이행 여부), 공정한 평가기법의 도입과 발전을 통해서 공직 내부에 적극적으로 일하는 분위기와 여건 조성이 필요하다. 즉, 직무분석을 기반으로 평등·공정한 채용부터 승진 등 인사관리 전반이 이루어지고, 직무수행 결과, 그리고 공직가치이행에 대한 보상과 상벌이 주어지는 조직분위기 조성이 필요하다. 공직에 한 번 임용되면 특별한 사고만 없으면 정년이 보장되는 방식의 기존 공무원 인사관리방식으로는 공무원에 대한 시민 신뢰 수준을 높이기 어렵다. 필자는 상기한 인적자원관리제도의 도입과 변화가 공무원의 직무 전문성을 강화시킬 수 있고, 공무원 조직의 노동유연성을 높이는 데 긍정적으로 기여할 수 있다고 판단한다.

2. 전체 결론과 연구한계

모든 정부의 선(the goodness)은 정부 운영의 선에 달려 있다(Hume, 1972). 아리스토텔레스(Aristotle, 1962: 226)는 군주정이라 할지라도 정부는 다수의 좋은 사람들이 운영하는 것이 좋다고 보았다. 그(1962: 226)는 그 다수의 사람들은 법의 수호자이고 군주의 종(monarch' servant)이라고 기술하고 있다. 스코틀랜드 계몽주의학파에 속하는 데이비드 흄(Hume, 1742: 5)은 입법가들은 공적사무의 운영을 규제할 수 있는 법체계를 제공해야만 한다고 기술하고 있다. 역사적으로 존재했던 많은 국가를 연구대상으로 탐색적인 연구 분석을 실시했던 마키아벨리(N. Machiavelli)는 모든 관점에서, 온유한 정부(gentle government)가 바람직하고, 그런 정부가 피지배자뿐만 아니라 군주에게 가장 큰 안정을 가져다준다고 보았다(Hume, 1742). 미국 건국을 위한 미국 대륙헌법 제정과정에서 건국의 아버지들은 기존에 군주가 보유했던 권력을 입법부과 사법부, 그리고 집행부(the executive)로 분리하여 배분하였지만, 여전히 집행부의 권력에 대한 불안함과 의구심을 가지고 있었다. 그들은 집행(executive)기능을 둘로 구분하고(Willoughby, 1932), 정부의 포괄적인 운영기능인 정부 운영을 공무원(당시에는 Second Clerk 또는 Chief Clerk이 우두머리가 되는 clerk들)에게 맡겼다(Rosenbloom, 2011). 1884년에 펜들턴 법이 제정되고 군주나 장관의 종이 아닌 시민에게 봉사하라는 의미로 공무원(civil service or servant)이란 명칭이 부여되었다. 공정한 공무원 선발을 위해서, 기관장으로부터 독립된 인사시스템으로 공무원인사위원회(Civil Service Commission: CSC)가 펜들턴 법(the Pendleton Civil Service Reform Act: 약칭 the Pendleton Act)에 의해 설립되었다.

애덤 스미스, 흄 등 스코틀랜드의 계몽주의학파에 속하는 모든 세대의 학자들은[36]의 인간본성, 시장과 국가와의 관계, 정확한 정책결정 등등에 관한 항구적이고 인류보편적

36) 스코틀랜드 계몽주의학파(the Scot)에 속하는 학자들은 다음과 같다. 프란시스 허치슨(Francis Hutchson), 데이비드 흄(David Hume), 애덤 스미스(Adam Smith), 토머스 레이드(Thomas Reid), 로드 케임즈(Lord Kames), 애덤 퍼거슨(Adam Ferguson) 등등. 이 학파에 속하는 모든 세대의 학자들의 사상체계는 하나의 기본가정을 가지고 있었고, 자신들만의 특별한 연구방법을 개발했고, 그리고 일관된 목표를 유지했다. 그 가정은 모든 국가와 세대에서, 인간의 행동에는 상당히 큰 일치성이 있다는 것이고, 인간의 본성은 원리와 운영에서 동일하다는 것이다. 동일한 동기는 늘 동일한 행동을 산출하고, 동일한 사건들은 동일한 원인으로부터 발생된다는 것이다. 흄은 인류의 역사에는 아무것도 새로운 것 또는 낯선 것을 알려주지 않을 만큼, 모든 시기에 매우 큰 공통점이 있다고 보았다. 그는 그래서 그는 인간본성에 관한 항구적이고 보편적인 원리를 발견하려 했다. 그리고 그는 정치가 어느 정도 수준에서 과학화될 수 있다고 보았다(Adair, 1957: 345-346의 내용을 요약한 것임).

인 원칙을 발견할 수 있다고 보았다. 이 학파에 속하는 학자들의 논문이 18세기 미국 대학들, 특히 하버드(Harvard), 예일(Yale), 프린스턴(Princeton), 킹스(King's), 윌리엄 앤 메리(William & Mary) 대학의 역사, 윤리, 정치, 경제, 심리, 그리고 법학과의 표준 교과서가 되었다[아데어(Adair, 1957)의 논문의 내용 일부를 요약한 것임].

이들 대학의 교육과정 이수를 통해 스코틀랜드 계몽주의 학자들의 사상에 직접적인 영향을 받은 미국 건국의 아버지들은 자유(liberty), 정의(justice), 그리고 안정(stability)을 위한 항구적이고 보편적인 원리를 발견하려는 '과학적인(scientific)' 시도를 했다. 존 애덤스(John Adams)와 해밀턴(Alexander Hamilton)의 작은(영토) 정부 주장과는 달리, 매디슨(James Madison)은 광대한(영토) 정부가 바람직하다고 보았다. 그는 연방정부, 주정부, 군(county) 정부, 군 내에 각 시・구 정부, (영연방에서)입법권이 있는 군의 치안(형사, 가정, 청소년법원)판사(magistrates),[37] 주・지역별 대표로 구성된 상・하원 의원이 있는 연방주의 국가가 상기한 가치를 충족시킬 것으로 보았다. 그는 연방정부의 역할은 사회의 다양한 이익들(interest) 사이에서 판결을 내리는 특정한 집단의 이해에 치우치지 않는(disinterested), 열정에 휘둘리지 않는(dispassionate) 심판이 될 것을 구상했다(Wood, 2006: 163).[38] 매디슨은 "다수가 개인보다 정확한 결정을 할 가능성이

---

37) 치안판사(magistrate)는 영국의 형사, 청소년, 가정법원의 자원봉사자인 판사이다. 현재 사법부 판사의 85%가 자원봉사자인 치안판사(magistrate)이다. 1195년 리차드 1세(Richard Ⅰ)가 평화유지자(keeper of the peace)를 처음 임명했고, 1361년에 에드워드 3세(Edward Ⅲ)가 평화의 정의법(Justice of the Peace Act)을 제정하면서 공식화되었다. 이 법은 모든 군(county)에 폭행범, 폭도, 그리고 교사범들을 제약할 권력을 가진 치안판사를 둘 것을 요구했다. 치안판사는 법 위반자와 폭행범들을 위반과 침해 정도에 따라 추적하고 체포하고 구금하고 체벌할 수 있었다. 치안판사(magistrate)라는 용어는 "법을 관리할 책임이 있는 공무원(civil officer in charge of administrating laws)"의 가운데 단어에서 발췌된 용어이다. 치안판사는 고속도로와 다리와 같은 교통기반시설을 유지하고 차량하중과 크기를 규제하는 지방정부의 첫 번째 전신이다. 이들 임무는 나중에 선출된 지방정부로 넘어갔다.
현재 영국의 치안판사는 연령이 18~70세까지이며, 중대한 형사기소를 당하지 않은 사람들에게 자격이 있다. 치안판사에게는 법률적인 지식을 요구되지 않지만, 건전한 상식과 사회적 인식, 이해와 소통, 성숙성과 건전할 기질 등이 요구되고 직무수행에 필요한 교육을 받을 수 있다. 1년에 13일 이상(26일 간 반나절) 치안판사 업무를 수행해야 하며, 자원봉사자인 치안판사가 소속하고 있는 단체(또는 기업)는 법에 의해 유급 또는 무급으로 업무를 수행할 수 있도록 해야 한다. 현재 치안판사의 지원 자격에 대해서는 영국 고용권리법[Employment Rights Act(1996)]에 규정되어 있다(영국 Magistrate Association 홈페이지 참조).

38) 자유주의에서는 법 적합성을 실천하는 것이 개인의 자유를 보호한다고 보기 때문에 행정과 공무원에게 무관심성과 열정이 없을 것을 요구한다. 이에 반해서, 20세기 적극적 민주주의에서는 행정과 공무원에게 시민의 자유보장(사회형평성 강화)을 위해 행정과 공무원에게 정치적 이상실현과 적극적 보호조치를 요구한다. 정부기관에 부여된 설립목적과 환경변화에 따라 이들 의무의

아주 높다는 콩도르세(Marquis de Condorcet)의 버심원 정리(jury theorem)"를 실고 있는 책을 프랑스에서 온 토머스 제퍼슨(Thomas Jefferson)으로부터 선물로 받아 접하게 되었다.[39] 매디슨의 연방주의 국가 구상의 실제 모델은 영연방국가이다.[40] 매디슨은 대통령 간접선거제도도 도당의 영향을 줄일 수 있는 방법이라고 보았다(Adair, 1957: 353). 이러한 연방제 형태의 정부 조직구조는 각 기관들이 일정한 독립된 권력과 자율성을 가지는 상호 조화를 이루는 감시·견제하는, 느슨하게 연결된 유기체적인 조직구조(loosely coupled system)를 의미한다[아데어(Adair, 1957)의 논문의 내용 일부 요약임].

그리고 매디슨은 페더럴리스트 제10번이 출간되기 전 10개월 전인 1787년에, 『연방제에 관한 노트(*Notes on the Confederacy*』에서, 그는 공화정부에서 다수가 궁극적으로 법을 만든다. 특정한 이해관계로 결집된 다수(majority)에 의한 소수집단의 권리(the minority'rights)의 불공정한 침해를 막을 수 있는 것은 무엇인가라는 것에 대한 질문을 던진다. 당시에 세 가지 동기에 의해 다수의 이기심(selfishness)이 제거될 것이라고 주장되었다. 첫째는 자신의 선에 대한 신중한 고려(prudent regard for their own good), 둘째는 인격에 대한 존중(respect for character), 그리고 마지막으로, 종교적 양심(religious scruples)이다. 매디슨(Madison, 1787)은 이들 세 가지 동기를 모두 상세히 검토하고, 이 세 동기가 무례한 다수 집단을 막기에는 허약한 성채(frail bulwark)이라는 것을 발견했다. 이들 동기들은 다수의 군중 속에 묻히게 되면 허약해지기 때문이다.

결론적으로, 역사의 고찰을 통해서, 그(1787)는 흄(D. Hume)이 한 번 언급했던,[41]

가중치 비중이 달라질 수 있다.

39) 일부 학자들은 배심원의 정리에 대한 반론의 증거로 경제학자 애로우(Kenneth Arrow)의 불가능성의 정리(theorem)를 소개하는데, 사실 배심원의 정리에 부합하는 증거가 애로우의 정리이다. 애로우의 정리는 일회적으로 다수에 의해서 선택된 결정이 잘못된 결정일 수 있다는 경험적인 논거를 제시한 것이고, 배심원의 정리는 도당의 영향에 의한 특정한 이해로 결집된 일회적인 다수의 선택이 정부 전체의 의사결정을 좌우하게 되면 개인의 자유, 정의, 그리고 공동체의 안정은 상실될 것으로 본 것이다. 결론적으로, 애로우의 정리는 존 로크(John Locke)의 일회적 또는 사전 결정된 사회적 계약이론(Khon, 2012: 687)에 대한 반론 증거가 된다. 콩도르세의 정리에 영향을 받은 매디슨은 정부 관리자들에게 의사결정과정의 조정자 역할을 할 것을 요구한다(Khon, 2012: 687; 페더럴리스트 제10번에 반영).

40) 매디슨은 연방정부에 대한 구상은 1787년 봄에 완성된 *the Notes on Ancient and Modern Confederacies*에 기록했으며, 그는 미국 정치체제의 악(vices)을 무임승차(free-riding)와 이해충돌(self-dealing)로 보았다. 그는 또한 각종 시민대표들은 ① 야심(ambition), ② 개인적 이해(personnel interest), ③ 공공선(public good)에 의해 동기화된다고 보았다(Khon, 2012: 689).

41) 흄(D. Hume)은 이해(interset)의 도당(factions)이 가장 합리적이고 용서가 된다(Aadir, 1957: 358). 매디슨(James Madison)은 흄의 언급과 비교하여, 자유(liberty)는 영원히 꺼지지 않고 대기를 불

경제적인 이해(interest)가 충분한 동기(또는 만병통치약, the grand elixier)가 될 수 있다는 것을 알게 되었다. 각 개인의 다양한 경제적인 이익(이해: interest) 추구(지주 이해, 제조업자 이해, 중개상 이해, 환전상들의 이해, 특정 종교집단의 이해 등등)가 도당(이익으로 결집된 소수 혹은 다수 집단)의 위협으로부터 소수를 보호하는, 결과적으로 새로운 헌법시스템 하에 연방공화국의 안정, 자유, 그리고 정의를 지켜줄 것이라고 보았다. 그리고 그는 광대한 영토의 연방공화국이 도당(faction)의 영향으로부터도 안정되고 안전할 것으로 보았다(Rakove, 2013; Aadir, 1957: 359; Madison, 1787: 9).

물론, 미국의 정치제도가 미국 건국 초기부터 오늘날과 같은 모습을 갖춘 것은 아니다. 시민에게 봉사하는 직업공무원(civil service)제도의 확립은 1884년 펜들턴 법 제정 시기부터 시작된다. 앤드류 잭슨(Andrew Jackson) 대통령은 공무원 자리가 세습화되어 귀족화된 공무원들이 시민요구 대응 능력을 상실했다고 판단하였다(Tulli, 1989; Rosenbloom, 1993). 그는 시민요구 대응 능력을 향상시킨다는 차원에서 공무원 인사개혁을 단행하여 엽관제 인사제도를 도입했지만, 엽관제 인사제도는 공직을 투표와 공직을 교환하는 부패(political machine)를 유발하였고(Diggins, 1985), 1881년에 인사에 불만을 품은 사람이 가필드(James A. Garfield) 대통령을 암살하는 문제를 야기시켰다(Tulli, 1989: 353). 공무원 인사에서 엽관제의 폐해를 막고, 미국으로의 이민의 증가 등으로 폭증하는 행정수요에 대처하고, 공정한 공무원인사제도 확립하겠다는 필요성에 의해, 시험을 통해 공정하게 선발되는 공무원인사제도가 도입되었다(White, 1965: 319). 이러한 공정한 선발과정을 통해 입직한 공무원들이 여전히 경제와 사회세력에 의해 포섭되는 교묘한 부패문제(공무원과 의회 하위소위원회 의원, 이익집단들 사이에 형성된 철의 삼각주: iron triangle)는 루스벨트(T. Roosevelt)의 신국가주의 정신을 가진 시민들의 적극적인 공적업무에의 참여 주장을(Diggins, 1985; Roosevelt, 1910), 전문성을 갖춘 직업공

사르는 자양분(aliment)인 도당(faction)이다. 그리고 그는 페더럴리스트에서 다음과 같이 기술한다. 독재정부에서 실제로 도당(factions)이 나타나지 않는 사례가 많다. 그러나 그것은 덜 현실적이다. 또는 오히려, 바로 그 이유로 인해, 그것들은 더 현실적이고 더 유해하다. 남자, 귀족과 인민, 군인과 상인의 분리된 계층은 모두 뚜렷한 이해를 가지고 있다. 그러나 더 강한 자는 아무런 저항도 없는 약한 자들을 억압한다. 그것은 그러한 정부에서 겉보기에 평온함을 낳는다. 흄의 도당이 가장 비옥한 토양에서 잘 자라는 잡초에 대한 비유를 참고해야 한다. 그리고 자유정부에서 더 쉽게 일어나고 더 빨리 전파되지만, 항상 입법부 자체를 감염시키며, 보상과 처벌을 꾸준히 적용함으로써 그들을 근절할 수 있다; 그리고 매디슨의 다양하고 간섭하는 이해관계의 규제는 현대 입법의 주요 임무를 형성하며, 정부의 필요하고 일상적인 운영에 정당과 도당의 정신을 포함한다는 점을 유의해야 한다[아데어(Adair, 1957)의 전게논문에서 인용한 내용을 재인용한 것임].

무원의 충원을(Gulick, 1990), 그리고 집행권력인 대통령과 대통령실의 역할 강화 필요성을(Newbold & Rosenbloom, 2007; Diggins, 1935; Wilson, 1908)[42] 불러왔다.

하지만, 대통령과 대통령실의 설치와 역할 강화는 특정한 정치세력인 도당과의 결탁에 의한 부(富)의 편중문제를 유발했고(Piotrowski & Rosenbloom, 2002), 대통령을 집행부 참모들의 수장에서 유일 집행부 수장으로 만들었다는 비판을 받고 있다(Rosenbloom, 1993a, 1993b, 1986). 이에 신행정학자들은 건국헌법 구성원리처럼 집행부와 정부운영 기능을 보다 명확히 구분하고(Cann, 2007; Bertelli & Lynn, 2006; Rosenbloom, 1993), 정부 운영 기능을 맡는 고위공무원(또는 연방공무원)들의 역량 강화, 정부업무처리의 공정성과 투명성 제고를 요구하고 있다. 매디슨(James Madison)은 권력분립의 한계 내에서 입법부의 저장소로서 공무원에게 재량을 실행할 것을 요구하고 있고(Cann, 2007; Bertelli & Lynn, 2006), 그는 연방정부 공구원의 조정 역할을, 그리고 중립적인 중재자 역량을 주문하고 있다(Feeman, 1984; Laplume et al., 2008). 로젠블룸 외(Rosenbloom et al., 2018)는 연방정부를 대상으로 가해지는 삼부의 통제를 '매디슨 래칫(Madison' Ratchet)'[43]이라고 칭한다. 이와 같은 모든 미국 정치제도 개편의 사상적인 근원은 미국 건국의 아버지들의 건국사상과 미국 헌법이다.

미국 행정학자들은 미국을 민주헌법주의 국가라고 칭한다. 린(Lynn, 2013)과 로젠블룸(Rosenbloom, 2011)에 의하면, 미국 민주헌법주의 국가의 정부 조직구조는 기업의 일원적인 통일된 시스템과는 다르다고 주장한다. 미국 민주헌법주의 국가의 국가구조는 일원 통일적인 정부 조직구조 형태를 유지하고 있는 독재, 전체주의, 또는 사회주의

---

42) 해밀턴(Alexander Hamilton)은 페더럴리스트 제70번에서 집행부(executive)의 에너지를 강조했다. 대통령실 신설의 정당성 근거를 제공한 브라운로우 위원회 보고서인 미국 정부 내에 운영관리: 운영관리에 관한 대통령위원회 보고서는 다음 다섯 개 연구결과물을 기초로 작성되었다(Newbold & Rosenbloom, 2007). 리브와 데이비드(W. Reeves & P. T. David)는 인사행정, 벅과 맨스필드(A. Buck & H. Mansfeild)는 연방정부의 재정관리, 쿠쉬맨(R. Cushman)은 독립규제위원회 문제, 맥마혼 외(A. Macmahon, J. Fesler, & H. Emmerick)는 운영관리문제, 하트와 위트(J. Hart & E. Witte)는 규칙제정 권력의 실행과 운영부처에 의한 제안된 입법수단의 준비 등이다(Newbold & Rosenbloom, 2007: 1007).

43) 크로리(Croley, 2008: 304-306의 내용을 요약함)는 운영정부가 규제(regulation)를 제정하고 집행하는 것이 입법부가 하는 것보다는 특정한 압력집단과의 로비로부터 자유로울 수 있고, 과학적인 검토가 가능하다고 본다. 운영정부의 의사결정과 방법들은 집행부(executive)의 감독과 사법부의 사법심사에 의해 강화될 수 있다고 본다. 그는 공공선택이론(public choice theory)이 아이디어는 풍부하고 말하기는 쉽지만, 경험적인 증거가 부족하고 정치인(정치)들에 대한 불신에서 비롯된 것으로 본다. 결론적으로, 그는 운영정부의 규제는 사회복지를 증진시킨다고 본다.

국가와는 다른 모습이다.44) 민주헌법주의 국가에서는 불가침의 생래적 자연권과 자연법(nomos)이 인정되고, 주권자 개인의 자유보호와 보장을 목적으로 자연법에 의한 자생적 질서와 주권자의 자발적 합의에 의해 제정되는 법이 행정과 공무원의 존재 정당성 근원이 된다. 자연법에 근거한 행정은 사법행정(치안질서 유지업무), 국방, 내무행정(인사, 재정, 총무 및 서무 등), 주요 기록관리, 공정거래 및 통상(유통), 농수산, 사회적인 약자 보호(소수자, 최저생활자 보호)가 여기에 속한다. 자발적인 합의인 법을 근거로 하는 행정은 보편교육(제도, 대학 및 평생), 보편적인 사회복지(아동청소년·여성, 국민기초생활자 보호) 및 의료와 위생, 과학기술(원자력, 기초과학, 응용과학 등 과학기술 육성), 고용 및 노동, 환경(상·하수도, 대기, 수자원), 산림보호와 육성, 전통과 문화보존, 주택과(육상 및 해상) 교통, 사회간접자본 확충 등등이 속한다.

민주헌법주의 국가에서의 정부 조직구조의 형태는 카운실 매니저 형태의 정부구조(유기적인)이다. 이러한 형태의 정부구조는 전체 시민과 시민의 대표기관(대의제 기관)에 의해서 제정된 헌법과 법률을 근거로 하여 위임받은 사명(mandate)을 헌법과 법률이 허용하는 재량권의 범위 내에서, 각 기관이 고유의 권한과 재량을 가지고 상호균형을 이루며, 감시와 견제를 하는 구조를 의미한다(Lynn, 2013; Cooke, 1961: 349). 이러한 형태의 정부 조직구조에서는 다수(대통령, 연방 상하원 의원, 주지사, 지방정부 의원, 사법판사, 각종 이해관계 단체 구성원, 일반 시민들)가 정부 의사결정(배심원의 정

---

44) 리프킨(Rifkin, 2005: 5; 제러미 리프킨, 2014: 95 이하 참조)은 종교개혁과 계몽주의 사상의 핵심에는 개인(individual)이 있다. 마틴 루터(Martin Luther)는 당신은 당신의 신 앞에 홀로, 그리고 벌거벗고 서 있다. 스코틀랜드 계몽주의 철학자인 애덤 스미스(Adam Smith)는 2,000년의 경제역사를 뒤집었다. 경제라는 용어의 어원은 그리스 언어 오이코스(oikos)로부터 왔는데, 의미는 가족과 공동체이다. 경제는 늘 공동체의 영역이었다. 그는 사람들은 자기 이해(self-interest)를 추구하기 위해 시장 안에 벌거벗은 상태에서 홀로 서 있다. 존 로크(John Locke) 역시 자연의 힘 대항해서 홀로 서 있다고 보았다. 그(Rifkin, 2005: 5-6)는 또한 아메리칸 드림은 개성을 확장하기 때문에, 우리는 재산권과 시민권에 크게 중점을 둔다. 만약에 내가 재산을 가진다면 나는 독립적이다. 만약에 내가 시민권, 표현, 언론, 집회자유 권리, 총을 소지할 권리를 가지고 있다면, 아무도 나에게 무엇을 하라고 말하지 못한다. 나는 독립이다. 오이코스(oikos)는 그리스 도시국가에서 기본적인 사회 단위를 의미한다(Wikipedia 참조).

개인의 권리보장과 관련해서, 대한민국 헌법은 제11조 평등권 조항에 훈장 등 영전 일대원칙, 헌법 제13조 제3항의 연좌제 금지원칙을 천명하고 있다. 헌법 제23조 재산권 보장과 관련해서, 김문현(2013: 831)은 다음과 같이 기술하고 있다. "사유재산제도의 보장은 개인의 사유재산의 사적 이용성을 인정하여 재산권자가 사적 이니셔티브를 가지고, 자기의 사적 이익을 위해 그 객체를 이용할 수 있고, 원칙적으로 자기 의사에 따라 처분권을 가지는 것을 보장하는 것을 의미하며, 민법 등 법률과 그 사회의 관념에 따라 형성된 재산제도를 보장하는 것을 뜻한다."

리)에 참여하게 된다. 정부 의사결정 권한이 분산되지만 시민요구와 사회적인 문제는 현장에서 즉시 해결되기 때문에 효율성은 증가된다. 사회적인 효율성이다.

민주헌법주의 국가와는 다른 정치체제로 자유시장주의(일명 자본주의)가 있다. 민주헌법주의와 자유시장주의는 사상적인 토대가 동일한 것으로 일반인들이 인식하지만 확연히 다르다. 자유시장주의는 고전경제학자들의 노동가치에 대한 관점 때문에 사회주의자들의 공격을 받았다. 사회주의자들은 모든 개인이 자신의 노동으로 얻은 과실을 전부 소유할 자연권을 지닌다는 고전 경제이론의 주장을 찬미한다는 점에서(제러미 리프킨, 2014: 103), 자연법만을 중시하는 자유주의자 또는 자유지상주의자들과 사상적 기초가 동일하다(Nozick, 1974: 151). 자본주의자(자유지상주의자)들은 고전경제학자들이 노동이 재산을 창출한다는 가정에서 출발한 탓어, 자유시장 경제학자들은 자본가들이 자본을 통해 생산도구를 노동자들로부터 박탈하고, 제품에 들어간 나머지 노동가치는 이윤의 형태로 회사가 가져가는 것을 설명할 수 없었다(제러미 리프킨, 2014: 103).

> 리차드 슬라터(Schlatter, 1951: 185)에 의하면,
>
> 고전파 경제학자들은 노동이 재산을 창출한다는 가정에서 출발한 탓에, 그 일관성을 유지하기 위해 일하지 않고 이익을 취하는 사람은 노동자를 갈취하는 것이라는 결론에 이르지 않을 수 없었다(제러미 리프킨, 2014: 103에서 재인용).

제러미 리프킨(2014: 104-106)은 자유시장 경제학자들의 이론적인 근거에 대해서 다음과 같이 기술하고 있다. 이런 이유로 자유시장 경제학자들은 고전경제학과 결별하고, 새로운 설명논리를 찾으려 했다. 이때 이들에게 적당한 논리를 제공해준 사람이 허버트 스펜서(Hebert Spncer)와 제레미 벤담(Jeremy Bendam) 등 공리주의자들이다. 제레미 벤담은 자연권 이론에 정면으로 맞서고 자연적인 재산권은 존재하지 않는다고 주장했다. 허버트 스펜서는 찰스 다윈(Charles R. Darwin)의 자연선택론을 '적자생존'으로 살짝 바꾸고, 다윈의 '최상의 현지 환경에 잘 적응하는 것'을 '최상의 물리적 형체를 갖춘 것'으로 의미를 변형시켰다. 허버트 스펜서는 사회 복잡성이 증가하는 환경에서 수직통합형 조직체를 요구하고, 그 조직은 소수의 기관이나 개인의 손에 집중된 중앙집권식의 명령 및 통제를 필요로 한다고 주장하였다. 이러한 논리 덕분에, 자유시장 경제학자들은 거의 모든 종류의 대중적인 저항을 완화할 수 있었다"(제러미 리프킨, 2014: 104-106 기술을 요약한 것임). 초기 자유시장주의(특히, 기업) 조직구조는 수직적 통일된 조직

구조 형태이고, 최상위층에서 의사결정(상의하달)을 하고, 하위조직에서 집행을 하는 형태이다. 현재, 민간기업 조직도 고객의 요구에 신속하게 대응하는 것이 지속가능한 생존과 경쟁력 유지에 필수적이기 때문에, 현장으로 권한이 위임되는 평면 조직구조로의 변화가 요구되고 있다(제러미 리프킨, 2014 참조).

의회정부가 자유시장주의사상을 기반으로 하는 경제세력에 결탁된 1920년대에 경제가 호황을 누리는 것 같았지만 1929년 대공황이 있었다. 대규모 금융자본가들이 대통령과 대통령실과 결탁해서 민영화와 규제 완화를 실시한 이후에 2008년 미국에서 발원이 된 대규모 금융위기가 있었다. G. 팰러스트 외(2004)는 미국 캘리포니아 지역의 전력 민영화로 인해 발생된 전기가격의 인상으로 인한 부작용에 대해서 소개하고 있다. 그들(2004)이 제시하고 있는 대표적인 사례가 엔론 몰락사례이다. 로버트 라이시(2011)는 경제위기의 반복 원인으로 소득분배의 불평등을 제시하고 있다.

자유시장주의의 사상적인 근거인 공리주의는 개인의 존재를 부정하거나 다수에 의한 소수지배를 당연시하여 개인주의 영역이 부정된다는 점(Sandel, 2009: 34-54)은 제3장에서 자세히 기술하였다. 또한 다수에 의한 전제정치(the tyranny of the majority)가 된다는 점, 다수 득표한 지배집단에 의해서 소수에 속하는 개인이 무시될 수 있다는 점도 기술했다.[45] 매디슨(James Madison)은 특정한 이익으로 결집된 다수가 소수를 지배하게 될 수 있다는 점을 우려하고(Madison, 1747; Adair, 1957: 353), 미국이 다원적인 이해(interest)가 존중될 수 있는 연방주의 국가가 되어야 한다고 보고, 연방정부는 조정자의 역할을 해야 한다고 보았다는 점(Wood, 2006: 163)도 위에서 기술했다.

20세기 초반에 자본주의의 확대·발전함에 따라서, 기업의 규모(big business)가 커

45) 존 롤스(Rawls, 1971)는 *A Theory of Justice*에서 다음과 같이 기술하고 있다. "사람들은 제각기 사회 전체의 복지(공리주의자인 존 스튜어트 밀은 최대다수의 최대행복이라고 주장함)로도 짓밟을 수 없는, 정의에 근거한 불가침성을 갖고 있다. 정의가 보장하는 권리는 정치 교섭이나 사회적 이익에도 영향을 받지 않는다"(마이클 샌델, 2010: 159). 마이클 샌델(2010: 159)은 칸트의 주장을 근거로 경험주의와 공리주의를 비판한다. "칸트는 공리주의와 유사한 경험주의는 도덕의 근거가 되기에는 부적절하다고 주장했다. 도구적인 관점에서 자유와 권리를 옹호할 경우, 권리를 확실하게 보장할 수 없을 뿐 아니라 인간의 고유한 존엄성을 존중할 수 없다는 것이다." "그러나 공리주의는 인간을 그 자체로 존중할 가치가 있는 목적으로 여기기보다는 타인의 행복을 위한 수단으로 간주한다"(마이클 샌델, 2010: 159). 마이클 샌델(2014: 59)은 공리주의 사례로 구명보트를 타고 조난된 네 명의 선원들이 살아남기 위해서 한 명의 선원을 살해하는 사례, 고대 로마 시대에 사자에게 기독교인 던지기 사례 등을 소개한다. 모두 특정한 목적(다수의 행복 추구)을 위해 수단(인권침해인 살인)을 정당화는 사례이다. 민주헌법주의 국가에서는 다수가 특정한 목적을 위해 소수의 인권이 희생되는 것이 결코 당연시되거나 정당화될 수 없다.

지는 현상에 대해서, 시어도어 루스벨트 대통령은 루이스 브랜다이스(Louis Brandeis), 허버트 크롤리(Herbert Croly)와 같이, 경제 분권화를 주장하는 사람들의 의견과는 달리, 연방정부의 역량을 증가시키는 것에 의해서 큰 기업을 규제하는 '신국가주의(new nationalism)'를 제안했다(Sandel, 2009: 145). 연방정부의 권력은 기업권력의 규모와 상응할 만큼 커져야 한다고 보았다(Sandel, 2009: 145). 크롤리(Croly, 1909)는 미국의 산업, 정치, 그리고 사회적 삶의 집중화의 증가가 주어진 사실이라고 볼 경우에, 미국 정부는 더욱 더 집중화를 요구한다. …(중략)… 현대 경제의 국가적 규모가 주어질 경우에, 민주주의는 "미국 국민들의 아이디어 내에, 제도 내에, 정신 내에 증가하는 국가주의화(nationalization)를 요구한다. 자유시장이 발달함에 따라 기업의 규모가 커지고, 그에 따른 부 소유의 집중과 빈부격차가 커진다면, 그에 상응하여 개인의 자유를 보호하고 보장하기 위해서 정부의 규모나 역할을 축소할 수 없다. 다만, 대안으로 생각해볼 수 있는 것이 정부업무에의 적극적인 시민참여가 활성화되는 협동생산과 시민참여 거버넌스, 그리고 정책 네트워크의 활성화이다. G. 팰른스트 외(2004: 166-173)는 시민참여의 필요성과 시민참여가 성공적이기 위한 공적 참여지침을 제시하고 있다.

민주헌법주의 국가의 정부 조직구조와 기본원리, 그리고 핵심 가치와는 달리, 경제적 이기주의를 기반으로 하는 전체주의, 독재정부, 사회주의 국가의 정부 조직구조, 정부 운영에서 관료들이 추구하는 가치, 의사결정방식, 지배와 피지배관계 인정 등에서 많은 공통점을 공유한다. 자본주의가 공리주의를 사상적인 기반으로 한다면, 사회주의는 고전경제이론과 공화주의를 사상적인 기반으로 한다. 일원지배적인 계층적인 조직구조는 독재정부, 전체주의 국가, 그리고 사회주의 국가에 공통점이 있다. 일부 사회주의 국가는 전 통치자의 유훈, 과거 정부의 선례 또는 관행이 현 통치자의 의사결정(사회적 계약)을 지배하고 있다. 이상에서 기술한 내용을 정리하면, 〈표 12-6〉과 같다.

표 12-6 미국 민주헌법주의와 전체주의와의 관점 비교

국가정체 구분	민주헌법주의		전체주의/독재/사회주의
정당성 근거	불가침의 자연법 인정(nomos)	자발적 합의(thesis)	자발적 합의 우위 (지배와 피지배관계 인정)
	행정·정책/공무원(미국 건국정신)		관방학
	이해, 가치다원주의		욕구, 공리주의

조직구조	유기적(organic)	기계적인(mechanistic)
형태(form)	카운실 매니저 형태의 정부(Lynn, 2013) (council-manager form of government)	수직적이고 통일된 시스템 [vertical and unitary system: 기업과 같은 조직구조(Lynn, 2013)]
세부유형	삼권분립, 연방주의, 지방 사법재판관(magistrates), 시민참여, 집행권과 정부 운영의 사실상 분리(다수 공무원 운영).	통일된 집행권 [베버(M. Weber)의 일인지배적으로 조직된 수직계층적인 조직]
의사소통	상향식 위주(법규에 정해진 권한 범위 내에서 구체적이고 세부적인 집행권한 위임: 일정한 재량권 부여), 간접선거제도	하향식 위주(기속재량)
핵심 사상가 및 이론	콩도르세의 배심원 정리(jury theorem) 고전경제학자(애덤 스미스) 데이비드 흄, 제임스 매디슨 토마스 힐 그린(T. H. Green)의 영속적 가치 홉하우스(L. T. Hobhouse)의 사회적 가치	존 로크(John Locke)의 일회성, 미리 결정된 사회적 계약(social contract),[46] 전체주의(자유시장주의)는 스펜서(H. Spencer)의 중앙 집중적 조직, 벤담(J. Bendem) 등 공리주의, 사회주의는 공화주의
추구 가치	항구적인 자유, 정의, 안정[47]	(경제적인) 능률
최고 존엄	모든 주권자	통치자(최고의사결정기구)

46) 존 로크(John Locke) 등 자유주의자(또는 자유지상주의자)들은 재산권이 자연법(nomos)에 근거한 생래적인 천부적인 권리라고 주장하고 있지만, 벤담은 권리는 법률의 결과물이고 법률만의 결과물이어야 한다고 주장(제러미 리프킨, 2014: 100)함으로써, 재산권의 자연법성을 부인했다. 우리 헌법도 재산권 보장은 재산권 형성적 법률유보에 의하여 실현되고 구체화된다고 보고 있다. 따라서 재산권의 구체적인 모습은 재산권의 내용과 한계를 정하는 법률에 의해 형성된다[헌재 1993.7.29. 92헌바20, 5-2, 36(44); 2001.6.28. 99헌바106. 13-1, 1307(1316-1317); 김문현(2013: 835)]. 다만, 재산권의 구속성이나 ~~공용수용은~~ 독일연방헌법재판소 판례에서 지적한 바와 같이, 공공복리에 의해 동기 지워져야 하며, 그 점에서 입법권자가 완전히 자유로운 것이 아니다. 입법권자는 재산권에 관한 입법을 함에 있어 자의금지, 필요성과 비례성의 원칙 및 법치국가·사회국가 원리 등 헌법의 특별규정이나 가치결정을 존중하지 않으면 안 된다(김문현, 2013: 835). 재산권의 자연법성 주장의 약점은 최대 약점은 행운의 임의성을 인정하지 않는다는 점이다(샌델, 2010: 187).

47) 행정 또는 관료의 경제적 능률 또는 도구적 합리성 추구를 반대하는 주장은 미노브룩 관점[Minnowbrook Perspective(Marini, 1971)]과 블랙스버그 성명[the Blacksburg Manifesto(1983)], 관료의 도구적 합리성 추구는 사회주의(Gordon, 1991), 경제성 등 조직가치가 공공부문의 가치를 우선하면 관료제의 병리이고 전체주의(van Wart, 1998), 아담스와 벨푸어(Adams & Balfour, 1998)는 기술적인 합리성을 마스크 쓰지 않은 운영적인 악(unmasking administrative evil) 등 다수가 있다. 맥체스니(McChesney, 2003)는 제4장에서 기술한 것처럼, 미국 연방통신위원회의 전파통신시장 개입과 서부지역 무상토지불하사례 등을 정부의 재산권파괴 및 비능률 사례로 지적하고 있다.

미국 헌법 전문에는 국민통합(또는 완전한 공화국, perfect union)을 명시하고 있다. 대한민국 헌법 또한 다르지 않다. 시민 각자의 보편적인 자유의 보호·보장을 통한 국민 통합, 균등한 삶의 보장이 정부의 행정과 공직자의 목적이다. 민주헌법주의 국가에서의 최고 존엄은 주권자인 모든 시민이다. 계몽주의 사상가들이 주장한 것처럼 디지털 과학기술이 급속하게 발전해왔지만, 인간의 행동에 관한 보편적인 원리나 법칙은 변화되지 않는다. 미국의 건국의 아버지들이 250년 전 쓴 페더럴리스트(Federalist)가 현재까지 미국 정치체제에서 발생되는 문제에 대한 해결방안을 제시하고 있다.

제4장에서 일부 기술하였지만, 우리도 우리 건국 또는 제헌헌법과정에 참여했던 조소앙, 유진오, 제헌헌법기초위원장인 서상일 등 기초위원회 위원들을 포함한 주요 인물들의 사상연구와 함께, 주요 헌법 구성원리에 대한 연구가 필요하다. 대한민국 건국·제헌헌법은 구한말·일제강점기 만주와 상해·서울 등지에서 해방된 대한민국을 어떠한 모습으로 설계할 것인가에 대한 독립운동가나 애국지사들의 고뇌의 산물임에 틀림이 없다. 단순히 미군정의 강요에 의해서 우리에게 주어진 헌법이 아니다(고려대학교박물관, 2009 참조). 이 부분에 대한 내용은 이 책의 집필목적상 깊이 있게 다루고 있지 않다. 그리고 이 책에서 소개하고 있는 행정과 공무원의 다양한 가치실현을 위한 조직, 제도, 기법, 그리고 관행들이 최신이지만 최선의 방안이 아닐 수 있다. 향후 학자와 실무자들의 많은 연구를 통해서, 개선·발전이 이루어질 부분이라고 본다.

정부 운영인 행정, 그리고 각급 정부기관에서 행정업무를 맡고 있는 공무원은 모두 헌법기관이다. 대한민국 헌법 제7조 제1항은 국민 전체의 봉사자로서 공무원을 명시하고 있다. 여기서 공무원은 최(最)광의적인 의미로 국가와 공공단체 등 모든 공법상의 사단·영조물(국립대 병원)·재단 등에서 공무를 수행하는 모든 인적 요원을 총칭하는 개념이다. 여기에는 선거직 공직자와 공무수탁사인, 임시직 공무원을 포함한다[박경철, 2013: 194; 헌법재판소(2012.12.23)]. 국민 전체에 대한 봉사자라는 지위로부터 공무원은 적극적으로 직무에 전념할 의무, 공공복리를 실현할 의무, 성실의무를 지고, 소극적으로는 법령을 준수하고, 헌법에 충실할 의무, 직장이탈금지의무, 영리행위금지의무, 겸직금지의무 등을 진다. 이외에 부정청탁 및 금품 등 수수의 금지에 관한 법률(약칭 청탁금지법, 2016.9.28 시행)에서 규정하고 있는 '공무수행사인'은 동법에서 부정청탁 및 금품수수를 명시적으로 금지하고 있다.

앞서 소개한 공무원의 의무 중에 박경철(2013)은 헌법충실의무와 법령준수의무를 다음과 같이 소개하고 있다. "공무원은 국민 전체의 봉사자이므로 국민에 의하여 제정된 헌법과 국민의 대표인 의회에 의하여 형성된 법률 등 법질서를 존중하고 준수하여야 한다. 즉, 공무원은 헌법이 추구하는 근본적 가치에 동의하고 이를 부정하여서는 아니 된다." 그(2013)는 "또한 공무원은 헌법과 법령에 의해서 부여받은 권한을 헌법과 법령에 규정된 절차에 따라 권한을 행사하여야 한다. 따라서 공무원의 공공복리를 실현하여야 할 의무는 헌법과 법령을 준수하였음을 전제로 한다. 또한 공무원은 해당 법령이 재량을 부여하고 있는 경우 혹은 해당 업무를 규율하는 법령이 존재하지 않는 경우 평등원칙, 신뢰보호의 원칙 등 공권력 작용이 당연히 준수하여야 할 법원칙을 준수하여야 한다. 또한 공무원의 내부 업무를 규율하는 행정규칙이나 지침이 존재하더라도 구체적인 경우에 타당성이 없거나 형평에 어긋나는 경우 또는 업무의 최적 실현을 위하여 지침과는 다른 행위를 할 필요가 있을 때에는 공무원은 이를 행할 권한이 있고, 또 경우에 따라서는 이를 행할 의무가 있다"(박경철, 2013: 188-189). 앞서 제3장에서 소개하고 있는 자유주의와 민주주의가 개인의 자유(인권)를 보호하고 확장한다는 점에서, 헌법충실과 법령준수의무는 당연할 의무이고, 공무원의 내부 업무를 규율하는 행정규칙이나 지침이 타당성을 상실하거나 형평에 어긋날 경우에 또는 업무의 최적 실현을 위한 경우에는 대한민국의 주인인 주권자로부터 신탁을 받은 공무원에게 법률 또는 대통령이 허용하고 있는 범위 내에서 일정한 재량이 부여되고, 경우에 따라 의무가 있다는 의미이다.

마지막으로, 과거 권위주의 정권 시기에는 일반 국민이 특정 정치이념을 담을 책을 정부가 '금서(禁書)'로 정해서 국민이 접할 수 없었다. 특정한 정치이념과 관련이 있는 연구주제를 연구한 연구자는 대학에 교원 자리를 구하기 어려웠다. 개인의 자유보호·보장에 관한 연구를 한 정치경제학을 전공한 교원이 한국에 거의 없는 것이 현실이다. 정치 민주화된 이후에 일반 국민이 접할 수 없는 금서는 없어졌지만, 공무원 또는 공무원후보자가 특정 정치세력이나 정당의 정강정책에 반하는 순수, 또는 정책연구를 수행한 경우에 공직임용과 승진과정에서 배제되고 있다는 이야기가 공공연하게 공직자들 사이에서 회자(膾炙)되고 있다.

특정 정권이 만약에 특정한 주제나 연구대상을 연구했다는 이유로 공직임용과 승진에서 차별했다면, 대한민국 헌법 제22조의 학문과 예술의 자유를 침해하는 헌법위반이지만 임용 및 승진심사과정에서 교묘하고 암묵적으로 이루어지기 때문에, 관련자를 처벌하기 어려운 것이 현실이다. 이것은 매디슨(James Madison)이 페더럴리스트 제10번에서 언급한 자유국가가 아닌 특정 이해로 결집된 다수가 소수를 억압하는 전체주의

(1900년대 전후로 독일은 사회민주주의를 추종하는 연구자는 독일 내에서 교수로 임용할 수 없다는 법이 있었음) 내지는 독재국가의 특징이기도 하다. 특정 정권에서 발생했던 블랙리스트 사건이 대표적이다. 이것은 특정 정권의 권력에 의해, 개인적 자유주의를 말살하는 것이고, 자유민주주의가 지향하는 시민 개인의 기본적인 자유에 대한 명백한 침해행위이며, 종국적으로 국가의 안정과 존립을 위태롭게 하는 행위가 된다. 미국과 같이, 정부 인사관리가 기관장으로부터 분리되고, 인사관리 전반에 감사관 및 사법부의 적극적인 개입과 통제가 요구된다. 공직자는 누구나 견제와 감시가 없다면 늘 악(evil, vice)을 행할 수 있다는 것이 자유주의의 기본정신이다(Madison, 1787). 시어도어 루스벨트(Roosevelt, 1910)가 일반 시민들에게 신국가주의(new nationalism) 정신을 요구한 이유이고, 필자는 그 정신이 현재 대한민국에서도 유효하다고 본다.

많은 정치철학자들은 3,000년 이상의 국가의 흥망성쇠에 대한 귀납적인 통찰을 통해서, 행정과 공무원의 선(the good)이 유일 주권자 개인의 자유를 보호하고 보장해줄 수 있는 성채라는 것에 동의한다. 단, 행정은 공정・형평・투명성을 추구해야 하고, 공무원은 주인인 시민에게 충성할 때만 그러하다. 시민요구 대응 능력을 향상시키기 위해서, 행정조직은 평면조직이 되어야 하고 독립적이고 실질적인 권한이 행정업무 현장에, 그리고 지방정부로 이양되어야 한다. 행정의 사회문제 해결 능력을 향상시킬 수 있는 방안으로 신국가주의 정신을 가진 시민들의 참여하는 협동생산 및 네트워크 협력이 요구된다.

참고문헌

[국내문헌]

강명구(2017). 관료제와 장인정신: 영혼 없는 공무원을 위한 변론. 『한국행정학보』, 51(4): 3-18.

강신택(1981). 『사회과학연구의 논리: 정치학 · 행정학을 중심으로』. 박영사.

______(2019). 『한국 행정학의 해석학적 접근』. 대한민국학술원.

강일신(2015). 법 철학 원칙으로서 민주주의: 공화주의적 이해: 신공화주의 관점에서의 고찰. 『법철학연구』, 18(2): 43-64.

강정인 · 권도혁(2018). 조소앙의 삼균주의의 재해석: 균등 개념의 분석 및 균등과 민주공화주의의 관계를 중심으로. 『한국정치학회보』, 52(1): 257-276.

고대유 · 이호규 · 김도윤(2019). 권위주의와 집단주의 인식이 침묵에 미치는 영향: J시의 경찰과 기초지자체 조직 간 비교. 『행정논총』, 57(2): 107-133.

고려대학교박물관(편)(2009). 『현민 유진오 제헌헌법 관계 자료집』. 고려대학교출판부.

곽준혁(2005). 민주주의와 공화주의: 헌정체제의 두 가지. 『한국정치학회보』, 39(3): 33-58.

______(2008). 시민적 책임성: 고전적 공화주의와 시민성(Citizenship). 『대한정치학회』, 16(2): 127-149.

권대봉 · 권기범 · 정홍인(2013). 조직성과 측정변인에 관련된 국내학술지 연구동향 분석: 2000년~2012년 연구를 중심으로. 『기업교육연구』, 15(1): 209-231.

권도혁 · 강정인(2018). 경제민주화 담론에 대한 정치사상적 고찰. 『한국정치학회보』, 51(1): 5-27.

권영성(2002). 『헌법학원론』(보정판). 법문사.

권용수(2006). 공무원 역량기반교육훈련에 관한 고찰. 『한국인사행정학회보』, 5(1): 129-148.

권정호(2014). 조선조 위민정치와 복지사상의 탐색. 『한국동양정치사상사연구』, 13(2): 81-120.

권향원(2017). 행정이론의 한국화를 위한 연구방법 및 이론화 전략: 보편성과 특수성의 이분법적 흑백논리의 극복. 『한국행정학보』, 51(2): 1-31.

권혁주 · 곽효주(2016). 공무원연금의 개혁과 정책적 쟁점. 『한국정책학회보』, 15(4): 191-192.

그리피스, W. E. 저, 신복룡 역(1999). 『은자의 나라 한국』. 집문당; 이나미(2014). 서양인이 본 근대 한국의 공공성. 『한국동양정치사상연구』, 13(1): 107-146.

김갑천 역(1990). 박영효의 건백서: 내정개혁에 대한 1888년의 상소문. 『한국정치연구』, 2; 김육훈(2012). 『민주공화국 대한민국의 탄생: 우리 민주주의는 언제, 어떻게 시작되었나?』. Humanist.

김균(2000). 『하이에크와 신자유주의: 세계화와 신자유주의』. 도서출판: 나남; 이나미(2001).『한국 자유주의의 기원』. 도서출판: 책세상.

김근세・조규진・최상옥・박형준・이명석(2013). 헌법적 가치와 행정: 헌법재판소의 판례분석을 중심으로. 『한국행정학보』, 47(2): 1-25.

김기동・차보경・이재묵(2018). 입법성과가 재공천에 미치는 영향에 대한 연구: 제19대 국회의원을 대상으로. 『의정연구』, 24(2): 102-134.

김기현(2013). 유교의 사회복지정신. 『사회복지연구』, 44(1): 217-237.

김문현(2012). 사회적 기본권의 법적 성격. 한국헌법학회(편). 『헌법 판례100선』. 법문사.

______(2013). 헌법 제23조. 817-890. 한국헌법학회(편). 『헌법주석』. 박영사.

김상묵(2017). 국가공무원의 공직가치: 공직가치 모형의 개발과 검증. 『한국행정연구』, 26(2): 1-41.

김상범(1906). 본회 회보. 『대한자강회월보』, (6): 79-81; 박찬승(2013). 『대한민국은 민주공화국이다: 헌법 제1조 성립의 역사』. 돌베개.

김서용(2009). 공직동기의 결정요인에 대한 실증분석. 『행정논총』, 47(2): 181-209.

김서용・조성수・박병주(2010). 공직동기(PSM)의 선행요인: 사회화 요인의 비교 분석. 『한국행정학보』, 44(1): 147-177.

김성수(2020). 막스 베버의 목적합리성: 정책연구의 합리성 개념에 대한 비판적 이해와 보완. 『한독사회과학논총』, 30(4): 34-67.

김순양(2017). 동아시아 복지국가의 저발전과 유교적 전통: 유교국가 조선의 사례를 통한 '유교복지국가론'의 재검토. 『한국행정학보』, 51(4): 57-90.

김영우(2008). 제2장 프랑스의 인적자원관리. 171-204. 프랑스의 행정과 공공정책. 오시영(편). 『한국행정연구원 비교 및 지역연구총서』. 3. 법문사.

김영평(1991, 1995). 『불확실성과 정책의 정당성』. 고려대학교 출판부.

김원모(1981). 견미사절 홍영식 복명문답기. 『사학지』, 15(1): 183-230.

김육훈(2018). 『민주공화국 대한민국의 탄생: 우리 민주주의는 언제, 어떻게 시작되었나』. 휴먼니스트 그룹.

김정렬・장지호(2019). 『정부기업관계론: 이코노믹 거버넌스를 찾아서』. 대영문화사.

김정인(2014). 지방세무직 공무원의 공공봉사동기와 조직시민행동. 『지방정부연구』, 18(1): 193-218.

김판석・정성호(2012). 공공부문의 심리적 계약 강화: 인사 혁신의 새로운 대안. 『인사행정학보』, 11(2): 75-101.

김호균(2007). 조직공정성인식, 조직신뢰, 조직시민행동간 영향관계분석. 『한국행정학보』, 41(2): 690-94.

김효전(2006). 『근대한국의 법제와 법학』. 세종출판사; 박찬승(2013). 『대한민국은 민주공화국이다: 헌법제 1조 성립의 역사』. 돌베개.

김훈식(1989). 『15세기 민본이데올로기와 그 변화. 역사와 현실』, 1: 803-205; 최태현(2017). 민주적 행정의 반응성에 대한 민본사상의 이론적 함의. 『한국행정학보』, 51(1): 321-346.

김희강(2016). 『규범적 정책분석』. 도서출판: 박영사.

노명식(2011a). 『자유주의의 역사』. 도서출판: 책과함께.

______(2011b). 『프랑스 혁명에서 파리 코뮌까지, 1789-1871』. 도서출판: 책과함께.

데니스 F. 톰슨 저, 황경식・정원규 역(1999). 『공직의 윤리』. 철학과 현실사.

도산안창호기념사업회(2000). 『대한인국민회헌장』(1913.7.12). 도산안창호전집 5; 박찬승(2013). 『대한민국은 민주공화국이다: 헌법 제1조 성립의 역사』. 돌베개.

독립신문(1897.3.9; 1897.1.19; 1896.12.8; 1896.11.26). 이나미(2001). 19세기 말 개화파의 자유주의 사상: '독립신문'을 중심으로. 『한국정치학회보』, 35(3): 29-48.

독립운동사편찬위원회(1969). 『독립운동사 제4권(임시정부사)』; 박찬승(2013). 『대한민국은 민주공화국이다: 헌법 제1조 성립의 역사』. 돌베개.

래리 M. 바텔스 저, 위선주 역(2012). 『불평등 민주주의: 자유에 가려진 진실』. 도서출판: 21세기 북스.

로버트 라이시 저, 안진환·박슬라 역(2011). 『위기는 왜 반복되는가: 공황과 번영, 불황 그리고 제4의 시대』. 김영사.

리차드 스틸만 Ⅱ. 저, 김번웅 외 역(1992). 『미국 공무원제도』. 대영문화사.

마이클 샌델 저, 김명철 역(2014). 『Justice: 정의란 무엇인가』. 도서출판: 와이즈베리.

마이클 샌델 저, 안진환·이수경 역(2010). 『왜 도덕인가?: 지금 왜 우리에게 도덕이 화두일 수밖에 없는가?』. 한국경제신문.

마이클 왈처 저, 정원섭 외 역(1999). 『정의와 다원적 평등: 정의의 영역들』. 철학과 현실사; 송유근(2012). 『이분법 사회를 넘어서』. 다산북스.

몽테스큐 저, 손석린 역(2002). 『법의정신』(전자책). 박영사.

문중섭(1998). 『한말의 서양정치사상 수용』. 경성대학교 출판부; 이나미(2001). 19세기 말 개화파의 자유주의 사상: '독립신문'을 중심으로. 『한국정치학회보』, 35(3): 29-48.

민경국(2009). 『하이에크, 자유의 길: 하이에크의 자유주의 사상연구』. 도서출판: 한울 아카데미.

바텔즈, 래리 M. 저, 위선주 역(2008). 『불평등 민주주의: 자유에 가려진 진실』. 21세기북스.

박경철(2013). 헌법 제7조. 177-211. 한국헌법학회(편). 『헌법주석』. 박영사.

박동서(1988). 한국의 행정과 공권력. 『행정논총』, 26(1): 173-216.

박영효 저, 김갑천 역(1990). 박영효의 건백서: 내정개혁에 대한 1888년의 상소문. 『한국정치연구』, 2: 279-280.

박영효 저, 김갑천 역(1994). 건백서. 『한국정치연구 2』. 한국정치연구소.

박윤희(2014). 의원발의 법안의 가결 결정 요인에 관한 연구: 18대 국회 상임위원회를 중심으로. 동국대학교 대학원 박사학위논문.

박은숙(2005). 『갑신정변 연구』. 역사비평사; 박찬승(2013). 『대한민국은 민주공화국이다: 헌법 제1조의 역사』. 돌베개.

박은정(2011). 『왜 법의 지배인가』. 돌베개.

박재풍(2012). 시민 신뢰를 높이기 위한 경찰활동: 절차적 정의모델을 중심으로. 『경찰행정학보』, 12(4): 97-120.

박정양(1984). 『일본국내무성각국규칙』. 박정양전집 5. 아세아문화사; 박찬승(2013). 『대한민국은 민주공화국이다: 헌법 제1조의 역사』. 돌베개.

박종민(2012). 행정학: 미국행정학인가 한국행정학인가. 『정부학연구』, 18(2): 131-147.

박종민·윤견수(2015). 민주화 및 신자유주의-신공공관리 이후 한국의 국가 관료제: 변화와 지속. 『정부학연구』, 21(3): 35-63.

박종현(2012). 헌법상 '자유민주적 기본질서'의 의의. 41-46. 한국헌법학회(편). 『헌법판례 100선』. 법문사.

박찬승(2013). 『대한민국은 민주공화국이다: 헌법 제1조의 역사』. 돌베개.

박현정(2012). 프랑스 국가배상책임제도에서 위법성과 과실의 관계. 『법학논총』, 29(2): 5-28.

박홍식 · 정주원(2012). 민원인 악성민원과 직무만족이 민원서비스 근무자의 EVLN 반응에 미치는 영향. 『행정논총』, 50(2): 349-373.

방승주(2013). 헌법 제10조. 한국헌법학회(편). 『헌법주석』. 박영사.

백완기(2007). 『행정학』. 박영사.

버나드 맨더빌 저, 최윤재 역(2011). 『꿀벌의 우화: 개인의 악덕, 사회의 이익』. 문예출판사.

새비지 랜도어, A. H. 저, 신복룡 역(1999). 『고요한 아침의 나라 조선』. 집문당; 이나미(2014). 서양인이 본 근대 한국의 공공성. 『한국동양정치사상연구』, 13(1): 107-146.

샌델, M. 저, 김명철 역(2014). 『Justice: 정의란 무엇인가』. 도서출판: 와이즈베리.

서울행정학회(2007). 『새로운 공직가치 및 교수체제 개발을 위한 연구』. 최종보고서.

서희경(2001). 헌법제정과 운영: 대한민국 건국기의 정부형태에 관한 논쟁을 중심으로. 『한국정치연구』, 10: 355-397.

_____(2002). 『대한민국 헌법의 탄생: 한국헌정사 만민공동회에서 제헌까지』. 창비.

서희경 · 박명림(2007). 민주공화주의와 대한민국 헌법 이념의 형성. 『정신문화연구』, 30(1): 77-111.

성승현(2007). 한국 진보진영의 사회민주주의 논쟁: 1987년 이후. 『사회과학연구』, 15(1): 68-106.

신무섭(1978). 율곡의 행정사상. 『행정논총』, 16(1): 1157-1166.

신용옥(2009). 정부수립 60주년 기념 '대한민국 건국이념과 국민형성' 제헌헌법의 사회 · 경제 질서 구성이념. 『한국사연구』, 144: 1-40.

신용일(2016). 악성민원에 대한 공무원 인식이 조직성과 인식에 미치는 영향: 조직개입의 조절효과를 중심으로. 고려대학교 대학원 박사학위논문.

_____(2019a). 악성민원에 대한 공무원인식과 조직성과 사이에 직무소진의 매개효과: 경찰, 국세, 소방공무원을 대상으로. 『융합사회와 공공정책』, 13(1): 368-408.

_____(2019b). 공공부문의 가치의 철학적 근거: 신자유주의와 이상주의적 역사학파의 이론비교를 중심으로. 『행정논총』, 57(1): 115-149.

_____(2019c). 공무원의 직무소진이 조직성과에 미치는 영향: 조직개입의 조절효과를 중심으로. 『융합사회와 공공정책』, 13(2): 3-39.

_____(2019d). 대한민국 행정 가치, 정당성, 헌법이념. 『한국정책학회보』, 29(3): 63-102.

_____(2020a). 미국 행정(학)과 행정교육현황 그리고 한국행정에 제언. 68-83. 한국행정학회. 『한국행정포럼』, 제169호(여름호).

_____(2020b). 의원입법, 미시관리, 다원주의. 한국정책학회 하계학술대회 발표자료.

신용일 · 정혜심(2019). 행정서비스 활동에서 절차적 정의 실천의 효과성과 조절요인에 관한 연구. 한국행정학회 동계학술대회 발표자료.

신용하(1976). 『독립협회연구』. 서울: 일조각; 이나미(2001). 19세기 말 개화파의 자유주의 사상: '독립신문'을 중심으로. 『한국정치학회보』, 35(3): 29-48.

_____(2001). 조소앙의 사회사상과 삼균주의. 『한국학보』, 27(3): 2-39.

신유근(1991). 『한국기업의 근로자 의식구조』. 한국경제연구센터(서울).

신주백(2018). 민주공화제론과 비자본주의를 지향한 민족주의운동 좌파(1919~1945). 『역사와 현실』, 108: 91-140.

아리스토텔레스 저, 천병희 역(2012). 『아리스토텔레스 정치학』. 도서출판 숲.

안문석(2001). 『정부와 기업 그리고 시민사회: 지식정보화사회의 행정과 규제개혁』. 박영사.

_____(2009). 『무용의 유용성: 지속가능한 행정을 찾아』. 박영사.
안병주(1986). 유교의 민본사상에 관한 연구: 군주・민본으로부터 민주에로의 전환가능성의 모색. 성균관대학교 대학원 박사학위논문.
안외순(2002). 유가적 군주정과 서구 민주정에 대한 조선 실학자의 인식: 혜강 회한기를 중심으로. 『한국정치학회보』, 35(4): 67-86; 박찬승(2013). 『대한민국은 민주공화국이다: 헌법 제1조의 성립의 역사』. 돌베개.
양건(2013). 대한민국 헌법의 연혁과 개요. 3-27. 한국헌법학회(편). 『헌법주석』. 박영사.
언더우드, L. H. 저, 신복룡 역(1999). 『상투의 나라』. 집문당; 이나미(2014). 서양인이 본 근대 한국의 공공성. 『한국동양정치사상사연구』, 13(1): 107-146.
에드먼드 버크 저, 이태숙 역(2008). 『프랑스혁명에 관한 성찰』. 한길사.
왕태규・조성한・주영종(2018). 공무원의 역량, 동기, 기회가 조직성과에 미치는 영향: 공공봉사동기의 조절효과를 중심으로. 『한국행정연구』, 27(2): 83-111.
원영의(1908). 정체개론. 『대한협회회보』, 제3호; 박찬승(2013). 『대한민국은 민주공화국이다: 헌법 제1조의 성립의 역사』. 돌베개.
원재훈(2010). 『안중근 하얼빈의 11일』. 도서출판: 사계절.
유병용 외(2002). 『유교와 복지』. 백산서당; 김순양(2017). 동아시아 복지국가의 저발전과 유교적 전통: 유교국가 조선의 사례를 통한 '유교복지국가론'의 재검토. 『한국행정학보』, 51(4): 57-90.
유상엽(2013). 네트워킹의 활성화 요인에 관한 연구: 조직의 구조를 중심으로. 『정부학연구』, 19(2): 143-161.
유은하(2012). 유가사상과 중국식 민주주의의 모색: 민본과 화 개념을 중심으로. 『아시아문화연구』, 26: 321-348; 최태현(2017). 민주적 행정의 반응성에 대한 민본사상의 이론적 함의. 『한국행정학보』, 51(1): 321-346.
유의정・이숙종(2015). 일선공무원의 시민신뢰가 시민참여 수용성에 미치는 영향: 정책과정 및 유형별 시민참여 필요성의 조절효과를 중심으로. 『한국행정학보』, 49(1): 29-57.
유진오(1949). 『헌법해의』. 명세당; 장영수(2013). 제1장 총강. 헌법 제1조. 한국헌법학회(편). 『헌법주석』. 박영사.
_____(1980). 『대한민국헌법 제안이유 설명』. 헌법기초회고록 부록; 박찬승(2013). 『대한민국은 민주공화국이다: 헌법 제1조의 역사』. 돌베개.
윤견수(1992). 조직 딜레마에 대한 상징적 반응: 전국교직원 노동조합의 딜레마를 중심으로. 『한국행정학보』, 26(4): 1257-1280.
_____(2011). 정부의 질과 관료제의 합리성: 관료제 이념형 구성의 기본단위인 '공직'개념을 중심으로. 『정부학연구』, 17(3): 19-48.
_____(2012a). 관료제 다시보기. 『정부학연구』, 18(3): 1-3.
윤견수・한승주(2012). 정치적 중립의 경험적 범주에 대한 연구: 지방자치단체 중하위직 공무원을 중심으로. 『행정논총』, 50(3): 237-261.
_____(2012b). 편집인의 글: 관료제 다시보기. 『정부학연구』, 18(3): 1-3.
이국운(2001). 공화주의 헌법이론의 구상. 『법과 사회』, 20: 129-152.
이근주(2005). PSM과 공무원의 업무 성과. 『한국사회와 행정연구』, 15(1): 81-104.
이나미(2000). '독립신문'에 나타난 자유주의 사상에 대한 연구. 고려대학교 대학원 박사학위논문.

______(2001). 19세기 말 개화파의 자유주의 사상: '독립신문'을 중심으로. 『한국정치학회보』, 35(3): 29-48; 신용일(2019). 대한민국 공공부문의 규범적 가치의 근거: 건국 · 제헌 · 현행헌법에 드러난 정치이념 비교를 중심으로. 한국행정학회 하계학술대회 발표자료.

______(2007). 『한국 자유주의의 기원』. 책세상.

______(2013). 개화파의 공공성 논의: 공치(公治)와 공심(公心)을 중심으로. 『공공사회연구』, 3(1): 150-181.

이석규(1994). 조선 초기 민본사상 연구. 한양대학교 대학원 박사학위논문.

______(1996). 조선 초기 관인층의 민에 대한 인식: 민본사상과 관련하여. 『역사학보』, 151: 35-70; 최태현(2017). 민주적 행정의 반응성에 대한 민본사상의 이론적 함의. 『한국행정학보』, 51(1): 321-346.

이성호(1985). 『이렇게 달라져야 한다. 바른사고 바른행동. 신세대 신사고』. 현대인력개발원.

이승만 · 김충남(2008). 『풀어 쓴 독립정신』. 청 미디어.

이승종(2016). 과정패러다임에서 목표패러다임으로. 『한국행정학보』, 50(4): 1-10.

이종범(1986). 『국민과 정부관료제』. 고려대학교 출판부.

______(1994). 행정학의 연구와 조직문화 : J. Martin의 조직문화에 관한 3가지 관점. 『한국행정학보』, 28(2): 707-717.

이종범 · 주재복(1994). 쓰레기 분리수거의 정착을 위한 행정의 역할. Ch. 6: 169-214; 이종범 · 소영진 · 안문석 · 김정수 · 김영평 · 최성모 · 주재복 · 김병완(1994). 『협동사회의 정착과 정부의 역할』. 집문당.

이종수(2012). 직업공무원제도와 제도보장. 105-118. 한국헌법학회(편). 『헌법판례 100선』. 법문사.

이지형(2018). 법안의 특성에 따른 의원발의법안 가결요인 분석: 제19대 미방위, 국방위, 농림위를 중심으로. 성균관대학교 대학원 석사학위논문.

이태진(2000). 고종시대의 재조명』. 태학사; 이나미(2013). 개화파의 공공성 논의: 공치와 공심을 중심으로. 『공공사회연구』, 3(1): 150-181.

이현출(2009). 17대 국회 의원입법안 분석. 『한국정당학회보』, 8(1): 255-286.

이혜윤 · 이근주(2013). 공공봉사동기(PSM)와 직무동기요인이 직무만족에 미치는 영향: 공기업과 준정부기관의 종사자들을 중심으로. 한국정책학회 춘계학술대회 발표자료. 217-247.

임도빈(1998). 프랑스와 한국의 행정개혁 비교: 개혁범위와 방법상의 차이를 중심으로. 『한국행정학보』, 32(4): 67-80.

______(2000). 신공공관리론과 관료제 이론의 비교. 『한국논총』, 38(1): 51-72.

______(2002). 행정윤리관의 분석틀 모색: 서양철학이론을 중심으로. 『행정논총』, 40(3): 69-95.

______(2007). 관료제, 민주주의, 그리고 시장주의: 정부개혁의 반성과 과제. 『한국행정학보』, 41(3): 41-65.

______(2008). 『글로벌 공공윤리』. 법문사.

임도빈 · 유민봉(2019). 『인사행정론: 정부경쟁력의 관점에서』. 박영사.

임수환(2015). 중경임시정부가 농지개혁에 미친 영향. 『정치와 평론』, 16: 89-130.

임의영(2017). 공공성의 철학적 기초: 관계 · 공감 · 책임. 한국정책학회 춘계학술대회 발표자료. 1-23.

임지봉(2013). 헌법 제11조. 한국헌법학회(편). 『헌법주석』. 박영사.

임창호(2020). 시민의 법률준수 및 경찰협력에의 영향요인: 경찰 정당성 이론을 중심으로. 『경찰학연구』, 20(1): 165-199.

長谷川正安 저, 국순옥 역(1987).『자본주의와 헌법』. 까치; 김문현(2013). 헌법 제23조. 한국헌법학회(편).『헌법주석』. 박영사.

장영수(1993). 헌법의 기본원리로서 민주주의.『안암법학』, 1: 67-147.

_____(2013a). 헌법 전문. 31-49. 한국헌법학회(편).『헌법주석』. 박영사.

_____(2013b). 헌법 제1조. 53-97. 한국헌법학회(편).『헌법주석』. 박영사.

_____(2015). 행정입법에 대한 국회통제의 가능성과 한계: 국회법 제98조의2 제3항 개정의 위헌 논란을 중심으로.『세계헌법연구』, 21(2): 145-176.

장준호(2021). 막스 베버의 미국 인식: 미국의 유럽화 혹은 유럽의 미국화.『한독사회과학논총』, 24(3): 35-56.

전성우(1996).『막스 베버 역사사회학 연구: 서양의 도시시민계층 발전사를 중심으로』. 사회비평사.

_____(2006). 막스 베버의 합리성론에 대한 소고.『철학사상』, 22: 41-73

전재억(1907). 국가의 신민된 권리 및 의무.『법정학계』, 6: 5-7; 김효전(2006).『근대한국의 법제와 법학』. 세종출판사; 박찬승(2013).『대한민국은 민주공화국이다: 헌법 제1조 성립의 역사』. 돌베개.

정극원(2012). 의원입법 부실화의 원인과 내실화의 방안.『세계헌법연구』, 18(2): 275-307.

정범구(1991). 한국에서 사회민주주의운동의 가능성과 한계: 정당구조와 관련하여.『경제와 사회』, 11: 136-163.

정병석 · 권상우(2012). 유가의 복지: 유형, 이념, 실천.『철학논총』, 69(3): 459-482.

정인재(1992). 민본주의의 고전. '맹자'.『철학과 현실』, 제12집; 박찬승(2013).『대한민국은 민주공화국이다』. 돌베개.

정정길(2007).『정책학원론』. 대명출판사.

_____(2010).『행정학의 새로운 이해』. 대명출판사.

정정길 · 김성수 · 김재훈 · 김찬동 · 하정봉(2007).『작은 정부론』. 도서출판: 부키.

정종섭(2010, 2012).『헌법과 정치제도』. 박영사.

정태호(2008). 선거권과 피선거권의 보장과 발전.『헌법논총』, 19: 685-740.

_____(2011). 대한민국 헌법과 민주주의.『계간 민주』, 1: 124-141.

제러미 리프킨 저, 안진환 역(2014).『한계비용 제로사회: 사물인터넷과 공유경제의 부상』. 민음사.

조긍호(2004). 동아시아 집단주의의 유학사상적 배경.『사회과학연구』, 12(1): 6-42.

조기빈 · 조남호 · 박종대 역(1996).『반 논어』. 예문서원; 임도빈(2008).『글로벌 공공윤리』. 법문사.

조소앙(1982). 미래세계에 있어서 한국의 지위. 강만길(편).『조소앙』. 한길사; 서희경 · 박명림(2007). 민주공화주의와 대한민국 헌법 이념의 형성.『정신문화연구』, 30(1): 77-111.

조윤형 · 최우재(2010). 조직구성원들의 가치성향이 조직시민행동에 미치는 영향: 조직신뢰의 매개효과를 중심으로.『인적자원관리연구』, 17(4): 403-429.

조재현(2013). 헌법 제32조. 1073-1110. 한국헌법학회(편).『헌법주석』. 박영사.

조지프 스티글리츠 저, 이순희 역(2013).『불평등의 대가: 분열된 사회는 왜 위험한가』. 열린책들.

조현수(2010). 상징과 정치: 민주주의 체제와 전체주의 체제의 상징에 대한 비교분석.『한국정치연구』, 19(3): 193-216.

주재진(2015). 경찰공무원의 개인주의-집단주의 성향이 직무태도에 미치는 영향.『경찰행정학보』,

17(4): 213-238.

중앙인사위원회 고위공무원단제도 실무추진단(2005). 『주요국 고위공무원단제도 운영실태 조사결과 보고』. 내부자료.

중앙인사위원회 · Bearing Point Consulting(2005.12.22). 『고위공무원단 제도 도입을 위한 변화관리 Master Plan 수립 최종보고서』. 내부자료.

진관타오 · 류칭펑 저, 양일모 외 역(2010). 「관념사란 무엇인가 2」. 푸른역사; 박찬승(2013). 『대한민국은 민주공화국이다』. 돌베개.

최무현 · 조창현(2013). 공무원의 공공봉사동기와 직무태도에 대한 실증연구: 직무만족과 조직몰입을 중심으로. 『지방행정연구』, 17(1): 343-366.

최상용(1984). 푸대접 받는 자유주의. 『조선일보』. 1984년 10월 10일; 노명식(2011). 『자유주의의 역사』. 책과함께.

최연식 · 임유진(2011). 한국적 복지혼합의 유교적 기원. 『21세기정치학회』, 21(3): 277-305.

최치원(2014). 막스 베버(Max Weber)의 '가치자유'와 사유의 의미에 대한 정치사상적 해석: '가치자유'의 핵심으로서 '가장 근본적인 회의'. 『한독사회과학논총』, 24(3): 57-92.

최태현(2017). 민주적 행정의 반응성에 대한 민본사상의 이론적 함의. 『한국행정학보』, 51(1): 321-346.

추헌수 편저(1972). 『자료한국독립운동 2』. 연세대학교출판부; 서희경 · 박명림(2007). 민주공화주의와 대한민국 헌법 이념의 형성. 『정신문화연구』, 30(1): 77-111.

치안정책연구소(2019). 『한국형 절차적 정의 개발 및 경찰활동 적용방안』. 내부보고서.

칼 포르랜더(2009). 서문: 플라톤. 최현 옮김. 『플라톤의 국가론』. 집문당.

칼 폴라니 저, 홍기빈 역(2002). 『우리의 이론과 실천에 대한 몇 가지 문제들: 전 세계적 자본주의인가 지역적 계획경제인가 외』. 책세상.

콜버그 · 레빈 · 휴어 저, 문용린 역(2000). 『콜버그의 도덕성 발달이론』. 대우학술총서. 아카넷.

테리 L. 쿠퍼 저, 행정사상과 방법론 연구회 역(2013). 『공직윤리: 책임있는 행정인』. 조명문화사.

테리 쿠퍼 · 도날드 멘젤 저, 행정사상과 방법론 연구회 역(2018). 『윤리역량: 공직리더십을 위한 윤리역량 성취』. 조명문화사.

팰러스트, G., 오펜하임, J., & 맥그리거, T. 저, 조택 역(2004). 『민주주의와 규제』. 이화여자대학교출판부.

표시열(1994). 행정의 효율성 편향에 대한 헌법상의 제한: 행정가치에 관한 관리적 접근에서 헌법적 접근으로. 『한국행정학보』, 28(4): 1141-1155.

플라톤 저, 최현 역(2009). 『플라톤의 국가론』. 집문당.

하미승 · 권용수 · 전영상(2007). 공무원 역량평가를 위한 사례 비교연구. 『한국인사행정학회보』, 6(1): 37-79.

한광호(1908). 외국인의 공권 및 공법상의 의무. 『서우』, (10): 14-24; 박찬승(2013). 『대한민국은 민주공화국이다: 헌법제 1조 성립의 역사』. 돌베개.

한국사료연구소(1972). 『삼균주의 배포전단지』; 서희경(2002). 『대한민국 헌법의 탄생: 한국헌정사 만민공동회에서 제헌까지』. 창비.

한국헌법학회(2013). 『헌법주석』. 박영사.

한배호(1989). 자유주의의 위기. 『조선일보』. 1989년 3월 10일; 노명식(2011). 『자유주의의 역사』. 책과 함께.
한상익(2002). 조선의 정치사상: 다산의 목민관: 민본을 넘어 민주로. 『역사와 사실』, 28: 125-154.
한상희(2003). 민주공화국의 의미: 그 공화주의적 실천규범의 형성을 위하여. 『헌법학연구』, 9(2): 27-91.
한수웅(2012a). 헌법 제7조의 의미와 직업공무원제도의 보장. 『법조』, 61(12): 5-52.
______(2012b). 헌법상의 경제 질서. 125-142. 한국헌법학회(편). 『헌법판례 100선』. 법문사.
한승연(2017). 상앙의 법사상과 책임정치: 동양관료제 성립 시론. 『한국행정학보』, 51(4): 465-494.
한인섭(2009). 대한민국은 민주공화제로 함: 대한민국(1919.4.11) 제정의 역사적 의의. 『서울대학교 법학』, 50(3): 167-201.
함성득 · 남유진(1999). 『미국정치와 행정』. 나남출판.
허동현(1994). 1881년 조사시찰단의 명치 일본정치제도 이해: 박정양의 내무성 '시찰기'와 '견문사건' 류 등을 중심으로. 『한국사연구』, 86: 117-137; 박찬승(2013). 『대한민국은 민주공화국이다: 헌법 제1조 성립의 역사』. 돌베개.
허영(2015). 『한국헌법론』(전정 11판). 박영사.
헌재 1989.12.22. 88헌가13(토지거래허가제 사건); 한수웅(2012). 헌법상의 경제질서. 125-130. 한국헌법학회(편). 『헌법판례 100선』. 법문사.
헐버트, H. B. 저, 신복룡 역(2006). 『대한제국멸망사』. 집문당; 이나미(2014). 서양인이 본 근대 한국의 공공성. 『한국동양정치사상연구』, 13(1): 107-146.
현재은(2018). 의원입법의 평가 지표 개발을 위한 탐색적 연구: 아동 관련 법안을 중심으로. 『정부학연구』, 23(4): 137-160.
홍익희(2013). 『유대인이야기: 그들은 어떻게 부의 역사를 만들었는가』. 행성B잎새.
황병덕(1995). 사회민주주의 위기와 신자유주의의 세계화. 『한국과 국제정치』, 11(1): 245-270.
황산덕(1999). 『막스 베버』. 서문당.
황영호(2006). 공공부문조직에서 심리적 계약 위반이 직무만족, 조직몰입, 조직시민행동 및 이직 의도에 미치는 영향. 『정치정보연구』, 9(2): 95-113.
황재홍(2011). 불확실성과 합리성 그리고 정부개입: 케인즈와 하이에크. 『경제학연구』, 59(4): 147-167.

[국외문헌]

Aadir, D.(1957). That Politics May be Reduced to a Science: David Hume, James Madison, and the Tenth Federalist. *Hundington Library Quarterly*, 20(4): 343-360.
Aamodt, M. G.(2010). *Industrial/Organizational Psychology: An Applied Approach*. Wadsworth.
Aamodt, M. G. 저, 박세영 · 김정남 · 박형인 · 서용원 · 신강현 · 이혜주 · 정승철 · 조영일 옮김(2017). 『산업 및 조직심리학』. CENEGE Learning.
Abbé Sieyés(1963). What is the Third Estate?, ed. by S E. Finer, Pall Mall; 노명식(2011). 『자유주의의 역사』. 책과함께.
Adam Smith(1981[1776]). *Wealth of Nations*. Indianapolis: Liberty Press. V.i.c. Brennan, G. & Lom asky, L. *Against reviving republicanism*. Politics, Philosophy & Economics, 5(2): 221-252.
______(2009). *The Theory of Moral Sentiments*(ed by Notes by Ryan Patrick Haney). Penguin Books

Ltd.

______(2010). (Trans by Bannett). *The Theory of Moral Sentment*. books.google.com

Adams, G. B. & Balfour, D. L.(1998). *Unmasking Administrative Evil*. Thousand Oaks, CA: Sage.

______(2014). *Unmasking Administrative Evil*(4th ed.). Routledge.

Adams, K.(1999). Performance development & reward at the registers of Scotland. *Competency*, 5(3). in Horton, S.(2000). Competency Management in the British Civil Service. *International Journal of Public Sector Management*, 13(4): 354-368.

Ajzen, I., & M. Fishbein(1980). *Understanding Attitudes and Predicting Social behavior*. Englewood Cliffs, NJ: Prentice-Hall.

Ambady, N., Shih, M., Kim, A., & Pittinsky, T. L.(2001). Stereotype Susceptibility in Children: Effects of Identity Activation on Quantitative Performance. *Psychological Science*, 12(5): 385-390.

Anderson, T. L. & Hill, P. J.(1990). The Race for Property Rights. *The Journal of Law & Economics*, 33(1): 177-197.

Angelis, J. D. & Kupchik, A.(2007). Citizen oversight, procedural justice, and officer perceptions of the complaint investigation process. *Policing: An International Journal of Police Strategies & Management*, 30(4): 651-671.

Applbey, P.(1947). Toward Better Public Administration. *Public Administration Review*, 7(2): 93-99.

Argyris, C.(1960). *Understanding organizational behavior*. Homewood, IL: Dorsey Press.

Aristotle(1962[BC 400]). *The Politics*. (trans by Sinclair, T. A.). Penguin Books.

______(1981). *Politics*(Rev. ed.). Penguin Books Ltd.

Arrow, K.(1950). A Difficulty in the Concept of Social Welfare. *Journal of Political Economy*, 58(4): 328-346.

Audit Commission(2002). *Recruitment and retention: Public sector national report*. London: Audit commission. In Rayner, J., Lawton, A., & Williams(2012). organizational Citizenship Behavior and the Public Service Ethos: Whither the Organization? *Journal of Bossiness Ethics*, 106: 117-130.

Ban, C.(1998). The Changing role of the personnel office, in Condrey, S. E(eds.). *Handbook of Human Resources Management in Government*, Jossey-Bass Publishers, San Francisco, CA. 21-27. in Hondeghem, A. & Vandermeulen, F.(2000). Competency management in the Flemish and Dutch civil service. *The international Journal of Public Sector Management*, 13(4): 342-353.

Bandura, A.(1962). Social learning through imitation. In Jones, M. R(ed.). Nebraska Symposium on Motivation. University of Nebraska Press. Lincoln, NE. 211-272. In Lim, H.(2015) Social modeling effects on perception of the police: Focus on indirect police contact experience among college students. *Policing: An International Journal of Police Strategies & Management*, 38(4): 675-689.

Barber, B.(1984). *Strong Democracy*. Berkeley: University of Califonia Press. Kravchuk, R. S.(1992). Liberalism and the American Administrative State. *Public Administration Review*, 52(4):

374-379.

Barnard, Chester Ⅰ.(1968[1938]). The Functions of the Executive. Cambridge, MA: Harvard University Press. In Newbold, S. P.(2010). Toward a Constitutional School for American Public Administration. *Public Administration Review*, 70(4): 538-546.

Barrick, M. R., Stewart, G. L., Neubert, M. J., & Mount M. K.(1998). Relating member ability and personality to work team processes and team effectiveness. *Journal of Applied Psychology*, 83(3): 377-391.

Berdahl, C. A.(1937). The President's Veto of Private Bills. *Political Science Quarterly*, 52(4): 505-531.

Bernardin, H. J., LaShells, M. B., Smith, P. C., & Alvares, K. M.(1976). Behavioral expectation scales: Eff ects of developmental procedures and formats. *Journal of Applied Psychology*, 61: 75-79.

Bernstein, M. H.(1952). The Scope of Public Administration. *The Western Political Quarterly*, 5(1): 124-137.

Bertelli, A. M. & Lynn, Jr., L. E.(2006). *Madison's Managers: Public Administration and the Constitution.* Baltimore: The Johns Hopkins University Press.

Beth, R. S.(2004). Private Bills: Procedure in the House. CRS Report for Congress: Received through the CRS Web. *Congressional Research Service.* The Library of Congress.

Bishirjian, R.(1974). Thomas Hill Green's Political Philosophy. *The Political Science Reviewer*, 4: 29-53.

Blau, G.(1993). Testing the relationship of locus of control to different performance dimentions. *Journal of Occupational and Organizational Psychology*, 66: 125-138.

Bleek, Wilhelm(2001). *Geschichte der Politikwissenschaft in Deutschland.* Müunchen: C. H. Beck.

Bocketti, S., Hamilton, M., & Maser, S.(2000). Comparing the effect of negative information on resumes and interviews. *Paper presented at the 21st annual Graduate Student Conference in Industrial: Organizational Psychology and Organizational Behavior.* Knoxville, TN.

Bolino, M. C., Turnley, W. H., & Boodgood, J. M.(2002). Citizenship behavior and the creation of social capital in organizations. *Academy of Management Review*, 27: 505-748.

Borman, W. C. & Motowildo, S. J.(1997). Task Performance and Contextual Performance: The Meaning for Personnel Selection Research. *Human Performance*, 10: 99-109.

Bottoms, A. & Tankebe, J.(2012). Beyond Procedural Justice: a dialogic approach to legitimacy in criminal justice. *Journal of Law & Criminology*, 102(2): 119-170. In Galovic, S., Birch, P., Vickers, M. H., & Kennedy, M.(2016). Procedural justice and frontline policing: the effects of the police complaints system. *Journal of Forensic Practice*, 18(3): 170-181.

Boudon, R.(2001). *The Origin of Values: Socialogy and Philosopy of Beliefs.* New Brunswick, NJ: Transration. in Swedberg, R.(2003). The Changing Picture of Max Weber's Socialogy. *Annual Review of Sociology*, 29: 283-306.

Boulding, E.(1964). Further reflections on conflict management; R. N. Kahn & E. Boulding(eds.). *Power & Conflict in Organizations.* NY: Basic Books.

Bourdieu P.(1987[1971]). Legitimation and structured interests in Weber's sociology of religion. In Max Weber. *Rationality and Modernity*, (ed.). S. Lash, S. Whimster, 119-136. London: Allen & Unwin.

Bowman, J. S. & Knox, C. C.(2008). Ethics in Government: No Matter How Long and Dark the Night. *Public Administration Review*, 68(4): 627-639.

Boyatis. R. E.(1982). *The Competent Manager: A model for effective performance*. New York: Wiley.

Bozeman, B.(2002). Public-Value Failure: When Efficient Markets May Not do. *Public Administration Review*, 62(2): 145-161.

Bräuninger, T. & Debus, M.(2009). Legislative agenda-setting in parliamentary democracies. *European Journal of Political Research*, 48(6): 804-839.

Brennan, G. & Lomasky, L.(2006). Against reviving republicanism. *Politics, Philosophy & Economics*, 5(2): 221-251.

Brewer, G. A. & Selden, S. C.(1998). Whistle blowers in the Federal Civil Service: New Evidence of the Public Service Ethic. *Journal of Public Administration Research and Theory*, 8(3): 413-439.

British Medical Journal(1884). The Dangers Of Private Bill Legislation. *British Medical Journal*, 1(1212): 572-573.

Brudney, J. L. & England, E.(1983). Toward a Definition of the Coproduction Concept. *Public Administration Review*, 43(1): 59-65.

Buckley, M. R. & Eder, R. W.(1989). The first impression. *Personnel Administrator*, 34(5): 72-74.

Bullock, A. & Shock, M.(1956). (ed.). *The Liberal Tradition: From Fox to Keynes*. Adam & Charles Black; 노명식(2011). 『자유주의의 역사』. 책과함께.

Burns, T. & Stalker, G. M.(1961). *The Management of Innovation*. Londres, Tavistock Publications.

Byhams, W. C.(1996). *Developing Dimension-/Competency-based Human Resource Systems*. Development Dimensions International, Inc.

Caiden, G. E.(1991). What Really Is Public Maladministration? *Public Administration Review*, 51(6): 486-493.

Campion, M. A., Outtz, J. L., Zedeck, S., Schmidt, F. L., Kehoe, J. F., Murphy, K. R., & Guion, R. M.(2001). The controversy over score banding in personnel selection: Answers to 10 key questions. *Personnel Psychology*, 54(1): 149-185.

Cann, S.(2007). Review: The Administrative State, the Excercise of Discretion, and the Constitution. Reviewed Work(s): Madison's Managers: Public Administration and the Constitution by Antony M. Bertelli, Laurence E, Lynn and: A Reasonable Public Seavant: Constitutional Foundations of Administrative Conduct in the United States By Yong S. L., & Rosenbloom, D. H. *Public Administrative Review*, 67(4): 780-782.

Carey, G. W. & McClelland, J.(2001). (ed.). *The Federalist*. Indianapolis, IN: Liberty Fund.

Carroll, J. D. & Frederickson, H. G.(2001). Dwight Waldo 1913~2000. *Public Administration Review*, 61(1): 2-8.

Carry, G. W. & Maclellan, J.(2001). *The Federalist*(1787-1788)(eds.). Indianapolis. In: Liberty Fund.

Rosenbloom, D. H.(2011). Federalist No. 10: How do Factions Affect the President as Administration-in-chief? *Public Administration Review*, 71: s22-s28.

Cassiday, J.(2009). *How markets fail: The logic of economic calamities*. New York, NY: Farrar, Straus and Giroux. In Lynn, L. E. Jr.(2013). America.s "Broken Government": What Would James Madison Say? *Administration & Society*, 45(5): 610-624.

Cattell, R. B.(1965). *The Scientific Analysis of Personality*, Penguin, Baltimore, MD.

Cayer, N. J.(1986). Public Personnel Administration in the United States(2nd ed.). NY: St. Martin's Press. In Tulli Jr, C. G.(1989). Public Personnel Policy in A Conservative Era: An Overview. *Journal of Health and Human Resources Administration*, 11(3): 352-366.

Center for Police Equity(2019). *Tactical Perception: The Science of Justice: National Initiative for Building Community Trust & Justice*. Facilitator Guide. University of California, LA.

Chapman, D. S., Uggerslev, K. L., Carroll, S. A., Piasentin, K. A., & Jones, D. A.(2005). Applicant attraction to organizations and job choice: A meta-analytic review of the correlates of recruiting outcomes. *Journal of Applied Psychology*, 90(5): 928-944.

Chicago Police Department(2019). *Procedural Justice and Police Legitimacy: Facilitatior Guide*.

Christensen, R. K.(2009). Running The Constitution: Framing Public Administration. *Public Performance & Management Review*, 32(4): 604-609.

Cleveland, F. A.(1913). *Organized Democracy: The Growth of Democracy in the United States*. Chicago: Quadrangle Press; Lynn, L. E. Ⅱ.(2001). The Myth of The Bureaucatic Paradigm: What Traditional Public Administration Really Stood for. *Public Administration Review*, 61(2): 144-160.

Cody, M. W. J. & Lynn, R. R.(1992). *Honest Government: An Ethics Guide for Public Service*. Westport, CT: Praeger; van Wart, M.(1998). *Changing Public Sector Values*. Garland Publishing, Inc.

Cohen, D. B., Aamodt, M. G. & Dunleavy, E. M.(2010). *Technical advisory report on best practices in adverse impact analysis*. Washington, DC: Center for Corporate Equality.

Cohen, R. L.(1985). Procedural justice and participation. *Human Relations*, 38(7): 643-663; Galovic, S., Birch, P., Vickers, M. H., & Kennedy, M.(2016). Procedural justice and frontline policing: the effects of the police complaints system. *Journal of Forensic Practice*, 18(3): 170-181.

Colby, A., Kohlberg, L., Gibbs, J., & Lieberman, M.(1983). A Longitudinal Study of Moral Judgment. *Monographs of the Society for Reasearch in Child Development*, 48(1/2): 1-124.

Coleman, J.(1990). *Foundations of Social Theory*. Cambridge, MA: Harvard University Press; Swedberg, R.(2003). The Changing Picture of Max Weber's Sociology. *Annual Review of Sociology*, 29: 283-306.

Colquitt, J. A., Conlon, D. E., Wesson, M. J., Porter C. O. L. H., & Ng, K. Y.(2001). Justice at the Millennium: A Meta-Analytic Review of 25 Years of Organizational Justice Research. *Journal of Applied Psychology*, 86(3): 425-445.

Colquitt, Jason A., Scott, Brent A., & Lepine, Jeffery, A.(2007). Trust, Trustworthiness, and Trust Propensity: A Meta-Analytic Test of Their Unique Relationships With Risk Taking and Job

Performance. *Journal of Applied Psychology*, 92(4): 909-927.

Cooke, J. E.(1961). *The Federalist*. Middletown, CT: Wesleyan University Press; Rosenbloom, D. R., Newbold, S. P., & Doughty, M.(2018). Madison's Ratchet: Ambition Counteracting Ambition and Aggregation of Political, Managerial, and Legal Controls Over Federal Administration. *American Review of Public Administration*, 48(6): 495-505.

Cooper, P. J.(1990). Public Administration Review: The First Fifty Years. *Public Administration Review*, 50(2): 293-312.

_____(1997). Public Law as a Set of Tools for Management. 104-119; Phillip J. C., & Chester A. Newland, C. A. (ed.). *Handbook of Public Law and Administration*. San Francisco: Jorsey-Bass.

_____(2006). *Public Law and Public Administration*(4th ed.). Belmont, CA: Thomson/Wadsworth; Newland, S. P.(2010). Toward a Constitutional School for American Public Administration, *Public Administration Review*, 70(4): 538-546.

Cooper, T. L.(1991). *An Ethics of Citizenship for Public Administration*. Englewood Cliffs, NJ: Prentice Hall.

_____(2012). The Responsible Administrator: An Approach to Ethics For the Administrative Role. 행정사상과 방법론 연구회 역(2013). 『공직윤리: 책임있는 행정인』. 조명문화사.

Coursey, D. H., Perry, J. L., Brudney, J. L., & Littlepage, L.(2008). Psychometric Verification of Perry's Public Service Motivation: Instrument: Results for Volunteer Exemplars. *Review of Public Personnel Administration*, 28(1): 79-90.

Coyle-Shapiro, J.(2002). A Psychological Contract Perspective on Organizational Citizenship Behavior. *Journal of Organizational Behavior*, 23: 927-946.

Coyle-Shapiro, J. & Kessler, I.(2000). Consequences of the psychological contract for the relationship: a large scale survey. *Journal of Management Studies*, 37: 903-930.

Croley, S. P.(2008[1965]). *Regulation and Public Interests: The Possibility of Good Regulatory Government*. Princeton University Press.

Croly, H.(1909). *The Promise of American Life*. NY: The Macmillian Company; Sandel, M.(2005). *Public Philosophy: Essays on Morality in Politics*. Cambridge, MA: Harvard University Press.

Cropanzano, R. & Greenberg, J.(1997). Progress in organizational justice: Tunneling through the maze. In C. Cooper & I. Robertson(eds.). *International Review of Industrial & Organizational Psychology*. 317-372. New York: Wiley; Colquitt, J. A., Conlon, D. E., Wesson, M. J., Porter, C. O. L. H. & Ng, K. Y.(2001). Justice at the Millennium: A Meta-Analytic Review of 25 Years of Organizational Justice Research. *Journal of Applied Psychology*, 86(3): 425-445.

Davidson, R. H.(1991). The Presidency and Three Eras of the Modern Congress. In Divided Democracy: Cooperation and Conflict between the President and Congress, (ed.). James A. Thurber. Washington, DC: Congressional Quarterly Press; Hill, J. S. & Williams, K. C.(1993). The Decline of Private Bills: Resource Allocation, Credit Claiming, and the Decision to Delegate. *American Journal of Political Science*, 37(4): 1008-1031.

Davis, B. L., Hellervik, L. W., Skube, C. J., & Gebelein, S. H., & Sheard, J. H.(1992). *Successful Manager's Handbook: Development Suggestions for Today's Managers*. Personnel Decisions

International.

De Vries, M. & Kim, P. S.(2011). (ed.). *Value and Virtue in Public Administration.* Hampshire, UK: Palgrave MacMillan; 김판석 · 홍길표(2011). 정부혁신을 둘러싼 쟁점과 새로운 발전방향 모색: 참여정부 정부혁신의 경험과 주요 이슈를 중심으로. 『한국인사행정학회보』, 10(3): 23-52.

Demsetz, H.(2003). Ownership and the Externality problem. Ch. 11th in Anderson, T. L. & Mc-Chesney, F. S.(2003). (ed). *Property Rights: Cooperation, Conflict, and Law.* Princeton University Press.

Denhardt, R. B.(1992). Morality As an Organizational Problem. *Public Administration Review*, 52(2): 104-105.

______(1993). *The Pursuit of Significance.* Belmont: Wadsworth; 김상묵(2017). 국가공무원의 공직가치: 공직가치모형의 개발과 검증. 『한국행정연구』, 26(2): 1-41.

Denhardt, R. B. & Denhardt, J. V.(2000). The New Public Service: Serving rather than Steering. *Public Administration Review*, 60(6): 549-559.

Devine, P.(1989). Stereotypes and prejudice: Their automatic and controlled components. *Journal of Personality and Social Psychology*, 56: 5-18.

Diggins, J. P.(1985). Republicanism and Progressivism. *American Quarterly*, 37(4): 572-592.

Dobel, J. P.(1990). Integrity in the Public Service. *Public Administrative Review*, 50(1): 356-366; van Wart, M.(1998). *Changing Public Sector Values.* New York & London: Garland Publishing, Inc.

Donner, C., Maskaly, J., Fridell, L., & Jennings, W. G.(2015). Policing and procedural justice: a state-of-the-art review. *Policing: An International Journal of Police Strategies & Management*, 38(1): 153-172.

Dougherty, T. W., Turban, D. B., & Callender, J. C.(1994). Confirming first impressions in the employment interview: A field study of interviewer behavior. *Journal of Applied Psychology*, 79(5): 659-665.

Dubnick, M. J.(2000). The Case for Administrative Evil: A Critique. *Public Administrative Review*, 60: 701-727.

Easton, D.(1953). *The Political System.* NY: Knopf; 강황성 · 이용구(2007). 지방정부의 조직학습 촉매기제로서의 성과측정에 관한 연구. 『지방정부연구』, 11(2): 215-239.

Eaton, D.(1880). *The Civil Service in Great Britain.* New York: Harper & Bros; Rosenbloom, D. H.(1993). Prescriptive Public Administrative Theory as a Product of Political Dominance. *Administrative Theory & Praxis*, 15(2): 1-10.

Eckoff, W. J.(1895). Lectures on the Principles of Political Obligation by Thomas Hill Green. *Political Science Quarterly*, 10(4): 715-718.

Ehrlichman(2016). *Legalize it.* Harper Magazine(2016.4). Center for Policing Equity(2019). Tactical Perception: Using the Science of Justice.

Eisenhardt, K. M., Kahwajy, J. L., & Bourgeois, L. J. Ⅱ.(1997). How management teams can have a good fight. *Harvard Business Review*, (July-August): 77-85.

Engel, R.(2005). Citizens'perceptions of distributive and procedural injustice during traffic stops with police. *Journal of Research in Crime and Delinquency*, 42(4): 445-481.

Esping-Andersen, G.(1990). *The three worlds of welfare capitalism.* Cambridge, UK, Polity Press; Kwon, S., & Holliday, I.(2007). The Korean welfare state: a paradox of expansion in an era of glottalization and economic crisis. *International Journal of Social Welfare*, 16: 242-248.

Etzioni-Halevy, E.(1983). *Bureaucracy and Democracy: A Political Dilemma.* London: Routledge and Kagan Paul; 윤견수(2011). 정부의 질과 관료제의 합리성: 관료제 이념형의 구성의 기본 단위인 '공직' 개념을 중심으로. 『정부학연구』, 17(3): 19-48.

Feather, N. T.(1995). Values, valences and choice: The influence of values on the perceived attractiveness and choice of alternatives, *Journal of Personality and Social Psychology*, 68: 1135-1151.

Finocchiaro, C. J. & Mackenzie, S. A.(2018). Making Washington Work: Legislative Entrepreneurship and the Personal Vote from the Gilded Age to the Great Depression. *American Journal of Political Science*, 62(1): 113-131.

Fiorina, M.(1977). *Congress Keystone of the Washington establishment.* New Haven, CT: Yale University Press; Rosenbloom, D. H.(1993). Prescriptive Public Administrative Theory as a Product of Political Dominance. *Administrative Theory & Praxis*, 15(2): 1-10.

Fischer, R., Melanie Vauclair, C. M., Fontaine, J. R., & Schwartz, S. H.(2010). Are Individual-Level and Country-Level Value Structures Different? Testing Hofstede's Legacy With the Schwartz Value Survey. *Journal of Cross-Cultural Psychology*, 41(5): 135-151.

Fiske, A. P., Kitayama, S., Markus, H. R., & Nisbett, R. E.(1998). The cultural matrix of social psychology; D. T. Gilbert, S. T. Fiske, & Lindzey, G.(ed.). *The Handbook of Social Psychology*(4th ed.). 915-981. New York, NY: McGraw-Hill; Tyler, T. R., Goff, P. A., & MacCoun, R. J.(2015). The Impact of Psychological Science on Policing in the United States: Procedural Justice, Legitimacy and Effective Law Enforcement. *Psychological Science in the Public Interest*, 16(3): 75-109.

Flanagan, J. C. & Burns, R. K.(1955). The employee performance record: A new appraisal and development tool. *Harvard Business Review*, (33): 95-102.

Folger, R. & Konovsky, M. A.(1989). Effects of procedural and distributive justice on reactions to pay raise decisions. *Academy of Management Journal*, 32: 115-130.

Foster, M.(1990). A closer look at the relationship between interviewer-interviewee similarity and ratings in a selection interview. *Applied Human Resource Management Research*, 1(1): 23-26.

Foster, T. C., Dunleavy, E., Campion, J., & Steubing, K.(2008). Understanding performance appraisal litigation: Does justice explain wrongful discharge rulings?. Poster session *presented at the 23rd annual meeting of the Society for Industrial and Organizational Psychology.* San Francisco, CA.

Frank, C. L. & Hackman, J. R.(1975). Effects of interviewer-interviewee similarity on interviewer objectivity in college admissions interviews. *Journal of Applied Psychology*, 60: 356-360.

Frederickson, H. G.(1971). Toward A New Public Administration; Marini, F.(ed.). *Toward A New*

Public Administration: The Minnowbrook Perspective. Scranton: Chandler.

______(1990). Public Administraion and Social Equity. *Public Administration Review*, 50: 228-237.

______(1997). *The Spirit of Public Administration*. San Francisco: Jossey-Bass.

Frederickson, H. G. & Hart, D. A.(1985). The Public Service and the Patriotism of Benevolence. *Public Administration Review*, 45(5): 547-553.

Freeman, R. E.(1984). *Strategic management: A Stakeholder approach*. Boston, MA: Pitman; Kohn, J. L.(2012). Federalist #10 in Management #101: What Madison Has to Teach Managers. *Journal of Management Education*, 37(5): 683-703.

Galovic, S., Birch, P., Vickers, M. H., & Kennedy, M.(2016). Procedural justice and frontline policing: the effects of the police complaints system. *Journal of Forensic Practice*, 18(3): 170-181.

Gamm, G. & Kousser, T.(2010). Broad Bills or Particularistic Policy? Historical Patterns in American State Legislatures. *The American Political Science Review*, 104(1): 151-170.

Gau, J. M.(2012). Consent searches as a threat to procedural justice and police legitimacy: an analysis of consent requests during traffic stops. *Criminal Justice Policy Review*, 24(6): 759-777.

Gay, P. D.(2005). (ed.). *The Value of Bureaucracy*. Oxford University Press.

Gebelein, S. H., Lee, D. G., Nelson-Neuhaus, K. J., & Sloan, E. B.(2000). *Successful Executive's Handbook: Development Suggestions for Today's Executives*. Personnel Decisions International.

Glew, D. J.(2009). Personal Values and Performance in Teams: An Individual and Team-Level Analysis. *Small Group Research*, 40(6): 670-693.

Golden, M. M.(1998). Interest Groups in the Rulemaking Process: Who Participates, Whose Voices Get Heard? *Journal of Public Administration Research and Theory*, 8(2): 245-270.

Golembiewski, R. T.(1962). Organization as a Moral Problem. *Public Administration Review*, 22(2): 51-58.

______(1996). Public-Sector Change and Burnout: Phases as Antecedents, Limiting Condition, and Common Consequence. *Public Productivity & Management Review*, 20(1): 56-69.

Gooden, S. & Portillo, S.(2011). Advancing Social Equity in Minnowbrook Tradition. *Journal of Public Administration Research and Theory: T-PART,* 21: i61-i76. Supplement 1: Minnowbrook Ⅲ: A Special Issue.

Gordon, C.(1948). Public Administration in an Advancing South. *Public Administration Review,* 8(2): 169-175.

Gordon, S.(1991). *History and Philosophy of Social Science*. NY: Routledge.

Gore, Al.(1994). The New Job of the Federal Executive. *Public Administration Review,* 54(4): 317-321.

______(1995). *Common Sense Government Works Better and Costs Less: Third Report of the National Performance Review*. Washington, DC: U.S. Government Printing Office.

______(2007). *The Assault on Reason*. New York: The Penguin Press.

Gortner, H. F.(1991). *Ethics for Public Managers*. New York: Praeger; van Wart, M.(1998).

Changing Public Sector Values. New York & London: Garland Publishing, Inc.

Gray, A.(1946). *The Socialist Tradition From Moses to Lenin*. Longman; 노명식(2011). 『자유주의의 역사』. 책과함께.

Graziano, L. M. & Gauthier, J. F.(2018). Media consumption and perceptions of police legitimacy. *Policing: An International Journal*, 41(5): 593-607.

Green, T. H.(1895). Lectures on the Principles of Political Obligation by Thomas Hill Green (reviwed by Eckoff). *Political Science Quarterly*, 10(4): 715-718.

______(1924). *Lectures on the Principles of Political Obligation*. Longmans. *Continetalist*, 1.

Gregory, R. J.(1999). Social Capital Theory and Administrative Reform: Maintaining Ethical Probity in Public Service. *Public Administrative Review*, 59(1): 63-75.

Guas, J. M.(1936). American Society and Public Administration. *The Frontiers of Public Administration*; Bernstein, M. H.(1952). The Scope of Public Administration. *The Western Political Quarterly*, 5(1): 124-137.

Guilick, L. H.(1990). Reflections on Public Administration, Past & Present. *Public Administration Review*, 50(6): 599-603.

Gutman, A. & Dunleavy, E. M.(2012). Documenting Work Analysis Projects: A Review of Strategy and Legal Defensibility of Personnel Selection. Wilson, M. A., Bennett, W., Gibson, S. G., & Alliger, G. M.(2013). (ed by). *The Handbook of Work Analysis: The Methods, Systems, Applications and Science of Work Measurement in Organizations*. Routledge: Talyor & Francis Group.

Guy Peters, B.(1994). (ed by Ingraham, P. W. & Romzek, B. S.). *New Visions of Government and the Public Service in New Paradigms for Government: Issues for the Changing Public Service*. 295-321. San Francisco: Jossey-Bass.

Hall, J. L.(2012). PERFORMANCE AND ACCOUNTABILITY IN A TIME OF ECONOMIC CRISIS: Editor's Introduction. *Public Performance & Management Review*, 35(3): 485-488.

Halstead, T. J.(2006). *Presidential Signing Statements: Constitutional and Institutional Implications. Report no. RL33667*. Washington, DC: Congressional Research Service; Rosenbloom, H. D.(2011). Federalist No. 10: How Do Factions Affect the President as Administrator-in-Chief? *Public Administrative Review*, (71): S22-S28. Supplement to Volume 71: The Federalist Papers Revised for Twenty-First-Century Reality. S22-S28.

Hamilton, A.(1781). (ed by Uveges, J. A. Ⅱ.). The Continetalist, No. 1, July 12, 1781. in the Papers of Alexander Hamilton, vol Ⅱ, Columbia University Press. New York. 478; Stillman, R. J. Ⅱ.(1982). *The Changing Patterns of Public Administration Theory in America. Public Administration: History and Theory in Contemporary Perspective*. Marcel Dekker, Inc.

Hampden-Turner, C. & Trompenaars, F.(1994). Seven Cultures of Capitalism: Value systems for Creating wealth in the United States, Britain, Japan, Germany, France, Sweden and Netheland. *International Affairs*, 70(3): 550-551.

______(2000). Building Cross-Cultural Competence: How to Create Wealth from Conflicting Values, NY: John Wiley & Sons Inc; Whetten, D. A. & Cameron, K. S.(2006). *Developing Man-*

agement Skills(6th ed.). Pearson Education International.

Hanson, G.(1986). Determinants of firm performance: An integration of economic and organizational factor. Unpublished doctoral dissertation, University of Michigan Business Schoool. in Whetten, D. A. & Cameron, K. S.(2007). ibid.

Hardin, G.(1968). The Tragedy of the Commons. *Science*, 162(1968): 1243-1248.

Hart, H. L. A.(1994). *The Concept of Law*(2nd ed by Penelope A. B., & Joseph, R.) Oxford.

Hawk-Tourelot, S. R. & Bradley-Eugen, M. S.(2012). The Role of Policing Education in College student satisfaction with Police. *Journal of Criminal Justice Education*, 23(2): 233-253.

Hayek, F. A.(1952/1976). *Individualismus und Wirtschaftitliche Ordnung*. Salzburg; 민경국(2007). 『하이에크, 자유의 길』. 도서출판: 한울 아카데미.

______(1958). Freedom, Reason, and Tradition. *Ethics*, 68(4): 229-245.

______(1967). *Studies in Philosophy, Politics and Economics*. London; 민경국(2007). 『하이에크, 자유의 길』. 도서출판: 한울 아카데미.

______(1969). *Freiburger Studien*. Tübingen; 민경국(2007). 『하이에크, 자유의 길』. 도서출판: 한울 아카데미.

______(1971). *Die Verfassung der Freiheit*. Tübingen; 민경국(2007). 『하이에크, 자유의 길』. 도서출판: 한울 아카데미.

______(1977). *Demokratie, Gerechtigkeit und Sozialismus*. Tübingen; 민경국(2007). 『하이에크, 자유의 길』. 도서출판: 한울 아카데미.

______(1979). *Drei Quelle Menschlicher Werte*. Tübingen; 민경국(2007). 『하이에크, 자유의 길』. 도서출판: 한울 아카데미.

______(1982). The Sensory Order after 25 Years. in Cognition and Symbolic Process, Bd 2. hrsg. von Water B. Weiner & David S. Palermo, a.a.O.; 민경국(2007). 『하이에크, 자유에의 길: 하이에크의 자유주의 사상 연구』. 도서출판: 한울 아카데미.

Held, D.(1987). *Models of Democracy*. Cambridge.: Polity Press; 임도빈(2007). 관료제, 민주주의, 그리고 시장주의: 정부개혁의 반성과 과제. 『한국행정학보』, 41(3): 41-65.

Held, V.(1970). *The Public Interest and Individual Interest*. NY: Basic Books; 테리 L. 쿠퍼 저. 행정사상과 방법론 연구회 역(2013). 『공직윤리: 책임 있는 행정인』. 도서출판: 조명문화사.

Hernes, T.(2005). Four ideal-type organizational responses to New Public Management reforms and some consequences. *International Review of Administrative Sciences*, 71(1): 5-17.

Hill, J. S. & Williams, K. C.(1993). The Decline of Private Bills: Resource Allocation, Credit Claiming, and the Decision to Delegate. *American Journal og Political Science*, 37(4): 1008-1031.

Hinds, L. & Murphy, K.(2007). Public Satisfaction with police: using procedural justice to improve police legitimacy. *The Australian and New Zealand Journal of Criminology*, 40(1): 27-42.

Ho, D. Y. & Chiu, C.(1994). Component ideas of individualism, collectivism, and social organization: An application in the study of Chinese culture; 주재진(2015). 경찰공무원의 개인주의-집단주의 성향이 직무태도에 미치는 영향. 『경찰행정학보』, 17(4): 213-237.

Hobhouse, L. T.(1922). *The Element of Social Justice*. Allen & Unwin.

______(1924). Competitive and Social Value. *Economica*, 12: 278-290.

Hoffman, M.(1977). Moral Internalization; L. Berkowitz(ed.). *Advances in Experimental Social Psychology*, 10: 85-133. New York, NY: Academic Press; Tyler, T. R., Goff, P. A. & MacCoun, R. J.(2015). The Impact of Psychological Science on Policing in the United States: Procedural Justice, Legitimacy, and Effective Law Enforcement. *Psychological Science in the Public Interest*, 16(3): 75-109.

Hofstede, G.(1980). *Culture's Consequences*. Beverly Hills. CA: Sage.; Smith, P. B., Suaun, D., & Trompenaars, F.(1996). Natioal Culture and Values of Organizational Employees: A Dimensional Analysis Across 43 Nations. *Journal of Cross-Cultural Psychology*, 27(2): 231-264.

Hogan, R., Raskin, R., & Fazzini, D.(1990). The dark side of charisma. 343-354. K. E. Clark, K. E., & Clark, M. B.(ed.). *Measures of Leadership*. Leadership Library of America.

Holzer, H. J. & Neumark, D.(1998). *What Does Affirmative Action Do? NBER Working Paper Series*. National Bureau of Economic Research.

______(2006). *Affirmative Action: What Do We Know?* Urban Institute.

Hondeghem, A. & Vandermeulen, F.(2000). Competency Management in the Flemish and Dutch Civil Service. *International Journal of Public Sector Management*, 13(4): 342-353.

Horton, S.(2000). Competency Management in the British Civil Service. *International Journal of Public Sector Management,* 13(4): 354-368.

Hundington, S. P.(1957). Conservatism as an Ideology, *American Political Science Reveiw*, 51: 454-456; 애드먼크 버크 저, 이태숙 역(2008). 『프랑스혁명에 관한 성찰』. 한길사.

Hume, D.(1957[1742]). That Politics May be Reduced to a Science. Aadir, D.(ed). Essays, Moral, Political, and Literacy. *Huntington Library Quarterly*, 20(4): 1-8.

______(2007[1745]). A Treatise of Humane Nature. (ed by Norton, D. F. & Norton, M. J.). Oxford University Press.

Immanual, Kant(1963). Conjectural Beginning of Human History. What is Enlightenment? On History. (ed by Lewis White Beck). Bobbs-Merrill; 노명식(2011). 『자유주의의 역사』. 책과함께.

______(1964[1785]). *Groundwork for the Metaphysics of Morals*. (translated by H. J. Paton). New York: Harper Torchbooks; 마이클 샌델 저, 김명철 역(2009). 『Justice: 정의란 무엇인가』. 도서출판: 와이즈베리.

Ingraham, P. & Rosenbloom, D.(1990). Political Foundations of the American Federal Service: Rebuilding a Crumbling Base. *Public Administration Review*, 50(2): 210-219; 김근세 · 조규진 · 최상옥 · 이명석(2013). 헌법적 가치와 행정: 헌법재판소의 판례분석을 중심으로. 『한국행정학보』, 47(4): 1-25.

Ingraham, P. W., Roenbloom, D. H., & Edlund, C.(1989). The New Public Personnel and the New Public Service. *Public Administration Review*, 49(2). Special Issue: Minnowbrook Ⅱ. Changing Epochs of Public Administration. 116-126.

Jefferson, T.(1787). *Notes on the State of Virginia*; Sandel, M. J.(2005). *Public Philosophy: Essays on Morality in Politics*. Cambridge, Mass: Harvard Univisity Press.

John, Locke(1690). Second Treatise of Government, sec. 95; Laslett, P.(1988). (ed.). *John Locke,*

Two Treatises of Government. Cambridge: Cambridge University Press.

Jones, C.(1993). The Pacific challenge: Confucian welfare states. Jones C.(ed.). *New perspectives on the welfare state in Europe.* 198-217. London, UK, Routledge; Kwon, S., & Holliday, I. The Korean welfare state: a paradox of expansion in an era of glottalization and economic crisis. *International Journal of Social Welfare,* 16: 242-248.

Judge, T. A., Bono, J. E., Ilies, R., & Gerhardt, M. W.(2002). Personality and leadership: A qualitative and quantitative review. *Journal of Applied Psychology,* 87(4): 765-780.

Judge, T. A., Colbert, A. E., & Ilies, R.(2004). Intelligence and leadership: A quantitative review and test of theoretical propositions. *Journal of Applied Psychology,* 89(3): 542-552.

Katz, D. & Kahn, R. L.(1966). The Social psychology of organizations. New York: Wiley; Nielsen, T. M., Hrivnak. G. A., & Shaw. M.(2009). *Organizational Citizenship Behavior and Performance: A Meta-Analysis of Group-Level Research. Small Group Research,* 40(5): 555-577.

Keele, L.(2007). Social Capital and the Dynamics of Trust in Government. *American Journal of Political Science,* 51(2): 241-254.

Kelling, G. L. & Wilson, J. Q.(1982). Broken windows: the police and neighborhood safety. *Atlantic Monthly,* 249: 29-38; Tyler, T. R., Goff, P. A., & MacCoun, R. J.(2015). The Impact of Psychological Science on Policing in the United States: Procedural Justice, Legitimacy, and Effective Law Enforcement. *Psychological Science in the Public Interest,* 16(3): 75-109.

Kellough, J. E. & Nogro, L. G.(2006). (ed.). *Civil Service Reform in the States: Personnel Policy and Politics at the Subnational Level.* State University of New York Press.

Kelman, H. C. & Hamilton, V. L.(1989). *Crimes of obedience: Toward a social psychology of authority and responsibility.* New Haven, CT: Yale University Press; Tyler, T. R., Goff, P. A. & MacCoun, R. J.(2015). The Impact of Psychological Science on Policing in the United States: Procedural Justice, Legitimacy, and Effective Law Enforcement. *Psychological Science in the Public Interest,* 16(3): 75-109.

Kerstetter, W.(1996). Toward justice for all: procedural justice and the review of citizen complaints. 234-246. Geller, W. & Tochs, H.(eds.). *Police Violence: Understanding and Controlling Police Abuse of Force.* New Haven, CT: Yale University Press.

Kettleborough, C.(1918). Congressional Legislation. *The American Political Science Review,* 12(4): 667-674.

Keynes, J. M.(1972). *Essays in Persuasion.* Collecteded Writings. Ⅸ. Macmillan; 노명식(2011). 『자유주의의 역사』. 책과함께.

Kim, S.(2005). Individual-level factors and organizational performance in government organizations. *Journal of Public Administration Research & Theory,* 15: 245-261.

______(2006). Public service motivation and organizational citizenship behavior in Korea. *International Journal of Manpower,* 27(8): 722-740.

Kirk, R.(1953). *The Conservative Mind from Burke to Santayana.* H. Regnery Company.

Kirkert, W. J. M.(1997). Anglo-Saxon Public Management & European governance in the Case of Dutch Administrative Reforms. 168-187. Lane, J. E. *Public Sector Reform, Rationale, Trends*

& Problems. London: Sage.

Kirwin, K. A.(1977). The Crisis of Identity in the Study of Public Administration: Woodrow Wilson. *Polity*, 9(3): 321-343.

Kiser, E. & Baber, J.(2005). The Bureaucratization of States: Toward an analytical Weberian; Adams, J., Clements, E. S., Orloff, A. S., & Steimets, G.(ed by). *Remaking Modernity: Politics, History, & Sociology*. Durham: Duke University Press.

Kiser, E. & Hechter, M.(1998). The debate on historical sociology: rational choice theory and its critics. *American Journal of Sociology*, 104: 785-816.

Kohlberg, L.(1969). The cognitive-development approach to socialization.; Goslin, D. A(ed.). *Handbook of socialization theory and research*. Rand McNally, Chicago, IL: 347-480.

______(1981). *Essays in Moral Development*, 1: 409-412. NY: Harper and Raw.

Kohn, J. L.(2012). Federalist #10 in Management #101: What Madison Has to Teach Managers. *Journal of Management Education*, 37(5): 683-703.

Kravchuk, R. S.(1992). Liberalism and the American Administrative State. *Public Administration Review*, 52(4): 374-379.

Kuncel, N. R., Hezlett, S. A., & Ones, D. S.(2001). A comprehensive meta-analysis of the predictive validity of the Graduate Record Examination: Implications for graduate student selection and performance. *Psychological Bulletin,* 127(1): 162-178.

Kwon, S. & Holliday, I.(2007). The Korean welfare state: a paradox of expansion in an era of globalisation and economic crisis. *International Journal of Social Welfare*, 16: 242-248.

Laplume, A. O., Sonpar, K., & Litz, R. A.(2008). Stakeholder theory: Reviewing a theory that moves us. *Journal of Management*, 34: 1152-1189; Kohn, J. L.(2012). Federalist #10 in Management #101: What Madison Has to Teach Managers. *Journal of Management Education*, 37(5): 683-703.

Latham, G. P. & Wexley, K. N.(1977). Behavioral observation scales for performance appraisal purposes. *Personnel Psychology*, 30: 225-268.

Lawler, E.(1994) From job-based to competency-based organization. *Journal of Organizational Behavior*, 15-31; Horton, S.(2000). Competency Management in the British Civil Service. *International Journal of Public Sector Management*, 13(4): 354-368.

Lee, J. A., Havighurst, L. C., & Rassel, G.(2004). Factors related to court references to performance appraisal fairness and validity. *Public Personnel Management*, 33(1): 61-77.

Lee, Yong S. & Rosenbloom, D. H.(2005). A Reasonable Public Servant: Constitutional Foundation of Administrative Conduct in the United States. Armonk, NY: M. E. Sharpe; Newbold, S. P.(2010). Toward a Constitutional School for American Public Administration. *Public Administration Review*, 70(4): 538-546.

Le, H., Jiang, Z., Fujimoto, Y., & Nielsen, I.(2018). Inclusion and affective well-being: roles of justice perceptions. *Personnel Review*, 47(4): 805-820.

Leventhal, G. S., Karuza, J., & Fry, W. R.(1980). Beyond fairness: A theory of allocation preferences. 167-218; G. Mikula(ed.). *Justice and social interaction.* NY: Springer-Verlag; Colquitt, J. A.,

Conlon, D. E., Wesson, M. J., Porter, C. O. L. H., & Ng, K. Y.(2001). Justice at the Millennium: A Meta-Analytic Review of 25 Years of Organizational Justice Research. *Journal of Applied Psychology*, 86(3): 425-445.

Levinson, H., Price, C. R., Munden, K. J., & Solley, C M.(1962). *Men, Management and Mental Health*. Cambridge, MA: Harvard University Press.

Levitan, D.(1942). The Neutrality of the Public Service. *Public Administration Review*, 2: 317-323.

Levy, P. E. 저, 문광수・이재희・노재항・임성준・이계훈 역(2018). 『산업 및 조직심리학: 직장 그리고 일에 대한 이해』. 시그마 프러스.

Lewis, G. B.(1991). Turnover and the Quiet Crisis in the Federal Civil Service, *Public Administration Review*, 51(2): 145-155.

Light, P.(1994). Surviving reinvention. Government Executive. 26. 5; Sepic, F. T.(1996). Public-Sector Change Strategies: A Current Look at Successes, Obstacles to Implementation, and Burnout. *Public Productivity & Management Review*, 20(1): 5-10.

Lim, H.(2015). Social modeling effects on perception of the police: Focus on indirect police contact experience among college students. *Policing: An International Journal of Police Strategies & Management*, 38(4): 675-689.

Link, A. S.(1968). *The Papers of Woodrow Wilson*. Vol. 6. 1888-1890. NJ: Princeton University Press; Sager, F. & Rosser, C.(2009). Weber, Wilson and Hegel: Theories of Modern Bureaucracy. *Public Administration Review*, 69(6): 1136-1147.

Llorens, J. J., Klingner, D. E., & Nalbandian, A. J.(2018). *Public Personnel Management: Contexts and Strategies*(7th ed.). Routledge.

Locke, E. A.(1976). The nature and causes of job satisfaction. 1297-1350. M. D. Dunnette(ed.). *Handbook of industrial and organizational psychology*. Chicago: Ran McNally; Kim, H. J., Tavitiyaman, P., & W. G. Kim(2009). The Effect of Management Commitment To Service On Employee Service Behaviors: the Mediating Role of Job Satisfaction. *Journal of Hospitality & Tourism Research*. 369-390.

Lord Acton(1953). *The History of Freedom in Antiquity. Essays in Freedom and Power*. Meridian Books.

Lowi, T. J., Ginsberg, B., & Shepsle, K.(2008, 2010). *American Government*(10th ed.). W. W. Norton & Company, Inc.

Lunenburg, F. C.(2012). Mechanistic-Organic Organizations-An Axiomatic Theory: Authority Based on Bureaucracy or Professional Norms. *International Journal of Scholorly Academic Intellectual Diversity*, 14: 1-7.

Lynn, L. E. Ⅱ.(2009). Restoring the Rule of Law to Public Administration: What Frank Goodnow Got Right and Leonard White Didn't. *Public Administration Review*, 69(5): 803-812.

______(2011a). The Myth of the Bureaucratic Paradigm: What Traditional Public Administration Really stood for. *Public Administration Review*, 61(2): 144-160.

______(2011b). Explaining the riddle of America: What Europeans should know about Madisonian democracy. Dms-der moderne staat-Zeitschrift für Public Policy. *Recht und Management*, 4:

255-268.

_____(2013). America's "Broken Government": What Would James Madison Say? *Administration & Society*, 45(5): 610-624.

Macintyre, A.(2006). *Ethics and Politics. Selected essays. 2.* Cambridge University Press.

Mackenzie, S. B., Podsakoff, P. M., & Podsakoff N. P.(2011). Challenge-oriented organizational citizenship behaviors and organizational effectiveness: Do challenge-oriented behaviors really have an impact on the organization's bottom line? *Personnel Psychology*, 64: 559-592.

MaClelland, D. C.(1973). Testing for competencies rather than intelligence; Boyatzis, R. E.(1982). *The Competent Manager: A model for effective performance.* New York: Wiley.

Madison, J.(1787). *Vices of the Political System of the Unites States by James Madison.* Documents of Freedom.

Martin, J.(1902). The Social Value of Trade Unionism. *International Journal of Ethics*, 12(4): 437-450.

Maslach, C., Wilmar, B. S., & Michael, P. L.(2001). Job Burnout. *Annual Review of Psychology*, 52(1): 397-422.

Mayer, Roger C., Davis, James H., & Schoorman, D. F.(1995). An Interactive Model of Organizational Trust. *The Academy of Management Review*, 20(3): 709-734; 유의정 · 이숙종(2015). 일선공무원의 시민신뢰가 시민참여 수용성에 미치는 영향: 정책과정 및 유형별 시민참여 필요성의 조절효과를 중심으로. 『한국행정학보』, 49(1): 29-57.

Mayhew, D. R.(1974). *Congress: The Electoral Connection.* New Haven, CT: Yale University Press; Hill, J. S. & Williams, K. C.(1993). The Decline of Private Bills: Resource Allocation, Credit Claiming, and the Decision to Delegate. *American Journal of Political Science*, 37(4): 1008-1031.

Mazerolle, L., Bennett, S., Antrobus, E., & Eggins, E.(2012a). Procedural justice, routine encounters and citizen perceptions of police: main findings from the Queensland Community Engagement Trail(QCET). *Journal of Experimental Criminology*, 8(4): 343-367.

Mazerolle, L., Bennett, S., Manning, M., Ferguson, P., & Sargeant, E.(2012b). Legitimacy in policing: a systematic review of procedural justice, Campbell Crime and Justice Group, ARC Centre of Excellence in Policing and Security, Brisbane; Rosenbaum, D. P., Maskaly, J., Lawrence, D. S., Escamilla, J. H., Enciso, G., Christoff, T. E., & Posick, C.(2017). The Police-Community Interaction Survey: measuring police performance in new ways. *Policing: An International Journal of Police Strategies & Management*, 40(1): 112-127.

McChesney, F. S.(2003). Government as Definer of Property Rights. Tragedy Exiting the Commons. Ch. 9(ed.). Anderson, T. L. & McChesney, F. S. *Property Rights-Cooperation, Confict, and Law.* Princeton University Press.

McClelland, D. C. & Arkinson, J. W., Clack, R. A., & Lowell, E. L.(1953). *The Achievement Motive.* New York: Appleton-Century-Crofts.

McClelland, D. C. & Boyatzis, R. E.(1982). Leadership motive pattern and long-term success in management. *Journal of Applied Psychology*, 67: 737-743.

McClelland, D. C. & Burnham, D. H.(1976). Power is the great motivator. *Harvard Business Review*, 54(2): 102-104.

McCluskey, J. D. & Reisig, M.(2017). Explaining procedural justice during police-suspect encounters: A systemic social observation study. *Policing: An International Journal*, 40(3): 574-586.

McFarlin, D. B. & Sweeney, P. D.(1992). Distributive and procedural justice as predictors of satisfaction with personal and organizational outcomes. *Academy of Management Journal*, 35: 626-637.

McFarland, L. A., Wolf, P. P., & Nguyen, J. D.(2005). Does weighting criteria by job importance reduce racial differences in performance ratings? *Poster presented at the 20th annual meeting of the Society for Industrial and Organizational Psychology*. Los Angeles, CA.

McKenzie, F. A.(1969). *Korea's Fight for Freedom*. Seoul: Yonsei University Press; 이나미(2001). 19세기 말 개화파의 자유주의 사상: '독립신문'을 중심으로. 『한국정치학회보』, 35(3): 29-47.

McLean, I.(2003). Before and after publius: The sources and influence of Madison's political thought. 329-334; Kernell, S.(ed.). *James Madison: the theory and practice of republican government*. CA: Stanford University Press.

McNeely, B. L. & Meglino, B. M.(1994) The role of dispositional and situational antecedents in prosocial organizational behavior: An examination of the intended beneficiaries of prosocial behavior. *Journal of Applied Psychology*, 79: 836-844.

Meny, Y.(1990). *Government & Politics in Western Europe: Britain, France, Italy, West Germany*. Oxford University Press. USA; 권혁주 · 곽효근(2006). 공무원연금의 개혁과 정책적 쟁점. 『한국정책학회보』, 15(4).

Merton, R. K.(1949). On Sociological Theories of the Middle Range. 39-53. Merton, R. K. *Social Theory and Social Structure*. NY: Simon & Schuster, The Free Press.

______(1957). *Social theory and social structure. Glencoe*, Il: Free Press; 이창현 · 최창현(1996). 『새 조직론』. 대영문화사.

Michel, W., Shoda, Y., & Mendoza-Denton, R.(2002). Situation-behavior profiles as a locus of consistency in personality. *Current Directions in Psychological Science*, 11(2): 50-54.

Miller, H. T.(2007). Introduction. Waldo, D.(1948). *The Administrative Stae: A Study of Political Theory of American Public Administration*. Routledge: Taylor & Francis Group.

Mill, H. T.(2007[1948]). *Transaction Introduction. Waldo, D. The Administrative State: A Study of Political Theory of American Public Administration*. Routledge: Talor & Francis Group.

Mill, J. S.(1951). *Representative Government: Utilitarianism, Liberty and Representative Government*. London: J. M. Dent Sons, Limited.

Milward, H. B.(1996). Introduction: Symposium on the hollow state: Capacity, control, and performance in interorganizational settings. *Journal of Public Administration Research and Theory*, 6(4): 193-197.

Milward, H. B. & Provan, K. G.(1993). The Hollow State: Private Provision of Public Services. Helen Ingraham and Steven Rathgeb Smith(ed.). *Public Policy for Democracy*. Washington, DC: Brookings Institution; Frederckson, H. G (1996). Comparing the Reinventing Government

Movement with the New Public Administration. *Public Administration Review*, 56(3): 263-270.

Miquel, G. P. & Snyder, J. M.(2006). Legislative Effectiveness and Legislative Careers. *Legislative Studies Quarterly*, 31(3): 347-281.

Moar, M.(1999). The Paradox of Managerialism. *Public Administration Review*, 59(1): 5-18.

Moe, R. C.(1987). Exploring the limits of privatization. *Public Administrative Review*, 47: 453-460.

Monroe, P.(1985). *Public Personnel Management: A Contingency Approach*. Lexington, Mass.: D. C. Heath; Tulli, C. G. Ⅱ. Public Personnel Policy in A Conservative Era: An Overview. *Journal of Health and Human Resources Administration*, 11(3): 352-366.

Moorman, R. H. & Blakely, G. L.(1995). Individualism-collectivism as an Individual Difference Predictor of Organization Citizenship Behavior. *Journal of Organizational Behavior*, 16(2): 127-142.

Moorman, R. H., Blakely. G. L., & Niehoff, B. P.(1998). Does Perceived Organizational Support Mediate the Relationship between Procedural Justice and Organizational Citizenship Behavior? *The Academy of Management Journal*, 41(3): 351-357.

Morris, S.(1970). The Wisconsin Idea and Business Progressivism, *Journal of American Studies*, 4(1): 39-60.

Mosher, F. C.(1992). Public Administration Old and New: A Letter From Frederick C. Mosher. *Journal of Public Administration Research and Theory: J-PART*, 2(2): 199-202.

Mosher, W. E.(1992[1922]). Personnel Administration in the Federal Government. *Proceedings of the Academy of Political Science in the City of New York*, 9(4): 172-184. Constructive Experiments in Industrial Cooperation between Employers and Employees.

Mossholder, K. W., Bennett, N., & Martin, C. L.(1998). A multi-level analysis of procedural justice context. *Journal of Organizational Behavior*, 19: 131-141.

Mowday, R. T., Steers, R. T., & Porter, L. W.(1979). The Measurement of Organizational Commitment. *Journal of Vacational Behavior*, 14: 224-247.

Murphy, Kevin R. & Cleveland, J.(1995). *Understanding Performance Appraisal*. Thousand Oaks: Sage Publications, Inc.

Nachmias, D. & Rosenbloom, D. H.(1978). Bureaucracy and Ethnicity. *American Journal of Sociology*, 83(4): 967-974.

Naff, K. C. & Crum, J.(1999). Working for America: Does Public Service Motivation Make a Difference? *Review of Public Personnel Administration*, 19(4): 5-16.

Newbold, S. P.(2010). Toward a Constitutional School for American Public Administration. *Public Administration Review*, 70(4): 538-546.

______(2011). Federalist No. 27: Is Transparency Essential for Public Confidence in Government? *Public Administration Review*, 71, Supplement to (71): S47-S52. The Federalist Papers Revised for Twenty-First-Century Reality.

Newbold, S. P. & Rosenbloom, D. H.(2007). Critical Reflections on Hamiltonian Perspectives on Rule-Making and Legislative Proposal Initiatives by the Chief Executive. *Public Administrative Review*, 67(6): 1049-1056.

Newland, C. A.(1997). Realism and Public Administration. *Public Administration Review*, 57(2): ii-iii.

Nigro, L. G. & Kellough, J. E.(2006). The States and Civil Service Reform: Lessons Learned and Future Prospects. Kellough, J. E. & Nigro, L. G.(ed.). *Civil Service Reform in the States: Personnel Policy and Politics at the Subnational Level.* State University of New York Press.

Nix, J., Wolfe, S. E., Rojek, J., & Kaminski, R.(2014). Trust in the Police: The Influence of Procedural Justice & Perceived Collective Efficacy. *Criminology & Criminal Justice*, 61(4): 610-640.

O'Reilly, C. & Chatman, J.(1986). Organizational commitment and psychological attachment: the effects of compliance, identification, and internalization on prosocial behavior. *Journal of Applied Psychology*, 71(3): 492-499.

Oduwole, A., Morgan, A., & Bernardo, M.(2000). A reexamination of contrast effects in the evaluation of job applicant resumes. *Paper presented at the 21st annual Graduate Student Conference in Industrial-Organizational Psychology and Organizational Behavior.* Knoxville, TN.

O'Leary, R. & Wise, C. R.(1991). Public Managers, Judges, and Legislatives: Redefining the "New Partnership." *Public Administration Review*, 63(2): 316-327.

______(2003). Breaking Up Is Hard to Do: The Dissolution of Judicial Supervision of Public Services. *Public Administration Review*, 63(2): 177-191.

Organ, D. W.(1988). *Organizational Citizenship Behavior: The Good Soldier Syndrome.* Mass: Lexinton Books.

______(1994). Personality and Organizational Citizenship Behavior. *Journal of Management*, 20(2): 465-478.

Organ, D. W. & Konovsky, M.(1988). Cognitive & Affective Determinants of Organizational Citizenship Behavior. *Journal of Applied Psychology*, 74: 157-164.

Osborne, D. & Gaebler, T.(1992). *Reinventing Government-How the entrepreneurial spirit is transforming the public sector.* Penguine Books USA Inc.

Ostrom, E.(1990). *Governing the Commons: The Evolution of Institutions for Collective Action.* Cambridge University Press.

______(2005). *Understanding institutional diversity.* NJ: Prinston University Press; Running The Constitution: Framing Public Administration. *Public Performance & Management Review*, 32(4): 604-609.

Ostrom, V.(1982). The Theory and Practice of Public Administration as a Science of the Artifactual. (ed.). Uveges, J. A. Ⅱ. *Public Administration: History and Theory in Contemporary Perspective.* New York and Basel: Marcel Dekker, Inc.

Otteson, J. R.(2018). *The Essential Adam Smith.* Fraser Institute.

Palonen, K.(1999). Max Weber's Reconceptualization of Freedom. *Political Theory,* 27(4): 523-544.

Pandey, S., Wright, B. E., & Moynihan, D. P.(2008). Public service motivation and interpersonal citizenship behavior in public organizations: Testing a preliminary model. *International*

Public Management Journal, 11(1): 89-108.

Parks-Leduc, L., Feldman, G. & Bardi, A.(2014). Personality Traits and Personal Values: A Meta-Analysis. *Personality and Social Psychology Review*, 19(1): 3-27.

Parsons, T.(1939). The Professions and Social Structure. *Social Fores*, 17: 457-467; van Wart, M. (1998). *Changing Public Sector Values*. New York & London: Garland Publishing, Inc.

______(1965). Max Weber 1864-1964. *American Sociological Review*, 30(2): 171-175.

Perry, J. L.(1996). Measuring Public Service Motivation: An Assessment of Construct Reliability and Validity. *Journal of Public Administration Research and Theory*, 2: 181-197.

Perry, J. L., Brudney, J. L., Coursey, D. H., & Littlepage, L.(2008). What Drives Morally Committed Citizens? A Study of the Antecedents of Public Service Motivation. *Public Administration Review*, 68(3): 445-458.

Perry, J. L. & Wise, L. R.(1990). The Motivational Bases of Public Service. *Public Administration Review*, 50(3): 367-373.

Peter, L. J. & Hull, R.(1969). *The Peter Principle: Why things go wrong*. New York: Morrow; Aamodt, M. G.(2010). *Industrial/Organizational Psychology: An Applied Approach*. Wadsworth.

Peters, B. G.(2001). *The Politics of Bureaucracy*. Routledge.

______(2010). Bureaucracy and Democracy. *Public Organizational Review*, 10: 209-222.

Peters, B. G. & Pierre, J.(1998). Governance without Government? Rethinking Public Administration. *Journal of Public Administration Research and Theory: J-PART*, 8(2): 223-243.

Pettigrew, T. F.(1979). The Ultimate Attribution error: Extending Allport's Cognitive Analysis of prejudice. *Personality & Social Psychology Bulletin*, 5(4): 461-476.

Pettit, P.(1997). *Republicanism: A Theory of Freedom & Government*. Clarendon Press. Oxford.

Pfeffer, J.(1981). *Political Language & Symbols: Mobilizing Support & Quieting Opposition Power in Organizations*. 179-229. Lodon: Pitman Publishing Ltd; 윤견수(1992). 조직의 딜레마에 대한 상징적 반응: 전국교직원 노동조합의 딜레마를 중심으로. 『한국행정학보』, 26(4): 1256-1280.

Pfeffer, J. & Veiga, J. F.(1999). Putting People first for organizational success. *Academy of Management Executive*, 13: 37-48.

Piatt, Le Ann(1998). *Analysis of Municipal Government Performance Appraisal Systems. Applied Research Project*. Southwest Texas State University.

Piotrowski, S. J. & Rosenbloom, D. H.(2002). Nonmission-Based Values in Results-Oriented Public Management: The Case of Freedom of information. *Public Administration Review*, 62(6): 643-657.

Podsakoff, N. P., Blume, B. D., Whiting, S. W., & Podsakoff, P. M.(2009). Individual-and organizational level consequences of organizational citizenship behavior: A Meta-analysis. *Journal of Applied Psychology*, 94: 122-141.

Podsakoff, N. P., Podsakoff, P. M., S. B. MacKenzie, T. D. Maynes, & Spoelma, T. M.(2014). Consequences of Unit-level organizational citizenship behaviors: A review and recommendations for future research. *Journal of Organizational Behavior*, 35: 87-119.

Podsakoff, N. P., Scott, B. M., Paine, J. B., & Bachrach, D. G.(2000). Organizational Citizenship

Behavior: A Critical Review of the Theoretical and Empirical Literature and Suggestions for Future Research. *Journal of Management*, 26(3) 513-563.

Podsakoff, P. M. & Mackenzie, S. B.(1997). Impact of organizational citizenship behavior on organizational performance: A review and suggestions for future research. *Human Performance*, 10: 135-151.

Podsakoff, P. M., Ahearne, M., & MacKenzie, S. B.(1997). Organizational Citizenship & the Quantity & Quality of Work Group Performance. *Journal of Applied Psychology*, 82: 262-270.

Pollard, S.(1968). *The Idea of Progress*. C. A. Watts; 느명식(2011). 『자유주의의 역사』. 책과함께.

Price, T.(2007). Corporate social responsibility. *The CQ Researcher*, 17(28): 649-672; Llorens, J. J., Klingner, D. E., & Nalbandian, J.(2018). *Public Personnel Management: Contexts and Strategies*. NY: Routledge. Princeton: Princeton University Press; 이현출(2009). 17대 국회 의원입법안 분석: 발의, 내용, 심의 결과. 『한국정당학회보』, 8(1): 255-826.

Quinn, R. E. & Rohrbaugh, J. A.(1981). Compemting Values Approach to Organizational Effectiveness. *Public Productivity Review*, 5: 122-140; van Wart, M.(1998). *Changing Public Sector Values*. New York & London: Garland Publishing, Inc.

Rabin, J. & Bowman, J. S.(1984). *Politics and administration: Wooddrow Wilson and American public administration*. New York: Marcel Dekker.

Radnitzky, G.(1987a). An Economy Theory of the Civilization and its Policy Implications: Hayek's Account Generalized in Ordo, 38; 민경국(2007). 『하이에크, 자유의 길』. 도서출판: 한울 아카데미.

Rahat, G. & Sheafer, T.(2007). The personalization(s) of politics: Israel, 1949-2003. *Political Communication*. 24(1): 65-80.

Rakove, J. N.(2013). James Madison's Political Thought: The Ideas of Acting Politician. 4-20. Leibiger, S.(ed.). *A Companion to James Madison and James Monroe*. John Wiley & Sons Inc.

Rasch, R., Shen, W., Davies, S. E., & Bono, J.(2008). The development of a taxonomy of ineffective leadership behaviors. *In 23rd annual conference of the Society for Industrial and Organizational Psychology*, San Francisco, CA; Aamodt, M. G. 저, 박세영 · 김정남 · 박형인 · 서용원 · 신강현 · 이혜주 · 정승철 · 조영일 옮김(2017). 『산업 및 조직심리학』. CENEGE Learning.

Ratnapala, S.(1993). The Trident Case and the Evolutionary Theory of F. A. Hayek. *Oxford Journal of Legal Studies*; 민경국(2007). 『하이에크, 자유의 길』. 도서출판: 한울 아카데미.

Rawls, J.(1971). *A Theory of Justice*. The Belknap Press of Harvard University Press.

______(1993). *Political Liberalism*. NY: Columbia University Press; 강황성 · 이용구(2007). 지방정부의 조직학습 촉매기제로서의 성과측정에 관한 연구. 『지방정부연구』, 11(2): 215-239.

______(2001). *Justice as Fairness: A Restatement*(ed by Erin Kelly). The Belknap Press of Harvard University Press.

Rayner, J., Lawton, A., & Williams, D. H.(2012). Organizational Citizenship Behavior & the Public Service Ethos: Whither the Organization? *Journal of Business Ethics*, 106: 117-130.

Refkin, J.(2005). *The European Dream, How Europe's Vision of The Future is Queitly Eclipsing The*

American Dream. Das Forum Constitutionis Europae ist eine gemeinsame Veranstaltung des Walter Hallstein-Instituts und der Robert Bosch Stiftung.

Reisig, M. D. & Lloyd, C.(2009). Procedural justice, police legitimacy, and helping the police fight crime: results from a survey of jamaican adolescents. *Police Quaterly*, 12(1): 42-62.

Reising, M., Bratton, J., & Gertz, M.(2007). The construct validity and refinement of process-based policing measures. *Criminal Justice & Behavior*, 34(8): 1005-1028.

Renauer, B. C. & Covelli, E.(2011) Examining the relationship between police experiences and perceptions of police bias. *Policing: An International Journal of Police Strategies & Management*, 34(3): 497-514.

Riccucci, N. M.(2010). *Public Administration: Traditions of Inquiry and Philosophies of Knowledge*. Washington, DC: Georgetown University Press; Catlaw, T.(2013)(Reviewed Works) Public Administration: The Interdisciplinary Study of Government by Joes C. N. Raadschelders: Public Administration: Tradisions of Inquiry and Philosophies of Knowledge by Norma M. Riccucci. *Journal of Public Administration Research and Theory: J-PART*, 23(3): 758-766.

Ringer, F.(2002a). Max Weber on Causal Analysis, *Interpretation, and Comparison. History and Theory*, 41(2): 163-178.

______(2002b). Max Weber's Liberalism. *Central European History*, 35(3): 379-395.

______(2004). *Max Weber: An intellectual Biography*. Chicago: University of Chicago Press.

Ritz, A., Giauque, D., Varone, F., & Anderfuhren-Biget.(2014). From Leadership to Citizenship Behavior in Public Organizations: When Values Matter. *Review of Public Personnel Administration*, 34(2): 128-152.

Robinson, S. L.(1996). Trust and breach of the psychological contract. *Administrative Science Quarterly*, 41: 574-599.

Robinson, S. L., Kraatz, M. S. & Rousseau, D. M.(1994). Changing Obligations and Psychological Contract: A Longitudinal Study. *Academy of Management Journal*, 37: 279-301.

Robinson, S. L. & Morrison, E. W.(1995). Psychological Contracts and OCB: The Effect of Unfulfilled Obligations on Civic Virtue Behavior. *Journal of Organizational Behavior*, 16(3): 289-298.

Robinson, S. L. & Rousseau, D. M.(1994). Violating the psychological contract: not the exception but the norm. *Journal of Organizational Behavior*, 15: 117-130.

Rohr, J. A.(1986a). *To Run a Constitution*. Lawrence, Kansas: University Press of Kansas.

______(1986b). *To Run A Constitution: The Legitimacy of The Administrative State*. Lawrence, Kansas: The University of Kansas Press; Spicer, M. W. & Terry, L. D.(1993). Legitimacy, History, and Logic: Public Administration and The Constitution. *Public Administration Review*, 53(3): 239-246.

______(1988). Bureaucratic Morality in the United States. *International Political Review*, 9(3): 167-178.

Rohr, J. A. & O'Leary, R.(1989). Public Administration, Executive Power, and Constitutional Confusion. *Public Administration Review*, 49(2): 108-115. Special Issue: Minnowbrook Ⅱ. Changing Epochs of Public Administration.

______(1996). Public Administration, Executive Power, and Constitutional Confusion. *Public Administration Review*, 49(2): 108-115.

Rokeach, M.(1973). *The Nature of Human Values*. New York: Free Press.

Roosevelt, T.(1910). Citizenship in a Republic. Speech delivered at the Sorbonne Paris, France. (April 23).

Rosenbaum, D. P., Maskaly, J., Lawrence, D. S., Escamila, J. H., Enciso, G., Christoff, T. H. & Posick, C.(2017). The Police-Community Interaction Survey: measuring police performance in new ways. *Policing: An International Journal*, 40(1): 112-127.

Rosenbaum, D. P. & McCarty, W. P.(2017). Organizational justice and officer "buy in" in American policing. *Policing: An International Journal*, 40(1): 71-89.

Rosenbloom, D. H.(1975). Public Personnel Administration and the Constitution: An Emergent Approach. *Public Administration Review*, 35(1): 52-59.

______(1983). Public Administrative Theory and the Separation of Powers. *Public Administration Review*, 43(3): 219-227.

______(1993a). Editorial: Have an Administrative Rx? Don't Forget the Politics! *Public Administrative Review*, 53(6): 503-507.

______(1993b). Prescriptive Public Administrative Theory as a Product of Political Dominance. *Administrative Theory & Praxis*, 15(2): 1-10.

______(2001a). History Lessons for Reinventors. *Public Administration Review*, 61(2): 161-165.

______(2001b). "Whose Bureaucracy Is This, Anyway?" Congress' 1946 Answer. *Political Science and Politics*, 34(4): 773-777.

______(2010). Public Sector Human Resource Management in 2020. *Public Administration Review*, (70): 175-176. Supplement to Volume 70: The Future of Public Administration in 2020.

______(2011). Federalist No. 10: How Do Factions Affect the President as Administrator-in-Chief? *Public Administrative Review*, 71, Supplement to Volume 71: The Federalist Papers Revised for Twenty-First-Century Reality. S22-S28.

______(2013). *Federal Service and Constitution: The Development of the Public Employment Relation*(2nd ed.). Geogetown University Press.

______(2014). *Federal Service and the Constitution: The Development of the Employment Relationship*(2nd eds.). Georgetown University Press.

Rosenbloom, D. H., Newbold, S. P., & Doughty, M.(2018). Madison' Ratchet: Ambition Counteracting Ambition and the Aggregation of Political, Managerial, and Legal Controls over Federal Administration. *American Review of Public Administration*, 48(6): 495-505.

Rosenbloom, D. H. & O'Leary, R.(1997). *Public Administration and Law*(2nd ed.). New York: Marcel Dekker; Lynn, L. E. Jr.(2009). Restoring the Rule of Law to Public Administration: What Frank Goodnow Got Right and Leonard White Didn't. *Public Administration Review*, 69(5): 803-812.

Rossiter, C.(1961). (ed.). Publius(1787~1788). The Federalist. NY: New American Library; Rosenbloom.

D. H.(1993). Prescriptive Public Administrative Theory as a Product of Political Dominance. *Administrative Theory & Praxis*, 15(2): 1-10.

______(1964). *Alexsander Hamilton and the Constitution.* New York: Harcourt Brace; Stillman, R. J. Ⅱ.(1982). *The Changing Patterns of Public Administration Theory in America. Public Administration: History and Theory in Contemporary Perspective*(ed by Uveges, J. A. Ⅱ.). Marcel Dekker, Inc.

Roth, P. L., Bobko, P., McFarland, L. A., & Buster, M.(2008). Work sample tests in personnel selection: A meta-analysis of black-white differences in overall and exercise scores. *Personnel Psychology*, 61(3): 637-662.

Rousseau. D. M.(1990). New hire perceptions of their own and their employer' obligations: A study of psychological contracts. *Journal of Organizational Behavior*, 11: 389-400.

______(1995). *Psychological contracts in organizations: Understanding written and unwritten agreements.* Thousand Oaks, CA: Sage.

Rutledge, P. J.(2002). Donald C. Stone Lecture: Some unfinished business in public administration. *Public Administration Review*, 62: 390-394.

Sager, F. & Rosser, C.(2009). Weber, Wilson and Hegel: Theories of Modern Bureaucracy. *Public Administration Review*, 69(6): 1136-1147.

Sahakian, W. S. 저, 박종대 역(1985). 『윤리학』. 서강대학교출판부; 임도빈(2008). 『글로벌 공공윤리』. 법문사.

Samuelson, P. A.(1954). The Pure Theory of Expenditure. *Review of Economics and Statistics*, 36: 387-389.

Samuelson, P. A. & Nordhaus, W. D.(1985). *Economics*(12th ed.). McGRAW-Hill Book Company.

Samuel, V. H. L.(2012). *Liberalism: An Attempt to State the Principles & Proposals of Contemporary liberalism in England.* Rarebooksclub.com; 노명식(2011). 『자유주의의 역사』. 책과함께.

Sandel, M.(2005). *Public Philosophy: Essays on Morality in Politics.* Cambridge, Mass: Harvard University Press.

______(2009). *JUSTICE: What's the right thing to do?* NY: Farrar, Straus and Giroux.

SAROGLOU, V. & MUÑOZ-GARCÍA(2008). Individual Differences in Religion and Spirituality: An Issue of Personality Traits and/or Values. *Journal For the Scientific Study of Religion*, 47(1): 83-101.

Satkunanandan, S.(2014). Max Weber and the Ethos of Politics beyond Calculation. *The American Political Science Review*, 108(1): 169-181.

Savage, J. D.(1999). *Funding Science in America: Congress, Universities, and the Politics of the Academic Pork Barrel.* NY: Cambridge University Press; Lowi, T. J., Ginsberg, B., & Shepsle, K. A(2008). *American Government: Power and Purpose*(Brief 10th ed.). W. W. Norton & Company, Inc.

Scaff, L.(2011). *Max Weber in America.* NJ: Princeton University Press.

Schacter, H. L., Morgan, D. F., Kirwin, K. A., Rohr, J. A., Rosenbloom, D. H., & Schaefer, D. L.(2010). Recovering, Restoring, and Renewing the Foundations of American Public Administration: The Contributions of Herbert J. Storing. *Public Administration Review*, 70(4): 621-633.

Schein, E. H.(1965). *Organizational Psychology*. Englewood Cliffs, NJ: Prentice Hall.

Schiller, Wendy J.(2000). Partners and Rivals: Representation in U.S. Senate Delegations. Princeton: Princeton University Press.

Schlatter, R.(1951). *Private Property: The History of an Idea*. New Brunswick, NJ: Rutgers University Press.

Schulesinger, A. Ⅱ.(1964). *The Politics of Hope*. Eye and Spottiswoode; 노명식(2011). 『자유주의의 역사』. 책과함께.

Schumpeter, J.(1909). On the Concept of Social Value. *The Quarterly Journal of Economics*, 23(2): 213-232.

Schurz, C.(1893). *Editorial. Harper's Weekly*, 37: 614. in Rosenbloom, D. D.(1993). Ibid.

Schwartz, S. H.(1992). Universals in the content and structure of values: Theoretical advances and empirical tests in 20 countries. *Advances in Experimental Social Psychology*, 25: 1-65.

______(1994). Are there universal aspects in the structure and contents of human values? *Journal of Social Issues*, 50(4): 19-49.

Scott, E.(2006). The Risks of Asarco(ed by). Gutmann, A. & Thompson, D. *Ethis and Politics: Cases and Comments*. Thompson Wadswarth.

Shomer Y.(2009). Candidate selection procedures, seniority and vote-seeking behavior. *Comparative Political Studies*, 42(7): 945-970.

Sieyes, A.(1963). *What is the third Estate?*(ed by) S. E. Finer, Pall Mall; 노명식(2011). 『자유주의의 역사』. 책과함께.

Simon, H. A.(1947). A Comment on The Science of Public Administration. *Public Administration Review*, 7(3): 200-203.

______(1957). *A Behavioral Model of Rational Choice in his Models of Man*. New York: John Wiley & Sons; 김영평(1991). 『불확실성과 정책의 정당성』. 고려대학교 출판부.

Slyske, D. V. & Roberts, A. R.(2009). A Poorly Designed Solution for a Misdiagnosed Problem. *Administration & Society*, 41(1): 127-129.

Smith, A.(2009). *The Theory of Moral Sentiments: introduction by Amartya Sen*(250th Anniversary ed.). Penguin Classics.

Smith, P. C. & Kendall, L. M.(1963). Retranslating expectations: An approach to the construction of unambiguous anchors for rating scales. *Journal of Applied Psychology*, 47: 149-155.

Spicer, M. W.(2010). *In Defense of Politics in Public Administration: A Value Pluralist Perspective*. The University of Alabama Press.

Spicer, M. W. & Terry, L. D.(1993). Legitimacy, History, and Logic: Public Administration and the Constitution. *Public Administration Review*, 53(3): 239-246.

Spohn, C., Gruhl. J., & Welch, S.(1981). The Effect of Race on Sentencing: A Re-Examination of an Unsettled Question. *Law & Society Review*, 16(1): 71-88.

Starr, B. E.(1999). The Structure of Max Weber's Ethic of Responsibility. *The Journal of Religious*

Ethics, 27(3): 407-434.

Stever, J. A.(1988). *The End of Public Administration: Problems of the Profession in the Post-Progressive Era*. Dobbs Ferry, NY: Transnational Publishers.

Stigilitz, J.(2000). *What I Learned at the World Economic Crisis.* The New Republic(April 17); 팰러스트, G., 오펜하임, J., & 맥그리거, T. 저, 조택 역(2004). 『민주주의와 규제』. 이화여자대학교 출판부.

Stillman, R. J. Ⅱ.(1982). The Changing Patterns of Public Administration Theory in America(ed by Uveges, J. A.). *Public Administration: History in Contemporary Perspective.* Marcel Dekker, Inc.

______(1997). American vs. European Public Administration: Does Public Administration Make the Modern State, or Does the State Make Public Administration? *Public Administration Review*, 57(4): 332-338.

Stimson, H. L.(2006). The Decision to Use the Atomic Bomb. (ed by) Gutmann, A. & Thompson, D. *Ethics and Politics: Cases and Comments.* Thompson Wadswarth.

Storing, H. J.(1962). The Science of Administration: Herbert A. Simon. In Essays on the Scientific Study of Politics, edit by Herbert J. Storing. 63-150. New York Holt, Rinchart & Winston. In Schacter, H. L., Morgan, D. F., Kirwin, K. A., Rohr, J. A., Rosenbloom, D. H., & Schaefer, D. L.(2010). Recovering, Restoring, and Renewing the Foundations of American Public Administration: The Contributions of Herbert J. Storing. *Public Administration Review*, 70(4): 621-633.

______(1965). Leonard D. White and the study of public administration. *Public Administration Review*, 25(1): 38-51. In Christensen, R. K.(2009). Running The Constitution: Framing Public Administration. *Public Performance & Management Review*, 32(4): 604-609.

______(1981). What the Anti-Federalism Were for: The Political thought of the Constitution. Vol. 1 of The Complete Anti-Federalist. Chicago: University of Chicago Press; Schacter, H. L., Morgan, D. F., Kirwin, K. A., Rohr, J. A., Rosenbloom, D. H., & Schaefer, D. L.(2010). Recovering, Restoring, and Renewing the Foundations of American Public Administration: The Contributions of Herbert J. Storing. *Public Administration Review*, 70(4): 621-633.

Suchman, M.(1995). Managing legitimacy. *Academy of Management Review*, 20: 571-610; Tyler, T. R., Goff, P. A., & MacCoun, R. J.(2015). The Impact of Psychological Science on Policing in the United States: Procedural Justice, Legitimacy, and Effective Law Enforcement. *Psychological Science in the Public Interest*, 16(3): 75-109.

Suleiman, E. N.(2013[2003]). *Dismantling Democratic States.* Princeton University Press(e-book).

Sunshine, J. & Tyler, T.(2003). The role of procedural justice and legitimacy in shaping public support for policing. *Law & Society Review*, 37(3): 513-547; McCluskey, J. D. & Reisig, M.(2017). Explainng procedural justice during police-suspect encounters: A systemic social observation study. *Policing: An International Journal*, 40(3): 574-586.

Svara, J. H.(1994). The structural reform impulse in local government: Its past and relevance to the future. *National Civic Review*, 3: 323-347.

Swedberg, R.(1999). Max Weber as an Economist and as a Sociologist: Towards a Fuller Understanding of Weber's View of Economics. *The American Journal of Economics and Sociology*, 58(4): 561-581.

______(2003). The Changing Picture of Max Weber's Sociology. *Annual Review of Sociology*, 29: 283-306.

Sweeney, P. D. & McFarlin, D. B.(1993). Workers' evaluation of the "ends" and the "means": An examination of four models of distributive and procedural justice. *Organizational Behavior and Human Decision Processes*, 55: 23-40.

Tayler, J.(2013). Goal Setting in the Australian Public Service: Effects on Psychological Empowerment and Organizational Citizenship Behavior. *Public Administration Review*, 75(3): 453-464.

Terrill, W. & Reisig, M.(2003). Neighborhood context and police use of force. *Journal of Research Crime and Delinquency*, 40(3): 291-321.

Tett, R. P. & Meyer, J. P.(1993). Job Satisfaction, organizational commitment, turnover intention, and turnover: Path analysis based on meta-analytic findings. *Pesonnel Psychology*, 46: 259-291.

the Harvard Law Association(1966). Private Bills in Congress. *Harvard Law Review*, 79(8): 1684-1706.

Thibaut, T. R. & Walker, L.(1975). *Procedural Justice: A Phychological Analysis*. Lawrence Erlbaum Associates, NJ; Galovic, S., Birch, P., Vickers, M. H., & Kennedy, M.(2016). Procedural justice and frontline policing: the effects of the police complaints system. *Journal of Forensic Practice*, 18(3): 170-181.

Thompson, D. F.(1987). *Political Ethics & Public Office*. Harvard University Press.

______(1992). Paradoxes of Government Ethics. *Public Administration Review*, 52(3): 254-259.

______(2013). Reconstructing republican freedom: A critique of the neo-republicanism concept of freedom as non-domination. *Philosophy & Social Criticism*, 39(3): 277-298.

Thompson, J. D.(1914). An Analysis of Present Methods of Congressional Legislation. *The American Political Science Review*, 8(1): 168-175. Supplement: Proceedings of the American Political Science Association at Its Tenth Annual Meeting.

Treiber, H.(2007). Moderner Staat und moderne Burokratie bei Max Weber; Max Weber Staatsoziologie: Positinen und Prespektiven. (ed by) Andreas Anter and Stefen Breuer. 121-155. Baden-Baden: Nomos; Sager, F. & Rosser, C.(2009). Weber, Wilson and Hegel: Theories of Modern Bureaucracy. *Public Administration Review*, 69(6): 1136-1147.

Tulli Jr., C. G.(1989). Public Personnel Policy in A Conservative Era: An Overview. *Journal of Health and Human Resources Administration*, 11(3): 352-366.

Tullock, G.(1965). *The Politics of Bureaucracy*(5th ed.). Washington: Public Affairs Press.

Turnley, W. H. & Feldman, D. C.(1999). The impact of psychological contract violations on exit, loyalty and neglect. *Human Relations*, 52: 895.

Tyler, K.(2007). Mediating a better outcome. *HR Magazine,* 52(11): 63-66.

Tyler, T. R.(1990). *Why People Obey the Law: Procedural Justice, Legitimacy, and Compliance.*

New Haven, CT: Yale University Press; Galovic, S., Birch, P., Vickers, M. H., & Kennedy, M.(2016). Procedural justice and frontline policing: the effects of the police complaints system. *Journal of Forensic Practice*, 18(3): 170-181.

______(1997). The Psychology of Legitimacy: A Relational Perspective on Voluntary Deference to Authorities. *Personality and Social Psychology Review*, 1(40): 323-345.

______(2006). *Why people obey the law*. Prinston, NJ: Prinston University Press; Tyler, T. R., Goff, P. A., & MacCoun, R. J.(2015). The Impact of Psychological Science on Policing in the United States: Procedural Justice, Legitimacy, and Effective Law Enforcement. *Psychological Science in the Public Interest*, 16(3): 75-109.

Tyler, T. R., Goff, P. A. & MacCoun, R. J.(2015). The Impact of Psychological Science on Policing in the United States: Procedural Justice, Legitimacy, and Effective Law Enforcement. *Psychological Science in the Public Interest*, 16(3): 75-109.

Tyler, T. R. & Huo, Y.(2002). Trust in the Law: Encouraging Public Cooperation with the Police and Courts Through. New York, NY: Russell Sage Foundation; Galovic, S., Birch, P., Vickers, M. H., & Kennedy, M.(2016). Procedural justice and frontline policing: the effects of the police complaints system. *Journal of Forensic Practice*, 18(3): 170-181.

Tyler, T. R. & Wakslak, C.(2004). Profiling and police legitimacy: procedural justice, attributions of motive, and acceptance of police authority. *Criminology*, 42(2): 253-281.

Tziner, A., Kopelman, R. E., & Livnech, N.(1993). Effects of performance appraisal format on perceived goal characteristics, appraisal process satisfaction, and changes in rated job performance: A field experiment. *Journal of Psychology*, 127(3): 281-292.

Urban, W. M.(1902). The Relation of the Individual to the Social Value Series I. *Philosophical Review*, 11(3): 125-138.

Vanberg, V.(1989). Hayek as a Constitutional Political Economics. in *Wirtshaftspolitische Blätter*. 36(2); 민경국(2007). 『하이에크 자유의 길』. 도서출판: 한울 아카데미.

______(1994). *Rules and Choice in Economics*. London in Contemporary Perspective. New York and Basel: Marcel Dekker, Inc; 민경국(2007). 『하이에크, 자유의 길』. 도서출판: 한울 아카데미.

Vandenabeele, W.(2007). Toward a public administration theory of public service motivation: An institutional approach. *Public Management Review*, 9(4): 545-556.

______(2009). The impact of public service motivation in an international organization: job satisfaction and organizational commitment in the European Commission.

van Dyne, L., Cumming, L. L., & McLean Parks, J. M.(1995). Extra-role behaviors: In pursuit of construct and definition clarity(A bridge over muddied waters); Mackenzie, S. B., Podsakoff, P. M., & Podsakoff N. P.(2011). Challenge-oriented organizational citizenship behaviors and organizational effectiveness: Do challenge-oriented behaviors really have an impact on the organization's bottom line? *Personnel Psychology*, 64: 559-592.

van Riper, P. P.(1984). The Politics-Administration Dichotomy: Concept or Reality? 230-218: Rabin, J. & Bowman, J. S.(ed.). *Politics and Administration: Woodrow Wilson Public Administration*. NY: Marcel Dekker.

van Schaardenburgh, A. & van Beek, L.(1998). Competentiemanagement binnen de overheid. Overheidsmanagement, 11(11): 227-231; Hondeghem, A. & Vandermeulen, F.(2000). Competency management in the Flemish and Dutch civil service. *The international Journal of Public Sector Management*, 13(4): 342-353.

van Wart, M.(1996). The Sources of Ethical Decision Making for Individuals in the Public Sector. *Public Administration Review*, 56(6): 525-533.

______(1998). *Changing Public Sector Values*. New York & London: Garland Publishing, Inc.

Vigoda-Gadot, E.(2002). Administrative Agents of Democracy? A Structural Equation Modeling of the Relationship between Public-Sector Performance and Citizenship Involvement. *Journal of Public Administration Research and Theory* 12(2): 241-272.

Vigoda-Gadot, E. & Beeri, I.(2012). Change-Oriented Organizational Citizenship Behavior in Public Administration: The Power of Leadership and the Cost of Organizational Politics. *Journal of Public Administration Research and Theory*, 22: 573-596.

Vigoda-Gadot, E. R. A. N., & Meiri, S.(2008). New public management values and person-organization fit: a socio-psychological approach and empirical examination among public sector personnel. *Public Administration*, 86(1): 111-131.

Vigoda-Gadot, E., Shoham, A., & Vashdiet, D. R.(2010). Bridging bureaucracy and democracy in Europe: A comparative study of perceived managerial excellence, satisfaction with public services, and trust in governance. *European Union Politics*, 11(2): 289-308.

Waldo, D.(2007[1948]). *The Administrative State: A Study of the Political Theory of American Public Administration*. (with a new introduction by Hugo T. Miller). Routledge: Taylor & Francis Group.

______(1952). 'Development of Theory of Democratic Administration' Replies and Comments. *American Political Science Review*, 46(2): 494-503.

______(1965). Public Administration and Culture. Martin, R. C.(ed.). *Public Administration and Democracy: Essays in Honor of Paul Appleby*. Syracuse University Press; 테리 L. 쿠퍼 저, 행정사상과 방법론연구회 역(2013). 『공직윤리: 책임 있는 행정인』. 도서출판: 조명문화사.

______(1968). Public Administration. *The Journal of Politics*, 30(2): 443-479.

Walzer, M.(1973). Political Action: The Problem of Dirty Hands. *Philosophy and Public Affairs*, 2(2): 162-180; 데니스 F. 톰슨 저, 황경식 · 정원규 역(1999). 『공직의 윤리』. 철학과 현실사.

______(1983). *Spheres of Justice: A Defense of Pluralism and Equality*. New York: Basic Books.

Wamsley, G.(2001). Reflections on the Passing of Dwight Waldo. *Administration & Society*, 33(3): 247-350; Miller, H. T.(2007). Introduction. Waldo, D.(1948). *The Administrative Stae: A Study of Political Theory of American Public Administration*. Routledge: Taylor & Francis Group.

Warner, B. E.(2001). John Stuart Mill's Theory of Bureaucracy within Representative Government: Balancing Competence and Participation. *Public Administration Review*, 61(4): 403-413.

Watson, R. A.(1988). The President's Veto Power: Congress and the Presidency: Invitation to Struggle. *The Annals of the American Academy of Political and Social Science*, 499: 36-46.

Weber, M.(1956[1915]). The social psychology of the world religions; Swedberg, R.(2003). The

Changing Picture of Max Weber's Sociology. *Annual Review of Sociology*, 29: 283-306.

______(1919a). (ed by) Breijimas, J.(trans by Wells, G. C.). *Max Weber 1864-1920: Max Weber's Complete Writings on Academic & Political Vacations*. New York: Algora Publishing.

______(1919b). Deutchlands Kunftige Staatsform, Frankfurt am Main: Druck und Verlag der Frankfurter Societats-Druckerei GmbH; Sager, F. & Rosser, C.(2009). Weber, Wilson and Hegel: Theories of Modern Bureaucracy. *Public Administration Review*, 69(6): 1136-1147.

______(1921). *Gesammelte Politishre Schriften*. Tübingen; 전성우(1996). 『막스 베버 역사사회학 연구: 서양의 도시시민계층 발전사를 중심으로』. 사회비평사.

______(1924). *Gesammelte Aufsäte zur Religionssoziologie*. Tübingen; 전성우(1996). 『막스 베버 역사사회학 연구: 서양의 도시시민계층 발전사를 중심으로』. 사회비평사.

______(1968a). *Economy & Society*. New York; 권혁주(2006). 공무원연금의 개혁과 정책적 쟁점. 『보건복지포럼』. 31-39.

______(1968b). *Economy and Society*(G. Roth & C. Wittich, eds.). Berkely: University of California Press; Tyler, T. R., Goff, P. A., & MacCoun, R. J.(2015). The Impact of Psychological Science on Policing in the United States: Procedural Justice, Legitimacy, and Effective Law Enforcement. *Psychological Science in the Public Interest*, 16(3): 75-109.

______(1968c). *Economy & Society: An outline of Interpretive Sociology*. New York: Bedminister Press; 임도빈(2000). 신공공관리론과 베버의 관료제이론. 『행정논총』, 38(1): 51-72.

______(1978). (ed by Guenther Roth and Claus Wittich). *Economy and Society*. Berkeley: University of California Press.

______(1979). *Wirtschaft und Gesellschaft*. Tübingen; 전성우(1996). 『막스 베버 역사사회학 연구: 서양의 도시시민계층 발전사를 중심으로』. 사회비평사.

______(1980). *Wirtchaft und Gesellshaft: Grundriss der verstehenden Sciologie*. Tübingen: J. C. B. Mohe(Paul Siebeck); Sager, F. & Rosser, C.(2009). Weber, Wilson and Hegel: Theories of Modern Bureaucracy. *Public Administration Review*, 69(6): 1136-1147.

______(2019[1922]). *Max Weber: Economy & Society*(ed & trans by Keith Tribe). Harvard University Press.

Weissert, C. S.(1991). Issue Salience and State Legislative Effectiveness. *Legislative Studies Quarterly*, 16(4): 509-520.

Weitzer, R.(2002). Incidents of police misconduct and public opinion. *Journal of Criminal Justice*, 30(5): 397-408.

Werner, J. M. & Bolino, M. C.(1997). Explaining U.S. Courts of Appeals decisions involving performance appraisal: Accuracy, fairness, and validation. *Personnel Psychology*, 50(1): 1-24.

Wesolowski, M. A. & Mossholder, K. W.(1997). Relational demography in supervisor-subordinate dyads: Impact on subordinate job satisfaction, burnout, and perceived procedural justice. *Journal of Organizational Behavior*, 18: 351-362.

Whetten, D. A. & Cameron, K. S.(2006, 2007). *Developing Management Skills*(6th ed.). Pearson Education International.

Whitaker, G. P.(1980). Coproduction: Citizen participation in service delivery. *Public Administration*

Review, 40: 240-246.

White, C., Hogan, M., Shelley, T., & Unnithan, N. P.(2017). The influence of procedural justice on citizen satisfaction with state law enforcement. *Policing: An International Journal*, 41(6): 687-703.

White, L. D.(1926). Introduction to the study of public administration. New York: Macmillan; Christensen, R. K.(2009). Running The Constitution: Framing Public Administration. *Public Performance & Management Review*, 32(4): 604-609.

______(1965). *The Jacksonians*. New York: Free Press; Tulli Jr., C. G.(1989). Public Personnel Policy in A Conservative Era: An Overview. *Journal of Health and Human Resources Administration*, 11(3): 352-366.

Wildavsky, A.(1966). The Political Economy of Efficiency: Cost-Benefit Analysis, Systems Analysis, and Program Budgeting. *Public Administration Review*, 26: 292-310.

Willoughby, W. F.(1934). *Principles of Legislative Organization and Administration*. Washington, DC: Brookings Institute.

Wilson, W.(1887). The Study of Administration. *Political Science Quarterly*, 56(4): 481-506.

______(1892). *The State: Elements of Historical and Practical Politics; A Sketch of Institutional History and Administration*. Boston: D.C. Heath & Co; 유현종(2013). Woodrow Wilson, 박동서, 그리고 한국행정. 『행정논총』, 51(3): 31-66.

______(1961[1908]). *Constitutional Government in the United States*. NY: Columbia University Press.

______(1910). Hide-and-Seek Politics. *The North American Review*, 191(654): 585-601.

______(1984[1912]). The New Meaning of Government. (ed by) Charles T. Goodsell. *Public Administration Review*, 44(3): 193-195.

Wood, G. S.(2006). *Revolutionary characters: What made the founders different*. NY: Penguin Press.

Woodruff, C.(1991). "Competent by any other name" *Personnel Management*. 38-43; Moore et al.(2002). Competence, competency and competencies: performance assessment in organizations. *Work Study*, 51(6): 314-319.

Woon, J.(2009). Issue Attention and Legislative Proposals in the U.S. Senate. *Legislative Studies Quarterly*, 34(1): 29-54.

Worley, C.(2003). *Analysis of Travis County Performance Appraisal Systems*. An Applied Research Project. Southwest Texas State University.

Wright, B. E.(2010). Public Administration in 2020: Balancing Values as a Journey, Not a Destination. *Public Administration Review*, 70. Supplement to Volume 70: The Future of Public Administration in 2020: S312-S313.

Wrzesniewski, A., McCaule, C., Rozin, P., & Schwartz, B.(1997). Jobs, Careers, and Callings: People's Relations to Their Work. *Journal of Research in Personality*, 31: 21-33.

Yang, Kaifeng(2005). Public Administrators' Trust in Citizens: A Missing Link in Citizen Involvement Efforts. *Public Administration Review*, 65(3): 273-285; 유의정 · 이숙종(2015). 일선공무원의

시민신뢰가 시민참여 수용성에 미치는 영향: 정책과정 및 유형별 시민참여 필요성의 조절효과를 중심으로. 『한국행정학보』, 49(1): 29-57.

______(2006). Trust and Citizen Involvement Decisions: Trust in Citizens, Trust in Institutions, and Propensity to Trust. *Administration & Society*, 38(5): 572-595; 유의정 · 이숙종(2015). 일선공무원의 시민신뢰가 시민참여 수용성에 미치는 영향: 정책과정 및 유형별 시민참여 필요성의 조절효과를 중심으로. 『한국행정학보』, 49(1): 29-57.

Yeom, J.(1996). The Contribution of Organizational Theories to the Study of Public Administration. 『행정과 정책』, 2: 83-121.

Yoo, C. S., Calabresi, S. G., & Colangelo, A. J.(2005). The Unitary Executive in the Modern Era. 1945-2004. *Iowa Law Review*, 90(2): 601-731.

Young, J.(1996). *The Washington Community*. 1800-1828. NY: Columbia University Press; 함성득 · 남유진(1999). 『미국정치와 행정』. 도서출판: 나남.

찾아보기

인명

굿노우(F. J. Goodnow) 184
귤릭(L. Gulick) 184
그린(T. H. Green) 105
기개스(Gyges) 30, 134
도날드 멘젤(Donald C. Menzel) 95
로버트 라이시(R. Reich) 293
로위(T. J. Lowi) 27
로젠블룸(D. H. Rosenbloom) 51, 70, 133
루스벨트(F. D. Roosevelt) 45, 52, 114
링컨(Abraham Lincoln) 42
마키아벨리(Niccolo Machiavelli) 435
마틴 루터(Martin Luther) 440
막스 베버(Max Weber) 26, 30, 32, 35, 42, 50, 55, 60, 68, 69, 77, 108, 277
매디슨(James Madison) 29, 41, 42, 43, 131
맥체스니(F. S. McChesney) 116
맥클랜드(D. C. MaClelland) 364
맨더빌(Bernard Mandevile) 30
모셔(F. C. Mosher) 47
무솔리니(Benito Mussolini) 295
바이든(Joe Biden) 64
반두라(A. Bandura) 241
반베르그(V. Vanberg) 112
반 와트(M. van Wart) 46, 55, 95
버락 오바마(Barack Obama) 135
버크(E. Burke) 105
벨푸어(D. L. Balfour) 26
보야티스(R. E. Boyatzis) 364
사이먼(H. A. Simon) 27, 142
서재필 191
슘페터(J. Schumpeter) 30
스토링(H. J. Storing) 149, 150, 169
스티글리츠(J. Stiglitz) 117, 314
스파이서(M. W. Spicer) 55, 90
시어도어 루스벨트(T. Roosevelt) 82, 114, 118, 133
아담스(G. B. Adams) 26
아리스토텔레스(Aristotle) 29
아지리스(C. Argyris) 349
안문석 216
알렉시스 드 토크빌(Alexis de Tocqueville) 27
애덤 스미스(Adam Smith) 30, 41, 42, 88, 152
앤드류 잭슨(Andrew Jackson) 42, 55
앨 고어(Al Gore) 31, 146
오스트롬(E. Ostrom) 37
왈도(D. Waldo) 27, 40, 51, 60, 72, 83, 142
왈저(M. Walzer) 217
우드로 윌슨(T. W. Wilson) 45, 52, 69, 72, 76, 118, 123, 284
유진오 201
윌로우비(W. F. Willowghby) 48
윌리엄 윌버포스(William Wilberforce) 103

이승만 191
이종범 83, 90
임도빈 311
잉그레이엄(P. Ingraham) 153
제러미 리프킨(Jeremy Refkin) 90, 441
조소앙 201
존 로크(John Locke) 444
존 스튜어트 밀(J. S. Mill) 32, 114, 118
찰스 다윈(Charles R. Darwin) 441
최치원 71
칸트(I. Kant) 108, 442
콜버그(L. Kohlberg) 117, 273, 301
쿠텐베르크(J. Gutenberg) 297
클린턴(Bill Clinton) 31
타일러(T. R. Tyler) 240, 243
털럭(G. Tullock) 89
테리 쿠퍼(Terry D. Cooper) 95
토마스 힐 그린(T. H. Green) 97, 202, 281
톰슨(Dannis F. Thompson) 216
트럼프(Donald Trump) 63
파슨스(T. Parsons) 71, 78, 289
폴 크루그먼(Paul Krugman) 169, 215
푸블리우스(Publius) 131, 150, 169
피터스(B. G. Peters) 89
하이에크(F. A. Hayek) 97, 99
하인츠(Heinz) 302
해밀턴(Alexander Hamilton) 43, 113
해밀턴(James Hamilton) 131
헤겔(G. W. F. Hegel) 76
헤르네스(T. Hernes) 83
화이트(L. D. White) 149

사항

ㄱ

가격폭리방지법 300
가치 264, 265, 269
가치다원성 263
가치다원주의 26, 83, 89, 110, 156
가치다원주의자 77, 81
가치와 사실의 분리 263
가치자유 68, 70, 71, 78, 87, 88
가치정합성 274
가치중립 68, 70
가치합리성 121
가치합리성 개념 289
간접선거제도 437
갑신정변 195
갑오개혁 195
강제선택형 평정척도 399
개방형공무원직 56
개방형 직위분류제 434
개별 기술적 방법론 154
개별사례분석방법론 60
개별사례 비교분석 71
개별적인 협동생산 62
개인가치 264
개인가치군 271
개인가치 유형 274
개인 간 시민행동 327
개인 간 화합 지향 306
개인역량 366
개인의 인치 186
개인적 연계문제 90
개인적인 내적(內的) 규제 298
개인적인 자유 102
개인적 자유주의 95, 96, 119, 191

개인적 정의 122, 147, 156
개인주의 문화 279
개인주의 100, 156, 275, 276, 351
개인주의자 81
개인주의적 삶 273
거래적 계약 349
거버넌스 61, 117, 152
건국헌법 34, 191
건국헌법원리 129, 149, 156
결과(성과)중심 63
결과주의 사고 123
결과중심적인 사고 108
결정의 질 247, 248
경력개발 프로그램 351
경력개방형 직위공모 388
경력주의 325
경쟁가치모델 286
경쟁가치 틀 337
경쟁적 가치 문화 359
경쟁적 가치모형 286
경제적·도구적 합리성 301
경제적인 균등 213
경제적인 합리성 30
경제적 자유 109
경제적 효율성 292
경찰력 245
경찰서비스 245
경찰활동에 관한 대통령 특별위원회 244
경험에 대한 개방성 268
경험주의 263
계급제 46
계몽주의 33, 77, 281
계몽주의학파 435
계약법 101
계약주의 150
계층제적 관료 조직 84
계층제적 조직 360
고객만족 역량 395
고객서비스 모델 369
고객 지향성 358
고객친화적인 생산 361
고용법 143
고용상 연령차별금지법 412
고용평등기회위원회 63, 407, 416
고용표준청 63, 424
고위공무원 교육기관 159
고위공무원단 405
고위공무원단제도 56
고위공무원수사처 134
고정관념 241, 254
고질민원 256
공공가치 280
공공 법안 145
공공봉사동기 280, 317
공공부문 40
공공선택론 324
공공입법 221
공공입법안 226, 227
공동체적 자유주의 292
공동체 지향적 삶 273
공동협력자 408
공리주의 25, 27, 32, 107, 150, 178, 213
공리주의자 441
공무원 25, 42
공무원교육훈련법 342
공무원 노조활동 131
공무원대학 330
공무원 신분보장 170
공무원의 태만 222
공무원 익명성 390
공무원 인사개혁법 55
공무원인사위원회 44
공무원인재개발법 342
공무원헌장 343
공민적 청렴성 275, 282, 292, 295, 333, 342
공법 103, 281

공수처 31
공심 198
공익가치 339
공익대변자 386
공익성 347
공인 282
공적인 통정성 46
공정 403
공정고용사무소 417
공정성 36, 48, 75, 346
공정한 과정 243
공지성 117
공직가치 283
공직관 346
공직생활실태조사 277, 433
공직신분보장법 137
공직자 25
공화주의 25, 33, 62, 101, 186, 188
과장급 세부 역량 393
과학적인 접근법 60
과학혁명 101, 189
관계욕구 267
관계적 계약 349
관료정치 49
관료제 68
관료제 때리기 148, 167
관료제의 병리 105, 117, 255
관료제적 철학 69
관료 지배현상 72
관료집단의 편익 255
관리역량 366
관리자 역량 372
관리자 역량모델 371
관리자의 능력 370
관리주의 69, 167
관리주의 행정학 53
관방제 115
관찰학습 241, 248, 249
교육주도형 286
교육훈련지침 343
구성공화국 85
구성주의적 합리주의 103, 178
구유여물 챙기기 227, 231
구제금융 54
구조화된 면접 429
국가공무원인재개발원 391
국가관 344
국가기관 40
국가성과관리(NPR) 146, 147
국가성과관리 계획 146
국가손해배상법 222
국가안보 428
국가운영기술 149, 169
국가 정체 184
국가주의화 443
국가지상주의 105, 117
국가통제주의자 340
국립경제조사국 423
국립행정아카데미(NAPA) 134, 162, 173, 175, 411
국민교육헌장 160, 206
국민의 편익 255
국민주권의 원리 51
국민투표 33
국부론 29, 30
국정목표 구현자 386
군민공치 195
궁극가치 271, 280
권력 130, 139
권력(power) 투쟁 168
권력분립 27, 31
권력분립의 원리 51
권력의 위임 58
권리장전 105
권리평등 자유주의 289
귀속 275

귀속 문화 277, 278
귀인오류 255
귀족 정부 137
규범적 가치 142
규범적 기반 318
균형성과제도 349
균형인사제도 433
근태관리 357
금서(禁書) 446
금융위기 292
기계적 조직구조 84
기능적 접근 368
기능중심 관리 367
기능중심의 접근법 367
기독교 강요 298
기술적 변수 269
기술적인 엽관 150
기술적인 합리성 26, 36
기업가정신 82
기업의 자산규모 370
기질 269
긴급명령권 155
깨어진 유리창이론 245, 250
끌림의 동기 282

ㄴ

내부고발 31, 46, 129, 135, 149, 160, 172, 295
내부고발법 154, 160
내부고발자 46, 320
내부고발제도 46
내부통제 275, 279
내적조망 290
냉소주의 242, 246, 250
네덜란드 378
네트워크 152
노동권 104
노동단결권 104
노동부 설치법 138
노모스(nomos) 101, 281
노사이익균점권 201
노사이익분배균점권 200
노예무역 폐지 103, 104
논리실증적인 접근방법 26
논리실증주의 36, 86
논리실증주의 접근방법 26
논리적 일관성 358
논리적 평정오류 399
농림부 설치법안 140
누른베르크 재판 296, 334
뉴딜정책 114
느린 함정 254
능률성 32, 69, 86
능률정부 142
능률중심 사고 74

ㄷ

다면평가 358
다수에 의한 전제정치 107, 340, 442
다수의 전제 150
다수의 행복 107
다신교주의 80
다양성 344
다원주의 289
대공황 293
대리인의 관계 26
대안적 분쟁해결전략 417
대우의 질 247, 248, 256
대응성 33, 43, 54
대의민주주의 33, 75
대의정부론 114
대의제 313
대인간 영역 374
대통령실 143
대통령운영관리위원회 139

대통령의 특권 148
대통령 중심의 통치제도 161
대통령중심제 224
대표관료제 91, 131, 153
대표성 312
대혁명 189
더러운 손(dirty hands) 312
더러운 정치 130, 168, 184
데모스 33
도구적 가치 271, 274, 280
도구적 상대주의 304
도구적 합리성 30, 36, 71, 76, 102
도당(faction) 49, 137, 151, 171, 437
도덕성 347
도덕성 발달 단계 302
도덕성 판단수준 302
도덕적 무관심성 79
도덕적 발달 273
도덕적 발달 단계 273, 301
도덕적 성숙성 모델 117
도덕적 해이 107, 232
도덕행동 301
도식평정척도 399
도전 지향된 행동 329
독립선언 189
독립신문 189
독립운동사편찬위원회 191
독립정신 191
독일농민전쟁 298
독임제 리더 51
독임 집행관 83
독점금지법 114, 141
동기부여 394
동기부여 영역 374
동기역량 358
동기적 변수 269
동기중심 213
동료감정 88
동료의식 35
동성혼(同姓婚) 39
동양 유교 277

ㄹ

레퍼토리 그리드 380
루게릭 병 346
루소주의자 147
르네상스 운동 189
리더십 스타일 337

ㅁ

마르크시즘(Marxism) 68
마리화나 244
마약거래상 244
만민균등의 경제원칙 201
만민평등주의 202
만민균등주의 183, 185, 186, 212
만병통치약 438
맞춤형 인사시스템 361
매디슨 래칫 439
매디슨주의자 147
맥락적 성과 327
명령불복종 296
목재와 석재법 140
목재조성법 140
목적가치 89, 294
목적론적 관점 80
목측 합리성 76, 90
목표에 의한 관리 349
몰주관성 289
무법 행정 127, 171
무정부상태 132
무정부주의 119, 152
무정부주의자 171
무제한적 민주주의 111

문맹률 297
문화과학 154
문화상대주의 263
미국 고위공무원단 382
미국 정치체제의 악 437
미국 헌법원리 168
미국 헌법원리 위반 158
미노브룩(Minnowbrook) 75, 77, 127, 130, 444
미노브룩 관점 36
미노브룩 컨퍼런스 127, 134, 154, 156
미시관리 143, 146, 229
민간경력개방 387
민본주의 185, 186, 194, 202, 204, 214
민영화 51, 52, 53, 54, 129, 147, 295
민주공화제 198, 199
민주복지국가 207
민주사회주의 200
민주성 344
민주적·사회적 연방국가 188
민주적인 통제 134
민주적·헌법적 가치 143, 160
민주주의 25, 27
민주주의의 법 35, 99
민주헌법적인 국가 135
민주헌법주의 25, 35, 49, 184, 357, 440
믿을 만함 247, 248

ㅂ

바이마르 헌법 111, 116, 193, 201
반정치적 70
반관료적 철학 88
반관료제 연합 149, 167
반관료주의적 철학 127
반국가지상주의 이념 151
반실증주의 88
반연방주의자 150
반전 좌파 244
반정부적인 인사시스템 361
방법론적 개인주의 79
방종 189
배심원 정리 437
배양이론 250
배양효과 251
배재학당 191
배타주의 275
배타주의 문화 276
밴드설정법 428
법과 질서 유지 지향 307
법령준수의무 445
법률 제·개정안 초안 58
법실증주의 103, 119
법적 차원에서의 가치 338
법 적합성 32
법치국가의 원리 51
베테랑 296
베트남전 참전 퇴역군인 재적응 지원법 406
변혁적 리더십 321
변화에 개방성 274
변화에 대한 개방성 272
변화혁신 주도자 386
보수주의 105, 132, 272, 274
보통법 89, 102
보통사람의 정부 138
보편적 윤리원칙 96
보편주의 275
보호자 문화 245
부당해고 404
부처독립주의 378
부패방지 및 국민권익위원회 설치에 관한 법률 163
분점정부 53, 159, 169
불가능성의 정리 105, 437
불리효과 405, 412, 425
불법행위법 101

불법행위책임법 143
브라운로우 83, 128, 132, 439
브라운로우 위원회 139, 168
블랙리스트 332, 447
블랙스버그 88, 444
블랙 컨슈머 313
비구조화된 면접 429
비밀주의 123
비용편익분석 32, 105, 155
비즈니스 윤리 280
비지배의 자유 218
비판적인 연구접근법 26
빠른 함정 255

ㅅ

사고 영역 374
사권박탈법 233
사막토지법 140
사민주 183
사법 281
사실과 가치의 분리 78
사일로(silo)형 인사제도 56
사적입법 31, 32, 221, 231
사적입법안 227
사적입법제도 222, 226
사적입법화 144
사회국가원리 444
사회민주주의 28, 119, 188, 200
사회보장법 104
사회성 203
사회심리적인 분석기법 26
사회재 203
사회적 가치 36, 110, 111, 116, 118, 120, 209, 290
사회적 가치창출 95
사회적 계약 법률 지향 308
사회적 시장경제 질서 183, 188
사회적 시장경제 질서 국가 28, 207, 212
사회적 양심 지향 309
사회적 외적(外的) 규제 298
사회적 정의 122, 147
사회적 합의 158
사회적 형평 36, 127, 156
사회적 형평성 127
사회적 효율성 95
사회주의 25, 28, 96, 213
사회주의 체제 265
산림법 141
산업평균 판매수익률 370
산출중심의 성과관리 방식 358
삼균주의 183, 185, 186, 201
삼일 독립선언서 404
삼일 독립운동 정신 404
상대적 쾌락주의 304
상해임시정부 404
새 자유주의 97, 109, 289
서울행정학회 287, 334, 342
선의 323
선임관리자 형태의 정부 57
선험적 권리 310
성격 267, 270
성과관리 394
성과보상 시스템 277
성과연봉제도 326
성과책임자 386
성과향상 역량 395
성취 275
성취지향 문화 278, 279
세습 엘리트주의 137
소득 분배율 293
소속감 245
소수민족 고용권리 지원조직 417
소수연합에 의한 지배 51
소수 지배연합 158
소유권법 101

속성 269
손해배상법 41
손해배상청구소송 222
수단가치 271, 280
수용법 230
수용성 268
수익자 부담요금제 148
수정헌법 제5조 406
수정헌법 제14조 406
수직적 계층제 172
수직통합형 441
수평적인 조직 62, 172
수행평가 431
수행평가시스템 429
수호자 282
순수한 국가 281
순응 295
스코틀랜드 계몽주의학파 435
스타인-하덴버그(Stein-Hardenberg) 115, 210
스포츠맨십 328
시민권법 34, 55, 406, 410
시민 대응성 44
시민 대표 54
시민 대표성 43, 53, 57, 62
시민 덕성 323
시민 도시국가 34
시민 신뢰 254
시민요구 대응성 53, 57, 127
시민윤리 37
시민의식 328
시민 저항권 298
시민참여 33, 61
시민참여 기회 256
시민행위의 동기 245
시장점유율 370
식품의약규제법 114
신경성 268
신공공관리(NPM) 25, 63, 69, 97, 123, 128, 132, 146
신공화주의 34
신국가주의 62, 82, 443, 447
신국가주의 정신 82, 115
신뢰보호의 원칙 446
신성과관리(NPR) 25, 31, 63, 97, 123, 128, 132
신자유주의 53, 99
신자유주의 경제학자 300
신제도경제학 324
신탁자 109
신탁자의 관계 26
신행정학 88
신행정학자 63
실적시스템 보호위원회 148
실적제(merit system) 44
실적제보호위원회 384
실적제 인사개혁 155
실적주의 87
실증 단계 263
실증주의 30, 77, 263
실질적 민주주의 33, 109, 120, 122
실질적 법률주의 112
실질적 유의성 425
실직적인 법치 195
실질적 자유 109
실행력 286
실행(운영)적 규칙 102
심리적 계약 349
심리적 계약의무 이행 324
심신이원론 30, 263
심신일원론 30, 263
심판 283

ㅇ

IMF의 비밀주의 314
아이스버킷 챌린지 346
악성민원 163, 242, 254, 256

애국심 344
업무실행자 386
업무조정자 386
업무처리의 방향 설정 48
에이전시 289
엘로우 페이지 테스트 174
엘리트에 의한 정부 361
엘킨스 법 114, 141
역량 364, 365
역량가치 273, 285
역량개념 365
역량접근 368
역량중심 관리 358, 367
역량중심 접근법 367
역량체계 수립 385
역량평가 405
역량평가센터 385, 399
역량평가제도 385, 396
역량 프레임워크 369, 379
역량프로파일 368, 379
역설적 균형 359, 361
역설적 균형자 43
연공(seniority) 44
연령차별금지법 34
연방계약준수프로그램사무국(OFCCP) 63, 416, 432
연방고용분쟁 조정 및 중재위원회 424
연방 고위공무원 교육기관 291
연방부정청구고발법 85
연방자문위원회법 173
연방정부 172, 436
연방주의 85, 156
연방주의자 150
연방통신위원회 141
연방표준인사지침 148
연좌제 금지원칙 440
연합주의 153
엽관·정실인사 57
엽관제 55, 138
엽관제 인사개혁 155
엽관제 인사제도 131
영국 고용권리법 436
영국 혁명 105
영속적 가치 110
영속적인 자유 113
영전 일대원칙 440
영혼이 없는 공무원 96
예산 나누어 먹기 143
오스트리아 학파 101
오이코스(oikos) 440
온유한 정부 435
옴부즈맨 31, 134
외부경제성 290
외부성 111, 116
외부위탁 129
외부통제 275, 279
외적조망 290
외향성 268
우민관 190
운영관리에 관한 대통령위원회 보고서 139
운영기술 183
운영적 공리주의 129, 146
운영정부의 규제 439
위민정치 185
위헌법률심사 233
위헌법률심판권 85
유교 25, 27, 38
유기적 조직구조 84
유기적인 사회적 삶 88
유기체주의 80
유대인 299
유리천장위원회 423
유물론 263
유스티니아누스 법 103
유아기 263
유전적인 정보차별금지법 34

육류검사법 114, 141
윤리가치 273
윤리관 347
윤리상대주의 38, 263
윤리역량 365
윤리적인 판단 366
의무동기 282
의무론적 동기론 280
의무론적 윤리 281
의무론적 판단 301
의사결정의 공정성 247
의사소통 능력 393
의사소통 영역 374
의원내각제 75
의원입법 122, 144
의회재조직법 170, 229
이기심 263, 266
이념적 무관심성 71
이등 서기관 42, 136
이상적인 행동양식 265
이상주의 325
이상주의 운동 203, 281
이상주의적 역사학파 72, 97, 98, 99, 100, 109, 113
이성화된 선택합리성 108, 121
이슬람교인 299
이직의도 252
이타심 28, 30, 31, 263, 267, 300, 320
이타적 동기 317
이타적인 행동 328
이타주의 323
이해관계 조정자 386
이해충돌 163
이행평가과정 420
인간가치군 271
인간본성 435
인기영합주의 168
인사선발 절차에 관한 통일지침 407
인사시스템 408
인습적인 수준 306
인적자원관리 357, 362
인지적인 한계 50
일반 상식정부 147
일반이익의 수호자 284
일반화된 순응 320
일인지배 25, 51
일인지배적인 조직구조 72
일체감 245
임산부 차별금지법 34, 406
임시의정원 191
임시정부 191
임의고용 403
입법대리인의 저장소 172
입법 발안권 223
입법부의 대리인 137
입법부의 저장소 127
입법부 재조직법 142, 143
입법 제안 144
입증책임 427
입헌정체 194

ㅈ

자기개발 영역 374
자기 강화 272, 274
자기 이해 28
자기지배 203
자기 초월 272, 274
자기통제 246
자발성의 원칙 119, 290
자발적 합의 103, 120, 185, 299
자본집약도 370
자생적 질서 97, 101, 102, 117
자연법 37, 102, 117, 119, 444
자연법사상 27, 120
자연선택론 441

자유권적 기본권 29, 118, 192
자유민주주의 28, 279
자유방임주의 98, 99, 104, 113, 120, 288
자유시장경제학자 441
자유시장주의 441
자유주의 25, 27, 28, 30, 32
자유주의체제 265
자유지상주의 119
자율규약 31
자율규칙 27
자율적인 통제 270
자의금지 444
자치 분권 61
장애인보호법 34
장애인 차별금지법 406, 413
재분배 정책 103
재산권 30, 54
잭슨 추종자들의 혁명 138
적극적 보호조치 45
적극적인 평등 실현의무 218
적극적 조치 419
적극적 평등실현 조치 34, 411
적법 절차 151
전략관리 영역 374
전략적인 대안탐색 358
전략적인 마인드셋 376
전략적 인사관리 모델 369
전문 직업공무원 52
전문 직업공무원제도 55
전문직업주의 75, 76, 335
전미여성기업인정책 422
전사문화 245
전 인습적 수준 304
전자정부 434
전제군주정 188
전제정치 147
전체주의 96, 101, 105, 190, 213
전체주의 국가 357
전화번호 북 134
절대적 다신주의 71
절대적인 자유 39
절대주의 106
절차적 · 목적적 합리성 추구 단계 301
절차적 부정의 250
절차적 정의 26, 31, 47, 163, 239, 248
정교분리 38, 70, 71, 87
정교분리의 원칙 80
정당성 239, 245, 248, 258
정보자유법 135, 154
정부 운영 40, 54, 435
정부 운영의 선 435
정부의 목적 215
정부의 선 435
정부의 품격 113
정부입법 223
정부조직법 84
정서적 기반 318
정언명령 282
정책기획과 판단역량 393
정책기획자 386
정책 네트워크 49
정책집행 성과평가보고 요구권 58
정책투명성 161
정책판단자 386
정책프로그램 폐지권 58
정체성의 위기 130
정치적 기계 138
정치적 문제 51
정치적 연합 135, 168, 169
정치적 영향의 산물 155
정치적인 결정 155
정치적인 손 224
정치적 자유 109
정치적 중립 56, 70
정치적 중립성 340
정치적 평등 213

정치 · 행정이원론 74, 170
정치 · 행정이원론자 76, 80
정치 · 행정일원론 170
제국주의 190
제도 연계형 286
제명당사자 등록시스템 421
제4부 35, 43, 336
제한된 합리성 105
제헌헌법 34
조직가치 284
조직개발 컨설팅 모델 369
조직건강 336
조직관리 394
조직규칙 111
조직 내 권위 153
조직몰입 176, 240, 252
조직설계 337
조직순응 328
조직시민행동 154, 320, 348
조직역량 366
조직충성 328
조차계원 283
종교개혁 100, 189, 298
주관적 공권 404
주권상속의 대의 199
주권재민 사상 33, 103
주권재민의 원칙 224
중간관리자 399
중립적인 중재자 439
중범위이론 26, 60, 79
중앙인사위원회 130
중앙징계위원회 348
중요사건기법 380
중요사건 행동기록 358
중재자 49
지대추구 117
지배연합 25
지배체제 연합 128
지식역량 358
지정예산 227
지출항목거부권 50, 147
직무기술 368
직무만족 176, 240, 252
직무만족도 89
직무분석 46
직무분석도 404
직무소진 256, 258
직업공무원 46, 361
직업공무원제도 113, 115
직업 선호성 280
직업재활법 406, 413
직위분류제 46, 55, 75, 87, 404
직장 내 괴롭힘 금지 430
진정직업자격 424
진정연공서열 428
진정연공서열체계 405
집단성과 시스템 277
집단적인 덕 135
집단적 협동생산 62
집단주의 275, 276, 277, 348, 351
집단주의 문화 276
집단협상 45, 361
집합규칙 30, 37
집합적 협동생산 62
집행명령 225
집행부 공무원의 급여를 설정하는 법 136
집행부 설치법 136

ㅊ

차별금지법 218
차별 행동 255
참여정부 176
참전용사 특혜권리 428
참전퇴역군인 고용촉진법 406
책임원칙들 사이의 갈등 312

철의 삼각주 49, 438
청소년기 263
체계적인 공법의 집행 168
초등교육법 104
최고사무장 44
최대다수의 최대행복 107, 442
최소정부사회 158
최소주의 152
최소한의 자격 426
추밀원령 113
치안판사 436
친사회적 동기 320, 322
친사회적 시민행동 327
침묵의 블루코드 246

ㅋ

카리스마 35, 50, 80
카리스마 리더 69
카운실 매니저 형태 83
콩도르세 437

ㅌ

탄핵소추사유 161
탈냉전시대 291
탈정치 87
텅빈 정부 108, 148
테네시계곡청장 144
테시스(thesis) 102, 281
테일러 시스템 288
통계적 유의성 425
통법부 161, 225
통제관리 357
통치자에 대한 순응 214
통치행위 34, 50, 51
투명성 32, 36, 48, 75, 95, 134, 346
투명성강화법 135
투입관리 357, 362
투입중심의 인사관리 63
투쟁의 도구 139
특권 54
특별권력관계 96
특별 귀화 229
특정적인 문화 278
팀워크 촉진자 386

ㅍ

파문 130
파수꾼 408
파시스트 82
페더럴리스트(Federalist) 43
펜들턴 법 44, 45, 55, 133, 288
평등·공정인사제도 55
평등권 38, 404
평등기회실태조사 423
평등 보호의무 406
평등원칙 446
평등임금법 34, 406
평면조직구조 361
평화국가의 원리 51
포크 배럴(pork barrel) 232
표준 행정학교육프로그램 174
표준화된 인사시스템 361
풀뿌리 민주주의 142
프랑스 혁명 105
프러시아 210
프로이센 법 121
피터의 법칙 431

ㅎ

하부적인 견제와 균형 85
학습된 안내지침 270
한계비용 116

한계수익 116
한국행정연구원 179, 277
한국형 대통령제 225
합리적 기반 318
합리적 선택 관점 283
합리주의 문화 277
핫스팟 경찰활동 246
해방 100, 288
해석적 방법 154
해석학적 연구 78, 86
해석학적인 방법론 60
행동강령 163, 175, 353
행동관찰척도 399
행동규범 285, 298
행동기준 평정척도 399
행동 모방 248
행동사건 이벤트 면접 372
행동사건 인터뷰기법 380
행동의도 266
행동지표 285
행동체크리스트 399
행운의 임의성 444
행위원칙들 사이의 갈등 312
행정가의 수반 54
행정과학 60
행정교육학회보 174
행정국가 40, 167, 172, 173
행정법 76
행정부 독재 225
행정사무 스쿨네트워크(NSAPAA) 162, 174
행정사무와 운영 스쿨의 국립연합 174
행정서비스 아카데미(PSA) 162
행정이념 189
행정입법안 58
행정절차법 40, 61, 70, 143, 145, 170, 184
행정학 정체성 167
행정 헌법학파 149
행태역량 358
행태주의 79
허약한 성채 437
헌법 74
헌법기관 445
헌법 보장 116
헌법상의 제도보장 118
헌법 운영 403
헌법이념 183, 187
헌법재판소 184
헌법재판제도 34
헌법적 가치 184
헌법적 계약주의 122, 129, 156
헌법적 규칙 37
헌법적 선택 규칙 102
헌법적인 역량 127
헌법적인 흠결 168
헌법주의 99, 111, 135
헌법충실의무 445
헌법해의 200
헵번 법 114, 209
현대공리주의 32
현장 전파형 286
협동사회 158
협동생산 61, 62, 117, 135, 156
형사사법기관 243
형식적 민주주의 120, 193
형이상학자 263
혼합방법론 60, 86
혼합형 공무원 인사제도 388
홈스테드법 42, 138, 140
확산적인 문화 278
환경영향평가 59
효율적 의사결정 286
후 인습적 수준 308

저자 소개

■ 신용일(愼鏞日)

고려대학교 대학원 행정학과를 졸업하고 공군학사장교로 공군작전사령부 인사처에서 3년 재직・만기 전역하였다. 현대그룹 인재개발원, 그리고 현대경제연구원 연구위원으로 재직하고, 민간 대・중견기업 경영을 체험・연구하고, 정부 조직 및 중견기업 조직 변화관리・경영・교육 분야 컨설팅을 실시한 경험이 있다.

고려대학교 대학원에서 행정학 박사학위를 취득하였다. 참여정부 시기에 중앙인사위원회 소속 중앙공무원교육원 전임교수 특별 공개채용제도를 통해 교수로 재직하였고, 정부혁신과 정부 중간관리자 역량교육체계 수립 업무 및 해당 교육과정 강의를 담당하였다.

2008년도 참여정부 말 정부 혁신과제로 공무원 공직가치체계 수립 주임교수 업무를 맡기 시작했으며, 이명박 정부에 한국행정연구원과 함께 공직가치체계 수립 업무를 담당하였다. 중앙부처 소속 중간관리자급 공직가치 교육을 위한 공직가치 교육매뉴얼을 자체 제작하여 정부부처 소속 교육훈련기관 고수양성 교육을 실시하였다. 공직가치 심화교육을 위한 『헌법정신에 기반한 공직자의 윤리와 가치』(2013)를 집필하였다.

2010년부터 2016년 말까지 국가공무원인재개발원에서 중앙부처 소속 신임・승진 예정 중간관리자 공무원대상 공직가치 주임교수로 공직가치 강의를 담당하였다. 법무부 주관 법질서 확립 강사・직원대상 강의, 과기부・산자부, 해수부, 농림부・산림청・기상청 등 다수 정부부처 공무원대상, 정부 산하기관, 그리고 지자체 공직자 대상 공직자 윤리 특강을 실시하였다. 2017년부터 고려대학교・국립한경대학교 공공행정학부에서 행정・정책학 이론을 강의하고 있다.

1970년대 이후에 미국 행정학계에서 연구 발표된 행정학 관련 연구논문을 메타 분석하여, 미국 행정과 공무원 가치에 관한 논문을 한국행정학회 등 여러 학회에 발표하였고, 대한민국 헌법정신과 행정 가치를 연구하여 한국 행정학회에서 논문을 다수 발표하였다. 한국행정학회 행정사상과 방법론 연그회, 한국정책학회, 그리고 한국역량진단평가학회 정회원으로 활동하고 있다.

상훈으로 2007년도 법무 혁신유공 법무부 법무부 장관 표창, 2018/2019년 한국행정학회장상을 수상하였다.

행정윤리: 민주헌법주의 국가를 중심으로

펴낸날 제1판 제1쇄 2022년 8월 25일
지은이 신용일
펴낸이 임춘환
펴낸곳 도서출판 **대영문화사**
주소 (본사) 사무실: 경기도 고양시 일산서구 주화로 70
우신프라자 307호 (우 10387)
(본사) 물류센터: 경기도 고양시 일산서구 덕산로
107번길 68-50 (우 10205)
등록 1975년 12월 26일 제3-16호
전화 (031) 913-3062, (031) 914-3884~5
팩스 (031) 913-3839
홈페이지 http://www.dymbook.co.kr

ISBN 978-89-7644-870-5
값 35,000원